2025

# 퍼펙트 무역영어 2급·3급 이론+기출문제

베스트 셀러

김현수 저

- 2급·3급 기출문제 해설 각 6회차 수록
- 파트별 체크포인트  • 1:1 질문 / 답변 서비스

## 4주만에 단기 합격!
## 상시시험 완벽 분석

HD 동영상 강의 중 | 빙글리쉬닷컴

세종출판사

[알림]
1. 본서에 수록되지 않은 이전 기출문제는 별도로 빙글리쉬닷컴(www.binglish.com)의 게시판, 수험자료실에 기출해설을 수록하였습니다. 다운로드하여 유용하게 활용하시기 바랍니다.
2. 관세법이나 기타 법률의 일부조항은 변동될 수 있으므로 시험 직전 빙글리쉬닷컴의 공지사항이나 자료실에 게시되는 내용을 확인해 주시기 바랍니다.
3. 본 교재의 출판 후에 발견되는 오타, 설명의 오류, 법 개정 등으로 인한 부분은 발견 되는대로 수시로 종합하여 빙글리쉬닷컴의 공지사항 게시판에 게시하겠습니다.
4. 교재에 미수록된 기출해설 강의는 네이버 카페 '무역라이센스팩토리(http://cafe.naver.com/tradealchmist)' 에서 이용할 수 있습니다.

# 들어가면서

　부존자원이 부족한 우리나라로서는 수출입의 활성화는 필연적이며 이러한 환경에서 국가경쟁력을 제고하기 위한 우수한 인재의 발굴은 중차대한 문제입니다. 급변하고 다변화하는 국제무역환경에서 선도적인 위치를 점하기 위해서는 올바른 무역의 개념과 활용, 영어구사능력은 꼭 갖추어야 할 필수적인 요소입니다. 현재의 국내경제상황은 극심한 내수경기의 침체와 기업의 투자위축, 주변국가들의 경쟁력강화 등으로 인하여 많은 어려움을 겪고 있습니다.

　이러한 주변 환경의 변화는 취업시장에도 영향을 미쳐서 예전에 신입사원을 채용하여 집체교육을 통하여 숙지시키던 업무능력강화 시스템도 많은 변모를 하고 있습니다.

　경력자 위주로 고용환경이 바뀌고 있으며, 직원교육에 투자되던 시간과 비용을 이제는 기업의 경쟁력을 강화하는 방향으로 변화하고 있습니다. 무역에 대한 아무런 상식과 기초지식이 없는 입사지원자보다는 약간의 회사실무를 더하면 바로 적응할 수 있는 준비된 인재를 선호하는 경향이 뚜렷합니다. 단순히 자격증을 취득한다는 미시적인 접근보다 책과 강의를 통하여, 보다 거시적인 차원에서 무역실무와 무역환경을 이해하여 업무에 도움이 될 수 있고, 개인의 경쟁력을 강화시킬 수 있는 계기가 되길 바랍니다.

　그간의 기출문제를 면밀히 검토하여 상식적으로 알 수 있는 부분은 과감히 축소하여 수험생의 시간 낭비를 피하고자 하였으며, 전체적인 개념을 이해할 수 있도록 집필하였습니다.

　시험을 위한 공부와 연구를 위한 학문과는 그 설정 방향이 달라야 합니다. 가능하면 무역초심자, 비전공자들도 이해가 쉽도록 최대한 설명을 곁들였습니다.

　그러함에도, 곳곳에서 보이는 많은 부족함과 부끄러움은 필자의 준비부족으로 겸허히 받아들이며 추후 보다 효율적인 책과 강의가 될 수 있는 디딤돌로 삼겠습니다.

　많은 질타와 격려를 바랍니다.

　본서에 관심을 기울여 주심에 깊은 감사를 드리며, 꼭 합격의 보람을 누리시길 간절히 바랍니다.

김 현 수

# Contents 퍼펙트 무역영어 2·3급

국가공인 무역영어자격시험 안내 ·················································································· 9

## 제1부 무역실무

### 제1장 무역의 개념과 형태 ······················································································ 17
    01 국제무역의 규칙과 조약 / 17    02 무역의 형태 / 18
    03 무역계약의 개념과 법적 성격 / 19    04 신용조회 / 21

### 제2장 청약과 승낙 ······························································································· 23
    01 청약(Offer)의 종류 / 23    02 승낙 / 25

### 제3장 무역계약조건 ····························································································· 28
    01 품질조건 / 28    02 품질의 결정 시기 / 29
    03 중량조건 / 30    04 선적 조건 / 31
    05 분할선적과 환적 / 32    06 할부선적 / 33

### 제4장 인코텀즈 (Incoterms 2020)-Ⅰ ······································································· 34
    01 인코텀즈의 제정 / 34    02 인코텀즈규칙의 역할 / 35
    03 모든 운송방식에 적용되는 규칙 / 37

### 제5장 인코텀즈 (Incoterms 2020)-Ⅱ ······································································· 51
    01 해상운송과 내수로운송에 적용되는 규칙 / 51
    02 매매당사자의 구체적 의무 / 59

## 제6장 무역대금의 결제 ·········· 64

    01 선지급방식 / 64        02 동시지급방식 / 64
    03 후지급방식 / 66        04 특수 결제방식 / 68

## 제7장 신용장(Letter of Credit) ·········· 71

    01 신용장의 이해 / 71        02 신용장의 발행 절차 / 71
    03 신용장의 이점 / 72        04 거래형태에 따른 거래당사자의 명칭 / 72
    05 신용장거래의 당사자 / 73        06 신용장거래의 특성 / 73
    07 신용장의 종류 / 74        08 기타 신용장의 종류 / 79
    09 신용장의 통지와 조건 변경 / 80        10 신용장의 양도 / 81
    11 환어음 / 81

## 제8장 선적서류 ·········· 84

    01 상업송장 / 84        02 선하증권 / 85
    03 항공화물운송장 / 89        04 보험서류 / 90
    05 원본과 사본 / 91        06 기타서류 / 92

## 제9장 환어음의 매입과 심사 ·········· 93

    01 수출 환어음의 매입 / 93        02 불일치 사항이 있는 서류의 은행 매입 / 93
    03 신용장 관련 수수료 / 94        04 개설은행의 서류심사 / 95
    05 Expiry Date, Presentation Date / 95

## 제10장 국제해상운송 ·········· 96

    01 해운시장 / 96        02 해운동맹 / 96
    03 해상운임의 계산 / 97        04 해상운임의 기타 요소 / 98
    05 부정기선 및 용선계약 / 98        06 컨테이너 화물의 운송형태 / 100
    07 컨테이너의 종류 / 101        08 컨테이너의 크기와 적재량 / 102
    09 컨테이너 터미널의 구성 / 102        10 복합운송 / 104
    11 항공운송 / 105        12 포장과 화인 / 106

### 제11장 해상보험 ························································· 107

- 01 해상보험계약의 당사자 / 107
- 02 보험계약관련 용어 / 107
- 03 담보위험과 면책위험 / 108
- 04 협회적하약관상 부가위험담보조건의 유형 / 109
- 05 확장담보조건 / 110
- 06 신협회적하약관상의 담보위험과 면책위험 / 110
- 07 해상손해의 종류 / 112
- 08 위부 / 113
- 09 대위 / 114
- 10 공동해손희생과 공동해손비용 / 114
- 11 손해방지비용과 구조비 / 114
- 12 담보와 고지 / 115
- 13 예정보험 / 115

### 제12장 무역계약의 위반과 구제 ································· 117

- 01 계약위반의 유형 / 117
- 02 구제 / 118

### 제13장 중재 ······················································· 122

- 01 무역 클레임 / 122
- 02 중재제도 / 123

### 제14장 대외무역법 ················································· 125

- 01 대외무역법의 개요 / 125
- 02 무역거래자의 관리 / 125
- 03 수출입승인 / 126
- 04 수출입의 개념 / 126
- 05 수출입공고와 통합공고 / 128
- 06 원산지표시제도의 의의 / 129
- 07 외화획득용 원료·기재 / 130

### 제15장 관세법 ······················································· 133

- 01 관세법상의 용어 / 133
- 02 관세의 과세요건과 관세율 / 134
- 03 탄력관세의 종류 / 135
- 04 관세의 납부 / 137
- 05 관세법상의 환급제도 / 139
- 06 통관 / 139

### 제16장 전자무역 ····················································· 141

- 01 무역자동화 / 142
- 02 EDI에 의한 무역업무 처리 체계 / 142
- 03 전자계약 / 142
- 04 전자인증 / 143

## 제17장 서비스무역 ......................................................................................... 145
- 01 서비스무역에 관한 일반협정 / 145
- 02 판매점·대리점 계약 / 147

## 제18장 기술무역 ......................................................................................... 149
- 01 기술 실시 계약 / 149
- 02 라이센스계약의 종류 / 150
- 03 플랜트수출계약 / 150
- 04 국제턴키프로젝트 / 151

## 제19장 해외투자 ......................................................................................... 152
- 01 해외직접투자 / 152
- 02 국제프랜차이징 / 154

## 제20장 무역영어의 서식과 표현 ..................................................................... 155
- 01 무역통신문의 구성요소 / 155
- 02 무역서신에 쓰이는 용어 / 156
- 03 거래처조사 및 신용조회 / 156
- 04 거래제의 서신의 답장 / 160
- 05 오퍼와 카운터 오퍼 / 161
- 06 주문 / 163
- 07 주문에 관한 표현들 / 164
- 08 신용장, 추심과 결제 / 166
- 09 선적 / 168
- 10 Collection(추심) / 169
- 11 손해배상제기 및 청구 / 170

# 제2부 무역영어 2급 기출해설

제114회 2급 기출해설 (2019년 제1회) ................................................................ 175
제115회 2급 기출해설 (2019년 제2회) ................................................................ 204
제116회 2급 기출해설 (2019년 제3회) ................................................................ 236
제117회 2급 기출해설 (2020년 제1회) ................................................................ 266
제118회 2급 기출해설 (2020년 제2회) ................................................................ 297
제119회 2급 기출해설 (2020년 제3회) ................................................................ 325

## 제3부 무역영어 3급 기출해설

제114회 3급 기출해설 (2019년 제1회) ··········· 359
제115회 3급 기출해설 (2019년 제2회) ··········· 384
제116회 3급 기출해설 (2019년 제3회) ··········· 409
제117회 3급 기출해설 (2020년 제1회) ··········· 437
제118회 3급 기출해설 (2020년 제2회) ··········· 461
제119회 3급 기출해설 (2020년 제3회) ··········· 485

## 부록

부록 1 신용장통일규칙(UCP600) ··········· 509
부록 2 국제물품매매계약에 관한 UN협약 ··········· 541

## 국가공인 무역영어자격시험 안내

### 01 무역영어 자격시험 연혁

　치열해져 가기만 하는 국경 없는 무한경쟁의 시대에서 대외교역 확대를 위해서는 무역에 관한 전문지식이 필수적입니다. 이에 부응하여 실시되는 시험이 국가공인 무역영어 시험이며 무역영어 검정은 무역관련 영문서류의 작성・번역 등 영어구사능력은 물론 무역실무지식을 평가하는 자격시험입니다. 상공회의소에서 주관하는 국가공인 무역영어 자격시험은 1967년도에 최초로 시행되었으며 2000년 국가공인 자격증으로 인정받은 유서 깊은 시험입니다. 그간 년 3회 치르던 시험은 2021년부터 4월~6월, 9월~11월 사이에 치러지는 상설시험으로 변경되었다.

### 02 무역영어 자격증 취득시의 이점

　무역영어자격증을 취득하게 되면 관련 회사에 취업 시 자격증 비보유자와는 달리 준비된 사원으로서의 차별성을 부각시킬 수 있으며 입사지원 시 가산점의 혜택이 있습니다. 직장인에게는 자격증 취득 시 자격수당을 지급하고 호봉승급 및 인사고과 시 가산점을 부여하는 회사가 늘어나고 있는 추세입니다. 또한 현재의 취업 시장은 업무 숙지에 많은 시간이 소요되는 신입직원보다는 경력직을 선호하는 추세로 변하고 있습니다. 따라서 자격증 보유자는 직원 직무 양성에 들어가는 많은 시간과 비용을 절감할 수 있고 적응도가 빠르기 때문에 기업의 입장에선 선호도가 높은 자격증이라 할 수 있습니다.
　자격증 취득을 위한 공부를 하는 과정에서 전반적인 무역의 개념과 실질적인 흐름을 숙지할 수 있으며 이를 기반으로 한 무역 관련 비즈니스 영어에 능통해 질 수 있는 발판을 마련할 수 있습니다.

## 03 자격증 종합안내

### (1) 등급안내

- 1급 - 4년제 대학 경상계열 졸업자로서 대기업 무역실무관리 책임자로서 갖춰야 할 무역실무 전반에 관한 지식 (4년제 대학을 졸업해야 응시자격이 있다는 것이 아님!)
- 2급 - 전문대학 및 경상계열 재학생으로서 기업의 무역실무자로서 갖추어야 할 지식
- 3급 - 실업계열 고등학교 재학생으로서 기본적으로 갖추어야 할 지식

### (2) 응시자격

- 응시자격 제한 없음 (연령, 학력, 성별 제한 없음)

### (3) 시험과목

| 구 분 | 관 련 사 항 |
|---|---|
| 시험과목 | 3개 과목 : 영문해석, 영작문, 무역실무 |
| 검정방법 | 필기 : 객관식/ 과목당 25문항으로 총 75문제 (1, 2, 3 급 공통) |
| 합격기준 | 100점 만점에 전 과목을 합쳐 평균 60점 이상<br>단, 1급은 한 과목이라도 40점 미만일 경우 불합격 |

### (4) 출제기준

| 시험과목 | 출제문항 수 | 시험 주요항목 |
|---|---|---|
| 영문해석 | 25 문항 | 1. 무역실무 전반에 걸친 무역영어통신문<br>2. 해외시장조사, 신용조사방법, 수출입 개요 등<br>3. 무역관계법(실무에 적용되는 것에 한함)<br>4. 무역계약<br>5. 대금결제<br>6. 운송, 용선계약, 적하보험<br>7. 무역클레임과 상사중재<br>8. EDI에 의한 수출입통관 |
| 영작문 | 25 문항 | |
| 무역실무 | 25 문항 | |

### (5) 2025년 무역영어 시험일정

- 시험기간 : 5월, 8월, 11월
- 시험요일 : 해당 월 매주 일요일
- 시행일수 : 총 14일
- 문의 : 자격고객센터 : 02-2102-3600

| 구분 | 시험일자 | 구분 | 시험일자 |
|---|---|---|---|
| 1회 | 5월 4일 일요일 | 8회 | 8월 24일 일요일 |
| 2회 | 5월 11일 일요일 | 9회 | 8월 31일 일요일 |
| 3회 | 5월 18일 일요일 | 10회 | 11월 2일 일요일 |
| 4회 | 5월 25일 일요일 | 11회 | 11월 9일 일요일 |
| 5회 | 8월 3일 일요일 | 12회 | 11월 16일 일요일 |
| 6회 | 8월 10일 일요일 | 13회 | 11월 23일 일요일 |
| 7회 | 8월 17일 일요일 | 14회 | 11월 30일 일요일 |

### (6) 무역실무 과목 세부 출제기준(1, 2급)

| 대분류 | 중분류 | 대분류 | 중분류 |
|---|---|---|---|
| 무역계약 | · 무역거래의 개요<br>· 무역거래의 관리체계<br>· 해외시장조사와 거래선 발굴<br>· 무역계약의 본질<br>· 무역계약의 효력<br>· 무역계약의 정형화 | 무역결제 | · 무역결제의 방법<br>· 화환신용장<br>· 무역대금의 정산<br>· 무역금융제도<br>· 국제조세와 과세기준 |
| 무역운송 | · 해상운송과 B/L<br>· 항공운송과 AWB<br>· 복합운송과 운송서류<br>· 수출입통관과 관세 | 무역보험 | · 해상보험의 의의<br>· 해상위험과 해상손해<br>· 해상보험증권과 적하보험약관<br>· 수출입보험제도 |
| 무역클레임 | · 무역계약의 불이행<br>· 무역클레임의 처리방안<br>· 상사중재<br>· 국제소송 | 서비스무역 | · 서비스무역의 개요<br>· 판매점, 대리점 계약<br>· 국제건설, 자원개발계약<br>· 기타 서비스무역계약 |
| 기술무역 | · 기술무역의 개요<br>· 기술도입계약<br>· 라이센스계약<br>· 플랜트수출계약 | 해외투자 | · 국제투자의 개요<br>· 국제프랜차이즈계약<br>· 국제자본거래계약 |
| 전자무역 | · 전자무역의 개요<br>· 전자물류, 통관시스템<br>· 전자무역 결제시스템<br>· 전자무역보험, 클레임 | 무역규범 | · 국내무역관계법규<br>· 국제무역계약법규<br>· 국제무역결제법규<br>· 국제무역운송법규<br>· 국제해상보험법규<br>· 무역클레임, 기타법규 |

(7) 응시원서 접수 시 제출서류

- 대한상공회의소가 교부한 소정 수검원서 양식
- 사진제출 : 인터넷 접수 시 사진첨부(최근 6개월 이내 촬영한 동일 원판의 탈모 상반신 반명함판 [3.5×4.5cm])

(8) 자격증 교부

- 교부장소 : 합격을 확인 후 자격증을 택배로 받기를 원하면 홈페이지에서 기입하고 수수료를 납부하면 됩니다. 방문 수령 시 수검원서 접수처(해당지역 상공회의소)에서 수령합니다.
- 교부기간 : 합격자 발표일로부터 60일간
- 준비물 : 수험표, 신분증
- 자격증형태 : 일반 주민등록증이나 운전면허증과 유사한 카드형식이다. 수검원서 접수 시에 제출된 사진으로 자격증을 제작하므로 사진 접수 시 이미지가 좋은 사진으로 준비하는 것이 좋습니다.

## 04 국가공인 무역영어와 국제무역사와의 비교

| 구 분 | 시 행 처 | 국가자격여부 | 출제경향과 유형 |
| --- | --- | --- | --- |
| 무역영어 | 대한상공회의소 | 국가공인 | • 포괄적이며 무역실무의 개념에 대한 이해 측정<br>• 무역실무를 기반으로 하는 실질적인 영어 활용 능력 측정 |
| 국제무역사 | 사단법인 한국무역협회 | 비공인 민간자격 | • 출제범위가 광범위하다.<br>• 지엽적, 이론적이며 실무적이고 난해하다. |

두 자격증 모두 근본적으로 무역실무능력을 배양시켜 무역 전문 인력을 양성한다는 기본 취지는 같으며 국제무역사는 민간자격증이고 무역영어는 국가공인 인증을 받은 자격증이라는 차이가 있습니다. 국제무역사는 비록 민간자격증이지만 국가공인에 못지않은 공신력을 인정받고 있습니다. 국가자격 무역영어(상공회의소 주관)는 전체적인 무역의 개념을 숙지하고 단계별로 진행되는 무역 업무에 관련된 제반 무역영어실력을 함양하고자 하는 것이 기본 취지입니다. 따라서 무역실무를 영어로 치르는 성격이 강합니다. 그러나 국제무역사는 이와는 달리, 무역의 개념들이 실제적으로 적응되는 폭넓고 깊이 있는 무역실무와 무역 관련 법규에 대한 충분한 이해를 갖출 것을 요구하고 있습니다. 따라서 무역영어 자격증과 국제무역사 2개의 자격증을 동시에 준비하여 취득을 한다면 훨씬 균형 잡힌 무역관련 지식을 배양할 수 있습니다. 두 자격증을 놓고 경중을 따지거나 비중을 비교한다는 것은 두 시험의 성격에 관한 기본을 모르는 것에서 비롯되는 것입니다.

## 05 무역영어 시험의 출제경향

무역실무에 대한 개념에서 실무적인 이해를 묻는 문제와 이메일 영작 등 실전영어의 숙지를 묻는 문제가 주로 출제되고 있습니다. 단답적인 실무지식보다는 종합적인 판단력과 이해력을 수반하는 문제가 많이 등장하고 있으므로 전체 무역개념을 이해해야 하며 이러한 방향은 앞으로 계속 유지될 것으로 보입니다. 특히 영어 부분에서 단순히 기출문제를 외우는 단기적인 방법보다 꾸준히 영어실력을 배양해야 접근할 수 있는 문제로 구성되어 있습니다. 무역실무에서도 서비스무역, 대외무역법, 관세법의 비중이 커지면서 해당 과목의 문항수도 늘어나고 범위도 넓어져 그만큼 수험생에겐 준비 기간에 부담을 더 주고 있습니다. 그러나 전체적인 출제의 틀은 기출문제를 크게 벗어나지는 않으므로 시험을 치르고자 하는 해당 회 이전의 기출문제를 적어도 6, 7회분은 꼼꼼히 풀어보시기 바랍니다. 무역비전공자 또는 무역에 대한 사전지식이나 경험이 없는 수험준비생은 다음과 같이 수험준비를 하는 것이 효율적입니다.

① 처음부터 교재의 전 내용을 이해하려고 하지 마세요. **이론을 한번 보고 다 이해하는 사람은 아무도 없습니다.** 마치 소설책을 읽듯이 이론 부분을 가볍게 두 번 정도 빠르게 훑듯이 읽습니다.
② ①과 같은 과정을 거치면 개략적으로 무역의 흐름이 잡힙니다.
③ 대충 무역의 흐름을 잡았으면 이제부턴 정독을 하면서 외울 것은 확실하게 외우십시오. 특히 교재의 볼드체 부분이나 참고사항들은 자주 출제되는 부분이므로 눈여겨 살펴둡니다. 이 과정에서 정리가 잘 되지 않으면 동영상강의를 추천합니다. 시간을 절약해주고 실무적인 지식까지도 충분히 배양할 수 있는 장점이 있습니다.
④ 교재의 **이론부분에서 등장하는 전문무역용어(영어)는 무조건 외워야 합니다.** 틈틈이 교재에 부록으로 실려 있는 UCP600(신용장통일규칙) 전문, 비엔나협약 등을 자주 읽어두세요. 상당 부분이 이 부분에서 출제되고 무역이론의 바탕이 되기 때문입니다. 이것이 바탕이 되지 않으면 영어 문제풀이에서 힘들어집니다.
⑤ 두 번 정도 정독을 하였으면 기출문제를 풀기 시작합니다. 확실하게 알고 맞춘 것은 ○표를 하고 감이나 찍어서 푼 것은 △표시를 하며, 틀린 것 또는 도저히 이해가 되지 않는 것은 ∨표시를 해둡니다. △표시와 ∨표시 된 것들만 집중적으로 반복하여 외우다시피 하여 패턴을 익히면 시간을 절약해 주고 자신의 부족한 부분을 알게 됩니다. - 한번 틀린 것은 계속 틀리게 되어 있습니다.

## 06 자격증에 대한 관점

　　많은 응시생들이 국제무역사 자격증 또는 무역영어자격증 취득을 준비하면서 많은 의구심에 휩싸이게 됩니다. 「이러한 자격증이 취업을 보장하는가?」, 「자격증만 취득하면 무역실무의 전문가가 되는가?」, 「실제 취업 시 두 자격증이 인정을 받는가?」 등의 우려 섞인 질문을 합니다. 결론적으로 말해서 두 개의 자격증을 취득했다고 해서 무역의 전문가가 되는 것도 아니며 취업을 완전히 보장해 주지는 못합니다. 예를 들어, 의사면허를 땄다고 해서 바로 시술을 하는 것도 아니며, 인턴과 레지던트를 거쳐야 하고 사법고시에 합격을 해도 사법연수원에서 따로 실무교육을 받습니다. 자격증 취득을 위해서 공부를 해나가는 과정에서 나중에 취업 시, 또는 관련 업무를 대할 때 엄청난 도움을 주게 되어 실무능력을 배양시킵니다. 자격증 취득을 단편적인 시각에서 볼 것이 아니라 자신의 경쟁력과 적응능력을 키우기 위한 동기부여의 수단으로 생각하기 바랍니다. 자격증의 인정에 대해선 이렇게 말씀드리고 싶습니다.

　　만약 두 명의 지원자가 있는데 둘 다 토익이 고득점이고, 같은 학력에 같은 조건을 가지고 있습니다. 그러나 한 명은 무역영어 자격증이나 국제무역사를 보유하고 있다면 인사담당자는 누구를 채용하겠습니까? 당연히 관련 준비를 하여 적응력이 뛰어난 「준비된 인재」를 확보하려 할 것입니다. 자격증이란 바로 이런 것입니다. 취득자에겐 그에 대한 즉각적인 반대급부가 없으면 별 것이 아니라고 생각하겠지만 비보유자에겐 부러움의 대상이며 또한 비교우위에 설 수 있는 객관적인 잣대인 것입니다. 따라서 부질없는 의구심으로 시간을 낭비하기 보단 과감히 도전하여 자신의 경쟁력을 키우는 기회로 삼기 바랍니다.

# Perfect guide to Trade English

## 제1부 무역실무

퍼펙트
# 무역영어 2·3급
Perfect guide to Trade English

# 제1장 무역의 개념과 형태

## 01 국제무역의 규칙과 조약

무역(trade)이란 물품의 교환이나 매매를 통칭하는 용어로서, 한 나라의 기업이나 개인이 영토와 주권을 달리하는 외국의 기업이나 개인과 하는 상품거래, 물자, 기술 등의 국제적인 경제적 활동을 말한다. 상관습과 문화, 언어가 다른 외국과의 원활한 상거래를 위하여 통일된 규칙이나 협약이 필요하게 된다. 여기서는 무역의 거래단계에서 적용되는 이러한 국제규칙과 기관에 대하여 알아보고 국제무역의 여러 가지 거래형태를 살펴본다.

### (1) 무역계약의 성립 단계에서의 규칙 및 협약

| | |
|---|---|
| 인코텀즈 | 인코텀즈란 「International Commercial Terms」의 약칭으로서 무역거래조건의 해석에 관한 국제규칙 「International Rules for the Interpretation of Trade Terms」을 말한다. |
| 비엔나 협약<br>(Vienna convention) | 정식명칭은 국제물품매매계약에 관한 유엔협약(The united Nations Convention on Contracts for International Sale of Goods : CISG)이다. 청약과 승낙, 물품인도의 시기, 국제물품매매계약에서의 당사자의 의무와 구제에 관한 사항을 담고 있다. |

### (2) 무역 계약의 이행 단계에서의 규칙 및 협약

| | |
|---|---|
| 결제 | 가. 신용장 통일 규칙(UCP 600; Uniform Customs and Practice for Documentary Credits) : ICC 제정<br>나. 추심에 관한 통일 규칙(URC; Uniform Rules for Collections) : ICC 제정 |
| 운송 | 가. 해상운송 : 헤이그규칙, 헤이그- 비스비규칙, 함부르그규칙(Hamburg Rules)<br>나. 복합운송 증권에 관한 통일 규칙(URCTD) : ICC 제정, 복합운송<br>다. 항공운송 : 와르소 조약 |
| 보험 | 가. 영국의 해상보험법(MIA; Marine Insurance Act)<br>나. 협회적하약관(ICC; Institute Cargo Clause)<br>다. 요크-엔트워프규칙(YAR; York-Antwerp Rules) |

### (3) 무역계약의 종료 단계에서의 규칙 및 협약

| 뉴욕협약(New York Convention) | 외국중재판정의 승인과 집행에 관한 유엔협약 |
|---|---|
| 비엔나협약(CISG) | 당사자의 의무와 구제에 관한 사항 |

## 02 무역의 형태

| 구 분 | 설 명 |
|---|---|
| 유형무역(visible trade) | 형태를 갖춘 일반적인 공산품을 수출입하는 무역을 말하며 흔히 상품의 거래를 매개로 하여 실무적으로 이루어지는 무역은 모두 여기에 해당한다. |
| 무형무역(invisible trade) | 자본, 기술, 노동, 소프트웨어, 서비스 등의 간접생산지원요소나 용역을 거래하는 무역 |

### (1) 직접무역과 간접무역

| 구분 | 설 명 |
|---|---|
| 중계무역(intermediate trade) | 어느 나라로부터 수입된 물품을 가공이나 형태 변경 없이 제3의 수입국으로 보내지는 무역 형태를 말하며 중계업자는 단순히 수출액과 수입액의 차이를 수입원으로 획득한다. 중계업자가 원수출자의 노출을 피하려 하거나 수출지에서 제3자의 명의로 선적되는 경우가 있는데 이때 발행되는 것을 제3자 선하증권(The Third Party B/L)이라고 한다. 이와 유사한 방식으로는 Switch 무역이 있다. 물품은 수출국에서 수입국으로 직송되고 수출지에서 교부받은 선하증권을 회수하여 중계업자나 원수익자의 명의로 바꿔서 재발행한다. 이때의 선하증권을 Switch B/L이라 한다. 방식은 다르나 용도는 third party B/L과 같다. |
| 중개무역(merchandising trade) | 수출자와 수입자의 중간에서 제3자(중개업자)가 중개하여 이루어지는 무역형태를 말하며 중개업자는 중개수수료(commission)를 그 수입원으로 삼는다. |
| 통과무역(transit trade, passing trade) | 물품이 수출국에서 수입국으로 직송되지 않고 제3국을 경유하여 인도될 때 이루어지는 무역형태이다. 물품이 통과되는 제3국은 물품을 환적하는 과정에서 생기는 운송료, 보험료, 창고료 등의 수익을 얻을 수 있다. |

### (2) 연계무역(counter trade)

| 구 분 | 설 명 |
|---|---|
| 물물교환(barter trade) | 당사국 간에 외환거래가 발생하지 않는 단순한 무역거래 형태. 즉, 물품교환의 대가로서 금전의 교환이 없는 거래를 말한다. |
| 구상무역(compensate trade) | 수출입이 이루어지는 양 국가 간의 수출입균형을 유지하기 위하여 이루어지는 무역으로서 수출입 물품대금을 그에 상응하는 수입 또는 수출로 상계하는 무역방식이다. 흔히 Back to Back L/C, Thomas L/C, Escrow L/C 등이 사용된다. |

| 구분 | 설명 |
|---|---|
| 대응구매<br>(counter purchase) | 구상무역과 차이는 없으나 two-way trade개념에 의해 두 개의 계약서로 거래가 이루어지며 사실상 수출입이 독립된 거래이다. 구상무역은 한 장의 계약서에 수출입이 서로 동시에 교환되지만 대응구매는 수출입에 대하여 별도 계약서가 존재하고 일정기간을 두고 수출과 수입이 교환되는 것이 구상무역과 다르다. |
| 제품환매<br>(재구매; Buy Back) | 큰 금액이 이용되는 대단위 플랜트, 기술, 기계 등의 거래에서 사용되는데 수출자는 자신이 수출한 시설에서 생산한 제품을 구매함으로서 수출 대금을 회수하는 것을 말한다. |
| 절충교역<br>(Offset Trade) | 제품환매와 비슷하지만 수입국에서 생산한 부품이나 자재를 수출국이 수입하여 이를 수출상품에 추가함으로써 수출 대금의 일부를 상계하는 거래 형태를 말한다. 예를 들어 한국이 외국으로부터 고속철도, 항공기, 무기, 첨단 기술 제품 등을 구매할 때 수출자가 한국에서 생산된 부품이나 자재를 수입하여 수출품을 구성하는 것을 말한다. |

### (3) 기타 무역거래형태

| 구 분 | 설 명 |
|---|---|
| 가공무역 | 원료의 전부 또는 일부를 외국에서 수입하여 이를 가공한 후 다시 외국에 수출하여 그 가득액을 얻는 방식으로 이루어지는 거래를 말한다. 가공을 맡기는 입장에선 위탁가공무역이라 하고 맡는 쪽의 입장에선 수탁가공무역이 된다. |
| 주문자상표방식<br>(OEM; Original Equipment Manufacturing) | 생산자가 수입자의 상표를 부착하여 수출하는 방식을 말하며 수출확대와 기술 축적의 계기가 될 수 있다는 장점이 있고 수출국 내에서 판매를 시도할 때 브랜드 인지도(Brand Recognition)가 없어서 생기는 위험부담 및 경비를 피할 수 있다. |
| 제조업자 개발생산 또는 제조업자 설계생산<br>(ODM; Original Design Manufacturing) | 제조업체가 보유하고 있는 기술력을 바탕으로 제품을 개발해 유통업체에 공급하고, 유통업체는 자사에 맞는 제품을 선택함으로써 유통에 핵심 역량을 집중할 수 있다는 점에서 기존의 주문자상표부착 생산방식인 오이엠(OEM)과 구별된다. |
| 녹다운 방식(Knock-down) 방식의 수출 | 현지에서 조립할 수 있는 능력을 갖춘 제조업체에 대하여 완제품이 아닌 부품이나 반제품의 형태로 수출하여 현지 조립을 통하여 이루어지는 거래 형태를 말하며 자동차 등의 기계류 수출에 많이 이용된다. |

## 03 무역계약의 개념과 법적 성격

| 구 분 | 설 명 |
|---|---|
| 낙성계약<br>(합의계약 : consensual contract) | 계약이 유효하게 성립하기 위하여 계약당사자의 의사표시의 합치, 즉 매매당사자의 합의만 있으면 그 자체로 계약이 성립하는 것을 말한다. 반대는 요물계약이다. |

| | |
|---|---|
| 쌍무계약<br>(bilateral contract) | 쌍방이 계약상의 의무를 부담하는 계약으로서 계약 성립과 동시에 매매당사자가 서로 채무를 부담한다. 매도인은 물품의 인도의무를 지고, 매수인은 대금 지급 의무가 있다. 반대는 일방만 의무를 부담하는 편무계약이다. |
| 유상계약<br>(remunerative contract) | 계약 당사자 쌍방이 상호 대가적 관계에서 급부를 목적으로 하는 계약을 말한다. 매도인의 물품인수에 대하여 매수인의 대금 지급이 있어야 한다. 반대는 무상계약이다. |
| 불요식계약<br>(informal contract) | 매매계약을 체결함에 있어서 요식(formal)에 의하지 않고 문서나 구두에 의한 명시계약(expressed contract)이나 묵시계약(implied contract)으로서도 계약이 성립되는 것을 말한다. 반대는 요식계약(formal contract)이다. |

● 무역계약에 사용되는 빈출 용어

① 권리침해조항(Infringement Clause)
매수인의 지시에 따라 매도인이 사용한 특허(patent), 상표(brand)등의 의장등록, 디자인 등에 대한 어떠한 책임도 매도인이 부담하지 않는 조건, 즉 면책되는 내용의 조항을 말한다.
The buyer shall be liable for the losses and damages incurred, and suits and claims brought by third party due to trademark, patent, copyright of the third party.
「매수인은 입게 된 손실과 손해 그리고 제3자의 상표, 특허, 저작권에 기인한 제3자에 의해 제기된 소송과 클레임에 대해 책임을 부담하여야 한다.」

② 불가항력조항(Force Majeure)
무역조건협정서에 채택, 삽입되는 불가항력에 관한 조항으로서 인력으로는 통제가 불가능한 우발적인 사고, 예를 들면 전쟁발발, 스트라이크, 천재지변, 수출입금지 등의 사고로 인하여 상품인도에 중대한 영향을 미치는 경우 매도인이 면책될 수 있다는 조항을 말한다.
[예문] "The Seller shall not be held responsibility if they, owing to the force majeure, fail to make delivery within the time stipulated in the contract."
「매도인은 불가항력에 의하여 계약서에 약정된 기간 내에 물품의 인도를 이행하지 못할 시 책임을 지지 아니 한다.」

③ entire agreement clause(완전합의조항)
계약서가 유일한 합의서이고 계약서 이외의 내용은 인정하지 않는다는 조항이다. 거래협상 중의 문서나 구두는 인정되지 않으며 계약서체결 이전의 협의사항은 주장할 수 없다.

④ Indemnity clause(배상조항)
어느 일방의 계약불이행이나 제3자에 대한 의무불이행으로 인한 손해에 대하여 배상할 것을 규정하는 조항을 말한다.

⑤ Severability clause(가분성조항)
특정조항이 무효이더라도 다른 조항에는 영향에 없으며, 준거법에 따라 중요 조항이 무효인 경우 그 계약의 전체가 무효로 되는 것을 방지하기 위한 조항이다.

⑥ Non-Disclosure Clause(비밀유지조항)
계약서상의 물품이나 상행위에 있어서 제3자에게 기밀을 누설하지 않을 것을 약속하는 조항이다.

보험용어에서 Non-Disclosure Clause 는 고지의무의 해태약관으로 불리며 고지하지 않은 사항에 대하여 보험자가 보험을 취소할 선택권을 갖는다.

#### ⑦ hardship clause(사정변경, 이행가혹)

Hardship Clause 조항은 Force Majeure(불가항력)조항과 유사하다. 불가항력조항은 이행불능 상태가 생길 시 당사자의 면책에 관한 사항이지만 Hardship Clause 는 계약체결 후 발생하는 변화로 인하여 채무이행이 불가능하진 않지만 현저하게 곤란할 때 계약내용의 변경을 규정한 조항이다. 계약체결 당시에는 전혀 예기하지 못했던 경제적 또는 정치적 사태가 계약 체결 후에 발생함으로써 당초의 계약대로의 이행이 불가능해지거나 또는 심히 곤란해져 계약의 본질적 변경이 불가피해진 경우 당사자는 계약내용의 변경을 요구할 수 있다. plant(산업설비)나 대형 선박 등 그 제작에 장기간이 소요되는 경우 공사기일의 조정 또는 인도일자의 연장, 계약금액의 변경, 규격(사양)의 변경 등을 위하여 설정된다.

● **무역계약의 요건**
① 양당사자의 의사표시의 합치
② 약인(consideration)
  물품매매계약에서 대금의 지급과 대금지급에 따른 물품인도와 같은 행위인 대가의 상호교환을 말한다.
③ 거래의 목적물과 방법의 합법성
④ 당사자 행위 능력

## 04 신용조회(Credit Inquiry)

거래 제의에 대하여 거래 관계가 성립되기 전에 거래 대상 업체에 대한 신용상태를 확인하는 것을 신용조회라 하며 향후 거래 가능성을 진단하고 위험요소를 사전에 예방한다는 차원에서 매우 중요하다. 통상적으로 다음과 같은 사항을 주로 검토하게 된다.

[표 1-1] 신용조회의 내용

| 조회 부분 | 조회 내용 |
|---|---|
| 인격(Character) | 개성(Personality), 성실성(integrity), 평판(reputation), 영업태도(attitude toward business), 채무변제의무의 이행열의(willingness to meet obligation) |
| 능력(Capacity) | 매출(Turn-over), 사업연혁(historical background, career), 신의(goodwill) |
| 자본(Capital) | 해당업체의 재정상태(Financial Status)에 관한 내용을 체크하게 되며 납입자본(Paid-in Capital)과 수권자본(Authorized Capital)의 구성비율 등을 조사하며 이를 위하여 대차대조표(balance sheet), 손익계산서(profit and loss statement)를 요구하기도 한다. |

● Character, Capacity, Capital을 신용조회의 3요소(3C's) 라 하고 condition, collateral(담보), currency(거래통화), country 중 2개를 더하여 5C's라 한다.

신용조회는 다음과 같은 방법을 이용한다.


① 상업흥신소(Commercial or Mercantile Agency; Credit Information Agency)
  - 정확한 정보를 얻을 수 있으나 시간과 비용이 많이 든다는 단점이 있다.
② 외국환은행(Exchange Bank) 또는 무역보험공사
③ 동업자조회처(Trade Reference)
④ 현지 실지시행 : 자사의 신용조사자를 파견하는 방법

# 제2장 청약과 승낙

청약(offer)이란 일정한 내용의 계약을 성립시킬 목적으로 상대방에 대하여 행해지는 일방적 의사표시이며, 계약을 성립시키려는 목적의 확정적인 의사표시이다. 매도인이나 매수인이 물품과 인도일자, 거래 조건 등을 제시하여 매매를 성사시키기 위하여 제시하는 조건이나 행위를 의미한다. 즉 어떠한 조건을 제시하여 상대로 하여금 거래여부를 제안하는 것을 말한다.

## 01 청약(Offer)의 종류

### (1) Firm Offer(확정오퍼)

청약자(Offerer)가 청약기간에 대하여 승낙회답의 유효기간을 정하고 내는 오퍼를 말한다. 유효기간을 정하지 않더라도 그 청약이 확정적(firm) 또는 취소불능(Irrevocable)이라는 표시가 있으면 확정청약으로 간주한다. 확정오퍼는 유효기간이 경과하면 자동적으로 효력을 상실하며, 유효기간 내에 상대방이 승낙통지를 하면 계약이 체결된 것으로 간주한다.

[예1] We are pleased to offer you firm subject to your reply reaching here by Dec 3 as follows :
「당사는 다음과 같이 귀사의 회신이 당사에 12월 3일까지 도착하는 것을 조건으로 하여 확정청약합니다.」
[예2] This firm offer is subject to acceptance reaching your reply here by Oct 31, 2025.
「본 확정청약은 귀사의 승낙이 2025년 10월 31일까지 당사에 도착하는 것을 조건으로 합니다.」

### (2) Free Offer(불확정오퍼 ; 무확정오퍼)

청약자가 청약 시 승낙회답의 유효 기간이나 확정적(firm)이라는 표시를 하지 아니한 청약이다. 이는 상대방이 승낙을 하기 전까지는 청약자가 청약 내용을 일방적으로 철회하거나 변경할 수 있으며 피청약자(offeree)의 승낙이 있어도 청약자(Offeror)의 최종 확인(Final Confirmation)이 필요하다.

### (3) Counter Offer(반대오퍼 ; 역오퍼)

오퍼를 받은 자(offeree ; 피청약자)가 청약한 매매조건의 일부 또는 전부를 변경하여 원 청약자(offeror)에게 다시 제시하는 오퍼를 말한다. 이는 원청약에 대한 거절이며 동시에 새로운 청약으로 간주된다.

[예] Your offer meets our requirements in quality. However, we need the merchandise shipped at the latest by July 20.
「귀사의 오퍼는 당사의 품질조건은 충족합니다. 그러나 늦어도 7월 20일까지는 물품이 선적되길 바랍니다.」

### (4) 교차청약(Cross Offer)

청약자와 피청약자 상호 간에 동일한 내용의 청약이 상호교차 되는 청약을 말하며 구상무역에서 사용된다.

### (5) 조건부청약(Conditional Offer)

[표 2-1] 조건부청약의 종류

| 종 류 | 설 명 |
|---|---|
| 재고잔유조건부청약<br>(offer subject to being unsold) | 승낙의 의사표시가 청약자에게 도달했을 때 재고가 남아있는 것을 조건으로 하는 청약. |
| 승인조건부 청약<br>(offer on approval) | 청약과 함께 견본을 송부하여 피청약자가 물품을 점검해보고 만족하면 청약이 유효하며 신시장 개척 시 적합하다. |
| 반품허용조건부 청약<br>(offer on sale or return) | 송부한 물품을 판매하고 잔품에 대하여 반품을 허용하는 조건. 서적 등 정기간행물의 판매에 적합하다. |
| 최종확인조건부 청약<br>(offer subject to final confirmation) | 피청약자가 승낙하여도, 청약자가 최종적인 수락확인을 하지 않으면 계약이 성립되지 않는 조건부청약이다. |
| 선착순판매조건부 청약<br>(offer subject to prior sale) | 피청약자의 승낙에 대하여 선착순으로 계약이 성립하게 되는 조건이며 동시에 다수 거래선에 청약을 할 경우에 사용된다. stock offer 라고도 한다. 불특정다수에게 재고물품을 일시에 처분하고자할 때 유용하다. |
| 시장변동조건부 청약<br>(offer subject to market fluctuation) | 청약서상의 물품가격은 시장가격의 변동에 따라 바뀌는 것을 전제로 하는 조건이다. 원유, 농산물, 원자재 등 국제가격의 변동이 잦은 물품에 이용하며 청약자입장에서는 시세변동의 위험을 줄일 수 있다. |
| 수출승인획득조건부 청약<br>(offer subject to export license) | 피청약자의 승낙이 있어도 청약자가 수출승인 취득을 해야만 계약이 성립되는 청약을 말함. |
| 수입승인획득조건부 청약<br>(offer subject to import license) | 청약자의 승낙이 있어도 피청약자가 수입승인을 취득해야 계약이 성립되는 청약을 말함. |

> **Check Point**
> ● CIGS상 청약이 확정력을 갖추기 위한 최소한의 계약조건은 **물품(goods), 수량(quantity), 가격(price)**이다.
> ● CISG에서는 청약과 승낙은 피청약자에게 도달하였을 때에 효력이 발생하는 것으로 규정하고 있다.
> (Ex) [도달주의를 나타낸 영문표현]
> This offer is subject to acceptance reaching [arriving] here [to us] by March 1, 2025.
> [이 청약은 2025년 3월 1일까지 이곳에 도착하는 것을 승낙의 조건으로 한다]
>
> ● **청약의 철회와 취소**
> 청약의 철회(withdrawal)란 청약으로서의 효력이 아직 발생하기 이전의 상태에서 청약자가 임의로 청약 효력을 소멸시키는 것을 말한다. 그러나 청약의 취소(revocation)는 청약이 상대방에게 일단 도착하여 효력을 발생시킨 후 피청약자가 승낙의 통지를 보내기 전에 취소시키는 것을 말한다. 청약은 취소불능이라 하더라도 그 철회가 청약의 도달 전 또는 그와 동시에 피청약자에게 도달하는 경우에 이를 철회할 수 있다[CISG 제15조-(2)].

### (6) 청약의 유인(invitation to treat)

청약이 법적으로 구속력을 가지고 상대방에게 보내는 확정적 의사표시임에 반하여 타인이 자신에게 청약을 하도록 유인하는 행위를 말한다. 다음의 사항들이 해당된다.

① sub-con offer(offer subject to confirmation : 확인조건부 청약)인 불확정청약
② 정찰가 상품
③ 경매와 입찰(auction, bid)
④ 광고와 카탈로그, 정가표, 견적서와 같은 유사 청약(inquiry, quotation, price list 등)

## 02 승낙(acceptance)

### (1) 승낙의 조건

① 승낙은 약정된 기간 또는 합리적 기간 내에 이루어져야 한다.
② 청약이 특정인 앞으로 되었다면 승낙도 동일인에 의해서 이루어 져야 한다.
③ 승낙은 무조건적(unconditional; unqualified)이고 절대적이어야 한다.

### (2) 계약을 성립시키지 못하는 승낙

① **지연된 승낙(late acceptance)**

승낙기일을 넘겨서 피청약자가 청약자에게 승낙을 통지한 경우를 말한다. 지연된 승낙은 청약자가 지체 없이 구두로 피청약자에게 유효하다고 통지하거나 그러한 취지통지를 발송하는 경우 승낙으로서 유효하다. 즉 피청약자가 승낙기일을 넘겼다 하더라도, 청약자가 승낙의 수락 여부를 선택할 수 있다는 뜻이다.

> A late acceptance is nevertheless effective as an acceptance if without delay the offeror orally so informs the offeree or dispatches a notice to that effect .
> 「지연된 승낙일지라도 청약자가 피청약자에게 승낙으로 인정한다는 사실을 지체 없이 구두통지하거나 그러한 취지의 통지를 발송하면 승낙으로서의 효력을 갖는다.」[CISG 제21조 1항]

② 승낙의 침묵(silence)

무역거래상 흔히 상대방의 청약에 대하여 하등의 회신을 하지 않는 경우가 있는데, 이를 승낙으로 볼 것인가, 거절로 볼 것인가 하는 의문이 있을 수 있다. CISG에서는 청약에 대한 동의를 나타내는 뜻을 표시한 피청약자의 진술, 기타의 행위는 승낙으로 간주하지만, 침묵(silence) 또는 무행위(inactivity) 그 자체는 승낙이 될 수 없음을 규정하고 있다.

> A statement made by or other conduct of the offeree indicating to an offer is an acceptance. Silence or inactivity does not in itself amount to acceptance.
> 「청약에 대한 동의를 표시하는 피청약자의 진술 또는 기타의 행위는 이를 승낙으로 한다. 침묵 또는 무작위 그 자체는 승낙으로 간주되지 않는다.」[CISG 제18조]

③ 부분승낙(Partial Acceptance)

청약에 대하여 전부가 아닌 일부분만 수용하는 것은 청약조건의 변경을 의미하므로 반대청약과 마찬가지로 새로운 청약으로 간주되며 계약의 성립이 되지 않는다.

④ 변경승낙(modified acceptance)

원청약의 내용을 변경해서 승낙하는 것은 계약을 성립시키지 못하며 counter offer가 된다.

⑤ 반대청약 후 다시 원청약의 승낙

원청약에 대하여 반대청약하였는데, 이에 대한 철회의 의사를 밝히고 원청약을 다시 승낙한다는 의사를 표시해도 계약은 성립되지 않는다. 반대청약을 먼저 하면 원청약의 효력이 상실되기 때문이다.

⑥ 조건부승낙(conditional acceptance)

청약에 대하여 어떤 조건을 붙이고 이의 수용에 따라 승낙을 하겠다는 의사표시를 말하는데, 이는 계약이 성립되지 않는다. 그러나 의뢰부승낙과는 구별된다.

→ **Check Point**
**acceptance accompanied by request(의뢰부승낙)**
오퍼된 내용에 대해서 가격의 인하, 품목의 변동 등에 대하여 조회하는 것을 말한다. 이는 적극적으로 오퍼를 수정하고자 하는 의도가 아니라 그 가능성에 대하여 타진하는 것이므로 반대청약이나 부분승낙과 같이 청약의 효력에 영향을 미치진 않는다. 예를 들어 100개를 더 주문하면 5%를 할인해 줄 수 있는가, 또는 Model ABC를 Model XYZ로 바꾸면 단가가 조정이 되는가 정도에 대해서 조회하는 것이다.
[예문] We are pleased accept your offer dated May 7. If possible, use the item and accessories imported from Italy.[5월 7일자 청약을 수락합니다. 가능하면 이탈리아 수입산 품목과 액세서리를 사용해 주세요.]

### (3) 승낙철회

승낙은 승낙의 효력이 발생하기 이전에 혹은 그와 동시에 철회의 통지가 청약자에게 도달하는 경우에 승낙은 철회될 수 있다. 승낙의 도달에 의하여 계약이 성립되기 이전이라면 승낙은 언제든 철회가 가능하다.

### (4) 승낙기간

① 전 보 - 발신을 위해 교부된 때부터 기산
② 서 신 - 서신에 표시된 일자 또는 봉투에 표시된 일자
③ 전화, 텔렉스 또는 동시적 통신수단 - 피청약자에게 도달한 시점부터 기산
   (우리나라에선 청약은 도달주의, 승낙은 발신주의를 택하고 있지만 위 ③항에 대해선 대화자로 간주하여 도달주의를 택하고 있다)
④ 승낙기간의 말일이 청약자의 영업소에서 공휴일 또는 비영업일에 해당되어 청약자에게 승낙의 통지가 전달될 수 없는 경우는 이어지는 최초 영업일까지 연장된다.

### (5) 무역계약의 일반적인 성립과정

**무역계약의 성립과정**

청약자 (Offeror) → → 피청약자 (Offeree)

1. 해외시장조사 및 거래처선정 (Overseas Market Research)
2. 거래권유 (Circular Letter)
3. 상품조회 (Trade Inquiry)
4. 조회서신 및 신용조회 (Reply to inquiry and Credit inquiry)
5. 청약 (Offer)
6. 반대청약 (Counter Offer)
7. 확정청약 (Firm Offer)
8. 승낙 (Acceptance)
9. 계약 (Contract)

# 제3장 무역계약조건

무역거래에 있어서 구체적인 개별거래를 성립시키는 청약이나 주문 그리고 매매계약서(sales contract)에서도 매매거래의 제반조건이 제시되어야 한다. 이를 구체적으로 약정하지 않으면 장래의 클레임에 대처하기 어려워질 수도 있고, 조건해석을 두고 상호간에 마찰이 생기기 쉽다.

## 01 품질조건(Terms of Quality)

어떠한 품질수준을 조건으로 하여 거래약정을 할 것인가는 보통 [표 3-1]의 방법이 많이 이용되고 있다.

[표 3-1] 품질조건에 따른 매매의 종류

| 종 류 | 설 명 |
|---|---|
| 견본에 의한 매매<br>(Sales by sample) | 상품전체를 대표하는 상품의 일부 또는 한 개를 이용한 견본에 의해 당해 상품의 품질을 결정하는 매매약정 방법이다. 대부분의 일반 공산품이 여기에 해당하며 무역거래에서 가장 널리 이용되고 있는 방법이다. |
| 상표에 의한 매매<br>(Sales by brand or trade mark) | 세계적으로 널리 알려져 있는 상표만으로 가격을 정하여 계약하는 것으로서 견본을 제시할 필요가 없다. (예) Parker, Rolex, Coca-Cola 등 |
| 규격에 의한 매매<br>(sales by type or grade) | 물품의 규격이 국제적으로 통일되어 있거나 수출국의 공적규격으로 특정되어 있는 경우에 품질의 기준으로 한다. (예) 국제표준화기구(ISO), 영국의 BBS, 한국의 KS, 일본의 JLS |
| 명세서에 의한 매매<br>(sales by specification) | 견본이나 현품에 의할 수 없는 경우 또는 상표나 성질 등의 표시에 의하는 것이 곤란할 경우에 채택하는 방법이다. (예) 선박, 운반기계, 의료기기, 철도, 차량 등 - 설명서, 설계도, 카탈로그, 청사진(blue print) 등을 통해 계약 |
| 표준품에 의한 매매<br>(sales by standard) | 실제 견본을 이용할 수 없는 천연산물 등의 물품거래에 사용되며 표준품(standard)을 기초로 하여 매매가 이루어진다. 표준품보다 품질이 좋으면 값을 더 받고 나쁘면 값을 깎아준다. |
| 평균중등품질<br>(F.A.Q.; Fair Average Quality) | 주로 곡물이나 과일 등 농산물과 같이 일정한 규격이 없고 견본제시도 곤란할 때 사용된다. 해마다 또는 생산지역에 따라 그 품질이 다르므로 공인 기관이 설정한 해당연도의 평균 중등품의 등급을 받은 물품으로 거래한다. |
| 판매적격품질<br>(G.M.Q.; Good Merchantable Quality) | 목재, 냉동어류 등 외관상으로 품질을 알 수 없으므로 목적지에서 검사하여 판매에 적격품으로 인정될 경우에 적용한다. |

| 보통표준품질<br>(U.S.Q.; Usual Standard Quality) | 주로 원면(cotton)거래에 이용되며 공인검사기관 또는 공인표준기관에 의하여 표준품이 되는 품질조건이 미리 정해져 있다. |
|---|---|
| 점검매매<br>(Sales by Inspection) | 매수인이 현품을 직접 확인한 후 매매계약을 체결하는 것을 말하며 국내에서는 널리 활용될 수 있지만 무역거래에서는 BWT거래, COD 등의 거래에서 제한적으로 사용된다. |

## 02 품질의 결정 시기

계약상의 품질은 대상물품, 운송수단, 운송거리, 물품의 선적 시기와 도착 시기에 따라서 다양한 조건들이 나올 수 있다.

### (1) 일반물품의 선적 시기

#### ① 선적품질조건(Shipped quality terms)

인도물품의 품질이 약정한 품질과 일치하는가 여부를 선적 시의 품질에 의해 결정하는 방법이며 일반공산품에 널리 사용된다. F조건이나 CFR, CIF, CIP 등의 출발지(선적지)인도조건은 선적품질조건이며, 표준품매매의 FAQ 조건도 역시 마찬가지다. 매도인은 운송 중 변질된 제품에 대하여 책임을 지지 않는다.

#### ② 양륙품질조건(Landed quality terms)

상품의 품질을 양륙시의 품질에 의하여 결정하는 조건이며 매도인은 운송 중에 변질된 물품에 대하여 책임을 진다. 도착지인도조건(delivery terms)은 모두 여기에 해당되며 GMQ조건도 여기에 해당된다.

### (2) 곡물의 품질 결정 시기

[표 3-2] 곡물의 품질 결정 시기

| 구 분 | 설 명 |
|---|---|
| Tale Quale[T.Q.] | 선적품질조건으로서 매도인은 약정한 물품의 품질을 선적할 때까지만 책임을 진다. |
| Rye Terms[R.T.] | 호밀(Rye)거래에 있어서 물품이 도착 시 손상되어 있는 경우에 그 손해에 대하여 매도인이 변상하는 관례에서 유래되었으며 양륙품질조건(Landed quality terms) 이다. |
| Sea Damage[S.D.] | 원칙적으로는 선적품질조건이지만 항해 중 화물이 유손(Washing Over-Board ; 갑판의 물건이 파도에 휩쓸려 망실되는 것) 또는 응결(condensation; 가루나 화학물질이 굳음)에 의한 손해를 입은 경우에도 매도인이 부담한다는 조건으로서 선적 및 양륙품질 조건이 절충된 조건이다. |

## 03 중량조건

### (1) 총중량 조건(Gross Weight Terms)

포장을 포함한 중량으로서 행하는 조건이다.

### (2) 순중량 조건(Net Weight Terms)

순중량 조건이란 총중량에서 포장을 제외한 상품의 정미중량(正味重量)으로 결정하는 조건을 말한다. 도량형은 나라마다 다를 수 있으므로 나중에 도량형의 차이로 인한 불필요한 분쟁을 피하기 위해선 적용되는 도량형의 기준을 정확히 합의하여야 한다.

① 중량단위의 표시

[표 3-3] 국가별 도량형의 구분

| L/T : long ton | 1,016kg | 2,240 lb (파운드) | 영국계 |
| S/T : short ton | 907kg | 2,000 lb | 미국계 |
| M/T : metric ton | 1,000kg | 2,204 lb | 프랑스계(한국) |

② 개수를 나타내는 단위

낱개 또는 포장(package) 단위로 Piece(pcs, 1개), Dozen(12개), Gross를 사용하며, 잡화제품에 많이 사용된다.

```
1Dozen = 12pcs
1Gross = 12 dozen = 144pcs(12X12)
1Small Gross = 10 dozen = 120pcs(12X10)
1Great Gross = 12 Gross = 1,728pcs(12 X 12 X 12).
```

● 과부족용인조항(more or less clause : M/ L clause)
포장단위상품이나 개체물품처럼 정확히 그 수량을 표시할 수 없는 제품의 거래에서 약간의 과부족한 상태의 인도를 용인하는 것을 말한다. 곡물, 유류, 광석 등의 산물(bulk products) 등이 해당된다. 시험의 빈출부분이다.

① 과부족 허용용인조항 예문
가. 5% more or less at seller's option
  「± 5% 의 과부족은 매도인의 임의선택으로 한다.」
나. Seller has the option of delivering (or shipping) 5% more or less on the contract quantity.
  「매도인은 물품의 인도(또는 선적 시) 계약수량에서 3%의 과부족을 임의 택할 수 있다.」
다. Quantity, unless otherwise arranged, shall be subject to a variation of 5% plus or minus at seller's option

> 「달리 정하지 않는 한, 수량은 5%의 과부족변동을 매도인의 임의선택으로 허용하는 것으로 한다.」
> ② 신용장통일규칙(UCP600)에서의 과부족용인조항
>  가. 신용장에 물품의 수량이 과부족이 되어서는 안 된다고 명시하고 있지 않는 한, 5%의 과부족은 허용된다.
>  나. 「신용장에 명시된 수량과 관련하여 사용된 "about", "approximately" 란 표현은 언급된 수량의 10%를 초과하지 않는 과부족은 허용하는 것으로 해석한다.」라고 규정하였다.

> b. A tolerance **not to exceed 5% more or 5%** less than the quantity of the goods is allowed, provided the credit does not state the quantity in terms of a stipulated number of packing units or individual items and the total amount of the drawings does not exceed the amount of the credit.
> b. 신용장이 명시된 포장단위 또는 개개의 품목의 개수로 수량을 명기하지 아니하고 어음발행의 총액이 신용장의 금액을 초과하지 아니하는 경우에는, 물품수량이 5%를 초과하지 아니하는 과부족은 허용된다.
>  [UCP600 제 30조 신용장금액/수량/단가의 과부족 b]

③ 비신용장 방식에서의 과부족허용 여부
　신용장 방식에서는 과부족허용을 금지하지 않는 한 수량의 ±5% 과부족을 허용한다. 그러나 비신용장 방식인 T/T, 추심 등의 방식에서는 매매계약서상에 당사자끼리의 합의가 있을 경우에만 과부족이 허용된다.

## 04 선적 조건

### (1) 선적 기간의 표시 방법

#### ① 연월식으로 선적 시기를 명시하는 방법

(예) Shipment will be made from May to June, 2025.
　　「선적은 2025 5월 1일부터 6월 말일까지 이루어져야 한다.」

#### ② 기일을 명시하지 않고 선적 시기를 표시하는 방법

(예) Shipment will be made within thirty days from the date of this contract.
　　「선적은 본 계약일로부터 30일 이내에 이루어져야 한다.」

### (2) 신용장통일규칙(UCP600, 제3조 해석)상의 '기간/수량'에 관한 정의

무역거래에 있어서 결제방식을 신용장 거래로 할 경우 수익자(수출자)는 신용장에 기재된 선적일을 지키는 것은 대단히 중요하다. 선적일을 어기면 수출 대금 회수에 곤란을 겪게 되므로 영문으로 표기된 선적일에 대한 정의를 잘 알아두어야 한다. 선적일의 잘못된 해석이나 적용으로 자칫 분쟁이 발생할 수 있으므로 주의하여야 한다.

① to, until, till, from, by : 당해일자가 포함되는(include) 것으로 간주
　- from이 선적 기간으로 사용될 경우는 당해일자를 포함하지만 **환어음의 만기일에 쓰일 경우는**

해당일을 제외한다.

② after, before : 당해일자가 제외(exclude)되는 것으로 간주한다.

③ Shipment shall be effected during first half of May, 2025 : first half, second half 는 그 달의 1일부터 15일, 그리고 16일부터 말일까지를 포함하는 것으로 간주한다.

④ beginning, middle, end 는 각각 그 달의 1일부터 10일, 11일부터 20일, 21일부터 말일까지로 하고 양끝의 일자를 포함하는 것으로 해석한다.

⑤ 「즉시 선적」등과 같이 막연한 용어가 사용되었을 경우 은행은 그것을 무시한다.

(예) prompt, immediately, as soon as possible, etc.

⑥ on or about : 신용장상의 선적 시기의 융통성을 고려한 표현. 지정일자로부터 양단일을 포함하여 5일 전후까지의 기간 내(총 11일)에 선적되는 것으로 간주한다.

참고로 「on or before」는 not later than, by의 의미이다. on or before July 10이라고 선적일이 표시 되었다면 이는 7월 10일까지 선적하란 의미이다.

[예문] Shipment shall be made on or about July 10, 2021.
「선적은 2021년 7월 5일부터 7월 15일 사이에 이행되어야 한다.」

## 05 분할선적과 환적

| 구 분 | 설 명 |
|---|---|
| 분할선적<br>(Partial Shipment) | 매매목적물 전량을 수회로 나누어 선적하거나 화물을 최소한 둘 이상의 단위로 나누어 서로 다른 항로를 이용하거나 또는 서로 다른 운송수단에 선적하는 것을 말한다. |
| 환 적<br>(transshipment) | 선적항(적출항)에서 선적된 화물을 목적지로 가는 도중에 다른 선박(또는 운송기관)에 옮겨 싣는 것으로서 이적 이라고도 한다. |

b. For the purpose of this article, transhipment means unloading from one means of conveyance and reloading to another means of conveyance (whether or not in different modes of transport) during the carriage from the place of dispatch, taking in charge or shipment to the place of final destination stated in the credit.

b. 이 조에서, 환적이란 신용장에 명기된 발송, 수탁 또는 선적지로부터 최종목적지까지의 운송과정 중에 한 운송수단으로부터의 양화 및 다른 운송수단으로의 재적재를 말한다. [UCP600 제19조 b]

c. i. A transport document may indicate that the goods will or may be transshipped provided that the entire carriage is covered by one and the same transport document.

c. i. 운송서류는 물품이 환적될 것이라거나 또는 될 수 있다고 표시할 수 있다. 다만, 전 운송은 동일한 운송서류에 의하여 커버되어야 한다.[UCP600 제19조 b]

c. ⅱ. A transport document indicating that transshipment will or may take place is acceptable, even if the credit prohibits transshipment.
c.  ⅱ. 신용장이 환적을 금지하고 있는 경우에도, 환적이 행해질 것이라거나 또는 행해질 수 있다고 표시하고 있는 운송서류는 수리될 수 있다[UCP600 제19조 b]

## 06 할부선적(Installment Shipment)

할부선적이란 분할선적의 일종으로서 계약된 상품의 일정 수량을 일정 기간 동안 나누어 주기적으로 선적하도록 하는 것을 의미한다. 예를 들어, 어떤 물품을 매월 10일 인도를 기준으로 10회에 걸쳐서 인도하기로 하였는데 3회분은 정해진 10일에 도착하였으나 4회분이 10일이 지나 인도되었다면 기일을 어긴 4회분뿐만 아니라 나머지 6회분 모두 무효가 된다.

# 제4장 인코텀즈
(Incoterms 2020) - I

## 01 인코텀즈의 제정

인코텀즈(Incoterms)란 'International Commercial Terms'의 약칭으로서 「국내 및 국제거래조건의 사용에 관한 ICC규칙」이다. 프랑스 파리에 본부를 두고 있는 국제상업회의소 (ICC : International Chamber of Commerce)가 중심이 되어 1936년 제정되었으며 10년 단위로 한 번씩 개정된다. 그간 7차례 개정되었으며 인코텀즈 2020은 그 여덟 번째 개정으로서 2020년 1월 1일부터 발효되었다.

> **Check Point**
> ● 인코텀즈 개념 잡기
>
> 인코텀즈란 물품의 판매 가격을 결정할 때 사용하는 정형화된 국제표기이다. 예를 들어 tablet PC를 거래한다고 치자. 공장에서 생산되어 출고할 때 대당 가격이 USD100 라고 가정한다. 여기서 USD100는 인건비, 재료비, 금융비용, 홍보비, 기업 마진 등이 모두 포함된 개념이다. 수출자(매도인)는 부산에 사업장이 있고, 수입자(매수인)는 뉴욕에 거주한다고 할 때 수입자가 뉴욕의 자기 업체까지 물품을 운반해 달라고 할 경우 가격 USD100는 다시 수정되어야 한다. 뉴욕까지의 운송비용과 보험료, 기타 경비까지 부담해야 하므로 본 가격에 뉴욕까지의 제반 비용을 모두 합한 금액으로 가격이 다시 결정되어야 한다. 혹은 매도인이 부산항에서 물품만 선적해 주면 이후의 비용은 매수인 자신이 모두 부담하는 것으로 가격을 결정하고자 한다면 매도인은 부산항에서 선적하는 비용까지만 부담하면 될 것이다. 이 경우 본 가격 역시 공장에서 부산항까지의 내륙운송비를 포함하여야 하므로 USD100에서 약간 상향 조정될 것이다.
>
> 이와 같이 물품의 원가 이외에 매수인의 요구하는 인도조건에 따라 추가되는 여러 비용들이 있는데 이는 모두 가격에 반영되어야 할 것이다. 또한 추가 비용뿐만 아니라 물품을 인도할 때 물품의 상태는 언제까지 또는 어디까지 이상 없이 유지해야 하는지, 수출입통관은 누가 할 것인지에 대하여 규정해야 할 것이다. 이렇게 거래 조건에 따라 다양한 형태의 가격이 형성될 수 있는데 국제적으로 가장 널리 관습적으로 사용되는 것을 정리했을 때 11가지의 형태가 나오고, 이 정형화된 형태 11가지 중에서 선택하여 가격을 결정하고자 함이 인코텀즈의 근본 취지이다.
>
> 예를 들어 계약서상에 Unit Price(단가)를 「USD120 FOB Busan」이라고 표기했다면 이는 매도인이 부산항에서 물품을 본선에 선적해주고(선적비용 매도인 부담), 이 때 물품은 아무런 이상이 없어야 하며 선적이후의 운임, 보험료 등의 일체 경비는 매수인이 부담하는 조건으로 가격이 120달러라는 뜻이다. 인코텀즈를 「무역거래 조건의 해석에 관한 국제규칙」이라 함은 가격 조건에 FOB, CIF, DDP 등과 같이 정형화된 11가지 조건을 사용할 때 이러한 표기가 어떤 의미로 사용되는가에 대해서 국제적으로 통일시켜서 혼동 없이 사용하고자 함이다.

## 02 인코텀즈규칙의 역할

① 인코텀즈규칙의 목적

인코텀즈는 외국과의 무역거래에서 가장 일반적으로 사용되는 무역거래 조건의 해석에 관하여 일련의 국제규칙을 제공하자는 데에 그 목적이 있다. 정형화된 인코텀즈를 매매계약 시 원용함으로써 무역거래 조건의 해석에 따른 불확실성을 제거, 상거래 분쟁을 감소시키는 장점이 있다.

② 인코텀즈규칙의 사용

인코텀즈규칙은 예컨대 CIF, DAP 등과 같이 가장 일반적으로 사용되는 세 글자로 이루어지고 물품매매계약상 기업간 거래관행을 반영하는 11개의 거래조건(trade term)을 설명한다. 인코텀즈의 11가지 정형거래조건은 **매도인과 매수인의 의무와 비용, 위험의 분기점을 다루고 있으나 조건은 항상 매도인의 입장에서 이해를 하여야 한다.**

③ 빈출 부분

매도인의 위험의 분기점과 비용의 분기점을 살펴보고 해상운송과 복합운송 해당 유무, 수출입 통관의 주체, 물품의 양하 의무 등과 각 거래 조건의 영문 조항을 특히 눈여겨봐야 한다.

### (1) 인코텀즈규칙이 하는 역할

인코텀즈규칙은 다음 사항을 규정한다. A1/B1 등의 번호가 붙은 서로 대칭하는 일련의 10개의 조항에서 다음과 같은 사항들을 다루는데, 여기서 A조항은 매도인의 의무를, 그리고 B조항은 매수인의 의무를 지칭한다.

> ▶ Obligation : Who does what as between seller and buyer, e.g. who organize carriage or insurance of the goods or who obtains shipping documents and export or import license ;
> 「▶ 의무 : 매도인과 매수인 사이에서 누가 무엇을 하는지, 즉 누가 물품의 운송이나 보험을 마련하는지 또는 누가 선적서류와 수출 또는 수입허가를 취득하는지」

> ▶ Risk : Where and when the seller "deliver" the goods, in other words where risk transfers from seller to buyer ; and
> 「▶ 위험 : 매도인은 어디서 그리고 언제 물품을 "인도"하는지, 다시 말해 위험은 어디서 매도인으로부터 매수인에게 이전하는지」

> ▶ Costs : Which party is responsible for which costs, for example transport, packaging, loading or unloading costs, and checking or security - related costs.
> 「▶ 비용 : 예컨대 운송비용, 포장비용, 적재 또는 양하비용 및 점검 또는 보안관련 비용에 관하여 어느 당사자가 어떤 비용을 부담하는지」

## (2) 인코텀즈규칙이 하지 않는 역할

인코텀즈 그 자체는 매매계약이 아니며, 따라서 매매계약을 대체하지도 않는다. 즉 이미 존재하는 매매계약에 편입되는 때 그 매매계약의 일부가 될 뿐이다. 또한 무형재(전자적무체물, 용역, 기술, 컴퓨터 소프트웨어 등)도 다루고 있지 않다. 인코텀즈는 다음의 사항을 다루지 않는다.

- ▶ 매매계약의 존부
  (whether there is a contract of sale at all ;)
- ▶ 매매물품의 성상(性狀)
  (the specifications of the goods sold ;)
- ▶ 대금지급의 시기, 장소, 방법 또는 통화
  (the time, place, method or currency of payment of the price)
- ▶ 매매계약 위반에 대하여 구할 수 있는 구제수단
  (the remedies which can be sought for breach of the contract of sale)
- ▶ 계약상 의무이행의 지체 및 그 밖의 위반의 효과
  (most consequence of delay and other breaches in the performance of contractual obligations ;)
- ▶ 제재의 효력
  (the effect of sanctions ;)
- ▶ 관세부과
  (the imposition of tariffs ;)
- ▶ 수출 또는 수입의 금지
  (export or importer prohibitions ;)
- ▶ 불가항력 또는 이행가혹
  (force majeure or hardship ;)
- ▶ 지식재산권 또는
  (intellectual property rights ; or)
- ▶ 의무위반의 경우 분쟁해결의 방법, 장소 또는 준거법
  (the method, venue, or law of dispute resolution in case fo such breach)
- ▶ 매매물품의 소유권/물권의 이전
  (Not deal with the transfer of property/title/ownership of the goods sold)

## 03 모든 운송방식에 적용되는 규칙

인코텀즈2020은 운송 방식에 따라 정형거래조건을 분류하고 있다. 인코텀즈2020의 거래 조건 중 모든 운송방식에 적용되는 규칙(Rules for any mode or modes of transport), 즉 복합운송은 EXW, FCA, CPT, CIP, DAP, DPU 및 **DDP**의 7가지 조건이다.

### (1) 공장인도(Ex Works; EXW : Loco, On Spot terms 라고도 함)

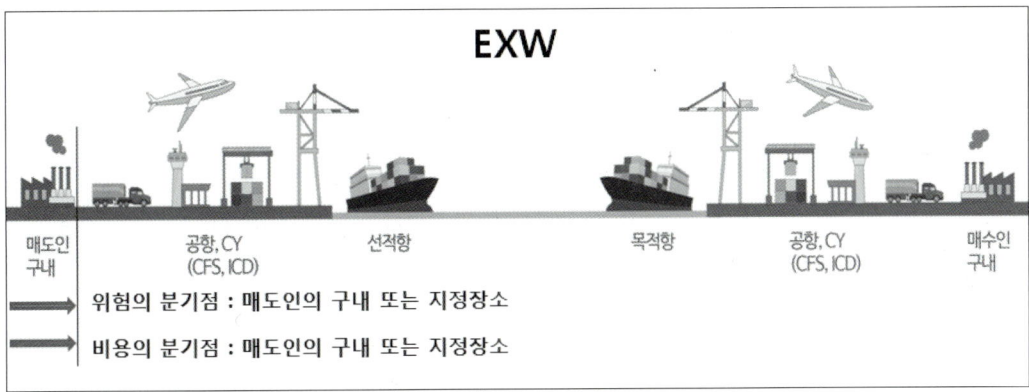

[그림 1-2] EXW 조건의 흐름

---

■ **EXPLANATION NOTES FOR USERS**

1. **Delivery and risk** -"Ex Works" means that the seller delivers the goods to the buyer
   ▶ when it places the goods at the disposal of the buyer at a named place(like a factory or warehouse), and
   ▶ that named place may or may not be the seller's premises

   For delivery to occur, the seller does not need to load that the goods on any collecting vehicle, nor does it need to clear the goods for export, where such clearance is applicable.

2. **Mode of transport**
   This rule may be used irrespective of the mode or modes of transport, if any, selected.

---

■ 사용자를 위한 설명문
1. **인도와 위험** - "공장인도"는 매도인이 다음과 같이 한 때 매수인에게 물품을 인도하는 것을 의미한다.
   ▶ 매도인이 물품을 (공장이나 창고와 같은) 지정장소에서 매수인의 처분하에 두는 때, 그리고
   ▶ 그 지정장소는 매도인의 영업구내일 수도 있고 아닐 수도 있다.

인도가 일어나기 위하여 매도인은 물품을 수취용 차량에 적재하지 않아도 되고, 물품의 수출통관이 요구되더라도 이를 수행할 필요가 없다.

2. **운송방식** – 본 규칙은 선택되는 어떤 운송방식이 있는 경우에 그것이 어떠한 단일 또는 복수의 운송방식인지를 불문하고 사용할 수 있다.

3. **Loading risks** - Delivery happens - and risk transfer - when the goods are placed, not loaded, at the buyer's disposal. Where the buyer is keen to avoid any risk during loading at the seller's premises, then the buyer ought to consider choosing the FCA rule(under which, if the goods are delivered at the seller's premises, the seller owes the buyer an obligation to load, with the risk of loss of or damage to the goods during that operation remaining with the seller)

4. **Export clearance** - With delivery happening when the goods are at the buyer's disposal either at the seller's premises or at another named point typically within the seller's jurisdiction or within the same Customs Union, there is no obligation on the seller to organize export clearance or clearance within third countries through which the goods pass in transit. Indeed, **EXW may be suitable for domestic trade,** where there is no intention at all to export the goods. Where the buyer intends to export the goods and where it anticipate difficulty in obtaining export clearance, the buyer would be better advised to choose the FCA rule, under which the obligation and cost of obtaining export clearance lies with the seller.

3. **적재위험** – 인도는 물품이 적재된 때가 아니라 매수인의 처분하에 놓인 때에 일어난다. 매도인의 영업구내에서 일어나는 적재작업 중의 위험을 피하고자 하는 경우에 매수인은 FCA규칙을 선택하는 것을 고려하여야 한다(FCA규칙에서는 물품이 매도인의 영업구내에서 인도되는 경우에 매도인이 매수인에 대하여 적재의무를 부담하고 적재작업 중에 발생하는 물품의 멸실 또는 훼손의 위험은 매도인이 부담한다).

4. **수출통관** – 물품이 매도인의 영업구내에서 또는 전형적으로 매도인의 국가나 관세동맹지역 내에 있는 다른 지정지점에서 매수인의 처분하에 놓인 때에 인도가 일어나므로, 매도인은 수출통관이나 운송 중에 물품이 통과할 제3국의 통관을 수행할 의무가 없다. 사실 EXW는 물품을 수출할 의사가 전혀 없는 **국내거래에 적절하다.** 매수인이 물품을 수출하기를 원하나 수출통관을 하는데 어려움이 예상되는 경우에, 매수인은 수출통관을 할 의무와 그에 관한 비용을 매도인이 부담하는 FCA 규칙을 선택하는 것이 좋다.

㉠ 매도인에게는 가장 부담이 작은 조건(minimum obligation)이지만 매수인에게는 가장 부담이 큰 조건이다.
㉡ 국제거래보다는 국내 거래에 적용이 용이하며, 국제거래 시에는 FCA조건이 더 적합하다.
㉢ 무역거래에 익숙하지 않은 수출업자가 이용하기에 편리한 조건이다.
㉣ 매수인이 직접 또는 간접적으로 수출 절차를 이행할 수 없을 경우에는 매도인이 자신의 비용과 위험으로 적재하고 수출통관을 하는 운송인인도조건(FCA)이 사용되어야 한다.
㉤ 만약 매도인이 물품을 적재한다면 이는 매수인의 위험 및 비용부담으로 한다.
㉥ 적용 예

■ Unit Price : USD100/pc EXW Samsung's warehouse #5, Suwon, Korea
– 매도인이 한국의 수원에 있는 삼성의 창고 5번에서 매수인에게 물품을 인도하는 조건으로 대당 100달러. 매수인 자신이 수출통관을 해야 하고 목적지까지의 모든 위험과 비용을 부담한다.

## (2) 운송인인도(Free Carrier, FCA)

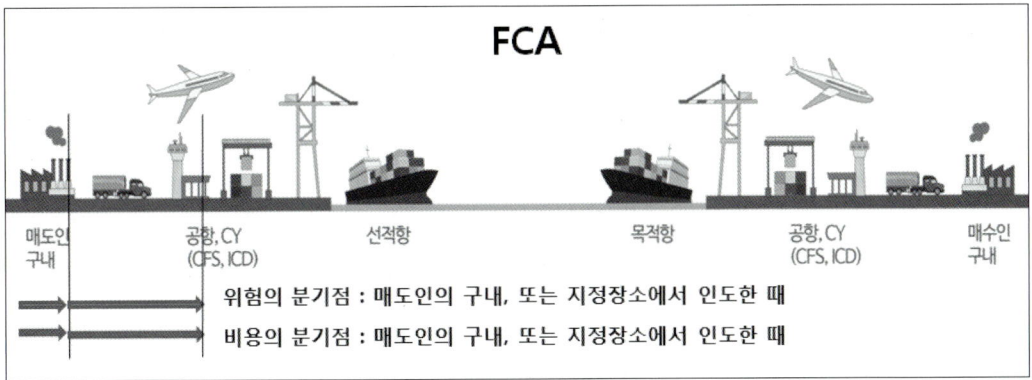

[그림 1-3] FCA 조건의 흐름

### ■ EXPLANATION NOTES FOR USERS

1. **Delivery and risk** - "Free Carrier (named place)" means that the seller delivers the goods to the buyer in one or other of two ways.
   ▶ First, when the named place is the seller's premises, the goods are delivered.
      ● when they are loaded on the means of transport arranged by the buyer.

   ▶ Second, when the named place is another place, the goods are delivered
      ● when, having been loaded on the seller's means of transport.
      ● they reach the named other place and

Whichever of two is chosen as the place of delivery, that place identifies where riks transfers to the buyer and the time from which costs are for the buyer's account.

2. **Mode of transport**
   This rule may be used irrespective of the mode of transport selected and may also be used where more than one mode of transport is employed

■ 사용자를 위한 설명문
1. **인도와 위험** – "운송인인도(지정장소)"는 매도인이 물품을 매수인에게 다음과 같은 두 가지 방법 중 어느 하나로 인도하는 것을 의미한다.
   ▶ 첫째, 지정장소가 매도인의 영업구내인 경우, 물품은 다음과 같이 된 때 인도된다.
      ● 물품이 매수인이 마련한 운송수단에 적재된 때

   ▶ 둘째, 지정장소가 그 밖의 장소인 경우, 물품은 다음과 같이 된 때 인도된다.
      ● 매도인의 운송수단에 적재되어서
      ● 지정장소에 도착하고

그러한 두 장소 중에서 인도장소로 선택되는 장소는 위험이 매수인에게 이전하는 곳이자 또한 매수인이 비용을 부담하기 시작하는 시점이 된다.

2. **운송방식** – 본 규칙은 선택되는 어떤 운송방식이 있는 경우에 그것이 어떠한 단일 또는 복수의 운송방식인지를 불문하고 사용할 수 있다.

3. **Place or point of delivery** - A sale under FCA can be concluded naming only the place of delivery, either at the seller's premises or elsewhere, without specifying the precise point of delivery within that named place. However, the parties are well advised *also* to specify as clearly as possible the precise *point* within the named place of delivery. A named precise *point* of delivery makes it clear to both parties when the goods are delivered and when risk transfers to the buyer ; such precision also marks the point at which costs are for the buyer's account.

3. **인도장소 또는 인도지점** – FCA매매는 지정장소 내에 정확한 인도지점을 명시하지 않고서 매도인의 영업구내나 그 밖의 장소 중에서 어느 하나를 단지 인도장소로 지정하여 체결될 수 있다. 그러나 당사자들은 지정인도장소 내에 정확한 지점도 가급적 명확하게 명시하는 것이 좋다. 그러한 정확한 지정인도지점은 양당사자에게 언제 물품이 인도되는지와 언제 위험이 매수인에게 이전하는지 명확하게 하며, 또한 그러한 정확한 지점은 매수인의 비용부담의 기준점을 확정한다. 그러나 정확한 지점이 지정되지 않는 경우에는 매수인에게 문제가 생길 수 있다. 이러한 경우에 매도인은 "그의 목적에 가장 적합한" 지점을 선택할 권리를 갖는다. 즉 이러한 지점이 곧 인도지점이 되고 그곳에서부터 위험과 비용이 매수인에게 이전한다.

4. **"or procure goods so delivered"** - The reference to "procure" here caters for multiple sales down a chain (string sales), particularly, although not exclusively, common in the commodity traders.

4. **"또는 그렇게 인도된 물품을 조달한다"** – 여기에 "조달한다"(procure)고 규정한 것은 꼭 이 분야에서 그런 것만은 아니지만 특히 일차산품거래(commodity traders)에서 일반적인 수차에 걸쳐 연속적으로 이루어지는 매매(연속매매 ',' string sales')에 대응하기 위함이다.

5. **Export/Import Clearance** - FCA requires the seller to clear the goods for export, where applicable. However, the seller has no obligation to clear the goods for import or for transit through third countries, to pay any import duty or to carry out any import customs formalities.

5. **수출/수입통관** – FCA에서는 해당되는 경우에 매도인이 물품의 수출통관을 하여야 한다. 그러나 매도인은 물품의 수입을 위한 또는 제3국 통과를 위한 통관을 하거나 수입관세를 납부하거나 수입통관절차를 수행할 의무가 없다.

6. **Bills of lading with an on-board notation in FCA sales** - We have already seen that FCA is intended for use irrespective of the mode or modes of transport used. Now if goods are being picked up by the buyer's road-haulier in Las Vegas, it would be rather uncommon to expect a bill of lading with an on-board notation to be issued by the carrier *from Las Vegas*, which is not a port and which a vessel cannot reach for goods to be placed on board. Nonetheless, seller selling FCA Las Vegas do sometimes find themselves in a situation where they *need* a bill of lading with an on-board notation (typically because of a bank collection or a letter of credit requirement), albeit necessary stating that the goods have been placed on board in Los Angeles as well as stating that they were received for carriage in Las Vegas.

To cater for this possibility of an FCA seller needing a bill of lading with an on-board notation, FCA Incoterms 2020 has, for the first time, provided the following optional mechanism. If the parties have so agreed in the contract, the buyer must instruct its carrier to issue a bill of lading with an on-board notation to the seller. The carrier may or may not, of course, accede to the buyer's request, given that the carrier is only bound and entitled to issue such a bill of lading once the goods are on board in Los Angeles.

However, if and when bill of lading is issued to the seller by the carrier at buyer's cost and risk, the seller must provide that same document to the buyer, who will need the bill of lading in order to obtain discharge of the goods from the carrier. This optional mechanism becomes unnecessary, of course, if the parties have agreed that the seller will present to the buyer a bill of lading stating simply that the goods have been received for shipment rather than they have been shipped on board.

 **6. FCA매매에서 본선적재표기가 있는 선하증권** - 이미 언급하였듯이 FCA는 사용되는 운송방식이 어떠한지 불문하고 사용할 수 있다. 이제는 매수인의 도로운송인이 라스베이거스에서 물품을 수거(pick-up)한다고 할 때, 라스베이거스에서 운송인으로부터 본선적재표기가 있는 선하증권을 발급받기를 기대하는 것이 오히려 일반적이지 않다. 라스베이거스는 항구가 아니어서 선박이 물품적재를 위하여 그곳으로 갈 수 없기 때문이다. 그럼에도 FCA Las Vegas 조건으로 매매하는 매도인은 때로는 (전형적으로 은행의 추심조건이나 신용장조건 때문에)무엇보다도 물품이 라스베이거스에서 운송을 위하여 수령된 것으로 기재될 뿐만 아니라 그것이 로스앤젤레스에서 선적되었다고 기재된 본선적재표시가 있는 선하증권이 필요한 상황에 처하게 된다. 본선적재표기가 있는 선하증권을 필요로 하는 FCA 매도인의 이러한 가능성에 대응하기 위하여 인코텀즈 2020 FCA에서는 처음으로 다음과 같은 선택적 기제를 규정한다. 당사자들이 계약에서 합의한 경우에 매수인은 그의 운송인에게 본선적재표기가 있는 선하증권을 매도인에게 발행하도록 지시하여야 한다. 물론 운송인으로서는 물품이 로스앤젤레스에서 본선적재된 때에만 그러한 선하증권을 발행할 의무가 있고 또 그렇게 할 권리가 있기 때문에 매수인의 요청에 응할 수도 응하지 않을 수도 있다. 그러나 운송인이 매수인의 비용과 위험으로 매도인에게 선하증권을 발행하는 경우에는 매도인은 바로 그 선하증권을 매수인에게 제공하여야 하고 매수인은 운송인으로부터 물품을 수령하기 위하여 그 선하증권이 필요하다. 물론 당사자들의 합의에 의하여 매도인이 매수인에게 물품의 본선적재 사실이 아니라 단지 물품이 선적을 위하여 수령되었다는 사실을 기재한 선하증권을 제시하는 경우에는 이러한 선택적 기제는 불필요하다.

㉠ 매도인이 물품을 수출통관하고, 지정된 장소에서 매수인에 의하여 지정된 운송인 또는 그 밖의 당사자에게 인도 할 때 매도인의 위험과 비용의 분기점은 종료된다.

㉡ 물품의 인도장소가 매도인의 영업 구내인 경우에는 물품이 매수인이 제공한 운송수단에 적재되는 때, 지정장소의 경우에는 물품이 매도인의 운송수단에 실린 채 양하 준비된 상태로 매수인이 지정한 운송인이나 제3자의 처분하에 놓인 때에 인도는 완료된다.

㉢ 적용 예

■ **Unit Price : USD100/pc FCA Inchon Airport, Korea**
  - 매도인이 한국의 인천공항에서 매수인이 지정한 운송인에게 물품을 인도하는 비용까지를 조건으로 하여 100달러. 매도인이 수출통관을 해야 하고 매수인에게 인도한 이후의 위험과 비용은 매수인의 부담이다.

### Check Point
● 연속매매(String Sale)와 조달(Procuring)의 의미

　일차산품(commodities)의 매매에서는 매도인이 최종 매수인에게 직판매하는 경우도 있지만 상황에 따라선 적하물이 운송되는 도중에 수차례 전매되는 경우도 있다. 이를 연속매매라 한다. 이러한 경우 원매도인에게서 물품을 구매하여 중간에 판매한 매도인은 물품이 이미 첫 번째 매도인에 의해 선적되어 있기 때문에, 자신이 물품을 「선적」하지는 않는다. 따라서 연속매매의 중간 단계에 있는 매도인은 최종 매수인에게 직접 물품을 선적하는 것이 아니라, 선적된 물품을 「조달(procuring)」함으로써 이행한다. 중간 단계의 매도인은 자신이 입수한 선하증권을 다음 단계의 매수인에게 양도함으로써 선적된 물품을 매도하게 된다. 이렇게 중간에 판매되는 경우를 명확히 하기 위해서 인코텀즈2020에서는 관련 규칙에서 매도인은 물품을 선적하거나 또는 그 대신 「선적된 물품을 조달」할 수 있는 것으로 규정하고 있다. 동 조건에서 「조달」에 관한 규정은 EXW를 제외한 전체 규칙에 적용된다.

### (3) 운송비지급인도(Carriage paid to, CPT)

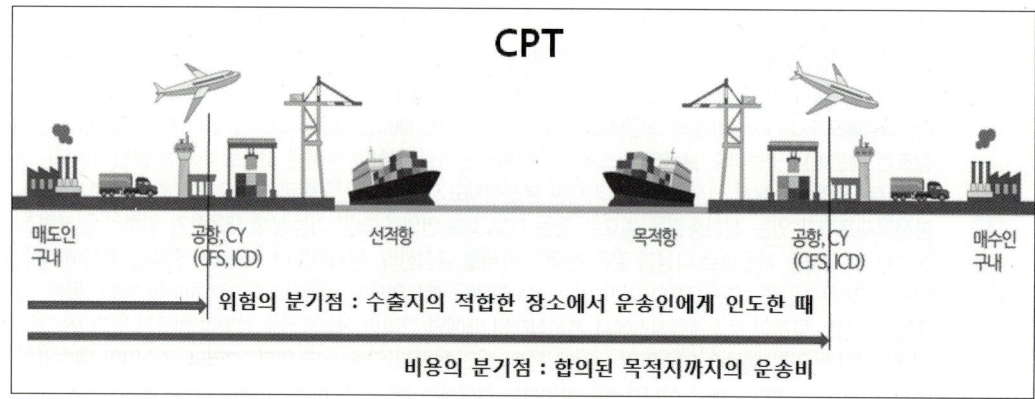

[그림 1-4] CPT 조건의 흐름

### ■ EXPLANATION NOTES FOR USERS

1. **Delivery and risk** - "Carriage Paid To" means that the seller delivers the goods-and transfer the risk- to the buyer
   ▶ by handling them over to the carrier
   ▶ contracted by the seller
   ▶ or by procuring the goods so delivered.
   ▶ The seller may do so by giving the carrier physical possession of the goods in the manner and at the place appropriate to the means of transport used.

　Once the goods have been delivered to the buyer in this way, the seller does not guarantee that the goods will reach the place of destination in sound condition, in the stated quantity or indeed at all. This is because risk transfers from seller to buyer when the goods are delivered to the buyer by handing them over to the carrier, the seller must nonetheless contract for the carriage of the goods from delivery to the agreed destination.

2. **Mode of transport**

　This rule may be used irrespective of the mode of transport selected and may also be used where more than one mode of transport is employed

■ 사용자를 위한 설명문
1. **인도와 위험** – "운송비지급인도"는 매도인이 다음과 같이 매수인에게 물품을 인도하는 것을 – 그리고 위험을 이전하는 것을 – 의미한다.
   ▶ 매도인과 계약을 체결한 운송인에게
   ▶ 물품을 교부함으로써
   ▶ 또는 그렇게 인도된 물품을 조달함으로써
   ▶ 매도인은 사용되는 운송수단에 적합한 방법으로 그에 적합한 장소에서 운송인에게 물품의 물리적 점유를 이전함으로써 물품을 인도할 수 있다.

   물품이 이러한 방법으로 매수인에게 인도되면 매도인은 그 물품이 목적지에 양호한 상태로 그리고 명시된 수량 또는 그 전량이 도착할 것을 보장하지 않는다. 왜냐하면 물품이 운송인에게 교부됨으로써 매수인에게 인도된 때 위험은 매도인으로부터 매수인에게 이전하기 때문이다. 그러나 매도인은 물품을 인도지로부터 합의된 목적지까지 운송하는 계약을 체결하여야 한다.

2. **운송방식** – 본 규칙은 어떠한 운송방식이 선택되는지를 불문하고 사용할 수 있고 둘 이상의 운송방식이 이용되는 경우에도 사용할 수 있다.

3. **Identifying the place or point of delivery with precision** - the parties are well advised to identify both places, or indeed points within those places, as precisely as possible in the contract of sale. Identifying the place or point (if any) of delivery as precisely as possible is important to cater for the common situation where several carriers are engaged, each for different legs of the transit from delivery of destination.

4. **Export/Import Clearance** - CPT requires the seller to clear the goods for export, where applicable. However, the seller has no obligation to clear the goods for import or for transit through third countries, to pay any import duty or to carry import customs formalities.

5. **Costs of unloading at destination** - If the seller incurs costs under its contract of carriage related to unloading at the named place of destination, the seller is not entitled to recover such costs separately from the buyer unless otherwise agreed between the parties.

3. **정확한 인도장소 또는 인도지점 지정** – 당사자들은 매매계약에서 가급적 정확하게 두 장소(인도장소 및 목적지) 또는 그러한 두 장소 내의 실제 지점들을 지정하는 것이 좋다. 인도장소나 인도지점(있는 경우)을 가급적 정확하게 지정하는 것은 복수의 운송인이 참여하여 인도지부터 목적지까지 사이에 각자 상이한 운송구간을 담당하는 일반적인 상황에 대응하기 위하여 중요하다.

4. **수출/수입통관** – CPT에서는 해당되는 경우에 매도인이 물품의 수출통관을 하여야 한다. 그러나 매도인은 물품의 수입을 위한 또는 제3국 통과를 위한 통관을 하거나 수입관세를 납부하거나 수입통관절차를 수행할 의무가 없다.

5 **목적지의 양하비용** – 매도인이 자신의 운송계약상 지정목적지에서 양하에 관하여 비용이 발생한 경우에 매도인은 당사자 간에 달리 합의되지 않은 한 그러한 비용을 매수인으로부터 별도로 상환받을 권리가 없다.

㉠ 목적지는 해상이 아니라, 수입지 내륙의 어느 합의된 지점이다.
㉡ 매도인은 지정목적지까지의 운송비를 부담하고 운송계약을 체결해야 한다.
㉢ 수출지에서 매도인이 지정한 운송인에게 물품을 인도할 때 위험의 분기점이 종료되는 것이지, 물품을 목적지에서 운송인에게 인도할 때 종료되는 것이 아니다.
㉣ 해상운송조건인 CFR 조건을 복합운송방식으로 바꿀 때 적용할 수 있다.
㉤ 매도인은 수출통관은 해야 하지만, 수입통관 및 관세 등의 지급의무는 없다.
㉥ 위험과 비용의 분기점이 서로 다르다.
㉦ 적용 예
- Unit Price : USD100 /pc CPT LAX Airport, LA, USA
- 매도인이 미국 로스앤젤리스 랙스공항까지 운송비를 부담하는 조건으로 대당 100달러

## (4) 운송비·보험료지급인도(Carriage and insurance paid to…, CIP)

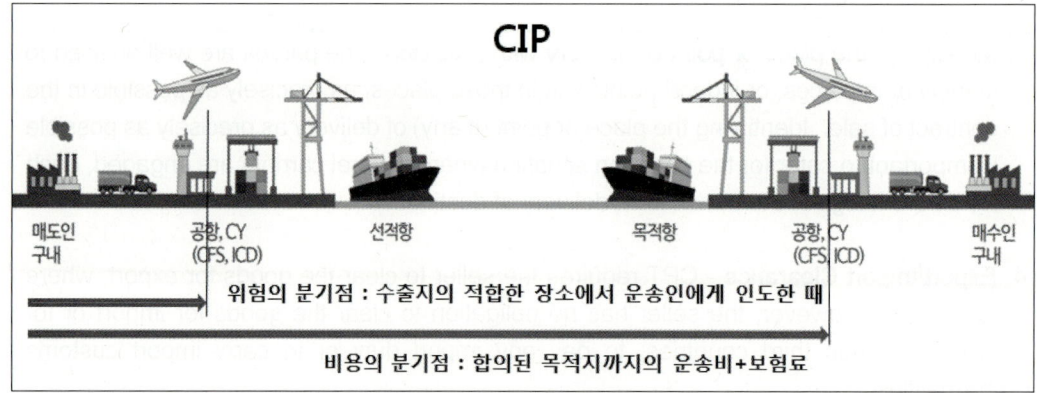

[그림 1-5] CIP조건의 흐름

운송비·보험료지급인도 규칙 조항은 보험계약 규정을 제외하고는 전술한 CPT와 모두 같다.

> ▶ **Insurance** - The seller must also contract for insurance cover **against the buyer's risk of loss of or damage to the goods** from the point of delivery to at least the point of destination. This may cause difficulty where the destination country requires insurance cover to be purchased locally : in this case the parties should consider selling and buying under CPT. The buyer should also note that under the CIP Incoterms 2020 rule the seller is required to obtain extensive insurance cover complying with Institute Cargo Clauses (A) or similar clause, rather than with the more limited cover under Institute Cargo Clauses (C). It is, however, still open to the parties to agree on a lower level of cover.

 ▶ 보험 – 매도인은 또한 인도지점부터 적어도 목적지점까지 **매수인의 물품의 멸실 또는 훼손 위험에 대하여** 보험계약을 체결하여야 한다. 이는 목적지 국가가 자국의 보험자에게 부보하도록 요구하는 경우에는 어려움을 야기할 수 있다. 이러한 경우에 당사자들은 CPT로 매매하는 것을 고려하여야 한다. 또한 매수인은 인코텀즈 2020 CIP 하에서 매도인은 협회적하약관의 C-약관에 의한 제한적인 담보조건이 아니라 협회적화약관의 A-약관이나 그와 유사한 약관에 따른 광범위한 담보조건으로 부보하여야 한다는 것을 유의하여야 한다. 그러나 당사자들은 여전히 더 낮은 수준의 담보조건으로 부보하기로 합의할 수 있다.

㉠ CPT에 매도인의 보험계약 체결의무가 더해진 조건이다.
㉡ 매도인은 최대부보조건인 ICC(A) 또는 ICC(A/R)조건으로 부보한다. 당사자가 합의하는 경우 이보다 낮은 수준의 담보 약관으로 보험계약을 할 수 있다.
㉢ 해상운송인 CIF 조건을 복합운송방식으로 바꿀 때 적용할 수 있다.
㉣ 적용 예
- Unit Price : USD100 /pc CIP LAX Airport, LA, USA
  - 매도인이 미국 로스앤젤리스 랙스공항까지 운송비와 보험료를 부담하는 조건으로 대당 100달러

## (5) 도착지인도(Delivered at Place, DAP)

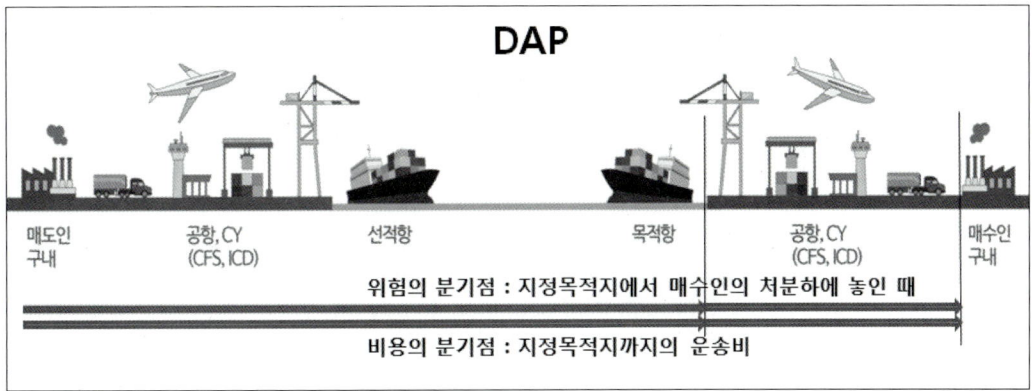

[그림 1-7] DAP 조건의 흐름

■ **EXPLANATION NOTES FOR USERS**

1. **Delivery and risk** - "Delivered at Place" means that the seller delivers the goods-and transfer risk- to the buyer
   ▶ when the goods are placed at the disposal of the buyer
   ▶ on the arriving means of transport ready for unloading
   ▶ at the named place of destination or
   ▶ at the agreed point within that place, if any such point is agreed.

   The seller bears all risks involved in bringing the goods to the named place of destination or to the agreed point within that place. In this Incoterms rule, therefore, delivery and arrival at destination are the same.

2. **Mode of transport**
   This rule may be used irrespective of the mode of transport selected and may also be used where more than one mode of transport is employed.

■ 사용자를 위한 설명문
1. **인도와 위험** – "도착지인도"는 다음과 같이 된 때 매도인이 매수인에게 물품을 인도하는 것을 – 그리고 위험을 이전하는 것을 – 의미한다.
   ▶ 물품이 지정목적지에서 또는
   ▶ 지정목적지 내에 어떠한 지점이 합의된 경우에는 그 지점에서
   ▶ 도착운송수단에 실어둔 채 양하준비된 상태로
   ▶ 매수인의 처분하에 놓인 때

   매도인은 물품을 지정목적지까지 또는 지정목적지 내의 합의된 지점까지 가져가는 데 수반되는 모든 위험을 부담한다. 따라서 본 인코텀즈규칙에서 인도와 목적지의 도착은 같은 것이다.

2. **운송방식** – 본 규칙은 선택되는 어떤 운송방식이 선택되는지를 불문하고 사용할 수 있고 둘 이상의 운송방식이 이용되는 경우에도 사용할 수 있다.

3. **Unloading costs** - The seller is not required to unload the goods from the arriving means of transportation. However, if the seller incurs costs under its contract of carriage related to unloading at the place of delivery/destination, the seller is not entitled to recover such costs separately from the buyer unless otherwise agreed between the parties.

4. **Export/Import Clearance** - DAP requires the seller to clear the goods for export, where applicable. However, the seller has no obligation to clear the goods for import or for post-delivery transit through third countries, to pay any import duty or to carry out any import customs formalities. As a result, if the buyer fails to organize import clearance, the goods will be held up at port or inland terminal in the destination country. Who bears the risk of any loss that might occur while the goods are thus held up at the port of entry in the destination country? The answer is the buyer. If the parties intend the seller to clear the goods for import, pay any import duty or tax and carry out any import customs formalities, the parties might consider using DDP.

3. **양하비용** – 매도인은 도착운송수단으로부터 물품을 양하(unloading)할 필요가 없다. 그러나 매도인이 자신의 운송계약상 인도장소/목적지에서 양하에 관하여 비용이 발생한 경우에 매도인은 당사자 간에 달리 합의되지 않은 한 그러한 비용을 매수인으로부터 별도로 상환받을 권리가 없다.

4. **수출/수입통관** – DAP에서는 해당되는 경우에 매도인이 물품의 수출통관을 하여야 한다. 그러나 매도인은 물품의 수입을 위한 또는 인도 후 제3국 통과를 위한 통관을 하거나 수입관세를 납부하거나 수입통관절차를 수행할 의무가 없다. 따라서 매수인이 수입통관을 못하는 경우에 물품은 목적지 항구나 내륙터미널에 묶이게 될 것이다. 그렇다면 물품이 목적지 국가의 입국항구(port of entry)에 묶여있는 동안에 발생하는 어떤 멸실의 위험은 누가 부담하는가? 그 답은 매수인이다. 매도인이 물품의 수입통관을 하고 수입관세나 세금을 납부하고 수입통관절차를 수행하도록 하고자 하는 경우에 당사자들은 DDP를 사용하는 것을 고려할 수 있다.

㉠ 지정목적지에서 물품을 운송수단에서 양하 준비된 상태로 매수인의 임의 처분에 둘 때 매도인의 위험과 비용이 종료된다.
㉡ 도착된 운송수단은 선박이 될 수도 있다.
㉢ 지정목적지는 지정된 항구일수도 있고 내륙의 지정된 장소일 수도 있다.

ⓒ 적용 예
- Unit Price : USD100 /bbl DAP Shanghai Port pier3, Shanghai, China
  - 매도인이 중국 상하이항 3번 부두의 선상에서 양하하지 않고 매수인의 임의 처분 상태로 둘 때까지의 위험과 비용을 부담하는 조건으로 배럴당 100달러
- Unit Price : USD100 /pc DAP Changhong's premise, Shanghai, China
  - 매도인이 중국 상하이 창홍 사의 구내에서 물품을 양하하지 않고 매수인의 임의 처분 상태로 둘 때까지의 위험과 비용을 부담하는 조건으로 대당 100달러

## (5) 도착지양하인도(Delivered at Place Unloaded, DPU)

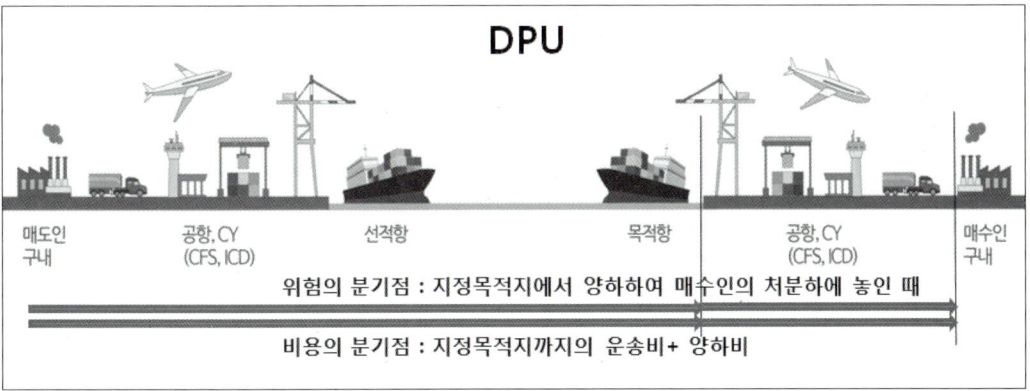

[그림 1-6] DPU조건의 흐름

매도인이 지정목적지에서 **물품을 운송수단에서 양하하여 인도한다**는 조건을 제외하고는 DAP 규칙과 모두 동일하다.

■ **EXPLANATION NOTES FOR USERS**

1. **Delivery and risk** - "Delivered at Place Unloaded" means that the seller delivers the goods-and transfer risk- to the buyer
   ▶ when the goods,
   ▶ once unloaded from the arriving means of transport,
   ▶ are placed at the disposal of the buyer
   ▶ at a named place of destination or
   ▶ at the agreed point within that place, if any such point is agreed.

The seller bears all risks involved in bringing the goods to and unloading them at the named place of destination. In this incoterms rule, therefore, the delivery and arrival at destination are the same. **DPU is the only Incoterms rule that requires the seller to unload goods at destination.** The seller should therefore ensure that it is in a position to organize unloading at the named place. Should the parties intend the seller not to bear the risk and cost of unloading, the DPU rule should be avoided and DAP should be used instead.

■ 사용자를 위한 설명문
1. **인도와 위험** – "도착지양하인도"는 다음과 같이 된 때 매도인이 매수인에게 물품을 인도하는 것을 – 그리고 위험을 이전하는 것을 – 의미한다.
   ▶ 물품이
   ▶ 지정목적지에서 또는
   ▶ 지정목적지 내에 어떠한 지점이 합의된 경우에는 그 지점에서
   ▶ 도착운송수단으로부터 양하된 상태로
   ▶ 매수인의 처분하에 놓인 때.

매도인은 물품을 지정목적지까지 가져가서 그곳에서 물품을 양하하는데 수반되는 모든 위험을 부담한다. 따라서 본 인코텀즈 규칙에서 인도와 목적지의 도착은 같은 것이다. **DPU는 매도인이 목적지에서 물품을 양하하도록 하는 유일한 인코텀즈규칙이다.** 따라서 매도인은 자신이 그러한 지정장소에서 양하를 할 수 있는 입장에 있는지를 확실히 하여야 한다. 당사자들은 양하의 위험과 비용을 부담하기를 원하지 않는 경우에는 DPU를 피하고 그 대신 DAP를 사용하여야 한다.

㉠ 수입지의 지정목적지에서 물품을 운송수단에서 양하한 후 매수인의 임의 처분 상태로 둘 때 매도인의 위험과 비용의 의무가 종료된다.
㉡ 인코텀즈2020에서 유일하게 매도인이 물품을 양하해야 할 의무가 있는 조건이다.
㉢ 적용 예

■ Unit Price : USD100 /pc DPU Hutchison Busan Terminal, Busan Port, Korea
   – 매도인이 한국, 부산항의 허치슨터미널에서 물품을 양하하여 매수인의 임의 처분 상태로 둘 때까지의 위험과 비용을 부담하는 조건으로 대당 100달러

■ Unit Price : USD100 /pc DPU KORENTA Co. Ltd, warehouse #10, Chicago, Illinois, USA
   – 매도인이 미국 시카고 소재 ㈜코렌타의 10번 창고에 물품을 양하하여 매수인의 임의 처분 상태로 둘 때까지의 위험과 비용을 부담하는 조건으로 대당 100달러

### (7) 관세지급인도(Delivered Duty Paid, DDP)

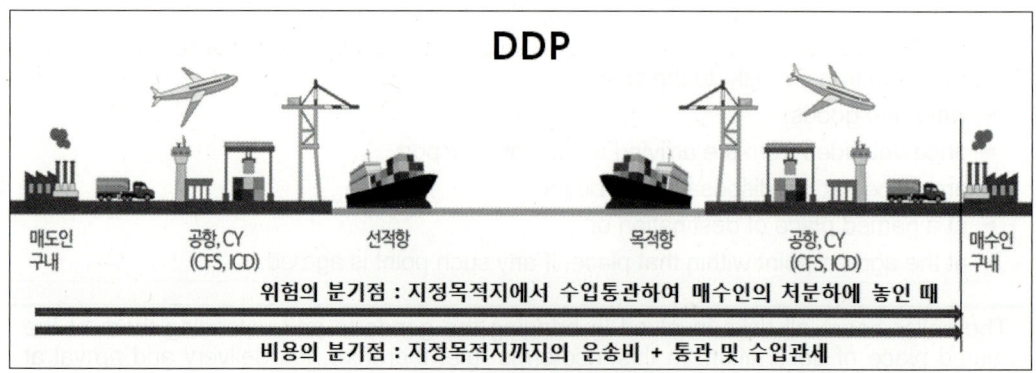

[그림 1-8] DDP 조건의 흐름

매도인이 수입관세 및 내국세를 부담하고 수입통관을 해야 하는 조건을 제외하고 DAP의 모든 조건과 동일하다.

## ■ EXPLANATION NOTES FOR USERS

1. **Delivery and risk** - "Delivered Duty Paid" means that the seller delivers the goods to the buyer
   ▶ when the goods are placed at the disposal of the buyer,
   ▶ cleared for import,
   ▶ on the arriving means of transport,
   ▶ ready for unloading,
   ▶ at the named place of destination or at the agreed point within that place, if any such point is agreed.

   The seller bears all risks involved in bringing the goods to the named place of destination or to the agreed point within that place. In this Incoterms rule, therefore, delivery and arrival at destination are the same.

### ■ 사용자를 위한 설명문
1. **인도와 위험** – "관세지급인도"는 다음과 같이 된 때 매도인이 매수인에게 물품을 인도하는 것을 말한다.
   ▶ 물품이 지정목적지에서 또는 지정목적지 내의 어떠한 지점이 합의된 경우에는 그러한 지점에서
   ▶ 수입통관 후
   ▶ 도착운송수단에 실어둔 채
   ▶ 양하준비된 상태로
   ▶ 매수인의 처분하에 놓인 때.

   매도인은 물품을 지정목적지까지 또는 지정목적지 내의 합의된 지점까지 가져가는데 수반되는 모든 위험을 부담한다. 따라서 본 인코텀즈규칙에서 인도와 목적지의 도착은 같은 것이다.

2. **A note of caution to sellers : maximum responsibility** - DDP, with delivery happening at destination *and* with the seller being responsible for the payment of import duty and applicable taxes is the Incoterms rule imposing on the seller the maximum level of obligation of all eleven Incoterms rules. From the seller's perspective, therefore, the rule should be used with care for different reasons as set out in paragraph.

3. **Export/Import clearance** - DDP requires the seller to clear the goods for export, where applicable, as well as for import and to pay any import duty or to carry out any customs formalities. Thus if the seller is unable to obtain import clearance and would rather leave that side of things in the buyer's hands in the country of import, then the seller should consider choosing DAP or DPU, under which rules delivery still happens at destination, but with import clearance being left to the buyer. There may be tax implications and this tax may not be recoverable from the buyer.

2. **매도인을 위한 유의사항 : 최대책임** – DDP에서는 인도가 도착지에서 일어나고 매도인이 수입관세와 해당되는 세금의 납부책임을 지므로 DDP는 11개의 모든 인코텀즈 규칙 중에서 매도인에게 최고 수준의 의무를 부과하는 규칙이다. 따라서 매도인의 관점에서 본 규칙은 아래의 단락에서 보는 바와 같이 여러 가지 이유로 조심스럽게 사용하여야 한다.

3. **수출/수입통관** – DDP에서는 해당되는 경우에 매도인이 물품의 수출통관 및 수입통관을 하여야 하고 또한

수입관세를 납부하거나 모든 통관절차를 수행하여야 한다. 따라서 매도인은 수입통관을 완료할 수 없어서 차라리 이러한 부분을 수입국에 있는 매수인의 손에 맡기고자 하는 경우에 인도는 여전히 목적지에서 일어나지만 수입통관은 매수인이 하도록 되어 있는 DAP나 DPU를 선택하는 것을 고려하여야 한다. 세금 문제가 개재될 수 있는데 이러한 세금은 매수인으로부터 상환받을 수 없다.

㉠ DAP + 매도인은 **수입관세 및 어떠한 부가가치세나 기타 세금 지급의 의무 부담**
㉡ 지정목적지에서 물품을 운송수단에서 양하하지 않은 상태로 매수인의 임의 처분에 둘 때 매도인의 위험과 비용이 종료
㉢ EXW조건이 매도인의 최소의무조건인 반면에 DDP조건은 매도인의 최대의무조건이다.
㉣ 적용 예

- Unit Price : USD100 /pc DDP Tiroma's warehouse, Chicago, USA
  – 매도인이 미국 시카고 소재 티로마사의 보세창고까지 비용과 관세를 부담하는 조건으로 대당 100달러. 통관 시의 제 비용과 관세는 매도인이 부담하지만 **통관 시 납세의무자는 매수인이다! 또한 수입국내에서 수입허가를 취득해야 하는 경우에도 이는 매도인의 부담이다.**

→ Check Point
● DDP조건에서의 납세의무자
　DDP조건에서 수입통관의 의무는 매도인에게 있지만 납세의무자는 매수인 또는 매수인의 대리인이다. 우리나라 관세법에서는「그 물품을 수입한 화주」를 원칙적인 납세의무자로 규정하고 있기 때문이다.
　매도인은 운송서류뿐만 아니라 매수인이 현지에서 물품을 인수하는데 필요한 인도지시서(D/O), 기타 요구 서류 일체를 제공해야 한다. 즉 매수인이 원하는 지점까지(매수인의 구내, 창고 등) 모든 수출입과 운송, 관세 등을 포함해서 일괄처리하여 물품을 인도해주는 조건이다. 따라서 DDP조건의 경우 매도인은 이 모든 것을 자신을 대신하여 수입국에서 처리해 줄 수 있는 포워더(운송중개인)를 선택하게 된다. 실무적으로 관세 등은 수입국의 포워더가 매수인에게 대납을 하고 이 비용을 매도인에게 청구하는 방식을 취한다.

# 제5장 인코텀즈
## (Incoterms 2020)-Ⅱ

## 01 해상운송과 내수로운송에 적용되는 규칙

### (1) 선측인도(Free Alongside Ship, FAS)

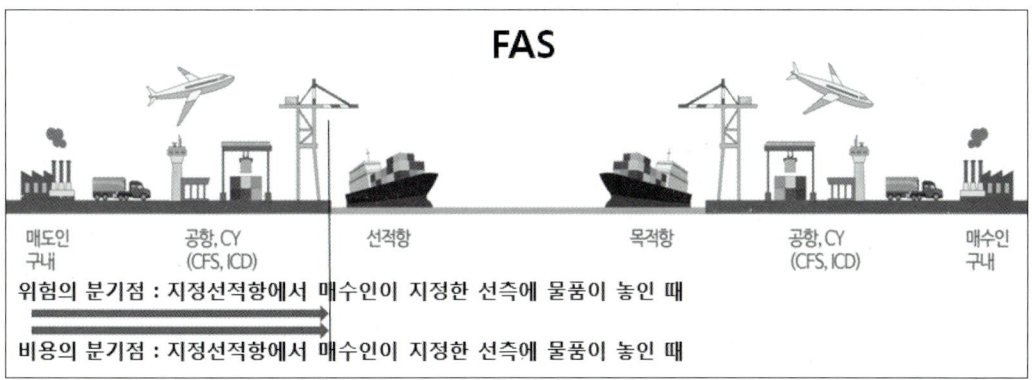

[그림 1-9] FAS조건의 흐름

- **EXPLANATION NOTES FOR USERS**

1. **Delivery and risk** - "Free Alongside Ship" means that the seller delivers the goods to the buyer
   ▶ when the goods are placed alongside the ship(e.g.on a quay or a barge),
   ▶ nominated by the buyer,
   ▶ at the named port of shipment
   ▶ or when the seller procures goods already so delivered.

 The risk of loss of or damage to the goods transfers when the goods are alongside the ship, and the buyer bears all costs from that moment onwards.

 ■ 사용자를 위한 설명문
1. 인도와 위험 - "선측인도"는 다음과 같이 된 때 매도인이 매수인에게 물품을 인도하는 것을 의미한다.
   ▶ 지정선적항에서
   ▶ 매수인이 지정한 선박의
   ▶ 선측에 (예컨대 부두 또는 바지(barge)에) 물품이 놓인 때
   ▶ 또는 이미 그렇게 인도된 물품을 조달한 때

 물품의 멸실 또는 훼손의 위험은 물품이 선측에 놓인 때 이전하고, 매수인은 그 순간부터 향후의 모든 비용을 부담한다.

2. **Mode of transport** - This rule is to be used only for sea or inland waterway transport where the parties intend to deliver the goods by placing the goods alongside a vessel. Thus, the FAS rule is not appropriate where goods are handed over to the carrier before they are alongside the vessel, for example where goods are handed over to a carrier at a container terminal. Where this is the case, parties should consider using the FCA rule rather than the FAS rule.

3. **Identifying the loading point precisely** - The parties are well advised to specify as clearly as possible the loading point at the named port of shipment where the goods are to be transferred from the quay or barge to the ship, as the costs and risks to that point are for the account of the seller and these costs and associated handling charge may vary according to the practice of the port.

4. **Export/import clearance** - FAS requires the seller to clear the goods for export, where applicable. However, the seller has no obligation to clear the goods for import or for transit through third countries, to pay any import duty or to carry out any import customs formalities.

2. 운송방식 - 본 규칙은 당사자들이 물품을 선측에 둠으로써 인도하기로 하는 해상운송이나 내수로운송에만 사용되어야 한다. 따라서 FAS 규칙은 물품이 선측에 놓이기 전에 운송인에게 교부되는 경우, 예컨대 물품이 컨테이너터미널에서 운송인에게 교부되는 경우에는 적절하지 않다. 이러한 경우에 FAS 규칙 대신에 FCA 규칙을 사용하는 것을 고려하여야 한다.

3. 정확한 적재지점 지정 - 당사자들은 지정선적항에서 물품이 부두나 바지(barge)로부터 선박으로 이동하는 적재지점을 가급적 명확하게 명시하는 것이 좋다. 그 지점까지의 비용과 위험은 매도인이 부담하고, 이러한 비용과 그와 관련된 처리비용(handling charges)은 항구의 관행에 따라 다르기 때문이다.

4. 수출/수입통관 - FAS에서는 해당되는 경우에 매도인이 물품의 수출통관을 하여야 한다. 그러나 매도인은 물품의 수입을 위한 또는 제3국 통과를 위한 통관을 하거나 수입관세를 납부하거나 수입통관절차를 수행할 의무가 없다.

㉠ 매도인은 항구까지의 내륙운송비와 선측까지의 부두이용료를 부담해야 한다.
㉡ 선측에서 본선에 적재되는 선적비용과 이후의 비용은 매수인의 부담이다.
㉢ 지정선적항에서 본선의 선측에 물품을 인도할 때 매도인의 위험과 비용 부담이 종료된다.
㉣ 산적화물(bulk cargo)에 많이 쓰임.
㉤ 물품이 컨테이너에 적입된 경우에는 FAS조건이 아니라 FCA조건의 사용이 바람직하다.
㉥ 적용예
  ■ Unit Price : USD100 per ton FAS Busan New Port pier 2, Busan, Korea
  - 매도인이 한국의 부산신항 제2부두에서 매수인이 지정한 본선의 선측에 물품을 놓아 둘 때의 비용까지를 부담하는 조건으로 톤당 100달러

## (2) 본선인도(Free On Board, FOB)

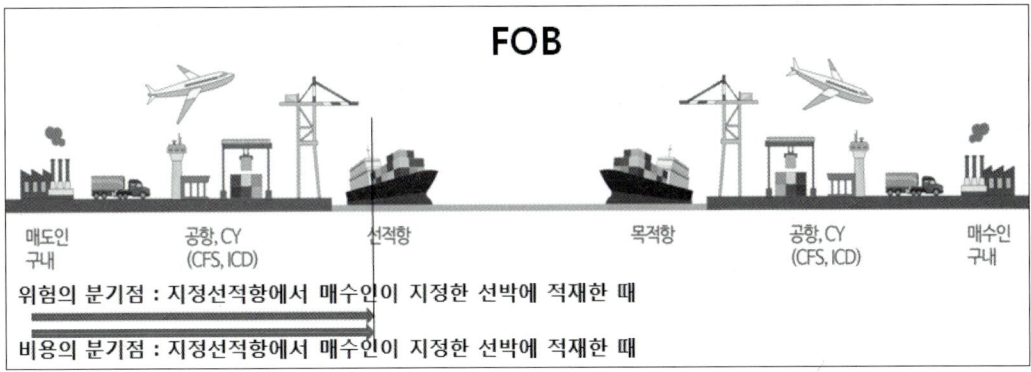

[그림 1-10] FOB조건의 흐름

### ■ EXPLANATION NOTES FOR USERS

1. **Delivery and risk** - "Free on Board" means that the seller delivers the goods to the buyer
   ▶ on board the vessel
   ▶ nominated by the buyer,
   ▶ at the named port of shipment
   ▶ or procures goods already so delivered.

   The risk of loss of or damage to the goods transfers when the goods are on board the vessel, and the buyer bears all costs from that moment onwards.

 ■ **사용자를 위한 설명문**
   1. **인도와 위험** - "본선인도"는 매도인이 다음과 같이 물품을 매수인에게 인도하는 것을 의미한다.
      ▶ 지정선적항에서
      ▶ 매수인이 지정한
      ▶ 선박에 적재함
      ▶ 또는 이미 그렇게 인도된 물품을 조달함.

   물품의 멸실 또는 훼손의 위험은 물품이 선박에 적재된 때 이전하고, 매수인은 그 순간부터 향후의 모든 비용을 부담한다.

2. **Mode of transport** - This rule is to be used only for sea or inland waterway transport where the parties intend to deliver the goods by placing the goods on board a vessel. Thus, the FOB rules is not appropriate where goods are handed over to the carrier before they are on board the vessel, for example where goods are handed over to a carrier at a container terminal. Where this is the case, parties should consider using the FCA rule rather than the FOB rule.

3. **Export/import clearance** - FOB requires the seller to clear the goods for export, where applicable. However, the seller has no obligation to clear the goods for import or for transit through third countries, to pay any import duty or to carry out any import customs formalities.

**2. 운송방식** - 본 규칙은 당사자들이 물품을 선박에 적재함으로써 인도하기로 하는 해상운송이나 내수로운송에만 사용되어야 한다. 따라서 FOB 규칙은 물품이 선박에 적재되기 전에 운송인에게 교부되는 경우, 예컨대 물품이 컨테이너터미널에서 운송인에게 교부되는 경우에는 적절하지 않다. 이러한 경우에 당사자들은 FOB 규칙 대신에 FCA 규칙을 사용하는 것을 고려하여야 한다.

**3. 수출/수입통관** - FOB에서는 해당되는 경우에 매도인이 물품의 수출통관을 하여야 한다. 그러나 매도인은 물품의 수입을 위한 또는 제3국 통과를 위한 통관을 하거나 수입관세를 납부하거나 수입통관절차를 수행할 의무가 없다.

㉠ 실무적으로 CIF조건과 함께 가장 많이 쓰이는 조건이다. 지정선적항에서 매수인이 지정한 선박의 갑판(on board)에 물품을 인도할 때 매도인의 물품에 대한 위험과 비용의무가 종료된다.

㉡ 물품이 본선의 갑판에 적재된 이후의 위험과 목적항까지의 운임 및 추가 비용은 모두 매수인의 부담이다.

㉢ 선박의 지정(nomination of vessel)과 운송계약 체결권은 매수인에게 있다.

㉣ 매도인의 인도의무(즉 위험의 종료)는 물품이 본선의 난간을 통과할 때(passing ship's rail)가 아니라 **본선 상의 갑판에 적재된 때**(on board the vessel)로 규정되어 있음을 유의할 것.

㉤ 적용 예
- ■Unit Price : USD100 /pc FOB Busan Port, Korea
  - 매도인이 한국의 부산항에서 매도인의 비용 부담으로 본선의 갑판 상에 물품을 적재하는 조건으로 대당 100달러. 매도인이 수출통관을 해야 하고 본선의 갑판 상에 물품을 선적한 이후의 위험과 비용은 매수인의 부담이다.

> **Check Point**
> ● **FOB 조건에서의 stowage charges(적부비)**
> FOB조건에서 매도인은 shipping charges(선적비; 화물을 선측까지 운반하는 비용) 및 loading charges(적화비; 선측까지 옮겨진 화물을 배에 적재하는 비용)를 부담한다. 그러나 stowage charges(적부비)는 매수인의 부담이다. stowage charges는 본선의 선창(배의창고: hold, hatch)내에서 물품을 정리, 정돈(leveling, trimming)하고 선적 작업을 하는 비용을 말한다.

## (3) 운임포함인도(Cost and Freight, CFR)

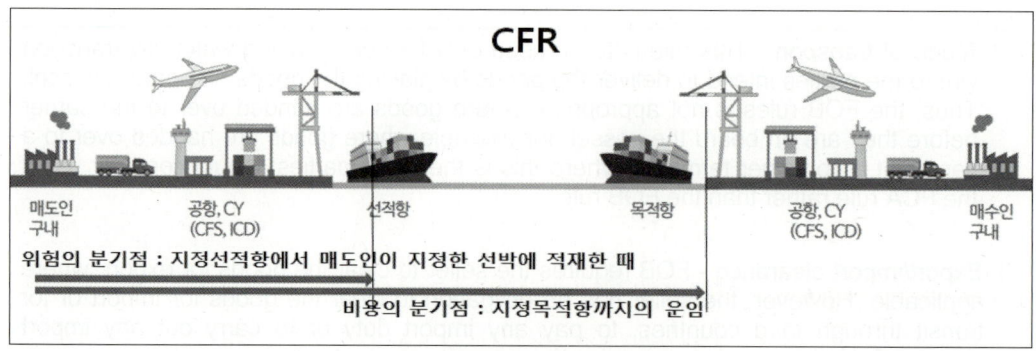

[그림 1-11] CFR조건의 흐름

■ **EXPLANATION NOTES FOR USERS**

1. **Delivery and risk** - "Cost and Freight" means that the seller delivers the goods to the buyer
   ► on board the vessel
   ► or procures goods already so delivered.

The risk of loss of or damage to the goods transfers when the goods are on board the vessel, such that the seller is taken to have performed its obligation to deliver the goods whether or not the goods actually arrive at their destination in sound condition, in the stated quantity or, indeed, at all. In CFR, the seller owes no obligation to the buyer to purchase insurance cover: the buyer would be well-advised therefore to purchase some cover for itself.

■ 사용자를 위한 설명문
1. **인도와 위험** - "운임포함인도"는 매도인이 물품을 매수인에게 다음과 같이 인도되는 것을 의미한다.
   ► 선박에 적재함
   ► 또는 이미 그렇게 인도된 물품을 조달함.

   물품의 멸실 또는 훼손의 위험은 물품이 선박에 적재된 때 이전하고, 그에 따라 매도인은 명시된 수량의 물품이 실제로 목적지에 양호한 상태로 도착하는지를 불문하고 또는 사실 물품이 전혀 도착하지 않더라도 그의 물품인도의무를 이행한 것으로 된다. CFR에서 매도인은 매수인에 대하여 부보의무가 없다. 따라서 매수인은 스스로 부보하는 것이 좋다.

2. **Mode of transport** - This rule is to be used only for sea or inland waterway transport. Where more than one mode of transport is to be used, which will commonly be the case where goods are handed over to a carrier at a container terminal, the appropriate rule to use is CPT rather than CFR.

3. ***Port* of delivery and destination** - In CFR, two ports are important : the port where the goods are delivered on board the vessel and the port agreed as the destination of the goods. Risk transfers from seller to buyer when the goods are delivered to the buyer by placing them on board the vessel at the shipment port or by procuring the goods already so delivered. However, the seller must contract for the carriage of the goods from delivery to the agreed destination.

4. **Must the shipment port be named?** - While the contract will always specify a destination port, it might not specify the port of shipment, which is where risk transfers to the buyer. If the shipment port is of particular interest to the buyer, as it may be, for example, where the buyer wishes to ascertain that the freight element of the price is reasonable, the parties are well advised to identify it as precisely as possible in the contract.

5. **Identifying the destination point at the discharge port** - The parties are well advised to identify as precisely as possible the point at the named port of destination, as the costs to that point are for the account of the seller. The seller must make a contract or contracts of carriage that cover(s) the transit of the goods from delivery to the named port or to the agreed point within that port where such a point has been agreed in the contract of sale.

2. **운송방식** – 본 규칙은 해상운송이나 내수로운송에만 사용되어야 한다. 물품이 컨테이너터미널에서 운송인에게 교부되는 경우에 일반적으로 그러하듯이 둘 이상의 운송방식이 사용되는 경우에 사용하기 적절한 규칙은 CFR이 아니라 CPT이다.

3. **인도항과 목적항** – CFR에서는 두 항구가 중요하다. 물품이 선박에 적재되어 인도되는 항구와 물품의 목적항으로 합의된 항구가 그것이다. 위험은 물품이 선적항에서 선박에 적재됨으로써 또는 이미 그렇게 인도된 물품을 조달함으로써 매수인에게 인도된 때 매도인으로부터 매수인에게 이전한다. 그러나 매도인은 물품을 인도지부터 합의된 목적지까지 운송하는 계약을 체결하여야 한다.

4. **선적항은 반드시 지정되어야 하는가?** – 계약에서 항상 목적항을 명시할 것이지만, 위험이 매수인에게 이전하는 장소인 선적항은 명시하지 않을 수도 있다. 예컨대 매수인이 매매대금에서 운임요소가 합리적인지 확인하고자 하는 경우에 그러하듯이 선적항이 특히 매수인의 관심사항인 경우에 당사자들은 선적항을 가급적 정확하게 특정하는 것이 좋다.

5. **양륙항 내 목적지점 지정** – 당사자들은 지정목적항 내의 지점을 가급적 정확하게 지정하는 것이 좋다. 그 지점까지 비용을 매도인이 부담하기 때문이다. 매도인은 물품을 인도지로부터 지정목적항까지 또는 그 지정목적항 내의 지점으로서 매매계약에서 합의된 지점까지 물품을 운송하는 단일 또는 복수의 계약의 체결하여야 한다.

6. **Unloading Costs** - If the seller incurs costs under its contract of carriage related to unloading at the specified point at the port of destination, the seller is not entitled to recover such costs separately from the buyer unless otherwise agreed between the parties

7. **Export/import clearance** - CFR requires the seller to clear the goods for export, where applicable. However, the seller has no obligation to clear the goods for import or for transit through third countries, to pay any import duty or to carry out any import customs formalities.

6. **양하비용** – 매도인은 자신의 운송계약상 목적항 내의 명시된 지점에서 양하에 관하여 비용이 발생한 경우에 당사자간에 달리 합의되지 않은 한 그러한 비용을 매수인으로부터 상환받을 권리가 없다.

7. **수출/수입통관** – CFR에서는 해당되는 경우에 매도인이 물품의 수출통관을 하여야 한다. 그러나 매도인은 물품의 수입을 위한 또는 제3국 통과를 위한 통관을 하거나 수입관세를 납부하거나 수입통관절차를 수행할 의무가 없다.

㉠ FOB + 지정목적항까지의 운임을 매도인이 부담하여야 한다.

㉡ 실무적으로 'C&F'라고도 쓰이지만 정확한 용어는 아니다.

㉢ 매도인은 수출통관하고 목적항까지의 운임(비용)을 부담해야 한다.

㉣ 매도인의 위험은 선적항에서 본선의 갑판 상에 물품이 인도될 때 종료되고, 목적항까지의 운임을 부담한다. 따라서 위험과 비용의 분기점이 서로 다르다.

㉤ 매도인은 해상운송 계약을 체결하고 통상의 운송서류를 지체 없이 매수인에게 제공하여야 한다.

㉥ CFR조건을 복합운송으로 변경할 때는 CPT 조건으로 대체할 수 있다.

ⓐ 적용 예
■ Unit Price : USD100 /pc CFR Singapore
- 매도인이 싱가포르항까지 운임을 부담하는 조건으로 대당 100달러.

## (4) 운임·보험료포함인도(Cost Insurance and Freight, CIF)

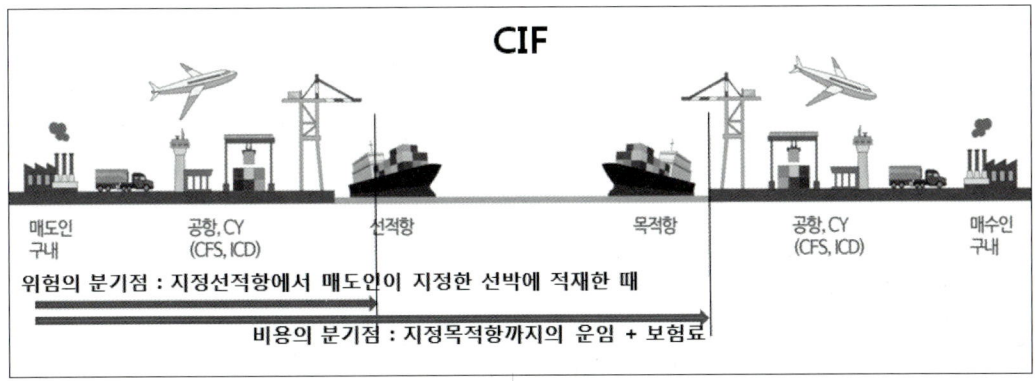

[그림 1-12] CIF조건의 흐름

매도인이 매수인의 위험에 대하여 보험계약을 체결해야 한다는 규칙을 제외하고는 CFR과 모든 규칙이 동일하다.

### ■ EXPLANATION NOTES FOR USERS

1. **Delivery and risk** - "Cost Insurance and Freight" means that the seller delivers the goods to the buyer
   ▶ on board the vessel
   ▶ or procures goods already so delivered.

   The risk of loss of or damage to the goods transfer when the goods are on board the vessel, such that the seller is taken to have performed its obligation to deliver the goods whether or not the goods actually arrive at their destination in sound condition, in the stated quantity or, indeed, at all

2. **Mode of transport** - This rule is to be used only for sea or inland waterway transport. Where more than one mode of transport is to be used, which will commonly be the case where goods are handed over to a carrier at a container terminal, the appropriate rule to use is CIP rather than CIF.

 ■ 사용자를 위한 설명문
1. **인도와 위험** - "운임포함인도"는 매도인이 물품을 매수인에게 다음과 같이 인도되는 것을 의미한다.
   ▶ 선박에 적재함
   ▶ 또는 이미 그렇게 인도된 물품을 조달함.

   물품의 멸실 또는 훼손의 위험은 물품이 선박에 적재된 때 이전하고, 그에 따라 매도인은 명시된 수량의 물품이 실제 목적지에 양호한 상태로 도착하는지를 불문하고 또는 사실 물품이 전혀 도착하지 않더라도 그의 물품인도의무를 이행한 것으로 본다.

2. **운송방식** – 본 규칙은 해상운송이나 내수로운송에만 사용되어야 한다. 물품이 컨테이너터미널에서 운송인에게 교부되는 경우에 일반적으로 그러하듯이 둘 이상의 운송방식이 사용되는 경우에 사용하기 적절한 규칙은 CIF가 아니라 CIP이다.

3. **Insurance** - The seller must also contract for insurance cover against the buyer's risk of loss of or damage to the goods from the port of shipment to at least the port of destination. This may cause difficulty where the destination country requires insurance cover to be purchased locally : in this case the parties should consider selling and buying under CFR. The buyer should also note that under the CIF Incoterms 2020 rules the seller is required to obtain limited insurance cover complying within **Institute Cargo Clause (C) or similar clause**, rather than with the more extensive cover under Institute Cargo Clause (A). It is, however, still open to the parties to agree on a higher level of cover.

 3. **보험** – 매도인은 또한 선적항부터 적어도 목적항까지 매수인의 물품의 멸실 또는 훼손 위험에 대하여 보험계약을 체결하여야 한다. 이는 목적지 국가가 자국의 보험자에게 부보하도록 요구하는 경우에는 어려움을 야기할 수 있다. 이러한 경우에 당사자들은 CFR로 매매하는 것을 고려하여야 한다. 또한 매수인은 인코텀즈 2020 CIF 하에서 매도인은 협회적하약관의 A-약관에 의한 보다 광범위한 담보조건이 아니라 **협회적하약관의 C-약관**이다 그와 유사한 약관에 따른 제한적인 담보조건으로 부보하여야 한다는 것을 유의하여야 한다. 그러나 당사자들은 여전히 더 높은 수준의 담보조건으로 부보하기로 합의할 수 있다.

㉠ CFR + 매도인이 해상보험계약을 체결하고 보험료도 부담
㉡ CIF 조건에서 당사자 간에 보험계약 조건에 관한 아무런 약정이 없다면 ICC(C) 조건 또는 ICC(F.P.A) 조건으로 매도인이 부보하는 것이 원칙이다(통상 Invoice 금액의 110%로 부보). **보험의 통화는 매매계약의 통화와 같아야 한다.**
㉢ 보험계약을 체결할 때는 보험계약자와 피보험자가 모두 매도인으로 동일하다. 그러나 선적 후 매도인은 보험증권에 배서하여 보험금 청구 권리를 매수인에게 양도하므로 피보험자는 매수인으로 바뀐다.
㉣ CIF 계약에 관하여 당사자 간의 권리와 의무를 다루고 있는 규칙은 Warsaw-Oxford Rule 이다.
㉤ CIF조건을 복합운송으로 변경할 때는 CIP 조건으로 대체할 수 있다.
㉥ 적용 예
Unit Price : USD100 /pc CIF New York Port, USA
– 매도인이 뉴욕항까지 운임과 보험료를 부담하는 조건으로 대당 100달러

● Offer Sheet 또는 매매계약서 체결 시 인코텀즈 조항 표시법(한국에서 외국으로 물품인도 시)
  항상 매도인의 비용분기점을 기준으로 조건을 표시하여야 한다.
  [예시]
    ■ 인천공항 인도조건 개당 100달러

　　　Unit Price : USD100/pc FCA INCHON Airport(매도인은 인천공항에서 인도)
■ 부산항 본선인도조건으로 개당 100 달러
　　　Unit Price : USD100/pc FOB Busan Port(매도인은 물품의 본선인도까지만 부담)
■ 홍콩항 도착 운임 및 보험료포함 인도조건으로 개당 100달러
　　　Unit Price : USD100/pc CIF Hong Kong Port(매도인은 목적항까지 운임, 보험료 부담)

● **Bonded Warehouse Transaction(BWT ; 보세창고 인도조건)**

　수입항의 부두에 양륙된 수입화물을 수입절차 및 수입통관 절차를 취하지 않은 채 일단 수입항 부두에 있는 보세창고에 입고(入庫)시킨 다음, 이 보세창고에서 매수인에게 인도할 때까지의 모든 비용과 위험을 매도인이 부담한다. 인도기일이 단기인 범용성 원자재나 선용품의 거래에 많이 활용된다. 우리나라에서 BWT조건으로 수출을 하고자 하는 자는 파나마 또는 로테르담에 있는 보세창고CTS (Central Terminal Station)를 통하여 수출하는 경우로서 그 지역에 자기의 지점·출장소 또는 대리점을 설치한 경우에 한한다. 사전에 매매계약을 체결하지 않은 채 물품을 수입국 내의 보세창고에 무환으로 입고한 후 현지에서 매매계약이 성립되어 판매하는 방식의 거래이므로 위탁판매무역과 유사한 개념이다. 즉, 매수인을 결정하지 않고 일단 물건을 수입국 내의 보세창고에 입고한 후 매수인을 정하는 것이다. 따라서 보세창고인도조건의 경우는 실제 선적일자가 계약체결 날짜보다 훨씬 앞서기 때문에 "Stale B/L acceptable"이라는 문구를 신용장에 기입하여야 한다.

## 02 매매당사자의 구체적 의무

### (1) 매매당사자의 일반적 의무

　매도인의 일반적 의무는 계약에 합치하는 물품을 제공할 의무이고, 매수인의 일반적 의무는 물품대금의 지급이다. 주요 의무 및 규정은 다음과 같다.

① 당사자들이 합의하거나 관습으로 되어 있는 경우, 종이서류 또는 전자적 방식으로 제공될 수 있다.

② 매도인의 물품 및 서류 인도 의무

　**매도인이 매수인에게 제공하여야 하는 것은 매매계약에 합치하는 물품, 상업송장, 계약에서 요구되고 있는 경우에는 물품이 계약에 합치하고 있다는 취지의 증거 등 3가지이다.**

　기타 일치의 증거서류에는 포장명세서, 용적·중량증명서, 품질증명서 등이 있을 수 있다.

③ 매매당사자 간의 의무를 각각 대칭하여 구분

　모든 정형거래조건에 대하여 매매당사자의 상대방에 대한 의무를 각각 10개 항목(A항에는 매도인의 의무, B항에는 매수인의 의무를 표시)으로 대칭되게 규정하고 있다.

### (2) 수출입 허가의 취득 및 통관절차의 수행 의무

　수출통관은 EXW조건을 제외하고는 모두 매도인이 이행하고, 수입통관은 DDP조건을 제외하고는 모두 매수인이 이행해야 한다. EXW조건에서는 수출통관 조차도 매수인이 하여야 한다.

> **Check Point**
>
> ● 선적 전 검사(Cost of Pre - Shipment Inspection)
> 매수인은 자신의 이익을 위하여 이루어지는 선적 전 검사에 소요되는 비용은 매도인에게 지급하여야 한다. 그러나 물품의 수출과 관련하여 해당 국가 또는 국제규칙 등에서 시행되는 강행규칙에 의해 이루어지는 검사 비용은 매도인이 지급한다. 다만 EXW조건의 경우에는 수출국 당국이 요구하는 검사를 포함한 모든 검사 비용을 매수인이 부담하여야 한다. EXW조건에서는 수출허가의 취득, 수출통관절차의 수행 등 모든 수출업무가 매수인의 책임이기 때문이다.

### (3) 운송 및 보험계약 체결 의무

① 매도인이 운송계약을 체결하고 목적지까지 운임 및 일체의 비용을 부담해야 하는 조건들
CIP, DAP, DPU, DDP, CFR, CIF

② 매수인이 운송계약을 체결하고 목적지까지 운임 및 일체의 비용을 부담해야 하는 조건들
EXW, FCA, FAS, FOB

③ 매도인이 매수인의 위험을 위하여 보험계약을 체결해야 하는 조건들
인코텀즈2020에서 **매도인의 부보의무로 규정하고 있는 것은 11개 조건 중 CIP, CIF 뿐이다.** EXW와 F그룹, CFR, CPT조건의 보험은 매수인이, D그룹 조건은 매도인이 부보한다. 그러나 이 조건은 각각 자신의 이익을 위해서 부보하는 것이지 인코텀즈상 의무조건은 아니다.

④ 보험계약 체결 비용
CIF와 CIP를 제외하고 매수인이 보험과 관련된 정보를 요청하는 경우, 매도인은 **매수인의 위험과 비용 부담으로** 매수인이 보험계약을 체결하는데 필요한 정보를 제공해 주어야 한다.

⑤ CIF와 CIP 간 부보수준의 차별
CIF : 최소담보조건인 ICC(C)또는 ICC(FPA)로 보험계약 체결
CIP : 최대담보조건인 ICC(A) 또는 ICC(A/R)로 보험계약 체결
당사자가 합의하는 경우 CIF는 매수인의 비용으로 더 높은 담보약관으로 부보할 수 있으며 CIP는 당사자 합의에 따라 더 낮은 담보약관으로 부보할 수도 있다.

⑥ FCA조건에서 본선적재표기 선하증권 발행 가능
FCA조건의 경우 수취선하증권(Received B/L)이 발행되므로 선적식 선하증권을 요구하는 신용장 방식에서는 은행에서 수리거절되어 불편을 초래할 수 있다. 이의 해소를 위해 당 사자들이 합의한 경우 매수인은 자신의 위험과 비용으로 운송인에게 본선적재표기가 있는 운송서류를 매도인에게 발행하도록 발행을 지시하여야 한다.

⑦ FCA와 D그룹에서 매수인 또는 매도인 자신이 자신의 운송수단 이용 가능

물품이 매도인으로부터 매수인에게 운송되어야 하는 경우에 제3자 운송인(third-party carrier)이나 제3자 운송인의 개입없이 자신들이 직접 자신의 운송수단을 이용하여 운송할 수도 있다.

### (4) 위험과 비용의 이전 시기

① 운송인에게 물품을 인도할 때 위험이 종료되는 조건들

FCA, CPT, CIP : FCA는 매수인이 지정한 운송인에게, CPT, CIP조건은 매도인이 지정한 운송인 또는 제3자에게 인도된 때

② 운송수단에서 양하하여 매수인의 임의 처분에 맡길 때 위험이 종료되는 조건

인코텀즈2020의 11개 조건 중 **매도인이 운송수단에서 물품을 양하하여 매수인의 임의 처분에 맡길 때 위험이 종료되는 조건은 DPU 뿐이다.**

③ 본선의 갑판 상(on board)에 물품이 인도될 때 매도인의 위험이 종료되는 조건들

FOB, CFR, CIF

④ 위험과 비용의 분기점이 서로 다른 조건들

하기의 조건을 제외하곤 모두 매도인의 위험과 비용의 분기점은 일치한다.

가. CFR/ CIF : 매도인의 위험은 본선의 갑판 상에 물품이 인도될 때 종료되지만 운임은 목적항까지 부담하여야 하므로 위험과 비용의 분기점이 서로 다르다.

나. CPT/ CIP : 매도인의 위험은 합의된 장소에서 매도인 자신이 지명한 운송인 또는 제3자에게 수출통관을 필한 물품을 인도한 때에 위험이 종료된다. 그러나 지정목적지까지의 운송비를 부담해야 하므로 위험과 비용의 분기점이 서로 다르다.

⑤ 별도의 양하 비용에 대한 부담 주체

매도인이 운송수단으로부터 물품을 양하할 의무가 없는 조건에서 매도인이 운송계약상 양하 비용을 부담한 경우 당사자 사이에 별도의 합의가 없으면 매도인은 이러한 비용을 매수인으로부터 회수할 구상권리가 없다. 즉, 매도인의 양하의무가 없는데도 별도 합의 없이 매도인이 양하한다면 여기서 발생한 비용은 매수인에게 청구할 수 없다.

### (5) 기타 조건

① 선적지 인도조건과 양륙지 인도조건

선적지 인도조건에서는 위험부담과 비용부담의 분기점이 서로 일치하지 않는 조건이 있지만, 양륙지 인도조건에서는 모두 일치한다.

가. 선적지 인도조건 : E, F, C조건은 모두 선적지 인도조건으로서 매도인의 인도의무는 선적지(수출지)에서 종료된다.
나. 양륙지 인도조건 : D조건은 모두 양륙지 인도조건으로서 매도인의 인도의무는 양륙지의 지정목적지까지 연장된다.

② 복합운송조건과 해상 및 내수로 운송조건(sea and inland waterway transport)
가. 복합운송조건 : EXW, FCA, CPT, CIP, DAP, DPU, DDP의 7가지
나. 해상 및 내수로 운송조건 : FAS, FOB, CFR, CIF의 4가지

### (6) 기타사항

① 수출업자에게 가장 적은 부담 조건은 EXW 이고 가장 많은 부담 조건은 DDP이다.
② 매도인의 최소의무 부담에서 최대의무 부담 순으로 표시하면 E → F → C → D 이다.
③ 운임후불과 운임선불의 표기

| 구 분 | 거래조건 |
|---|---|
| Freight Collect (운임후불) | EXW, FCA, FAS, FOB 계약의 경우 |
| Freight Prepaid(운임선불) | C, D 조건 계약의 경우 |

④ 해상운송조건을 복합운송조건으로 바꾸었을 때 이용하기 적합한 조건
 FAS, FOB → FCA,   CFR → CPT,   CIF → CIP

● **THC(Terminal Handling Charge ; 터미널취급수수료)**
 C조건의 경우 매도인은 합의된 목적지까지 물품을 운송하기 위한 수배를 하고 운송계약을 체결해야 한다. 이때 운임(또는 운송비)은 매도인이 지불하지만 이 운임은 통상 가격에 포함되어 있으므로 실상은 매수인이 지급하는 것과 같다. 그런데 이 운임에는 종종 항구나 컨테이너 터미널 시설 내에서의 물품취급비용이 이미 포함되어 있음에도 운송인 또는 터미널 운영자는 이들 취급비용을 물품을 인수하는 매수인에게 청구하는 경우가 있다. 통상적으로 정기선 운임(Liner Terms)에는 양하비가 포함되어 있다. 이 경우 매수인은 동일한 서비스에 대하여 이중으로 취급 비용을 부담하게 되는 불합리한 일이 발생하게 된다. 이를 방지코자 매수인은 THC의 운임포함 여부를 확인하는 것이 좋다.

## (7) 인코텀즈2020 요약

| | 위험이전(A) | 비용이전(B) | 수출입통관의 의무 |
|---|---|---|---|
| EXW<br>(Ex Work)<br>공장 인도조건 | 매도인의 구내에서 매수인의 임의처분 상태로 인도하였을 때 | 매도인은 A(위험이전)까지의 제비용 부담 | 수출입통관 및 승인<br>: 매수인 |
| FCA<br>(Free Carrier)<br>운송인 인도조건 | 매도인이 자신의 구내 또는 기타 지정장소에서 매수인이 지정한 운송인이나 제3자에게 수출통관된 물품을 인도한 때 | 매도인은 A(위험이전)까지의 제비용 부담 | 수출통관 : 매도인<br>수입통관 : 매수인 |
| CPT<br>(Carriage Paid To)<br>운송비지급 인도조건 | 합의된 장소에서 매도인 자신이 지정한 운송인이나 제3자에게 인도한 때 | 매도인은 FCA조건 + 지정 목적지까지의 운송비 부담 | 상동 |
| CIP<br>(Carriage & Insurance Paid)<br>운송비보험료 지급 인도조건 | 상동 | 매도인은 CPT조건 + 지정 목적지까지의 적하보험료 부담 | 상동 |
| DAP<br>(Delivered At Place)<br>도착장소 인도조건 | 지정목적지에서 도착 운송수단에 실린 채 양하 준비된 상태로 매수인의 처분 하에 놓이는 때 | 매도인은 A(위험이전)까지의 제비용 부담 | 상동 |
| DPU<br>(Delivered At Place Unloaded)<br>도착지 양하조건 | 도착운송수단으로부터 양하된 상태로 지정목적항이나 지정목적지의 터미널에서 매수인의 처분하에 놓이는 때 | 매도인은 A(위험이전)까지의 제비용 부담 | 상동 |
| DDP<br>(Delivered Duty Paid)<br>관세지급 인도조건 | 수입통관된 물품이 지정목적지에서 도착 운송수단에 실린 채 양하 준비된 상태로 매수인의 처분 하에 놓이는 때 | DAP + 수입관세 및 내국세 | 수출입통관 및 승인<br>: 매도인 |
| FAS<br>(Free Alongside Ship)<br>선측인도조건 | 물품이 지정선적항의 부두 또는 부선으로 본선의 선측에 인도하였을 때 | 매도인은 A(위험이전)까지의 모든 비용 부담 | 수출통관 : 매도인<br>수입통관 : 매수인 |
| FOB<br>(Free On Board)<br>본선인도조건 | 물품이 지정선적항에서 본선에 적재되었을 때 | 매도인은 A(위험이전)까지의 모든 비용 부담 | 상동 |
| CFR<br>R(Cost & Freight)<br>운임포함인도조건 | 상동 | FOB + 목적항까지의 운임 + 정기선의 경우 양하비 부담 | 상동 |
| CIF<br>(Cost, Insurance & Freight)<br>운임보험료포함인도조건 | 상동 | CFR + 보험료 + 정기선의 경우 양하비 부담 | 상동 |

# 제6장 무역대금의 결제

## 01 선지급방식(Payment in Advance)

### (1) 선지급방식의 의의

수입상의 물품주문 시 수출상은 수출대금을 미리 받고 물품은 일정기간 내에 선적하여 주는 것으로, 수출상에게 유리한 결제방식이다. 이 방식은 수출상이 대금을 받고 선적을 해주지 않으면 심한 경우 매수인은 선지불한 금액을 회수할 수 없게 될 우려가 있으므로 수출상이 신뢰할 만한 경우가 아니면 물품선적에 대한 담보가 보장되지 않기 때문에 소액거래에만 제한적으로 사용하는 것이 좋다. 대표적인 것이 **주문 시 지급 방식(Cash With Order : CWO)** 이다.

### (2) 선송금방식

CWO방식은 수입상이 주문서와 함께 대금지급을 하는 방식이므로 이는 선지급방식에 해당되는 것이다. 이때 가장 많이 사용되는 지급방식이 선송금방식(Advanced T/T Payment ; T/T = telegraphic transfer)이다. 물품의 선적 전 수입상이 은행에 송금을 의뢰하여 수출상에게 결제하는 방식이다. T/T 방식은 절차가 가장 간편하여 선지급, 후지급 방식 등의 무역결제뿐만 아니라 일반적인 외화송금에서 가장 많이 쓰인다. 신용장의 UCP, 추심의 URC(추심에 관한 통일규칙) 등과는 달리 **송금방식을 규제하는 국제규범은 아직 없다.**

## 02 동시지급방식(Concurrent Payment)

### (1) 현물인도지급방식(Cash On Delivery : COD)

수출품목이 목적지에 도착되면 수입상이 물품을 검사한 다음 수출대금을 지급하고 물품을 인수하는 대금결제방법을 말한다. 수입상의 입장에선 수입대금을 결제 전 물품 검사를 하여 수출대금의 지급여부를 결정할 수 있는 이점이 있다. 금, 다이아몬드 등의 거래에 사용된다.

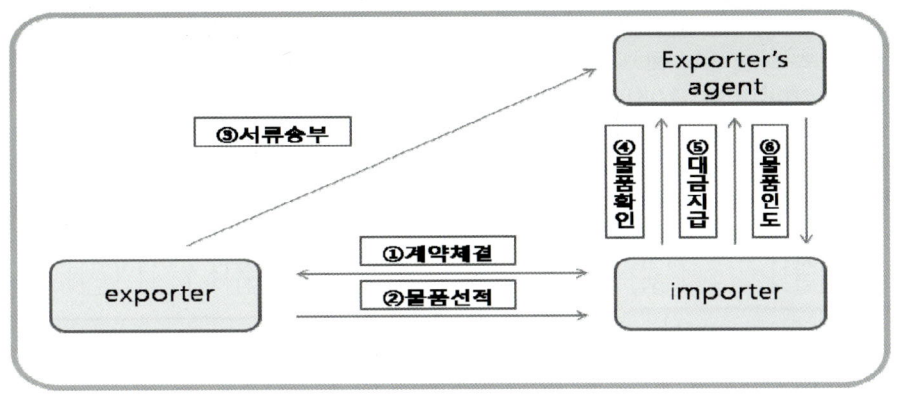

[그림 6-1] COD 방식의 흐름

### (2) 서류상환지급방식(Cash Against Documents : CAD)

수출상이 물품선적 후 선적서류를 수입상이나 수입상의 대리인(대리인이 없는 경우 은행)에게 제시하여 수출대금을 받고 선적서류를 인도하는 방식으로서 D/P의 유럽방식(European D/P)이라고도 불리며 D/P와는 달리 환어음이 개설되지 않는다.

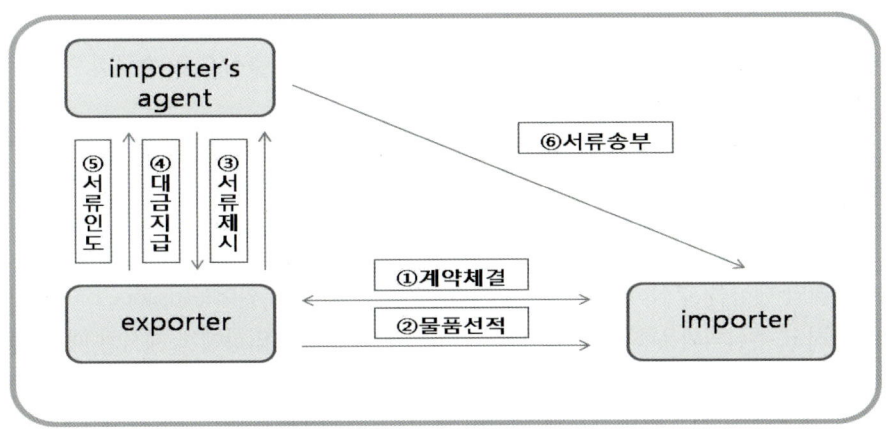

[그림 6-2] CAD 방식의 흐름

### (3) 서류지급인도조건(Documents Against Payment : D/P) - 추심방식

수출상이 수입상과의 매매계약에 따라 물품을 선적하고 구비된 서류에 일람출급환어음(draft at sight; sight draft)을 발행, 첨부하여 자신의 거래은행인 추심의뢰은행(remitting bank)을 통하여 수입상 거래은행인 추심은행(collection bank)앞으로 그 어음대금을 추심의뢰하면 추심의뢰를 받은 추심은행은 수입상에게 어음을 제시하여 그 어음금액의 일람지급(서류가 제시되면 바로 결제를 하는 것)을 받고 서류를 인도하는 거래방식을 말한다.

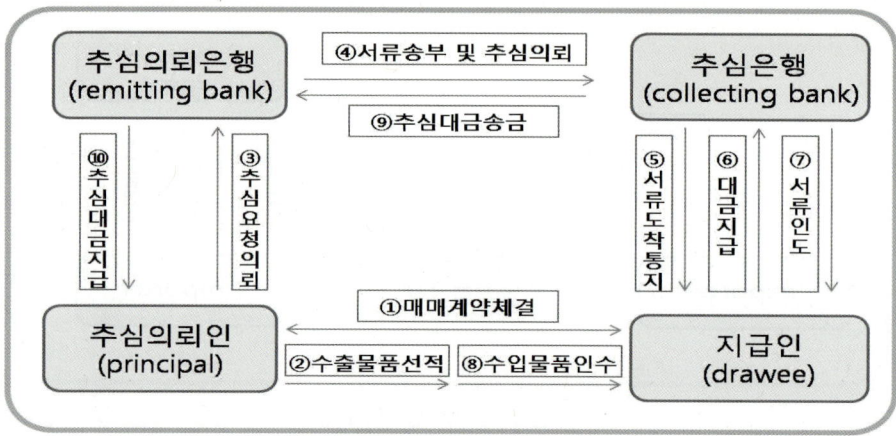

[그림 6-3] D/P 방식의 흐름

## 03 후지급방식(Deferred Payment)

### (1) 사후송금방식

선적이 행해진 후 매매계약서에 정해진 시기에 수입상이 수출상으로 송금함으로써 대금을 지급하는 방법이다.

### (2) 어음서류인수방식(documents against acceptance : D/A)

① D/A방식의 절차

D/P 거래와 대금을 추심하는 경로는 같지만, 수출상이 기한부환어음(usance bill or time bill)을 발행하고 추심의뢰은행과 추심은행을 통하여 지급인인 수입상에게 제시될 때 수입상이 그 제시된 어음을 일람지급함이 없이 인수만 함으로써 선적서류를 인도하는 조건의 결제방식을 말한다. 즉 수입상은 은행을 통하여 제시된 환어음에 대하여 정해진 만기에 환어음의 금액(수입대금)을 지급하겠다는 의사 표시(이를 인수 ; acceptance라 함)를 환어음의 전면에 행한 후 일단 선적서류를 먼저 입수한 후 만기일에 결제하는 방식을 말한다. 대금지급 없이 선하증권을 수취하여 물품을 찾고 나중에 대금결제를 하게 되므로 이는 외상이나 마찬가지이다.

② D/A 방식의 장단점

D/A의 경우 신용도가 좋지 않은 수입상이 추후 만기일에 결제를 하지 않게 되면 수출대금을 회수할 수 없는 위험에 놓일 수 도 있고, D/P 의 경우에는 수입상이 수입대금이 부족하다 하여 물품의 인수를 거절하게 되면 수출상은 낭패에 빠지게 된다. 따라서 D/P, D/A 와 같은

추심거래 방식은 은행이 지급보증을 하는 신용장과는 달리 순전히 수입상의 신용에 의존하게 되므로 수출대금 회수의 위험성으로 인하여 예전에는 많이 사용되지 않았지만, 신용조사 기법의 발달, 본·지사간의 거래 증가, 대금 회수 불안정에 대한 안전장치로서 수출 촉진을 위하여 시행되고 있는 수출보험 등의 국책보험에 부보함으로써 이러한 위험이 현저히 줄어들었다. 현재는 신용장방식과 더불어 널리 사용되고 있는 결제방식이다.

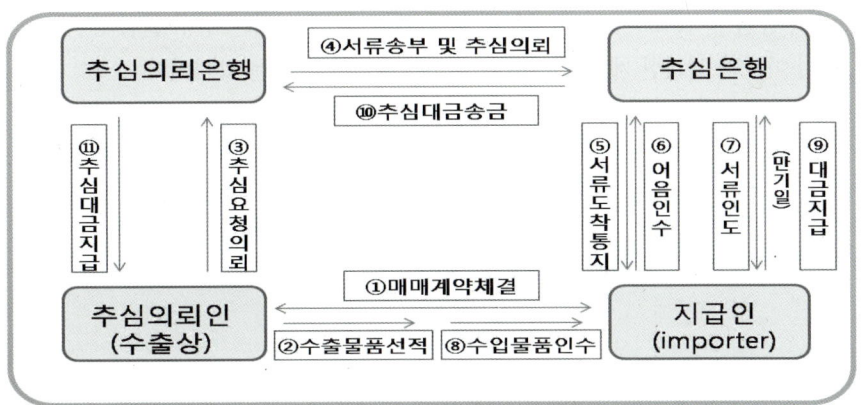

[그림 6-4] D/A방식의 흐름

### Check Point

● **추심결제방식**
추심결제방식은 은행의 지급확약 없이 오직 수입상의 신용만을 믿고 매매계약서를 근거로 하여 대금을 추심하는 방식이다. 즉 대금지급에 대한 아무런 보증이 없이 물품을 먼저 수입상에게 보내고 추후 대금을 지급받거나, 물품인도와 상환하여 선적서류를 인도하는 방식을 말한다. D/A의 경우 순수 외상거래 방식이므로 매수인의 신용을 절대적으로 요구한다. 이 방식은 은행의 지급보증 없이 단순히 매매당사자 간의 계약에 의거하여 수출상이 상품을 선적한 후 관련 서류를 첨부한 화환어음을 은행을 경유하여 수입상에게 제시하면 수입상은 그 어음에 대하여 지급을 하거나 인수하여 약정기일에 결제를 하게 된다. 이러한 추심결제방식에는 D/P(Documents against Payment)와 D/A(Documents against Acceptance)가 있다.

● **추심의 용어정리**
① 추심의뢰인(principal)
   물품을 선적한 후 수입자로부터 대금을 추심(회수) 해 줄 것을 지시하는 자로써 수출상을 말한다.
② 추심은행(collecting bank)
   추심의뢰인이 요청한 추심의뢰서(collect order)에 따라 지급인(drawee; 수입상)에게 추심하여 대금을 송부해 오는 수입국의 은행을 말한다.
③ 추심의뢰은행(remitting bank)
   수출자인 추심의뢰인으로부터 추심을 지시(의뢰)받는 수출국의 은행을 말한다.
④ 제시은행(presenting bank)
   원래는 추심은행이 지급인에게 서류를 제시하여 추심을 행하지만, 지급인과 동 은행의 거래관계 등으로 직접 수입자에게 서류의 제시가 곤란한 경우 다른 은행으로 하여금 추심할 것을 의뢰하게 되는데, 이 역할을 하는 은행을 말한다. 실무적으로는 조속한 추심을 위하여 추심은행이 지급인의 거래은행이 아닐 경우에는 대부분 추심은행을 지급인의 거래은행이 되도록 한다.

● 추심 전 매입
우리나라는 수출업자의 자금 부담을 덜어주고 수출촉진을 위해 D/A·D/P 방식에 따른 수출 전 매입을 허용하고 있기 때문에 수출업자는 관련 선적서류를 추심의뢰은행에 제시할 때 수출대금을 회수할 수 있다. 수출보험에서는 수출업자가 발행한 환어음이 지급 거절되는 경우에 입을 수 있는 외국환은행의 손실을 보전해주기 때문에 외국환은행도 D/A·D/P방식에 따라 발행된 환어음을 적극적으로 매입해 주고 있다.

### (3) 청산계정(Open Account)

전형적인 사후송금방식으로서 빈번하게 수출입거래가 이루어지는 경우 물품의 각 거래 건마다 결제하는 것이 아니라 일정한 계산 기간마다 대차잔액을 청산하는 방식이다.
① 순수한 외상방식이다. 주로 본사와 해외의 지사와의 거래에서 많이 사용된다.
② 은행은 대금송금을 위한 단순창구에 불과하다.
③ 다른 결제방식에 비하여 결제관련 수수료가 가장 낮다.
④ **환어음이 발행되지 않는다.**

## 04 특수 결제방식

### (1) 국제팩토링방식

팩토링(factoring)이란 판매자(client; seller)가 구매자(customer; buyer)에게 물품이나 서비스를 제공함에 따라 발생하는 외상매출채권과 관련 팩토링회사가 판매자를 대신하여 구매자에 관한 신용조사 및 신용위험의 인수(지급보증), 매출채권의 기일관리 및 대금회수 금융의 제공, 기타 회계처리 등의 업무를 대행하는 금융서비스를 말한다.

팩토링결제는 상환청구불능(소구불능)팩토링과 상환청구가능(소구가능)팩토링이 있다. 상환청구불능(소구불능)팩토링의 경우 해외수입자가 만기일에 수입대금을 상환하지 못한다 하더라도 수출팩터가 수출자에게 기지급한 수출대금의 반환을 청구할 수 없다.

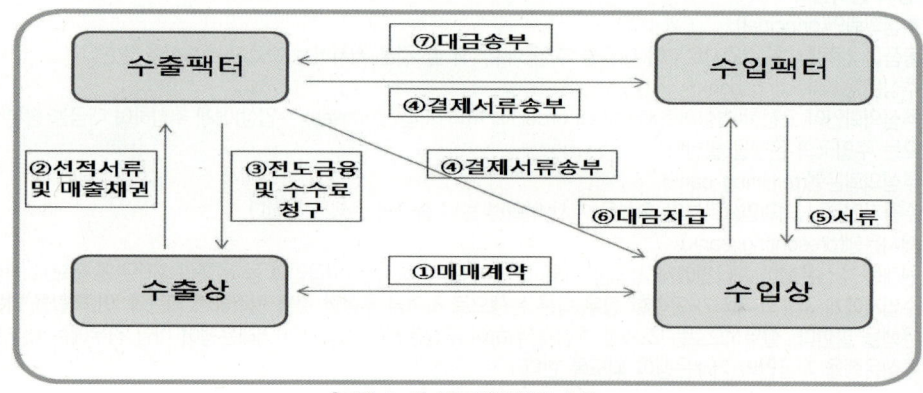

[그림 6-5] 팩토링방식의 흐름

### (2) 국제팩토링의 이점

① 수출상

가. 수출대금의 회수를 수출팩터(export factor)가 보증하므로 신용거래에 따른 위험부담이 없다.
나. 무신용장거래를 통하여 대외 경쟁력 강화는 물론 신시장개척에 용이하다.
다. 신용장 및 추심방식에 비해 실무 절차가 간편하다. 그러나 팩토링거래 시의 일체의 수수료는 전부 수출상이 부담하여야 하므로 신용장 거래보다 더 큰 수수료 부담을 갖게 된다.

② 수입상

가. 수입팩터(import factor)가 지급보증을 함으로써 신용구매가 가능하다.
나. 수입보증금 예치에 따른 자금 부담이 없어진다.
다. 신용장 발행에 따르는 수수료 등 비용부담이 없다.
라. 수입결제자금의 부족 시 금융수혜가 가능하다.
마. 수입팩터의 신용 한도 설정으로 계속 구매가 가능하다.

### (3) 포페이팅방식

현금을 대가로 채권을 포기 또는 약속어음을 이전의 소비자에게 소구함이 없이(without recourse) 고정이자율로 할인하는 금융기법을 말한다. 포페이팅이란 현금을 대가로 채권을 포기 또는 양도한다는 것을 의미한다. 연불조건이 요구되는 기계, 중장비, 산업설비 및 플랜트, 건설장비의 구매 시 사용되는 중요한 금융제도로서 Country Risk나 Payment Risk를 피할 수 있는 제도이다.

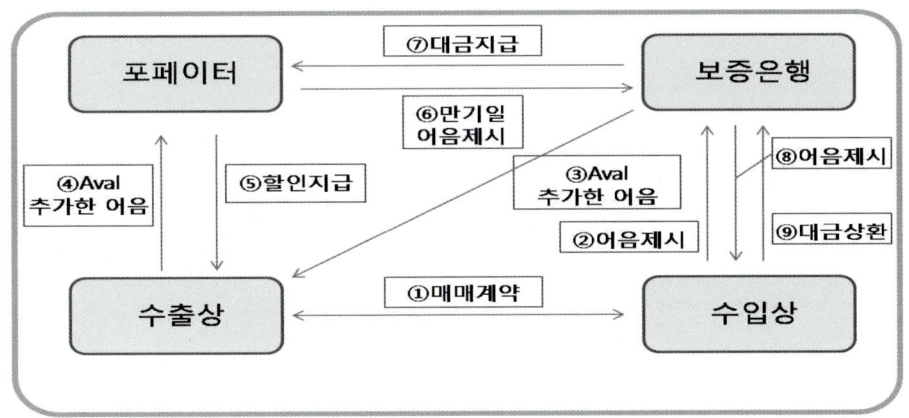

[그림 6-6] 포페이팅 방식의 흐름

① 포페이팅의 당사자

가. 수출상
나. 수입상
다. 포페이터 : 기한부어음(연불어음)을 할인매입하는 은행
라. 보증은행 : 수입자를 위하여 지급보증을 하거나 지급보증서를 발급하는 은행을 말한다.

② 포페이팅의 특징

가. 포페이팅의 할인금융이 최장 10년임에 반하여 팩토링은 180일 이내의 단기금융이다.
나. 국제팩토링이 통상 10만~30만 달러 이내의 소액을 대상으로 하는 단기금융인데 반하여 포페이팅은 거래 규모가 크고 중장기 금융이다.
다. 연지급어음을 매입한 자는 전(前)어음소지자에게 소구권(recourse)을 행사할 수 없다. 따라서 수출상은 상환청구에 대한 의무를 지지 않는다.

## 제7장 신용장(Letter of Credit)

### 01 신용장의 이해

신용장이란 신용장 개설은행이 신용장에서 요구하고 있는 서류가 신용장의 제조건에 일치하고 또 그것이 약정된 기간 내에 제시되었을 때 수익자인 수출상에게 대금지급을 확약한 **은행의 조건부 지급확약**(conditional bank undertaking of payment)이다. 은행의 조건부 지급확약이란 신용장에서 제시하고 있는 조건을 수익자(수출자)가 정확히 이행했음을 입증하는 서류를 제시하면 지급을 확실히 보증하고 반대로 그러한 조건이 충실히 이행되지 않았다면 지급을 하지 않겠다는 의미이다.

### 02 신용장의 발행 절차

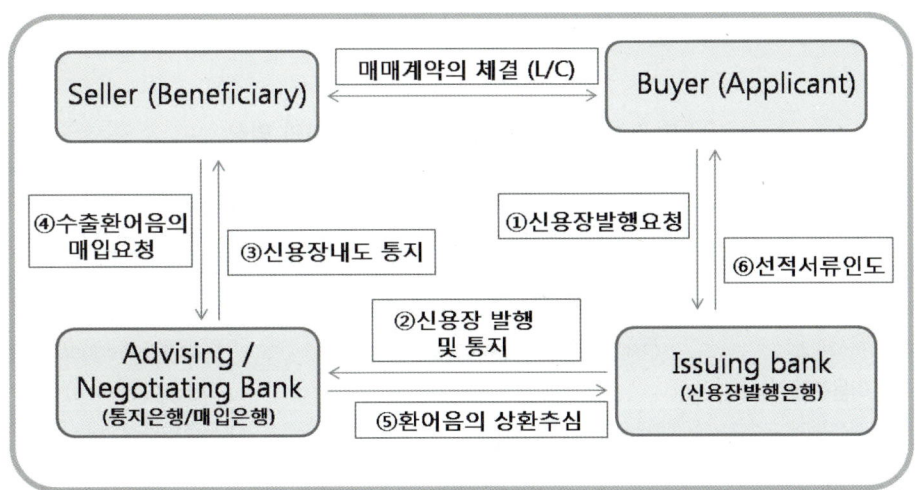

[그림 7-1] 신용장의 발행 절차

## 03 신용장의 이점

### (1) 수출상의 이점

수입상의 지급불능 또는 지급거절에 의하여 대금을 회수할 수 없게 되는 신용위험을 제거함으로써 대금 회수의 확실성이 보장되며 신용장을 담보로 금융상의 편익을 누릴 수 있다. 또한 취소불능신용장이 발행된 후에는 신용장의 취소 및 조건변경이 사실상 불가능하기 때문에 주문이 안정적으로 확보될 수 있다.

### (2) 수입상의 이점

계약물품의 정확한 인도시기를 예상할 수 있으며 물품을 선적했다는 증빙서류(선하증권 등)가 반드시 있어야만 수출상은 결제를 요청할 수 있으므로 수출상의 신용위험이 상당히 제거된다.

### (3) 물품공급자(Supplier)

Master L/C를 받은 수출상은 원재료, 부품 등을 협력업체로부터 납품을 받아 수출을 이행하게 되는 경우가 있을 수 있는데, 물품공급자는 원수출상이 받은 신용장을 근거로 하여 내국신용장(Local L/C)을 받을 수 있으므로 대금 회수의 안전성을 확보하게 되고, 수출계약이 취소되는 등의 불안이 없기 때문에 안심하고 제조, 생산에 임할 수 있게 한다.

## 04 거래형태에 따른 거래당사자의 명칭

[표 7-1] 거래형태에 따른 거래당사자의 명칭

|  | 수 출 상 | 수 입 상 |
|---|---|---|
| 매매관계 | 매도인(seller) | 매수인(buyer) |
| 무역관계 | 수출업자(exporter) | 수입업자(importer) |
| 신용장 관계 | 수익자(beneficiary) | 개설의뢰인(applicant) |
| 선적관계 | 선적인;하주(shipper, consignor) | 수하인(consignee) |
| 어음관계 | 발행인(drawer) | 지급인(drawee) |
| 계정관계 | 대금수취인(accounter, Accreditee) | 대금결제인(accountee) |
| 지급관계 | 수취인(payee) | 지불인, 발행인(payer) |

## 05 신용장거래의 당사자

[표 7-2] 신용장거래의 당사자

| 구 분 | 설 명 |
|---|---|
| 신용장 수익자 (beneficiary) | 신용장에 의하여 수혜를 받을 권리가 있는 자(대부분 수출상을 말한다)로서 신용장이 지정하고 있는 자이다. |
| 확인은행 (Confirming Bank) | 개설은행으로부터 신용장을 확인할 것을 위임받은 은행을 말한다. 확인은행은 개설은행과 동일한 의무를 수익자에 대해서 부담하게 되고 그 의무는 개설은행의 파산 또는 개설은행이 신용장상의 채무를 이행할 수 없게 되었을 경우에도 이행하여야 한다. 확인은행은 일단 신용장에 자신의 확인을 추가하면 이를 취소 또는 철회할 수 없다. |
| 통지은행 (Advising Bank) | 개설은행으로부터 위임받은 신용장의 통지사무를 수익자에게 행하고 그 보수로서 통지수수료를 발행은행 또는 경우에 따라서 수익자로부터 받는 은행이다. |
| 지정은행 (Nominated Bank) | 개설은행으로부터 지급, 인수 또는 매입을 행할 것을 수권받은 개설은행의 예치환거래 은행이다. |
| 상환은행 (Reimbursing Bank) | 상환은행이란 개설은행으로부터 위임(상환수권 ; Reimbursement Authorization)을 받아서 지급, 인수 또는 매입을 행한 은행으로부터의 상환청구에 응해서 개설은행을 대신하여 대금상환을 행하는 은행이다. |
| 양도은행 (Transferring Bank) | 먼저 신용장(Master L/C)을 수취한 제1수익자의 의뢰를 받아서 제2수익자에게 신용장을 양도하는 은행이다. 자유매입신용장인 경우에는 특정은행을 양도은행으로 지정한 후 이 은행을 통하여 양도하여야 한다. |
| 매입은행 (Negotiating Bank) | 신용장 조건에 의거하여 수출상이 선적서류를 제시할 경우 이를 매입하고 수출대금을 선지급하는 수출지의 은행을 말한다. |

## 06 신용장거래의 특성

### (1) 독립성의 원칙(Independence Principle of the Credit)

A beneficiary can in no case avail itself of the contractual relationships existing between banks or between the applicant and the issuing bank.
수익자는 어떠한 경우에도 은행상호간 또는 개설의뢰인과 개설은행 간에 존재하는 **계약관계를 원용할 수 없다.**

a. A credit by its nature is a separate transaction from the sale or other contract on which it may be based. Banks are in no way concerned with or bound by such contract, even if any reference whatsoever to it is included in the credit.
a. **신용장은 그 성질상 그것이 근거될 수 있는 매매계약 또는 기타 계약과는 독립된 거래이다.** 은행은 그러한 계약에 관한 어떠한 참조사항이 신용장에 포함되어 있다 하더라도 그러한 계약과는 아무런 관계가 없으며 또한 이에 구속되지 아니한다.

신용장이 일단 개설되면 관계 당사자 등은 신용장개설의 근거인 매매계약의 내용에 구속되지 않고 전혀 별개의 법률관계를 형성한다. 개설은행은 매매계약 내용과의 상이(相異)를 이유로 대금의 지급거절이나 지연을 할 수 없다. 수입상이나 수출상이나 매매관계를 원용하여 신용장의 관계 은행에 어떠한 청구권이나 항변을 할 수 없다.

### (2) 추상성의 원칙(Abstraction Principle of the Credit)

> Banks deal with documents and **not with goods, services or performance** to which the documents may relate.
> 은행은 서류를 취급하는 것이며 그 서류와 관련될 수 있는 물품, 용역 또는 이행을 취급하는 것은 아니다.
> [UCP600 제5조 서류와 물품/용역/이행]

신용장에 기재된 물품이 실제로 매수인에게 도착하였는지 또는 도착된 물품의 수량이나 품질의 충족과 관계없이 신용장에서 정한 기일 내에 물품을 인도하였는지를 입증하는 운송서류만으로 신용장 조건의 충족여부를 판단하여 대금지급 여부를 결정한다는 원칙을 말한다.

### (3) 엄밀일치의 원칙(Doctrine of strict compliance)

수익자가 제시한 서류와 신용장 조건과의 일치성 여부에 관한 심사는 오로지 서류의 문면상(on their face)으로 판단함으로써 은행은 신용장 조건에 엄밀히 일치하지 않는 서류를 거절할 수 있는 권리를 가지고 있다는 법률원칙을 말한다.

> **Check Point**
>
> ● 상당일치의 원칙 (Doctrine of Substantial Compliance)
> 수익자가 제시한 서류와 신용장 조건 사이에 형식적인 불일치가 존재하여도 실질적인 의미에서 신용장 조건의 목적을 달성할 수 있는 경우에는 그러한 불일치로써 은행이 지급을 거절할 수 없다. 엄밀일치의 원칙의 엄격성을 완화하는 원칙을 말하는데, 사소한 서류상의 불일치를 이유로 지나치게 엄밀일치의 원칙을 적용함으로써 수익자는 신용장 대금을 청구할 수 없게 되고, 개설은행은 개설의뢰인에 대해서 대금상환을 청구할 수 없다는 결과를 야기하게 되어 신용장거래의 활성화에 걸림돌이 되는 것을 완화하기 위한 것이다. 예를 들어 선적항인 Busan을 Pusan으로 표기했다 하여 서류의 불일치로 간주하는 따위의 형식적인 불일치에 대한 완화를 말하는 것이다.

## 07 신용장의 종류

### (1) 취소불능신용장(Irrevocable L/C)

> A credit is irrevocable even if there is no indication to that effect.
> 신용장은 취소불능의 표시가 없는 경우에도 취소불능이다.[UCP600 제3조 해석]

L/C 당사자 전원의 동의 없이는 취소 또는 변경이 불가능한 신용장이며 개설은행(issuing bank), 확인은행(있는 경우, confirming bank), 수익자(beneficiary)의 합의가 있어야 취소가 가능하다. 신용장에 취소불능 표시가 없더라도 취소불능이다.

### (2) 지급신용장(payment L/C)

① 환어음이 발행되지 않으며, 신용장 조건에 일치되게 발행된 서류가 개설은행 또는 동 은행이 지정하는 지정은행에 제시되면 지급할 것을 확약한 신용장이다.
② 지급은행은 서류가 개설은행에 의해 부도반환 되더라도 수익자에게 지급대금의 반환을 요구할 수 없다.(without recourse)

### (3) 매입신용장(negotiation L/C)

① 자유매입신용장(Freely Negotiable L/C, General L/C, Open L/C)이 대표적이며 실무적으로 가장 많이 사용되는 신용장이다. 중소기업에서 진행되는 신용장의 대부분을 차지하며 보통 취소불능신용장이라고 하면 자유매입신용장을 의미한다. 신용장을 가지고 발행된 환어음이 매입되는 것을 예상하여 매입을 허용하고, 어음의 발행인(drawer), 어음의 배서인(endorser), 어음의 소지인(bona-fide holder)에 대해서도 지급을 확약하고 있는 신용장.
② 개설은행이 서류 부도반환을 하더라도 **환어음발행인에게 소구권을 행사할 수 있다.**(with recourse)

**【매입신용장의 확약문언】**
"We hereby engage with **drawer and/or bona fide holders** that drafts drawn under and negotiated in compliance with the terms and conditions of this credit will **be duly honoured on presentation.**"
「이로써 당 행은 신용장에 의거하고 신용장조건에 따라 발행된 환어음의 발행인 및/또는 선의의 소지인과 그러한 환어음의 제시 시에 정히 지급될 것이라는 것을 약정합니다.]」

### (4) 연지급신용장(deferred payment L/C)

① 기한부어음의 발행을 요구하지 않고(환어음이 발행되지 않고), 서류제시만을 요구하면서, '운송서류의 발행 후 90일(90days after B/L date)' 등과 같은 신용장 조건에 따라서 결정되는 기일에 지급이 행해질 것을 정하고 있는 신용장.
② 서류제시(선적서류)가 필요하지만 환어음이 발행되어 서류와 함께 제시될 필요가 없기 때문에 환어음의 사용이 일상적이지 않은 국가에서 주로 사용된다.
③ 예치환거래은행이 연지급은행이 되며 연지급은행은 확인은행이나 개설은행의 지시에 따라 수익자에게 만기일을 기재한 **연지급확약서(deferred payment undertaking)**를 발급해주고 그 만기일에 수익자에게 대금을 지급하거나 할인(선지급 또는 구매)을 할 수 있다.

### (5) 인수신용장(acceptance L/C)

① 기한부 어음발행을 지시하고 동 어음을 인수하여 만기일에 지급하는 방식
② 개설은행이 예치환거래은행에서 인수편의를 사용할 때 발행되며, 어음이 발행되어 기한부신용장(Usance L/C)으로만 사용된다.
③ **통지은행만이 인수업무를 담당**할 수 있다.
④ 인수은행은 서류가 개설은행에 의하여 부도반환 되더라도 **소구권을 행사할 수 없다.**

> **Check Point**
>
> ● **UCP600에서의 지급에 대한 정의**
> 지급(honour, 또는 결제)란 용어는 기존 UCP에 없던 것을 UCP600에서 처음으로 도입하였는데, 이는 미국통일상법전(UCC)의 규정과 거의 동일한 개념이다. UCP600에서 지급이란 다음의 방식으로 지급이 이루어지는 것을 말한다.
> ㉠ **일람지급(payment at sight)**
>  - to pay at sight if the credit is available by sight payment
> ㉡ **연지급(deferred payment)** : 연지급확약 의무를 부담하고 만기일에 지급하는 것
>  - to incur a deferred payment undertaking and pay at maturity if the credit is available by deferred payment.
> ㉢ **인수 후 지급(payment after acceptance)**
>  - to accept a bill of exchange('draft') drawn by the beneficiary and pay at maturity if the credit is available by acceptance.
>
> ● **매입(Negotiation)**
> 매입하도록 수권된 은행에 의한 환어음 그리고 /또는 서류에 대한 가액의 공여를 의미한다. 따라서 대금의 지급이 없이 단순히 서류만 검토하는 것은 매입을 성립하지 않는다.
>
> ● **소구(recourse)**
> 매입은행이 신용장개설은행으로부터 지급이 거절되면(unpaid) 수출자에게 기지급된 어음금액을 되돌려 달라고 요구하는 것을 말한다.
>
> ● **인수편의(acceptance facility)**
> 인수편의란 수입상(개설의뢰인)이 기한부신용장을 이용하여 기한부수입을 하고자 하는 경우 해외에 있는 예치환거래은행이 개설은행의 위임을 받아 어음의 만기일에 신용장 대금을 대신 지급해주고, 대금을 개설은행으로부터 되돌려 받는 신용 공여 형태를 말한다. 즉 수입자가 일정 기간 후에 은행에 대금을 지급할 수 있도록 신용을 공여하는 단기여신을 말한다.

### (6) 제한신용장(restricted L/C, special L/C)

① 신용장상에 환어음의 매입은행이 특정은행으로 지정되어 있는 신용장
② 실무적으로는 수익자는 자유로이 매입은행을 정하여 매입을 요청하고 매입은행은 다시 신용장에 정해져 있는 지정은행에 매입을 요청하게 된다. 두 번에 걸쳐서 매입이 일어나므로 이를 '리네고(renego)' 한다고 한다.

## (7) 확인신용장(confirmed L/C)

① 개설은행 이외의 은행이 타행발행의 취소불능신용장에 대하여 그 신용장에 근거하여 지급, 인수 또는 매입을 확약하는 것을 확인(confirmation)이라 하고, 그와 같은 문언이 부가된 신용장을 확인신용장이라 한다.
② 확인은행의 확인은 개설은행과는 별개의 독립된 것으로, 수익자의 입장에서는 개설은행과 확인은행으로부터 이중으로 대금결제에 대한 확약을 받게 된다.
③ 확인은행은 개설은행이 파산 시에 수입상이 Usance L/C를 개설하여 개설은행에 지불할 대금이 있다면 수입상에 구상권을 행사할 수 있다. 그러나 수입상이 신용장 개설을 할 때 이미 신용장대금 전액을 개설은행에 예치했을 경우는 구상권을 행사할 수 없다.

## (8) 양도가능신용장(transferable L/C)

수익자가 매입 등을 수권 받은 은행에 대하여 신용장의 일부 또는 전부를 다른 자가 사용할 수 있도록 요구할 수 있는 신용장을 말하며 개설은행이 신용장상에 「transferable」이라고 지시하고 있는 경우에 한해 다른 자에게도 양도할 수 있다.

## (9) 화환신용장과 무화환신용장

### ① 화환신용장(documentary L/C)

신용장 개설은행이 수익자가 발행한 환어음에 신용장 조건과 일치하는 선적서류를 첨부할 것을 조건으로 하여 지급, 인수, 매입할 것을 확약하는 신용장

### ② 무화환신용장(clean L/C)

금융서류에 상당하는 어음 또는 금전수령증과 같은 서류만을 요구하고 선하증권 등의 상업서류에 상당하는 서류를 요구하지 않는 신용장을 말하며 여행자신용장, 보증신용장이 해당된다. 본사가 해외지사에게 지급보증을 하기 위하여 사용되기도 한다.

## (10) 기한부신용장(Usance L/C)

신용장에 의해 발행되는 어음이 지급인에게 제시된 후 일정 기간이 경과한 후에 지급 받을 수 있도록 어음 지급기일이 특정 기일로 된 기한부어음(Usance draft)을 발행할 수 있는 신용장이다. 신용장 개설 시 수입자의 사정에 의하여 신용장 개설 대금 전액을 예치하지 못할 시, 은행이 수입자를 대신하여 신용장을 개설해 주므로 일종의 대출행위(신용공여)이다.

> **Check Point**
>
> ● **수입화물대도(Trust Receipt)**
> 은행의 신용공여로 신용장을 개설하여 물품을 수입하였으나 결제자금이 없을 때 이용하는 방법으로서 물품의 담보권을 가지고 있는 은행과 물품의 인수를 위하여 체결하는 제도를 말한다. 물품의 소유권은 은행이 보유한 채 물품은 일단 수입상이 인도받을 수 있게 하여 그 물품을 처분한 다음 동 은행으로 물품대금을 결제하게 하는 것을 말한다.
>
> ● **신용장개설 시의 개설담보금(개설예치금; deposit)**
> 신용장개설의뢰인은 신용장개설의뢰 시 담보의 부족 또는 기한부신용장이 아닐 때는 수입대금에 해당하는 전액을 개설은행에 예치하여 신용장 발급을 의뢰하게 된다. 이는 신용장발행이 개설의뢰인(applicant)의 지급능력과는 상관없이 개설은행이 독립적인 지급보증을 하고 있기 때문에 그러하다. 따라서 신용장 발행금액 전액을 신용장개설시 개설 은행에 예치하였다면 은행은 신용장에 표시된 물품을 담보로 취급하지 않는다. 그러나 유전스(기한부) 또는 담보를 설정하여 신용장을 발행하였다면 이는 개설은행이 개설의뢰인에 대하여 일종의 신용공여(대출)를 해준 것과 마찬가지이므로 물품에 대한 소유권은 일차적으로 개설은행이 갖게 된다.
>
> ● **인수(acceptance)와 할인(discount)**
> 인수(acceptance)라는 말은 기한부환어음을 인수은행이 받는 행위(매입은 하지 않고)를 말하며 환어음상에 인수를 하였다는 약정표시를 하게 되고 (Accepted by 인수은행), 약정된 만기일 도래 시 인수받은 환어음에 대하여 수익자에게 지급 하는 것을 말한다. 인수은행은 인수확약서(acceptance fixture)를 발행하고 대금지급에 대한 확약을 하게 된다. 기한부환어음(Usance Draft)에서 개설은행은 수출지의 예치환거래은행을 인수은행으로 정하여 개설은행을 대신하여 환어음을 인수할 것을 약정하고(이를 인수약정이라 한다), 만기일에 인수은행에 개설되어 있는 개설은행의 예금계정에서 수익자에게 지급을 하게 된다.
> 인수은행은 인수를 행한 환어음에 대하여 개설은행의 예금 잔고액이 충분치 않다하여 수익자에게 대금지급을 거절할 수 없다(거절하면 어음수표법위반으로 수출국의 강행법에 저촉된다). 또한 서류가 개설은행으로부터 부도반환(지급거절)이 되어도 기지급한 환어음금액에 대하여 수익자에게 소구권을 행사할 수 없다.
> 인수신용장에서 수익자는 기한부환어음을 발행하고 일정 약정기간 후 (30, 60, 90 이후 180일까지) 수출대금을 인수은행으로부터 지급받게 되는데, 그 기간 동안에 자금압박 등의 경제적인 이유로 인하여 **만기가 도래하기 전에 현금화하는 것을 할인(discount)이라 한다.** 인수은행은 인수한 환어음에 대하여 만기일까지의 이자와 수수료를 공제하고(할인하고) 현금을 먼저 내주고 만기일에 개설은행으로부터 할인된 어음금액을 지급받게 된다. 할인은 대부분 인수은행이 행하나 수익자는 할인을 위하여 반드시 인수은행을 통할 필요는 없으며 자신이 이용하기 편리한 은행을 통하여 할 수도 있다.

### (11) 내국신용장(Local L/C)

① 수출신용장(Master L/C)를 받은 수출자가 국내생산업자나 원자재공급업자로부터 물품을 공급받고자 할 때 국내공급업자 앞으로 발행해주는 신용장이다. 현재 내국신용장의 전체업무는 전자화되어 은행방문 없이 인터넷으로만 이루어지고 있다.
② 수출상이 개설의뢰인이 되고 국내의 은행이 개설은행이며 공급업자가 수익자가 된다.
③ 내국신용장의 수익자는 공급물품을 제조, 가공하는데 필요한 원자재를 구매하기 위하여, 1차 내국신용장을 근거로 하여 내국신용장을 순차적으로 발행할 수 있다.
④ 내국신용장에 의한 공급실적은 수출실적으로 인정된다.

## 08 기타 신용장의 종류

### (1) 에스크로신용장(기탁신용장 ; escrow L/C)

구상무역 즉, 2국간의 수출입금액을 균형 시키기 위하여 상호 수출한 금액만 수입하는 약정에 따른 무역결제방법. 당사자가 은행에 기탁계정(escrow account)을 설정하여 놓고 수출 대금을 기탁 계정에 입금시키며 이 금액은 다음 수입을 할 때에 대금결제용으로만 사용하는 신용장이다.(주로 연계무역에 사용)

### (2) 동시개설신용장(견질신용장; back to back L/C)

양국의 무역균형을 유지하기 위하여 사용되는 신용장을 말한다. 한 나라의 수입상이 정액의 수입신용장을 발행할 경우 그 신용장은 상대방에게서 같은 금액의 수입신용장을 발행하는 경우에만 유효하다. 중계무역과 연계무역에 이용되는 것이지만 오늘날에는 거의 사용되지 않는다. 내국인에게 발행되면 Local L/C, 외국인에게 발행되면 Sub L/C 라 한다.

### (3) 회전신용장(revolving L/C)

동일 거래선과 동일 물품을 반복하여 지속적으로 거래가 이루어질 경우, 신용장 개설과 개설비용의 절감 및 절차의 번거로움을 피하기 위해 일정한 기간 동안 일정한 금액의 범위 내에서 신용장 금액이 자동적으로 갱신되는 신용장 이며 반복 사용이 가능하다. 누적(累積)방법에 의한 회전신용장(Cumulative Revolving Credit)과 비누적적 방법에 의한 회전신용장(Non-cumulative Credit)이 있다.

### (4) 전대신용장(red clause or packing L/C, Advance Payment L/C)

신용장 개설의뢰인이 통지은행에 일정한 조건하에 수출업자(수익자)에게 수출대금을 선불해 주도록 허용한 신용장이다. 수출대금의 일부를 선적 전에 미리 결제해 줄 수 있다는 적색 문언에서 유래한 것으로 플랜트수출 등에 사용된다.

### (5) 보증신용장(Stand-by L/C)

① 입찰보증을 위한 신용장(Bid Bond L/C)

플랜트수출 등의 국제입찰에 사용되며 낙찰자가 계약 체결을 거절하는 등의 부정업자의 응찰을 막을 수 있다.

② 계약이행보증을 위한 신용장(Performance Bond L/C)

수출상이나 국제입찰의 낙찰자가 계약의 상대방으로부터 계약의 확실한 이행보증으로써 보증금을 요구할 때 사용한다.

③ 선수금반환보증을 위한 신용장(Refundment Bond L/C)

선박, 차량, 플랜트 등의 연지급 수출의 경우 선적 전 수출상에게 선수금으로 송금된 것에 대하여 선수금을 반환하는 보증을 요구할 때 사용한다.

## 09 신용장의 통지와 조건 변경

### (1) 신용장 통지의 기본 원칙

① 통지를 의뢰 받은 은행은 지급이행 또는 매입할 **아무런 약정도 없이**(without any undertaking to honour or negotiate) 신용장을 통지할 수 있다.
② 통지은행이 신용장을 통지한다는 것은, 그 자신이 신용장 조건 또는 조건 변경의 외관상의 진정성(apparent authenticity)에 관하여 스스로 충족하였다(it has satisfied itself)는 것과 그 통지가 수령된 신용장 또는 조건 변경의 제조건을 정확히 반영하고 있다는 것을 의미한다.

### (2) 진정성을 확인할 수 없는 경우의 처리

① 통지은행이 신용장의 외견상 진정성을 확인할 수 없는 경우 동 은행은 그 지시를 송부해온 은행에게 그러한 취지를 지체 없이 통고하여야 한다.
② 진정성을 확인할 수 없음에도 통지은행이 수익자에게 신용장을 통지하기로 선택한 경우에는, 동 은행은 수익자에게 그러한 취지를 반드시 통고하여야 한다.

### (3) 취소불능신용장의 취소, 조건 변경의 통지

① 수익자가 '조건 변경을 통지하여 온 은행'에 **조건 변경에 대한 동의를 전달하기까지는 조건 변경은 유효하지 않다.**
② 조건 변경의 통지 가운데 복수의 조건 변경이 포함되어 있는 경우에는 그 가운데의 **일부만 승낙하는 것은 인정되지 않는다.**
③ **개설은행**(issuing bank), **확인은행**(있는 경우, confirming bank), **수익자**(beneficiary)의 합의 없이는 변경 또는 취소할 수 없다.
④ 조건 변경을 통지할 때는 신용장을 통지한 동일한 은행을 이용하여야 한다.

## 10 신용장의 양도

① 신용장양도는 지급, 연지급확약, 인수 또는 매입하도록 특별히 수권된 은행(양도은행)만이 취급할 수 있다. 신용장의 양도는 국내외를 가리지 않는다.
② 「transferable」이라는 양도문언이 있어야 양도가능하며, divisible, fractionable, assignable, transmissible 라고 표시된 경우는 양도문언으로 보지 않는다.
③ 신용장은 양도은행이 동의한 범위와 방법에 따라서만 양도가능하며 신용장은 원신용장의 조건에 따라서만 양도가능하다.
　　**예외 : 신용장 금액 및 서류 제시 기한의 단축, 단가의 감액, 선적 기일의 단축**
④ 신용장은 분할선적이 허용된 경우에만 신용장 금액 한도 내에서 별도로 분할하여 양도 가능
⑤ 신용장은 1회에 한하여 양도할 수 있으며 제2수익자가 제3수익자에게 양도하는 것은 불가능하다.
⑥ 양도은행의 제비용은 별도로 합의하지 않는 한, 제1수익자가 지급한다.

### ➔ Check Point
● **신용장양도가 필요한 경우**
　수익자가 실제 생산업자로 하여금 직접 선적하게 하여 수출환어음 매입을 하도록 하는 경우와 수익자가 다른 업자 명의로 수출하려고 하는 경우 (수출대행)에 양도가 일어난다. 또는, 사회주의 국가 등에서 국가가 지정한 대행기관만이 수출입행위를 할 때 원수출자가 신용장을 양도하기도 하며, 섬유류 등의 수출에서 쿼터를 배정받지 못하였거나, 배정된 쿼터가 모두 소진된 원수출자가 양도하기도 한다.

## 11 환어음(Draft, Bill of Exchange)

환어음(draft, bill of exchange)이란 어음발행인(drawer)이 지급인(drawee)인 제3자로 하여금 증권상에 기재된 일정금액(a certain sum)을 증권상에 기재된 수취인(payee) 또는 그 지시인(orderer) 또는 소지인(bearer)에게 지급일에 일정 장소에서 지급할 것을 무조건적으로(unconditionally) 위탁하는 요식유가증권(formal instrument)이며 유통증권(negotiable instrument)이다. 매입은행(Negotiating Bank)은 선적서류를 매입하여 환어음과 서류를 소지하게 되고 이러한 서류가 개설은행에서 정상적으로 매입될 것이란 전제하에 매입을 하였으므로 「선의의 소지인」이라함은 매입은행을 일컫는 말이다. 또한 정상적으로 환어음을 양도받은 자도 해당된다.

```
NO. _____        BILL OF EXCHANGE        Date: _____        Korea
FOR _____
AT  _____                    OF THIS FIRST   BILL OF EXCHANGE ( SECOND UNPAID )
PAY TO THE ORDER OF   Industrial Bank of Korea
THE SUM OF _____
VALUE RECEIVED AND CHARGE THE SAME TO ACCOUNT OF _____
_____
DRAWN UNDER _____
L/C NO. _____        DATED _____
TO _____
```

[그림 7-1] 환어음의 양식(기업은행양식)

### (1) 환어음의 기재사항

환어음은 요식증권이기 때문에 반드시 기재하여야하는 필수 기재 사항 중에서 하나라도 빠지면 환어음의 효력을 인정받을 수 없다. 환어음에서 발행인(drawer)은 환어음을 발행하고 서명하는 자로서 수출상이나 채권자가 되고, 지급인(drawee)은 신용장거래에서는 보통 신용장 개설은행이나 개설은행이 지정한 은행이 되며 추심방식에서는 수입상(importer)이 된다.

| 필수 기재 사항 | 임의 기재 사항 |
|---|---|
| ■ 환어음의 표시(bill of exchange)<br>■ 무조건지급 위탁문언 (unconditional order to pay)<br>■ 금액(문자/숫자) : 화폐의 종류도 표시<br>■ 지급인의 표시/ 지급기일의 표시<br>■ 지급지의 표시/ 수취인의 표시<br>■ 발행일 및 발행지의 표시<br>■ 발행인의 기명날인 또는 서명 | ■ 환어음의 번호<br>■ 신용장 및 계약서 번호<br>■ 신용장 발행 은행명<br>■ 신용장 번호 및 발행일 |

**환어음의 당사자 : 발행인(drawer), 지급인(drawee), 수취인(payee)**

### (2) 수취인과 지급인의 표시

① 기명식 : pay to XX bank - XX bank 에게 어음의 금액을 지급하라는 표시이다.
② 기명지시식 : pay to the order of XX bank -  XX 은행의 지시에 따라 어음의 금액을 지급하라는 표시이다.

### (3) 어음금액의 표시

환어음금액은 상업송장의 금액과 일치해야 하며 신용장금액을 초과하여 발행될 수 없다. 숫자금액과 문자금액이 서로 다른 경우 문자금액이 우선한다.

### (4) 환어음의 당사자

① 발행인(drawer) - 보통 수익자 또는 매도인이다.

② 지급인(drawee)

L/C 방식에선 개설은행 또는 상환은행이 되고 D/A, D/P에선 수입자이다. [그림 7-1]의 환어음양식에서 drawn under 이하가 지급인이 된다.

③ 수취인(payee)

자유매입신용장에선 매입은행이 된다. [그림 7-1]의 환어음양식에서 pay to 이하에 기재되는 자를 말한다.

> **Check Point**
> ● 환어음 지급 만기일에 대한 표시
> ① at sight(일람출급, 일람지급)
> 어음의 지급을 위하여 지급인에게 제시하는 날이 어음의 만기일이 된다. 일람불 신용장(at sight L/C) 이나 D/P 거래에서 사용된다.
> ② at ~ days or month after sight(일람 후 정기 출급)
> 어음의 지급을 위하여 지급인에게 제시된 날로부터 일정 기간이 지난 날짜가 어음의 만기일이 된다. 「60days after sight(60 d/s)」등으로 표시된다. 60 days' sight = 60 days after sight = 60 d/s 는 지급인에게 환어음이 제시된 후 60일 뒤 결제할 것을 의미한다.
> ③ at ~ days or month after B/L date or draft date or bill of date(일부 후 정기출급)
> 어음이 발행되고 난 후 일정 기일이 경과한 후 어음의 만기일이 된다. 예를 들어 60days after bill of date 라 표기되었다면 이는 환어음이 발행된 날로부터 60일째 되는 날이 지급만기일이 된다. 약칭하여 "60 d/d" 등으로 표현된다. d/s의 경우 대금의 결제는 지급인에게 환어음이 제시된 후에 이루어지므로 추심일수(우편일수; mail days) 5~ 12일 정도가 소요된 후에 이루어지므로 실제 발행일보다 우편일수만큼 지급이 늦어지게 된다. 그러나 d/d 의 경우는 환어음이 발급된 날짜 이후의 정해진 만기일에 지급이 이루어지므로 지급인에게 제시를 거쳐야 하는 d/s 에 비해서 우편일수만큼 더 빨리 지급이 이루어지게 된다.
> ④ on a fixed date(확정일 출급)
> 환어음상에 확정된 장래의 특정 일자에 지급되는 환어음을 말한다. 따라서 어음상에 만기일을 기재하고 있는 환어음의 날짜가 만기일이 된다. on May 5, 2020 등으로 표시된다.

# 제8장 선적서류

신용장 거래에서 선적서류(shipping documents)라 하면 환어음, 전송보고서(예 : 팩스 전송보고서) 그리고 서류의 발송을 증빙하는 특송영수증, 우편영수증 및 우편증명서를 제외한 신용장에서 요구하는 모든 서류를 의미한다.[ISBP 745 A19 a] 수출자는 선적을 마치고 나면 수출대금을 회수하는 절차를 밟게 되는데(이를 실무에선 '네고를 한다'라고 부른다), 이 때 매입은행에 제시하여야 하는 서류를 선적서류 또는 매입서류라 한다.

## 01 상업송장(Commercial Invoice)

수출상이 수입상 앞으로 발행하는 서류로서 물품에 대한 대금청구서, 물품의 명세서 등 선적안내서로 사용되는 상용문서이다. 수출상의 입장에서는 무역 대금 결제와 물품의 출하 안내 및 과세자료, 수출수속절차상 세관 등에 제공하게 되는 서류가 되며, 수입상의 입장에서도 수입통관 수속에 필수적인 서류이다.

[표 8-1] 송장의 종류

| 종 류 | 설 명 |
|---|---|
| 선적송장(shipped invoice) | 무역계약을 이행하고 거래조건에 따라 작성된 송장이며 대금청구서와 물품명세서의 역할을 한다. |
| 견적송장(Pro-forma invoice) | 가격 계산의 기초로 사용된다. 외환의 사용이 자유롭지 않은 나라에서 외환사용 허가를 득하거나, 수입허가를 위하여 사용되기도 한다. |
| 견본송장(sample invoice) | 견본을 송부할 때 작성된다. |
| 위탁매매송장(consignment/ indent) | 물품의 판매를 위탁할 때 작성된다. |
| 세관송장(customs invoice) | 수입지 세관에서 수입물품에 대한 과세가격의 기준이나 덤핑 유무의 확인을 목적으로 하는 공용송장이며, 수출상이 직접 작성한다. |
| 영사송장(consular invoice) | 수입물품 가격을 높게 책정하여 외화를 도피하거나 낮게 책정하여 관세를 포탈하는 것을 방지하기 위한 공용송장이다. |

상업송장을 작성할 때는 다음과 같은 사항을 유의해야 한다.

① 상업송장은 신용장 수익자 본인이 개설의뢰인(수입상) 앞으로 작성하여야 한다.
② 상업송장 금액은 신용장 금액을 초과해서는 안 된다. 그러나 신용장 금액 앞에 「about」, 「approximately」 등이 표시되어 있는 경우에는 **±10% 의 과부족 오차가 허용**됨으로 그 범위 내에 표시된 경우는 예외가 허용된다.
③ [원칙] 신용장 금액과 상업송장 금액은 반드시 일치하여야 한다.
   [예외] 신용장에서 허용된 금액을 초과한 금액으로 발행된 상업송장도 수리할 수 있다.
   [해설] 신용장 금액과 상업송장 금액은 원칙적으로 일치하여야 하지만 은행은 신용장 금액을 초과한 상업송장을 수리할 수도 있다. 그러나 은행은 허용된 금액을 초과한 금액으로 지급이행 또는 매입하지 않아야 한다. 즉 동 상업송장을 수리할 수도 있지만, 초과된 부분은 제외하고 신용장 금액만을 지급한다.
④ 상업송장에는 반드시 신용장 번호와 개설은행명을 기재하여야 한다.
⑤ **상업송장은 신용장과 동일한 통화로 작성되어야 하며 신용장에서 요구되지 않았다면 서명이나 일자가 필요 없다.**
⑥ 상업송장상의 물품, 용역 또는 이행의 명세는 신용장에 보이는 것과 일치하여야 한다.
   따라서 **신용장에 표시된 상품 명세의 부연 설명을 상업송장에서 생략하면 하자로 취급**되므로 주의해야 한다.

> **Check Point**
>
> ● 송장의 제목[Title of Invoice ; ISBP745 C1]
> 신용장이 단순히 Invoice를 요구하면 Commercial Invoice, Customs Invoice, Tax Invoice, Final Invoice, Consular Invoice 등, 모든 유형의 송장을 수리한다. 그러나 Provisional(예비, 임시), Pro-forma(견적) 또는 이와 유사한 것으로 식별되는 송장들은 수리되지 않는다. 신용장이 Commercial Invoice를 요구하는 경우 Invoice라는 제목의 서류도 수리된다.
>
> ● about과 approximately 의 표시에 대한 이해
> about과 approximately 는 이 단어가 표시된 부분에만 적용된다. 예를 들어 수량이 "about 100 ton"인 경우 상하한선은 90~110톤이지만 금액까지 똑같이 적용되는 것은 아니다. 즉 신용장상에 수량은 about 100 ton, 금액은 10,000달러로 표시된 경우 금액까지 9,000~11,000 달러로 적용되는 것은 아니고, 수량에만 적용된다.

## 02 선하증권(Bill of Lading ; B/L)

선하증권이란 해상운송계약의 증거서류이며, 운송인이 화물을 인수 또는 선적했음을 증명하는 서류이다. 또한 선하증권은 운송인이 증권에 기재된 화물을 수령 또는 선적하였다는 사실을 확인하고, 지정된 목적지까지 운송하여 증권의 정당한 소지인(holder) 에게 화물을 인도할 것을 약속하는 유가증권이다. 또한 **배서 또는 양도에 의하여 소유권이 이전되는 유통증권**이다.

## (1) 선하증권의 발행과 선적 절차

화주(수출자)는 수출계약을 체결한 후 적시 인도를 위하여 선박회사나 그 대리점 등이 보내어 오는 배선표(Shipping Schedule)나 운송사업자의 회보인 Shipping Gazet 및 업계 신문 등에 실려 있는 각 항로별 선박명과 입항예정일(Estimated Time of Arrival : ETA) 및 출항예정일(Estimated Time of Departure : ETD)을 참조하여 적합한 운송 현황을 체크하게 된다. 매매계약상의 선적기일에 따른 인도 물품의 준비상황 등을 고려하여 적합한 선박을 선정한다. 이후 상업송장, 포장명세서, L/C 사본 등을 첨부하여 해당 선박회사에 선적요청서(Shipping Request)를 제출하고 선복을 신청한다. 선박회사는 선적을 승낙하게 되면 선적지시서(shipping Order : S/O)를 발행하는데 화주는 이 S/O를 본선에 가지고 가서 1등 항해사에게 제시, 선적한 후 선하증권(Bill of Lading : B/L)을 받게 된다. 실무에서는 이 모든 것들이 전산으로 일괄 처리된다. 선하증권의 발급과정을 요약하면 다음과 같다.

① 정기선(컨테이너화물)에 의한 선적의 경우
  ㉠ FCL화물 : S/R(Shipping Request : 선적요청서) → CY → D/R(Dock Receipt ; 부두수취증) → S/O(Shipping Order ; 선적지시) → 본선적재 → B/L발급
  ㉡ LCL화물 : S/R → CFS(컨테이너화물집하소) → CY → D/R → S/O → 본선적재 → B/L발급

② 재래선에 의한 선적의 경우
  ㉠ S/R → 화물검량 → S/O → 검수(표) → 본선적재 → M/R(Mate's Receipt ; 본선수취증) → B/L발급

- **FCL(Full Container Load ; 만재)**
  컨테이너 한 대에 동일한 화주의 물품으로 가득 채운 것

- **LCL(Less than a Container Load ; 혼재)**
  컨테이너 한 대에 채우기엔 부족한 물량을 말한다. 소량의 화물을 컨테이너에 다 채우지 못한 상태로 적재를 하면 화물운송비가 부담스럽기 때문에 동일한 방향으로 가는 다른 화주의 물건과 같이 혼재(consolidation)를 하게 된다.

- **CFS(Container Freight Station ; 소량 컨테이너 화물집하소)**
  LCL Cargo(소량화물)을 집하하여 컨테이너에 적입(stuffing, vanning)하는 장소를 말한다.

- **CY(Container Yard ; 컨테이너 장치장)**
  선사가 컨테이너를 집적, 보관, 장치하고, 적입된 컨테이너를 배치하는, 항만근처 지역에 있는 야적장을 말한다. 통상적으로 적재, 양하하기 위하여 컨테이너를 정렬시켜 두는 Marshalling Yard를 포함하고 있다. FCL화물은 Container Yard에서 인수한다.

## (2) 선하증권의 종류

[표 8-2] 선하증권의 종류

| 분류기준 | 명칭 | 설명 |
|---|---|---|
| 선적여부 | 선적선하증권<br>(Shipped B/L) | 운송화물을 본선에 적재한 후에 발행한 선하증권이며 선적선하증권상의 증권의 발행일자는 곧 본선적재일자가 된다. 선하증권의 법적 요인을 갖춘 완전한 운송서류다. FOB와 CFR/CIF 조건에서는 본선인도를 전제조건으로 한 것이므로 이런 조건에선 Shipped B/L이 발급된다. |
| | 수취선하증권<br>(Received B/L) | 화물을 선적할 선박이 화물을 적재하기 위하여 아직 입항하지 않았거나 항내에서 정박 중이지만 화물을 선적할 선박이 지정된 경우에, 선박회사가 화물을 수령하고 선적 전(前)에 발행하는 선하증권을 말한다. 수취선하증권은 선박회사의 부두창고에 우선 입고되어 발행되는 일종의 부두수취증(D/R) 또는 운송을 위한 수취(received for shipment)로서 발행하는 창고수취증(warehouse receipt)이다. 신용장에 특별한 명시가 없는 한, 은행에서 수리하지 않는다. Custody B/L 또는 Port B/L 이라고도 불린다. |
| | 본선적재선하증권<br>(on board B/L) | 이미 발행된 received B/L에 본선 적재 후 본선적재표시(on board notation)를 부기한 선하증권을 말하며 효력상 shipped B/L과 동일하다. |
| 사고여부 | 무사고선하증권<br>(Clean B/L) | 화물을 선적할 때에 화물의 포장상태 또는 수량, 내용물상에 어떠한 손상이나 과부족이 없이 선적되었음을 증권면에 표시되었거나, remark(비고)란에 하자의 문언이 기재되지 않은 증권을 말한다. 선하증권상에 보통 「Shipped on board in apparent good order and condition(이상 없이 본선적재되었음)」으로 표시된다. |
| | 사고부선하증권<br>(Dirty/ Foul/<br>Claused B/L) | 선적된 화물에 하자가 있는 경우 remark 난에 이 내용이 기재되어 발행된 증권을 말한다. 은행은 이러한 증권의 매입을 거절하므로, 선적 시 하자가 발생하였을 때는 무사고선하증권을 발급 받아야 한다. 화물에 이상이 있을 시 즉시 이를 대체 또는 재포장을 하여 다시 선적을 함으로써 무사고선하증권을 발급받아야 하지만 선박이 곧 출항한다든지 선적기일이 임박하여 이를 행할 수 없을 때 선박회사에 파손화물보상장(L/I ; Letter of Indemnity)를 제공하고 무사고선하증권을 교부받아야 은행에서 수리됨으로써 네고가 가능하다. |
| 기타 | 기간경과선하증권<br>(Stale B/L) | 서류의 발행일자로부터 21일이 경과되어 은행에 제시된 증권이며 신용장상에 「Stale B/L acceptable」란 조건이 있는 경우를 제외하고는 은행에서 수리되지 않는다. 예외적으로 보세창고인도조건(BWT)에서 사용된다. |
| | 집단선하증권<br>(Groupage B/L) | 선박회사가 포워더의 혼재화물에 대해 포워더에게 1건으로 발행하는 증권이며 Master B/L이라고도 한다. 포워더는 선사로부터 받은 Master B/L 을 근거로 화주에게 개별적으로 선하증권을 발행하는데 이를 혼재화물선하증권(house B/L) 또는 Forwarder's B/L 이라하며 신용장에서 특별히 금지하지 않는 한 은행은 이를 수리한다. |
| | 제3자 선하증권<br>(third party B/L) | 수출입거래의 매매당사자가 아닌 제3자가 송화자가 되는 경우에 발행되며 보통 중계무역에서 원수출자를 수입상에게 노출시키는 것을 회피하고자 할 때 사용된다(수출지에서 수입지로 물품이 직송되거나 환적항을 이용하여 인도되는 경우). 신용장에 별도의 명시가 없는 한 은행은 이를 수리하도록 신용장통일규칙에서 규정하고 있다. |

### Check Point

● **Switch B/L(스위치 선하증권)**

중계무역에 사용되는 선하증권으로서 수입업자가 수출업자에 의해 수출되는 것을 알지 못하도록 하기 위하여 사용된다. 예를 들어 한국의 중계업자가 중국에서 인도네시아로 운송되는 물품을 중계할 경우 중국의 수출업자가 발급받은 선하증권을 회수하고 한국에서 다시 선하증권을 발급받아 인도네시아에 있는 수입상에게 양도함으로써 원수출업자가 노출되는 것을 막기 위하여 사용된다.

● **약식선하증권(간이선하증권; short form B/L)**

원래의 선하증권(long form B/L; full form B/L)은 증권의 뒷면에 선택약관이 기재되어 있고 전면에는 법적기재사항이 기재되어 있는데, 뒷면의 약관조항이 너무 길고 복잡해서 이를 생략하고 발급절차를 간소화하기 위해서 발행되는 것을 약식선하증권이라 하며 blank black B/L 이라고도 부른다. 신용장에서 금지하지 않는 한 은행은 약식선하증권의 수리를 거절하지 못하며 실무적으로 선하증권이라 함은 약식선하증권을 일컫는다.

● **파손화물보상장(Letter of Indemnity : L/I)**

사고부 선하증권에 대하여 수출상이 파손된 화물에 대하여 모든 책임을 부담할 것을 약속하는 보증을 하고 선박회사로부터 무사고 선하증권(Clean B/L)를 발급받게 되는데 이 보증서를 말한다. 선박회사는 이 보상장을 확보함으로써 파손화물에 대한 책임이 면제되며 보험회사도 이에 대한 책임을 지지 않으므로 파손화물에 대한 최종 보상책임은 수출업자에게 있다.

● **화물선취보증장(Letter of Guarantee: L/G)**

Original B/L 이 도착하기 전에 물품의 수취를 신속하게 하기 위하여, 개설은행이 모든 책임을 지고 운송서류 도착 전 수입화물을 수입자가 넘겨받을 수 있도록 하는 개설은행의 보증행위 자체 또는 보증서를 말한다. 비교적 해상운송 구간이 짧아 화물보다 선적서류가 늦게 도착하는 경우에 이용된다. 그러나 절차가 까다롭고 복잡하여 이를 대체하는 것으로 많이 쓰이는 것이 해상화물 운송장(Sea Way Bill)과 Surrender B/L 이다.

● **해상화물운송장(SWB ; Sea Way Bill)과 서렌더 B/L(Surrender B/L)**

해상화물운송장은 운송계약의 증거로서 해상운송에서 송하인과 운송인간에 발행되는 단순한 화물의 수취증을 말하며, 이는 수하인이 본인이라는 것만 확인되면 물품을 인도하는 운송증권이다. 따라서 **단순한 화물의 수취증이며 기명식으로 발행되고 비유통증권이며 권리증권이 아니다.** 서렌더 B/L은 수입자가 수출자로부터 선적서류를 인도받는 시간이 오래 걸릴 때(중국이나 일본 등) 물품의 신속한 인수를 위하여 선하증권 원본서류 없이 "Surrendered" 라고 표시된 사본으로 통관절차를 진행하게 되는 선하증권의 종류이다.

운송중개인은 발행된 원선하증권 전통을 송하인으로부터 회수하고, 이를 대신하여 "Surrendered" 라고 표시된 증권을 발행한다. 송하인이 배서를 하여 운송인에게 넘겨주므로 B/L에 "Surrendered" 라고 표기되어 있는 경우 유통성이 소멸된 증권이다. 송하인은 B/L 송부를 선사나 운송중개인(포워더)에게 위임하고 원본 선하증권 없이 수입상이 물품을 인수할 수 있게 하려는 목적으로 발행되며 실무적으로는 수입자는 수출자로부터 FAX를 통하여 Surrender B/L을 받아서 통관처리를 하게 된다. 신용장방식에선 화물의 소유권을 개설은행이 갖고 있어서 운송서류는 개설은행을 경유해야 하므로 서렌더 B/L을 사용할 수 없다.

## (3) 선하증권의 발행 방식과 배서

### ① 기명식

수하인 기재란(Consignee Column)에 수하인의 상호와 주소를 기입하는 것

② 지시식
  가. 단순지시식 : 단순히 「To order」라고 기재(실무적으로 대부분의 선하증권이 여기에 해당된다)
  나. 기명지시식 : 「to the order of XXX」라고 기재

③ 백지배서(blank endorsement)
  단순지시식으로 발행되는 경우 수출업자는 피배서인을 기재하지 않고 선하증권의 뒷면(배면)에 자신만이 서명하여(배서하여) 선하증권을 인도하게 되는데 이를 백지배서라 한다. 즉 양도문언(deliver to)도 없고 양수인(피배서인)을 지정하지도 않고 양도인(보통은 수출화주)만 서명하는 것을 말한다.

### (4) 선하증권의 기재사항

| | |
|---|---|
| 법정기재사항 | ■ 선박의 명칭과 톤수, 선장의 성명, 화물의 종류, 중량 또는 용적<br>■ 포장의 종류, 개수와 기호, 송하인, 수하인의 성명 또는 상호<br>■ 선적항, 양륙항, 선하증권의 작성자, 작성일자, 발행부수 및 발행자의 날인, 운임 |
| 임의기재사항 | ■ 항해번호(Voyage No.), 통지처(Notify Party), 운임 지불 및 환율<br>■ 비고(remark) : 화물의 선적 시 화물의 손상 및 과부족상황, 면책약관 등 |

## 03 항공화물운송장(Air Waybill; AWB)

### (1) 항공화물운송장의 개념

항공화물운송장은 해상운송에 있어서 선하증권과 같은 기능을 가지고 있지만, 그 법적성질은 크게 다르다. AWB은 B/L 과 달리 유가증권이 아니다. 또한 수취식이고 원칙적으로 기명식이며 비유통성이다. 국제항공운송협회 (International Air Transport Association ; IATA) 의 표준양식과 발행방식에 따라 전 세계 항공사가 동일한 운송장을 사용하도록 의무화 되어 있다. 국제민간항공기구(ICAO)와 혼동하지 않도록 유의한다.

> **Check Point**
> ● 항공화물운송장
> 항공화물운송장(Air Way Bill) 은 3통의 원본과 6통이상의 부본으로 구성되어 발행된다. 각 원본 및 부본에는 그 용도가 정해져 있으며 식별을 쉽게 하기 위해서 색용지를 사용하고 있다. **원본은 Original 1(For Carrier ; 녹색), Original 2(For Consignee ; 적색), Original 3(For Shipper ; 청색)으로 구성되어 있다.** 나머지 부본은 각각의 행정이나 운임정산, 보관용 등의 용도로 사용된다. 항공화물의 경우 운송서류와 물품이 함께 도착하므로 L/G(수입화물선취보증서)가 발행될 경우는 거의 없다. 항공운송 시 신용장 결제조건이어서 consignee 가 개설은행으로 되어 있는 경우는 수입상은 개설은행을 방문하여 D/O(Delivery Order ; 화물인도지시서)를 발급받아야 물품을 찾을 수 있다. 그러나 AWB 의 Consignee 란에 수입상 자신으로 표기되었을 경우는 직접 공항에서 본인확인을 받고 물품을 수취할 수 있다. **항공화물운송장은 신속을 요하기 때문에 원칙적으로 환적을 전제로 한다.**

### (2) 항공화물운송장과 해상선하증권의 비교

[표 8-3] 항공화물운송장과 해상선하증권의 비교

| 항공화물운송장(AWB) | 선하증권(B/L) |
|---|---|
| 유가증권이 아닌 단순한 화물운송장 | 유가증권 |
| 비유통성(non-negotiable) | 유통성(negotiable) |
| 기명식 | 지시식(무기명식) |
| 수취식(창고에서 수취하고 발행) | 선적식(본선 적재 후 발행) |
| 송화인이 작성 | 선사가 작성 |

### (3) 운송서류의 발행일과 선적일

① 선하증권 - 본선적재(loading on board)표기일을 선적일로 본다.
② 복합운송서류는 다음의 명칭으로 표시한 운송서류의 발행일을 발송일로 본다.
  가. 발송일(date of dispatch - DHL, FeDex 등의 특송에서 사용)
  나. 수탁일(date of taking in charge)(LCL 화물에선 인정되지 않는다!)
  다. 본선선적일(date of shipped on board) 및 선적일(date of shipment)
③ 우편수령일(date of post receipt), 접수일(date of pick-up - 우편특송, 택배 등에서 사용)
④ 운송을 위한 인수(acceptance for carriage - 항공운송을 위하여 물품을 수취하였을 때 표시)

## 04 보험서류

### (1) 보험서류의 종류

① **보험증권(insurance policy; I/P)**
  보험계약 성립의 증거로 보험자가 보험계약자에게 교부하는 서류

② **보험승낙서(cover note)**
  보험목적물을 부보를 하고 보험료를 영수하였음을 보험중개업자(insurance broker)가 교부하는 일종의 각서를 말하며 보험중개업자가 발행한 보험승낙서는 신용장에 별도로 허용하지 않는 한 은행은 수리를 거절한다.

### (2) 보험서류의 수리 요건[UCP600 제28조]

① 보험증권, 포괄예정보험에 의한 보험증명서 또는 통지서와 같은 보험서류는 보험회사, 보험업자(underwriter) 또는 이들 대리인 또는 이들 수임인(their proxies)에 의하여 발행되고

서명되어야 한다.
② 보험서류가 2통 이상의 원본으로 발행되었을 경우 전통의 원본이 제시되어야 한다.
③ **보험서류의 일자는 선적일보다 늦어서는 안 된다.** 단 보험서류상에 보험담보가 선적일(선적일보다 늦지 않은 일자)로부터 유효하다고 표시되어 있는 경우에는 이들 선적일보다 늦게 기재된 보험서류도 수리될 수 있다. 즉 신용장상에 소급약관을 인정한다는 특약이 있을 경우는 수리 가능하다(Lost or not lost is acceptable)
④ **보험서류의 담보금액은 신용장과 동일한 통화이어야 한다.**

> **Check Point**
>
> ● UCP600상 양도가능신용장하에서 보험부보비율의 증가
> 제1수익자가 양도차익을 목적으로 원신용장금액을 감액하여 양도하였을 경우 원신용장금액과 부보금액의 불일치로 수리거절 되는 문제가 생길 수 있다. 예를 들어 CIF금액으로 신용장금액이 10만 달러인 경우 이를 8만 달러로 감액양도할 경우 부보금액은 8만8천 달러가 되어 원신용장금액의 부보금액인 11만 달러(송장금액의 110%)보다 감소하게 된다. 이 경우 최저부보금액 미달로 인한 신용장조건위반이 된다. 따라서 UCP600에서는 제1수익자가 신용장양도 시 부보금액을 원신용장의 부보금액(110만 달러)과 동일하게 하기 위하여 부보비율을 137.5%로 인상할 수 있도록 허용하고 있다. 즉 8만 달러로 양도하였을 경우 원부보금액에 맞추기 위해선 부보비율을 137.5%로 해야 11만 달러로 보험부보비율을 맞출 수 있다[100 × (80,000 × 137.5%) = 110,000].

## 05 원본과 사본 [UCP600 제17조, ISBP745 A28]

① 적어도 신용장에 명시된 각 서류의 1통의 원본은 제시되어야 한다.
[해설] 신용장에서 여러 통의 서류를 요구한 경우에는 원본 1매에 나머지는 사본으로 충당할 수 있다. 원본에는 "Original"이라는 표시와 함께 서명이 표기되어야 한다.
  [예] 신용장에서 요구하는 서류의 통수를 "4copies"라고 표기하였을 경우
    ㉠ 1통의 original + 3통의 부본 → 충족
    ㉡ 2통의 original + 2통의 부본 → 충족
    ㉢ 3통의 original + 1통의 부본 → 충족
    ㉣ 4통의 original → 충족
    ㉤ original 표시가 없는 4통의 부본 → 불충족

② 신용장이 "2통(in duplicate)", "2부(in two fold)", "2통(in two copies)"과 같은 용어를 사용하여 수통의 서류 제시를 요구하는 경우에는 적어도 원본 1통과 사본으로 된 나머지 통수의 제시로 충족된다.
③ 원본서류가 2부 이상 발행되는 경우 '원본'의 표시는 "Original"뿐만 아니라 "Duplicate", "Triplicate", "First Original", "Second Original" 등으로 표시될 수 있다. ㄴ
④ 제시되어야 하는 원본의 부수는 최소한 신용장에서 요구하는 부수이어야 한다.

[예 1] 복수 원본서류의 제시를 요구한 사례
　　　Three original Invoices - 최소 원본 송장 3부 이상이 제시되어야 한다.
[예 2] 상업송장의 원본서류를 제출해야 하는지 사본서류를 제출해야 하는지 명시하는 않은 신용장의 경우
　　　Commercial Invoice - 신용장에서 사본 또는 원본서류의 제시를 조건으로 명시하지 않았다면 원본 상업송장을 제시해야 한다.

## 06 기타서류

(1) 포장명세서(packing list)
(2) 중량 및 용적증명서(Certificate of Weight and Measurement)
(3) 원산지증명서 (Certificate of Origin; C/O)
　거래되는 물품의 생산지(국가)에 대한 증명서로서 상공회의소에서 발급한다. 일반특혜원산지증명서(Generalized System of Preference Certificate of Origin)는 개발도상국의 수출확대 및 공업화 촉진을 위해 이들 국가의 농수산품 및 공산품에 대하여 관세상의 특혜를 주기 위한 것이다. 일명 Form-A라고도하며 원산지증명서를 첨부하지 않으면 일반관세를 적용하여 통관이 진행된다. 원산지표시(Marks of Origin)는 원산지를 속여서 내국물품으로 위장하여 부당이득을 취하거나 유통질서를 교란하는 것을 방지하는 것을 목적으로 물품의 외관에 물품의 생산국을 표시하는 것을 말한다.

(4) 검사증명서(Inspection Certificate)

(5) 검역증명서(Certificate of Quarantine)와 위생증명서(Certificate of Health or Sanitary Ceritificate)

(6) 차변표(debit note: 받을 돈)와 대변표(credit note; 줄 돈)

# 제9장 환어음의 매입과 심사

## 01 수출 환어음의 매입(negotiation)

신용장 방식에서는 수출자는 물품의 선적을 완료한 후 신용장이 요구하고 있는 환어음 및 선적서류를 구비하고 이 화환어음에 선적서류와 신용장을 첨부하여 매입은행에 제시함으로써 수출대금을 지급받게 된다. 매입은행은 이들 서류가 신용장에서 요구하는 서류와 일치하는지를 검토 후 제수수료를 공제한 수출대금을 수출상에게 지급하게 되는데 수출대금을 회수하는 이러한 일련의 과정을 실무적으로는 '네고(negotiation ; 매입의뢰)를 한다'라고 한다.

추심방식(D/A, D/P)의 경우에는 신용장 방식과는 달리 은행의 지급확약이 없으므로 은행은 단지 수입상으로부터 대금을 추심하는 심부름 역할만 하게 된다.

## 02 불일치 사항이 있는 서류의 은행 매입

### (1) 신용장조건 변경 후 매입

불일치한 서류를 수출자는 수입자(신용장개설인 ; applicant)에게 L/C의 조건변경(amendment)를 요청하여 L/C를 선적서류에 맞도록 수정한 후 매입한다.

### (2) 하자선적서류의 매입

매입은행이 수익자가 제시하는 환어음 및 선적서류의 불일치 또는 신용장 조건과의 상호 모순에 따라 개설은행으로부터 지급이 거절되어(unpaid) 서류가 부도 반환되면 즉시 매입은행에게 이미 지급받은 대금을 지급하겠다는 수익자의 보증각서(Letter of Guarantee : L/G)를 받고 담보취득과 같은 법적 조치를 취한 후 매입하는 방법이다. 보증서부 매입(Letter of Nego; L/I Nego)이라고도 한다.

### (3) 전신조회 후 매입(Cable Nego)

매입은행은 서류의 하자에도 불구하고 개설은행이 대금을 지불할 것인지 여부를 L/C 개설은행 앞으로 하자 내용을 통보하여 전신으로 조회(Cable Nego)한다. 개설은행이 이에 대하여 지급확약을 할 경우 서류를 매입한다.

### (4) 추심 후 매입(Collection Basis)

불일치가 있는 서류를 매입하지는 않고(대금을 지급하지 않고) 일단 환어음을 개설은행 앞으로 추심한 후(서류를 송부한 후) 개설은행으로부터 대금이 입금되었을 때 환어음 개설인에게 지급한다. 이때는 신용장통일규칙(UCP)이 아니라 **추심에 관한 통일규칙(URC)이 적용**된다.

## 03 신용장 관련 수수료

### (1) 환가료(exchange commission, periodic interest)

수출지에 있는 매입은행이 선적서류를 매입할 때 수출상에게 자국통화로 자행의 자금으로 선지급한 후 개설은행 또는 상환은행으로부터 대금상환을 받는 기간의 공백 기간에 대한 이자를 말한다. 즉, 매입은행이 선지급한 날과 수출대금이 입금된 날과의 자금 청구 기간 동안의 우편일수에 대한 이자를 말한다. 우편일수는 일반적인 경우에는 표준일수라고 하여 8일을 적용하고, 동남아 등의 국가에는 7일을 적용한다. Nego 시 매입은행은 선이자 명목으로 매입대금 계산에서 미리 공제한다.

※ 환가료 = (우편일수/ 360)×연환가료율×장부가격(외화금액×적용환율)
- 장부가격이란 현재 보유하고 있는 외화표시금액을 말한다. 환율에 따라 원화표시 장부가격은 달라질 수 있다.

### (2) 대체료(in lieu of exchange commission)

수출자가 수출대금을 외화로 받은 다음 이것을 원화로 환전하지 않으면 은행으로선 환거래매매에 대한 환거래 수수료가 발생하지 않기 때문에 외국환의 매매에 수반되는 외국환매매차익의 상실에 대한 보상으로서의 수수료이다.
① 선적서류를 매도할 때(수출자) = 전신환매입율(T/T buying rate)
② 수입대금을 결제할 때(수입자) = 전신환매도율(T/T selling rate)
③ 대체료 = 장부가격(외화금액×환율) × 0.1%

### (3) 기타 환거래수수료(correspondent charge or corres charge)

① 신용장통지수수료(advice charge)
② 확인수수료(confirmation charge)
③ 매입, 지급수수료(negotiation or payment commission)
④ 상환수수료(reimbursement commission)
⑤ 전신료(cable charge)
⑥ 추심수수료(collection charge)

## 04 개설은행(Issuing Bank)의 서류심사

### (1) 서류심사 근거 및 기간

① 신용장에 규정된 모든 서류가 문면상(on their face) 신용장 제조건과 일치하는가의 여부를 확인하기 위하여 서류만을 기초로 하여 심사하여야 한다(추상성의 원칙).
② 서류 상호간에 문면상 모순된 것은 불일치한 것으로 간주
③ **신용장에서 규정되지 않은 서류는 심사하지 않고 제시인에게 반송하거나 아무런 책임 부담 없이 송부함.**
④ 서류를 수리나 거절할 것을 결정하고 통지하는데 **서류제시일의 다음날부터 최대 제5영업(a maximum of five banking days)의 상당한 기간을 가짐**
⑤ 신용장이 어떤 조건과의 일치성을 표시하기 위하여 서류를 명시하지 않고 조건만을 포함하고 있는 경우 은행은 그러한 조건은 언급되지 않은 것으로 간주하고 무시한다.

### (2) 불일치서류에 대한 개설은행의 처리

① **신용장의 유효기간이 경과한 경우에는 불일치서류를 보완하여 은행에 다시 제시할 수 없다.**
② 은행은 서류수리 거절통지 시 모든 불일치 사항(all discrepancies)을 기재하여야 함
③ 개설은행은 서류를 제시인의 임의 처분을 기다리기 위하여 보관하고 있다거나 서류 제시인에게 반송중 이라는 것을 명시해야 서류거절을 정당화할 수 있다.


## 05 Expiry Date[유효기일 ; E/D], Presentation Date[서류제시일 ; P/D]

신용장에 의하여 발급되는 어음의 지급, 인수 또는 매입을 위한 최종 기일을 말한다. 신용장의 유효기일은 신용장에서 요구하는 서류가 제시되어야 하는 최종일을 말하고 서류 제시일은 신용장에서 요구하는 운송 서류가 물품 선적 후 은행에 제시되어야 하는 최종일을 말한다.
① 수출상이 서류를 제시할 유효기일을 명확히 나타내어야 한다.
② 은행은 선적서류 발행 후 21일이 지나 제시된 서류(Stale B/L)는 거절한다.
③ 유효기일에 은행이 영업을 하지 않을 때 다음 최초 영업일까지 연장된다. (그러나 유효기일 마감일에 해당하는 날의 휴무가 전쟁, 폭동, 파업 등으로 불가항력적인 것이라 하더라도 마감일은 연장되지 않고 지정일로서 종료됨에 유의할 것)

# 제10장 국제해상운송

## 01 해운시장

해운시장은 크게 정해진 항로를 운항하는 정기선 시장과 선주와 화주와의 용선계약에 따른 항로를 운항하는 부정기선 시장으로 나누어진다.

[표 10-1] 해운시장의 구분

|  | 정기선 시장 | 부정기선 시장 |
| --- | --- | --- |
| 수요특성 | 저운임이진 않지만 규칙성, 신속성, 정확성이 있다. | 상대적으로 저운임이지만 규칙성과 신속성이 떨어진다. |
| 대상화물 | 취득가격에서 운임의 비중이 낮고 운임부담력이 큰 화물 : 공산품, 식료품, 고가품 등 | 단위 당 가격이 낮아 취득가격에서 운임비중이 큰 산적화물(Bulk Cargo) : 원료, 연료, 식량, 광물 등 |
| 수요발생 | 일정하고 안정적이며 계속적이다 | 불규칙하며 불안정하다 |
| 선 박 | 정기선(liner) | 부정기선(tramp ship; tramper) |

## 02 해운동맹(Shipping Conference)

해운동맹이란 특정 정기항로에 배선을 하고 있는 선박회사들이 상호 간의 과당경쟁을 방지하기 위한 목적으로 결성된 국제카르텔(cartel)을 말한다. 운송에 관한 여러 가지 협정, 즉 운임 및 영업조건(기항지, 취항항로, 적하량 등)을 맺고 있으며 이것을 운임동맹(freight conference) 또는 항로동맹(navigator conference)이라고도 부른다.

[표 10-2] 해운동맹의 장단점

| 종류 | 개방동맹<br>(open<br>conference) | ■ 주로 미국식의 개방적 해운동맹을 말함<br>■ 미국의 독점금지법 또는 해운법에 의해 폐쇄동맹은 불가<br>■ 맹외선 배제조치와 화주구속조치가 극히 제한적임<br>■ 가맹선사의 단결력이 약하고 항로가 항상 불안정<br>■ 주로 운임협정만을 체결 |
| --- | --- | --- |

| | 폐쇄동맹<br>(closed<br>conference) | ■ 일정 자격과 실적이 있는 선사만 가입 가능<br>■ 가맹 선사의 전원 동의가 필요함<br>■ 대내 경쟁에 대한 규제력이 강함<br>■ 외부 경쟁에 대한 회원 상호 간 단결력이 강함 |
|---|---|---|
| 폐쇄동맹 | 장 점 | ■ 발착일이 정확하며 안정적인 자본 투자로 서비스 개선을 촉진<br>■ 운임이 안정되고 합리적 배선으로 낭비방지 및 원가절감 효과<br>■ 운임의 균일 적용으로 화주에게 원칙적으로 공평<br>■ 동맹가입을 통해 영세한 선사도 생존 가능 |
| | 단 점 | ■ 독점으로 인한 과대 이윤, 서비스의 저하, 보복적 차별 등<br>■ 운임율이 동맹의 정책으로 불합리하게 책정될 가능성<br>■ 기항수를 가급적 줄이려는 경향으로 화주에게 불편을 초래할 가능성이 있으며 운임이 선사의 일방적 통제 하에 이루어짐 |

## 03 해상운임의 계산(Freight Calculation)

[표 10-3] 해상운임의 종류

| 구 분 | 설 명 |
|---|---|
| 기본운임<br>(중량과 용적 중 운임 폭이 큰<br>쪽을 운임으로 정한다) | ■ 중량: W(Weight) - 기준운임<br>■ 용적: M(Measurement) - 기준운임<br>■ 운임톤(revenue ton; R/T) - 운임산정의 기준이 되는 톤을 말함<br>■ 종가운임(Ad valorem) : 고가품등의 가격을 기준으로 하여 운임을 정한다 |
| 총괄운임<br>(선복운임; Lumpsum<br>Freight) | ■ 선복 또는 항해를 단위로 하여 포괄적으로 적용<br>■ 용선자는 공적운임에 대해서도 계약운임의 전액을 지급해야 함 |
| 부적운임<br>(Dead Freight) | ■ 공적운임이라고도 하며 총괄운임을 적용하여 선복(space)을 예약했으나 계약한 전체화물을 다 싣지 못했을 때 지불하는 운임 |
| 비율운임<br>(Pro rate Freight) | ■ 선박이 항해 중 항해계속이 불가능해질 경우에 운송이행비율에 따라 선주에게 운임을 지급하는 방식<br>■ 확정운임을 적용하는 정기선 시장에는 해당되지 않으며 부정기선에 적용된다. |
| 반송운임<br>(Back Freight) | ■ 운임 후지급(freight collect) 조건으로 운송되는 화물이 반송되어 왔을 때 등에 부과하는 운임 |

● **선복용선계약(lump-sum charter)**
  항해용선계약에서는 보통 실제 적재수량에 의해 운임이 계산되는데, 이 계약은 용선자가 형편에 따라 운임계산을 개별로 정할 수 없는 경우라든가 다른 화물과 같이 쌓는 것을 원하지 않고 선복의 전부를 자유로 사용하고자 할 때, 그 선박의 하적에 사용할 수 있는 장소 전체에 대하여 '선복운임액 얼마' 라

고 총괄하여 정하는 계약을 말한다. 이 경우의 운임을 lump - sum freight(선복운임) 라고 함.

- **정기선 운임의 최저운임은 ICBM 혹은 1톤이다.**
  화물이 1CBM 이나 1톤 미만이라 하더라도 정해진 최저운임을 적용한다.

- **FAK(Freights All Kinds)**
  화물, 하주, 장소를 불문하고 운송거리를 기준으로 일률적으로 운임을 책정하는 것을 말한다.

## 04 해상운임의 기타 요소

해상운임을 책정하는데 있어서 부가적으로 선사가 화주에게 청구하는 일종의 할증료는 아래와 같다.

| | |
|---|---|
| 할증료<br>(surcharge) | ■ BAF(Bunker adjustment Factor) : 유가할증료<br>선박연료비의 급등으로 인한 손실을 보전하기 위한 것<br>■ CAF(Currency Adjustment Factor) : 통화할증료<br>외국환율의 급등으로 인한 환차손을 보전하기 위한 것<br>■ Congestion Surcharge : 체선할증료<br>정박항에서의 체선으로 인하여 정박일수 증가에 대한 보전 |

## 05 부정기선 및 용선계약

정기선이 미리 정해진 운항 예정(schedule)에 따라 운항을 하는 것과는 달리, 부정기선은 항로 및 항해 시기에 제한을 받지 않고 화물의 수요에 따라 항해를 한다. 부정기선은 산화물(bulk cargo)의 운송에 주로 쓰이며 원칙적으로 단일 화주의 단일 화물을 일부 또는 전부 용선(배를 빌림)하여 운송하는 선박을 말한다. 부정기선 항해는 신속성이나 정확성보다는 운임의 저렴함을 특징으로 한다. 유조선(oil tanker), 냉동선(refrigerated ship), 목재전용선(lumber carrier), 자동차전용선(car carrier) 등이 여기에 해당된다.

### (1) 용선계약의 종류

[표 10-4] 용선계약의 종류

| 구 분 | 설 명 |
|---|---|
| 항해용선계약<br>(Voyage Charter) | 한 항구에서 다른 항구까지 화물의 운송을 의뢰하는 하주(용선자)와 운송인 간에 체결하는 운송계약을 말한다. 항로용선계약으로도 불리며 화물의 용적, 중량 또는 선박의 선복을 기준으로 운임이 결정된다. 각각의 화물, 항로에 적합하게끔 표준서식이 정해져 있으며 'Gencon' 이 대표적이다. |

| | | |
|---|---|---|
| 정기용선<br>(time charter) | | 선박의 전부 또는 일부를 일정 기간 동안 용선하는 것을 말한다. 배만 빌리는 나용선계약과는 달리 정기용선은 선원과 일체의 도구를 갖춘 선박을 용선하는 것이 다르다. 장기운송계약화물이나 특정 항로의 선복을 보충하기 위하여 이용된다. |
| 나용선 계약<br>(bareboat charter) | | 용선자(charter)가 선박 이외에 선장, 연료, 선원, 선용품 등에 대한 일체의 책임을 지는 선박의 임대차 계약을 말한다. 운송인은 선주로부터 나용선하고(배만 빌리고) 이를 다시 제3자에게 용선하거나(sub-charter ; 재용선), 정기선으로 운항하게 된다. demise charter, bare charter라고도 한다. |

## (2) 용선계약의 주요 조건

화물의 선적 및 양륙비용을 선주와 용선자 중에서 누가 얼마만큼을, 어떤 조건에 따라 부담할 것인가를 다음의 표와 같이 정한다.

[표 10-5] 하역비 부담 조건 운임

| | | |
|---|---|---|
| 하역비<br>부담조건 | Berth Terms<br>(Liner Terms) | 선적과 양륙비용을 선주가 부담하며 정기선의 개품운송계약에 사용한다. |
| | FIO (Free In and Out) | 선적과 양륙비용을 용선자가 부담 |
| | FI (Free In) | 선적비용은 용선자, 양륙비용은 선주가 부담 |
| | FO (Free Out) | 선적비용은 선주, 양륙비용은 용선자 부담 |
| | FIOST<br>(Free In, Free Out, Stowed, Trimmed) | 선적비용, 양륙비용, 본선 내의 적부비용 및 화물정리비용 등은 모두 용선자 부담 |

정박일 계산 조건(정박기간 ; Laydays)

- 관습적 조속하역(Customary Quick Dispatch ; CQD)
  정박기간의 한정 없이 그 항구의 관습에 따라 빨리 하역하는 조건

- 연속정박기간(Running Laydays, Consecutive Days)
  불가항력으로 인한 하역불능 시간 및 일요일, 축제일도 모두 포함

- 호천(청천)하역일(Weather Working Days ; WWD)
  하역 가능한 날씨만을 정박기간으로 계산하며 악천후는 제외한다. 현재 가장 많이 쓰이는 조건이며 아래의 세 가지로 분류된다.
  ① Sundays and Holidays Excepted (SHEX)
   일요일과 공휴일은 원래 근로일이 아니기 때문에 정박기간에 산정하지 않는 방식
  ② Sundays and Holidays Excepted/Excluded Unless Used (SHEXUU)
   일요일과 공휴일에 작업을 하는 경우에만 정박기간에 산정하는 방식
  ③ Sundays and Holidays Excepted/Excluded Even if Used (SHEXEIU)
   일요일과 공휴일에 작업을 하더라도 정박기간에 산정하지 않는 방식

### (3) 체선료와 조출료

① 체선료(demurrage)

용선계약에서 정한 정박기간(허용정박기간 : Laytime allowed)을 초과하여 하역이 된 경우 그 초과기간만큼 용선자가 선주에게 지급하는 일종의 손해배상금(penalty)을 말한다.

② 조출료(dispatch money)

용선계약에서 정한 정박기간보다 빨리 하역이 종료된 경우에 그 절약된 정박기간에 대해 선주가 용선자에게 지급하는 보상금으로서, 보통 체선료의 반액 정도이다.

③ Lay/can : 기간 내에 선주가 배선시켜야 한다는 의무조항을 말한다.

④ Lay Days(정박기간)

Lay Time 이라고도 부른다. 정박기간은 하주가 계약화물의 전량(全量)을 완전하게 적재 또는 양륙하기 위해서 본선을 선적항 또는 양륙항에 정박시킬 수 있는 기간을 말한다.

## 06 컨테이너 화물의 운송형태

[표 10-6] 컨테이너 화물의 운송형태

| 형 태 | 설 명 |
|---|---|
| CY/CY (FCL/ FCL) | - 컨테이너의 장점을 최대한 이용<br>- 단일의 송화인과 단일의 수화인 관계<br>- 컨테이너 만재화물(FCL)을 그대로 일관운송<br>- Door to Door 서비스 |
| CY/CFS (FCL/ LCL) | - 단일의 송화인과 다수의 수하인관계<br>- 만재화물상태로 운송되어 다수의 수하인을 위해 CFS에서 컨테이너를 해체하여 인도하는 운송 형태<br>- Door to Pier 서비스 |
| CFS/CY (LCL/ FCL) | - 다수의 송하인과 단일의 수하인 관계<br>- 선적항에 있는 선박회사의 지정 CFS에서 다수의 송하인의 화물을 혼재하여 목적지 수하인에게 인도하는 운송형태<br>- Pier to Door 서비스 |
| CFS/CFS (LCL/ LCL) | - 컨테이너 운송의 장점을 제대로 살리지 못함<br>- 다수의 송화인과 다수의 수하인 관계<br>- 선적항의 CFS에서 소량화물을 혼재하여 목적항의 CFS에서 화물을 해체(devanning)하여 운송하는 형태<br>- Pier to Pier 서비스 |

- **혼재(Consolidation)**
  한 명의 화주로 컨테이너 한 대 분량을 다 채울 수 없는 소량화물을 집하하여 서로 다른 화주의 물품으로 적입(stuffing, vanning)하는 것을 말한다. Consolidation은 혼재되는 화물의 행선지가 단일 목적지로 주요 항만까지 운송되는 Port Consolidation, 항만에서 일단 각 화물을 분류하여 그 항만을 기점으로 각 지역 또는 여러 다양한 목적지까지 운송해주는 Multi Consolidation등이 있다. 다음이 대표적인 혼재화물형태이다.
  ① Buyer's Consolidation
  한 사람의 포워더가 수입자로부터 위탁을 받아 다수의 수출자로부터 화물을 집하하여 컨테이너에 적입한 후 수입자에게 운송.
  ② Forwarder's Consolidation
  한 사람의 포워더(운송중개인)가 다수의 수출자로부터 화물을 집하, 혼재하여 수입국의 자기 파트너를 통해 다수의 수입자에게 운송해주는 형태

- **FCL(Full Container Load ; 만재화물)**
  컨테이너 한 대에 동일한 화주의 물품으로 구성된 화물.

- **LCL(Less than a Container Load ; 혼재화물)**
  한명의 화주 물품으로 컨테이너 한 대를 채우기엔 부족한 물량을 말한다. 해상운임은 컨테이너 당 운임(Box Rate)으로 부과되므로 소량의 화물을 컨테이너에 다 채우지 못한 상태로 적재를 하면 화물 운송비가 부담스럽기 때문에 동일한 방향으로 가는 다른 화주의 물건과 같이 혼재(consolidation)를 하게 된다.

## 07 컨테이너의 종류

[표 10-7] 컨테이너의 종류

| 종 류 | 설 명 |
|---|---|
| 건화물 컨테이너 (dry container) | 전자제품, 의류 등의 일반 잡화물을 적재하며 대부분의 공산품 수출입에 사용된다. |
| 냉동컨테이너 (reefer container) | 육류, 어류, 과일 등 냉동이 필요한 화물을 적재 |
| 펜 컨테이너 (pen[fan, live stock] container) | 가축 또는 동물 등의 운송을 위하여 통풍구가 설치되어 있음 |
| 오픈탑 컨테이너 (open top container) | wire 등 장척물이나 기계류 등 운반. 천장개방식구조 |
| 프랫랙 컨테이너 (flat rack container) | 기계류, 목재 등 중량 장척물. 바닥과 네 개의 기둥만 존재 |
| 탱크 컨테이너 (tank container) | 액체상태의 유류, 주류, 화학제품 등을 적재 |
| 행거 컨테이너 (hanger container) | 정장, 실크, 밍크 등의 고급의류를 운송할 때 사용되며 옷걸이를 걸어 놓은 형태로 운송된다. 다림질 등이 필요 없으므로 신속한 매장 진열이 필요할 때 사용된다. |
| Solid bulk container | 맥아, 소맥분, 사료 등의 운송. 천장에 3개의 맨홀 설치 |

## 08 컨테이너의 크기와 적재량

TEU(Twenty - foot Equivalent Unit)란 길이가 20피트 짜리 컨테이너를 말하며 컨테이너의 단위기준이다. 예를 들어 50TEUs란 20 foot container 50 대를 의미한다. FEU는 40 foot container를 말한다.

[표 10-8] 컨테이너의 제원

| 크기와 적재량 | 구분 | 최대적재량 | 용 적 | 크기<br>(길이X세로X높이) |
|---|---|---|---|---|
| | 20피트(TEU) | 17 ton | 25CBM | 20′ X 8′ X 8.6′ |
| | 40피트(FEU) | 21 ton | 55CBM | 40′ X 8′ X 9.6′ |

[note] high cubic container : 컨테이너의 높이가 특히 높은 컨테이너를 말한다.

> **Check Point**
> ● 컨테이너의 이론적 최대적재용적
> 컨테이너의 적재 공간은 남는 공간이 일체 없다는 전제 하에 이론적으로 적재 가능한 용적은 20피트의 경우 33CBM, 40피트는 67CBM이 나온다. 최대 적재량도 실제로는 21ton보다 더 많이 실을 수 있지만 과적단속 때문에 빈 공간이 있어도 다 실을 수 없다. 우리나라의 과적단속기준은 총중량기준(차체+컨테이너) 40톤이다.

## 09 컨테이너 터미널(container terminal)의 구성

[표 10-9] 컨테이너 터미널의 구성

| 구 성 | 설 명 |
|---|---|
| 컨테이너터미널<br>(Container Terminal) | 컨테이너 시설과 장비를 갖추고 컨테이너 하역기능을 담당하는 곳으로서 충분한 수심과 안벽시설이 있어야 한다. |
| 안벽(berth) | 컨테이너선을 접안 시키는 곳 |
| 에이프런<br>(apron) | 크레인용 철로가 개설되어 있으며 하역을 위해서 갠트리크레인이 설치되어 이동한다. |
| 마샬링야드<br>(marshalling yard) | 선적을 위한 컨테이너를 적치계획에 따라 미리 정렬해 두는 곳이다. 배열의 편리를 위하여 구획선이 있으며 이를 슬로트(slot)라 한다. |
| 컨테이너야드<br>(container yard; CY) | 컨테이너를 인도하거나 보관하는 곳을 말한다. |
| 컨테이너화물 조작창 (CFS) | 소형화물을 여러 송하인으로부터 인수하여 화물을 분류 또는 포장하거나 반입화물을 해체하여 소량 화주에게 분산 인도하는 창고형 작업장을 말한다. |

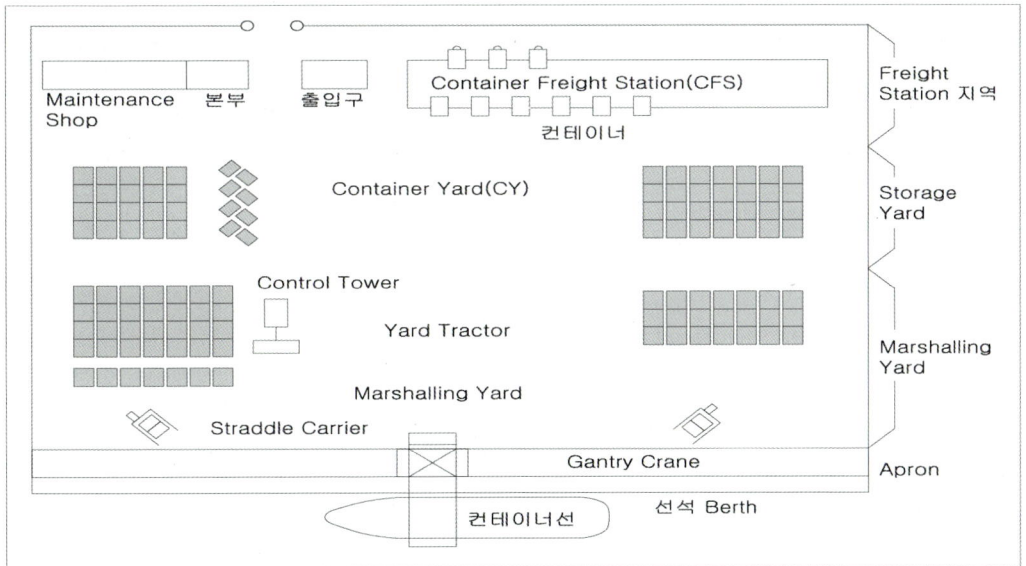

[그림] 컨테이너 터미널의 일반적 형태

- **컨테이너의 복합운송방식**
  피기백 (piggy-back) : 컨테이너를 철도에 실어 운송하는 방식
  피시백 (fishy-back) : 컨테이너를 선박에 싣고 운송하는 방식
  버디백 (birdy-back) : 컨테이너를 항공기에 싣고 운송하는 방식

- **ETA/ ETD**
  ① ETA (Estimated Times of Arrival; 입항예정일, 도착예정일)
    항공기, 선박이 목적지에 도착하는 예정일을 말한다. 예) ETA Shanghai, China 2025. 3. 5, 10:00
  ② ETD(Estimate Times of Departure; 출항예정일)
    항공기, 선박이 선적항에서 출항하는 예정날짜를 말한다. 예) ETD Busan, Korea 2025. 5. 1, 11:00

- **Transit Time**
  화물의 이동에 소요된 시간을 말하며 주로 선적항(지)에서 목적항(지)까지의 수송에 걸린 시간이나 일수를 말한다.

- **부지약관조항(Unknown Clause)**
  컨테이너 선적의 경우에 송하인이 컨테이너에 적입할 때(Shipper's Pack) 선박회사는 입회하여 확인하지 않으므로 선박회사는 내용물에 대해서는 책임이 없다는 것을 나타내기 위하여 「Said to Contain」, 「Shipper's Load and Count」등의 문언을 부두수취증(Dock Receipt)에 기재하고 또한 선하증권면에도 동일 취지의 문언이 부기된다.
  재래선에서 산적화물(bulk cargo)을 적재하는 경우에는 「Said to be」가 기재된다. 부지약관은 통상적으로 선하증권에 운송약관으로 기재되어 있으며 신용장에서 거절한다고 명시되어 있지 않은 경우에는 **부지약관조항이 기재되어 있는 운송서류를 은행은 수리**한다.

- **Inland Container Depot**(ICD 내륙컨테이너기지)
  항만 또는 공항이 아닌 내륙시설로서 공적권한(public authority)을 지니고 있으며, 고정설비를 갖추고 여러 내륙운송 수단에 의해 미 통관된 상태에서 이송된 여러 종류의 화물(컨테이너 포함)의 일시적 저장과 취급에 대한 서비스를 제공하고, 세관의 통제항 수출 및 연계운송을 위하여 일시적 장치 창고보관, 재수출(re-export), 일시상륙(temporary admission)등을 담당하는 단체들이 있는 장소를 말한다.

- **Closing Date**(적재마감일)
  특정선박에 화물을 적재하는 최종마감일을 말한다. 통상 선적 하루 전 혹은 이틀 전에 또는 입항10시간 전에 한다.

- **EIR**(Equipment Interchange Receipt ; 기기인수도증)
  화주의 선적요청 시 선사는 공 컨테이너를 화주가 요청한 작업장으로 보내게 되는데 이 때 CY Operator가 컨테이너 기사를 통해 화주에게 전달하여 기기를 인수하였다는 증명을 받는 서류를 말한다.

- **Manifest**(적하목록)
  선박 또는 항공기에 적재된 화물의 총괄목록을 말한다. 선적이 끝난 후 선사, 포워더, 항공사가 선하증권의 사본을 기초로 하여 작성을 한다. 양륙항에 입항할 때 선장의 서명을 받아 입창 절차용으로 이를 세관에 제출하게 되는 서류를 말한다.

- **Door Order**(Door Delivery)
  FCL화물의 경우 수출상이 선사에 요청하여 자사의 작업현장에서 컨테이너 적입을 위하여(이를 Door 작업이라 함) 빈 컨테이너를 보내줄 것을 선사에 요청하는 것을 말한다.

- **Shuttle 운송**
  컨테이너 운송에서 철도운송일 경우는 의왕ICD에 컨테이너를 집하한 후 부산의 부산진역으로 집결하고, 도로운송일 경우는 부산 신항만 또는 양산 ICD로 집결한다. 이는 대량의 컨테이너가 일시에 항만에 집결할 경우 항만적체현상이 발생하고 원활한 항만관리, 하역 등의 작업에 지장을 초래하기 때문이다. ICD 또는 항만의 바깥에 있는 CY(이를 Off Dock CY ; ODCY라 함)에 장치되어 있는 컨테이너를 선박의 입항스케줄에 맞춰 선적할 수 있도록 운송하는데 이를 Shuttle 운송이라 한다.

## 10 복합운송

복합운송(Multimodal transport)은 하나의 계약에 의해 운송의 시작으로부터 종료에 이르기까지 물품을 운송함에 있어서 육상, 해상, 내수로, 항공, 철도, 도로 중에서 적어도 두 가지 이상의 다른 운송 형태를 사용하여 일관 운송하는 것을 말한다.

### (1) 복합운송의 특징

① 철도, 항공, 육로, 해상 등 운송에 대한 모든 책임이 단일의 복합운송인에게 집중[단일운송계약과 단일책임]
② 복합운송인(포워더)은 전 구간의 운송을 인수하고 다양한 운송수단이 이용된다.
③ 단일운임이 청구되고 MTD(복합운송증권; Multimodal Transport Document)가 발행된다.

## (2) 복합운송의 이점

불필요한 환적을 적게 함으로써 하역 기간을 단축하고 운송시설의 합리적, 효율적 이용이 가능하고 운송서류와 절차가 간단하다. 운송물의 대금결제가 신속하고 국제무역을 촉진시킨다.

- 랜드브릿지(land bridge)
  복합운송구간 중 중간구간인 육상운송구간을 말하며 해상과 해상을 잇는 가교/교량 역할을 한다.

## 11 항공운송

### (1) 항공화물운송대리점(Cargo Agent)

항공기에 의한 화물운송계약 체결을 대리하는 사업으로서 일반대리점을 지칭하며 항공화물운송장(Air Waybill : AWB)을 발행한다. 주로 FCL을 다룬다.

### (2) 항공운송 주선업자(Air Freight Consolidator)

자기의 명의로써 항공사의 항공기를 이용하여 화물을 혼재하여 운송하는 사업자를 말하며 혼재업자용 화물운송장(House Air Waybill)을 발행한다. 주로 LCL 화물을 취급한다.

집화한 화물을 운송하기 위해서는 항공사가 발행하는 화물운송장(Master Air Waybill)에 의해 주선업자를 송화인으로 하여 항공사의 운송약관에 의한 운송계약을 체결하여야 한다.

[표 10-10] 항공화물운송대리점과 항공운송주선업자의 업무 비교

| 구 분 | 항공화물운송대리점 | 항공운송주선업자 |
|---|---|---|
| Tariff | 없음(항공사 tariff 적용) | 자체 tariff 사용 |
| 운송약관 | 없음(항공사 약관적용) | 혼재화물인수 대리점(Break Bulk Agent) 또는 Reforwarding |
| 수 익 | IATA의 커미션 또는 수수료(보통 5%) | IATA의 5% 커미션 외에 항공운임과 하주와의 운임차액, 혼재에 의한 중량(Volume Weight) 감소에 대한 이익 |
| AWB | 항공사의 Master AWB(one AWB) | 자체 House AWB를 발행한다. 항공회사의 대리점표시가 없는 단순한 House AWB은 은행이 수리를 거절한다. |

## 12 포장(Packing)과 화인(Shipping Mark)

### (1) 포장(Packing)

① 외장(outer packaging)
　화물의 외부포장을 말하며 배송 시 외부환경에 노출되는 포장이다.
② 내장(inner packaging)
　포장된 화물의 내포장을 말하며 물품의 수분, 습기, 충격 등을 방지하기 위한 적합한 재료로 포장한다. 진공포장, 에어캡, 지퍼백, 완충제 등이 있다.
③ 개별포장(item packaging)
　포장의 최소단위로서 물품의 상품가치를 높이거나 개개별로 보호하기 위하여 적합한 재료로 포장하는 것이다.

### (2) 화인(Shipping Mark)

　화인이란 화물의 식별과 취급을 용이하게 하기 위해 외장에 특정한 기호나 문자 등을 표기하는 것을 말한다. 화인에서 필수적으로 나타내야 하는 것들은 Main Mark, Port Mark 및 Case Number가 있다.

### (3) 무인화물(No Mark)

　화인에서 목적지 항구(Port Mark)가 누락된 것을 무인화물이라 한다.

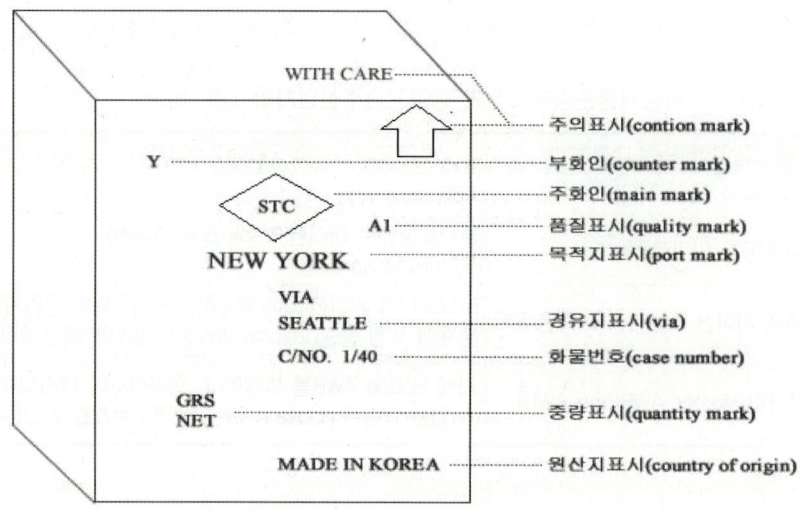

[그림 7-3] 화인의 구성

# 제11장 해상보험

해상보험 계약이란 해상사업에 관한 사고로 인하여 생기는 손해를 보상할 것을 목적으로 하는 손해보험(보상)계약이다.

## 01 해상보험계약의 당사자

[표 11-1] 해상보험계약의 당사자

| 당사자 | 설 명 |
|---|---|
| 보험자<br>(insurer, assurer, underwriter) | 해상보험계약을 체결하고 사고에 의해 피보험이익이 발생하는 손해배상을 약속하는 자를 말하며 보험회사를 의미한다. |
| 보험계약자<br>(policy holder) | 보험자와 보험계약을 체결하고 보험료를 지급할 의무를 부담하는 자를 말한다. |
| 피보험자<br>(assured, insured) | 피보험이익이 귀속되는 주체로서 보험사고의 발생에 의해 손해를 입은 경우 보험자에게 직접 손해배상을 청구할 수 있는 자를 말한다. 보험계약자와 피보험자는 다를 수도 있고 같을 수도 있다. |
| 보험대리상<br>(insurance agent) | 일정한 보험자를 위하여 계속적으로 보험계약의 체결을 대리하거나 매개하는 자를 말하며 특정 보험자를 위하여 계속적으로 대리, 또는 중개한다는 점에서 보험중개인과는 다르다. |
| 보험중개인<br>(insurance broker) | 불특정한 보험자를 위하여 보험자와 보험계약자 사이의 보험계약의 체결을 중개하는 것을 업으로 하는 자를 의미하며 특정한 보험자에 종속되지 않는다. 우리나라에선 찾아보기 힘들다. |

## 02 보험계약관련 용어

[표 11-2] 보험용어

| 구 분 | 설 명 |
|---|---|
| 보험가액<br>(insurable value) | 피보험이익을 경제적으로 평가한 금액. 즉 보험사고발생 시 피보험자가 피보험이익에 대하여 입은 손해의 한도액이다. 보험에 붙일 수 있는 최고의 한도액이다. |
| 보험금액<br>(insurance amount) | Sum insured 라고도 하며 실제로 보험에 가입한 금액을 말하며, 보험자가 보험계약상 부담하는 손해보상책임의 최고한도액이다. 보험금액의 최저액은 CIF 또는 CIP가격에 |

| | |
|---|---|
| | 10%를 가산한 금액이다. 보험금(insurance benefit, insurance money)은 보험자로부터 실제 지급받는 금액을 말한다. |
| 보험료<br>(premium) | 보험계약을 체결하고 보험자가 위험을 담보해 주는 대가로서 보험계약자(피보험자)가 보험자에 대하여 지급하는 금액을 보험료라고 한다. |
| 전부보험<br>(Full insurance) | 보험금액이 보험가액과 동일한 경우의 보험을 말함. 전부보험의 경우가 이상적이며 보험자로부터 실손해를 보상 받는다.<br>※ 보험가액 = 보험금액 |
| 일부보험<br>(Under insurance) | 보험금액이 보험가액보다 적은 경우의 보험을 말함. 일부보험의 경우에 피보험자는 보험사고로 인한 보험목적의 손해에 대하여 보험가액에 대한 비율에 따라 비례보상을 받게 된다.<br>※ 보험가액 〉 보험금액 |
| 초과보험<br>(Over insurance) | 일부보험과는 반대로 보험금액이 보험가액을 현저하게 초과하는 경우의 보험을 초과보험이라 하며 이 경우 그 초과되는 부분의 보험계약은 무효가 된다.<br>※ 보험가액 〈 보험금액 |
| 중복보험<br>(Double insurance) | 동일한 피보험에 대하여 보험기간을 공통으로 하는 2개 이상의 보험계약을 체결하고 그 보험금액의 합계액이 보험가액을 초과하는 경우를 말한다. 피보험자는 자기가 적당하다고 생각하는 순서에 따라 각 보험사에 보험금을 청구할 수 있다. 각 보험자는 보험계약상 자기가 부담하는 금액의 비율에 따라 비례적으로 손해를 보상할 의무를 진다. 여하한 경우에도 보험자가 부담하는 보험금액의 합계가 보험가액을 초과할 수는 없다. |

## 03 담보위험과 면책위험

담보는 피보험자가 지켜야 할 약속이며 위험에 대하여 중요한 것이든 아니든 중요성 불문의 원칙에 따라 반드시 충족되어야 한다. 피보험자가 담보를 위반할 경우 보험자는 보험계약을 취소할 권리를 가진다. 예를 들어 연약한 도자기의 경우 나무 포장을 하기로 하고 보험계약을 체결하였다면 이러한 조건은 피보험자가 반드시 이행해야 할 약속, 즉 담보이다. 이를 지키지 못하면 담보의 위반이 되며 보험자는 보험계약을 취소할 권리를 갖게 되고 이는 보험자의 면책위험이다. 즉 면책위험이란 그 위험에 의하여 발생된 손해에 대하여 보험자가 보상 책임을 면하는 특정한 위험으로서, 보험자의 보상 책임을 적극적으로 제한하는 효과를 가지는 위험을 말한다.

### (1) Lloyd's S.G. Policy의 담보위험

① 해상고유의 위험(Perils of the Seas)

좌초(stranding), 침몰(sinking), 충돌(collision), 악천후(Heavy Weather), 얹힘(교사; grounding)

② 해상위험(Perils on the Seas)

해상위험은 항해에 기인하거나 항해에 부수하여 발생하는 위험을 말한다. 화재(Fire: Burning), 투하(Jettison), 선원의 악행(Barratry), 해적(Pirates), 강도(Thieves)

③ 전쟁위험(War Perils)

보험사고가 전쟁 기타의 변란으로 인하여 발생될 경우는 당사자 간의 다른 약정이 없는 한 보험자의 면책을 규정하고 있어 특약에 의해서만 보험자가 전쟁위험을 담보한다. 군함(Men-of-War), 외적(Enemies), 습격(Surprisals), 포획(Capture), 해상탈취 및 나포(Taking at Sea & Seizure)

## 04 협회적하약관상 부가위험담보조건의 유형

ICC(A)에서는 담보되지만 ICC(WA), ICC(FPA)와 ICC(B), ICC(C)에서는 보험료를 지불하고 추가로 담보해야 하는 부가특약은 다음과 같다. **약어를 묻는 문제가 시험에 자주 출제**되므로 용어를 잘 숙지해야 한다.

### (1) 도난, 발화, 불착손(TPND ; Theft, Pilferage and Non-Delivery)

① Theft : 포장채로 훔치는 것
② Pilferage : 포장내용물의 일부를 빼내는 것
③ Non-Delivery : 포장단위의 화물이 송두리째 목적지에 도착하지 않은 것

### (2) 우담수손(RFWD ; Rain and/ or Fresh Water Damage)

부적당한 적부, 불안전한 선창 폐쇄로 생긴 우수, 담수, 유손해. 단, ICC(B)조건에서는 「본선, 부선, 선창 등의 보관 장소에 해수, 호수, 강물의 침입으로 인한 손해」만 담보되며 우천으로 인한 손해는 추가 가입하여야 한다.

### (3) COOC (Contact with Oil and/ or Other Cargo)

부보화물이 유류에 침투되거나 다른 화물과 접촉하여 오염되었을 때의 손해

### (4) 파손(Breakage)

부보화물의 파손으로 인한 손해. 깨지는 화물의 경우 반드시 담보여부를 밝혀야 한다. 기계류에 있어선 운송 중 충격으로 발생하는 곡손 및 요손(bending/ denting)담보가 있다.

### (5) 누손 및 중량부족(Leakage and/ or Shortage)

부보화물의 누손 및 수량 또는 중량부족으로 인한 손해. 곡물 및 액체류의 경우 통상적 감량이 많이 발생하므로 실무적으로는 excess를 적용한다.

### (6) 한습손, 열손(Sweat and/ or Heating)

선창의 천정, 내벽에 응결한 수분에 접촉함으로써 생기는 한손 및 열손

(7) 투하, 갑판유실위험(JWOB; Jettison &Washing Over-board)

갑판 상에 적재된 화물을 투하하거나 풍랑으로 갑판 상의 화물이 휩쓸려 유실되는 손해.
단, ICC(B)에서는 담보되는 손해이다.

(8) 갈고리에 의한 손해(HH; Hook & Hole - 하역작업용 갈고리에 의한 손해)

(9) 곰팡이(Mould and Mildew )/ 녹(Rust)/ 쥐 및 벌레(Rats and Vermin)

## 05 확장담보조건

### (1) 내륙운송 확장담보조건(Inland Transit Extension : I.T.E)

육상운송중의 위험을 적하보험증권에서 추가로 담보하는 조건이다. 해상보험 계약은 명시조건이지만 상관습에 의하여 담보범위를 확장하여 해상항해에 수반되는 내수로 또는 육상위험의 손해에 대해서도 피보험자를 보호할 수 있다.

### (2) 내륙보관 확장담보조건(Inland Storage Extension : I.S.E)

통상적인 운송 과정에서 중간 창고나 보세창고에서 장기간 보관되는 원목 등 물품에 대해서 보관중의 위험을 적하보험증권에 명시된 기간(**수출은 하역 후 60일, 수입은 하역 후 30일**) 이상으로 연장할 경우 담보하는 조건을 말한다.

## 06 신협회적하약관상의 담보위험과 면책위험

협회적하약관의 구약관(All risk, WA, FPA)과 신약관인 ICC(A), ICC(B), ICC(C)는 서로 공존한다. 보상 범위가 거의 비슷하기 때문에 통상 All risk : WA : FPA = A : B : C 의 관계로 보지만 서로 조금씩의 차이는 있다. O 표시는 해당 약관에 담보할 시 해당 손해에 기인하면 보상을 해준다는 것이고 X 표시는 해당 약관에 담보해도 보험자는 면책되므로 해당 손해에 기인하는 사고는 보상해주지 않는다는 뜻이다. 세계의 해상보험 시장에서 사용되는 보험증권의 모태는 Lloyd's S.G.Policy 본문약관인데 해상무역발달의 흐름에 따라 1912년 적하보험특별약관을 제정하여 사용하였다. 이 특별약관을 일반화, 표준화하여 S.G. Policy에 삽입하여 사용한 것이 ICC(FPA), ICC(WA), ICC(A/R) 조건이다. 그러나 이러한 약관들이 이해가 어렵고 해석이 복잡하다는 의견에 따라 적용의 편리함을 위하여 다시 새롭게 선보인 것이 1982년 제정된 ICC(C), ICC(B),

ICC(A)이다. 참고로 구약관이 사라지고 신약관으로 대체된 것은 아니며 보험자는 구약관과 신약관 중 선택하여 부보할 수 있다.

[표 11-2] 신협회적하약관상의 담보위험과 면책위험

| 담보위험 | ICC(C) | ICC(B) | ICC(A) |
|---|---|---|---|
| 화재 또는 폭발 | O | O | O |
| 본선 또는 부선의 좌초, 교사(배가 얹히는 것), 침몰, 전복 | O | O | O |
| 육상운송용구의 전복, 탈선 | O | O | O |
| 본선, 부선, 운송용구의 타물과의 접촉, 충돌 | O | O | O |
| 피난항에서의 화물의 하역 | O | O | O |
| 지진, 화산의 분화, 낙뢰 | X | O | O |
| 공동해손희생 | O | O | O |
| 투하(jettison) | O | O | O |
| 갑판유실(washing overboard) | X | O | O |
| 본선, 부선, 선창, 운송용구, 컨테이너, 지게차 또는 보관 장소에서의 해수, 호수, 강물의 유입으로 인한 손해 | X | O | O |
| 상기 이외의 멸실, 손상의 일체의 위험 | X | X | O |
| 공동해손, 구조비, 쌍방과실충돌 (Both to Blame Collision) | O | O | O |

|  | ICC(C) | ICC(B) | ICC(A) |
|---|---|---|---|
| 피보험자의 고의의 위법행위 | X | X | X |
| 통상의 누손, 중량, 용적의 통상의 감소, 자연소모 | X | X | X |
| 포장 또는 준비의 불완전(위험 개시전, 피보험자에 의한 컨테이너의 적입) | X | X | X |
| 보험목적의 고유의 하자 | X | X | X |
| 지연 | X | X | X |
| 선주, 관리자, 용선자, 운항자의 파산, 재정상의 채무 불이행 | X | X | X |
| 여하한자의 불법행위에 의한 고의적 손상파괴 | X | X | O |
| 원자핵분열/원자핵 융합 또는 동종의 반응 또는 방사성 물질을 이용한 병기의 사용에 의한 멸실, 손상비용 | X | X | X |
| 선박, 부선의 불내항성, 선박, 부선 운송용구 컨테이너 등의 부적합 | X | X | X |

## 07 해상손해의 종류

[표 11-2] 해상손해의 종류

| | | |
|---|---|---|
| 전 손<br>(total loss ;<br>TLO) | 현실전손<br>(actual total loss) | 피보험목적물의 실질적인 멸실, 성질의 상실, 목적물에 대한 소유권의 박탈, 선박의 상당기간 불명 |
| | 추정전손<br>(constructive total loss) | 보험목적물이 전멸되지 않더라도 그 손해정도가 본래의 효용을 상실하거나, 선박 및 화물을 회복하는 비용이 회복되었을 때의 가액을 초과하는 것으로 예상되는 경우 |
| 분 손<br>(partial loss) | 단독해손<br>(particular average) | 피보험이익의 일부가 멸실 또는 손상된 손해 중에서 공동해손을 제외한 손해 |
| | 공동해손<br>(general average) | 보험목적물이 공동의 안전을 위하여 희생되었을 때 이해 관계자가 공동으로 그 손해액을 분담하는 손해 |
| 비용손해<br>(expense) | 구조비<br>(salvage charge) | 구조계약에 의하지 않고 임의로 구조한 자가 해상법상 회수할 수 있는 비용 |
| | 손해방지비용<br>(sue and labor charge) | 보험목적물에 해상위험이 발생한 경우 이를 방지, 경감하려는 목적으로 합리적으로 지출되는 비용 |
| | 특별비용<br>(particular charge) | 공동해손비용과 구조료 이외의 비용으로 긴급사태가 발생한 결과 피난 항에서 지출하게 된 양륙비, 창고보관료, 재포장비용, 재운송비 등이 해당된다. |

① 면책율 부적용 분손담보조건(WAIOP ; With Average Irrespective of Percentage)
분손의 비율에 관계없이 손해 전체가 보상되는 조건을 말한다.

② Franchise(소손해면책율 ; 프랜차이즈)
보험가격의 2% 또는 3%에 해당하는 소손해는 그것이 해난에 직접 기인한 것인지 화물의 성질에 기인한 것인지 식별하기가 어렵기 때문에 W.A.조건 및 부가위험(Extraneous Risks)에 있어서는 보험자는 소손해를 담보하지 않는다. 이 소손해면책에 대하여 적용하는 면책율을 Franchise라고 한다. 통상의 Franchise(Ordinary Franchise)의 경우는 현실의 손해가 면책율을 초과한 경우 그 손해 전부가 보상된다.

③ 소손해 면책비율(Franchise) - W.A.3%의 의미
「W.A. 3%」에서 3%라는 의미는 악천후로 인한 해수손에 대하여 3%미만의 손해가 발생하면 보험자는 이를 보상하지 않고 3% 이상 손해가 발생 시 이를 전부 보상해준다는 뜻이다. 단, WA3%에 「Excess」 또는 「Deductible」이라는 문구가 있을 경우 3% 이상의 손해가 있을 시 기본면책비율인 3%는 공제하고 나머지 손해만 보상해 준다. 예를 들어 5%의 손해가 발생하였다면 5% - 3%의 관계가 성립하여 3%는 공제하고 2%만 보상을 받게 된다. 이에 반하여 위에 언급한 WAIOP는 면책비율을 적용하지 않고 어떠한 소손해도 모두 보상해 준다.
[Franchise 와 excess 의 예]

| franchise of 5% | 7%의 손해발생 | 7% 전액에 대하여 보상 |
| --- | --- | --- |
| WA excess[deductible] of 5% | 7%의 손해발생 | 7%에서 5%를 공제한 2%에 대해서만 보상 |

④ 구협회적화약관에서 보험자의 보상범위가 넓은 순서
  ICC(A/R) 〉 ICC(WAIOP)〉 ICC(WA 3%) 〉 ICC(FPA)
⑤ 보험료부담이 가장 큰 것부터 순서대로 정리하면
  ICC(A) 〉 FPA including TPND 〉 WAIOP 〉 W/A 3% 〉 ICC(C)
⑥ 적하보험요율(rate of premium)
  보험료의 보험금액에 대한 비율을 의미하며, 적하보험요율에 영향을 미치는 산정요소는 아래와 같다.
  - 화물의 특성 (화물의 종류 및 상태)
  - 항해구간 (항로, 출발지, 도착지)
  - 보험조건, 운송선박과 방법 (운송용구, 선박의 등급), 손해율
⑦ 갑판선적(on deck shipment) 유보문언
  화물이 컨테이너 전용선으로 운반되는 컨테이너 내장물품인 경우에는 갑판 위에 선적될 가능성이 많기 때문에 이런 경우 선사는 「갑판에 선적될지도 모른다(the goods may be loaded on deck)」는 의사표시를 인쇄약관으로 선하증권상에 기재하는데 이를 갑판적 유보문언이라 하며 이런 선하증권은 은행이 수리한다. [UCP600 제26조] 이는 불가피하게 갑판선적을 해야 할 경우 선사가 면책하기 위하여 기재한 것에 불과하지만 이 문언이 인쇄약관이 아닌 고무인이나, 타자, 수기 등으로 기재될 경우 이는 선사가 사실상 갑판선적을 행하겠다는 의도로 간주되어 은행은 이러한 B/L은 수리를 거절한다.

a. A transport document must **not** indicate that the goods **are or will be loaded on deck**. A clause on a transport document stating that **the goods may be loaded on deck is acceptable**.
a. 운송서류는 물품이 **갑판에 적재되었거나 또는 될 것이라고 표시해서는 아니된다.** 물품이 갑판에 적재될 수 **있다고 명기**하고 있는 운송서류상의 조항은 **수리될 수 있다**[UCP600 제26조]

## 08 위부(Abandonment)

위부란 현실적으로 전손(Actual Total Loss)은 아니지만 해상손해의 회복비용이 회복 후 잔존가액보다 크거나 손해의 정도가 심하여 적화의 본래의 목적에 사용할 수 없는 경우에 현실전손으로 추정하여 보험의 목적물에 대한 일체의 권리를 보험자에게 이전시키고 그 대신 전손에 해당하는 보험금을 청구하는 행위를 말한다.
① 현실전손의 경우에는 위부의 통지가 불필요하다.
② 피보험자가 위부 통지를 하지 않으면 분손으로 처리된다.
③ 위부의 통지는 구두나 서면으로도 가능하다.
④ 위부의 통지가 일단 수락되면 위부는 철회될 수 없다.

## 09 대위(Subrogation)

　대위란 피보험목적물에 손해가 발생한 경우에 보험자에게 가치 있는 잔존물이 남아 있거나 제3자에게 손해보상금을 받고 또 다시 보험자로부터 보상을 받으면 피보험자 이득을 얻게 되는 결과가 되므로 보험의 목적이나 제3자에 대하여 가지는 권리를 보험자에게 이전시키도록 하는 것을 말한다. 대위에는 제3자에 대한 대위(권리대위)와 목적물대위가 있다. 대위는 해상보험을 비롯한 모든 손해보험에 설정되어 있는 원칙으로서 위부와 유사하지만, 위부는 해상보험에서만 통용된다. 이는 추정전손이 통용되는 것은 해상보험뿐이기 때문이다.

## 10 공동해손희생(general average sacrifice)과 공동해손비용

　적하, 선박, 운임 등 항해단체가 해상사고를 당했을 때 그러한 항해단체의 안전을 위해서 선장 및 선주가 적절한 조치를 취할 때 그러한 조치를 공동해손행위(general average act)하며 이러한 조치로 인해 발생한 물적손해를 공동해손희생, 비용의 손해를 공동해손비용(general average expenditure)이라고 한다. **공동해손에 관한 국제규칙으로는 York-Antwerp Rule(YAR)가 있다.**

## 11 손해방지비용과 구조비

### (1) 손해방지비용(Sue and Labour Charge)

　보험사고가 발생한 경우에 그 손해의 방지 또는 경감을 위하여 합리적인 조치를 취할 때 그로 인한 손해의 방지, 경감을 위하여 필요하고도 유익한 비용을 말한다.

### (2) 구조비(Salvage Charges)

　구조행위가 성립하기 위해선 먼저 선박, 적화 등 보험목적물에 실제로 위험이 발생하여 보험목적물이 어려운 상태에 있어야만 구조행위가 필요하고 그에 따른 구조비가 보상된다.

## 12 담보와 고지

### (1) 담보

담보란 보험자의 위험 측정을 용이하게 하는 하나의 안전장치로서 피보험자에게 특정 사항의 충족이나 이행 사항을 보험증권상에 명시하는 것을 말한다.

### (2) 고지

보험계약 당시 보험계약자 또는 피보험자는 보험자에게 보험인수의 승낙 여부 또는 계약내용의 결정에 영향을 미치는 중요한 사항을 고지하여야 하는데, 이를 고지의무(Duty of disclosure) 라고 한다. 보험자에게 구두로도 할 수 있고, 서면에 의하여 고지할 수 도 있다.

## 13 예정보험

보험계약의 청약은 위험이 개시되기 전에 이루어지는 것이 원칙이다. 그러나 위험이 개시되기 전에 보험계약을 체결하려고 하더라도 화물의 수량, 보험 가입 금액, 적재선박 등 보험계약의 내용이 미상인 경우가 일반적이므로 사후에 기재사항이 확정되는 대로 지체 없이 보험자에게 통고할 것을 조건으로 계약이 체결되는 보험을 예정보험이라 한다. 예정보험에는 포괄예정보험과 개별예정보험이 있다.

### (1) 포괄예정보험(Open Policy)

다량의 화물을 장기간에 걸쳐서 해외로 수출하는 경우에 개별적인 각 화물이 보험에 부보되지 않는 경우를 대비하여 사전에 일정 화물에 대하여 보험자와 부보가 가능한 총액 등을 포괄적으로 미리 정하는 것을 포괄예정보험이라 한다. 포괄예정보험이 체결된 후 실제로 보험이 확정되면 이를 기반으로 개개의 화물이 부보되어 있음을 입증하는 보험증명서(insurance certificate) 또는 통지서(declaration)가 발급된다. 신용장에 별도로 정함이 없으면 은행은 포괄예정보험증권에 의하여 발행된 보험증명서나 통지서도 수리한다.

### (2) 개별예정보험(Provisional Policy)

보험의 목적인 개별 화물에 대하여 보험계약을 체결하되 보험의 목적에 대한 일부의 내용이 확정되지 않은 경우의 보험을 말한다. 수입화물을 부보하는 경우 수출업자로부터 선적 완료 통지를 받은 후에서야 모든 물품 상황이 확정되기 때문에 이런 경우 수량, 금액은 신용장의 내용대로 하고 선박명은 미상(未詳)인 채로 계약이 체결된다. 개별예정보험은 통상적으로 적재할 선박이 결정되지 않는 상태에서 발행되므로 선명미상 보험증권(Floating Policy)이 된다. 보험계약체결 후 **미상인 사항이 확정되면 확정 통지를 하고 보험자의 배서를 받아야 하며 이를 확정보험증권(Definite Policy)**이라고 한다.

### (3) 금액미상보험(미평가보험 ; Unvalued Policy)

보험계약 체결 당시에 보험목적물의 부보할 보험금액이 미정인 경우를 말한다. 보험계약 체결 시에 계약 당사자 간에 협정한 보험가액을 기평가보험가액이라 하고 이렇게 보험가액이 협정된 보험계약을 기평가보험(valued policy), 그렇지 않은 보험계약을 금액미상보험(미평가보험)이라 한다.

# 제12장 무역계약의 위반과 구제

## 01 계약위반의 유형

### (1) 이행지체(delay in performance)

채무자가 이행이 가능함에도 불구하고 이행기가 되었는데도 채무를 이행하지 않고 지연하는 것을 말한다. 선적불이행, 지연선적, 대금지급의 지연 등이 해당된다.

### (2) 이행거절(renunciation)

계약 중에 정해진 이행기 이전에 채무자가 명확하고 무조건적으로 이행을 거절하는 것을 말한다. 따라서 이행거절은 자신의 채무를 이행할 의사가 없음을 밝히는 것이다. 이 경우에는 이행기의 내도(來到)를 기다리지 않고 거절의 의사가 상대방에게 통지된 때에 계약위반으로 본다. 이행거절에 대한 효과는 이행기 전에 의사표시가 있을 경우는 상대방은 이행기일을 기다릴 필요 없이 바로 계약을 해제하고 손해배상을 청구할 수 있다.

### (3) 이행불능(impossibility of performance)

채무자의 행위에 의해서 계약의 이행을 불가능하게 하는 원시적 불능(묵시적 이행불능)과 계약체결 후에 예기치 못한 사태가 발생하여 계약의 이행이 불가능하게 되는 후발적 불능이 있다.

① 원시적 불능(existing impossibility)

계약체결 당시 이미 계약의 목적달성이 불가능하거나 계약의 목적물이 소멸되어 계약자체가 성립되지 않는 경우를 말한다.

② 후발적 불능(supervening impossibility)

계약의 체결 당시에는 적법하게 계약이 이루어졌으나 추후 예기치 않은 사태의 발생으로 계약의 이행이 불가능해진 경우를 말한다. 채무자의 귀책사유로 인한 것을 후발적 불능이라 하며 불가항력적인 상황(force majuere)의 발생으로 채무를 이행하지 못한 것은 Frustration(계약의 좌절)이라고 한다. 따라서 **Frustration 과 후발적 불능은 구별되는 것이며 후발적 불능의 경우 채권자는 계약해제를 하고 손해배상을 청구할 수 있다.**

③ Frustration(계약의 좌절)

다음의 사항들은 전형적인 Frustration 이며 사건의 발생 시점부터 계약은 자동적으로 소멸된다. 그러나 이러한 사항들은 사전에 계약서상에 미리 당사자가 면책되는 불가항력조항을 명시해야 추후 면책을 받을 수 있다.
가. 목적물의 멸실 - 선박의 화재, 침몰, 폭발 등
나. 불가항력의 발생 - 전쟁의 발발(outbreak of war) 등
다. 정부의 수출입금지조치와 간섭(interference by the government)
　계약체결 후 당사국의 법률이나 강행규정의 변동으로 수출입이 금지되는 경우 등

### (4) 불완전이행(incomplete performance)

일단 이행은 이루어졌지만, 그 이행이 완전한 것이라고 말할 수 없는 경우에 인정된다. 대금이 완납되지 않았다든지, 정해진 수량이 부족하게 인도된다든지 하는 것들이 해당된다. 불완전이행의 효과는 채권자는 목적물을 수령하더라도 입은 손해에 대해서는 배상을 청구할 수 있으며, 계약해제권이 발생한다.

## 02 구제(remedy)

구제라 함은 일정한 권리가 침해당하게 되는 경우에 그러한 침해를 방지하거나 시정하거나 보상하게 하는 것을 말한다. 매매계약을 위반하였을 경우 매수인에 대한 배상을 매수인의 구제(buyer's remedy)라고 하고 매도인에 대한 배상을 매도인의 구제(seller's remedy)라 한다.

### (1) 매수인의 위반에 대한 매도인의 구제 (seller's remedy)

① 손해배상청구권
**매수인과 매도인 모두에게 인정되는 권리**이다.

② 특정이행청구권
매도인은 매수인에게 대금지급, 물품의 인도와 인수 등 매수인의 의무를 이행하도록 청구할 수 있다. 특정이행청구권은 계약의 효력은 유지된 상태에서 청구되는 것이므로 **계약의 해제권과 병행하여 청구할 수 없다.** 그러나 손해배상청구권과 함께 청구하는 것은 가능하다.

③ 추가이행기간 지정권
매수인의 의무불이행이 있을 경우에 그 이행을 위한 추가기간(합리적인 기간)을 통보할 권리를 말한다. 동 기간 중에는 다른 구제수단을 매수인에게 청구 할 수 없다. 이는 매도인의

요청에 따라 청구를 이행하고 있는 매수인을 보호하기 위한 조치이다. **추가이행기간 지정권은 매도인과 매수인 모두에게 인정되는 구제수단이다.**

④ 계약해제권

매도인은 다음의 경우에 매수인에 대하여 계약의 해제권을 갖는다.
가. 매수인의 계약위반이 본질적인 침해(fundamental breach of contract)에 해당한 때
나. 매도인이 설정하여 통지한 추가이행기간 이내에 매수인이 물품의 인도를 수령(인수)하지 않을 때
다. 매도인이 설정하여 통지한 추가이행기간 이내에 매수인이 이행하지 않겠다는 의사를 명백히 한 경우

⑤ 하자보완권

계약된 물품이 계약의 본질적인 침해에 해당되지 않는 경미한 것일 경우 이의 시정을 매도인이 매도인 자신의 비용으로 하자를 보완할 수 있는 기회를 갖는 권리를 말한다.

⑥ 물품명세확정권

매수인이 계약의 내용에 따른 의무를 이행하지 못하여 매도인에게 손해를 발생시켰을 경우 매도인이 매수인에게 상당한 기간을 정하여 이를 요청할 수 있는 권리를 말한다. 계약 체결 시 물품의 품목과 명세를 포괄적으로 정한 후 추후 이에 대한 정확한 명세를 기일 내에 매수인이 매도인에게 전달하지 아니하여 발생하는 위반이다. 위의 권리 중에서 **하자보완권과 물품명세확정권은 매도인만의 권리이다.** 또한 매도인의 하자보완권과 매수인의 하자보완청구권은 서로 상응하는 권리이다. 또한 매도인이 세부사항을 매수인에게 통지하였음에도 **매수인이 물품명세를 작성하지 않으면 매도인이 작성한 물품명세가 구속력을 가진다.**

### (2) 매도인의 의무위반에 대한 매수인의 구제 (buyer's remedy)

① 손해배상청구권

② 특정이행청구권

계약을 해제하지 않고 매수인이 입은 권리침해를 매도인에게 청구하는 것으로서, 계약의 해제권과 함께 병행하여 청구할 수는 없지만, 손해배상청구권과 병행하여 청구하는 것은 가능하다. 특정이행(specific performance)은 계약서상의 채무를 이행할 것을 법원이 명령하는 구제방법을 의미한다. 그러나 특정이행은 매도인이 계약 내용을 이행하지 않거나 불충분하게 이루어졌을 경우에도 해당되는 광의의 개념이다.

③ 추가이행기간 지정권

④ 계약해제권

매수인은 다음의 경우에 매도인에 대하여 계약의 해제권을 갖는다.
가. 매도인의 계약위반이 본질적인 침해에 해당한 때
나. 매수인이 설정하여 통지한 추가기간 이내에 매도인이 계약물품을 인도하지 않을 때
다. 매수인이 설정하여 통지한 추가기간 이내에 매도인이 매수인이 지정한 의무의 이행을 하지 않을 것을 명백히 한 경우

> **Check Point**
> ● 계약해제권의 제한
> 매도인이 물품인도기일을 넘겨서 인도했을 경우, 매수인은 늦은 인도에 대하여 이를 수령할 것인지 아니면 거절하고 계약을 해제할 것인지를 결정하여야 하는데 이를 합리적인 기간 내에 계약을 해제하지 않으면 계약을 해제할 수 없다. 늦은 물품을 인도받았다는 것은 그것을 인정한다는 뜻으로 해석되기 때문이다. 따라서 이는 계약해제가 될 수 없는 것이다.

⑤ 대체품인도청구권

매수인은 하자통지와 병행하여 또는 하자통지로부터 합리적인 기간을 설정하여 침해된 물건의 대체품 인도를 청구할 수 있다.

⑥ 하자보완청구권

⑦ 대금감액 청구권

매도인이 인도한 계약물품이 계약과 다르게 부적합할 경우 해당 물품의 가치하락분(손해분)에 상응하는 만큼의 대금을 감액할 것을 매도인에게 청구할 수 있는 권리를 말한다.

> **Check Point**
> ● 시험에 자주 나오는 비엔나협약(Vienna Convention, CISG 1980) 정리
> 비엔나협약의 정식명칭은 국제물품매매에 관한 유엔협약(United Nations Convention on Contracts for the International Sale of Goods ; CISG)이다. 비엔나는 국제외교가 빈번한 곳으로서 각종 국제협약이 많이 체결되어 지명을 딴 동일한 이름의 다른 비엔나협약이 많이 있다. 비엔나협약은 국제적인 민법의 성격을 띠고 있으므로, 매매계약체결 시 준거법으로 명시할 때는 비엔나협약이 아닌 정식명칭을 쓰는 것이 좋다.
>
> 1. CISG의 적용대상
>    ㉠ 당사자가 체약국 내에 영업소(사업장)나 일상의 거주지를 가지고 있어야 한다.
>    ㉡ 국내에서의 물품거래가 아닌 국제 간의 거래여야 하며 물품의 매매에만 적용된다.
>    ㉢ 양당사자가 모두 CISG의 체약국이 아니거나 어느 일방만이 체약국일 경우에는 본 협약의 명시적인 준거법 적용 합의가 있어야 한다.
>    ㉣ 양당사자가 모두 체약국일 경우에는 본 협약을 배제한다고 명시하지 않는 한 자동으로 적용된다.
>    ㉤ 양당사자가 모두 체약국이더라도 합의에 따라 본 협약을 배제할 수도 있고, 협약의 일부 조항을 달리 규정하거나 배제하여도 무방한 임의법규이다 - 당사자자치의 원칙존중
>    ㉥ 양당사자가 CISG의 체약국이 아니면서 CISG의 준거법 적용 문언이 없는 경우에는 본 협약은 적용되지 않는다.

2. CISG의 적용대상이 아닌 매매
   ㉠ 개인용·가족용 또는 가정용으로 구입된 물품의 매매
      다만 매도인이 계약체결 전이나 그 체결 시에 물품이 그와 같은 용도로 구입된 사실을 알지 못하였고, 알았어야 했던 것도 아닌 경우는 제외한다.
   ㉡ 경매에 의한 매매
   ㉢ 강제집행 그 밖의 법령에 의한 매매
   ㉣ 주식, 지분, 투자증권, 유통증권 또는 통화의 매매
   ㉤ 선박, 소선(vessels), 부선(hovercraft), 또는 항공기의 매매
   ㉥ 전기의 매매
   ㉦ 서비스(용역)
3. 소유권이전에 관한 명시적인 규정이 없다.
4. 인코텀즈와 CISG가 충돌 시 인코텀즈가 우선한다.
5. 매수인과 매도인 모두에게 해당되는 공통권리 : 손해배상청구권, 특정이행청구권, 추가이행기간청구권, 계약해제권
6. 매도인만의 권리 : 하자보완권, 물품명세확정권
7. 영미법상의 계약위반의 유형은 이행불능, 이행지체, 이행거절이다. 불완전이행(incomplete performance)는 포함되지 않는다.
8. 이행거절은 이행기가 도래하기 전, 불이행이나 불완전이행은 이행기가 도래한 경우의 계약위반이고 이행지체의 경우도 이행기가 도래한 뒤에 이행을 하지 않는 경우이므로 위반 시기에 있어서 이행거절의 반대 상황은 불완전이행이다.
9. 매도인의 「중대한 위반」이 있는 경우 매수인은 계약을 해제할 수 있는데 이 경우 그 입증 책임은 그것을 주장하는 자에게 있으므로 매수인이 입증하여야 한다.
10. 손해배상 시 이자율에 대하여 CISG에서는 규정이 없다. 따라서 계약서에 이자율에 관한 조항을 삽입하는 것이 바람직하다.
11. CISG 상 계약위반에 의한 손해액은 계약위반으로 인하여 상대방이 입은 손실과 계약위반이 없었더라면 얻을 수 있는 이익을 보상해야 한다. 즉 계약위반에 의한 실제 손실과 계약위반이 없었더라면 얻을 수 있는 기대이익까지 포함하여 손해배상액을 산정한다.
12. CISG의 기본적용요건
    - 물품매매계약일 것
    - 매매당사자의 영업소가 서로 다른 나라의 영역에 있을 것

# 제13장 중재

## 01 무역 클레임

### (1) 클레임의 유형

[표 13-1] 클레임의 유형

| 유형 | | |
|---|---|---|
| | 일반적 클레임 | 매매당사자 중 일방의 과실 또는 태만에 의하여 발생되는 것으로서 가장 흔하게 발생하는 클레임이다. |
| | 마켓 클레임<br>(market claim) | 도덕심이 낮은 매수인이 클레임이 되지도 않을 정도의 작은 과실을 구실로 하여 매입가격을 낮추기 위하여 제기하는 클레임 |
| | 의도적 클레임 | 매매당사자의 순전한 악의와 고의적인 것에 의한 것 |

### (2) 클레임의 제기

약정된 기일 내에 클레임통지를 발송하고 클레임의 내용이 확정되는 대로 필요한 서류를 제시하여 정당성을 입증하여야 한다. 클레임의 제기기간이 명시되지 않았다면 즉시 또는 합리적인 기간 내(within a reasonable time)에 제기하여야 한다.

### (3) 무역클레임의 해결형태 및 방법

[표 13-2] 무역클레임의 해결 형태

| | | |
|---|---|---|
| 당사자간<br>직접해결 | 클레임포기<br>(Waiver of claim) | 경미한 사항에 대하여 차후 주의를 촉구하고 클레임을 포기하는 것 |
| | 타협과 화해<br>(compromise) | 당사자 쌍방의 합리적인 타협으로서 양보와 화해로 해결 |
| 제3자<br>개입해결 | 알 선<br>(intercession or recommendation) | 당사자 해결이 힘들 때 제3자를 개입시켜 원만한 해결을 강구하는 것 |
| | 조 정<br>(conciliation or mediation) | 알선에 의한 해결이 안될 시 공정한 제3자를 개입하여 조정인이 제시하는 해결안에 대하여 합의로 해결하는 것 |
| | 중 재<br>(arbitration) | 제3자를 중재인으로 선정하여 중재인의 판정에 복종케 하여 분쟁을 해결하는 것으로서 국가공권력을 발동하여 강제집행 할 수 있는 권리가 보장된다. |
| | 소 송<br>(litigation) | 상대방에게 강제를 가하기 위하여 법원에 제소함으로써 국가공권력을 발동하는 것을 요청하는 것을 말한다. 강제력의 보장을 위해선 반드시 상대국 법원에 제소하여야 실효를 거둘 수 있다. |

## 02 중재제도(Arbitration)

　무역거래에서의 클레임이란 매매당사자 간의 어느 일방이 매매계약 내용을 불이행함으로써 상대방에게 손해를 입힌 경우에 손해를 입은 당사자가 상대방에 대하여 손해배상을 청구하는 것을 말한다. 무역클레임은 매매당사자 중에서 피해자(claimant)가 가해자(claimee)에게 제기하게 되는 것인데 일반적으로 매수인이 피해자가 되는 경우가 많다. 통상적으로 아래와 같은 중재조항이 계약서에 사용된다.

> All disputes, controversies, or difference which may arise between the parties, out of or in connection with the contract, or for the breach thereof, shall be finally settled by arbitration in Seoul, Korea Commercial Arbitration Board and under the Laws of Korea. The award rendered by the arbitrator(s) shall be final and binding upon parties concerned.
> [이 계약으로부터, 또는 이 계약과 관련하여 또는 이 계약의 불이행으로 말미암아 당사자 간에 발생하는 모든 분쟁, 논쟁 또는 의견 차이는 대한민국 서울특별시에서 대한상사중재원의 상사중재규칙에 따라 중재에 의하여 최종적으로 해결한다. 중재인(들)에 의하여 내려지는 판정은 최종적인 것으로 당사자 쌍방에 대하여 구속력을 가진다.]

> Discrepancy and Claim : In case discrepancy on the quality of the goods is found by the Buyer after arrival of the goods at the port of destination, claim may be lodged against the Seller within 3days after arrival of the goods at the port of destination.
> [불일치와 클레임조항 : 최종 목적항에 물품이 도착한 이후 매수인에 의하여 품질상의 불일치가 발견되었을 시에는 최종 목적항에 물품이 도착한 후 3일 이내에 매도인에게 클레임을 제기할 수 있다.]

### (1) 중재계약(arbitration agreement ; 중재합의)

　중재에 의하여 클레임을 해결하려면 반드시 양당사자의 중재계약이 있어야 한다. 중재계약이 없는 경우 일방이 중재를 거부하면 성립되지 않는다.

### (2) 중재계약의 방식

　① 사전중재합의 : 분쟁이 발생하기 전에 계약서의 이면 등에 합의해 두는 방식
　② 사후중재합의 : 이미 발생되어 있는 분쟁을 중재로 해결하기로 합의하는 방식

### (3) 중재효력의 3요소

　중재지, 중재기관, 준거법(Application Law; Governing Law)이 명시되어야 효력이 있다.

### (4) 중재의 효력

　① 직소금지의 원칙 : 중재계약이 있는 경우에는 법원에 직접 소송제기가 불가능하다.
　② 최종해결책 : 중재위원회에서 내려진 중재판정은 최종적이며 불복항소가 불가능하다.
　③ 국제적 효력 : 외국의 중재판정의 경우에도 국제적으로 승인되며 그 집행을 보장받는다.

## (5) 중재제도의 장단점(빈출!)

[표 13-3] 중재제도의 장단점

| | |
|---|---|
| 장 점 | 가. 중재계약의 자율성<br>　분쟁의 당사자가 법원에 의존하지 않고 쌍방 판정의 결과에 복종하기로 하는 자주적인 분쟁 해결방법이다.<br>나. 신속성<br>　보통 소송은 3심제이지만 패소한 당사자가 상소수단을 남용하여 고의로 절차를 지연시킬 수 있는 위험이 있는 반면에, 중재는 단심제이므로 분쟁이 신속히 해결된다. 우리나라의 경우 심리(hearing)의 종료일로부터 30일 이내에 판정함을 원칙으로 한다.<br>다. 중재인(arbitrators)의 전문성<br>　국제적인 상관습의 지배를 받는 국제상거래는 일반법을 전공한 법관보다는 국제상거래에 밝은 중재인이 합리적이다. 중재인의 수는 서로 약정되지 않았다면 3인으로 구성된다.<br>라. 비공개<br>　재판 과정에 기업의 기밀이 차단되므로 대외 신용의 계속 유지가 보장된다.<br>마. 저렴한 비용<br>　일반 소송의 경우 변호사의 숫자, 소송기간의 연장 등에 따라 비용이 많이 소요되지만 중재는 소송에 비해 매우 저렴하다. 상설중재기관의 경우 미리 합리적으로 책정된 중재요금표가 작성 공표되어 있으므로 경제적이다.<br>바. 중재판정의 국제적 효력<br>　국가의 주권 문제와는 아무런 관계없이 국제적으로 효력을 발휘한다. |
| 단 점 | 가. 법률문제<br>　중요한 법률문제가 개재되어 있을 경우 일반적으로 중재인은 그 판단 능력이 미흡하다는 단점이 있다.<br>나. 예측 가능의 결여<br>　중재인의 판정 기준이 중재인의 자의나 주관에 따라 좌우될 가능성이 있으며 동종의 사건도 중재인에 따라 각각 다른 판정의 가능성이 있다. 이는 각 당사자가 선임한 1명씩의 중재인은 일종의 대리의식을 갖게 되므로 공정한 판정에 장애요인이 될 수 있다.<br>다. 상소제도의 결여<br>　일반적인 재판이나 소송에서의 3심 제도는 재판의 정당성과 사법제도에 대한 신뢰를 확보하기 위한 제도임에 반하여 중재는 판정에 대한 중대한 결함이 없는 한, 판정에 대한 불복신청이 인정되지 않는다. |

# 제14장 대외무역법

## 01 대외무역법의 개요

대외무역법은 무역자유화와 무역진흥을 위하여 제정된 법으로서 무역자유화의 의지가 담겨져 있는 무역에 관한 기본법이자 일반법이다.

(1) 무역에 관한 3대 기본법 : 대외무역법, 외국환거래법, 관세법
(2) 대외무역법의 최고관리기관 : 산업통상자원부 장관
(3) 전자무역의 도입

「전자무역」이라 함은 무역의 전부 또는 일부가 컴퓨터 등 정보처리능력을 가진 장치와 정보통신망을 이용하여 이루어지는 거래를 말한다.

## 02 무역거래자의 관리

### (1) 무역거래자

「무역거래자」라 함은 수출 또는 수입을 하는 자, 외국의 수입자 또는 수출자의 위임을 받은 자 및 수출수입을 위임하는 자 등 물품의 수출수입행위의 전부 또는 일부를 위임하거나 행하는 자를 말한다. 여기에서 수출 또는 수입을 하는 자는 본인 거래로서 무역거래를 실행하는 자기의 이름과 자기의 계산으로 거래하는 자뿐만 아니라 무역대리업자, 수출입대행의 위탁자를 모두 포함한다. 무역업이란 무역을 업으로 영위하는 것을 말한다.

### (2) 무역업자

「무역업자」란 영리를 목적으로 수출과 수입행위를 계속적으로 반복하여 행하는 것으로서 자기명의로 자기 책임 하에 소유권 이전을 전제로 한 수출입업무를 영위하는 것을 말한다. **무역업자는 본인 대 본인**(Principal to Principal Basis) **관계로 수출입 본 계약을 체결하며**, 수출입거래에 따른 제반사항 및 거래의 이행에 대하여 책임을 진다.

### (3) 무역대리업자

「무역대리업」이라 함은, 외국의 수입업자 또는 수출업자의 위임을 받은 자가 국내에서 수출물품을 구매하거나 수입물품을 수입함에 있어서 그 계약의 체결과 이에 부대되는 행위를 업으로 영위하는 것을 말한다. **무역대리업자는 자기명의·자기책임 하에 소유권이전을 전제로 하는 수출입을 할 수 없다는** 점에서 무역업과 구분된다. **무역대리업자는 대리인으로서 계약대리권만 행사하므로 수출입 본 거래에 대한 책임이 없다.**

### (4) 수출입대행의 위탁자

수출입대행은 무역업자가 대행위탁자의 대행계약에 따라 일정수수료를 받고 자기명의로 거래하는 것을 말하며, 자기명의로 거래한다는 점에서 무역대리업자와는 구별된다.

### (5) 무역업 고유번호

무역업신고제는 폐지되었지만 통계목적을 위한 무역업고유번호를 부여한다. 무역을 업으로 하고자 하는 자는 **무역업고유번호를 한국무역협회장에게 신청**하여야 하며, 한국무역협회장은 접수 즉시 신청자에게 고유번호를 부여하여야 한다.

## 03 수출입승인

산업통상자원부 장관은 헌법에 의하여 체결·공포된 조약과 일반적으로 승인된 국제법규에 의한 의무의 이행, 생물자원의 보호 등을 위하여 필요하다고 인정한 경우에는 물품의 수출 또는 수입을 제한할 수 있다. 따라서 그러한 물품은 산업통상자원부장관의 승인을 받아야 한다.

수출입승인이란 수출입공고에 의해 예외적으로 제한하는 물품에 대하여 대금결제 사항이 제외된 상태로 그 품목의 수출입이 가능하도록 해주는 승인절차제도이다. **수출 또는 수입승인의 유효기간은 1년으로 한다.**

## 04 수출입의 개념

① 「무역」이란 다음의 어느 하나에 해당하는 것(이하 "물품 등"이라 한다)의 수출과 수입을 말한다(법 제2조).
  가. 물품

나. 대통령령으로 정하는 용역

다. 대통령령으로 정하는 전자적 형태의 무체물(無體物)

② 「물품」이란 외국환거래법에서 정하는 지급수단·증권 및 채권을 화체(化體)한 서류 외의 동산(動産)을 말한다.

③ 「전자적형태의 무체물」이라 함은 소프트웨어, 부호, 문자, 음성, 음향, 이미지, 영상 등을 디지털방식으로 처리한 자료, 정보, 그것의 집합체를 말한다.

> ● **대통령령으로 정하는 대외무역법상 용역의 범위**
> 대외무역법상 수출입의 대상에 포함되는 용역은 지식기반서비스와 지식재산권에 관한 것이며 아래의 용역을 포함한다.
> 가. 경영상담업
> 나. 법무관련 서비스업
> 다. 회계 및 세무관련 서비스업
> 라. 엔지니어링 서비스업
> 마. 디자인
> 바. 컴퓨터시스템 설계 및 자문업
> 사. 문화 사업에 해당하는 업종

### (1) 수출의 정의

① 「수출」이라 함은 매매·교환·임대차·사용대차·증여 등을 원인으로 **국내에서 외국으로 물품을 이동하는 것**(우리나라의 선박에 의하여 외국에서 채취 또는 포획한 광물 또는 수산물을 외국에 매도하는 것을 포함한다)

② **유상**으로 외국에서 외국으로 물품을 인도하는 것으로서 산업통상자원부장관이 정하여 고시하는 기준에 해당하는 것[외국인도 수출물품]

③ 거주자가 비거주자에게 전자적 형태의 무체물을 정보통신망을 통한 전송, 기타의 방법으로 **인도하는 것**을 말한다. - 전송이라 함은 인터넷상으로 다운로드하는 행위를 의미하며, 기타의 방법이란 노트북 등 정보처리능력을 가진 장치에 내장한 상태로 반출·반입한 후 인도·인수하는 행위를 말한다.

### (2) 수입의 정의

① 「수입」이라 함은 매매·교환·임대차·사용대차·증여 등을 원인으로 외국으로부터 국내로 물품을 이동하는 것

② **유상**으로 외국에서 외국으로 물품을 인수하는 것으로서 산업통상자원부장관이 정하여 고시하는 기준에 해당하는 것을 말한다.[외국인수 수입물품]

③ 비거주자가 거주자에게 정보 통신망을 통한 전송 기타의 방법으로 전자적 형태의 무체물을 인도하는 것

### (3) 수출실적

「수출실적」이라 함은 수출통관액·입금액·가득액, 가득액과 수출에 제공되는 외화획득용 원료·기재의 국내공급액을 말한다. **수출통관액은 FOB가격을 기준으로 한다.**

### (4) 수입실적

「수입실적」이라 함은 수입통관액 및 지급액을 말하며 수입실적의 인정범위는 수입의 정의 중 유상으로 거래되는 수입으로 한다. 수입실적의 인정금액은 수입통관액(CIF 가격기준)으로 한다.

## 05 수출입공고와 통합공고

### (1) 수출입공고

수출입공고는 수출입품목관리를 위한 기본공고라 할 수 있으며, 어떤 품목의 물품을 어떤 방식에 의하여 수출입할 수 있는 것인지를 국민일반에게 알리는 제도(Negative List System)를 말한다. **실시시간의 제한이 없이 수시로 변경된다.**

### (2) 통합공고

주무부서마다 다른 각각의 개별 법령 및 품목, 수출입의 요건 및 절차, 개정 내용 등을 관계행정기관의 장으로부터 제출받아 그 수출수입요령을 통합하여 산업통상자원부 장관이 이를 일괄적으로 발표하는 공고를 말한다.

### (3) 전략물자수출입공고

전략물자란 핵무기, 생화학무기, 미사일, 재래식 무기 등 대량살상무기의 개발이나 제조에 사용될 수 있는 물품이나 기술, 무기로 전용될 가능성이 있는 물자를 말하며 그 정도에 따라 1종과 2종으로 나뉜다. 1종은 반드시 수출허가를 받아야 한다. 전략물자의 품목분류는 일반수출입품목과는 달리 HS 코드에 의하지 않고 별도의 통계부호를 사용하여 분류한다. **산업통상자원부에서 실시하는 공고는 2023년 현재 수출입공고, 통합공고, 전략물자수출입공고이다.**

### (4) 수출입공고의 예외 대상

국내에서 유통, 소비가 이루어지지 않는 물품의 경우에는 수출입공고등을 적용할 필요가 없다. 따라서 **선용품, 외국인수수입, 외국인도수출물품, 중계무역물품은 수출입공고 등의 적용이 배제된다.**

- **Positive System (원칙승인, 예외자유)**
  수출입공고 등에 게기된 물품의 경우에만 수출입을 허용하는 것으로서 수출입가능 대상품목을 나열하는 것을 말한다.

- **Negative System (원칙자유, 예외승인)**
  수출입공고 등에 게기된 물품을 제외하고는 모두 자유롭게 수출입을 허용하는 것을 말하며, 종전에는 Positive System이었으나 1967년부터 우리나라는 Negative System을 채택하고 있다.

## 06 원산지표시제도(Origin Marks)의 의의

### (1) 수출물품의 원산지 표시

① 우리나라가 원산지인 수출물품의 원산지표시는 「MADE IN KOREA」로 표기
② 외국에서 생산된 물품을 우리나라에서 환적, 분할, 재포장, 라벨링 등의 단순한 작업만을 수행하는 경우에는 「MADE IN KOREA」로 표시해서는 안 된다.

> **➡ Check Point**
> ● 원산지표시대상물품과 원산지확인대상물품
> 원산지표시대상물품은 수입품의 유통과정의 공정성을 기하여 위하여 도입된 것으로 표시대상물품에 해당되는 수입품은 상품에 반드시 원산지표시를 하여야 한다. 이에 반하여 원산지확인대상물품은 개발도상국 등의 경제발전을 돕기 위한 관세혜택(편익관세 등)을 부여하기 위하여 행하는 제도이다. 원산지확인대상물품임에도 이를 신고하지 않게 되면 일반관세가 적용되어 통관되지만, 원산지표시대상물품에 적절한 원산지표시를 하지 않으면 통관이 불허될 수 있다.

### (2) 수입물품의 원산지 표시

수입물품의 원산지는 다음에 해당되는 방식으로 한글, 한자 또는 영문으로 표시할 것
① 「원산지: 국명」 또는 「국명 산(産)」 (예)원산지 : 중국, 중국산
② 「Made in 국명」 또는 「Product of 국명」
③ 「Made by 물품제조자의 회사명, 주소, 국명」
④ 수입물품의 크기가 작아 상기 방식으로 당해 물품의 원산지를 표시할 수 없을 경우에는 국명만을 표시할 수 있다.

### (3) 원산지표시면제대상물품

물품 또는 포장·용기에 원산지를 표시하여야 하는 수입물품이 다음에 해당하는 경우에는 원산지표시를 하지 아니할 수 있다.

① 외화획득용 원료 및 시설기재로 수입되는 물품
② 개인에게 무상 송부된 탁송품·별송품 또는 여행자 휴대품
③ 수입 후 제조공정에 투입되는 부품 및 원재료로서 실수요자가 직접 수입하는 경우(실수요자를 위하여 수입을 대행하는 경우 포함)
④ 판매 또는 임대목적이 아닌 물품제조에 사용할 목적으로 수입되는 제조용 시설 및 기자재(부분품 및 예비 부품을 포함)로서 실수요자가 직접 수입하는 경우(실수요자를 위하여 수입을 대행하는 경우 포함)
⑤ 연구개발용품으로서 실수요자가 수입하는 경우(실수요자를 위하여 수입을 대행하는 경우를 포함)
⑥ **견본품(진열·판매용이 아닌 것에 한함)** 및 수입된 물품의 하자 보수용 물품
⑦ 보세운송·환적 등에 의하여 우리나라를 단순히 경유하여 통과하는 물품
⑧ 재수출조건부 면세대상물품 등 일시 수입물품
⑨ **우리나라에서 수출된 후 재수입되는 물품**
⑩ 외교관 면세 대상 물품

## 07 외화획득용 원료·기재

### (1) 외화획득용 원료

「외화획득용 원료」란 외화획득에 제공되는 물품과 용역 및 전자적 형태의 무체물(이하 「물품 등」이라 한다)을 생산(제조·가공·조립·수리·재생 또는 개조하는 것을 말한다)하는 데에 필요한 원자재·부자재·부품 및 구성품을 말한다.

### (2) 외화획득의 이행 기간

① 외화획득용 원료·기재를 수입한 자가 직접 외화획득의 이행을 하는 경우 → 수입통관일로부터 2년
② 다른 사람으로부터 외화획득용 원료·기재 또는 그 원료·기재로 제조된 물품을 양수한 자가 외화획득의 이행을 하는 경우(국내공급을 의미함) → 양수일로부터 1년
③ 수출이 완료된 기계류의 하자 및 유지보수용 원료인 경우 → 하자 및 보수완료일로부터 2년

### (3) 외화획득용 원료·기재에 대한 특혜

① **수출입공고 등에서 수입이 제한되는 품목이라도 제한요건을 충족하지 않아도 수입을 허용**
② **수량의 제한이 없으며** 수입부담금을 면제한다.
③ 연지급수입대상 품목 및 연지급기간의 차등적용

④ 무역금융을 지원받고 관세환급 등의 금융, 세제상의 우대를 받을 수 있다.
⑤ 신용장개설 수수료를 할인받으며 **수입시 원산지표시를 면제** 받는다.

## (4) 외화획득용 원료 또는 물품의 국내구매

국내에서 외화획득용 원료 또는 물품을 구매하고자 하는 자는 외국환은행의 장에게 내국신용장의 개설을 의뢰하거나 구매확인서의 발급을 신청할 수 있다.

① 구매확인서의 발급

"구매확인서"란 물품 등을 외화획득용 원료, 외화획득용 용역, 외화획득용 전자적 형태의 무체물 또는 물품으로 사용하기 위하여 국내에서 구매하려는 경우 외국환은행의 장 또는 산업통상자원부 장관이 지정한 전자무역기반사업자(KTNET)가 내국신용장에 준하여 발급하는 증서를 말한다. 내국신용장과 마찬가지로 외국환은행 방문을 통한 창구발급이 폐지되어 **KTNET의 uTradeHub를 통한 온라인으로만 발급가능**하다.

② 구매확인서의 취급 세칙
   가. 외국환은행의 장은 이미 발급된 구매확인서에 의하여 2차 구매확인서를 발급 할 수 있다.
   나. 물품의 제조·가공·유통 과정이 여러 단계인 경우에는 각 단계별로 순차적으로 발급할 수 있으며 **발행차수에 제한이 없다.**
   다. 수출이 이루어진 후의 **사후 발급도 가능**하다.
   라. 이미 발급받은 구매확인서와 내용이 상이하여 **재발급을 요청하는 경우에는 이미 발급된 구매확인서를 회수하고 새로운 구매확인서를 발급**할 수 있다.
   마. 변경 내용이 경미한 경우에는 변경 사항만 정정하여 발급할 수 있다.

③ **내국신용장과 구매확인서를 통하여 구입한 물품에 대하여는 무역금융상의 융자혜택과 부가가치세법상 영세율을 제공**하고 있다.

[표 18-2] 내국신용장과 구매확인서의 차이점

| 구 분 | 내국신용장 | 구매확인서 |
|---|---|---|
| 관련법규 | 한국은행 무역금융 취급세칙 및 절차 | 대외무역관리규정 |
| 개설의뢰인의 자격/개설근거 | 수출신용장, 수출계약서, 내국신용장, 외화표시물품 공급계약서 보유자 및 과거 수출실적 보유자 | 수출신용장, 수출계약서, 외화매입(예치)증명서, 내국신용장, 구매확인서 |
| 개설(발급) 기관 | 외국환은행 | 외국환은행의 장 /전자무역기반사업자(KTNET) |
| 거래대상물품 | 수출용원자재 및 수출용 완제품 | |
| 개설(발급) 제한 여부 | 당해 업체의 원자재금융 융자한도 내에서 개설 가능 | 업체의 거래증빙서류 보유 범위 내에서 제한 없이 가능 |

| 제14장 | 대외무역법

| 지급보증 | 개설은행의 지급보증 | 개설은행의 지급보증 없음 |
|---|---|---|
| 공급실적의 수출실적 인정여부 | "무역금융취급세칙" 및 "대외무역관리규정"상의 수출실적으로 인정 ||
| 공급실적에 의한 무역 금융 수혜가능 여부 | 무역금융 수혜가능 ||
| 부가가치세법상 영세율 적용 가능 여부 | 영세율 적용 가능 ||
| 관세환급 가능 여부 | 관세환급 가능 ||
| 발급회수 | 차수 제한 없이 발급 가능 ||

# 제15장 관세법

관세는 수출세, 수입세, 통과세로 구분된다. 오늘날 수출상품이나 통과상품에 관세를 부과하는 나라는 거의 찾아보기 힘들며, 일반적으로 관세라 하면 수입세를 말한다. **현행 우리나라의 관세법은 관세의 과세물건은 수입물품임을 규정함으로써 수입세만을 부과·징수하고 있다.**

### (1) 종가세(Ad Valorem Duties)

수입물품의 가격을 관세액산정의 기초로 한다. **관세액 = 과세가격 x 관세율** 이며 우리나라의 관세율표는 대부분 종가세로 되어있다.

### (2) 종량세(Specific Duties)

과세표준을 수입물량의 수량을 기초로 한다.
**관세액 = 수량 X 단위수량당 가격**
현행 관세율표상 종량세 대상물품은 영화용 필름과 비디오 테이프이다.

## 01 관세법상의 용어

### (1) 수입

관세법에서 수입이라 함은 외국물품을 우리나라에 반입하거나 우리나라에서 소비 또는 사용하는 것을 말한다.

### (2) 수출

관세법에서 수출이라 함은 내국물품을 외국으로 반출하는 것을 말한다.

### (3) 외국물품

관세법상 외국물품이라 함은 다음의 것을 말한다.
① 외국으로부터 우리나라에 도착된 물품으로서 수입신고가 수리되기 전의 것
② 외국의 선박 등에 의하여 공해에서 채포된 수산물 등으로서 수입신고가 수리되기 전의 것

③ 수출신고가 수리된 물품
④ 보세구역에서 보수작업으로 외국물품에 부가된 내국물품
⑤ 보세공장에서 외국물품과 내국물품을 원재료로 제조한 물품 중 수입신고가 수리되기 전의 것

### (4) 내국물품

① 우리나라에 있는 물품으로서 외국물품이 아닌 것
② 우리나라의 선박 등에 의하여 공해에서 채포된 수산물 등
③ 입항 전 수입신고가 수리된 물품
④ 수입신고수리 전 반출승인을 얻어 반출된 물품
⑤ 수입신고 전 즉시반출신고를 하고 반출된 물품

## 02 관세의 과세요건과 관세율

### (1) 과세요건

조세를 징수하기 위해서는 일정한 요건을 갖추어야 하는데 **과세물건, 납세의무자, 과세표준, 관세율을 관세의 4대 요건**이라 한다. 과세물건은 수입신고되는 물품 그 자체, 과세표준은 수입신고 시에 제출하는 상업송장상에 기재된 금액(CIF금액)을 말한다.

### (2) 수입물품의 범위

관세의 과세객체인 수입물품에는 유체물과 무체물이 있다. 그 중에서 유체물만이 과세객체가 되고, 유체물 가운데도 사체와 같은 무가치물은 과세대상이 되지 않는다. 전자적 형태의 무체물은 과세대상에 해당되지 않는다.

### (3) 과세환율

과세가격을 결정함에 있어 외국통화로 표시된 가격을 내국통화로 환산할 때에는 적용법령의 시기(보세건설장 반입물품의 경우에는 수입신고일)가 속하는 주의 전주(前週)의 **기준환율 또는 재정환율을 평균하여** 관세청장이 그 율을 정한다. 일주일 단위로 매주 토요일에 관세환율을 정하여 고시하며 이를 일요일부터 다음 주 토요일까지 적용한다. 따라서 수입신고한 날로부터 역산하여 전주에 고시된 환율이 과세환율이 된다.

### (4) 관세율표

관세율이라 함은 세액을 결정함에 있어 과세표준에 대하여 적용하는 비율을 말한다. 관세의

세율은 관세법의 별표인 관세율표에 규정되어 있다. 기본 관세율은 **종가세의 경우는 백분율(%)로, 종량세의 경우는 단위당 금액으로 표시되어 있다. 관세는 원칙적으로 수입신고 당시의 법령에 의하여 부과된다.** 관세의 세율은 관세법 별표 관세율표에 의한다. 관세율표라 함은 과세물건인 수입물품을 분류하기 위한 상품품목표와 각 품목마다의 구성된 표를 말한다. 현행 관세율표는 국제통일 상품명 및 코딩시스템(The Harmonized Commodity Description and Coding Sytem)에 의해 분류되는데, 통칭「Harmonized System」이라고 하며 약칭으로 HS라고 부른다. 대분류는 21개의 부(section)으로 나뉘어져 있다.

[표 15-1] HS 분류구조

| 구 분 | 분류단위 | 명 칭 | 분류의 기준 | 개 수 |
|---|---|---|---|---|
| 대분류 | – | 부(section) | 산업별, 기술제품으로 수평배열 | 21 |
| 중분류 | 2 | 류(chapter) | 상품의 군별 구분 | 96 |
| 소분류 | 4 | 호(heading) | 동일류내 품목의 종류별, 가공도별 | 1,244 |
| 세분류 | 6 | 소호(sub-heading) | 동일호내 품목의 용도, 기능 등 | 5,225 |
| 세세분류 | 10 | – | 소호품목을 통계, 관세부과 목적상 필요 | 11,261 |

(예) 향수의 HS코드 : 3303.30-1000

```
3  3  0  3  3  0  1  0  0  0
```

- 류 : 2단위
- 호 : 4단위
- 소호 : 6단위(국제기준)
- 우리나라에서 추가

## 03 탄력관세(Flexible Tariff System)의 종류

### (1) 덤핑방지관세(anti-dumping duty)

외국의 생산자가 부당하게 낮은 가격으로 수출함으로써 국내 산업에 피해를 야기한 경우, 그 덤핑행위를 시정하고 국내 산업 피해를 구제하기 위하여 관세를 부과하는 제도이다.

### (2) 보복관세(retaliative tariff)

문자 그대로 보복을 위한 관세이며 교역 상대국이 자국의 수출물품 또는 선박, 항공기 등에 대하여 제3국보다 불리한 대우를 하는 경우에 그 교역 상대국으로부터 수입되는 물품에 대하여 할증, 부과하는 관세를 말한다.

### (3) 긴급관세(emergency tariff)

특정물품의 수입증가로 인하여 동종물품 또는 직접적인 경쟁관계에 있는 물품을 생산하는 국내 산업이 심각한 피해를 받거나 받을 우려가 있고 당해 국내 산업을 보호할 필요할 필요가 있다고 인정될 때 국내외 가격차에 상당하는 비율의 범위 안에서 관세를 추가하여 할증·부과하는 관세를 말한다.

### (4) 상계관세(countervailing duty)

수출국에서 제조·생산 또는 수출에 관하여 직·간접으로 보조금(subsidy)·장려금을 받은 물품이 수입되어 국내 산업이 실질적인 피해를 받거나 받을 우려가 있는 경우에 당해 국내 산업을 보호할 필요가 있다고 인정될 때 수입국에서 그 경쟁력을 상계하기 위하여 부과하는 일종의 할증관세이다.

### (5) 계절관세(seasonal duty)

농산품 등과 같이 계절에 따라 가격 변동이 심한 물품인 경우 이러한 물품의 동종물품, 유사물품 또는 대체물품이 수입될 때 이들 물품의 관세율을 계절 구분에 따라 할증 또는 할인하여 부과하는 관세를 말한다.

### (6) 할당관세(quota tariff)

특정물품이 정부가 정한 일정 수량의 범위 내에서 수입될 때에는 저세율의 관세를 부과하고, 일정 수량을 초과하여 수입될 때에는 고세율의 관세를 부과하는 관세제도로서, 이중관세율제도라고도 한다.

> **Check Point**
>
> ● **비관세 장벽(NTB; Non Tariff Barrier)**
> 수입물품에 대하여 관세와 내국세 등의 조세를 부과하는 이외의 수단을 가하여 수입제한을 하는 것을 말한다. 이를테면 수입상품의 가격을 제한하거나 또는 국내외 수입업자에게 비용이나 위험부담을 증가시키는 조치들이 포함된다. 특별히 국제기구 등에서 허용되지 않는 한 현행 WTO에선 이를 허용하지 않는다.
>
> ● **ISD(Investor-State Dispute Settlement; 투자자 국가제소 제도)**
> ISD조항은 투자를 유치한 정부가 투자협정상 의무 위반, 투자계약 등을 위배하여 투자자에게 손실이 발생한 경우, 투자자가 투자유치국 정부를 상대로 국내법원 제소 또는 국제중재를 요청할 수 있도록 한 제도이다. ISD 제도를 통해 투자 대상국의 사법제도에 의존하지 않고, ICSID(International Center for Settlement of Investment Dispute, 국제투자분쟁해결센터), UNCITRAL(United National Commission on International Trade Law, 유엔국제상거래법위원회) 등 제3의 판정부를 통한 공정한 판결이 가능하다. 더불어 공중보건·안전·환경 및 부동산가격 안정화와 같은 정당한 공공정책은 ISD대상이 아님을 협정문에 명시하였다.

## 04 관세의 납부

### (1) 신고납부방식

현행 관세법에서 관세의 징수는 납세의무자의 자진신고에 의한 납세를 원칙으로 하며, 원칙적인 관세채권의 확정방식이다. 부과고지물품을 제외한 **모든 수입물품**이 신고납부대상이 된다.

### (2) 부과고지방식

납세의무자가 납부하여야 할 세액을 세관장이 산출하여 확정하고 이를 납기 내에 납부토록 고지하는 방식이다.

### (3) 원칙적 납세의무자

수입신고를 한 물품에 대하여는 그 물품을 수입한 화주가 원칙적으로 납세의무자가 되며 수입한 화주는 다음의 자를 말한다.
① **물품의 수입을 위탁받아 대행수입한 경우에는 수입을 위탁한 자**
② 수입물품을 **수입신고 전에 양도한 때에는 양수인**
③ 대통령령이 정하는 **상업서류**(송품장, 선하증권, 항공화물운송장)에 기재된 수하인
④ 법원 임의경매 절차에 의하여 경락받은 물품은 **그 물품의 경락자**

### (4) 납부기한

납세의무자는 **납세신고가 수리된 날로부터 15일 이내에 당해 세액을 세관장에게 납부**하여야 한다. 납세의무자는 수입신고 수리 전에도 당해 세액을 납부할 수 있다.

### (5) 세액의 정정

납세의무자는 납세신고한 세액을 납부하기 전에 당해 세액에 과부족이 있는 것을 안 때에는 납세신고한 세액을 정정할 수 있다.

#### ① 세액보정

납세의무자는 신고납부한 세액에 **부족**이 있거나 세액산출의 기초가 되는 과세가격 또는 품목분류 등에 오류가 있는 것을 안 때에는 신고납부한 날부터 6개월 이내(이하 "보정기간"이라 한다)에 대통령령이 정하는 바에 따라 당해 세액의 보정을 세관장에게 신청할 수 있다. 세액보정기간 내에 보정할 경우 **가산세는 적용되지 않는다**. 그러나 납세의무자는 세액을 보정한 결과 부족한 세액이 있는 때에는 **납부기한 다음날부터 부족한 세액을 납부한 날까지의 기간과 금융기관의 정기예금에 대하여 적용하는 이자율을 감안하여 대통령령이 정하는 이율에**

따라 계산한 금액을 가산하여 당해 부족세액을 **납부**하여야 한다.
「대통령령이 정하는 이자율」이라 함은 1일 10만분의 13의 율을 말한다.

② 수정신고

납세의무자는 신고납부한 세액에 부족이 있는 때에는 수정신고(보정기간이 경과한 후에 한한다)를 할 수 있다. 이 경우 납세의무자는 **추가납부할 세액**에 가산세를 포함하여 수정신고한 날의 다음날까지 납부하여야 한다. 수정신고시의 가산세는 일반의 경우 미납세액에 10%의 신고불성실가산세를 더한 금액, 부당의 경우엔 미납세액에 40%의 신고불성실 가산세를 더한 금액으로 한다.

> **Check Point**
> ● 수정신고에서 '일반'과 '부당'의 적용
> 일반(원칙) : 고의가 아닌 실수 등으로 인한 선의의 납세자를 보호하기 위하여 적용
> 부당(예외) : 허위나 부당신고에 해당하는 경우
>    가. 이중송품장·이중계약서 등 허위증명 또는 허위문서의 작성이나 수취
>    나. 세액심사에 필요한 자료의 파기
>    다. 관세부과의 근거가 되는 행위나 거래의 조작·은폐
>    라. 그 밖에 관세를 포탈하거나 환급받기 위한 부정한 행위
> ● 신고불성실가산세적용 비율
> 부족세액 X 납부기한의 다음날부터 납세고지일까지의 기간 X 1만분의 2.5의 이자율

③ 경정청구

납세의무자는 신고납부한 세액이 과다한 것을 안 때(보정기간이 경과한 후에 한한다)에는 최초로 **납세신고를 한 날로부터 5년 이내에 신고한 세액의 경정을 세관장에게 청구**할 수 있다.

④ 경정

세관장은 납세신고·신고납부·경정청구한 세액에 과부족이 있음을 안 때에는 그 세액을 경정할 수 있다. 경정은 세관장이 직권으로 세액을 정정하는 것이며, 과부족이 있는 경우 이를 정확한 세액으로 변경하는 것을 말한다. **경정 시에는 일반의 경우 부족세액에 10%(10/100)의 신고불성실 가산세를 더한 금액, 부당의 경우 부족세액에 40%의 신고불성실가산세를 더한 금액으로 징수한다. 추가납부세액은 납세고지를 받은 날로부터 15일 이내이다.**

### (6) 가산세(납부지연가산세)

관세를 납부기한까지 납부하지 아니한 때에는 가산세를 징수하여야 한다. 신고납부의 경우에는 수입신고가 수리된 날로부터, 부과고지의 경우에는 부과고지를 받은 날로부터 15일 내에 납부하지 아니하면 가산세를 징수한다.

## 05 관세법상의 환급제도

관세환급이란 세관에서 일단 징수한 관세 등을 특정한 요건에 해당하는 경우에 그 일부 또는 전부를 되돌려 주는 것을 말하는데 「관세법에 의한 환급」과 「관세환급특례법상에 의한 환급」이 있다. **관세법상의 환급에서 환급을 청구할 수 있는 기간은 환급을 청구할 수 있는 날로부터 5년 이내에 환급청구를 해야 한다.**

### (1) 과오납금의 환급

착오로 인하여 납부하여야 할 세액보다 과다하게 납부하였음을 사후에 발견하고 이를 납세의무자에게 돌려주는 것을 말한다. **세관장이 확인한 과오납금은 납세의무자의 청구가 없는 경우에도 이를 환급하여야 한다.**

### (2) 위약물품에 대한 환급

위약물품의 관세환급이란 수입신고가 수리된 물품이 계약내용과 상이하여 수출자에게 반송하거나 세관장의 승인을 얻어 폐기하는 경우에 이미 납부한 관세의 전부 또는 일부를 환급하는 것을 말한다. 위약물품에 대한 관세환급에 있어서는 다음과 같은 요건이 충족되어야 한다.
① 수입신고가 수리되고 관세가 납부된 물품이어야 한다.
② 수입물품이 계약내용과 상이한 물품이어야 한다.
③ 수입신고 당시의 성질과 형상이 변경되지 아니하여야 한다.
④ 수입신고일로부터 1년 내에 그 물품을 보세구역에 반입하여야 한다.

### (3) 지정보세구역 장치물품의 멸실 등으로 인한 환급

멸실물품의 환급이란 소정의 관세를 납부한 물품 또는 사후납부대상물품으로서 수입신고가 수리된 물품이 수입신고수리 후 계속 지정보세구역에 장치되어 있는 중에 재해로 인하여 멸실되거나 변질 또는 손상으로 인하여 그 가치가 감소된 때에 이미 납부한 관세의 전부 또는 일부를 환급하는 것을 말한다.

## 06 통관(Customs Clearance)

통관은 수출입하고자 하는 물품이 관세법상의 제반절차 즉, 세관에 수출·수입·반송의 신고를 하고 법령규제사항을 세관에서 확인 후 신고수리를 하는 일련의 과정을 말한다.

### (1) 수입의 개념

관세법에서 수입이라 함은 다음에 해당되는 물품을 우리나라에 인취하는 것을 말한다.
① 외국으로부터 우리나라에 도착된 물품(외국 선박 등에 의해서 공해에서 채포된 수산물품 포함)
② 수출신고가 수리된 물품

수입하고자 하는 물품을 지정장치장 또는 보세창고에 반입하거나 타소장치한 자는 반입일 또는 타소장치허가일로부터 30일 이내에 수입신고를 하여야 한다.

### (2) 수출의 개념

**관세법상 수출이란 내국물품을 외국으로 반출하는 것을 말한다.** 수출의 대상은 그 가격이나 수량, 크기 또는 수출방법과 상관없이 이동가능한 모든 물품이 포함된다. 여행자의 휴대물품이나 우편시스템을 이용하는 것도 수출의 개념에 포함한다. **수출신고가 수리된 물품은 수출신고수리일로부터 30일 이내에 선(기)적하여야 한다.** 다만, 선(기)적기간 연장승인을 받은 경우에는 그러하지 아니하다. **1년의 범위 내에서 연장이 가능하다.**

### (3) 반송의 개념

**반송이란 국내에 도착한 외국물품이 수입통관절차를 거치지 아니하고 다시 외국으로 반출되는 것을 말한다.**

### (4) 수입이 아닌 소비

외국물품을 국내에서 소비 또는 사용하는 것은 국내에 인취된 것으로 간주하여 수입으로 본다. 그러나 다음의 외국물품은 수입신고수리를 받지 아니하고 소비 또는 사용한다 할지라도 그 소비 또는 사용을 수입으로 보지 않는다.
① **선용품·기용품을 운수기관 내에서 그 용도에 따라 소비 또는 사용하는 경우**
② **여행자가 휴대품을 관세통로·운수기관에서 소비 또는 사용하는 경우**

### (5) 수입통관절차

수입하고자 하는 자가 당해 물품을 선적한 선박이 **출항하기 전**, **입항 하기 전**, 당해 물품이 **보세구역에 도착하기 전** 또는 당해 물품을 **보세구역에 반입장치한 후** 세관장에게 수입신고를 하고, 세관장은 수입신고가 적법하게 이루어진 경우에 지체 없이 수입신고를 수리하여 수입신고필증을 교부하여 물품이 반출될 수 있도록 하는 일련의 과정을 말한다.

### (6) 즉시반출제도

즉시인도제도라고도 하며, 긴급히 사용하여야 할 원자재 등의 관련서류가 미비하여 통관이 되지 않는 문제를 해결하기 위하여 **반출신고하고 물품은 사용한 후 수입신고하는 제도**를 즉시반출제도라고 한다.

# 제16장 전자무역

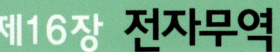

전자무역이란 인터넷을 통하여 거래상대방의 거래상품을 탐색하고, 거래상대방과 정보를 교환하여 무역거래를 성사시키는 것을 말한다. 이는 시간과 공간, 장소의 제약 없이 전 세계의 수출입업체, 제조업체, 소비자들이 인터넷환경을 통하여 직접적으로 접촉하여 상거래를 하는 것을 의미한다. 여기서 인터넷 환경이라 함은 EC21, EC Plaza, Alibaba, Silkroad 등의 전자상거래 웹사이트를 의미하며 이를 총괄하여 e-market place라 부른다.

[표 16-1] 전통적 무역과 전자무역의 비교

| 구분 | 전통적 무역 | 전자무역 |
|---|---|---|
| 거래처선정 | 무역 관련 기관 또는 단체를 통한 거래알선의뢰, 해외직접방문, 국내외 무역전시회 참가 등 | 인터넷을 통하여 국내외 무역거래 알선사이트 등을 정보검색, 사이버박람회 참가 |
| 거래채널 | 기업 → 무역업자 → 기업 | · 기업 → 수출입에이전트 → 기업<br>· 기업 ↔ 기업<br>· 기업 ↔ 소비자 |
| 거래제의방식 | 전화, 서신, 팩스, 대면접촉을 통함으로써 상대적으로 고비용이면서 느린 의사교환 | 웹사이트, 이메일, 메신저 기능 등을 통하여 상대적으로 저비용이면서 신속한 의사교환 |
| 마케팅 및 시장조사 | · 상대방의 의사와 관계없는 일방적 마케팅<br>· 무역거래알선기관 이용, 현지조사 | · 쌍방향 1:1 상호 마케팅<br>· 수출입통계, 시장조사 항목 등을 웹사이트를 통하여 수집 |
| 고객관련정보 | 오프라인취득 정보를 재입력해야 함 | 온라인으로 즉시 입력함으로써 재입력이 필요 없는 디지털 데이터 |
| 거래대상지역 | 일부지역 | 전 세계 |
| 계약교섭 | 가격표(price list), 상품목록(catalog), 견본(sample) 등을 동봉하여 제시 | · 첨부파일로 전자카탈로그, 견본 이미지 및 명세서 전송<br>· 링크로 자사의 홈페이지로 연결 유도<br>· 상대 웹사이트 방문으로 정보 확인 |
| 계약체결 | letter, cable, fax, telex, 상호대면 | email(법적효력문제 있음), Internet Fax로 교환 |
| 대금결제 | 송금결제, 추심 및 신용장 결제 | · 소량화물 : 신용카드 결제<br>· 대량화물 : 신용장, 추심 및 trade card, Bolero 시스템 활용 |
| 물류 및 운송 | · 운송주체별 개별 확인 등 제한적 전자화<br>· 국제특송, 해상운송, 항공운송, 복합운송 등 | · 물류추적활용시스템을 통한 포괄적 전자화<br>· 운송방식은 기존과 동일하지만 디지털재화는 인터넷 네트워크 전송 |
| 통관 | 종이문서 형태로 세관에 신고서류 제출 | EDI를 통한 신고서류 제출 |

## 01 무역자동화

　무역자동화란 전통적인 문서교환 방식을 새로운 전자문서교환(EDI: Electronic Data Interchange) 방식에 의해 컴퓨터로 빠르게 무역업무를 처리하는 것이다. 종래에 일일이 서류를 직접 들고 은행, 수출입단체, 세관 등을 다니거나 우편, FAX 등을 통해서 처리하던 것을 정보기술수단인 EDI 시스템을 통하여 처리하는 것을 의미한다.

　이는 궁극적으로 수출입에 관련된 각종 행정 및 상거래 서류를 컴퓨터가 읽을 수 있는 표준화된 전자문서의 형태로 바꾸어 교환함으로써 종이서류 없는 무역(Paperless Trade)을 실현함을 뜻한다.

## 02 EDI에 의한 무역업무 처리 체계

　EDI시스템은 무역자동화사업자인 KTNET(한국무역정보통신)에서 운용하는 전자무역플랫폼인 유트레이드허브(www.utradehub.or.kr)를 통하여 수출입절차 전반에 걸쳐 무역업체와 무역유관기관을 유기적으로 연결하여 무역관련 각종 전자문서와 무역정보를 24시간 Non-Stop 으로 중계, 전송하게 된다. 또한 수출입통관업무, 관세환급 업무 등은 반드시 EDI를 거쳐야 되는 것은 아니며 인터넷 기반의 관세청 전자통관시스템인 UNI-PASS를 통해서도 신청이 가능하다. 무역자동화시스템은 전자문서와 통신방법에 관한 국제표준을 따르고 있기 때문에 컴퓨터의 기종에 상관없이 거래상대방과 정보교환이 가능할 뿐만 아니라 국가기간 전산망, 기존의 민간 VAN(Value Added Network : 부가가치통신망)은 물론 국제무역망과도 연결이 용이하다.

## 03 전자계약

### (1) 전자적 의사표시

　전자적 의사표시란 의사표현의 수단이 컴퓨터와 같은 정보처리장치에 의하여 전자적인 방법으로 표시되거나 네트워크 등을 통하여 전달되는 의사표시라 정의할 수 있다.

### (2) 전자계약

　전자계약이란 일정한 법률효과의 발생을 목적으로 두 사람 이상의 당사자가 전자적 의사표시의 합치에 의거하여 성립하는 법률행위를 의미한다. 지속적인 정보기술의 발달로 청약과 승낙이 동시에 이루어져 실시간에 계약이 체결되므로 **전자계약에서는 청약과 승낙 모두 도달주의를 채택**하고 있다. 우리나라의 전자거래기본법에서는 전자문서는 다른 법률에 특별한 규정이 있는 경우를 제외하고는 전자적 형태로 되어 있다는 이유로 문서로서의 효력이 부인되지 아니한다고 규정하여 전자적 의사표시에 법적효력을 부여하고 있다.[전자거래기본법 제4조]

### (3) 전자문서의 송신·수신의 시기[전자거래기본법 제6조]

① 전자문서는 수신자 또는 그 대리인이 당해 전자문서를 수신할 수 있는 정보처리시스템에 입력된 때에 송신된 것으로 본다.
② 전자문서는 다음에 해당하는 때에 수신한 것으로 본다.
  가. 수신자가 전자문서를 수신할 정보처리시스템을 지정한 경우에는 지정된 정보처리시스템에 입력된 때. 다만, 전자문서가 지정된 정보처리시스템이 아닌 정보처리시스템에 입력된 경우에는 수신자가 이를 출력한 때를 말한다.
  나. 수신자가 전자문서를 수신할 정보처리시스템을 지정하지 아니한 경우에는 수신자가 관리하는 정보처리시스템에 입력된 때
③ 전자문서는 작성자 또는 수신자의 영업소 소재지에서 각각 송신 또는 수신된 것으로 본다. 이 경우 영업소가 2 이상인 때에는 당해 전자문서의 주된 관리가 이루어지는 영업소 소재지에서 송신·수신된 것으로 본다. 다만, 작성자 또는 수신자가 영업소를 가지고 있지 아니한 경우에는 그의 상거소에서 송신·수신된 것으로 본다.

### (4) 전자적 의사표시의 하자[UNCITRAL 모델법]

① 전자적 의사표시를 함에 있어서 컴퓨터의 오작동 또는 진의 아닌 의사표시를 한 경우이거나 상대방이 제 3자의 사기나 협박 등을 이유로 전자매체에 입력된 자료 자체에 하자가 발생한 경우, 취소할 후 있다.
② 컴퓨터 프로그램의 오작동으로 인해 잘못된 가격이나 수치가 상대방에게 전달된 경우와 같이 전자적 의사표시의 하자가 발생한 경우에는 표시상의 착오로 보아 의사표시를 취소할 수 있다.
③ 정보통신망의 문제로 전자적 의사표시의 전달 오류가 발생한 경우에는 전자적 의사표시의 하자로 볼 것이 아니라 의사표시자의 책임 하에 전자적 의사표시가 도달하지 않는 것으로 보는 것이 타당하다.

## 04 전자인증

### (1) 기밀성(Confidentiality)

**기밀성은 메시지내용을 제3자가 획득하지 못하도록 하는 것**으로서 전자결제를 위하여 은행 계좌번호와 그 비밀번호, 또는 신용카드, 휴대전화를 인터넷을 통하여 판매자에게 전달할 때 암호

화(encryption)하여 전송함으로써 도청자가 그 내용을 얻어내더라도 풀지 못하도록 하는 것이다. 개인정보 유출을 방지하여 프라이버시를 보호하도록 하는 것이 궁극적 목적이다.

### (2) 무결성(Integrity)

**무결성이란 정보가 전송 도중에 훼손되지 않았는지의 여부를 확인하는 것이다.** 무결성은 메시지 다이제스트(Message Digest)를 암호화하여 보냄으로써 구현될 수 있다.

### (3) 부인방지(Non-reputation)

**정보제공자가 정보제공 사실을 부인하는 것을 방지하는 것을 부인방지라고 한다.** 부인방지의 관점에서 보면 자신의 개인키로 암호화하여 정보를 보낸 사람이 나중에 그러한 정보를 보낸적이 없다고 부인하면, 정보를 받은 사람은 그 암호화된 정보를 제시함으로써 이러한 주장에 대응할 수 있다.

### (4) 전자서명(Digital Signature)

전자서명이라 함은 서명자를 확인하고 서명자가 당해 전자문서에 서명을 하였음을 나타내는 데 이용하기 위하여 당해 전자문서에 첨부되거나 논리적으로 결합된 전자적 형태의 정보를 말한다.[전자서명법 제2조]

### (5) 전자인증

**인증이란 정보를 보내오는 사람이 실제 정보와 일치하는지를 인증키를 통하여 신원을 확인하는 것을 말한다.** 전달될 내용을 보낼 사람과 받을 사람이 모두 미리 알고 있는 상황 하에서 보내는 사람이 그 내용을 **자신의 개인키(Private Key)를 이용하여 공개키 암호화 방식으로 보낸다.** 전자인증의 경우 여러 가지 암호 방식이 있지만 일반적으로 **비대칭형 암호방식을 기반으로 하는 전자인증이 국제표준화**되고 있다.

# 제17장 서비스무역

서비스무역(Service Trade)이란 유통, 금융, 운수, 여행, 건설, 정보통신 등 상품무역 이외의 서비스업의 국제거래를 가리킨다. 운송서비스, 보험서비스, 금융서비스, 계약과 관련된 법률자문 서비스, 기술서비스 등이 모두 포함되는 개념이다. 무형의 서비스는 계량화하거나 표준화하기 어렵기 때문에 물품의 거래에 비해 그 수출입형태가 더 복잡하다.

## 01 서비스무역에 관한 일반협정

WTO 출범전의 GATT(관세와 무역에 관한 일반협정 ; General Agreement on Tariff and Trade) 체제에서는 주로 상품무역만을 대상으로 하여 무역장벽을 제거하기 위한 관세인하에만 초점을 맞추어 왔다. 서비스무역의 성장에도 불구하고 이에 대한 다자간 규범이 없어서 무역장벽과 무역 불균형이 심해졌다. 이에 따라 국제 간 분쟁이 증가하자 이의 해결을 위하여 1986년 우루과이라운드에서 지적소유권과 함께 가장 중요하게 취급되었고 서비스교역을 대상으로 본격적인 규범화작업이 진행되었다. 이에 따라 2000년에 WTO GATS(General Agreement on Trade in Service ; 서비스무역에 관한 일반협정)이 체결되었다. GATS는 1995년 1월 1일부터 발효되었고, 같은 날 발효한 "WTO(세계무역기구) 협정"의 일부가 되었다. 우리나라도 같은 날 동 협정에 회원국으로 가입하였다.

### (1) 최혜국대우(MFNT; most-favored-nation treatment)

최혜국대우란 통상항해조약 등에서 한 나라가 어떤 외국에 부여하고 있는 가장 유리한 대우를 상대국에도 부여하는 것을 말한다. GATS에서는 회원국이 한 국가에게 부여한 대우보다 불리하지 않은 대우를 다른 회원국에게도 즉시 그리고 무조건적으로 부여하도록 하고 있다.

### (2) 공개주의

각 회원국은 서비스협정의 운영에 관련되거나 영향을 미치는 조치들을 늦어도 발효 전까지 즉시 공표하여야 하며, 서비스무역에 관련되거나 영향을 미치는 국제협정에 서명을 한 경우에도 이를 공표하여야 한다.

### (3) 국내규제

서비스무역은 상품무역과는 달리 국내의 규제 조항들의 존재 및 강도에 따라 서비스의 자유화에 영향을 미칠 수 있기 때문에 중요한 의미를 가진다. 서비스무역에 영향을 미치는 개별국가의 국내 규제가 주요한 무역 장벽 수단으로 작용할 수 있기 때문에 '객관적이고 투명한 기준'을 합리적이고 객관적이며 공평한 방식으로 집행하도록 하고 있다. 국내 규제를 위한 자격 요건과 취득 절차, 기술표준 및 인가 요건 등이 불필요한 무역 장벽이 되지 않도록 해야 한다.

### (4) 독점 및 배타적 서비스공급자

각 회원국은 자국 영역내의 모든 '독점 및 배타적 서비스공급자(monopolies and exclusive service providers)'가 관련 시장에서 독점 및 배타적 서비스를 제공함에 있어 최혜국대우와 구체적 약속에 따른 회원국의 의무에 부합되는 방식으로 행동하도록 보장하여야 한다.

### (5) 지급 및 이전

각 회원국은 자유로운 서비스의 거래가 이루어 질 수 있도록 경상거래에 대한 지급 제한을 하지 않도록 하고 있다. 즉 서비스의 대가에 따른 지급, 급여송금, 영업이익 송금을 제한하지 않도록 한다.

### (6) 보조금(Subsidy)

각국의 정부는 정부의 정책목적을 위하여 금융서비스, 통신서비스, 철도운송과 해상운송 서비스 등과 같은 주요한 서비스사업에 대하여 다양한 형태의 보조금을 지원하는 경우가 있다. 서비스분야의 보조금은 서비스교역에 왜곡된 효과를 미칠 수 있다는 점에서 회원국의 보조금지급으로 인하여 불이익을 당한 회원국은 보조금 지급 회원국에게 협의요청이 가능하다.

### (7) 정부조달

서비스무역협정(GATS)은 정부조달에 관한 규제에는 적용되지 않는다. 즉, 정부가 구매하고 상업적 판매에 사용되지 않는 정부구매(government procurement)에 대한 법률(laws), 규정(regulations), 요건(requirement)에는 최혜국대우, 시장접근 및 내국민대우원칙이 적용되지 않는다.

> **Check Point**
> ● WTO(세계무역기구 ; World Trade Organization)
> 　세계무역기구는 1947년 시작된 관세 및 무역에 관한 일반협정(General Agreement on Tariffs and Trade, GATT) 체제를 대체하기 위해 등장했으며, 세계 무역 장벽을 감소시키거나 없애기 위한 목적을 가지고 있다. 1995년부터 세계경제질서를 규율해가고 있는 새로운 국제기구 회원국들 간의 무역 관계를 정의하는 많은 수의 협정을

관리 감독하기 위한 기구이다.

- **WTO와 FTA(자유무역협정 ; Free Trade Agreement)의 차이점**
  WTO는 세계 전체가 참여하는 무역자유화를 추구하며, 지역경제 통합은 일부 국가들 사이에서의 무역자유화를 추구하는 것으로 이의 한 형태가 최근 체결되고 있는 FTA(Free Trade Agreement)이다. FTA는 국가 간 상품의 자유로운 이동을 위해 모든 무역 장벽을 제거해 자유무역을 실현시키는 협정이다. 세계무역기구체제와 자유무역 협정의 차이점은 다음과 같이 요약할 수 있다.
  - ㉠ WTO가 모든 회원국에게 최혜국대우를 보장해 주는 다자주의를 원칙으로 하는 세계무역체제인 반면, FTA는 양자주의 및 지역주의적인 특혜무역체제로, 회원국에만 무관세나 낮은 관세를 적용한다.
  - ㉡ FTA의 경우 시장이 크게 확대되어 비교우위에 있는 상품의 수출과 투자가 촉진되고, 동시에 무역 전환 효과를 거둘 수 있다는 장점이 있으나, 협정대상국에 비해 경쟁력이 낮은 산업은 문을 닫아야 하는 상황이 발생할 수도 있다는 점이 단점으로 지적된다.
  - ㉢ **WTO는 다자간, FTA는 양자 간 협상을 원칙**으로 한다.
  - ㉣ WTO는 협정이행의 유효기간에 대하여 저개발국에게 혜택을 부여하고 있다.
  - ㉤ WTO 산하 복수국 간 무역협정으로는 민간항공기 교역협정, 국제쇠고기협정 및 정부조달협정이 체결되어 발효되고 있다.
  - ㉥ **WTO 체제에서는 1품목 1세율 구조**, 수입물품에 대해 단일한 관세율이 적용되고 세이프가드·반덤핑 등을 무역구제 수단으로 활용된다. 이에 반해 **FTA 체제는 1품목 다세율 구조**, 동일한 수입물품에 대해 협정별로 다른 관세율이 적용되고 원산지 검증을 무역구제수단으로 활용하는 것이 특징이다.

- **TRIPs(Agreement on Trade-Related Aspects of Intellectual Property Rights)**
  TRIPs 협정은 무역관련 지적재산권에 관한 협정으로 지식재산권과 관련된 국제조약이다. 기존의 지식재산권 관련 국제협약을 바탕으로 특허·상표·디자인, 지리적 표시, 영업비밀, 반도체 배치설계 등 지식재산권의 최소보호 수준(Minimum Standard)을 규정하고 있다.

## 02 판매점·대리점 계약

 수출입거래를 효율적으로 진행하기 위해선 여러 가지 비용과 노력 그리고 시간이 많이 든다. 기업과 최종소비자 사이에서 능력있는 해외 대리점을 잘 선정하고 장기적인 파트너십을 관리하면 해외출장비, 광고비, 마케팅 비용 등을 절감할 수 있을 뿐만 아니라 단기간 내에 수출주문을 받게 되는 효과를 거둘 수 있다. 특히 대기업의 경우 자본력과 정보력을 기반으로 해외 주요시장에 자사의 현지 판매 법인을 설립하여 수출 극대화가 가능하지만 중소기업은 현실적으로 어려우므로 더욱더 해외 대리점의 필요성이 부각된다.

### (1) 대리점(Agent)과 유통업자(Distributor)

① 대리점
 대리점은 단순히 해외시장에서 제조업체를 대표하는 독립적인 중개상이다. 이들은 해외공급업체(principal)의 대리인으로서 제조업체의 상품에 대한 상표권을 갖지 못하고, 일정량의 견

본을 제외하고는 그 제품의 재고를 보유하거나 소비자들에게 신용판매를 할 수 있는 권한이 없다. 기술적인 상담에 응하거나 애프터서비스에 관한 활동도 하지 않는다.

② 유통업자

대리점과 달리 유통업자(배급업자)는 제조업체의 제품에 대한 상표권을 갖고 있는 독립적인 상인이다. 전적으로 자신의 자금부담(수입자금 등)과 판단(위험부담 감수)으로 수입을 하실수요자에게 판매함으로써 판매차익(수입가 - 판매가)획득을 목적으로 한다. 유통업자는 자신의 비용으로 재고를 보유하고, 광고활동을 전개하며 주문을 받고 실제로 물품을 배달하고 애프터서비스까지 수행한다.

### (2) 해외판매점 계약의 주요 점검사항

해외판매점 계약을 할 때는 다음의 사항들을 중점적으로 검토하게 된다.
① 독점권의 부여여부
② 대리점 계약의 지역적 범위 설정
③ 시장 정보제공의 의무

　　대리점에 대해 정기적으로 고객을 방문하고 고객과의 상담보고서를 제출하도록 요구하거나, 지속적인 시장 조사 의무를 부과하고 보고서를 제출하도록 할 수도 있다.
④ 수수료율(Commission Rate)
⑤ 계약기간 및 갱신
⑥ 경쟁제품 취급제한 의무
⑦ 최소구매(판매)수량 의무(Minimum Order Obligation, Minimum Sales Obligation)
⑧ 통지조항(Notice)

　　발신주의와 도달주의 중 어느 것을 적용할지 명시하여야 한다.
⑨ 중재조항
⑩ 준거법조항
⑪ 불가항력조항

# 제18장 기술무역

## 01 기술 실시 계약(License Agreement)

　기술 실시 계약 또는 국제라이선스계약이란 기술제공기업(licensor)이 보유하고 있는 특허, 노하우, 기술, 상표(brand)등과 같은 무형자산을 다른 국가의 기업 즉, 기술도입기업(Licensee)이 일정한 조건하에서 활용할 수 있는 권리를 허용하고 그 대가로 로열티(Royalty)나 다른 형태의 보상을 지급받기로 하는 내용의 계약협정을 말한다.

### (1) 기술 실시 계약의 장단점

[표 18-1] 기술 실시 계약의 장단점

| 장점 | 단점 |
| --- | --- |
| 진출국정부의 규제와 무역장벽을 피할 수 있다. | 자사의 브랜드나 기술에 대한 보호와 통제가 어렵다. |
| 현지경험 미숙으로 인한 리스크를 피할 수 있다. | 기술도입자(Licensee)가 추후 경쟁자가 될 수 있다. |
| 현지적응비용을 현지기업에 전가할 수 있다. | 이전기술의 범위 및 허용정도에 따른 분쟁이 발생할 수 있다. |
| 완제품보다는 반제품의 수출이 용이하다. | 계약기간 중 다른 진입방법을 사용하기 곤란할 수 있다. |
| 현지정보를 입수하기 용이하다. | 이익이 작고(보통 5%의 로열티), 유연성이 떨어진다. |

### (2) 로열티의 종류

　로열티란 기술도입 기업이 특정 기술을 도입하는 대가로 부담하는 직접비용으로 다음과 같은 형태가 있다.

① **선불금(Initial Payment)**
 - 계약 기간 동안 노하우와 기술정보에 대한 권리금
 - 연구개발비의 일부와 실시료 미지불에 대한 보증금

② **경상기술료(Running Royalty ; 정률실시료)**
　기술료지불에 있어서 선불금의 비중을 낮춰주고 대신 총 계약기간 중 계약제품의 생산판매액(Sales Amount)의 일정 수수료를 적용하여 지급받는 대가이다.

③ **최저기술료(Minimum Royalty)**
　시장여건의 변화와 상관없이 전기 또는 지불연도마다 일정 금액의 지불을 의무화한 방식이다.

기술제공자의 위험부담은 감소되지만 기술도입자에게는 불리한 조항이다.

④ 최고기술료(Maximum Royalty)

기술도입자가 최저기술료의 위험부담을 고려하여 동 위험을 상쇄할 목적으로 로열티의 지불 총액이 일정금액을 상회하는 경우, 그 초과분에 대해서는 지불을 면제받기 위한 것이다.

⑤ 일시불(Lump Sum Payment)

기술료의 산출근거가 없거나 또는 기술제공자가 판매량에 관계없이 일정 금액을 일시에 받음으로써 기술제공자의 대금 회수가 보장된다.

## 02 라이센스계약의 종류

### (1) 독점라이센스 계약(Exclusive Licensing)

계약상 특정된 지역(Territory)에 대해 다른 사업자에게 동일한 내용의 라이센스 사용 권리를 부여하지 않기로 하고 체결되는 계약이다. 우리나라에서는 특허의 전용실시권이 인정되고 있으며, 등록을 함으로써 효력이 발생한다.

### (2) 교차라이센스 계약(Cross Licensing)

기술제공자와 기술도입자가 특정되지 않고 각자가 갖고 있는 기술을 상호 간에 교환하여 실시하는 형태의 계약이다.

### (3) 하청라이센스 계약(Sub Licensing)

기술도입자가 부여받은 권한 범위 내에서 제3자에게 실시권(Sub-license ; 재실시)을 허용하는 계약이다. 우리나라 특허법에서의 전용실시권제도하에서는 전용실시권자는 자신의 권리이내에서 타인에게 그 내용을 재실시할 수 있다.

## 03 플랜트수출계약

플랜트(Plant)란 각종 공장건설을 위한 설비, 기계부품 등의 산업설비를 말한다. 대외무역법에서는 산업설비·기술용역 및 시공을 포괄적으로 행하는 수출(「일괄수주방식에 의한 수출」)을 플랜트수출이라고 정의하고 있다. 통 플랜트수출은 우리나라 전체 수출에서 상당한 비중을 차지하고 있어서 정부에서는 정책적인 지원을 많이 하고 있다.

## (1) 플랜트수출의 특징

플랜트수출(Plant Export)은 해외에서의 각종 제품 생산이나 개발계획을 구체화하는데 필요한 제조공장의 기계·설비 또는 그 설치에 필요한 엔지니어링·건설시공 등의 산업설비를 공급하는 계약이다. 거래금액이 크므로 발주자로서는 적절한 자금조달의 방법을 마련하는 것이 중요하다. 수주자로서는 발주자의 자금조달 방법에 따라 대금 회수의 가능성을 점검해야 하고, 수출대금 회수를 위하여 발주자의 모회사나 은행의 보증을 받아 두는 것이 좋다.

## (2) 플랜트수출의 컨소시엄계약(Consortium Contract)

① Join & Several Contract : 참여하는 기업이 각자 자신이 참여하는 부분에 대하여만 개별적으로 계약을 체결하지만 책임은 참여기업이 연대하여 부담하는 계약
② Main Subcontract : 1개 기업만이 수주하지만 발주자의 동의를 얻어서 하도급을 줄 수 있는 계약
③ Joint Venture(합작투자) : 국적이 다른 둘 이상의 자연인, 법인, 정부 등이 특정 사업의 목적수행을 위해 자본, 기술, 인력 등을 공동투자할 것을 내용으로 하는 계약이다.

# 04 국제턴키프로젝트

턴키프로젝트(turnkey project)란 기업이 해외에서 공장이나 기타 산업시스템을 발주 받아 설계·건설한 다음에 가동할 준비가 되면 공사발주자에게 인도하기로 하는 계약 형태이다. 플랜트 판매뿐만 아니라 플랜트시공까지를 인수하므로 플랜트수출이라 하면 통상적으로 턴키계약을 의미한다. 발전소, 정유소, 공항 등을 건설하여 가동직전의 단계에서 발주자에게 넘겨주는 방식을 취한다. 턴키프로젝트는 건설 및 엔지니어링 능력이 부족한 산유국이나 개발도상국을 대상으로 많이 활용되고 있다. 턴키프로젝트는 발주자가 주로 정부나 대규모 국영기업체인 관계로 계약조건이 까다롭다. 따라서 턴키프로젝트는 계약취소, 강압적인 재협상, 하자 및 이행지체에 대한 은행의 보증 요구 등과 정치적 위험이 따를 수 있다. 공사 기간이 장기간이므로 계약 기간 중 정치적 변화로 계약이 중단되거나 지불이 중지되는 경우도 있다.

> **Check Point**
> ● 턴키건설계약방식의 종류
> 가. BOT(Build-Own-Transfer) 방식 : 사회기반시설의 준공 후 일정 기간 동안 사업시행자에게 당해 시설의 소유권이 인정되며 그 기간의 만료 시 시설소유권이 국가 또는 지방자치단체에 귀속되는 방식
> 나. Lump sum contract : 정액계약(Fixed price contract)라고도 하며 규정된 제품(공사 / 서비스 )에 대한 대가가 확정된 계약
> 다. Consortium Contract : 복수의 당사자가 단기간 내에 한정된 사업 목적의 달성을 위하여 역할 분담 계약에 의한 공동수주와 계약이행을 위한 공동사업계약

# 제19장 해외투자

해외투자란 국제간 장기자본이동의 한 형태로서 어느 기업이 해외에서 장래의 수익창출을 목적으로 외국에 자본을 투자하여 사업을 하는 것을 말한다. 해외투자의 형태로는 크게 해외직접투자(FDI; Foreign Direct Investment)와 해외간접투자(Portfolio Investment)가 있다.

## 01 해외직접투자

해외직접투자(FDI)란 기업이 해외에서 경영참여나 지배권을 행사함으로써 직접 사업을 수행하기 위하여 투자하는 것을 말한다. 해외직접투자의 방법으로는 신설투자, 합작투자, 기업인수합병(M&A) 등의 유형이 있다.

### (1) 해외직접투자의 동기

#### ① 경쟁우위의 활용

기업이 보유하고 있는 기술, 브랜드, 마케팅 능력 등이 경쟁우위를 갖고 있을 때 이를 내국시장뿐만 아니라 해외시장까지 확대하여 진출함으로써 더 큰 수익을 기대할 수 있다.

#### ② 기술 및 경영자원의 내부획득

기업이 해외경영을 하는데 필요한 지적자산과 원자재 등의 거래를 수행함에 있어서 시장을 통하여 구매하고 활용하는 것보다 어느 외국기업이 갖고 있는 기술이나 브랜드와 같은 경영자원을 인수하여 활용하는 것이 훨씬 효율적일 수 있다.

#### ③ 환율 및 무역장벽의 회피

해외직접투자는 보호무역장벽의 우회수단으로 사용될 수 있다. 해당국가가 자국의 특정 산업을 보호하기 위하여 활용하는 관세나 비관세장벽을 회피할 수 있다. 또한 무역을 통한 환율위험과 무역장벽을 극복하기 위한 방법으로서 해외직접투자를 하게 된다.

#### ④ 생산효율 추구

생산효율을 높이기 위해 생산비용이 낮은 지역에 투자를 함으로써 원가상의 우위를 이룩할 수 있다. 유리한 입지에 생산시설을 집중 배치함으로써 규모의 경제를 실현할 수 있다.

## (2) 해외직접투자의 장단점

### ① 해외직접투자의 장점

㉠ 가격경쟁력의 강화
  현지국의 장소적 이점과 노동, 원료, 토지 등을 저렴하게 이용할 수 있어서 생산원가를 절감할 수 있다.

㉡ 현지소비자의 만족도제고
  현지소비자의 욕구나 구매행동을 정확히 파악하여 마케팅에 적용할 수 있기 때문에 해외소비자의 만족도를 높일 수 있다.

㉢ 현지국이 제공하는 인센티브수혜
  해외직접투자는 투자국의 고용을 촉진하고, 기술발전 및 산업발전, 조세수입 등이 증대하므로 투자유치를 위하여 현지정부나 단체는 많은 혜택을 부여하며 치열한 경쟁을 하고 있다.

㉣ 글로벌제품의 생산마케팅촉진
  여러 국가에 산재해 있는 자회사들을 네트워크로 연결하여 운영함으로써 표준화된 글로벌제품을 저렴하게 생산하고 마케팅할 수 있다.

㉤ 해외에 존재하는 보완적 자산의 확보
  M&A나 합작투자를 통하여 현지시장국의 유통경로, 마케팅 노하우, 부품공급처 등을 해외직접투자를 통하여 확보함으로써 투자기업의 경쟁력을 높일 수 있다.

### ② 해외직접투자의 단점

㉠ 해외직접투자는 기업자원이 많이 투자되는 진출방법이므로 그만큼 투자위험도 크다.
㉡ 해외직접투자는 현지국에 미치는 영향이 크기 때문에 현지국의 정부나 국민으로부터 많은 요구와 제약을 받는다. 따라서 그만큼 정치적 위험(몰수, 수용, 규제)에 노출되는 위험이 크다.
㉢ 해외직접투자는 외국비용(foreign cost)을 상쇄할 수 있는 기업특유의 우위를 갖지 않으면 성공하기 어렵다.

> **Check Point**
>
> ● **외국비용(Foreign Cost)**
>   해외의 기업이 어떤 외국에 진출하여 사업을 진행할 경우 국내와는 다른 생소한 환경에 직면하게 된다. 법률, 문화, 제도, 언어, 관습, 공공기관과의 관계 등이 다르기 때문에 이에 적응하고 극복하기 위해선 상당한 시간과 비용을 지불하게 된다. 이렇게 현지기업은 지출하지 않아도 되는 비용을 외국기업은 지출하게 되는데, 이를 외국비용이라고 한다.

## 02 국제프랜차이징

### (1) 국제프랜차이징(Franchising)의 개념

국제프랜차이징이란 공여기업(가맹본부; franchisor)이 상표나 상호의 사용권과 더불어 관리시스템까지 가맹기업(가맹점;franchisee)에게 일괄 제공하여 운영을 지원해주고, 가맹기업은 일정지역에서 점포나 판매시설을 제공하여 양자가 공동으로 경영에 참가하는 방식이다. 패스트푸드 기업이 대표적이다.

### (2) 국제프랜차이징의 장단점

① 장점
- 가. 공여기업이 좋은 이미지를 갖고 있으면 적은 자본으로 해외시장 진출과 확대가 가능하다.
- 나. 프랜차이징은 표준화된 전략을 갖고 있으므로 전 세계적으로 통일된 이미지를 유지할 수 있고, 비용면에서도 규모의 경제효과를 얻을 수 있다.
- 다. 프랜차이즈 가맹업체는 일정수수료만 지불하고 나머지 영업수익은 자사의 이익이 되므로 각 매장이 자발적으로 매출 증대를 위한 노력을 하게 된다.
- 라. 좋은 이미지의 공여기업이 갖고 있는 노하우를 이용함으로써 가맹기업은 사업에 대한 위험부담을 경감할 수 있다.

② 단점
- 가. 기술이나 노하우가 유출되어 경쟁자를 양성할 가능성이 있다.
- 나. 브랜드에 대한 이미지가 훼손될 가능성이 있다.
- 다. 독립적인 운영주체인 가맹기업에 대한 경영통제의 한계가 크다
- 라. 프랜차이즈에 대한 현지국 정부의 규제 등과 같은 단점이 있다.
- 마. 공여기업의 획일화된 통제가 현지 사정에 맞지 않을 경우에는 가맹기업과 갈등의 소지가 커진다는 단점이 있다.

# 제20장 무역영어의 서식과 표현

## 01 무역통신문의 구성요소

```
┌─────────────────────────────────────────────────┐
│                   Letter Head                    │
│                                                  │
│                              Reference Number    │
│                                    Date          │
│                                                  │
│        Inside Address                            │
│          Attention                               │
│          Salutation                              │
│                                                  │
│                    Subject                       │
│                                                  │
│                     Body                         │
│                                                  │
│                          Complimentary Close     │
│                              Signature           │
│                                                  │
│       Identification Marks                       │
│        Enclosure notation                        │
│       Carbon Copy notation                       │
│           Postscript                             │
└─────────────────────────────────────────────────┘
```

회색으로 처리된 부분은 무역통신문에 있어서 꼭 있어야 하는 필수요소이다. 여백으로 표시된 부분은 부가적인 요소이다. 시험에 빈출되는 부분이므로 순서와 구성요소를 잘 살펴두자. 시험에서는 필수요소와 부가요소를 구분하는 것, 배치의 순서, 부가요소의 용도를 묻는 문제가 주로 출제된다.

1. **Reference Number [참조번호]**
   서류의 분류 및 관리를 위하여 발송번호나 참조번호를 부기한다.
2. **Identification Marks [서신 작성에서의 관계자 표시]**
   편지 작성에 관련된 관계자를 적는데, 보통 타이피스트, 번역자, 기안자 등의 이니셜이 들어간다.
3. **Enclosure Notation [동봉물/첨부물 표시]**
4. **Carbon Copy Notation [사본배부처 표시]**
   수신자 외에 제3자에게 같은 서신을 송부 시에 명시한다. 보통 약어로 「C.C.:」, 「Copy to :」등으로 표시된다.
5. **Postscript [추신]**
   본문에 추가하여 어떤 사항을 기재하거나 특히 강조하기 위하여 사용된다. 가급적 사용하지 않는 것이 좋다.

## 02 무역서신에 쓰이는 용어

### 무역서신의 봉투(Envelope)에 기재되는 표현들[3급 빈출!]

| 한국어 | 영어 |
|---|---|
| 인비[人秘] | Confidential(보안유지를 위하여 극비로 처리해 달라는 뜻) |
| 친전 | Personal/ Private(개인적인 용무로 쓴 편지) |
| 지급(至急) | Urgent, Immediate, Prompt |
| 봉투주소 | Outside Address, Envelope Address |
| 발신자주소, 반송주소 | Return Address |
| 속달 | Express[Special] Delivery |
| 등기 | Registered, Registered Mail |
| 인쇄물재중 | Printed Matter |
| Mr. Kim 참조 | Attention of Mr. Kim |
| 우송지시사항 | Mailing Directions |
| 반송용 항공우편 | Return airmail (우표가 첨부된 회신용 봉투를 말함) |
| 사진재중 | Photo Only |
| 서류의 통수에 대한 표현 | 원본1통 : one original document[fold]<br>2통 : duplicate (in duplicate=2통으로)<br>3통 : triplicate, ▶ 4통 : quadruplicate, ▶ 5통 : quintplicate. |

## 03 거래처조사 및 신용조회

### (1) 거래처를 알게 된 동기와 선정 의뢰(Business Inquiry)

① Your name has been recommended to us by the New York Chamber of Commerce as a large importer of Korean Cotton goods in U.S.A.
「귀사를 미국의 한국산 면제품의 대형 수입업자로서 뉴욕상공회의소를 통해서 추천받았습니다.」

② Your advertisement in the May issue of FORTUNE indicated that your pocket-size Electronic Calculator, HANSANG Digital, has just been put on sale in the United Sates.
「포춘지 5월호의 귀사광고를 통해서 귀사의 포켓사이즈, 한상 디지털 전자계산기가 미국에서 판매 중이라는 사실을 알게 되었습니다.」
▶ put on sale : 판매하다

③ We owe your name and address to the Chamber of Commerce in your city.
「owe A to B」는 「B를 통하여 A를 알게 되다, A는 B의 덕택이다」라는 뜻이다.

④ We are indebted to the Chamber of Commerce in your city for your name and address.
▶ be indebted to A for B : A를 통하여 B를 알게 되다

⑤ Through the courtesy of the Chamber of Commerce in your city, we have learned your name and address.
「귀 도시의 상공회의소 덕분에 귀사의 이름과 주소를 알게 되었습니다.」

⑥ Any information you can provide us concerning wholesalers or distributors who may be interested in handling our line of products will be greatly appreciated.
「본사의 제품을 취급하는 데 혹시 관심이 있는 관련 도매업자나 소매상이 있으면 관련 정보를 제공해 주셨으면 고맙겠습니다.」
▶ A 에 관해서 : as to A, as for A, regarding A, in regard to A, with regard to A, concerning A, as regard A

⑦ We are therefore writing to you with a keen desire to open an account with you.
「귀사와 거래관계를 맺고 싶은 강렬한 열망을 안고 이 편지를 씁니다.」
▶ A와 거래을 하고자 하다(A와 거래관계를 맺고자 하다)
 − open an account with A
 − have[open, enter into, establish, start] business relations with A
▶ A와 거래를 시작하다, 거래를 개시하다
 − do [commence, set up, open, begin, start] business with A

⑧ As we want to offer you our services as a trading partner, please grant us a sole agency.
「무역거래처로서 당사의 서비스를 귀사에 제공하기를 원하므로, 당사에 독점대리권을 주시기 바랍니다.」
▶ a sole agency: 독점대리권(점) =an exclusive agency
▶ Exclusive Sales Contract : 독점판매계약서
▶ grant : 허용하다. 승인하다.
▶ distributorship agreement : 특약판매점계약

> **Check Point**
> ● Distributor : 본사와는 독립적인 관계에서 자신의 비용과 위험부담으로 거래하는 판매대리점을 말한다.
> ● Agent : 본사의 대리인(representative)으로서 본사의 비용과 위험부담으로 거래하는 판매대리점이다.
> ● Broker : 거래중개의 서비스를 제공하고 중개수수료를 받는 사람으로서 거래의 직접적 당사자는 아니다.

⑨ As for auto parts for Korean cars, you will be able to compete in quality and prices with any other competitors.
「당사의 한국산 차량에 대한 자동차 부품에 관해서 귀사는 다른 어떤 경쟁자들과 품질과 가격 면에서 경쟁할 수 있을 것입니다.」
▶ be able to compete in[with] ~ : ~ 로[와] 경쟁할 수 있다.

### (2) 신용조회(Credit Inquiry)

① 신용 조회를 의뢰한다는 주제를 밝힌다.

Your bank was referred to us as a trade reference by ABC Co., Inc., East 55 Lexington Avenue, Manhattan, New York, who is interested in importing our products.
「당사의 제품을 구매하는데 관심이 있는 ABC Co., Inc., East 55 Lexington Avenue, Manhattan, New York,에서 귀 은행을 거래 조회처로서 알려주었습니다.」

② 의뢰하고자 하는 내용을 밝힌다.

㉠ We should be obliged if you could let us know what the financial standing of ABC Co., Inc., is.
「ABC Co., Inc.의 재정 상태가 어떠한지를 당사에 알려주시면 대단히 감사하겠습니다.」

㉡ We shall[would] appreciate it if you inform us of information on this firm, including their credit and financial standing.
「그들의 재정 상태와 신용 상태를 포함하여 동 회사에 대한 정보를 알려주시면 대단히 감사하겠습니다.」
▶ inform A of B : A에게 B를 알리다.

### (3) 내용에 대한 비공개를 언급하고 마무리 인사를 한다.

① Any information you may give us will be treated in strict confidence.
「당사에 제공할 수 있는 어떤 정보라도 극비로 취급될 것입니다.」

② Whatever data you may give us will be held confidential.
「당사에 제공할 수 있는 모든 데이터는 극비로 다뤄질 것입니다.」

③ There should be no difficulty in filling your order once we have received responses from your references.
「귀사의 조회처로부터 회답을 받게 되면 귀사의 주문을 충족시키는데 아무런 어려움도 없을 것입니다.」
▶ no difficulty in : ~하는데 어려움이 없다

④ The following companies will be able to provide you with information concerning our financial responsibility.
「다음의 회사들은 당사의 재정 책임 능력에 관한 정보를 귀사에게 제공할 수 있을 것입니다.」
▶ A를 B에게 제공하다 - supply[provide, furnish] A **with** B

⑤ We assure you that any information you give us will be kept in the strictest confidence, and that you will have no responsibility for the information provided.
「귀사가 회답주신 모든 내용은 극비에 붙일 것이며, 제공된 정보로 인하여 절대로 귀사에게 폐를 끼치지 않을 것임을 약속드립니다.」

⑥ With regard to their financial stability and business integrity, please notify us in strict confidence of your opinion.
「동 사의 재정 상태와 사업 태도와 관련해서, 귀사의 의견을 극비로 알려주시기 바랍니다.」
▶ With regard to = in regard of = concerning = as to = about 이다.
「~을 극비로 다루다」할 때 표현되는 구문에서 명사와 부사의 수식에 대한 품사의 개념이 자주 출제된다. 다음의 표현을 잘 봐두자.
strictly confidence (X) → strict confidence [명사수식은 형용사]
strict confidential (X) → strictly confidence [형용사의 수식은 부사]
treat A strictly (absolutely)
treat A as strictly confidential
keep A confidential
consider A (absolutely) confidential

## (4) 신용조회에 대한 회신

① YKK company is one of the most reliable customers and their credit standing is quite stable.
「YKK 회사는 가장 믿을 만한 고객 중의 하나이며 신용 상태도 아주 안정적입니다.」
▶ reliable = dependable = believable = responsible ; 믿을 만한

② Any expenses connected with this credit inquiry will be gladly paid by us on receipt of your bill.
「이 신용조회와 관련하여 어떤 비용도 귀사의 청구서를 받는 즉시 당사가 지급할 것입니다.」

③ As they always have settled the account on time, we believe they are good for this amount.
「동사가 항상 제때에 계정을 청산하여 왔기 때문에 당사는 동사가 이 금액을 지급할 수 있다고 믿습니다.」
- ▶ on time : 제 시간에    ▶ settle the account: 계정을 청산하다, 해결하다
- ▶ be good for : ~에 좋다, ~유용하다, 할 수 있다.

④ Our credit inquiry reveals that the bank affords them a moderate five figures in US dollars unsecured line of credit.
「당사의 신용조회 결과에 의하면 은행은 동 상사에게 미화 3~4만 달러의 무담보 여신을 제공하고 있습니다.」
- ▶ unsecured line of credit : 무담보여신[무담보대출]

## 04 거래제의 서신의 답장(Business Proposal)

### (1) 제품에 대한 관심을 나타낸다.

① We are very interested in your product.
「당사는 귀사의 제품에 관심이 있습니다.」
- ▶ formality를 강조하는 비즈니스 서한에서는 We want to buy~ 식으로 표현하지는 않는다.

② We think your product will meet our needs.
「당사는 귀사의 제품이 저희들의 필요에 부응하는 것이라고 생각합니다.」
- ▶ meet one's requirement [needs] : 요구에 부응하다.

### (2) 제품에 관한 내용을 요구한다.

① We would appreciate it if you could send us more details of your product.
「귀사의 제품에 관한 더 상세한 정보를 보내주시면 감사하겠습니다.」
- ▶ 「We will appreciate ~」보다는 「We would appreciate ~」이 더 공손한 표현이다.

② We would be happy if you could give us a price list and a brochure.

③ we would appreciate giving us a price list and a catalogue.

### (3) 제품과 관련된 정보나 견적을 요구한다.

① We would[shall] be grateful if you could send us specifications on the product.

② Would you please send your quotation for 10 units of your product?

> **Check Point**
> ● quotation : 견적서. 무역거래에서 견적서를 말할 때 estimation(또는 estimate) 이라고는 하지 않는다.
> ● specification : 사양서. 부품의 교환으로 제품의 성능이나 가격이 변동되는 제품, 이를테면 컴퓨터 등의 조립제품의 사양을 나타낼 때 쓰인다. description 은 물품의 명세서이다.

③ If you can offer us your best quality goods at competitive prices, we are prepared to enter into business relations with you.
「귀사가 최고의 품질의 상품을 경쟁적인 가격으로 제공해 주신다면 귀사와 거래 관계를 맺을 용의가 있습니다.」
 ▶ at competitive price : low price, resonable price, best price
 ▶ enter into business relations with A : A와 거래 관계를 맺다

④ If you place bulk orders, we will be able to offer you the lowest possible prices.
「대량주문의 경우에는 가능한 최저가격으로 드리겠습니다.」

> **Check Point**
> ● 가격에 대한 표현
>  ▶ 최저가격 : the lowest price, rock-bottom price, floor price
>  ▶ 소매가격 : retail price   ▶ 도매가격 : wholesale price, 도[소매]업자 : wholesaler[retailor]
>  ▶ 현물가격 : spot price    ▶ 시장가격 : current market price, prevailing price
>  ▶ 합리적인 가격 :[reasonable, moderate, inexpensive, competitive, attractive]price.

⑤ If you need more detailed information about our company and our products, please feel free to contact me.
「당사 및 당사의 제품에 관해 더 자세히 알고 싶으실 때에는 본인에게 연락주시기 바랍니다.」
 ▶ feel free : 편안하게, 괘념치 마시고

⑥ We may place a substantial order with you on regular basis if your prices are really competitive.
「귀사의 가격이 실제 경쟁력이 있다면 정기적인 주문조건으로 실질적인 주문을 할 수 있습니다.」
 ▶ substantial order 는 대량주문을 의미한다. considerable order 라고도 한다.

## 05 오퍼와 카운터 오퍼

(1) We are prepared to make you a firm offer once we have received the requested trade conferences.
「당사가 요청한 동업자 조회처를 통고받는 대로 귀사에 확정 오퍼를 제출하겠습니다.」

(2) As the offer is based on the exchange rates <u>effective</u> on July 20, the total price is subject to change.
「오퍼 가격은 7월 20일 현재의 환산율에 의한 것이므로 합계금액이 변할 수도 있습니다.」
▶ offer subject to make fluctuation (시장변동조건부 청약; 조건부청약) 이다.

(3) We are pleased that the terms meet with your approval.
「당사가 제시한 조건을 승낙해 주셔서 대단히 감사합니다.」[confirmation of acceptance]

(4) In reply to your offer, we would like to ask you to reconsider the price.
「제시하신 오퍼에 관하여 가격의 재검토를 부탁드립니다.」[counter offer]

(5) The discount you asked for in your counter-offer of October 3 pushes the price far below the current market price.
「10월 3일부 귀사의 카운터 오퍼로 요구하신 가격은 현재의 시장가격보다 훨씬 밑도는 것입니다.」[counter offer]

(6) As present market prices are currently high, we are sorry that we are not in a position to execute your order at the prices specified in your offer.
「현재 시가는 계속적으로 고가이므로 귀사의 오퍼에서 제시하신 가격으로는 귀사의 주문을 이행할 입장이 못되어 죄송합니다.」
▶ present market price = current price = prevailing price
▶ be in a position : ~ 할 입장이다.

(7) Your allowance would enable us to maintain the low selling prices that have been an important reason for the growth of our business.
「귀사에서 가격을 할인해 주시면 당사의 사업성장에 중요한 동기가 되어온 저판매가격을 유지할 수 있습니다.」

(8) We offer you the above items subject to being unsold as they are the final stock now out of production.
「위의 품목들은 현재 생산되고 있지 않은 최종 재고품이므로 재고잔유조건부조건으로 오퍼합니다.」

> **Check Point**
> 
> ● 재고에 관한 표현
> ▶ 대량재고 : heavy[ample, large] stock[inventory, backlog]
> ▶ 재고가 있다[없다] : They are in stock [out of stock]
>   The goods[items, articles] are out of stock.
>   The goods are not available
>   The goods are running out.[재고가 소진되어 간다]
>   The goods are exhausted.[재고가 완전히 소진되었습니다]

(9) Your offer meets our requirements in quality. However, we need the merchandise shipped at the latest by July 20.
「귀사의 오퍼는 품질면에서 당사의 요구조건을 충족시킵니다. 하지만 당사는 늦어도 7월 20일까지 상품이 선적되어야 합니다.」
▶ meet : 충족시키다 (=satisfy), ▶ at the latest : 늦어도 cf. at the least : 최소한, 적어도

(10) We are confident that a trial order would convince you that, at the price quoted, the goods we are offering are excellent value for money.
「시험주문을 하신다면 당사가 제공하는 물품이 금액에 어울리는 훌륭한 가치가 있다는 것을 확신시켜드릴 자신이 있습니다.」
▶ convince : 확신하는, 자신 있는
▶ value for money : 금액에 어울리는 가치가 있는, 금액에 상응하는

## 06 주문(Sale and Contract)

(1) We are pleased to accept your offer of July 3 and would like to place the following order with you.
「7월 3일부 귀 서신으로 오퍼를 보내주셔서 대단히 감사합니다. 이에 다음과 같이 주문합니다.」

(2) Please accept this letter as our official order for the merchandise mentioned in your offer of May 4.
「이 서신으로 5월 4일부 귀사 오퍼에 기재된 상품을 정식으로 주문합니다.」

(3) As we have found your terms satisfactory, we would like to send you our order for the following items.
「당사는 귀사의 조건에 이의가 없으므로 아래의 물품을 주문하겠습니다.」

(4) We have enclosed our order sheet No. B-114 and would appreciate it if you would sign it and return it to us.
「당사의 주문서 B-114호를 동봉하오니 서명하신 후 반송해 주시면 감사하겠습니다.」

(5) We apologize for being unable to accept your order. We do hope that we can be of service to you in the future.
「이번에는 주문에 부응하지 못해서 대단히 죄송합니다. 앞으로 기회가 있을 때에는 꼭 도움이 돼 드리기 바랍니다.」

(6) Due to the rush of orders, goods are almost out of stock.
「주문이 쇄도하고 있어서 재고가 거의 없습니다.」
▶ Due to; Owing to, because of, on account of, by reason (virtue) = ～으로 인하여, ～때문에

(7) We have been compelled to raise our prices due to increased labor costs.
「인건비의 상승으로 부득이하게 가격을 인상할 수밖에 없습니다.」
▶ be compelled to = be forced to : 어쩔 수 없이 ～ 하다. (reluctantly)

## 07 주문에 관한 표현들

### (1) 주문을 하다

to order (a thing) from :
to give (one) an order for(a thing)
to place an order with (one)
to put in an order
to pass (on) an order
to submit an order

### (2) 주문을 받다(거절하다)

to take(get, obtain, secure) an order : to book an order : 주문을 받다
to accept an order : 주문을 수락하다
to dispatch(forward) an order : 주문품을 발송하다
take an order : 주문을 받다
decline an order : 주문을 거절하다.

### (3) 주문을 변경하다(취소하다)

to modify an order = to make alteration in an order(주문을 변경하다)
cancel(withdraw) an order: 주문을 취소하다

### (4) 대량주문을 하다

to place volume orders(대량주문을 하다)
to place large order(대량주문을 하다)

### (5) 주문을 감소시키다

to reduce an order
to decrease an order

### (6) 주문을 예약하다

to book(enter, note) an order

### (7) 주문을 권유하다

to invite(canvass for) an order

### (8) 주문이 쇄도하다.

rush of heavy demand(strong demand)

### (9) 주문을 이행하다

fulfill(meet, execute, carry out, fill, satisfy) an order

### (10) 주문의 종류

① trial order : 시험주문

대량 주문을 하기 전에 판매성공 및 제품품질을 측정하기 위하여 소량의 제품을 주문하는 것을 말한다.

② initial order : 최초주문

거래가 성사되어 본격적인 주문이 이루어지는 첫 거래를 말한다

③ repeat order : 재주문

④ small order : 소량주문

⑤ large (heavy, substantial, bulk, considerable) order : 대량주문

## 08 신용장(Letter of Credit), 추심과 결제

(1) Under these circumstances, we will ask you to extend the expiry date on the L/C to the end of December.
「이러한 상황에서, 신용장의 유효기일을 12월 말까지 연장하도록 요청하지 않을 수 없습니다.」
- extend A to B : A를 B까지로 연장하다[늘리다]

(2) As this is our first business with you, we would like to ask you to open an Irrevocable L/C, against which we may draw on you at sight attaching your specified documents.
「이번은 귀사와 첫 번째 거래이므로 취소불능신용장을 개설해 주시기 바라고 이를 근거로 귀사가 명시한 서류를 첨부하여 귀사 앞 일람불 환어음을 발행하겠습니다.」
- draw on you at sight : 귀사를 지급인으로 하여 일람불 환어음을 발행하다

(3) All banking charges outside Korea are for account of beneficiary.
「한국외 지역에서의 모든 은행수수료는 수익자의 부담으로 한다.」

(4) All the payment for the goods shall be made in United States Dollars by an Irrevocable L/C at sight in favour of the seller.
「물품에 대한 모든 결제는 매도인을 수익자로 하여 취소불능신용장으로 미국달러로 이루어져야 한다.」
- in A's favor = in favor of A : A를 수익자로 하여

(5) We hereby engage with drawers that drafts drawn in conformity with the terms of this credit will be duly honoured on presentation.
「이로써 당 행은 본 신용장 조건에 따라 발행된 환어음이 제출되는 즉시 정히 지급될 것임을 발행인과 약정하는 바입니다.」
- in conformity with : ~에 따라, ~을 준수하여(comply with ~, in accordance with)
- be duly honored (on presentation and surrender) : (제시와 양도 시에) 정히 지급되다.

(6) We ask you to extend both the latest shipping date and the expiry date to July 30 and August 15, respectively.

「최종 선적기일과 신용장 유효기일을 각각 7월 30일과 8월 15일로 연장해 줄 것을 요청한다.」
▶ respectively : 각각, 따로 따로

> **Check Point**
> ● 신용장의 만기일에 대한 표현
> 이 신용장의 만기일은 6월 30일 까지 입니다.
> This L/C expires on June 30.
> This L/C is valid[open, available, effective, good, in effect] until[up to, till] June 30
> The expiry date of this L/C is June 30.
> The expiration of this L/C is June 30.

(7) Payment for the face value of the draft will be made on a sight basis irrespective of the tenor as interest is for account of Applicant.
「이자는 개설의뢰인의 부담이므로 환어음의 액면금액을 환어음의 지급기간에 상관없이 일람불방식으로 지급될 것이다.」
▶ the face value of the draft : 환어음의 액면 금액
▶ irrespective of : ~ 와 상관없이

(8) It is our custom to trade on an irrevocable credit, under which we draw a draft at 30d/s.
「취소불능 신용장에 의거 거래하는 것이 당사의 관례이며 이에 의거 당사는 일람 후 30일 출급 환어음을 발행합니다.」
▶ It is our custom to trade = It is our business policy.
▶ at 30 d/s: at 30 days after sight (일람 후 30일 출급환어음)

(9) Local L/C issued by a bank in Korea in favour of the domestic Suppliers is to undertake the bank's payment to the Supplier of raw materials or finished goods for exports on behalf of the Exporter.
「국내 납품업자를 수익자로 하여 한국의 은행에 의해 개설되는 내국신용장은 수출업자를 대신하여 수출을 위한 원자재나 완제품의 납품업자에게 은행의 지급을 확약하는 것이다.」
▶ on behalf of the Exporter : 수출업자를 대신하여

(10) If you hand over shipping documents and drafts which strictly conform with the letter of credit No.4567, we will protect the drafts upon presentation.
「귀사가 신용장 제 4567호와 엄격하게 일치하는 선적서류와 환어음을 인도하는 경우 당사는 제시 시에 환어음을 인수, 지급할 것입니다.」
▶ protect : (어음을) 인수(지급)하다(=honor), 지불준비를 하다  protest(지불을 거절하다) 라고 출제되어 혼동을 유발한다.

## 09 선적(Shipping)

### (1) 출하통지

① We would like to confirm our fax informing you that your order No.889 of June 4 for 500 portable TVs has been shipped today from Busan Port on board the S.S. Freedom.
「귀사의 6월 4일자 주문품 500대의 포터블 TV, No.889 이 부산항에서 S.S.Freedom에 오늘 본선적재 되었음을 팩스로 알려드리고자 합니다.」
▶ A호에 선적되다 : on board[by, per] the A [M/S 'A']

② We trust your consignment will arrive safely and look forward to future orders.
「귀사의 탁송품이 안전하게 도착할 것이라고 믿으며 차후 거래를 고대합니다.」

③ We inform you that your order of May 1 will be shipped on "Evergreen 11" leaving New York on or about October 30, 2025.
「2025년 10월 30일 경에 뉴욕을 출항하는 "Evergreen 11" 호에 귀사의 5월 1일자 주문품이 선적될 것임을 알려드립니다.」
[빈출표현]
▶ leave가 출항하다의 의미로 쓰일 때는 전치사 from을 붙이면 안된다. leave Busan : 부산을 출항하다.
▶ leave for Busan : 부산을 향하여 출항하다. (= clear for Busan)
▶ sail from London : 런던을 출항하다. sail for London: 런던으로 출항하다.

### (2) 수취통지

① We are happy to report that our order No. K087 for 5,000 tires has arrived in good condition at Busan.
「당사의 주문품 No.K087, 5,000 개가 아무 이상 없이 부산에 잘 도착하였음을 알려드립니다.」
▶ arrive in good condition = arrive without damaged

② As of this writing, we have not yet received any notification that you have shipped our goods, No. RR978-1.
「편지를 쓰고 있는 현재까지 귀사가 당사의 물품 No. RR978-1을 선적하였다는 통지문을 아직 받지 못했습니다.」

### (3) 선적지연

① We must inform you that we have not yet found a vessel to ship your order No.901 of April 3.
「당사는 귀사의 4월3일자 주문품 No.901을 선적할 선박이 없다는 것을 알려드리지 않을 수

없습니다.」

② Your consignment of New Zealand beef is being held up because it does not have a certificate clearing it through quarantine.
「검역소에서 통관을 위한 검역증명서를 발급받지 못해서 귀사의 탁송품 뉴질랜드 산 쇠고기가 현재 통관 보류되어 있습니다.」
▶ clear : 통관하다

### (4) 선적관련 기타 예문

① Full set of clean on board ocean bills of lading made out to the order of the Bank of America, marked freight prepaid and notify accountee.
「운임 선급 착화 통지처 지급인으로 표시되고 아메리카 은행의 지시식으로 작성된 무사고 선적 해상선하증권 전통」
▶ Full set of clean on board : 전통의 무사고 선하증권
▶ made out to the order of AA bank: AA 은행의 지시식으로 작성된

② Shipping will be made in one shipment within 30 days of receipt of the payment.
「선적은 대금수령일로부터 30일 이내에 일괄 선적으로 이루어질 것입니다.」

## 10 Collection(추심)

(1) Your account is now two months overdue. Please favor us with your check for US$200.
「귀사의 계정은 현재 2달이나 기간이 경과되었으니 미화 200달러의 수표를 보내시기 바랍니다.」
▶ overdue : 만기를 넘긴

(2) Enclosed please find the copies of all your outstanding accounts that are past due over sixty days.
「60일 이상 결제되지 않은 귀사의 미불계정사본을 동봉합니다.」
▶ outstanding : 미불금    ▶ outstanding account : 미불계정

(3) If we do not receive payment by the end of this month, we will have to pursue a legal action against your company.
「만일 이달 말까지 모든 미불금을 정산하지 않으면 귀사에 대하여 법적인 조치를 강구할 수 밖에 없습니다.」
▶ 법적인 조치: a legal action, a legal proceeding

(4) Despite our repeated request for payment, the outstanding balance of USD25,000 is still over.
「수차에 걸친 지불독촉에도 불구하고 25,000 달러가 아직 미불되어 있습니다.」

## 11 손해배상제기 및 청구(Complaints and Claim)

### (1) 청구서의 잘못 기재된 사항에 대한 항의

① We would appreciate it if you would take another look at the exchange rate you used to calculate invoice No.TE-1002.
「귀사가 계산한 송장번호 No.TE-1002의 환율을 다시 한 번 검토해주시기 바랍니다.」

② After checking the amount of the invoice, we found the unit price to be in error.
「송장 전체 금액을 점검해보니, 단가에 잘못된 부분이 있었습니다.」

③ We would appreciate it if you would make the required adjustment in the invoice.
「송장의 요구 사항에 대하여 조정해 주시면 감사하겠습니다.」

### (2) 불량품에 대한 항의 (상품의 반송)

① Because of the larger number of complaints received by their customers, our client has returned nearly the entire order.
「그들의 고객들로부터 많은 불평이 접수되어, 당사의 고객이 거의 모든 상품을 반송하였습니다.」

② We would like to call your attention to the rather large discrepancy in the fruit baskets shown in your catalogue and the actual baskets we received yesterday.
「귀사의 카탈로그에 있는 과일 바구니와 당사가 어제 받았던 실제 바구니와는 좀 큰 차이가 있으므로 귀사의 주의를 촉구하고자 합니다.」

③ The customers make a claim on my company for the damage.
「고객들이 당사에 그 손해에 대하여 클레임을 제기하였습니다.」

**[클레임을 제기할 때 쓰는 표현]**
lodge[effect, enter, make, place, submit] a claim for the damages[the loss, the inferior quality] against(with) a person = 손상[손실, 불량품]에 대하여 클레임을 제기하다.

### (3) 납품 지연에 대한 항의

① If you cannot assure us that the delivery problem will be solved, I'm afraid that we will have no choice but to find another supplier.

「인도 문제가 해결될 것이라는 확실한 보장을 할 수 없다면, 당사는 다른 공급업자를 찾을 수밖에 없습니다.」

② If you cannot guarantee that we will receive our order by April 5, we must cancel the order.
「4월 5일까지 주문을 당사가 받을 것이라는 확실한 보장을 할 수 없다면, 당사는 주문을 취소할 수밖에 없습니다.」

③ We have lost an important opportunity to sell the goods during the Christmas holidays.
「크리스마스 연휴 동안에 물품을 판매할 수 있는 중요한 기회를 놓쳤습니다.」

④ Order No.LLF-3091 arrived yesterday, three weeks after the agreed-upon delivery date.
「어제 Order No.LLF-3091가 도착되었는데, 이것은 합의된 인도기일을 3주일이나 넘긴 것입니다.」

## (4) 불량제품에 대한 항의

① We greatly regret to say that the goods are not in accordance with your sample.
「귀사의 샘플과 물건이 일치하지 않는 것에 대하여 심히 유감스럽습니다.」

② We are sorry to have to complain of the quality of your shipment of wheat, per M/S 'PINS'.
「핀즈 호에 실린 밀 선적품의 품질에 대하여 불만을 말하게 되어 유감스럽습니다.」

③ The goods submitted do not correspond with the sample sent.
「납품된 상품이 샘플과 일치하지 않습니다.」

④ We must ask you to replace them with goods salable ones.
「판매 가능한 제품으로 이 상품들을 교체해 주실 것을 요청합니다.」
  ▶ replace[substitute] A with B : A를 B로 교체[대체]하다

⑤ We were very disappointed to learn of the defective goods you shipped.
「당사는 귀사가 불량품을 선적하였다는 것을 알고 상당히 실망하였습니다.」

## (5) 클레임에 대한 타협과 답신

① Concluding that further delay would only lead to our mutual loss, we decided to meet you halfway by withdraw our proposal.
「더 지연되면 상호 간 손실을 초래할 뿐이라는 결론을 내렸기 때문에 당사는 당사의 제의를 철회함으로써 귀사와 타협할 것을 결정했습니다.」
  ▶ meet one halfway : 타협하다, 양보하다.

② We must disclaim all liability in this case. In support of this statement we point out that we hold clean B/L.
「이 경우 당사는 모든 책임이 면제됩니다. 이를 뒷받침하기 위해서 당사는 무사고 선하증권을 갖고 있음을 밝혀 둡니다.」
- ▶ disclaim : 면책되다.　▶ liability : 책임, 의무, 부채

③ As goods were packed with great care, we can only conclude that our shipment was stored or handled carelessly in the course of transit.
「제품은 세심한 주의를 해서 포장되었으므로 당사는 당사의 선적품이 운송과정에서 부주의하게 다루어졌다고 결론지을 수 있습니다.」
- ▶ in the course of transit : 운송도중에 (=en route, on the way)

④ We would like either to send you the right goods as soon as possible or to give you a special allowance of 20% off the invoice amount.
「이번 클레임을 해결하기 위해 가능한 한 빨리 올바른 상품을 보내거나 송장금액의 20%를 특별 할인해 드리고자 합니다.」

⑤ The delayed shipment is wholly attributable to the absence of timely instructions.
「선적이 지연된 것은 전적으로 귀사의 지시서가 제때에 보내지지 않았기 때문입니다.」
- ▶ delayed shipment : 지연된 선적　▶ wholly : 전적으로 (= entirely, completely)
- ▶ attributable to : ~ 하기 때문에, ~ 에 기인하여　▶ timely : 제때에

제2부 **무역영어 2급 기출해설**

## 퍼펙트
## 무역영어 2·3급

Perfect guide to Trade English

## 제114회 2급 기출해설
### (2019년 제1회)

### 01 영문해석

**01** What clause does the following represent?

> A party hereto must submit a written notice to any other party to whom such dispute pertains, and any dispute that cannot be resolved within thirty (30) calendar days of receipt of such notice (or such other period to which the parties may agree) will be submitted to a third party selected by mutual agreement of the parties.

① Severability clause
② Arbitration clause
③ Jurisdiction clause
④ Entire agreement clause

「일방은 그러한 분쟁과 관련하여 반드시 서면 통지서를 제출해야 하며 그러한 통지서를 수취하고 (또는 양당사자가 합의한 다른 기간)역일 30일(30일) 이내에 해결될 수 없는 어떤 분쟁은 상호 합의에 따라 선택된 제3자에게 제출한다.」
- 분쟁의 해결을 위해 중재에 따른다는 중재합의조항(Arbitration clause)이다.
▶ pertain : (특정한 상황·때에) 존재하다   ▶ mutual agreement : 상호합의
▶ Severability clause : 가분성조항   ▶ Jurisdiction clause: 재판관할조항
▶ Entire agreement clause : 완전합의조항

**02** What terms does the following represent?

> All Products sold by CHI to Distributor shall be shipped by CHI free on board (F.O.B.) the Shipping Point. CHI shall be responsible for ensuring that Products are packaged in accordance with industry standard practices and in a manner reasonably calculated to ensure that they arrive in undamaged condition.

① Shipment
② Price
③ Insurance
④ Payment

01.② 02.① **정답**

**해설** 「다음에서 보여주는 용어는 무엇인가?」
「CHI가 공급자에게 판매하는 모든 제품은 선적지에서 FOB조건으로 CHI가 선적한다. CHI는 공업표준규칙에 따라 제품을 포장하고 제품이 온전한 상태로 도착될 수 있도록 합리적으로 계산된 일정한 책임을 부담해야 한다.」
– 계약서에 삽입된 선적조건(Shipment)에 대한 조항이다.
▶ in accordance with : ~에 따라(부합되게)    ▶ in a manner : 어떤 의미로는, 어느 정도
▶ undamaged condition : 온전한 상태

**03** Which of the following set of words is APPROPRIATE for the blanks below?

> In ( A ) term, the obligation of delivery of goods by the seller is too limited to arrange goods at his factory premises only. However, in ( B ) term, the export cleared goods are delivered by the seller to the carrier at the named and defined location mentioned in the contract. In ( B ) term, the delivery of goods also can be made at the seller's premises, if mutually agreed between buyer and seller. If the buyer can not carry out the export formalities, either directly or indirectly, ( B ) term are opted in such business transactions also.

① (A) EXW, (B) FCA   ② (A) FCA, (B) FOB
③ (A) CPT, (B) CIP   ④ (A) EXW, (B) FOB

**해설** 「다음 빈 칸에 적합한 단어들은 다음 중 어느 것인가?」
「(A : EXW) 조건에서, 매도인의 물품 인도 의무는 자신의 공장 구내에서 물품을 준비하는 것으로 제한된다. 그러나, (B : FCA)조건에서는, 매도인은 수출통관된 물품을 계약서 상에 명시된 장소에서 지정 운송인에게 인도한다. (B : FCA)조건에서, 매수인과 매도인이 상호 합의를 했다면, 물품의 인도는 또한 매도인의 구내에서 할 수도 있다. 매수인이, 직접적이든 간접적이든, 수출통관을 할 수 없다면 (B : FCA)조건은 이러한 상거래에서도 또한 택할 수 있다.」
▶ premise : 구내    ▶ export cleared goods : 수출통관된 물품
▶ export formality : 수출통관    ▶ business transactions : 상거래

**04** What is the biggest risk for an exporter selling to a country that has a volatile inflation rate?

① Economic risk   ② Environmental risk
③ Social risk     ④ Political risk

**해설** 「인플레이션이 불안정한 국가에 물품을 판매하는 수출자에게 가장 큰 위험은 무엇인가?」
인플레이션이 불안정한 국가와 거래를 할 경우 경기를 예측하고 이에 대처하기가 어려워서 환손실을 입을 수도 있고 사업의 위험부담이 커질 수 있다. 이를 경제적 위험(Economic Risk)이라고 한다.
▶ volatile inflation rate : 불안정한 인플레이션 율
▶ Environmental risk : 환경위해성 – 산업의 발달에 기인하여 어떤 물질이 인체나 생물에 가하는 위험
▶ Social risk : (도난, 파업, 조세 및 물가의 변동 등에 의한)사회적 위험

**정답**  03.①  04.①

**05** Which of the following types of letter of credit would be the most appropriate for a contract that involves numerous and regular shipments?

① Back-to-back credit
② Red clause credit
③ Revolving credit
④ Transferable credit

「대량이면서 정기적인 선적이 이루어지는 계약에 가장 적합한 신용장은 다음 중 어떤 종류인가?」
- 대량이면서 반복적으로 선적이 이루는 경우 건마다 신용장을 개설하면 수수료가 부담이 되고 여러 가지 행정적인 번거로움이 생길 수 있다. 이를 해소하기 위해서는 원 신용장을 계속하여 사용할 수 있는 회전신용장(Revolving credit)의 사용이 효율적이다.
▶ numerous : 많은, 대량의   ▶ regular shipments : 정기적인 선적
▶ Back-to-back credit : 동시개설신용장, 견질신용장   ▶ Red clause credit : 전대신용장

**06** Unless otherwise stated in the letter of credit, within how many calendar days after shipment should beneficiaries normally present documents under a letter of credit?

① 10   ② 14   ③ 21   ④ 30

「신용장에서 달리 명시하지 않는 한, 신용장에서 수익자는 선적 후 며칠 이내로 정상적으로 서류를 제시해야 하는가?」
- UCP600에서는 선적 후 21일 이내에 선적서류를 제시하도록 규정하고 있다. 이 제시 기일을 넘겨서 제시된 선적서류를 stale B/L(기간경과선하증권)이라고 한다.
▶ Unless otherwise stated : 달리 명시하지 않는 한

[7~8] Read the following and answer the questions.

> Dear Marvin,
>
> I am pleased to invite you to tour our manufacturing facility next Thursday. We have arranged for a limousine to pick up you and your associates at 9:30. We've planned a special luncheon for your group at the Omaha Club. Then we'll return to our conference center for a wrap-up meeting.
> Once you see our robotic system in operation at LexRite, I think you'll be excited about the possibilities for your company.

**07** What CANNOT be inferred?

① The writer is at marketing department of LexRite.
② LexRite wants to show a robotic system to Marvin.
③ The writer introduces a schedule of sightseeing tour as a guide.
④ This letter is an invitation to facility tour.

05.③  06.③  07.③  정답

「안녕하세요, 마빈 씨
저는 다음 주 화요일 저희 회사의 생산 시설을 관람하시는데 귀하를 초대합니다. 당사는 귀하와 귀하의 일행을 9시 30분에 모시기 위해 리무진을 마련했습니다. 당사는 오마하 클럽에 귀사 일행을 위한 특별 오찬을 준비했습니다. 그 후 마무리 미팅을 위해 회의실로 돌아갈 것입니다. 렉스라이트에서 작동중인 당사의 로봇시스템을 한 번 둘러보시면, 저는 귀사가 당사의 성장 가능성에 대해 큰 관심이 생길 것이라 생각합니다.」
07.「추론할 수 없는 것은 무엇인가?」
①「작성자는 렉스라이트의 마케팅 부서에 있다.」
②「렉스라이트는 마빈에게 로봇시스템을 보여주고 싶어 한다.」
③「작성자는 가이드로서 관광투어 일정을 소개하고 있다.」
 – 작성자는 관광이 아니라 회사 설비를 안내하기 위한 일정을 소개하고 있다.
④「이 서신은 공장 관람에 대한 초청장이다.」
▶ luncheon : 오찬    ▶ wrap-up meeting : 마무리 미팅

**08** Which is LEAST proper to be included in the reply of this letter?

① Accompanying me will be Max, Angela and Don.

② We look forward to welcoming you and your team.

③ We are looking forward to seeing the Robotics assembly and tracking system in action.

④ It will be a very productive day.

「이 서신의 답장에 포함되기 가장 적절하지 않은 것은 어느 것인가?」
①「저와 동행할 사람은 맥스, 안젤라 그리고 돈입니다.」
②「귀하와 귀하의 일행을 환영하길 고대하고 있습니다.」
 – 답신이 아니라 초대 서신의 맺음말에 쓰이는 표현이다.
③「당사는 로봇 조립 및 추적 시스템의 작동을 보고 싶습니다.」
④「매우 생산적인 하루가 될 것입니다.」
▶ in action : 작동하는, 활동하는    ▶ productive day : 생산적인 하루


**09** Which is BEST translation for that sentence?

> Please credit us with the amount charged for the products.

① 제품에 부과된 가격을 입금하여 주시기 바랍니다.

② 제품에 부과한 가격을 우리가 송금하도록 해 주세요.

③ 제품의 가격을 우리가 신용으로 지불하도록 해주세요.

④ 우리는 제품의 가격만큼 신용장을 쓰도록 하겠습니다.

「이 문장을 가장 잘 번역한 것은 어느 것인가?」
▶ credit A with B : A에게 B를 입금(송금하다)    ▶ the amount charged : 부과된 가격

정답  08.②  09.①

**10** What provision does the following represent?

> All shipments shall be covered per ICC(B) for a sum equal to the amount of the invoice plus ten (10) percent, unless any other conditions are specifically agreed upon. All policies shall be made out in US Dollars and claims payable in Seoul, Korea.

① Shipment   ② Marine insurance   ③ Payment   ④ Firm order

「다음 제시문은 어떤 조항인가?」
「달리 특별히 합의된 조건이 없는 한, 모든 선적품은 상업송장의 금액에 10퍼센트를 더한 금액과 같은 금액으로 하여 ICC(B)약관으로 담보되어야 한다. 모든 보험은 미국 달러로 체결되며 보험금은 한국 서울에서 청구할 수 있다.」
– 해상보험(Marine insurance)에 대하여 계약서에 명시된 조항이다.

[11~14] Which is LEAST proper Korean translation for each English sentence?

**11** ① We offer you firm subject to your acceptance.
  → 귀사가 받아들인 회사의 주제를 제안합니다.
② The quantity of the goods was shipped in full.
  → 상품은 전량 선적되었다.
③ We make all sales in accordance with this agreement.
  → 모든 판매는 이 계약에 따라서 한다.
④ It is up to the buyer to obtain, at its own risk and expense, any import license.
  → 매수인은 자신의 위험과 비용으로 수입승인을 받는다.

[11~14]「각 영어 문장의 한국어 번역이 가장 적절하지 않은 것은 어느 것인가?」
① 당사는 귀사의 승낙을 조건으로 하여 확정청약 합니다.

**12** ① Expenses relating to cabling shall be borne by the respective senders.
  → 전송에 관련된 비용은 발송자 부담으로 한다.
② We can accept your offer if you can shorten the delivery date.
  → 만일 인도 기일을 단축시켜 주실 수 있다면 귀사의 오퍼를 수락하겠습니다.
③ We are pleased to enclose our latest price list for the goods you inquired for.
  → 귀사가 조회한 상품의 가격표를 늦게라도 보냅니다.
④ Our prices are subject to 5% discount for cash.
  → 가격은 현금 거래 시 5% 할인 조건입니다.

③ 귀사가 조회한 상품의 최신 가격표를 보냅니다.
▶ latest : 최근의, 최신의    cf. late : 늦게

10.② 11.① 12.③  **정답**

**13** ① We accept your offer completely provided that you can expedite your shipment.
→ 선적을 빨리 한다는 것을 전제로 귀사의 청약을 승낙합니다.

② This agreement has been made out and entered into on the 1st of May.
→ 본 계약은 5월 1일자로 작성 및 체결되었다.

③ We are not in a position to accept your offer at present.
→ 지금으로서는 귀사의 청약을 승낙할 수 없습니다.

④ We have no choice but to claim for the damaged goods.
→ 당사는 파손된 물품에 대하여 클레임을 청구하지 않겠습니다.

 ④ 당사는 파손된 물품에 대하여 클레임을 청구하지 않을 수 없습니다.
▶ no choice[alternative] but to : ~하지 않을 수 없다.

**14** ① Unless otherwise expressly agreed upon, the port of shipment shall be at the seller's option.
→ 별도의 명시적인 합의가 없는 한, 선적항은 매도인이 선택한다.

② The drafts shall be duly paid on presentation to the drawee.
→ 환어음이 지급인에게 제시되었을 때 정히 지급되어야 한다.

③ The following goods you shipped arrived here in good order yesterday.
→ 귀사가 선적한 물품이 주문한 상태로 어제 이곳에 도착하였습니다.

④ We have negotiated the draft through ○○Bank with shipping documents attached.
→ 선적서류를 첨부한 환어음을 ○○은행에서 매입하였습니다.

 ③ 귀사가 선적한 물품이 정상적으로 어제 이곳에 도착하였습니다.
▶ in good order : 정상적으로, 이상 없이

**15** Choose the WRONG description for Incoterms 2020.

① The Incoterms 2020 rules are presented in two distinct classes; which are rules for any mode or modes of transport and rules for sea and inland waterway transport.

② Incoterms 2020 rules are available for application to international sale contracts only.

③ EXW represents the minimum obligation for the seller.

④ Under DDP, the seller has an obligation to clear the goods not only for export but also for import.

정답  13.④  14.③  15.②

「인코텀즈 2020에 대해 잘못 설명한 것을 고르시오.」
① 「인코텀즈 2020의 규칙은 두 부류로 대별되어 있다 : 어떠한 운송 방식에서도 사용할 수 있는 것과 해상 및 내수로 운송에서 사용할 수 있는 것이다.」
② 「인코텀즈 2020은 국제거래에서만 적용이 가능하다.」
- 인코텀즈 2020은 국제매매계약 및 국내매매계약에서도 모두 사용가능하다.
③ 「EXW조건은 매도인의 최소의무를 표방한다.」
④ 「DDP조건에서, 매도인은 수출통관뿐만 아니라 수입통관의 의무를 부담한다.」
▶ be available for : ~에 가능하다    ▶ minimum obligation : 최소의무

**16** Which is NOT the rule to be used only for sea or inland waterway transport according to the Incoterms 2020?

① CFR    ② CIF    ③ FOB    ④ CIP

「인코텀즈 2020에 따라 해상 및 내수로 운송에서 사용할 수 없는 규칙은 어느 것인가?」
CIP는 복합운송조건에서 사용될 수 있는 규칙이다.

[17~18] Read the following and answer the questions.

> Thank you for your recent order for 30 Hurst boilers which we received on January 14, 2019. (a) We appreciate the business as well as your loyalty to us for the past 9 years. (b) Unfortunately, we must put your order on hold. (c) The reason for this is that upon inspection of our records, we never received payment from you for the 68,000 condenser valves we sent to you on December 21, 2018.
> (d) However, I must decline your order until payment has been made for the December 21 order. When we receive that payment, we will immediately ship the boilers to you.

**17** What is the MAIN purpose of the letter?

① to apologize for the delay
② to give thanks for the business
③ to ask for prompt payment
④ to inform the shipping schedule

「당사는 2019년 1월 14일 귀사의 허스트 보일러 30대의 최근 주문을 잘 받았습니다. (a) 지난 9년 간 당사와 거래해주신 귀사의 신의에 아울러 감사합니다. (b) 아쉽게도, 당사는 귀사의 주문을 보류해야 합니다. (c) 이유는 당사의 거래 기록을 검토해보니, 당사가 귀사에게 2018년 12월 21일 보내드린 콘덴서 68,000개의 대금을 받지 못했습니다. (d)그러나, 당사는 12월 21일 분에 대한 지급이 될 때까지 귀사의 주문을 거절할 수 밖에 없습니다. 이 대금을 받으면, 당사는 즉시 귀사에게 보일러를 발송하겠습니다.」
17. 「이 서신의 주목적은 무엇인가?」
- 대금의 즉시 지급을 촉구하기 위한(to ask for prompt payment) 서신이다.
▶ loyalty : 충성, 신의(faith)    ▶ on hold : 보류된, 연기된

16.④  17.③  **정답**

**18** Where does the sentence BEST fit?

> I would like to believe that this was just an oversight.

① (a)  ② (b)  ③ (c)  ④ (d)

「이 문장이 들어가기 가장 적절한 곳은 어디인가?」
「이것은 그저 깜빡하신 것으로 알겠습니다.」
문장의 흐름상 (d)의 자리가 가장 적절하다.
▶ oversight : (잊어버리거나 못 보고 지나쳐서 생긴) 실수, 간과

**19** Choose what the commercial invoice does not include.

① Number of Bill of Exchange
② Unit price
③ Consignee's name
④ Payment terms

「상업송장에 포함되지 않는 것을 고르시오.」
– 상업송장에 환어음의 번호(Number of Bill of Exchange)를 기재하지는 않는다.

**20** What does "these" mean?

> <u>These</u> are international rules that are accepted by governments, legal authorities, and practitioners worldwide for the interpretation of the most commonly used terms in international trade. <u>These</u> reduce or remove altogether uncertainties arising from differing interpretations of such terms in different countries. <u>These</u> describe mainly the tasks, costs, and risks involved in the delivery of goods from sellers to buyers.

① Uniform Rules for Collections
② The Uniform Customs and Practice for Documentary Credits
③ International Commercial Terms
④ United Nations Convention on Contracts for the International Sale of Goods

「these가 의미하는 것은 무엇인가?」
「<u>이것은</u> 정부, 사법당국, 그리고 전세계의 실무자에게 국제거래에 있어서 가장 보편적으로 사용되는 조건의 해석이다. <u>이것은</u> 서로 다른 국가에서 이러한 조건을 다르게 해석함으로써 생길 수 있는 불확실성을 감소하거나 제거한다. <u>이것은</u> 주로 매도인에게서 매수인에게로 물품이 인도되는 것과 관련된 임무, 비용 그리고 위험을 기술하고 있다.」
– 인코텀즈(International Commercial Terms)에 대한 설명이다.
▶ practitioner : 전문가, 실무자　▶ uncertainty : 불확실성
▶ task : 일, 과업, 과제　▶ interpretations : 해석, 이해　▶ mainly : 주로, 대부분

정답　18.④　19.①　20.③

## 21  What is the main purpose of the letter?

> Thank you for your e-mail dated October 21 and we are very sorry to have caused you much inconvenience.
> There must have been a misunderstanding between us and the issuing bank. According to your request, we amended the destination port and you will be advised of this amendment shortly through ○○Bank in Seoul.
>  We will try to do our best not to make the mistake like this in the future and we hope that you execute this important order in strict accordance with the terms and conditions of the L/C.

① Acknowledging error

② Asking destination port change

③ Reply to L/C opening request

④ Reply to L/C amendment request

해설 「이 서신의 주목적은 무엇인가?」
「귀사의 10월 21일자 서신을 잘 받았으며 귀사에게 많은 불편함을 끼쳐드려 대단히 송구합니다. 당사와 개설은행 간에 분명 어떤 착오가 있는 듯합니다. 귀사의 요청에 따라, 당사는 목적항을 변경했으며 서울에 있는 ○○은행을 통해서 곧 조건변경 통지서를 받을 것입니다. 당사는 앞으로는 이와 같은 실수를 하지 않기 위해 최선을 다할 것이며 본 신용장의 제조건에 따라 이 중요한 주문을 잘 처리해 주시기 바랍니다.」
- 신용장 조건변경 요청에 대한 답신(Reply to L/C amendment request)이다.

[22~23] Read the following and answer the questions.

> We are pleased to confirm that all the books which you ordered on 3 April are packed and ready for despatch.
> The consignment awaits collection at our warehouse and consists of two cases, each weighing about 100kg.
> Arrangements for shipment, CIF Singapore, have already been made with W. Watson & Co. Ltd. As soon as we receive their statement of charges, <u>we will arrange for shipping documents to be sent to you through ○○Bank against acceptance of our draft</u> as agreed.

## 22  Who might be W. Watson & Co. Ltd?

① buyer                  ② forwarding agent

③ seller                  ④ insurance company

21.④  22.②  정답

> 해설 「귀사가 4월 3일 주문하신 모든 서적이 포장되어 발송할 준비가 되었음을 알려드립니다. 이 탁송품은 당사의 창고에 집하되어 약 100kg으로 해서 2개로 구성될 것입니다. ㈜W. Watson 사가 CIF싱가포르 조건으로 이미 선적 준비를 끝냈습니다. 비용 명세서를 받는 대로, 당사는 합의 한대로 당사 환어음의 인수 시에 ○○은행을 통하여 선적서류가 귀사에게 송부되도록 하겠습니다.」
> 22. 「㈜㈜W. Watson은 누구일 것 같은가?」
>  - ㈜㈜W. Watson가 선적을 진행한다는 것에서 운송중개인(forwarding agent)임을 유추해 볼 수 있다.

## 23

What is MOST suitable translation for the underlined part?

① 당사 환어음의 인수 시에 ○○은행을 통하여 선적서류가 귀사에게 송부되도록 하겠습니다.

② 선적서류를 준비하여 우리가 수용할 수 있는 환어음을 보내도록 준비하겠습니다.

③ 선적서류를 먼저 준비하고 은행 인수 환어음으로 받도록 하겠습니다.

④ 바로 인수할 수 있는 환어음을 보내고 후에 선적서류를 준비할 것입니다.

> 해설 「밑줄 친 부분을 가장 잘 번역한 것은 무엇인가?」
> 23번 해석 참조

## 24

Here is part of a document issued by an exporter. Choose INCORRECT explanation about this document according to UCP600?

| Marks & Numbers of Pkgs | Description of Goods | Quantity/Unit | Unit Price | Amount |
|---|---|---|---|---|
| No.54321 | Memory chip ABC-15 | 1,000sets | US$100 CIF New York | US$100,000 |

① This document must appear to have been issued by the beneficiary.
② This document may not be signed.
③ This document must be made out in the same currency as the credit.
④ This document must be made out in the name of the issuing bank.

> 해설 「다음은 어떤 수출상이 발행한 서류의 일부분이다. UCP600에 따라 이 서류와 관련하여 잘못된 것을 고르시오.」
> ①「이것은 분명히 수익자가 발행한 것으로 보인다.」
> ②「이 서류는 서명이 필요없다.」
> ③「이 서류는 신용장과 같은 통화로 작성되어야 한다.」
> ④「이 서류는 개설은행 앞으로 발행되어야 한다.」
> - 예시 서류는 상업송장이며 상업송장은 개설의뢰인 앞으로(in the name of the applicant) 작성되어야 한다.

> 정답  23.①  24.④

**25** What is not mandatory written information for Bill of Exchange?

① amount
② drawee
③ L/C number
④ drawer

「환어음에서 필수 기재 사항이 아닌 것은 무엇인가?」
환어음에서 신용장의 번호(L/C number)는 필수 기재 사항이 아니다.

[표] 환어음의 기재 사항

| 필수 기재 사항 | 임의 기재 사항 |
| --- | --- |
| ① 환어음의 표시(Bill of Exchange)<br>② 무조건지급위탁문언<br>　　(unconditional order to pay in writing)<br>③ 금액(문자/숫자) : 화폐의 종류도 표시<br>④ 지급인의 표시/ 지급기일의 표시<br>⑤ 지급지의 표시/ 수취인의 표시<br>⑥ 발행일 및 발행지의 표시<br>⑦ 발행인의 기명날인 또는 서명 | ① 환어음의 번호<br>② 신용장 및 계약서 번호<br>③ 신용장 발행 은행명<br>④ 신용장 번호 및 발행일 |

## 02 영작문

**26** What is the word in the following underlines in common?

> " A " means that the goods being shipped can be bought, sold, or traded while they're in transit.
> " B " bill of lading can be endorsed from one party to another.

① A: Negotiable
　B: negotiable
② A: Non-negotiable
　B: non-negotiable
③ A: Transferable
　B: transferable
④ A: Surrendered
　B: surrendered

「다음 밑줄 친 부분에 공통으로 들어가는 단어는 무엇인가?」
「"A"는 선적되는 물품이 운송중에 매입, 판매되거나 거래될 수 있는 것을 말한다.
"B"는 어느 당사자에서 다른 자에게 배서될 수 있는 선하증권이다.」
A와 B는 모두 유통가능(negotiable) 선하증권에 대한 설명이다.

25.③　26.①　**정답**

[27~28] Read the following letter and answer the questions.

> Thank you for your fax of 21 April. ( A ) you will find details of our sailings from Hong Kong to Tilbury for the end of this month and the beginning of next.
> You will see that the first ( B ) vessel we have will be the MV Orient, which will ( C ) cargo from 3 May to 7 May, when she sails. She is due in Tilbury on 3 June.

**27** Which of the following BEST completes the blanks in the letter?

① A: Enclosed, B: available, C: take
② A: Enclosing, B: booking, C: accept
③ A: Enclosed, B: available, C: accept
④ A: Enclosing, B: booking, C: take

해설 「귀사의 4월 21일자 팩스를 잘 받았습니다. 이달 말 과 다음 달 초 홍콩에서 틸버리로 가는 당사의 상세 항해 일정을 동봉(A : Enclosed)해드립니다. 예약 가능(B : available)한 당사의 첫 번째 선박은 오리엔트 호이며 이 배는 5월 3일에서 5월 7일 화물 접수(C : accept)를 할 것입니다. 이 선박은 6월 3일 틸버리 도착 예정입니다.」
27.「이 서신의 빈 칸을 완성하기 가장 알맞은 것은 어느 것인가?」
 위 해석 참조

**28** Which are right dates for both ETA and ETD?

① 3 June - 7 May   ② 7 May - 3 June
③ 3 June - 3 May   ④ 3 May - 3 June

해설 「도착예정일과 출발예정일이 올바른 날짜는 어느 것인가?」
화물접수일의 마지막 날이 5월 7일이므로 출발예정일자는 5월 7일이고 도착예정일자는 6월 3일이다.
▶ ETA[Estimated Time of Arrival] : 도착예정시간
▶ ETD[estimated time of departure] : 출발예정시간

**29** Which of the following is the appropriate words for the blank below?

> ( ) offers and provides protection to merchant vessels' corporations which stand a chance of losing money in the form of freight in case the cargo is lost due to the ship meeting with an accident.

① Voyage insurance      ② Hull insurance
③ Liability insurance   ④ Freight insurance

정답  27.③  28.①  29.④

**해설**  「아래 빈 칸에 적합한 단어는 어느 것인가?」
「(Freight insurance : 운임보험)은 선박이 어떤 사고를 만나서 화물을 분실한 경우 운임을 상실할 가능성이 있는 경우 상선 회사의 운임을 보장한다.」
- stand a chance of : ~ 의 가능성이 있다
- Hull insurance : 선체보험
- Liability insurance : 책임보험

**30** Which of the following is the right match for the blanks below?

> ( A ) is the minimum cover cargo insurance policy available in the market. Only difference between ICC(B) and ICC(C) is the additional risks covered under ( B ) cargo insurance policies. ( C ) covers loss of or damage to the subject-matter insured caused by entry of sea lake or river water into vessel craft hold conveyance container or place of storage but ( D ) does not.

① A: ICC(B), B: ICC(C), C: ICC(B), D: ICC(C)
② A: ICC(C), B: ICC(B), C: ICC(B), D: ICC(C)
③ A: ICC(B), B: ICC(C), C: ICC(C), D: ICC(B)
④ A: ICC(C), B: ICC(B), C: ICC(C), D: ICC(B)

**해설**  「아래 빈 칸에 적합한 단어는 어느 것인가?」
「(A : ICC(C))는 보험시장에서 이용할 수 있는 최소담보적하보험이다. ICC(B)와 ICC(C)의 차이점은 (B: ICC(B)) 적하보험에서의 추가담보위험이다.(C: ICC(B))는 본선, 부선, 선창, 운송용구, 컨테이너 또는 보관장소에서 해수 호수 또는 하천수의 침입에 기인한 피보험목적물의 멸실 또는 손해는 담보하지만, (D: ICC(C))는 그렇지 않다.」
- in the market : 시장에서, 팔려고 내놓은
- subject-matter insured : 피보험목적물

**31** Which of the following is the RIGHT match of the words suitable for the blanks below?

> The main advantage is that ( A ) is much faster than ( B ). This finality can be unattractive to some who want to keep options open and have the ability to appeal a decision. However, unlike a typical ( C ), appeals are not allowed in ( D ) cases unless it is proven that the arbitrator was biased or that his or her opinion violated public policy.

① A: litigation
② B: arbitration
③ C: mediation
④ D: arbitration

30.② 31.④ **정답**

해설 「다음 빈 칸에 적절한 단어로 옳게 연결된 것은 다음 중 어느 것인가?」
「주된 장점은 (B arbitration : 중재)보다 (A litigation : 소송)이 더 신속하다는 것이다. 이 최종적인 것은 선택 가능성을 열어놓고 어떤 결정에 상고할 수 있는 가능성을 갖길 원하는 사람에게는 덜 매력적으로 보일 수도 있다. 그러나 전형적인 (C mediation : 조정)과는 다르게, 중재인이 편향적이거나 중재인의 의견이 공익질서를 침해하는 경우가 아니라면 (D arbitration : 중재)의 경우에 상고는 허용되지 않는다.」
제시문에 따라 정확한 용어는 A = arbitration, B = litigation, C = litigation이 돼야 한다.
▶ finality : 변경 불가능한 최후, 최종적임    ▶ appeal : 상고, 항고, 애원, 간청
▶ public policy : 공공 정책, 공익 질서

## 32 Choose one which CANNOT replace the underlined part.

> You have been with us for over 20 years. Such loyalty cannot be overlooked. We have looked into your credit account with us and have decided to help. As you are aware, *you have four overdue invoices*, the latest is about six months overdue.

① you have four outstanding invoices
② you have four invoices overpaid
③ you have four invoices unsettled
④ you have four invoices unpaid

해설 「밑줄 친 부분을 바꿔 쓸 수 없는 것을 하나 고르시오.」
「귀사는 당사와 20년 넘게 거래를 해왔습니다. 이러한 신의는 결코 가볍게 볼 수 없습니다. 당사는 당사와 거래한 귀사의 신용 계정을 검토하고 도움을 드리기로 결정했습니다. 귀사도 잘 아시다시피, *귀사에게는 미지불된 청구 건이 4개 있으며*, 가장 최근의 것은 6개월이나 지급 기한이 지났습니다.」
①「귀사에게는 4개의 미지불 건이 있습니다.」
②「귀사에게는 4개의 초과 지불 건이 있습니다.」
③「귀사에게는 4개의 미해결 건이 있습니다.」
④「귀사에게는 4개의 미지불 건이 있습니다.」
▶ overlook : 간과하다, 못 본 체 하다    ▶ overdue : [지불기한을] 넘기다

## 33 Put an appropriate word for the blank.

> We can ( ) you that the Alpha 2000 is one of the outstanding machines in the market, and our confidence in it is supported by our five-year guarantee.

① assure    ② make    ③ believe    ④ accept

정답 32.②  33.①

 「빈 칸에 적절한 단어를 넣으시오.」
「당사는 알파2000은 시중에서 아주 뛰어난 장비 중의 하나라고 (assure : 확신하며), 이러한 자신감으로 당사는 5년간의 품질보증 기간을 드립니다.」
▶ outstanding : 괄목할 만한, 뛰어난, 미불금의

[34-35] Read the following and answer.

I am writing to you concerning your order, No. CU1555, which you placed four weeks ago. At that time we had expected to be able to complete the order well within the ( ) date which we gave you of 18 June, but since then we have heard that our main supplier of chrome has gone bankrupt.

**34** Which is LEAST similar to underlined concerning?

① regarding
② with regard to
③ about
④ by

 「저는 귀사가 4주 전에 주문하신 귀사의 주문품 No. CU1555에 관해 말씀드리고자 합니다. 그때 당사는 당사가 귀사에 제시한 6월 18일의 인도일자(delivery date)까지는 주문을 잘 완성하리라고 기대를 했었습니다만, 이 이후로 당사의 주 크롬 공급업체가 파산했다는 소식을 들었습니다.
34.「밑줄 concerning과 가장 유사하지 않는 것은 어느 것인가?」
concerning(∼에 관하여)에 by의 의미는 없다.

**35** Which is best for the blank?

① delivery
② offer
③ acceptance
④ accept

「빈 칸에 가장 알맞은 것은 어느 것인가?」
34번 해석 참조

**36** Which is best for the underlined?

Documentary Credits are a preferred method of payment in comparison to Documentary Collections due to : _____

① opportunity for the buyers to examine the goods before payment.
② little credit risk to the buyer with full cash cover.
③ presentation of documents through the channel of banks.
④ comfort provided by the independent undertakings of banks.

34.④  35.①  36.④  **정답**

 「밑줄 친 부분에 가장 잘 맞는 것은 어느 것인가?」
「화환신용장은 추심과 비교하여 더 선호되는 지급 방식이다. 이유는 : _____.」
①「매수인은 대금지급 전에 물품을 점검할 수 있는 기회가 있다.」
②「전액을 지급함으로써 매수인에 대한 신용위험이 적다.」
③「은행 채널을 통해 서류를 제시한다.」
④「은행의 독립적인 지급확약으로 제공된다.」
- 신용장은 신용장에서 요구하는 조건에 충족되는 서류만 제시하면 은행이 독립적으로 지급을 보장하고 있으므로 매수인의 신용에만 의존하는 추심 거래보다 매도인에겐 훨씬 안전한 지급수단이다.
▶ in comparison to : ~와 비교할 때

**37** According to the letter, what would be proper for the blanks in common?

> Thank you for your check for USD(     ). The balance remaining on your account is now USD450,000.
> Since you have requested an extension, we offer you the following payment plan: USD(     ) by the 15th of the month for the next three months.
> If you have another plan in mind, please telephone my office so that we may discuss it. Otherwise, we will expect your next check for USD150,000 on September 15.

① 100,000   ② 200,000   ③ 250,000   ④ 150,000

 「서신에 따라, 빈 칸에 공통적으로 들어가기 적합한 것은 무엇인가?」
「귀사의 (     )짜리 수표를 잘 받았습니다. 귀사 계정의 미불 잔액은 현재 45만 달러입니다. 귀사가 지불 기한을 연장해 달라고 요청하였기 때문에, 당사는 다음과 같이 지불 계획을 제시합니다. : 향후 3개월 간 매월 15일까지 (     )달러를 지불한다. 귀사가 달리 생각하시는 것이 있다면, 이를 의논할 수 있도록 당사로 전화 연락 주십시오. 그렇지 않으면, 9월 15일 15만 달러의 수표를 받는 것으로 알고 있겠습니다.」
- 현재 미불 잔액은 45만 달러이고 이를 3회에 걸쳐서 지급하기로 하고 첫 달의 지불금액은 15만 달러이므로 3회에 걸쳐 매달 15만 달러를 지급해야 함을 알 수 있다.

**38** Which is the best term that the following refers to?

> To throw goods or tackle overboard to lighten a ship in distress.

① Washing overboard   ② Jettison
③ Contamination       ④ Pilferage

「다음에서 말하는 가장 알맞은 용어는 무엇인가?」
「조난당한 선박을 가볍게 하기 위해 갑판 너머로 물품을 던지거나 내리는 것」
투하(Jettison)에 대한 설명이다.
▶ in distress : 조난당한   ▶ contamination : 오염   ▶ pilferage : 좀도둑질

정답  37.④  38.②

## 39. According to the letter, which is MOST suitable for the blank?

> We are truly at a loss. We cannot understand why you still have not cleared your balance.
> Although you have been a reliable customer for many years, we are afraid you are placing your credit standing in jeopardy. You, by paying us this week, can only secure the continued convenience of (     ).

① using cash
② remittance
③ buying on credit
④ legal action

**해설** 「서신에 따라, 빈 칸에 가장 알맞은 것은 어느 것인가?」
「당사는 진짜 무슨 말을 해야 할지 모르겠습니다. 왜 귀사는 아직까지 귀사의 미불금을 청산하지 않는지 당사는 이해할 수 없습니다. 비록 귀사는 수년 동안 신뢰할만한 고객이었지만, 당사는 귀사의 신용상태가 위기에 처했다고 생각합니다. 이번 주에 당사에게 결제를 함으로써, 귀사는 지속적인 신용구매(buying on credit)의 편리함을 누리실 수 있습니다.」

▶ at a loss : (무슨 일, 무슨 말)을 해야 할지
▶ in jeopardy : 위기에 처한
▶ convenience : 편의, 편리함
▶ legal action : 법적 조치

## 40. What is MOST suitable for the blank?

> I have seen your ad in the Boston Globe of Sunday, February 23, and would like to order the following weather vane:
> Model EPC-18″  EAGLE WITH ARROW, COPPER, USD36.95
> I would like weather vane to be sent to the above address by parcel post and charged, with (     ), to my VISA account (number 002 0972 A108; expiration date, 3/22).

① catalogue and price lists
② returning expenses
③ L/C
④ any applicable sales tax and handling costs

**해설** 「빈 칸에 가장 알맞은 것은 무엇인가?」
「저는 선데이 보스턴 글로브 지 2월 23일자에 실린 귀사의 광고를 보았는데, 다음의 풍향계를 주문하고자 합니다. : 모델 EPC-18 화살무늬가 있는 독수리, 구리 동전, 36, 95 달러
상기 주소로 풍향계를 소포 우편으로 보내주시고 부과되는 모든 소비세와 취급 비용(any applicable sales tax and handling costs)은 저의 비자카드 계정으로 청구해 주세요.(카드 번호 002 0972 A108 ;유효일 3월 22일)」

▶ weather vane : 풍향계
▶ parcel post : 소포 우편
▶ sales tax : 소비세
▶ returning expenses : 반송 비용

39.③  40.④  **정답**

**41** What is MOST suitable for the blank?

> Your account is seriously delinquent! Please remit USD10,494.91 to the address above immediately.
> Your (    ) is a valuable business asset, which you are putting at risk. Given that our previous requests have not resulted in your paying this bill, we will have to take other measures if we do not promptly receive payment.

① banking　　　　　　　　② credit record
③ account　　　　　　　　④ collection

「빈 칸에 가장 알맞은 것은 무엇인가?」
「귀사 계정의 채무 불이행이 심각합니다! 상기 주소로 즉시 10,494.91달러를 송금하세요. 귀사의 (credit record : 신용거래 평가)는 소중한 사업 자산인데 귀사는 이를 위험에 빠트리고 있습니다. 당사가 이전에 요청했음에도 이 청구서의 결제가 되지 않았기 때문에, 당사는 이 대금을 즉시 받지 못하면 다른 방법을 강구할 수밖에 없습니다.」
▶ delinquent : 연체된, 채무를 이행하지 않은　　▶ valuable business asset : 소중한 사업 자산
▶ measure : 수단, 방법

**42** Which of the following best fits the blank in the box?

> (    ) are large flat-bottomed boats which are used to transport goods inland along rivers and canals.

① RO-RO　　　　　　　　② LO-LO
③ Lighters　　　　　　　　④ Barges

「박스의 빈 칸에 가장 잘 어울리는 것은 다음 중 어느 것인가?」
「(    )은 대형 평저선인데 강이나 운하를 따라서 내륙으로 물품을 운송하기 위해 사용된다.」
- 바지선(Barges)에 대한 설명이다.
▶ flat-bottomed boats: 평저선　▶ canal : 운하　▶ RO-RO : 자동차 전용 운반선
▶ LO-LO : 컨테이너 선　▶ lighters : 부선

**43** Fill in the blanks with the MOST suitable word(s).

> Our company has diversified recently and, in addition to the professional equipment we have purchased, we now require products for the hobby golfer. Could we ( A ) a meeting to see your sales rep.? Please ( B ) my assistant. I am looking forward to your reply.

① A: arrange,　B: contact　　② A: make,　B: get in touch
③ A: keep,　　B: get in touch　④ A: get,　　B: keep

정답　41.②　42.④　43.①

**해설** 「빈 칸에 가장 적합한 단어를 채우시오.」
「당사는 최근 사업을 다각화하고, 아울러 전문장비를 구입했으며 이제 취미 골퍼를 위한 제품이 필요합니다. 귀사의 영업사원을 볼 수 있도록 미팅을 준비해(arrange) 주시겠습니까? 저의 직원에게 연락주십시오 (contact). 귀사의 답신을 기다립니다.」
- ▶ get in touch : 연락하다
- ▶ sales rep. : 영업사원(sales representative)

## 44 Select the one which has the similar meaning with the underlined below.

> As the prices are continuing to rise, we suggest you should act promptly <u>to cover your present requirements.</u>

① to cover required risks
② to purchase the goods you need
③ to notify us what you require
④ to cover your insurance

**해설** 「아래 밑줄 친 부분과 유사한 의미를 갖고 있는 것을 하나 고르시오.」
「가격이 계속 오르고 있으므로, 귀사의 현재 요구 조건을 충족시키려면 지금 바로 움직이셔야 합니다.」
- 가격이 오르고 있음을 전제하고 있으므로 더 가격이 오르기 전에 필요한 물품을 지금 바로 구매할 것(to purchase the goods you need)을 권고하는 내용이다.
①「필요한 위험을 담보하기 위하여」
③「귀사가 필요한 것이 무엇인지 당사에 통보하기 위해」
④「귀사의 보험계약을 체결하기 위해」

## 45 Select the one which has the same meaning with the underlined below.

> <u>Except in case where</u> firm offers are accepted, orders must be confirmed by telecommunication.

① Except of ② Unless ③ Whenever ④ If

**해설** 「아래 밑줄 친 부분과 유사한 의미를 갖고 있는 것을 하나 고르시오.」
「확정오퍼가 수락된 경우를 제외하고, 모든 주문은 전신으로 확인되어야 한다.」
except of 라는 용법은 없고, 그냥 except라고 해야 한다.
- ▶ except in case where : ~ 하는 경우를 제외하고, ~하지 않는 한(unless)

44.② 45.② **정답**

**46** What is explained in the following sentence?

> A written order that binds one party to pay a fixed sum of money to another party on demand or at a predetermined date. It can be drawn by individuals or banks and is generally transferable by endorsements.

① An offer   ② A letter of credit
③ An acceptance   ④ A bill of exchange

해설 「다음 문장이 설명하는 것은 무엇인가?」
「어느 당사자가 다른 당사자에게 확정금액을 요구 시 또는 미리 지정된 날짜에 지급할 것을 구속하는 서면 지시서. 개인이나 은행이 발행할 수 있고 일반적으로 배서에 의해 양도가능하다.」
– 환어음에 대한 설명이다.

**47** Fill in the blank with right word.

> Upon receiving the shipping documents from our bank, we found the B/L No. 1555 was (    ) by the captain of the vessel, with a comment of some cracks in the cases of the machinery.

① claused   ② cleared   ③ corrected   ④ cleaned

해설 「빈 칸에 올바른 단어를 채우시오.」
「당사의 거래 은행으로부터 선적서류를 받아보니, 선하증권 No.1555에 기계의 포장에 금이 가 있다는 언급이 있는 조목이 기재되어(claused) 있었습니다.」
– 선하증권 상에 물품의 이상을 기재하는 것을 clause(조목을 밝히다)라고 한다.

**48** Choose the one which is the LEAST relevant to the rest of the sentences.

① We are sorry to inform that your last delivery is not up to your usual standard.
② Several items on your invoice have not been included.
③ There is a discrepancy between the packing list of case No.10 and your invoice.
④ We are sorry that we have not been able to deliver your order in time.

해설 「나머지 문장과 가장 관련이 없는 것을 하나 고르시오.」
①「귀사의 최종 배송이 귀사가 평소에 하던 것에 미치지 못함을 알리게 되어 유감입니다.」
②「귀사의 송장에 몇 개 품목이 누락되어 있습니다.」
③「No.10 포장 명세서와 귀사의 송장이 서로 불일치합니다.」
④「귀사의 주문을 제 때 인도할 수 없어서 미안합니다.」
 – ①~③번은 모두 매수인이 매도인에게 서신을 보낼 때 사용되는 표현들이다. 선지 ④번은 매도인이 매수인에게 보낸 서신이다.
▶ relevant to : ~ 와 관련이 있는

정답   46.④   47.①   48.④

**49** Choose the one which is the LEAST relevant to the rest of the sentences.

① Shipment to be made within two weeks of receipt of a letter of credit.
② We can effect shipment within two weeks after your order has been confirmed.
③ As the time of advice is approaching, we have to ask you to cable a letter of credit.
④ Two equal monthly shipments to be made during July and August, 2018.

해설 「나머지 문장과 가장 관련이 없는 것을 하나 고르시오.」
①「신용장을 받은 날로부터 2주 이내에 선적을 합니다.」
②「당사는 귀사의 주문을 확인한 후 2주 뒤에 선적을 하겠습니다.」
③「알려드릴 때가 되어서, 신용장을 개설해 줄 것을 요청합니다.」
④「2018년 7월과 8월 사이에 두 번 균등하게 선적을 할 것입니다.」
- ①, ②, ④번은 모두 선적 일정과 관련된 내용이지만 ③번은 대금결제와 관련된 내용이다.

**50** Put an appropriate word for the blank.

> When you have the opportunity to see the sample yourself, we feel sure you will agree that they are (　) the highest quality.

① of　　② with　　③ for　　④ in

해설 「빈 칸에 적절한 단어를 넣으시오.」
「귀사가 견본을 보시게 되면, 이 제품들의 품질이 뛰어나다는 것에 수긍하실 것이라 믿습니다.」
▶ be of 추상명사: ~인 것, ~인 형태

## 03 무역실무

**51** 무역계약의 법적 성격에 대한 설명으로 옳지 않은 것은?

① 낙성계약은 매매당사자의 합의만으로 성립되는 계약을 말한다.
② 유상계약은 매매당사자가 서로 대가적 채무를 부담하는 계약이다.
③ 쌍무계약은 매도인의 물품급부에 대하여 매수인은 금전 적으로 반대급부를 제공해야할 것을 약속하는 계약이다.
④ 불요식계약은 문서뿐만 아니라 구두나 행위에 의해서도 의사의 합치만 있으면 계약이 성립된다는 것을 의미한다.

해설 쌍무계약은 매매당사자 쌍방의 의무를 말하는 것으로서 매도인에게는 물품을 인도할 의무, 매수인에게는 인도받는 물품에 대하여 대금을 지급할 의무를 말한다. 매수인에게 실질적인 금전적 반대급부 지급의 의무를 명시하는 것은 아니다.

49. ③　50. ①　51. ③　**정답**

**52** 아래 글상자 내용에서 해적에 대한 보상을 받을 수 있는 보험 조건으로 옳은 것은?

> 대한무역(주)의 김상공 대리는 수출하는 물품이 해적이 출몰하는 지역을 통과하여 운송해야 하는 지역의 거래처와 매매계약을 체결할 예정으로 보험계약을 어느 보험조건으로 부보하여야 사고 시 보상을 받을 수 있는지에 대해 보험 조건을 살펴보게 되었다.

① ICC (A)
② A/R
③ FPA
④ ICC (B)

**해설** 해적에 의한 피해는 해상위험으로서 ICC(A)에서 담보하는 위험이다.

**53** 신용장통일규칙(UCP 600)에서 규정하고 있는 선하증권의 수리요건으로 옳지 않은 것은?

① 화물의 본선적재가 인쇄된 문언으로 명시되어 있는 것
② 신용장에서 지정된 선적항과 양륙항을 명시한 것
③ 운송에 관한 이면약관이 있거나 그 약관이 없는 약식의 것
④ 용선계약에 따른다는 명시가 있는 것

**해설** UCP600에서는 운송서류의 수리 조건으로서「용선계약에 따른다는 표시가 없어야 한다.」[UCP600 제20조]고 규정하고 있다.

**54** Incoterms 2020 상의 FOB, CFR, CIF를 비교한 내용이다. 잘못 기재된 것은?

|   | ㉠위험의 분기점 | ㉡해상운임 부담 | ㉢해상보험 부보 |
|---|---|---|---|
| FOB | 지정된 선적항에서 본선의 난간 | Buyer | Buyer |
| CFR | 지정된 선적항에서 본선의 난간 | Seller | Buyer |
| CIF | 지정된 선적항에서 본선의 난간 | Seller | Seller |

① ㉠　　② ㉡　　③ ㉢　　④ 모두 맞음

**해설** FOB 규칙에서 해상운임을 부담하고 보험계약을 체결하는 것은 매수인(buyer)의 몫이다. 그러나 매도인은 물품을 본선의 난간이 아니라 본선의 갑판 상(on board)에 적재해야 인도의무를 다한 것으로 한다. 또한 FOB, CFR, CIF는 모두 본선의 갑판에 적재(on board)하여 인도해야 할 의무가 있다.

**정답** 52.① 53.④ 54.①

## 55 Sea Waybill을 B/L과 비교한 내용으로 옳은 것은?

① Sea Waybill은 유통성이 없으나 상환증권이다.
② Sea Waybill은 기명식으로 발행되므로 물품을 인수받을 자는 자신이 정당한 수화인임을 증명하면 된다.
③ B/L은 유가증권이나 상환증권은 아니다.
④ 운송 중 매매가 필요한 경우에도 Sea Waybill이 유용하다.

**해설**
① Sea Waybill은 유통성도 없고 상환증권도 아니다. 수취인은 본인 확인만 되면 물품을 수령할 수 있다.
③ B/L은 유가증권이면서 B/L 제시로 물품의 인도를 요구할 수 있는 상환증권이다.
④ Sea Waybill은 유통증권이 아니므로 운송 중 매매할 수 없다.

## 56 양도가능 신용장에 대한 설명으로 옳지 않은 것은?

① 수익자가 제3자에게 신용장의 전부나 일부를 양도하는 것이 허용되는 신용장이다.
② Transferable이라는 용어가 기재된 신용장만 양도가능 신용장으로 취급된다.
③ 양도가능 신용장은 1회에 한해 양도될 수 있어 제2수익자는 제1수익자에게 양도할 수 없다.
④ 양도가능 신용장의 각 분할분은 신용장금액의 한도 내에서 독립적으로 양도될 수 있다.

**해설** 양도가능 신용장은 1회에 한해 양도될 수 있어 제2수익자는 **제3수익자에게** 양도할 수 없다.

## 57 신용장방식과 추심방식을 비교한 내용으로 옳지 않은 것은?

| 구분 | 신용장방식 | 추심방식 |
|---|---|---|
| ㉮ 매수인과 은행의 관계 | 발행은행의 개설의뢰인에 대한 신용공여행위 | 매수인에 대한 신용공여행위가 없음 |
| ㉯ 환어음 상 지급인 | 매수인 | 추심은행 |
| ㉰ 국제규칙 | UCP | URC |
| ㉱ 은행의 의무 | 발행은행은 신용장에 따라 수익자에 대한 1차적인 지급채무 | 추심은행이나 추심의뢰은행은 상당한 주의의무를 부담 |

① ㉮   ② ㉯   ③ ㉰   ④ ㉱

**해설** 신용장 방식에서 환어음상의 지급인은 개설은행이고 추심방식에서는 매수인이다.

정답: 55.② 56.③ 57.②

## 58 Incoterms 2020에 대한 설명으로 옳지 않은 것은?

① 운송방식에 상관없이 사용 가능한 규칙은 EXW, FCA, CPT, CIP, DAT, DAP, DDP가 있다.
② FCA, FAS, FOB에서 매수인이 운송계약 의무를 진다.
③ DDP는 수출업자가 수출입통관 의무를 지지만 적하보험 의무는 없다.
④ DPU에서 매도인은 지정터미널에서 물품이 도착된 운송수단으로부터 양하 준비된 상태로 두어야 한다.

**해설** DPU에서 매도인은 **지정목적지에서** 물품이 도착된 운송수단으로부터 **물품을 양하하여** 매수인의 임의처분 상태로 두어야 한다.

## 59 컨테이너 운송형태에 대한 내용 설명으로 옳지 않은 것은?

① CY/CY는 송화인의 공장이나 창고에서 화물을 적입하여 수화인의 창고까지 컨테이너 만재화물을 그대로 운송하는 형태로서 화물은 LCL/LCL 상태이다.
② CY/CFS는 송화인의 공장이나 창고에서 화물을 적입하여 목적지의 여러 명의 수화인에게 전달하기 위해 CFS에서 해체하여 인도하는 운송방식이다.
③ CFS/CY는 다수의 송화인의 화물을 혼재해서 목적항에서 단일의 수화인의 창고, 즉 문전까지 운송하는 형태이다.
④ CFS/CFS는 다수 송화인의 화물을 혼재하여 목적항에서 다수의 수화인에게 인도하는 형태이다.

**해설** CY/CY는 송화인의 공장이나 창고에서 화물을 적입하여 수화인의 창고까지 컨테이너 만재화물을 그대로 운송하는 형태로서 화물은 **FCL/FCL** 상태이다. LCL화물은 소량화물장치장(CFS)에서 다시 컨테이너에 적입하는 절차를 거쳐야 한다.

## 60 추정전손(constructive total loss)에 대한 설명으로 옳지 않은 것은?

① 전손에 대한 보험금을 청구하기 위해서 대위의 통지가 있어야 한다.
② 선박 또는 화물을 회복할 수 있는 가능성이 없는 경우에 해당된다.
③ 선박이나 화물을 회복하는 비용이 회복 시의 그들 가액을 초과할 경우에 해당된다.
④ 화물의 손상의 경우에는 그 손상을 수리하는 비용과 그 화물을 목적지까지 계속 운송하는 비용이 도착 시 화물의 가액을 초과할 경우에 해당된다.

**해설** 추정전손에 대한 보험금을 청구하기 위해서 보험자에게 위부의 통지를 하고 보험자가 이를 수락해야 한다.

**정답** 58.④ 59.① 60.①

**61** 화환신용장이 수입업자에게 주는 효용이 아닌 것은?

① 수출업자와 보다 유리한 조건으로 무역계약을 체결할 수 있다.
② 계약조건과 일치한 물품의 선적을 믿을 수 있다.
③ 수입국가의 외국환관리규정에 따른 외환 이전위험을 피할 수 있다.
④ 선적 시부터 대금지급 시까지의 무역금융의 혜택을 누릴 수 있다.

**해설** 신용장을 개설한다고 해서 외국환관리규정에 따른 외환의 지급 및 수령에 대한 의무를 면제받는 것은 아니다.

**62** 아래 글상자 내용은 컨테이너 터미널 시설 어디에 해당 하는가?

> 컨테이너선이 안전하게 부상하고 입항하여 닿을 수 있는 시설을 말하며, 컨테이너선이 만재 시에도 충분히 안전하게 부상할 수 있는 수심의 유지가 필요하며 적정한 안벽의 길이도 확보되어야 한다.

① 선석(berth)
② 에이프런(apron)
③ 마샬링 야드(marshalling yard)
④ 컨테이너 야드(container yard)

**해설** 선석(안벽 ; berth)에 대한 설명이다. 에이프런은 화물의 선적과 양륙이 이루어지는 장소이고, 마샬링 야드는 컨테이너 야드에 장치된 컨테이너를 목적지별로 분류하여 임시로 장치하는 곳이다.

**63** 아래 글상자 내용은 어떤 종류의 해상운임 설명인가?

> 톤당 운임에 기초한 운임산정방법의 번거로움을 줄이기 위하여 화물의 종류나 중량에 관계 없이 무조건 1컨테이너당 얼마로 정하는 운임이다.

① 특별운임(Special Rate)
② 경쟁운임(Open Rate)
③ 박스운임(Box Rate)
④ 통운임(Through Freight)

**해설** 박스운임(Box Rate)에 대한 설명이다.
▶ 특별운임(Special Rate) : 해운동맹이 비동맹선사와 집화경쟁을 위해 특정품목에 대하여 공통운임보다 낮게 책정한 운임을 말한다.
▶ 경쟁운임(Open Rate) : 광산물 등 대량화물의 수송에 있어 동맹선사의 경쟁력을 높이기 위해 동맹선사 스스로가 운임을 결정토록 하는 경우의 운임
▶ 통운임(Through Freight) : 일관된 운송계약에 의하여 최초의 적출지에서부터 최후의 목적지에 이르기까지의 전 운송구간에 대하여 최초의 운송인이 징수하는 단일운임을 말한다.

**정답** 61.③ 62.① 63.③

**64** 무역거래에서 결제조건이 같은 지급 시기로 분류된 것으로 옳은 것은?

① CWO, COD, CAD
② CWO, CAD, D/P
③ COD, CAD, D/P
④ CAD, D/P, D/A

**해설** CAD, D/P, D/A는 모두 선적이 이루어진 후에 선적서류의 제시에 의해 대금이 청구되는 방식이다.

**65** Incoterms 2020의 CIF 조건에 대한 설명으로 옳지 않은 것은?

① 매도인이 목적항까지의 운송 및 해상보험을 수배하고 그 비용을 부담하지만, 위험은 선적항에서 본선에 적재될 때까지만 부담하는 조건이다.
② 매도인은 해상보험계약과 관련된 해상보험증권을 매수인에게 제공해야 한다.
③ 매도인의 인도의무는 계약상품의 현실적 인도로 완료되지 아니하고 서류의 합법적 제공으로 완료되는 상징적 인도로 이행된다.
④ 해상보험을 부보할 때 양당사자 간에 합의가 없는 한, 협회화물약관의 ICC(A) 조건 또는 A/R 조건으로 부보하면 된다.

**해설** CIF조건에서 해상보험을 부보할 때 양당사자 간에 합의가 없는 한, 협회화물약관의 ICC(C) 조건 또는 FPA 조건으로 부보하면 된다. 반면에 CIP조건에서는 ICC(A) 또는 ICC(A/R)약관으로 보험계약을 체결해야 한다.

**66** 매수인의 계약위반에 따른 매도인의 구제방법으로 옳지 않은 것은?

① 이행청구권
② 추가기간지정권
③ 대금감액청구권
④ 손해배상청구권

**해설** 대금감액청구권은 물품의 하자 또는 계약 미이행으로 인하여 입은 손해에 대해 매수인이 매도인에게 청구하는 구제방법이다.

**67** Beneficiary가 L/C를 사용하는 Nominated bank가 사전에 지정되어 있는 신용장을 모두 고르면?

㉠ sight payment L/C
㉡ deferred payment L/C
㉢ acceptance payment L/C
㉣ restricted L/C
㉤ freely negotiable L/C

① ㉠, ㉡, ㉢, ㉣
② ㉠, ㉡, ㉢, ㉤
③ ㉠, ㉡, ㉣, ㉤
④ ㉡, ㉢, ㉣, ㉤

**정답** 64.④ 65.④ 66.③ 67.①

**해설** 지급신용장(sight payment L/C), 연지급신용장(deferred payment L/C), 인수신용장(acceptance payment L/C), 매입제한신용장(restricted L/C)은 모두 지급, 연지급, 인수, 매입을 특정은행에서 행하도록 지정된 신용장이다.

## 68 대외무역법 상 전자적 형태의 무체물로 볼 수 없는 것은?

① 영화, 게임, 애니메이션, 만화, 캐릭터 등의 영상물

② 음향음성물

③ 전자서적 및 데이터베이스

④ 설명서와 CD가 번들로 되어 서점에서 판매되는 소프트웨어

**해설** 전자적 형태의 무체물이 어떤 용기나 도구 등에 담겨지면 무체물이 아니라 유체물로 간주한다. 예를 들면 mp3 노래는 무체물이지만 이것이 CD에 담기면 무체물로 간주된다.

## 69 다음 중 대외무역법령 상 외화획득의 범위에 해당하지 않는 것은?

① 수출

② 해외파병 국군에 대한 물품 등의 매도

③ 관광

④ 용역 및 건설의 해외 진출

**해설** 해외파병 국군에 대한 물품 등의 매도는 국가간 거래도 아닐뿐더러 외화를 받는 것도 아니기 때문에 외화획득의 범위에 해당되지 않는다.

## 70 아래 글상자에서 설명하는 선하증권의 종류로 옳은 것은?

> 하나의 운송물이 목적지까지 운송되는 동안 복수의 운송인이 개입하여 동종 또는 이종의 운송수단을 결합·이용하여 단계별 운송이 이루어질 경우 그러한 운송을 커버하는 선하증권을 말한다.

① Ocean B/L    ② Through B/L

③ Local B/L    ④ Red B/L

**해설** 통선하증권(Through B/L)에 대한 설명이다.

68.④ 69.② 70.②  **정답**

## 71  복합운송의 이점 설명으로 옳지 않은 것은?

① 비용절감
② 인력과 시간절약
③ 서류 및 절차의 간소화
④ 손해배상청구업무의 복잡화

**해설** 복합운송의 경우 전체 운송 구간에 대하여 최초의 운송인이 일괄 책임을 지는 방식이므로 화물의 손상이 생긴 경우 손해배상청구업무가 간소하고 단순해진다는 장점이 있다.

## 72  아래 글상자 내용은 무엇에 대한 설명인가?

> 어떤 운송주선업자(freight forwarder)가 자체적으로 집화한 소량화물(LCL)을 FCL로 단위화하기에 부족한 경우 동일 목적지의 LCL을 많이 확보하고 있는 다른 운송주선업자에게 공동혼재(Joint Consolidation)를 의뢰하여 FCL로 만들어 선사에 제공하는 것을 말한다.

① Vanning
② Discharging
③ Co-Loading
④ Unstuffing

**해설** Co-Loading 에 대한 설명이다.
▶ vanning : 적입(컨테이너에 화물을 집어 넣는 것) stuffing, Loading 이라고도 한다.
▶ discharging : 양하(화물을 운송수단에서 내려 놓는 것)

## 73  선내 하역비 중 선적 및 양륙 비용을 화주가 모두 부담하는 운임은?

① Berth Term
② FIO
③ FI
④ FO

**해설** FIO에 대한 설명이다. 아래 표 참조

[표] 하역비 부담조건

| 구 분 | 내 용 |
| --- | --- |
| Berth Terms(Liner Terms) | 선적과 양륙비용이 포함되어 있으며 정기선의 개품운송계약에 사용한다. |
| FIO(Free In and Out) | 선적과 양륙비용을 용선자가 부담 |
| FI(Free In) | 선적비용은 용선자가, 양륙비용은 선주가 부담 |
| FO(Free Out) | 양륙비용은 용선자가, 선적비용은 선주가 부담 |
| FIOST (Free In, Free Out, Stowed, Trimmed) | 선적비용, 양륙비용, 본선 내의 적부비용 및 화물정리비용 등은 모두 용선자 부담 |

**정답** 71.④ 72.③ 73.②

**74** 다음 중 성격이 다른 신용장을 고르시오

① back to back credit
② revolving credit
③ escrow credit
④ tomas credit

 revolving credit(회전신용장)을 제외하고는 모두 구상무역에서 사용되는 신용장이다.

**75** 화물이 서류보다 먼저 도착한 경우 수입상이 화물을 용이하게 찾는데 사용할 수 있는 서류로 보기 어려운 것은?

① Sea Waybill
② Letter of Indemnity
③ Letter of Guarantee
④ Surrendered B/L

 Letter of Indemnity는 파손화물보상장을 말하며 화물의 인도를 청구할 수 있는 서류가 아니다.
▶ Sea Waybill : 해상화물운송장   ▶ Letter of Guarantee(L/G) : 수입화물선취보증서

74.② 75.②

# 제115회 2급 기출해설
## (2019년 제2회)

## 01 영문해석

※[1~2] Read the following and answer.

> Peter Han
>
> HNC World
>
> We have already communicated with the Arab Bank in Libya to open a credit in the amount of US $32,000.00 in your favor effective until 15 March 2019. The credit will be confirmed by HSBC, Seoul who will accept your draft at 30 d/s for the full amount of your invoice. The following documents are required to be attached to your draft:
>
> - Bill of Lading (in duplicate)
> - Invoice CIF Tripoli (in triplicate)
>
> Regards,
> Abdul Ismael
> Kings Corp

**01** Which is right?

① HNC World is the beneficiary.
② Kings Crop is the insurer.
③ HSBC is the issuing bank.
④ The issuance date of credit is 15 Mar., 2019.

정답   01. ①

**해설**
「HNC 월드의 피터 한 씨에게
당사는 리비아에 있는 아랍은행에게 2019년 3월 15일까지가 유효기간이고 귀사를 수익자로 하는 3만 2천 달러짜리 신용장을 개설하라고 이미 연락해 놨습니다. 이 신용장은 귀사의 송장 전체 금액에 대해 귀사의 일람 후 30일 출급 환어음을 인수 하게 될 서울의 HSBC은행에서 확인을 받게 될 것입니다. 다음은 귀사의 어음에 함께 첨부될 서류입니다.
- 선하증권(2통의 부본)
- CIF 트리폴리 조건 송장(3통의 부본)」
01. 옳은 것은 어느 것인가?
① 「HNC 월드는 수익자이다.」
② 「(주)킹은 보험자이다.」
- ㈜킹은 수입상이다.
③ 「HSBC는 개설은행이다.」
- HSBC는 확인은행이면서 인수은행이다.
④ 「신용장의 개설일은 2019년 3월 15일이다.」
2019년 3월 15일은 신용장의 유효기간 마지막 날이다.

**02** Who is the proper drawee of the draft in view of beneficiary?
① HNC World
② Kings Corp
③ Arab Bank
④ HSBC Seoul

**해설** 「수익자의 관점에 볼 때 환어음의 지급인으로 누가 적합한가?」
HSBC 서울지점이 확인은행이면서 인수은행이므로 환어음은 HSBC 서울지점에 제시해야 하고 지급인도 HSBC 서울지점이다.

**03** The party, other than seller, which is entitled to receive the payment of bill of exchange is known as:

| A. Drawer | B. Drawee | C. Payee | D. None of these |
|---|---|---|---|

① A   ② B+C   ③ C   ④ D

**해설** 「매도인 외의 당사자로서 환어음의 금액을 지급받을 수 있는 사람은 수취인(Payee)라고 한다.」
▶ other than : ~외에, ~ 과 다른

**04** Which is NOT correct full wording?
① COD : Cash On Delivery
② CAD : Cash Against Draft
③ CWO : Cash With Order
④ T/T : Telegraphic Transfer

**해설** 「약어를 풀어쓴 것으로서 옳지 않은 것은 어느 것인가?」
▶ CAD(서류상환 지급방식) : Cash Against **Document**

02.④  03.③  04.②  **정답**

## 05   Which can NOT be inferred from the below?

> Dear Dawon,
> Our Order No. 14478
> I am writing to complain about the shipment of sweaters we received yesterday against the above order. The boxes in which the sweaters were packed were damaged, and looked as if they had been broken open in transit. From your invoice No. 1555, we estimate that thirty garments have been stolen, to the value of US $5,500.00 Because of the rummaging in the boxes, quite a few other garments were crushed or stained and cannot be sold as new articles in our shops.
> As the sale was on a CIF basis and the forwarding company were your agents, we suggest you contact them with regard to compensation.
> You will find a list of the damaged and missing articles enclosed, and the consignment will be put to one side until we receive your instructions.
> Yours sincerely

① The goods will be stored pending seller's instructions as to disposal.
② Buyer is liable for the damage as the risk has passed on the unloading port.
③ Seller has paid the insurance and freight.
④ The goods arrived are not consistent with the invoice.

### 해설

「다음에서 추론할 수 없는 것은 어느 것인가?」
「대원 씨에게,
당사 주문 번호 14478
당사는 상기 주문 건에 대해 어제 받은 스웨터 선적품에 대해 불만을 제기합니다. 스웨터가 담긴 박스들이 손상되었는데, 운송중 부서진 것으로 보입니다. 귀사의 송장 No.1555에 따르면, 5천 5백 달러 어치 의류 30벌이 도난된 것으로 당사는 추정합니다. 박스를 뒤졌기 때문에, 그리고 박스 안에 남아있는 약간의 다른 옷들은 뭉개져 있거나 얼룩이 져 있어서 당사의 상점에서 신상품으로 판매할 수 없습니다. 매매계약은 CIF조건이었고 포워딩 회사가 귀사의 대리인이었으므로, 당사는 이 보상 건에 대해 이 회사에 연락을 해보시기 바랍니다. 파손품과 분실물품의 목록을 동봉하고 귀사의 지시를 받을 때까지 탁송품은 별도로 보관해두겠습니다.

①「물품은 폐기를 위해 매도인의 지시를 기다리는 동안 보관될 것이다.」
②「매수인은 위험이 양륙항에서 이전되었기 때문에 손상에 대한 책임이 있다.」
 - CIF조건에서는 선적항에서 물품이 본선적재되면 위험은 매도인에게서 매수인에게로 이전된다.
③「매도인은 보험료와 운임을 지불하였다.」
④「도착된 물품은 송장과 일치하지 않는다.」

- rummage : 뒤지다, 뒤지기
- put to one side : 한쪽으로 치우다
- pending : ~를 기다리는 동안, 곧 있을
- crushed : 으깨진, 뭉개진
- as to disposal : 폐기[처리]하기 위해
- consistent with : ~와 일치하는

정답   05. ②

**06** What is NOT characteristic of advance payment method?

① The importer has not been long established.

② The importer's credit status is doubtful, unsatisfactory and/or the political and economic risks of the country are very high.

③ The product is in heavy demand and the seller does not have to accommodate an importer's financing request in order to sell the merchandise.

④ The seller faces a very high degree of payment risk while retaining little recourse against the buyer for poor quality goods.

「선지급방식의 특징이 아닌 것은 무엇인가?」
①「수입상이 사업 시작한지 얼마 안 되었다.」
②「수입상의 신용상태가 의심스럽고 불만족스러우며 그리고/또한 이 국가의 정치적 그리고 경제적 위험이 매우 높다.」
③「제품이 수요가 많아서 매도인은 상품을 판매하기 위해 수입상의 금융 지원 요청을 제공할 필요가 없다.」
④「매도인은 조악한 품질의 물품에 대해 매수인에게 대금을 회수할 가능성이 거의 없기 때문에 대단히 높은 지급 위험에 직면한다.」
- 선지급방식은 매수인이 먼저 대금을 지급하고 물품을 나중에 받는 방식을 말한다. 수입상의 신용도가 낮거나 설립기간이 짧아서 충분히 자금지급 능력이 검증되지 않았다던가, 그 나라의 경제적, 정치적 위험이 높은 경우 매도인은 선지급 방식을 요구하게 된다. 선지 ④번은 선지급방식과 전혀 관련이 없는 설명이다.

▶ characteristic : 특징, 특유의    ▶ merchandise : 물품, 상품    ▶ retain : 유지하다, 함유하다

※ [7~8] Read the following and answer.

---

Further to our telephone conversation on Friday, I am writing to you concerning your order, No. SX1940, which was placed with us on 10 January. Once again, I must apologize for the delay in processing this order. This was due to a staffing shortage. However, since I spoke to you, we have taken on four new employees at our depot, and I am pleased to tell you that your order is now ready for despatch. It will reach you within five working days.

Special care has been taken to ensure that the consignment has been packed according to your requirements. Each item will be individually wrapped to prevent damage.

Truly yours,
William Hawks

---

**07** Who is most likely to be William Hawks?

① seller    ② buyer    ③ surveyor    ④ insurer

06.④  07.①  **정답**

해설 「금요일의 전화 통화에 추가하여, 1월 10일에 당사에 주문하신 귀사의 주문 No. SX1940에 관련하여 말씀드리고자 합니다. 다시 한 번, 저는 주문의 처리가 늦어진 점에 사과합니다. 직원의 부족 때문이었습니다. 그러나 귀사에 말씀드리고 난 후, 당사는 당사의 공장에 4명의 신규 직원을 채용하여 귀사의 주문이 이제 발송 준비되었음을 알려드립니다. 5영업일 이내에 귀사에 도착할 것입니다. 탁송품은 귀사의 요구에 맞추어서 포장될 수 있도록 신중하게 주의를 기울였습니다. 각 품목은 손상을 막기 위해 개별포장되어 있습니다.」
07.「윌리엄 호큰 누구일 것 같은가?」
- 매도인(seller)인 윌리엄 호큰가 작성한 서신이다.
▶ staffing shortage : 직원 부족   ▶ merchandise : 물품, 상품   ▶ retain : 유지하다, 함유하다

## 08 Which is MOST similar to underlined 'concerning'?

① against    ② because    ③ to    ④ about

해설 「밑줄 친 'concerning'과 가장 유사한 것은 어느 것인가?」
07.「윌리엄 호큰 누구일 것 같은가?」
▶ concerning[about, as to, with regard to] :~에 대하여, ~과 관련하여

## 09 What is NOT true about a bill of lading?

① Only lawful holder of the original bill of lading can demand delivery from the carrier against surrender of the original bill of lading at the port of discharge.

② Consignor or shipper can transfer the title of goods to a 3rd party by endorsement and delivery of the original bill of lading.

③ Non-negotiable bill of lading is a document of title.

④ The endorsement/delivery of bill of lading has the same effect that the holder sells the goods in transit.

해설 「선하증권에 대한 내용으로 사실이 아닌 것은?」
①「원선하증권의 합법적 소유자만이 양륙항에서 원선하증권의 권리를 넘겨주고 운송인에게서 인도를 요구할 수 있다.」
②「송하인 또는 화주는 배서를 통해 제3자에게 물품의 권리를 이전하고 원선하증권을 인도할 수 있다.」
③「비유통선하증권은 권리증권이다.」
- 비유통선하증권은 배서를 통해 양도할 수 없는 증권이므로 권리증권이 아니다.
④「선하증권의 배서와 인도는 선하증권의 소유자가 운송 중 물품을 판매하는 것과 같은 효력이 있다.」
▶ lawful holder of the original bill of lading : 선하증권의 합법적 소유자

정답 08.④  09.③

## 10. What is the main purpose of the letter?

> We will shortly have a consignment of tape recorders, valued at US $50,000.00 CIF Quebec, to be shipped from Manchester by a vessel of Manchester Liners Ltd. We wish to cover the consignment against all risks from our warehouse at the above address to the port of Quebec. Will you please quote your rate?

① to enquire about the insurance premium
② to quote a freight to the shipping company
③ to give the information about the shipping to the buyer
④ to send the invoice

「이 서신의 주목적은 무엇인가?」
「당사는 곧 맨체스터에서 맨체스터 라이너 사의 선박에 적재될 CIF케벡 조건 5만 달러 상당의 테이프 리코더 화물을 보낼 예정입니다. 당사는 상기 주소에 있는 당사의 창고에서 케벡항까지 전위험담보조건으로 보험계약을 하고자 합니다. 귀사의 보험요율을 견적해주시겠습니까?」
①「보험료에 대해 조회하기 위해」
 - 보험계약 체결을 위해 보험자에게 보험료의 견적을 조회하는 서신이다.
②「선사에게 운임을 견적해주기 위해」
③「선적에 대한 정보를 매수인에게 알려주기 위해」
④「송장을 보내기 위해」

## 11. Which is CORRECT about the letter?

> Thank you for your order; the details are listed below for your review. Production is scheduled to begin on May 16, and we would anticipate shipping no later than May 21. Please note that orders cancelled after the start of production are subject to a 25 percent penalty; orders cancelled after shipping are subject to a 30 percent penalty plus the cost of freight.

① The buyer expects to get the products before May 21.
② When the buyer cancels the order on May 18, the buyer is subject to pay a 25% penalty and the cost of freight.
③ If the buyer cancels the order after May 21, the buyer is subject to pay a 55% penalty.
④ When the buyer cancels the order before May 16, there is no specified penalty for the buyer's cancellation of order.

10.① 11.④ 정답

「이 서신에 대해 옳은 것은 어느 것인가?」
「주문해 주셔서 감사합니다 ; 귀사가 참조할 수 있도록 세부품목이 아래에 기재되어 있습니다. 생산은 5월 16일에 시작될 것이며 5월 21일까지 선적할 수 있으리라 봅니다. 주문하고 생산이 시작된 후 취소하면 25% ; 선적 후 취소하면 운임에 더하여 30%의 위약금이 부과됨을 유념해 주십시오.」
① 「매수인은 5월 21일 전까지 제품을 받을 수 있을 것이다.」
 - 선적일이 5월 21일까지로 예정되어 있으므로 이 날짜 이후로 제품을 받게 될 것이다.
② 「매수인이 5월 18일 주문을 취소하면, 매수인은 25%의 위약금과 운임을 지불해야 한다.」
 - 선적 전에 주문을 취소하면 25%의 위약금만 물게 된다.
③ 「매수인이 5월 21일 이후 주문을 취소하면, 매수인은 55%의 위약금을 지불해야 한다.」
 - 선적 후 주문을 취소하는 경우이므로 매수인은 30%의 위약금과 운임을 지불해야 한다.
④ 「매수인이 5월 16일 전에 주문을 취소하면, 매수인의 주문 취소에 따른 특별히 정해진 위약금은 없다.」

**12** In international trade payment, a Bill of Exchange is drawn up by the _____. Fill in the blank.

> A. negotiating bank
> B. exporter
> C. drawee
> D. issuing bank

① A　　　② B　　　③ C　　　④ D

「국제결제에서, 환어음은 ___ 이 발행한다. 빈 칸을 채우시오.」
 - 환어음은 수출상(매도인)이 발행한다.

※ [13~14] Read the following and answer.

We are writing to you (A)<u>with reference to</u> the above order and our letter of 22 May in which we asked when we could expect delivery of the 5 passenger cars (GM7) you agreed to supply by 3 June here. We have tried to contact you by phone, fax, and e-mail but no-one in your organization seemed to know anything about this matter.

It is essential that we deliver these goods to our Korean customers on time as this was an initial order from them and would give us opening in the local market here.

Our deadline is 28 June. Unless we receive the cars within the next five days, our customers will cancel the order and place it elsewhere. We would like to make it clear that loss resulting from this late delivery will bring us legal action.

Yours sincerely

**정답**　12.②

**13** What is the main purpose of letter?

① Notice of losses resulting from nonperformance
② Start of legal processing
③ Complaint about non-delivery
④ Cancellation of sales contract

 「상기 주문과 관련하여 귀사에게 연락드립니다. 당사의 5월 22일자 서신에서 당사는 귀사가 6월 3일까지 공급해주겠다고 합의한 5인승 차량들(GM7)을 언제 받을 수 있는지 물었습니다. 당사는 귀사에게 전화, 팩스, 그리고 이메일로 연락을 했습니다만, 귀사에서는 이 건에 대해 아시는 분이 아무도 없는 것 같습니다.
이 차량들을 제 때에 한국의 고객들에게 인도하는 것이 매우 중요합니다. 이것은 그 고객 분들에게 받은 첫 주문이고 당사에게 이곳 시장을 열어줄 것이기 때문입니다. 당사의 마감일은 6월 28일입니다. 앞으로 5일 이내에 이 차들을 받지 못하면, 당사의 고객들은 이 주문을 취소하고 다른 곳에 할 것입니다. 당사는 인도지연으로 말미암아 생긴 손해에 대해서는 법적조치를 취할 것임을 분명히 하고자 합니다.」
13.「이 서신의 주목적은 무엇인가?」
①「불이행에 따른 손해에 대한 통지문」
②「법적 절차의 시작」
③「미인도에 대한 불만 제기」
 - 차량의 미인도에 대해 불만을 제기하고 조속한 인도를 촉구하는 서신이다.
④「매매계약의 취소」

**14** Which is NOT similar to A?

① regarding          ② referenced
③ with respect to    ④ with regard to

 「A와 유사하지 않은 것은 어느 것인가?」
▶ with reference to[about/ regarding/ with respect to/ with regard to/ concerning] : ~ 에 관하여
▶ referenced : 참조되는

**15** What does the following article in sales contract explain about?

> "This agreement shall be governed, construed and performed by the laws of the Republic of Korea."

① Jurisdiction       ② Governing Law
③ Force Majeure      ④ Arbitration

 「매매계약서에 있는 다음 문항은 무엇에 대한 설명인가?」
「본 계약은 대한민국의 법에 따라 준거되고 해석되며 이행되어야 한다.」
 - 준거법(Governing Law)조항에 대한 설명이다.
▶ Jurisdiction : 재판관할조항      ▶ Force Majeure : 불가항력조항

13.③  14.②  15.②  **정답**

※ [16~17] Read the following and answer the questions.

> Dear Mr. Arnaud:
>
> As you informed us earlier today by phone, the invoice we sent is indeed incorrect. Your order should have been discounted 45% instead of 20%.
> Perhaps we've done our promotional job on those brushes. Our billing staff was so used to allowing the 20% discount that in your case he forgot to add on the 25% trade discount. We're in the process of recalculating your order with the correct 45% discount, and the new invoice should be processed on its way to you by the end of this week.
> We do regret this slip and are happy to have the chance to set the matter straight.
>
> William T. Moore

**16** What is the main subject of the letter?

① Acknowledgement of complaint for goods

② Apology for billing error

③ Asking for payment

④ Apology for service delay

「아르노 씨에게 :
전화로 오늘 일찍 알려주신 바와 같이, 당사가 보낸 송장은 명백히 잘못되었습니다. 귀사의 주문은 20%가 아니라 45%로 할인되었어야 합니다. 당사는 이 브러시에 대한 판촉활동을 했었습니다. 당사의 경리 직원은 20% 할인을 적용해왔는데 이번 귀사의 경우에는 그가 25%의 거래 할인을 더해야 한다는 것을 잊었습니다. 당사는 귀사의 주문에 45%의 할인을 적용하여 재계산하고 있으며, 신규 송장은 이반 주 말까지 귀사에게 송부될 것입니다. 당사는 이 전표에 진심으로 유감으로 생각하며 이 건을 바로잡을 수 있는 기회가 있어서 다행입니다.」
16.「이 서신의 주제는 무엇인가?」
①「물품에 대한 클레임 통지」
②「계산서 착오에 대한 사과」
 - 할인율이 잘못 적용되어 청구된 계산서에 대해 사과를 구하는 내용이다.
③「지급 요청」
④「서비스 지연에 대한 사과」
▶ indeed : 정말, 확실히    ▶ billing staff : 경리 직원    ▶ promotional job : 판촉 활동
▶ in the process of : ~의 과정에서    ▶ on its way : 가는 중인, 도중에

정답  16.②

# 17 Which of the following is LEAST inferred?

① William T. Moore finds that the buyer has a legitimate complaint.

② The store of William T. Moore has been running a promotional sale on a new line of brushes.

③ Mr. Arnaud had been expecting a 45% discount, whereas his bill reflects a discount of only 25%, the sale discount.

④ William T. Moore could be a customer service manager.

「추론할 수 없는 것은 다음 중 어느 것인가?」:
①「윌리엄 티. 무어는 매수인이 정당한 불만을 제기한다고 생각한다.」
②「윌리엄 티. 무어의 가게는 신규 브러시의 판촉 판매를 해 왔었다.」
③「아르노 씨는 45%의 할인을 기대했었는데, 그의 계산서에는 판매 할인으로 겨우 25%의 할인만 반영되어 있다.」 – 25%가 아니라 20%만 반영되어 있었다.
④「윌리엄 티. 무어는 고객서비스 담당자이다.」
▶ legitimate complaint : 정당한[타당한] 불만    ▶ reflect : 반영하다

# 18 Which of the following has a different purpose from the others?

① Much to regret, your order has been held up at the docks by the strike of stevedores.

② You have supplied products below the standard we expected from the samples.

③ We regret that we have to complain about the way in which the consignment just received has been packed.

④ On opening the container, we found that the goods were short by 2 units.

「타 문장과 다른 목적을 갖고 있는 것은 다음 중 어느 것인가?」:
①「매우 유감스럽게도, 귀사의 주문은 부두근로자의 파업으로 부두에 묶여 있습니다.」
 – 타 문장은 모두 제품과 관련된 클레임 제기이지만 선지 ①번은 선적 지연에 대한 내용이다.
②「귀사는 당사가 견본에서 기대했던 표준보다 아래인 제품을 공급했습니다.」
③「당사는 수취한 탁송품이 이러한 방식으로 포장된 것에 대해 불만입니다.」
④「컨테이너를 열어보니, 물품이 2개 부족하더군요.」
▶ stevedore : 항만노동자, 부두 일꾼

17.③  18.①  정답

**19** Which of the following is the LEAST appropriate Korean translation?

① We would be obliged if you could introduce us some importers of fabric goods.
→ 면직물품 수입상 몇 곳을 소개해 주시면 감사하겠습니다.

② Prices are to be quoted in U.S. Dollars on CPT New York.
→ 가격은 뉴욕항까지 운임 및 보험료 포함 조건에 의하여 미화로 견적한다.

③ Your account for US $10,000.00 is now overdue for two months.
→ 미화 만불에 대한 귀사의 계정이 2개월 째 결제되지 않고 있습니다.

④ This offer can be subject to change without prior notice.
→ 이 청약은 사전 통지 없이 언제라도 변경될 수 있습니다.

**해설** 「한국어로 가장 적절하지 않게 번역한 것은 다음 중 어느 것인가?」:
② 가격은 뉴욕항까지 **운송비 부담** 조건에 의하여 미화로 견적한다.
▶ CPT : 운송비지급 인도조건

**20** Which of the following is the LEAST appropriate Korean translation?

① We are pleased to accept your offer as your goods suit our market.
→ 귀사의 상품이 당 시장에 적합하기 때문에 귀사의 청약을 기꺼이 승낙합니다.

② Delivery will be made within two months after receipt of your order.
→ 물품의 인도는 귀사의 주문을 받고 2개월 이내에 하게 될 것입니다.

③ The quantity discounts vary subject to the size of order.
→ 주문수량은 대량주문 할인에 달려있습니다.

④ The goods you inquired for are sold out, but we can offer you a substitute.
→ 귀사가 문의한 물품은 재고가 없으나 대체품을 보내 드릴 수는 있습니다.

**해설** 「한국어로 가장 적절하지 않게 번역한 것은 다음 중 어느 것인가?」:
③ **수량할인**은 대량주문에 달려있습니다.
▶ quantity discounts : 수량할인 - 주문 수량에 따라서 적용되는 할인율
▶ vary : 다양한, 서로 다르다

정답 19.② 20.③

**21** Choose one which has a different intention among the followings.

① The clean B/L fully proves that the goods in question were loaded in good order.

② Upon investigation, we have found that there wasn't any mistake on our part.

③ We have confirmed with our shipping company that the goods were put on board the ship in perfect condition.

④ We shall make every effort to alleviate your financial loss.

**해설** 「다음 중에서 서로 다른 의도를 갖고 있는 것을 고르시오.」
①「무사고 선하증권이 해당 물품이 정상대로 선적되었음을 완벽하게 입증해줍니다.」
②「조사를 해보니, 당사 측에서는 전혀 실수가 없습니다.」
③「물품이 아무 이상 없이 본선적재되었음을 선사로부터 확인했습니다.」
④「당사는 귀사의 금융 손실을 완화해주기 위해 최선을 다하고 있습니다.」
 - 타 문장은 클레임 제기에 대해 잘못이 없다고 반박하는 문장임에 반해 선지 ④번은 상대의 클레임 주장을 수용하여 처리해 주겠다는 표현이다.
▶ alleviate : 완화하다

**22** Choose incorrect information for packing or labeling precaution.

① Pack goods in a strong, sealed, and filled package.

② Pack and put goods on pallets to ensure ease of handling.

③ Make sure that packages and packing filler are made of moisture-resistant materials.

④ List the contents or brand name on the packages.

**해설** 「포장이나 라벨링 주의에 대한 잘못된 정보를 고르시오.」
①「튼튼하게 봉인하고 포장 안을 꽉 채워서 포장하시오.」
②「취급이 용이하도록 물품을 팔레트에 넣어서 포장하시오.」
③「포장과 포장 충전재는 내습재로 만들어야 합니다.」
④「내용이나 상표를 포장 겉면에 기재하시오.」
 - 내용이나 상표는 물품 자체의 라벨에 기재하거나 포장에 표시하여야 한다. 외부 포장에까지 상세 내용과 상표를 표시할 필요는 없다.
▶ packing filler : 포장 충전재   ▶ moisture-resistant materials : 내습재, 습기방어재

정답 21.④  22.④

**23** Which are the appropriate replacement of (a) and (b)?

> We should inform you that owing to the flood at our country it will be difficult for us to (a)dispatch your goods by the date (b)stipulated.

① (a) effect − (b) notified  ② (a) send − (b) specified
③ (a) establish − (b) notified  ④ (a) receive − (b) provided

「(a)와 (b)를 적절하게 바꿔 쓸 수 있는 것은 어느 것인가?」
「당사는 우리나라의 홍수 때문에 (b)약정된 날짜까지 귀사의 물품을 (a)송부하는데 어려움이 있을 것임을 알려드립니다.」
각각 (a)send와 (b) specified 로 대체하여 사용할 수 있다.

**24** Which CANNOT substitute the underlined 'establish'?

> Please establish a letter of credit promptly.

① open  ② withdraw  ③ arrange  ④ issue

「밑줄 친 'establish'를 대체할 수 없는 것은 어느 것인가?」
「신용장을 조속히 개설해 주시기 바랍니다.」
withdraw(철회하다)에는 신용장을 '개설하다'라는 의미가 없다.

**25** What is an APPROPRIATE Incoterms rule for the FREIGHT PREPAID transaction?

① EXW  ② FOB  ③ FAS  ④ CFR

「운임선지급 거래에 적용할 수 있는 인코텀즈는 무엇인가?」
선지에서 매도인이 운임을 부담하는 것은 CFR(운임포함 인도조건)뿐이므로 운임선지급(FREIGHT PREPAID) 거래이다.

## 02 영작문

**26** Fill in the blank with the MOST suitable word.

> Pilferage refers to disappearance of a part or all of the contents of a shipping package without external evidence that package has been _____.

① abandoned  ② insured  ③ lost  ④ violated

**정답** 23.② 24.② 25.④ 26.④

「가장 적절한 단어로 빈 칸을 채우시오.」
「발화란 포장에 침범한(violated) 외적 증거 없이 선적품의 일부 또는 모든 내용물이 사라진 것을 말한다.」
▶ external evidence : 외적 증거  ▶ abandoned : 버려진, 유기된

**27** Which one is the MOST appropriate ENGLISH writing for the following sentence?

> 동봉해 드린 책자를 참조하여 정식으로 서명된 원본을 보내주시기 바랍니다.

① We ask that you send the duly signed original documents to us in reference to how to complete the enclosing booklet.
② We suggest that you should send to us the genuine documents with signature with reference to how to complete the enclosed booklet.
③ We suggest that you send us the duly signed original documents with reference to the booklet enclosed.
④ We ask that you send to us the duly signed genuine documents in reference to how to complete the enclosing booklet.

 「다음 문장의 영작이 가장 적합한 것은 어느 것인가?」
선지 ③번의 문장이 단어의 사용이나 어법에서 가장 적합하다.
▶ with reference to : ~을 참조하여, ~와 관련하여

**28** Which is the MOST proper English writing?

> 동 선적물품을 결제받기 위하여 귀사를 지급인으로 하는 일람불 환어음을 발행하였습니다.

① With a view to pay this cargo, we have a term draft drawn on you at sight.
② In order to cover this shipment, we have drawn a draft at sight on you.
③ In order that this cargo can be settled, we have a draft drawn on you at usance.
④ For the settlement of this cargo, we have a time draft on you.

 「영작이 가장 적절한 것은 어느 것인가?」
선지 ②번의 문장이 단어의 사용이나 어법에서 가장 적합하다.
▶ with a view to : ~할 목적으로  ▶ term draft[time draft] : 기한부 환어음

27.③  28.②  **정답**

**29** Which is the MOST proper English sentence?

> 귀 계정은 현재 3개월이나 기간이 경과되었습니다. 미화 300달러의 수표를 보내시기 바랍니다.

① Your account is now three months delay. Please send us with your check for US $300.00

② Your account is now three months delayed. Please notify us of your check for US $300.00

③ Your account is now three months overdue. Please favor us with your check for US $300.00

④ Your account is now three months due. Please give us with your check for US $300.00

「영작이 가장 적절한 것은 어느 것인가?」
선지 ③번의 문장이 단어의 사용이나 어법에서 가장 적합하다.
▶ notify : 통지하다    ▶ favor A with B : A에게 B를 주다[furnish A with B]

**30** Choose the MOST suitable shipping document on which the following information is to be filled out.

> The net weight of shipment
> The gross weight of shipment
> The measurement (length, width and height) of shipment

① Consular invoice   ② Bill of lading
③ Bill of exchange   ④ Packing list

「다음의 정보를 충족할 수 있는 가장 적절한 선적서류를 고르시오.」
선적품의 중량에 대한 내용이므로 포장명세서(Packing list)에 기재될 내용이다.
▶ net weigh : 정량    ▶ gross weight : 총중량    ▶ measurement : 도량형

정답  29.③  30.④

## 31 Which is LEAST proper English writing?

① 귀사가 문의한 회사에 대하여 좋지 못한 보고를 하게 되어 유감입니다.
→We regret to give you an unfavorable report on the firm you inquired about.

② 당사 제품은 한국과 해외에서 높이 평가받고 있습니다.
→Our products are highly evaluated both in Korea and overseas.

③ 빠른 시간 내에 송금해 주시면 고맙겠습니다.
→Early remittance would highly appreciate.

④ 당사는 귀 지역의 무역업자와 거래 관계를 개설하고 싶습니다.
→We hope to open an account with traders in your area.

「가장 적절하지 않은 영작은 어느 것인가?」
③ Early remittance would **be** highly **appreciated**.

## 32 Fill in the blanks with the BEST words.

> We are pleased to inform you that we have airfreighted your order No. 213 dated July 19 for 72 cartons of health care items (a)___ KE901 at 13:30 PM today, and the cargo will arrive at Beirut international airport at 18:00 today. The relevant documents are as follows:
> 1. Commercial invoice in two copies
> 2. Packing list in two copies
> 3. A non-negotiable air waybill
> 
> We thank you for this business and trust that this cargo will reach you (b)___ good condition and we look forward to receiving your further orders soon.

① (a)with -(b)behind   ② (a)by - (b)in
③ (a)on -(b)in         ④ (a)in - (b)out of

「가장 적절한 단어로 빈 칸을 채우시오.」
「당사는 오늘 13: 30 KE901편으로(a : by) 귀사의 7월 19일자 주문품 건강관리품목 72박스를 항공편으로 발송했음을 알려드립니다. 이 화물은 오늘 6시 베이루트 국제공항에 도착할 것입니다. 관련 서류는 다음과 같습니다.
1. 상업송장 2부
2. 포장명세서 2부
3. 유통불가 항공운송장
본 거래에 감사드리며 이 화물이 귀사에게 이상 없이(b : in) 도착할 것이라 믿습니다. 곧 귀사의 추가 주문을 받기를 기다립니다.」
▶ airfreight : 항공 화물   ▶ in good condition : 아무 이상 없이

31.③  32.②  **정답**

## 33 Which pair is LEAST appropriate?

① 양도가능신용장 - Transferable Letter of Credit
② 본선수취증 - Mate's Receipt
③ 기명식 선화증권 - Straight Bill of Lading
④ 도착(입항) 예정일 - Estimated Time of Departure

**해설** 「가장 적절하지 못한 쌍은 어느 것인가?」
④ 도착(입항) 예정일 - Estimated Time of Arrival
▶ Estimated Time of Departure[ETD] : 출발예정일[시간]

## 34 What is wrong with translation into English?

① 피보험이익: damage interest
② 투하 또는 갑판유실: Jettison or washing over board
③ 피보험목적물의 마모: Wear and tear of the subject-matter insured
④ 공동해손희생: General average sacrifice

**해설** 「영어로 번역이 잘못된 것은 무엇인가?」가장 적절하지 못한 쌍은 어느 것인가?」
① 피보험이익 : **insurable interest**

## 35 Which of the following is grammatically WRONG?

> Miss Brown: Mr. Martin's office. Miss Brown speaking.
> Miss Lee: (1)This is Miss Lee, Mr. Kim's secretary calling.
> Miss Brown: Good morning, Miss Lee. What can I do for you?
> Miss Lee: I'm afraid that Mr. Kim will not be able to see Mr. Martin at 2 o'clock today. (2)Urgent something came up, and he has to leave for Pusan right now.
> Miss Brown: I see. (3)But you should have let us know earlier.
> Miss Lee: Yes, (4)I'm terribly sorry.

① (1)  ② (2)  ③ (3)  ④ (4)

**해설** 「문법적으로 잘못된 것은 다음 중 어느 것인가?」
「미스 브라운 : 마틴 씨 오피스의 미스 브라운입니다.
미스 리 : (1) 미스터 김의 비서, 미스 리입니다.
미스 브라운 : 안녕하세요, 미스 리 무슨 일이시죠?
미스 리 : 미스터 김이 오늘 2시에 마틴 씨를 못볼 것 같아서요. (2)급한 일이 생겼습니다. 그래서 지금 바로 부산으로 떠나야 해요.
미스 브라운 : 네 알겠어요. (3) 하지만 좀 더 일찍 알려주셨어야죠.
미스 리 : 예, (4) 정말 죄송해요.」
② Urgent something came up → **Something urgent** came up

**정답** 33.④ 34.① 35.②

## 36. Which contains the most inappropriate expression?

> Min-ji: We would like to make the MoviePhone as simple as possible.
> Stein: I understand. Jay, could you review the cosmetic design (1)from a mechanical point of view?
> Jay: Yes, I like the cosmetic design, but I'm worried about the size. (2)Since the chipsets take up too much room, a ventilation problem might occur.
> Min-ji: Are you suggesting (3)that we will increase the size of the chipsets?
> Jay: No, I'm not. I think I can solve the ventilation issue by (4)adjusting the location of the parts.
> Stein: Min-ji, could you explain in detail how the device works?
> Min-ji: All right. You can download Hollywood movies onto the MoviePhone's hard drive and you can watch them anytime you want.

① (1)　　② (2)　　③ (3)　　④ (4)

**해설**

「가장 부적절한 표현이 담긴 것은 어느 것인가?」
「민지 : 저희는 무비폰을 가능한 단순하게 만들고 싶어요.
스테인 : 잘 알겠습니다. 제이. (1)기계공학적 관점에서 외부 디자인을 봐 주시겠어요?
제이 : 예, 저는 외부 디자인은 맘에 들지만, 크기가 좀 신경 쓰이네요. (2)칩셋이 공간을 너무 많이 차지하기 때문에, 통풍 문제가 일어날 수 있습니다.
민지 : (3)이 칩셋의 크기를 늘리라고 저희에게 제안하시는 겁니까?
제이 : 아니요, 아닙니다. 저는 (4)부품의 위치를 조정함으로써 통풍 문제를 해결할 수 있다고 생각해요.
스테인 : 민지, 기기 작동을 어떻게 하는지 자세하게 설명해 주실래요?
민지 : 그러죠. 할리우드 영화를 무비폰의 하드드라이브에 다운로드하면 당신이 원하는 시간에는 언제든지 볼 수 있어요.」
- 칩셋의 크기로 인한 공간 문제 때문에 고민하고 있는데 (3)에서는 오히려 칩셋의 크기를 늘리라고 권고하는 표현이 흐름상 맞지 않다.

▶ mechanical point of view : 기계공학적 관점　　▶ cosmetic design : 화장품 디자인
▶ ventilation : 환기, 통풍

## 37. Which is LEAST appropriate?

> Thank you very much for the order you placed with us last week. We appreciate your patronage, and we hope we can continue to serve you in the future. (1)We have carefully considered your application for 120-day credit terms. We are sorry to say that, on the basis of the financial information we have seen so far, we are not able to approve your request. However, (2)if there is any additional financial information that would (3)allow us to reconsider this decision, we would be happy to do so. In the meantime, (4)we will be happy to place this order on a credit basis, with our customary 3% cash discount.

① (1)　　② (2)　　③ (3)　　④ (4)

36.③　37.④　**정답**

**해설** 「가장 적합하지 않은 것은 어느 것인가?」
「지난주에 당사에 주문을 주셔서 대단히 감사합니다. 당사는 귀사의 후원에 감사드리며, 앞으로도 계속 귀사와 거래를 하고 싶습니다. 당사는 귀사의 120일 지불 신용거래 (1)제안을 주의 깊게 고려했습니다. 그동안 당사가 봐 온 금융 정보에 따라 귀사의 요청을 승인할 수 없게 된 점을 말씀드리게 되어 미안합니다. 그러나 (3)당사가 이 결정을 재고할 수 있는 (2)추가 금융 정보를 주시면, 당사는 기꺼이 그리 하겠습니다. 아울러, 당사는 본 주문을 3% 일반 할인을 적용하여 (4)신용거래 방식으로 주문합니다.」
– 판매자가 구매자의 신용거래 방식 주문을 거절하는 내용인데 (4)의 표현은 구매자의 주문 표현이므로 적절하지 않다.

▶ patronage : 후원, 단골손님   ▶ on the basis of : ~에 기초하여, ~을 기준으로
▶ customary : 관습상의, 일반적인

## 38  Fill in the blanks with the best sentence.

> In the April 4, 2019 Boston Daily News, I read about your new camera, the XL-Lite. I am interested in importing the goods. Would you please send me information on the camera? I would like to know _____. Thank you for your attention. I look forward to your reply.

① when the camera will be available and how much it will cost
② when the camera will be launch and how much it will be payed
③ when the camera will be arrived and how much it will pay
④ when the camera will available and how much it will send

**해설** 「가장 잘된 문장을 빈 칸에 넣으시오.」
「2019년 4월 4일자 보스턴 데일리 뉴스에서, 저는 귀사의 새로운 카메라 XL-Lite에 대한 기사를 읽어봤습니다. 저는 이 물품을 수입하는데 관심이 있습니다. 이 카메라에 대한 정보를 제게 보내주시겠습니까? 저는 _____. 알고 싶습니다. 주의를 기울여 주시면 감사하겠습니다. 귀사의 답신을 기다립니다.」
①「이 카메라가 언제 나오고 가격은 얼마인지」
 – 흐름상 가장 적절한 표현이다.
②「이 카메라가 언제 출시되고 얼마를 지불해야 하는지」
  will be launch → will be launched
③「이 카메라가 언제 도착하고 얼마를 지불해야 하는지」
  will be arrived → will arrive
④「이 카메라가 언제 나오고 언제 보내줄 수 있는지」
  will available → will be available,  it will send → it will be sent
▶ launch : 출시, 발표, 발사

정답  38.①

※ [39~40] Read the following and answer the questions.

> Please accept our sincerest apologies for the recent mix-up with the shipment of tongue depressors. I can assure you that action has been taken to remedy the problem in our warehouse. As a token of good faith, we have deducted 15 percent from our <u>bill</u>. We hope this will help compensate for any inconvenience this problem caused. We are confident that our new shipping clerk will keep things running smoothly for you.

**39** Which CANNOT substitute the underlined bill?

① invoice
② statement
③ promissory note
④ payment request

**해설**
「가장 잘된 문장을 빈 칸에 넣으시오.」
「당사는 목설압자 선적품의 최근 혼란에 대해 심심한 사과를 드립니다. 당사의 창고에서 이 문제를 해결하기 위해 조치를 취했음을 말씀드립니다. 선의의 표시로서, 당사는 청구서에서 15%를 공제했습니다. 당사는 이 문제로 일어난 불편함을 보상하는데 도움이 되길 바랍니다. 당사의 신규 선적 담당 직원이 잘 처리해 줄 것입니다.」
39.「밑줄 친 bill을 바꿔 쓸 수 없는 것은 어느 것인가?」
promissory note(약속어음)에는 청구서란 의미가 없다
▶ mix-up : 혼란, ~을 잘 섞다     ▶ tongue depressors : 목설압자(혀누르개)
▶ as a token of good faith : 선의의 표시로서

**40** Below is the comment of the letter. Fill in the blanks with the best words.

> Begin by __(a)__ the problem specifically. Report what will be or is being done to correct the problem. Then, assure the customer or client that his business is appreciated and you are still interested in __(b)__.

① (a)giving thanks for     — (b)complaint
② (a)appreciating          — (b)new head
③ (a)acknowledging         — (b)continuing the relationship
④ (a)saying sorry for      — (b)getting discount

**해설**
「다음은 이 서신에 대한 내용이다. 가장 적합한 단어를 채우시오.」
「이 문제를 구체적으로 (a)파악하고(acknowledging) 시작합시다. 이 문제를 바로 잡기 위해 무엇을 하고, 하게 될 것인지 보고하세요. 그다음, 고객이나 의뢰인에게 거래에 대해 감사를 하고 (b)계속해서 거래(continuing the relationship)에 관심이 있음을 확신시켜라.」
▶ specifically : 구체적으로, 명확하게     ▶ acknowledge : 알다, ~을 인정하다, 확인하다.

39.③  40.③  **정답**

**41** Which is the most appropriate English composition?

① 이번 주문이 향후에 더 큰 거래로 이어지기를 소망합니다.
  →We hope that this order will continue to farther business in the future.
② 현재 당사는 대체선박을 찾으려고 시도 중입니다.
  →We are now attempting finding a substitute vessel.
③ 어제 보내드린 주문 건에 착오가 있었습니다.
  →We made a mistake in our order sent to you yesterday.
④ 당사의 주문이 즉시 취소가 가능한지 알려주십시오.
  →Please advise if it is possible to postpone our order immediately.

「가장 적절한 영작은 어느 것인가?」
① farther → **further**
② attempting finding → attempting **to find**
④ postpone → **cancel**
▶ farther : 더 멀리, 더 먼    cf. further : [추가로] 더, 더 이상    ▶ postpone : 연기하다

**42** Choose one that is NOT written correctly in English.

① Your prices are not competition, so we are not able to place an order.
② We are in a position to compete with other manufacturers.
③ The competition in this line is very strong.
④ Your competitors are offering lower prices than you.

「영어로 정확히 쓰인 것이 아닌 것을 고르시오?」
① Your prices are not **competitive**, so we are not able to place an order.
「귀사의 가격은 경쟁적이지 않아서, 당사는 주문을 할 수 없습니다.」

**43** Which of the following has a different purpose from the others?

① Please prepay 30% of the shipping cost.
② Thirty percent of the shipping cost should be paid in advance.
③ There is a surcharge of US $40.00 to the shipping.
④ Please make an advance payment of US $100.00 for the shipping.

「타 문장과 다른 의도를 갖고 있는 것은 어느 것인가?」
①「배송비의 30%는 선불입니다.」
②「배송비의 30%는 먼저 지불해야 합니다.」
③「배송비로 40달러가 부과됩니다.」
④「배송비로 100달러를 선지급해야 합니다.」
  – 모두 배송비의 선불에 대한 표현인데 선지 ③번은 배송비에 대해서만 안내하고 있다.
▶ prepay : 선불하다, 선납하다    ▶ in advance : 먼저, 앞서서

정답  41.③  42.①  43.③

**44** What is right position for trade party concerned under the following case?

> A contract called for Seller (located in Seattle) to ship No. 1 quality white wheat flour to Buyer, "F.O.B. Seattle." Seller shipped flour that conformed with the contract including package requirements but during the transit the flour was damaged by water so that when it reached Buyer (located in Korea) the quality was "No. 4" rather than "No. 1." Buyer claimed that the goods did not conform to the quality required by the contract.

① The buyer is responsible for the damage.
② The seller shall take care of the goods until it arrives at the destination.
③ The carrier shall indemnify fully the decreased quality.
④ The insurer shall meet claims by the seller.

「다음의 경우에 관련 거래 당사자의 올바른 입장은 무엇인가?」
「본 계약에서 매도인(시애틀 소재)은 최고 등급의 밀가루를 "FOB 시애틀 조건"으로 매수인에게 선적해야 한다. 매도인은 계약서에서 요구하는 포장에 따라 밀가루를 선적하였으나 운송중 이 밀가루는 해수로 손상되어 매수인(한국 소재)에게 도착했는데 품질이 최고 등급이 아니라 4등급이 되었다. 매수인은 물품이 계약서에서 요구하는 품질에 미치지 못한다고 클레임을 제기했다.」
①「매수인이 손상에 대한 책임을 져야 한다.」
 - FOB조건에서 매도인은 물품을 본선적재함으로써 모든 위험에서 해제되므로 이후의 손상 위험에 대해선 매수인이 부담해야 한다.
②「매도인은 이 물품이 목적지에 도착하기 전까지 주의를 기울여야 한다.」
③「운송인은 저하된 품질에 모든 배상을 해야 한다.」
④「보험자는 매도인에게 배상해야 한다.」
▶ call for : ~을 필요로 하다, 요구하다   ▶ conform with : ~에 부합되다, 일치하다

**45** Which is the LEAST proper English translation?

① Payments for principal plus interest at 1% p.a. over LIBOR will be made at maturity.
 → 런던은행간 대출금리에 연 1%를 더한 이자가 만기일에 본인에게 지급될 것이다.
② We would be grateful if you would arrange for prompt shipment.
 → 즉시 선적을 준비해주시면 고맙겠습니다.
③ This letter of credit is in force until June 30.
 → 이 신용장은 6월 30일까지 유효합니다.
④ You are requested to issue an L/C in a few days in order for us to ship the products by the end of October.
 → 10월말까지 제품을 선적하기 위해서는 늦어도 귀사가 며칠 이내에 신용장을 발행하셔야 합니다.

44.① 45.① **정답**

해설: 「영어 해석이 가장 적절하지 않은 것은 어느 것인가?」
① 「런던은행간 대출금리에 **연 1%의 이자가 더해져** 만기일에 본인에게 지급될 것이다.」
▶ p.a.(per annum) : 연

## 46 Which is the LEAST proper English sentence?

① 인수수수료 및 할인이자는 수익자의 부담이다.
→ Acceptance commission and discount charges are for account of beneficiary.

② 신용장의 유효기간을 3월 20일까지 연장하여 주십시오.
→ Please extend the expiry date of the L/C until March 20.

③ 당사는 매매계약에 따라 귀사 앞으로 일람불어음을 발행하였습니다.
→ We have drawn a sight draft on you according to the sales contract.

④ "할부선적과 후불운임이 허용되는" 신용장 조항 정정을 요청합니다.
→ We request you to amend the clause of L/C, "partial shipment and freight collect are allowed".

해설: 「가장 적절하지 않은 영어 표현은 어느 것인가?」
④ partial shipment(분할선적) → **installment shipment(할부선적)**

## 47 Which is the improper English composition?

① 당사는 Bank of America를 지급인으로 하여 당사의 어음을 발행하였다.
→ We drawn our draft on Bank of America.

② 동사는 일람출급환어음을 당사 앞으로 발행하였다.
→ They drawn a sight draft on us.

③ 이 어음은 5월 30일이 만기이다.
→ This draft is due on May 30.

④ 당사의 지급조건은 선불이다.
→ Our terms are deferred payment.

해설: 「부적절한 영작은 어느 것인가?」
① drawn → **drew**  cf. drawn은 draw의 과거분사형이다.
② drawn → **drew**
④ deferred payment(연지급) → **in advance payment(선지급)**

정답  46.④  47.①,②,④

**48** Match suitable words for each blank.

> · ( (a) ) are ships that ply fixed routes on published schedules. The freight is according to published tariffs.
> · ( (b) ) is a big box into which the freight is loaded, improves the efficiency of modal shifts.

① (a)Trampers,         (b)NVOCC
② (a)Flags of convenience,   (b)NVOCC
③ (a)Tramper,          (b)Container
④ (a)Liner,            (b)Container

「각 빈 칸에 적절한 단어로 연결하시오.」
(ⓐ ; Liner : 정기선)은 공지된 운항일정에 따라 정해진 항로를 왕복하는 선박이다.
(ⓑ); Container : 컨테이너)는 화물을 적입하는 큰 통을 말하는데 복합운송의 효율을 향상시킨다.
▶ ply : 정기적으로 왕복하다    ▶ modal shifts : 복합운송

※ [49~50] Read the following and answer.

> We are a specialist in importing and distributing all kinds of garments across Korea from 1979, and are looking for a manufacturer who can supply us with wide range of hand-crafted knitwear. We were favorably impressed by the designs displayed at your site in Alibaba. In this type of business we make deals on a 60 day D/A basis. We are also expecting a 20% quantity discount ( A ) net list prices because we usually place large orders. If you can agree to the payment terms and ( B ) we are asking for, please send us your current catalog and price list.
> We would also appreciate it if you could send some samples of your knitwear so that we can examine the texture and quality.

**49** Which is best for blanks (A) and (B)?

① (A)off     — (B)concessions
② (A)against  — (B)design
③ (A)against  — (B)intentions
④ (A)off     — (B)Incoterms

48.④  49.④  **정답**

**해설** 「당사는 1979년부터 모든 의류를 수입하고 한국 전역에서 배급하는 분야의 전문업체인데, 각종 수제 니트를 당사에 공급해줄 제조업체를 찾고 있습니다. 당사는 알리바바에 있는 귀사의 사이트에 전시된 디자인에 아주 좋은 인상을 받았습니다. 이런 거래에서 당사는 D/A 60일 지급 조건으로 거래를 합니다. 당사는 또한 정가에서(off) 20%의 수량을 기대하고 있습니다. 당사는 보통 대량 주문을 하기 때문입니다. 귀사가 이 지급조건과 우리가 요구하는 정형거래조건(Incoterms)에 동의하신다면, 귀사의 최근 카탈로그와 가격표를 당사에 보내주십시오. 당사가 원단과 품질을 점검해 볼 수 있도록 귀사의 니트 견본을 보내주시면 감사하겠습니다.」
▶ concession : (논쟁 등에서의)양보, 인정    ▶ intention : 의사, 의도

**50** Which could NOT be part of a reply to this letter?

① We would have no problem in supplying you with our wide selection of garments.
② By DHL we will send our winter catalog and price list quoting CIF Busan.
③ For orders of US $20,000.00 or more, we will make 5% discount.
④ We always deal on open account basis. However, we will be willing to reconsider this term once we establish a firm relationship with you.

**해설** 「이 서신에 대한 답장의 일부가 될 수 없는 것은 어느 것인가?」
①「당사는 다양한 의류를 귀사에 공급하는데 문제가 없습니다.」
②「DHL편으로 당사의 겨울용 카탈로그와 CIF 부산으로 견적된 가격표를 보내드리겠습니다.」
③「2만달러 또는 그 이상의 주문에 대해, 5%의 할인을 하고 있습니다.」
④「당사는 항상 청산계정 방식으로 거래하고 있습니다. 하지만 일단 귀사와 단단한 거래관계가 생기면 이 조건을 기꺼이 재고하겠습니다.」
- 선지 ④번은 매수인이 매도인에게 제의할 수 있는 문장이므로 매도인이 보내는 답신에 들어갈 수 없다.
▶ be willing to : 기꺼이 ~ 하다    ▶ reconsider : 재고하다

## 03 무역실무

**51** 무역 클레임의 해결방법 설명 중 적절하지 않은 것은?

① 청구권포기는 피청구자가 다른 방법으로 청구자를 만족시켜 주거나 피청구자의 반응이 없어 스스로 포기하는 것이다.
② 화해는 제3자의 개입 없이 당사자 간의 자율적인 교섭으로 해결하는 방법이다.
③ 알선은 공정한 제3자가 당사자의 요청에 따라 해결을 위하여 조언하는 방법이다.
④ 조정은 공정한 제3자를 선임하여 그의 판정에 의하여 분쟁을 최종 해결하는 방법이다.

**해설** 조정은 공정한 제3자를 선임하여 <u>그가 제시하는 조정안에 대하여</u> 합의로 분쟁을 최종 해결하는 방법이다.

**정답**  50.④  51.④

**52** 다음 중 보험계약이 체결될 수 있는 금액으로 선박, 적하 등 보험목적물의 실제 가치에 해당하는 것은?

① Insurance Premium
② Claim Amount
③ Insured Amount
④ Insurable Value

**해설** 보험가액(Insurable Value)에 대한 설명이다.
▶ Insurance Premium : 보험료    ▶ Claim Amount : 보험금    ▶ Insured Amount : 보험금액

**53** 매입은행이 특정은행으로 제한되어, 경우에 따라 renego가 발생하는 신용장은?

① sight payment L/C
② deferred payment L/C
③ freely negotiable L/C
④ special L/C

**해설** 매입제한신용장(restricted L/C, special L/C)의 사용에 관한 설명이다.
▶ sight payment L/C : 일람지급 신용장    ▶ deferred payment L/C : 연지급 신용장
▶ freely negotiable L/C : 자유매입 신용장

**54** 신용장의 조건변경과 관련된 내용 중 옳은 것은?

① 신용장 조건변경의 효력 발생은 수익자에게 조건변경을 통지한 시점부터 발생하게 된다.
② 신용장 조건변경 사항이 여러 가지인 경우, 수익자는 그 일부만 수락할 수 있다.
③ 선적기일까지 선적이 힘든 경우 개설의뢰인에게 양해를 구하고 선적기일과 관련된 계약조건을 변경하는 것으로 충분하다.
④ 수익자는 조건변경에 대한 수락없이 변경된 조건에 맞는 서류를 제시할 수 없다.

**해설** ① 조건변경의 효력은 수익자가 조건 변경에 대한 동의를 전달하기까지는 조건 변경은 유효하지 않다.
② 신용장 조건변경 사항이 여러 가지인 경우, 수익자는 그 일부만 수락하는 것은 인정되지 않는다.
③ 선적기일까지 선적이 힘든 경우 개설의뢰인에게 양해를 구하여 선적기일과 관련된 신용장의 조건을 변경해야 한다.
④ 수익자는 조건변경에 대한 수락 통지 없이 변경된 조건에 맞는 서류를 제시할 수 있으며 조건변경된 서류를 제시함으로써 조건 변경에 대하여 승낙의 통고를 행한 것으로 본다.

**55** 다음 B/L에 대한 설명으로 틀린 것은?

CONSIGNEE: TO THE ORDER OF ASIA BANK, VIETNAM
NOTIFY PARTY: VINAICHEM CO., LTD. VIETNAM

① 선화증권은 유통가능하다.
② 선사가 수화인에게 물품을 인도하기 위해서는 은행의 지시에 따라야 한다.
③ 선사는 물품의 도착통지를 아시아 은행에게 한다.
④ 수익자는 원본 3통을 은행에게 제시하여야 한다.

**해설** ③ 선사는 물품의 도착통지를 착화통지처(NOTIFY PARTY)로 지정된 베트남의 ㈜비나쳄에게 해야 한다.

**정답** 52.④  53.④  54.모두 정답  55.③

**56** 해상운송장(SWB)의 편리성에 대한 설명으로 옳지 않은 것은?

① 물품의 수취증, 운송계약의 추정적 증거 기능이 있다.
② 화물인도 시 해상운송장원본과 상환이 필요하다.
③ 해상운송장의 우송지연과 화물의 인도는 무관하다.
④ 해상운송장의 분실에 따른 위험은 대개 수반되지 않는다.

**해설** ② 화물인도 시 해상운송장 원본은 필요 없으며 본인 확인만 되면 운송인에게서 화물을 인도받을 수 있다.

**57** 항공화물운송의 설명으로 옳지 않은 것은?

① 기후에 많은 영향을 받는다.
② 운임이 상대적으로 고가이다.
③ 중량과 용적에 제한이 심하다.
④ 화물의 중후장대화로 이용이 증가하고 있다.

**해설** 항공화물은 중량과 무게의 제한이 있으므로 중후장대한 화물은 이용하기 어렵다. 무겁고 면적이 큰 화물 즉 중후장대한 화물은 해상운송이 적합하다.

**58** 다음 중 신용장의 종류에 대한 설명으로 옳지 않은 것은?

① 지급신용장은 다시 기한에 따라 일람지급 신용장과 연지급 신용장으로 나뉜다.
② 인수신용장은 인수를 누가하느냐에 따라 무역인수신용장과 은행인수신용장으로 나뉜다.
③ 연지급신용장은 은행이 연지급 확약서를 발행한 후 만기 지급을 한다는 점에서 인수신용장과 다르다.
④ 매입신용장은 기한에 따라 일람출급매입신용장과 기한부매입신용장으로 나뉜다.

**해설** 인수신용장은 지급을 누가 유예시켜주느냐에 따라 무역인수신용장과 은행인수신용장으로 나뉜다. 무역인수신용장(trade acceptance L/C)은 shipper's usance L/C를 말한다.

**59** 해상운송 설명 중 틀린 것을 고르면?

① BBC는 선박만을 임대하므로 임차인이 선원을 고용하고 비품 등을 구비하여야 한다.
② 일반컨테이너선은 LOLO선으로, 크레인으로 하역작업이 이루어진다.
③ 화물선은 컨테이너유무에 따라 컨테이너선과 전용선, 겸용선으로 구분된다.
④ LASH선은 화물이나 컨테이너를 적재한 바지나 부선을 바로 선적하고 양륙하도록 설계된 선박이다.

**해설** 화물선은 화물의 종류에 따라 컨테이너 전용선, 겸용선, 벌크선 으로 구분된다.
▶ BBC(Bare Boat Charter) : 나용선

정답  56.②  57.④  58.②  59.③

## 60 포페이팅에 대한 내용으로 틀린 것은?

① 약속어음은 제외한 환어음만을 대상으로 하는 할인이다.
② 상환청구불능조건으로 고정이자율로 할인하는 금융상의 결제 기법이다.
③ 매도인은 신용위험, 비상위험, 환위험을 포페이터에게 전가할 수 있다.
④ 포페이터는 포페이팅의 2차 시장을 이용하여 어음을 매각할 수도 있다.

**해설** 포페이팅의 대상은 환어음과 약속어음에만 국한되어 있다.

## 61 포장명세서(Packing List)의 용도에 대한 설명으로 틀린 것은?

① 개별 화물의 사고발생분에 대한 확인자료로서 사용된다.
② 선박회사와 운송계약을 체결할 때 운임산정 등의 기준이 된다.
③ 검수 또는 검량업자가 실제 화물과 대조하는 참조자료로서 이용된다.
④ 수출입통관 절차에서 과세가격 산정 시 이용된다.

**해설** 포장명세서는 수출입통관 절차에서 과세가격을 산정하는데 이용되는 서류가 아니다. 과세가격 선정의 주된 서류는 상업송장이다.

## 62 대외무역법 상 무역의 대상에 해당하지 않는 것은?

① 물품   ② 증권
③ 용역   ④ 전자적 형태의 무체물

**해설** 대외무역법상 무역의 대상에 해당되는 물품은 지급수단, 증권 및 채권을 화체한 서류 외의 동산을 말한다.

## 63 다음 신용장 상 개설은행의 지급확약문언은 어느 신용장에 해당되는가?

> We hereby agree with the drawers, endorsers, and bona-fide holders of drafts drawn under and in compliance with the terms of this credit that the same shall be duly honored on due presentation.

① Payment Credit   ② Deferred Payment Credit
③ Acceptance Credit   ④ Negotiation Credit

**해설** 「이로써 당 행은 본 신용장의 조건을 충족하여 발행된 환어음의 발행인 및/또는 선의의 소지인과 그러한 환어음의 제시 시에 정히 지급될 것임을 약정합니다.」
– 매입신용장(Negotiation Credit)에 삽입되는 표현이다.

**정답** 60.① 61.④ 62.② 63.④

**64** 포장조건에 대한 설명으로 옳지 않은 것은?

① 포장의 내장은 수개의 개장된 상품을 운송하도록 적절한 재료로 싸거나 용기에 수용하여 다시 한 번 포장하는 것을 말한다.
② 일반적으로 외장에는 case, drum, bale, bag 등이 사용되고 있다.
③ 주화인(main mark)은 화물의 식별을 용이하게 하기 위해 특정한 기호를 표시하고 그 안에 수입업자의 상호를 기재한다.
④ 화물의 일련번호는 포장물의 개수 및 순서를 표시하기 위하여 총 포장물 개수를 함께 표시한다.

해설 주화인(main mark)은 화물의 식별을 용이하게 하기 위해 특정한 기호를 표시하지만 그 안에 수입업자의 상호를 기재해야만 하는 것은 아니다. 상호의 삽입 여부는 수입업자의 요청에 따른다.

**65** 거래 상대방의 신용도를 측정하는 것에 대한 설명으로 옳지 않은 것은?

① Character는 상대방의 계약이행의 도의성을 측정하기 위한 항목으로 계약 이행성, 성실성 등의 내용이 해당된다.
② Capital은 상대방의 대금지급능력을 가늠하기 위한 항목으로 당해 업체의 연간매출액 등이 해당된다.
③ Capacity는 상대방의 거래능력을 파악하기 위한 항목으로 업종, 연혁 내지 경력 및 영업권 등이 해당된다.
④ 조회방법에는 동업자 신용조회와 은행 신용조회가 있다.

해설 Capital은 상대방의 대금지급능력을 가늠하기 위한 항목으로 당해 업체의 대차대조표, 손익계산서 등을 살펴보게 된다. 당해 업체의 연간매출액을 알아보는 것은 Capacity(능력)에 들어가는 조사 항목이다.

**66** 수량조건관련 개수단위에 대한 설명으로 옳지 않은 것은?

① 1 dozen = 12 pcs(pieces)
② 1 great gross = 10 gross
③ 1 gross = 12 dozen
④ 1 small gross = 10 dozen

해설 1Great Gross = 12 Gross = 1,728pcs(12 X 12 X 12)

정답   64.③   65.②   66.②

## 67 다음 공란에 들어갈 내용을 옳게 연결한 것은?

> 무역계약서를 작성하는 가장 일반적인 방법은 기본적 공통적인 거래조건을 미리 합의해 두고, 가변적이고 구체적인 개개의 거래조건은 매거래시마다 청약과 승낙에 의하여 확정하게 되는바, 전자의 경우를 ( ⓐ ) 또는 ( ⓑ )(이)라 하고, 후자의 경우를 ( ⓒ )이라 한다.

① ⓐ 매매계약, ⓑ 개별계약, ⓒ 포괄계약
② ⓐ 일반거래협정서, ⓑ 포괄계약, ⓒ 개별계약
③ ⓐ 매매계약, ⓑ 포괄계약, ⓒ 개별계약
④ ⓐ 일반거래협정서, ⓑ 개별계약, ⓒ 포괄계약

**해설** 설명 생략

## 68 신용장의 양도와 관련된 옳은 내용을 고르면?

① 신용장 양도는 국외양도만 가능하다.
② 제1수익자가 자신이 권리 일부만 제3자에게 양도하는 것도 가능하다.
③ 신용장의 분할양도는 제1수익자에게 분할선적을 허용하는 것을 말한다.
④ 제2수익자가 제3수익자에게 신용장을 재양도할 경우에는 반드시 양도은행의 승인을 받아야 한다.

**해설**
① 신용장 양도는 국내, 국외양도 모두 가능하다.
② 제1수익자가 자신이 권리 일부만 제3자에게 양도하는 것도 가능하다. 즉 부분양도도 가능하다.
③ 신용장의 분할양도는 제2수익자에게 분할선적을 허용하는 것을 말한다.
④ 제2수익자는 제3수익자에게 신용장을 재양도할 수 없다. 양도는 1회만 가능하다.

## 69 하역 비용 조건 중 Container Cargo와 관련된 조건은 무엇인가?

① FI Term
② FO Term
③ FIO Term
④ Berth Term

**해설** Berth Term 은 운임에 선적비용과 양륙비용이 모두 포함된 운임으로서 컨테이너 화물(Container Cargo)의 운송에 적용된다.

## 70 화환어음을 발행하지 않고 대금지급을 은행이 확약하여 일정기간 후 지급하는 방식은?

① O/A
② D/A
③ Usance L/C
④ Deferred Payment Credit

**해설** 연지급신용장( Deferred Payment Credit) 방식에 대한 설명이다.

---

67.② 68.② 69.④ 70.④ **정답**

**71** 무역거래에 있어서 선적방법에 대한 설명으로 옳지 않은 것은?

① 분할선적은 1건의 거래량을 수회에 걸쳐 나누어 선적하는 것이다.
② 할부선적은 수출업자가 임의로 수회로 나누어 선적할 수 있다.
③ 목적항까지 직항선이 없는 경우는 환적을 해야 한다.
④ 특별히 분할선적을 금지하는 조항이 없으면 수출업자는 임의로 선적기간 내에 분할 선적할 수 있다.

**해설** 할부선적은 수출업자와 수입업자의 사전 합의에 따른 선적 회수에 따라 나누어 선적해야 한다.

**72** 신용장 상에 "Full set of shipped on board Bills of Lading made out to the order of issuing bank showing freight prepaid and marked notify applicant"로 기재된 경우에 대한 설명으로 맞는 것은?

① Container B/L의 경우 on board notation이 표시되어야 한다.
② B/L의 Consignee란에 applicant를 기재하여야 한다.
③ Incoterms 거래조건이 FOB임을 알 수 있다.
④ Notify Party란에 발행은행을 기입하면 된다.

**해설** 「운임선지급과 개설의뢰인을 착화통지처로 하고 개설은행의 지시식으로 발행된 전통의 본선적재 선하증권」
②, ④ B/L의 Notify란에 applicant를 기재하여야 한다.
③ 운임선지급(freight prepaid)이란 문구를 볼 때 Incoterms 거래조건은 매도인이 운임을 부담하는 C Group 또는 D Group 조건임을 알 수 있다.

**73** Incoterms 2020에서 EXW (Ex Work) 조건에 관한 설명으로 옳지 않은 것은?

① 매도인은 그의 영업장구내 또는 기타 지정장소(예컨대, 작업장, 공장, 창고 등)에서 물품을 매수인의 임의 처분하에 두어야 한다.
② 매도인은 매수인에 대하여 원칙적으로 물품적재의무가 없으므로 물품을 매수인의 집화용 차량에 적재하지 않아도 된다.
③ 매도인이 매수인을 위하여 물품을 적재하더라도 그 위험과 비용은 매도인이 부담하는 것이 원칙이다.
④ 지정인도장소 내에 이용가능한 복수의 지점이 있는 경우에, 다른 합의가 없다면, 그 지정인도장소 내에서 인도지점은 매도인이 선택할 수 있다.

**해설** ③ 매도인이 매수인을 위하여 물품을 적재하더라도 그 위험과 비용은 **매수인이 부담하는 것**이 원칙이다.

**정답** 71.② 72.① 73.③

## 74. 다음 승낙에 설명으로 들어갈 적절한 단어로 짝지어진 것은?

> 승낙이란 청약자의 청약에 대하여 피청약자가 청약의 내용을 모두 수락하고 계약을 성사시키겠다는 ( ㉠ ) 의사표시이다. 승낙은 무조건적으로 청약의 내용과 완전히 일치해야 하는데 이를 ( ㉡ )의 원칙이라고 한다.

① ㉠불확정적, ㉡완전일치　② ㉠확정적, ㉡완전일치
③ ㉠불확정적, ㉡경상　　　④ ㉠확정적, ㉡경상

 설명 생략

## 75. 해상위험으로 항해에 부수하여 발생하는 위험으로 보기가 가장 어려운 것은?

① 화재, 침몰　　　　② 좌초, 충돌
③ 투하, 악천후　　　④ 선원의 악행, 전쟁위험

**해설** 항해에 기인하는 위험(perils on the seas)은 항해가 원인이 되어 발생하는 해상고유의 사고로서 폭풍우, 태풍 등으로 인한 좌초, 침몰, 충돌, 화물 파손 및 유실 등이 있다.
항해에 부수하여 발생하는 위험(perils of the seas)은 항해를 하지 않더라도 발생할 수 있는 위험을 말한다. 화재, 선원의 악행, 전쟁, 하천 및 항만의 항행이나 정박 중의 위험 등이 있다.

정답　74.④　75.②

# 제116회 2급 기출해설
(2019년 제3회)

## 01 영문해석

**01** What is best for the blank?

> Encashing the bill before the date of its maturity is called as (    )

① Endorsement of Bill  ② Retirement of Bill
③ Discounting of Bill  ④ Dishonour of Bill

 「빈 칸에 가장 알맞은 것은 무엇인가?」
환어음의 만기일 이전에 현금화하는 것을 (환어음의 할인)이라고 한다.
- encash : (수표 등을) 현금으로 바꾸다
- Retirement of Bill : 은퇴연금
- Dishonour of Bill : 환어음의 부도(미지급)
- Endorsement of Bill : 어음의 배서
- Discounting of Bill : 환어음의 할인

**02** Who is the underlined "We"?

> We are acting on behalf of the Eastland Bank, London, and would like to inform you that the above documentary credit for USD5,300,000 has been opened in your favor by your customers GGU Ltd.

① advising bank  ② issuing bank
③ exporter       ④ collecting bank

 「밑줄 친 We는 누구인가?」
당행은 런던의 이스트랜드은행을 대신하여, 상기 5백 3십만 달러짜리 화환신용장이 귀사를 수익자로 하여 귀사의 고객인 ㈜GGU에 의해 발행되었음을 알려드립니다.
통지은행(advising bank)이 수익자에게 신용장이 개설되었음을 알리는 통지문이다.
- acting on behalf of : ~을 대신하여
- in your favor : 귀사를 수익자로 하여

---

정답   01.③   02.①

## 03  Which is NOT correct according to the below?

> We are writing to complain about a shipment of tubular steel garden furniture we received yesterday against Invoice No. KM1555. The crates were damaged on the outside, and looked as if they had been roughly handled. When we unpacked them, we found that some of the chair legs were bent and rusty. As we will be unable to retail the goods in our stores, we are returning the shipment to you carriage forward, and we shall expect a full refund.

① The cost of shipping goods will be paid by the buyer.
② The box of garden furniture was injured.
③ The garden furniture became unmarketable.
④ The buyer paid for the goods beforehand.

**해설** 「아래 문장에 따라 옳지 않은 것은 어느 것인가?」

> 당사는 송장 No.KM1555에 따라 어제 받은 철제봉 정원 가구의 선적품에 대한 불만을 말씀드립니다. 이 물품의 포장 겉면이 훼손되었는데, 거칠게 취급된 것으로 보입니다. 당사가 포장을 풀어 보니, 다리 의자 몇 개가 휘어졌고 녹이 슬었습니다. 당사의 가게에서 이 물품을 판매할 수 없으므로, 귀사에게 착불로 물품을 반송하니, 전액을 환불해주시기 바랍니다.

①「물품의 비용은 매수인이 지불할 것이다.」
– 매수인은 물품 전체를 반송하고, 대금을 환불해 줄 것을 요구하고 있다.
②「정원 가구의 상자가 훼손되었다.」
③「정원 가구는 판매불가 상태가 되었다.」
④「매수인은 물품 대금을 선지급했다.」

▶ rusty : 녹슨, 녹투성이의
▶ injure : 부상을 입다, 상처입다
▶ carriage forward : 착불, 운임후불
▶ beforehand : 사전에, 미리

## 04  What is the best for the blank?

> When a drawee accepts a bill of exchange, the drawer (          ).

① becomes liable to pay the bill at the date for payment
② bears all risks of loss
③ is only responsible for acceptance of the portion of the bill which he accepts
④ is not responsible for further payment or liability associated with the bill

03.①  04.①  **정답**

해설 「빈 칸에 가장 잘 맞는 것은 무엇인가?」

| 지급인이 환어음을 인수하면, 발행인은 (　　　　) |
|---|

① 「환어음 발행인은 지급일에 환어음 대금을 지급받게 된다.」
② 「환어음 발행인은 멸실의 모든 위험을 부담한다.」
③ 「환어음 발행인은 자신이 인수한 환어음 금액의 비율만큼만 인수 책임을 부담한다.」
④ 「환어음 발행인은 환어음과 관련되어 추가 지급이나 책임을 부담하지 않는다.」

▶ liable to : ~에게 갚아야 하는　　▶ associated with : ~와 관련된

[5~6] Read the following and answer.

.......Having waited for two weeks since we sent you our third letter on April 25, there has been no account settlement. We want you to ask lastly to ( ⓐ ) your full account by the end of May. If we don't receive your ( ⓑ ) by that time, there is no choice but to take legal action against you to ( ⓒ ) ourselves even though we are ( ⓓ ) to do so.......

**05** What is not an appropriate word for the blanks?

① ⓐ settle　　　　② ⓑ remittance
③ ⓒ protest　　　④ ⓓ reluctant

해설 귀사에게 4월 25일부로 세 번째 서신을 보낸 이후 2주 동안을 기다렸지만, 미지급 건 처리에 대한 답이 없습니다. 당사는 귀사가 5월말까지 마지막으로 귀사의 전체 금액을 (ⓐ settle : 해결해 주실 것)을 요청합니다. 이때까지 귀사의 (ⓑ remittance : 송금)을 받지 못하면, 당사가 그렇게 까지 (ⓓ reluctant : 하고 싶지는 않지만) 귀사가 (ⓒ protest : 지급거절을 할 수) 있도록 법적 조치를 취할 수밖에 없습니다.

ⓒ 항에는 protest(지급을 거절하다)가 아니라 protect(지급하다)가 와야 한다.

▶ lastly : 마지막으로, 최근에　　▶ associated with : ~와 관련된

**06** What is the purpose of the letter?

① To ask for the payment　　② To apologize for a complaint
③ To cancel the order　　　④ To inform the delay of shipment

해설 「이 서신의 목적은 무엇인가?」
대금지급을 독촉하는(To ask for the payment) 서신이다.

**정답**　05.③　06.①

## 07  What is NOT true about the interpretation of terms under the UCP600?

① A credit is irrevocable even if there is no indication to that effect.

② The word "about" used in connection with the amount of the credit stated in the credit are to be construed as allowing a tolerance not to exceed 5% more or 5% less.

③ The words "from" and "after" when used to determine a maturity date exclude the date mentioned.

④ The words "to", "until", "till", "from" and "between" when used to determine a period of shipment include the date or dates mentioned.

**해설**
「UCP600의 규정에 대한 해석으로 맞지 않는 것은 무엇인가?」
① 「신용장은 취소불능의 표시가 없는 경우에도 취소불능이다.」[UCP600 제3조, 해석]
② 「신용장에 명기된 신용장의 금액과 관련하여 사용된 "약(about)"이라는 단어는 이에 언급된 금액의 **5%**를 초과하지 아니하는 과부족을 허용하는 것으로 해석된다.」[UCP600, 제30조, 과부족용인조항]
5% → **10%**
③ 「"부터(from)" 및 "이후(after)"라는 단어는 만기일을 결정하기 위하여 사용된 경우에는 언급된 당해 일자를 제외한다.」[UCP600 제3조, 해석]
④ 「"까지(to)", "까지(until)", "까지(till)", "부터(from)" 및 "사이(between)"라는 단어는 선적기간을 결정하기 위하여 사용되는 경우에는 언급된 당해 일자를 포함한다.」[UCP600 제3조, 해석]

## 08  Fill in the blank with the suitable word.

> A: To prove the shortage, we are enclosing a ( ⓐ ) of a Lloyd's surveyor. Please ( ⓑ ) the matter and send us the ( ⓒ ) to compensate for the shortage as soon as possible.
> B: We are confident that we could send you the ( ⓓ ) by the end of this week.

① ⓐgoods － ⓑexamine － ⓒdocuments － ⓓsubstitute
② ⓐcertificate － ⓑexamine － ⓒgoods － ⓓreplacement
③ ⓐcertificate － ⓑcheck － ⓒdocuments － ⓓbalance
④ ⓐgoods － ⓑexamine － ⓒcertificate － ⓓreplacement

**해설**
「빈 칸에 알맞은 단어를 채우시오.」
A : 수량 부족을 입증하기 위해, 당사는 로이드 검사관의 검사증명서(certificate)를 동봉합니다. 본 건을 검사하시고(examine) 가능한 빨리 부족분 보충을 위한 물품(goods)을 보내주세요.
B : 이번 주 말까지 틀림없이 귀사에게 교체물품(replacement)을 보내드리겠습니다.

07.② 08.② **정답**

## 09  Fill in the blank with the suitable word.

> Broker : According to feasibility studies with your products, they could accept your offer. However, your price is a little stiff by their standards.
> Lee : The prices of automobile parts are rising rapidly and the price (a)_____ is the best we can do for you.
> Broker : Well, in order to get a lot of orders from our customers, you need to accept our (b)_____ this time.
> Lee : We will try to persuade the manufacturer to meet your price and please make it sure that your letter of credit is issued soon.
> Broker : Don't worry about it. You will get a letter of credit in a few days through (c)_____ in your country.

① quoted - requirement - advising bank
② quoted - conditional offer - advising bank
③ offered - counter offer - negotiating bank
④ offered - offer - negotiating bank

**해설** 「빈 칸에 알맞은 단어를 채우시오.」

> 중개인 : 귀사 제품의 예비조사에 따라, 그 회사는 귀사의 제안을 수락할 수 있습니다. 그러나 귀사의 가격이 그 회사의 기준에 비해 조금 높습니다.
> 리 : 자동차 부품 가격이 급격히 오르고 있어서 당사가 견적한 가격(Quoted price)은 당사가 귀사에게 줄 수 있는 최선입니다.
> 중개인 : 그러면 당사의 고객에게서 더 많은 주문을 받을 수 있도록. 이번에는 당사의 요구(requirement)를 들어 주십시오.
> 리 : 귀사의 가격에 맞출 수 있도록 제조업체를 설득해 볼 테니 귀사의 신용장을 곧 발행해주세요.
> 중개인 : 그거라면 걱정 마세요. 귀국의 통지은행(advising bank)을 통해서 며칠 내로 신용장을 받을 것입니다.

▶ feasibility studies : 타당성 조사, 예비조사    ▶ a little stiff : 다소 높은

**정답**  09. ①

**10** Which of the following is most UNLIKELY to appear right before the correspondence below?

> Thank you for your e-mail dated October 21 and we are very sorry to have caused you much inconvenience. We instructed the issuing bank to include all terms and conditions in the credit and there must be a misunderstanding between us and the issuing bank. According to your request, we amended the destination port and you will be advised of this amendment shortly through the KEB in Seoul. We will try to do our best not to make the mistake like this in the future and we hope that you execute this important order in strict accordance with the articles in the L/C.

① The discrepancy on the destination port stipulated in the L/C is putting us to trouble in executing your order.
② We can't ship the products within the designated time if we don't receive L/C amendment.
③ We request you to amend the L/C as per commercial invoice to FOB Busan in the L/C.
④ Please amend CFR New York to CPT Seattle as mutually agreed in our contract.

**해설** 「아래 서신의 바로 앞에 나타나기 어려운 표현은 다음 중 어느 것인가?」

> 귀사의 10월 21일자 이메일을 잘 받았으며 귀사에게 많은 불편함을 끼쳐 드려 매우 죄송합니다. 당사는 신용장에 있는 모든 조건들을 포함하라고 지시했었는데 당사와 개설은행 사이에 착오가 있었던 것 같습니다. 귀사의 요청에 따라, 당사는 도착항을 변경했으며 서울의 한국외환은행을 통해 곧 조건변경 통지를 받을 것입니다. 당사는 앞으로 이와 같은 실수가 없도록 최선을 다 할 것이며 신용장의 조건에 따라 이 중요한 주문을 확실하게 이행해주시기 바랍니다.

①「신용장에 명시된 도착항의 불일치로 당사는 귀사의 주문을 이행하기 곤란해졌습니다.」
②「당사는 신용장의 조건변경을 받지 못하면 정해진 시간 내에 제품을 선적할 수 없습니다.」
③「상업송장에 따라 신용장의 FOB Busan의 신용장 조건변경을 해주세요.」
 – 목적항의 변경을 요청하고 있으므로 선적항 출발조건인 FOB에 나타나는 선적항(부산항)을 변경할 수는 없다.
④「상호합의한 우리의 계약서에 따라 CFR New York을 CPT Seattle로 조건변경해주세요.」
▶ destination port : 도착항   ▶ discrepancy : 불일치

10. ③ **정답**

**11** Below is part of letter of credit. Which is NOT appropriate for the blank?

> This credit is available with any bank by negotiation of draft drawn on ( ) for full invoice value.

① the applicant
② the issuing bank
③ the confirming bank
④ the reimbursing bank

 「다음은 신용장의 일부분이다. 빈 칸에 적합하지 않은 것은 어느 것인가?.」

> 본 신용장은 상업송장 전체 금액에 대해 ( )을 지급인으로하여 환어음의 매입으로 어느 은행에서도 사용할 수 있습니다.

- 신용장 대금의 지급을 청구할 수 있는 은행은 개설은행, 확인은행(있는 경우), 상환은행(reimbursing bank)이다.
▶ drawn on : ~를 지급인으로 하여 어음을 발행하다

[12~13] Read the following and answer.

> Dear Simon,
> We appreciate the documents for our last order No. 1555. We have honored the sight bill, and the bank should send you an advice shortly.
> More than a year has passed since we made the first transaction on a D/P basis. We would like you to change it to payment by 60-day bill of exchange, D/A.
>  When we first contacted you last September, you told us that you would be willing to reconsider the terms of payment once we had established a trading association. We believe that sufficient time has elapsed for the terms we have asked for. If you need references, we will be glad to supply them.
> With best regards,

**12** What is the best replacement to the underlined honored?

① endorsed   ② delayed   ③ accepted   ④ paid

 사이먼 씨 안녕하세요,
당사의 지난 주문인 No.1555의 서류를 잘 받았습니다. 당사는 일람출급 어음 대금을 지급했으며, 은행에서 곧 이를 귀사에게 통지서를 발송할 것입니다. 우리가 D/P 조건으로 첫 거래를 한 지 일 년이 넘게 지나갔네요. 당사는 이것을 D/A, 50일 지급조건으로 변경해 주시길 바랍니다. 지난 9월에 당사가 처음 귀사에게 연락을 드렸을 때, 귀사는 우리가 거래관계가 잘 되면 지급조건을 고려해준다고 당사에 말씀했었습니다. 당사가 요청한 조건에 대한 충분한 시간이 지났다고 생각합니다. 신용조회처가 필요하시면, 이것을 제공하겠습니다.

12.「밑줄 친 honored를 대체하기 가장 알맞은 것은 무엇인가?」
honor는 (어음대금을)지급하다는 뜻으로서 paid와 같은 의미이다.
▶ trading association : 거래 협력, 거래 관계   ▶ elapse : (시간이) 흐르다
▶ endorse : 배서하다

정답  11.①  12.④

## 13. What is the main purpose of the letter?

① To defer the payment period
② To change shipping schedule
③ To strengthen seller's credit
④ To modify shipping terms

**해설** 「이 서신의 주목적은 무엇인가?」
일람출급에서 60일 출급조건으로 결제기간의 변경을 요청하는(To defer the payment period) 서신이다.
▶ strengthen : 강화되다, 더 튼튼하게 하다    ▶ modify : 수정하다, 바꾸다

## 14. Which is most similar to 'statement'?

> Please find here our <u>statement</u> for the month of February 2019. This is in reference to your outstanding balance in the amount of USD 600,000.

① invoice
② bill of lading
③ announcement
④ warning

**해설** 「'statement'와 가장 유사한 것은 어느 것인가?」
2019년 2월분 청구서를 동봉합니다. 이는 귀사의 60만 달러 미불금액과 관련된 것입니다.
청구서(statement)의 의미를 갖고 있는 것은 송장(invoice)이다.
▶ in reference to : ~와 관련하여    ▶ outstanding balance : 미불잔액

## 15. What is NOT true about the advantage of arbitration?

① The finality of arbitration award can be attractive to someone who wants to keep options open and has the ability to appeal a decision.
② When the subject matter of the dispute is highly technical, arbitrators with an appropriate degree of expertise can be appointed.
③ Because of the provisions of the New York Convention 1958, arbitration awards are generally easier to enforce in other nations than court judgments.
④ Arbitral proceedings and an arbitral award are generally non-public and confidential.

**해설** 「중재의 장점에 대한 것으로 사실이 아닌 것은?」
①「중재판정이 최종적이라는 것은 여러 선택 사항을 원하거나 결정에 항소할 수 있는 능력을 갖고 싶어 하는 사람에게는 매력적일 수 있다.」
 - 중재판정은 최종적이고 법원의 최종 판결과 동일한 효력이 있다. 이 판정에 항소하거나 다른 조건을 선택할 수도 없다.
②「분쟁의 주된 문제가 고도의 기술적인 경우, 적절한 수준의 전문가로 구성된 중재위원이 임명될 수 있다.」
③「뉴욕협약 1958의 규정으로 인해, 중재판정은 일반적으로 법정 판결보다 다른 국가에서 강제집행하기가 더 수월하다.」
④「중재의 진행과 중재판정은 일반적으로 비공개이고 극비이다.」
▶ subject matter of the dispute : 분쟁의 주된 사유    ▶ provision : 규정, 조항
▶ non-public : 비공개

**정답** 13.① 14.① 15.①

**16** Read the following letter. Put the sentences in the most appropriate order.

(a) As we are one of the leading bicycle dealers and have many branches in U.S.A., we are in a position to handle large quantities.
(b) We have seen your advertisement in the April issue of "World Cycling" and are interested in your bicycles.
(c) Please quote us your lowest possible C.I.F. New York, and your terms of payment.
(d) We are able to place regular orders with you if the quality of your goods is satisfactory and the prices are right.

① a-b-d-c　　② b-a-c-d　　③ a-c-b-d　　④ b-c-a-d

「다음 편지를 읽고 가장 적절한 순서대로 문장을 놓으시오.」

(a) 당사는 중견 자전거 취급 업체 중 하나이며 미국에 많은 지점을 갖고 있습니다. 당사는 대량 거래를 하고 있습니다.
(b) 당사는 "월드 싸이클링" 4월 호에 실린 귀사의 광고를 보았으며 귀사의 자전거에 관심이 있습니다.
(c) 가장 낮은 CIF 뉴욕조건 가격을 견적해주시고 결제조건도 알려주십시오.
(d) 당사는 귀사 제품의 품질이 만족스럽고 가격이 적절하면 대량주문을 할 수 있습니다.

선지 ②번이 흐름상 가장 자연스럽다.

**17** Read the following letter. Put the sentences in the most appropriate order.

(a) Your name has been given by the Chamber of Commerce of your city as one of the reputable importers of bags in your city.
(b) Our products are highly accepted by the importers of U.K., Germany and France. In order to diversify our existing market, we are interested in supplying you with our quality products on favorable terms.
(c) We look forward to your early reply.
(d) Upon receipt of your interest, we could submit our samples with competitive prices to you.

① a-b-c-d　　② a-b-d-c　　③ b-a-d-c　　④ b-d-a-c

「다음 편지를 읽고 가장 적절한 순서대로 문장을 놓으시오.」

(a) 귀국에서 가방 수입업자 중의 하나로 잘 알려진 귀사의 이름을 귀도시의 상업회의소를 통해서 받았습니다.
(b) 당사의 제품은 영국, 독일 그리고 프랑스의 수입업자에게 높이 평가받고 있습니다. 당사의 현 시장을 다변화하기 위해, 당사는 우호적인 조건으로 당사의 고품질 제품을 귀사에 공급하고 싶습니다.
(c) 귀사의 빠른 회신 기다립니다.
(d) 귀사가 관심을 주시면, 경쟁적인 가격과 함께 당사의 견본을 귀사에게 보내드리겠습니다.

선지 ②번이 흐름상 가장 자연스럽다.

정답　16.②　17.②

**18** Which is LEAST proper Korean translation?

① I realize that errors do happen, but overbilling me by USD 200 seems a bit unreasonable. → 실수가 있을 수 있지만 가격을 최종 200달러까지 청구하신 것은 다소 부당한 것 같습니다.

② When we opened the box, three of the CD players were found to be damaged. → 박스를 개봉했을 때 CD 플레이어 중 3개가 손상되어 있음을 발견했습니다.

③ Our records show that the balance of USD 10,000 is now past due. → 당사의 기록에는 현재 1만 달러가 미납된 걸로 나와 있습니다.

④ To avoid any additional charges, we would like to hear from you before February 20. → 추가 요금을 내지 않으시려면 귀하께서는 2월 20일 이전에 연락을 해 주셔야 합니다.

**해설** 「한국어 번역이 가장 적절하지 않은 것은 어느 것인가?」
① 실수가 있을 수 있지만 **200달러까지 과다청구하신 것은** 다소 부당한 것 같습니다.
▶ overbilling : 과다청구하다, 지나치게 지불하다

**19** Which is LEAST proper Korean translation?

① We are obliged for your inquiry dated September 18.
→ 당사는 귀사의 9월 18일자 조회에 대해 응답할 의무를 가지고 있습니다.

② The firms above mentioned enjoy a good reputation here.
→ 상기 회사들은 이 곳에서 평판이 좋습니다.

③ We have enclosed our Invoice and B/L copies for this shipment.
→ 이 선적에 대한 당사의 송장과 선화 증권 사본을 동봉합니다.

④ Please give this matter your urgent attention.
→ 이 문제에 대하여 신속한 조치를 취해 주십시오.

**해설** 「한국어 번역이 가장 적절하지 않은 것은 어느 것인가?」
① 당사는 귀사의 9월 18일자 조회에 대해 **감사합니다**.
▶ be obliged for : ~에 고맙게 여기다    cf. be obliged to : ~ 할 의무가 있다.

18.① 19.① **정답**

## 20. Which is the CORRECT explanation?

```
BILL OF EXCHANGE

NO.123456                           ①JULY 12, 2018. SEOUL, KOREA

FOR US$125,000
②AT 60 DAYS AFTER SIGHT OF THIS FIRST BILL OF EXCHANGE (SECOND OF
THE SAME TENOR AND DATE BEING UNPAID) PAY TO THE KOREA EXCHANGE
BANK OR ORDER THE SUM OF US DOLLARS SAY ONE HUNDRED
TWENTY-FIVE THOUSAND ONLY VALUE RECEIVED AND CHARGE THE SAME
TO ACCOUNT OF AMS TRADING DRAWN UNDER HSBC BANK, NEW YORK L/C
NO. AN21111 DATED MAY 20, 2018

TO : ③ HSBC BANK, NEW YORK              ④ SJ COMPANY
```

① 이 환어음에 대해 대금을 수취하는 날이다.
② 이 어음 제시 후 60일 되는 시점이라는 뜻이다.
③ 환어음의 발행인을 기입한 것이다.
④ 환어음의 drawee를 기입한 것으로 즉, 수출자가 된다.

**해설** 「올바른 설명은 어느 것인가?」
① 환어음의 발행일자이다.
② AT 60 DAYS AFTER SIGHT는 일람후 60일 출급이라는 뜻으로 환어음 제시 후 60일째 되는 날 지급한다는 뜻이다.
③ 신용장 개설은행을 말한다.
④ 환어음의 발행인 즉 drawer를 기입한 것으로 즉, 수출자가 된다.

[21~22] Read the following and answer.

Thank you for your email today pointing out the discrepancy between our contract and the L/C. Upon checking it we found that when our clerk typed the application form for the L/C, she made a mistake.
We immediately ordered our bank to amend the L/C.
We are sorry for this mistake and thank you again for your email regarding this.

With our best regards,

**정답** 20.②

**21** What can be inferred from the above?

① Buyer's clerk made a mistake in making the application for the L/C.
② Bank misunderstood the L/C application.
③ Seller would accept the terms of original L/C.
④ Bank would like to cancel the original L/C.

> 우리의 계약서와 신용장 사이에 불일치가 있음을 지적하는 귀사의 이메일을 오늘 잘 받았습니다. 검토를 해보니 당사의 직원이 신용장 개설신청서 양식을 기입했는데, 실수를 했습니다. 당사는 이 신용장을 조건변경하라고 당사의 거래은행에 즉시 지시했습니다. 이 실수에 죄송하고 이 건에 대한 귀사의 이메일에 다시 한 번 감사합니다.
> 이만 줄입니다.

「위 서신에서 유추할 수 있는 것은 무엇인가?」
①「수입상의 사무직원이 신용장 개설신청서를 작성하면서 실수를 했다.」
②「은행이 신용장 개설신청서를 잘못 이해했다.」
③「매도인은 원신용장의 조건을 수락할 것이다.」
④「은행은 원신용장을 취소하고자 한다.」

**22** Which is the underlined bank?

① issuing bank          ② confirming bank
③ negotiating bank      ④ advising bank

「밑줄 친 은행은 어느 것인가?」
밑줄 친 은행은 개설은행(issuing bank)이다.

[23~24] Read the following and answer.

> In your letter dated 10 March 2019, you have accepted our offer to draw on <u>you</u> at 30 d/s in the amount of USD 20,000. We are enclosing here the draft for your (    ).

**23** Who is most likely be <u>you</u>?

① agent    ② buyer    ③ seller    ④ bank

> 2019년 3월 10일자 귀사의 서신에 따르면, 귀사는 20만 달러에 대해 <u>귀사</u>를 지급인으로 하는 일람후 30일 출급 환어음을 발행한다는 당사의 청약을 승낙했습니다. 당사는 귀사의 (    )을 위해 계약서 초안을 동봉합니다.

23.「you는 누구일 것 같은가?」
you는 환어음의 지급인을 지칭하므로 수입상(buyer)이다.

21.① 22.① 23.② **정답**

**24** What is best for the blank?

① payment
② acceptance
③ negotiation
④ deferred payment

 「빈 칸에 가장 알맞은 것은 무엇인가?」
오퍼에 대해 승낙한다는 취지의 답신이므로 승낙(acceptance)에 따른 계약서 초안(draft)을 동봉한다는 것이 자연스러운 흐름이다.

**25** Which does NOT have a similar meaning to 'secured'?

> Attached is an order from our principal, GG International, Shanghai China. Our principal has agreed to pay by letter of credit and wants the delivery of the buses before the end of this month. We have already <u>secured</u> a shipping space with our forwarding agent in Incheon, and you will soon get a notice from the agent regarding the shipment.

① acquired
② got
③ guaranteed
④ obtained

 「"secured"와 유사한 의미가 아닌 것은 어느 것인가?」
중국 상하이에 있는 당사의 본사인 GG 인터내셔널에서 온 주문서를 첨부합니다. 본사는 신용장 결제에 동의했으며 이달 말 전에 버스를 인도받고자 합니다. 당사는 이미 인천에 있는 당사의 포워딩 에이전트를 통해 선복을 확보했으며, 선적에 관하여 이 에이전트로부터 곧 통지를 받을 것입니다.
여기서 secure는 확보(획득)하다의 의미로 사용되었다. guaranteed(보장된)에는 secured 와 유사한 의미가 없다.

## 02 영작문

**26** Which is correct about Irrevocable letter of credit?

> A. All letters of credit governed by UCP 600 are irrevocable letter of Credit.
> B. Cancellation of the unconfirmed letter of credit can be made by the issuing bank with consent of the beneficiary.
> C. Both of the above
> D. None of the above

① A only
② B only
③ C
④ D

정답 24.② 25.③ 26.③

「취소불능신용장에 대해 올바른 것은 어느 것인가?」

> A. UCP600에 준거한 모든 신용장은 취소불능신용장이다.
> B. 미확인 신용장의 취소는 수익자의 동의에 따라 개설은행이 취소할 수 있다.
> C. 상기 모두 해당
> D. 상기 모두 해당 없음

UCP600을 준거법으로 하는 신용장은 모두 취소불능이다. 확인신용장의 경우에는 확인은행, 개설은행, 수익자의 동의가 있어야 취소가 가능하지만 미확인신용장의 경우는 개설은행과 수익자의 동의만으로도 취소가 가능하다. A와 B 모두 해당된다.

[27~28] Read the following and answer.

> We are pleased to (　　) you that the Bank of America of LA has issued a letter of credit in your favour for the amount of USD 180,000. The credit is valid until May 25, 2018. Your draft for the above amount will be paid if accompanied by <u>the documents</u> listed below.

**27** Put right word in the blank.

① open　　　　　　　② advise
③ confirm　　　　　　④ negotiate

 LA의 아메리카은행이 귀사를 수익자로 하는 18만 달러짜리 신용장을 개설했음을 귀사에 (　　).
본 신용장의 유효기간은 2018년 5월 25일까지입니다. 상기 금액에 대한 귀사의 환어음은 아래에 기재된 서류와 함께 제시되면 지급될 것입니다.
27. 「빈 칸에 알맞은 단어를 넣으시오.」
매수인이 매도인에게 신용장이 개설되었음을 통보(advise)하는 서신이다.

**28** What can NOT be part of the underlined documents?

① Insurance Policy　　② Bill of Exchange
③ Invoice　　　　　　④ Bill of Lading

 「밑줄 친 서류의 일부가 아닌 것은 무엇인가?」
환어음은 선적서류가 아니다. 신용장 거래에서 선적서류(shipping documents)라 하면 **환어음**(Bill of Exchange), 전송보고서(예: 팩스 전송보고서) 그리고 서류의 발송을 증빙하는 특송영수증, 우편영수증 및 우편증명서를 **제외한** 신용장에서 요구하는 모든 서류를 의미한다.[ISBP 745 A19 a]

27.② 28.②

## 29. What are suitable for (A) and (B)?

> As this is our first time to do business with you, may we request if you could send either (A) or (B) to which we may refer? If these details are satisfactory, we shall be glad to send you a selection of the items on a credit basis.

① trade reference - bank name
② trade reference - carrier name
③ buyer reference - customer name
④ supplier reference - buyer reference

 「(A)와 (B)에 적합한 것은 무엇인가?」

> 이것은 귀사와의 첫 거래이기 때문에, 당사가 참조할 수 있도록 (A) 또는 (B)을/를 당사에 보내주실 수 있겠습니까? 여기의 세부사항들이 만족스러우면, 당사는 신용거래 조건으로 물품을 보내드리겠습니다.

신용거래(외상거래)를 요청하는 매수인에게 신용조회처를 제공해달라는 매도인의 답신이다. 신용조회처로는 trade reference(동업자 조회)와 bank name(은행명)이 있을 수 있다.

## 30. Which would be best for (A)?

> We regret to inform you that payment of USD 75,000 has not been made for order No. 3038. We sent your company a reminder notice three weeks ago, and so far we have received no reply from you. We hope that _____(A)_____.

① you can go to your lawyer for resolution.
② the goods have arrived in safe.
③ you can help us to clear this amount immediately.
④ you may defer the payment at your convenience.

 「(A)에 가장 적당한 것은 어느 것인가?」

> 당사는 주문품 No.3038에 대한 75,000달러가 미지급되었음을 귀사에 알리게 되어 유감입니다. 당사는 3주 전에 독촉장을 귀사로 보내드렸는데 아직까지 귀사로부터 아무 회신도 받지 못했습니다. 당사는 (      ) 바랍니다.

①「귀사는 문제 해결을 위해 귀사의 변호사에 가기를」
②「그 물품이 안전하게 도착하기를」
③「이 금액을 속히 청산해 주시기를」
 - 문장의 흐름상 가장 알맞은 표현이다.
④「귀사가 편한대로 지급을 지연시킬 수 있기를」

**정답**  29.①  30.③

**31** Put right words into the blank.

> There are some instances where wholesalers and retailers want to see how goods will sell before placing an order with the supplier. This can be done by requesting goods (        ).

① on an approval basis  ② payment in advance
③ by Letter of Credit  ④ by cash

 「빈 칸에 알맞은 단어를 넣으시오.」

> 도매상과 소매상이 공급업체에게 주문을 하기 전에 얼마나 물품이 잘 팔릴지 보고 싶어 하는 경우 몇가지 예가 있다. 물품에 대해 (    )를 요청함으로써 가능하다.

매수인이 시장의 반응을 살펴보기 위해서는 우선 물품을 외상(무환)으로 수입한 후 소비자의 반응을 살펴보는 것이 가장 안전하다. 물품이 판매된 부분에 대해서만 대금 지불을 하고 미판매분은 반품하면 되므로 판매 위험을 극소화 할 수 있다. 이런 방식의 거래를 판매승인조건부(approval basis)라 한다.

**32** Please put the following sentences in order.

> (a) We are sorry to hear that the products we shipped were damaged.
> (b) Since the fault is with us, we would like to offer you to accept the products at a reduction of 25%.
> (c) We found that the damage in the products has been caused by a rough handling.
> (d) We assure you that we will execute your orders from now on with our maximum care.

① (a)-(b)-(c)-(d)  ② (a)-(c)-(b)-(d)
③ (c)-(a)-(d)-(b)  ④ (c)-(a)-(b)-(d)

 「다음 문장을 순서대로 놓으시오.」

> (a) 당사가 선적했던 물품이 손상되었다는 소식에 죄송합니다.
> (b) 당사에게 잘못이 있으므로, 귀사가 이 제품을 25% 인하된 가격으로 인수하실 것을 제안합니다.
> (c) 이 제품들은 거친 취급으로 손상되었습니다.
> (d) 당사는 귀사의 주문에 대해 지금부터 최고의 주의를 기울여 이행할 것을 약속합니다.

선지 ②번이 가장 자연스러운 연결이다.

31.① 32.② 정답

[33~34] Read the following and answer.

> We received your letter placing order No.1555 which consists of 1,200 mtrs of Chrushall Superior leather. Since this is first time for you to (　) an order to us, we are offering 5% discount. Our dispatch department is currently preparing for your order and it should reach you within two weeks.
>
> Please note that (A) we will be taking off 5% from the invoice in addition on the order reached us by end of October 2018.

**33** What is best for the blank?

① offer　　② send　　③ take　　④ accept

당사는 크러쉘 슈퍼리어 가죽 1,200미터를 주문하는 귀사의 주문서 No.1555를 잘 받았습니다. 귀사가 당사에 (send ; 보내는) 첫 번째 주문이므로, 당사는 5%의 할인을 제공합니다. 당사의 발송부에서는 현재 귀사의 주문을 잘 준비하고 있으며 2주 이내에 귀사에 도착할 것입니다. 2018년 10월 말까지 당사에게 주문하면 추가로 송장금액에서 5%의 할인이 제공됨을 유념하세요.
– 보내다(send)라는 표현이 가장 알맞다.

**34** What is best rephrasing for the underlined (A)?

① We will put 5% of invoice price
② We will discount 5% of invoice price
③ We are compensating 5% of invoice price
④ We will cash back 5% of invoice

「밑줄 친 (A)를 가장 잘 바꿔쓴 것은 무엇인가?」
①「당사는 송장금액에 5%를 더할 것입니다.」
②「당사는 송장금액에서 5%를 할인해 줄 것입니다.」
 – 밑줄 친 (A)와 가장 유사한 의미를 갖고 있는 표현이다.
③「당사는 송장금액의 5%를 보상해 드리겠습니다.」
④「당사는 송장금액에서 5%를 현금으로 돌려드리겠습니다.」

[35~36] Which is best replacement for the underlined?

**35** We are writing to inform you that quality of your sheepskins <u>is not up to</u> standards in the contract.

① does not meet　　② is above　　③ is better　　④ satisfy

정답　33.②　34.②　35.①

 [35~36]「밑줄 친 부분을 가장 잘 바꿔 쓴 것은 어느 것인가?」
35.「당사는 귀사의 양가죽 품질이 계약서상의 기준에 <u>미치지 못함</u>을 알려드립니다.」
  does not meet(~을 충족하지 못한다)가 가장 유사한 의미이다.
  ▶ sheepskins : 양가죽    ▶ be up to : ~에 미치다

## 36
We would like to <u>lodge</u> an objection with your delivery of our orders.

① claim    ② duplex    ③ committee    ④ protect

 「당사 주문에 대한 귀사의 인도 건에 대해 <u>이의를 제기합니다</u>.」
  ▶ lodge : 이의를 제기하다(claim)    ▶ duplex : 복층 아파트    ▶ committee : 위원회
  ▶ protect : 보호하다, [어음대금을] 지급하다

[37~38] Read the following and answer.

> Under (A)Incoterms rule the seller must make arrangements for the carriage of the goods to the agreed destination. While the freight is paid by the seller, it is actually paid for by the buyer as freight costs are normally included by the seller in the total selling price. The carriage costs will sometimes include (B)the costs of handling and moving the goods within port or container terminal facilities and the carrier or terminal operator may well charge these costs to the buyer who receives the goods.

## 37
What is not appropriate for (A)?

① EXW    ② CFR    ③ DPU    ④ DAP

 (A)인코텀즈에서 매도인은 합의된 목적지까지 물품의 운송을 위한 준비를 해야 한다. 매도인이 운임을 지불하지만 운임은 매도인의 전체 판매 가격에 포함되어 있기 때문에 이는 실제로는 매수인이 지불하는 것이다. 운송비에는 종종 (B)항구 또는 컨테이너 터미널 시설내에서 물품을 취급하고 이동시키는 비용이 포함되기도 하며 운송인 또는 터미널 운영자는 물품을 받는 매수인에게 이러한 비용을 부과할 수 있다.

「(A)에 적합하지 않은 것은 무엇인가?」
EXW조건은 매도인의 공장 또는 구매에서 물품을 인도하므로 매도인이 부담해야 할 운송비용 등이 발생하지 않는다.

## 38
What does (B) refer to?

① documentation fee    ② terminal handling charge
③ detention charge    ④ demurrage

36.①  37.①  38.②  **정답**

해설 「(B)에서 언급하는 것은 무엇인가?」
터미널취급수수료(THC ; terminal handling charge)에 대한 설명이다.

## 39 What is the most suitable for the blank?

> Under the CIF term, the seller contracts for insurance cover against the ( )'s risk of or damage to the goods during the carriage.

① seller  ② carrier  ③ forwarder  ④ buyer

해설 「빈 칸에 가장 알맞은 것은 무엇인가?」
CIF조건에서, 매도인은 ( )의 위험 또는 운송중의 물품에 대한 손상에 대해 보험계약을 체결한다.
CIF조건에서 매도인은 매수인(buyer)의 위험에 대비하여 보험계약을 체결한다.

## 40 Which is NOT correct expression?

① This L/C shall remain effective until the end of this year.
② This L/C shall expire until the last day of this year.
③ This L/C shall be available until the end of this year.
④ This L/C shall be valid until the last day of this year.

해설 「올바른 표현이 아닌 것은 어느 것인가?」
①「이 신용장은 올해 말까지 유효하다.」
②「이 신용장은 올해의 마지막 날까지 종료해야 한다.」
 - 나머지 선지와 다른 표현이다.
③「이 신용장은 올해 말까지 이용할 수 있다.」
④「이 신용장은 올해의 마지막 날까지 유효하다.」
▶ expire : 만료되다, 끝나다

## 41 What is the most suitable for the blank?

> ( ⓐ ) is also known as the correspondent bank which is requested by the ( ⓑ ) to inform the beneficiary of a documentary credit.

① ⓐ Confirming bank   - ⓑ issuing bank
② ⓐ Negotiating bank  - ⓑ reimbursing bank
③ ⓐ Advising bank     - ⓑ issuing bank
④ ⓐ Advising bank     - ⓑ confirming bank

정답  39.④  40.②  41.③

「빈 칸에 가장 알맞은 것은 무엇인가?」
( ⓐ )는 ( ⓑ )의 요청에 따라 화환신용장을 수익자에게 알려주는 예치환거래은행으로 알려져 있다.
개설은행(issuing bank)의 요청에 따라 신용장의 개설을 통지하는 은행은 통지은행(Advising bank)이다.
▶ correspondent bank : 예치환거래은행

## 42 What is not a covered risk from the cargo insurance according to Institute Cargo Clauses?

① fire

② explosion

③ jettison

④ ordinary leakage of the subject-matter insured

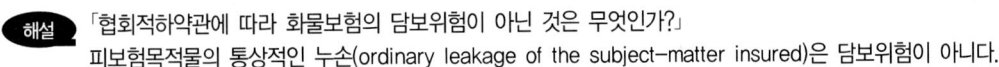 「협회적하약관에 따라 화물보험의 담보위험이 아닌 것은 무엇인가?」
피보험목적물의 통상적인 누손(ordinary leakage of the subject-matter insured)은 담보위험이 아니다.

## 43 Which of the following statements has a different purpose?

① The firm has caused us considerable trouble with respect to payment.

② No mention of our name should be made with regard to this matter.

③ Please use this confidential information with every discretion.

④ This information is private and confidential for your use only.

 「다른 목적을 갖고 있는 표현은 다음 중 어느 것인가?」
①「이 회사는 대금 지급에 있어서 당사에게 상당한 문제를 일으켰습니다.」
②「이 건과 관련하여 당사의 이름이 언급되어서는 안됩니다.」
③「모든 면에서 극비 정보로 해주세요.」
④「이 정보는 사적이며 오직 귀사만이 극비로 사용하여야 합니다.」
- 선지 ①번은 신용조회 대상에 대한 비판적인 내용임에 반해 다른 선지는 신용조회 통지 내용을 모두 비밀로 해달라는 표현이다.
▶ with respect to[with regard to] : ~ 에 관하여    ▶ with every discretion : 모든 면에서 조심스럽게

42.④  43.①  정답

## 44 Which is a LEAST proper English writing?

> 어음이 제시되면 결제해 주십시오.

① Please honor the bill when it is presented.
② Please pay the bill when it is presented.
③ Please negotiate the bill on presentation.
④ Please pay the bill upon presentation.

 「가장 적절하지 않은 영작은 어느 것인가?」
① 「이것이 제시되면 어음 대금을 지급해 주세요.」
② 「이것이 제시되면 어음 대금을 지급해 주세요.」
③ 「제시 시에 어음을 매입해 주세요.」
④ 「제시 시에 어음 대금을 지급해 주세요.」

## 45 Fill in the blank with the BEST phrase.

> After careful review of your application for a Visa Card from Sovereign Bank, we are sorry to inform you that your application _____. After careful review of your credit report, we determined that there were too many negative marks on your credit history which deemed your application to be a high risk, thereby rejecting your request.
>   We checked your credit history through Equifax Corporation. Please contact them to review and discuss your credit history. Thank you for applying for the Sovereign Bank Visa Card.

① has been accepted   ② has been declined
③ is cancelled        ④ has postponed

 「가장 잘된 표현으로 빈 칸을 채우시오.」

> 소버린은행에 대한 귀사의 비자카드 발급 신청을 주의 깊게 검토한 후, 당사는 귀사의 발급 신청이 거절되었음(has been declined)을 알리게 되어 유감입니다. 귀사의 신용보고를 주의 깊게 검토했는데, 귀사의 발급 신청에 매우 위험스럽게 보여지는 귀사의 신용기록 상 부정적인 요인들이 너무 많아서 당사는 이렇게 결정하였습니다. 당사는 귀사의 신용기록을 ㈜에퀴팩스를 통해 알아봤습니다. 귀사의 신용기록에 대해서 알아보거나 의논하려면 이 회사에 연락하십시오. 소버린은행의 비자카드 발급 신청에 대해 감사합니다.

은행에 카드 발급 신청을 한 결과 신청자의 신용기록을 검토한 은행에서 카드 발급을 거절하는 내용이다.

**정답**  44.③  45.②

## 46  Which is most AWKWARD English writing?

① 당사는 다음 장치들이 손상된 상태로 1월 15일에 받았습니다.
→ We received the goods on January 15, with the following devices damaged.

② 어떤 보상을 당사가 받을 수 있을지 알려주시기 바랍니다.
→ Please let us know what compensation is available to us.

③ 당사는 100점을 주문했지만 상자에는 90점뿐이었습니다.
→ We found only 90 pieces in the carton despite we ordered 100 pieces.

④ 수신자 부담으로 샘플과 안내 책자를 보내주시기 바랍니다.
→ Please send us your samples and a brochure at receiver's expense.

**해설** 「가장 어색한 영작은 어느 것인가?」
despite는 전치사이므로 뒤에 절이 올 수 없다.

## 47  Put right words for the blank.

> Jettison is throwing overboard of part of the vessel's cargo and regarded as a peril insured under the Marine Open Cargo Policy. If the jettison is made for the common safety in time of peril, the loss is treated as (    )

① total loss
② partial loss
③ constructive loss
④ general average

**해설** 「빈 칸에 올바른 단어를 넣으시오.」
투하는 선박에 있는 화물의 일부를 갑판 밖으로 던지는 것이며 해상적하보험에서는 담보위험으로 간주한다. 투하가 위험의 발생 시 공동의 안전을 위해 행해진 것이라면 이러한 멸실은 공동해손(general average)으로 다룬다.

▶ constructive loss : 추정전손   ▶ partial loss : 분손

## 48  Put right word for the blank.

> After considering your request for a/an (    ) of credit for order No. 1555, we are unfortunately unable to grant it as your past record of payments have been slow with some outstanding amounts.

① close
② extension
③ openness
④ offer

46.③  47.④  48.②  **정답**

**해설** 「빈 칸에 올바른 단어를 넣으시오.」

주문서 NO.1555에 대한 귀사의 신용 거래 연장(extension)을 검토한 후, 미불금액에 대해 귀사의 과거 대금 지불이 늦어왔기 때문에 아쉽게도 당사는 이를 허용할 수 없습니다.

외상거래를 해 온 구매업체에서 대금 지급을 제때 하지 않았기 때문에 그동안 허용해 왔던 외상거래의 연장 신청을 거절하는 내용이다.

## 49 Put right words for the blanks.

Your account is now seriously ( ⓐ ) due and it is clear that our efforts to work with you to collect the invoice amicably are not working. I regret to inform you that ( ⓑ ) we receive payment in full by 15 August, 2018, we will have to turn over your invoice to our attorney.

① ⓐ past − ⓑ unless
② ⓐ bad − ⓑ if
③ ⓐ off − ⓑ if
④ ⓐ met − ⓑ unless

**해설** 「빈 칸에 올바른 단어를 넣으시오.」

귀사의 계정이 심각하게 기한을 넘기고 있으며 당사가 청구 금액을 우호적으로 회수하려는 당사의 모든 노력이 소용없음이 분명해졌습니다. 2018년 8월 15일까지 대금 전액을 받지 못하면 당사는 귀사의 청구서를 당사의 변호사에게 넘길 것입니다.

각각 past와 unless가 문맥상 어울린다.
▶ unless : ~ 하지 않는 한(if not)

## 50 Fill in the blank with suitable words.

Thank you for sending the ( ⓐ ) invoice. We shall arrange the payment and our account department will contact you shortly regarding this matter. We hope to receive an accurate and ( ⓑ ) invoice every time we send an order.

① ⓐ wrong − ⓑ correct
② ⓐ rectified − ⓑ correct
③ ⓐ wrong − ⓑ rectified
④ ⓐ rectified − ⓑ incomplete

**해설** 「빈 칸에 올바른 단어를 넣으시오.」

수정된(rectified) 청구서를 보내주셔서 감사합니다. 당사는 지급을 준비할 것이며 당사의 경리부에서 이 건에 관해 곧 귀사에게 연락할 것입니다. 당사는 당사가 주문서를 보낼 때 마다 정확하고 올바른 (correct) 청구서를 받기를 바랍니다.

▶ rectify : (잘못된 것을) 바로잡다

**정답** 49.① 50.②

## 03 무역실무

**51** 다음 내용은 어떤 종류의 신용장 설명인가?

> 국가간의 무역불균형을 해소할 목적으로 수출상이 물품을 선적한 후 수출대금을 직접 지급 받는 것이 아니라 이를 특별계정에 두었다가 수입상으로부터 다른 물품을 수입 할 때의 결제대금으로만 사용할 수 있도록 지정한 신용장이다.

① 회전신용장　　② 선대신용장
③ 동시개설신용장　④ 기탁신용장

**해설** 기탁신용장(Escrow L/C)에 대한 설명이다.

**52** 무역거래에서 사용되는 수량에 대한 개념 중 용적에 대한 단위로 옳게 짝지은 것은?

① cubic meter, barrel, yard
② cubic feet, liter, super feet
③ cubic meter, meter, case
④ TEU, square foot, liter

**해설** 용적(부피)단위 : barrel, drum, gallon　　길이단위 : meter, yard, TEU
면적단위 : square feet, ㎡
▶ super feet : 1평방 feet x 1 inch 로서 480SFm가 1용적톤이 된다.

**53** 청약의 유형에 대한 설명으로 옳지 않은 것은?

① 확정청약은 확정적이라는 표현과 함께 청약의 유효기간을 명시하는 취소불능 청약이다.
② 확인조건부 청약은 피청약자가 청약내용을 승낙하여도 청약자가 최종적으로 청약내용을 재확인하여야 계약이 성립하는 청약이다.
③ 견본승인조건부 청약은 시험용 견본을 함께 송부하여 피청약자가 견본을 점검해 본 후 승낙 여부를 결정하는 것이다.
④ 잔고조건부 청약은 일정기간동안 판매하고 남은 상품은 매도인에게 반품하는 것을 조건으로 하는 청약이다.

**해설** 잔고조건부 청약(offer subject to being unsold)은 승낙의 의사표시가 청약자에게 도달했을 때 재고가 남아 있는 것을 조건으로 하는 청약을 말한다. 일정 기간 동안 판매하고 남은 상품은 매도인에게 반품하는 것을 조건으로 하는 청약은 반품허용조건부 청약(offer on sale or return)이다.

51.④　52.②　53.④　**정답**

**54** 부정기선 운송의 특성으로 옳지 않은 것은?

① 화주와 운송인이 계약 방식에 의해 개별적으로 운항 방식을 결정한다.
② 소수 화주(주로 1인)의 동종·동질의 대량 원자재 및 산화물(석탄, 철광석, 원목 등)을 대상으로 한다.
③ 사전에 공표된 화물별 운임(tariff rate)을 적용한다.
④ 개별 화주(용선자)와 운송인이 항해단위로, 운송시 마다 계약조건이 다른 용선계약서(Charter Party)를 사용한다.

**해설** 사전에 공표된 화물별 운임(tariff rate)을 적용하는 것은 정기선 운송방식에서 시행하고 있는 운임 공표 방법이다. 부정기선 운송에서는 용선자와 선주와의 개별 합의에 따라 운임이 결정된다.

**55** 화환신용장에서의 보험증권에 대한 설명으로 옳지 않은 것은?

① B/L에 기재된 상품의 위험을 담보할 것
② 보험금 청구권이 은행으로 양도되어 있을 것
③ 최저부보금액으로 신용장금액의 110%를 부보할 것
④ 부보일자가 B/L상의 선적일자 이후일 것

**해설** 화환신용장에서 보험증권의 발행일자는 B/L상의 선적일자와 같거나 앞서야 한다.

**56** 신용장거래 시 상업송장에 대한 설명으로 옳지 않은 것은?

① L/C 개설의뢰인 앞으로 발행되어야 한다.
② L/C상의 물품명세와 동일하여야 한다.
③ 꼭 서명될 필요는 없다.
④ 반드시 매수인이 매도인 앞으로 발행하여야 한다.

**해설** 상업송장은 물품대금에 대한 청구서이므로 매도인이 매수인 앞으로 발행하여야 한다.

**57** 청약에 대한 설명 중 옳지 않은 것은?

① 청약이 취소불능인 경우 거절의 통지가 피청약자에게 도달하는 경우에는 효력을 상실한다.
② 청약은 피청약자에게 도달하였을 때 효력이 발생하고 취소불능이라도 청약과 동시에 철회가 도달하는 경우에는 철회될 수 있다.
③ 구두청약도 가능하지만 오해의 소지를 방지하기 위해 청약서를 작성하여 서면으로 하는 것이 바람직하다.
④ 반대청약은 피청약자가 청약의 조건을 변경, 추가 또는 제한하여 제안하는 청약으로 기존청약에 대한 거절에 해당된다.

**해설** 청약이 취소불능인 경우 청약자는 승낙에 대해 거절할 수 없으며 승낙의 의사표시가 도달되는 것과 동시에 계약의 효력이 발생한다.

**정답** 54.③ 55.④ 56.④ 57.①

**58** 수출업자 입장에서 본 국제팩토링의 효용으로 옳지 않은 것은?

① 신용장이나 D/A, D/P 방식에 비해 실무상의 절차가 간단하다.
② 수출팩터를 통해서 수입업자의 신용상태를 사전에 파악 할 수 있다.
③ 수출팩터의 지급보증과 수입업자에 대한 신용파악으로 과감하게 신규거래를 시도할 수 있다.
④ 수출대금의 회수를 수입팩터가 보증하므로 수출하더라도 대금회수불능의 위험이 거의 없다.

> **해설** 국제팩토링에서 수출대금의 회수는 **수출팩터**가 보증하므로 수출하더라도 대금회수불능의 위험이 거의 없다.

**59** 대외무역법상 수출입 품목관리를 위한 제도에 대한 설명으로 옳지 않은 것은

① 대외무역법은 수출입 품목관리 체계에서 자유무역을 원칙으로 한다.
② 수출입공고에는 산업통상자원부장관이 정한 수출입 물품에 대한 승인, 허가, 금지 등에 관한 사항을 공고하고 있다.
③ 수출입공고는 자유무역을 증진하기 위해 Positive System을 채택하고 있다.
④ 대외무역법 외의 법령에 의한 품목별 수출입절차는 통합공고를 통해 공고하고 있다.

> **해설** 수출입공고는 자유무역을 증진하기 위해 Negative System(원칙자유, 예외승인)을 채택하고 있다.

**60** 운송 중 컨테이너를 개폐할 필요가 없어서 안전성, 신속성을 최대한 달성할 수 있는 가장 효율적인 운송 형태는?

① CY/CY운송　　② CFS/CFS운송
③ CY/CFS운송　　④ CFS/CY운송

> **해설** CY/CY(FCL/FCL)에 대한 설명이다.

**61** 무역계약 체결 시 계약 대상물품이 선박, 항공기인 경우 품질을 결정하는데 가장 바람직한 방법은?

① 규격매매　　② 상표매매
③ 명세서매매　　④ 표준품매매

> **해설** 명세서매매(Sale by specification)에 대한 설명이다.

58.④　59.③　60.①　61.③　**정답**

**62** 매수인이 운송인을 지정할 의무가 있는 인코텀즈(Incoterms) 2020 조건은?

① CIP
② CIF
③ FCA
④ DDP

**해설** 운송인을 지정할 수 있는 당사자는 운임을 부담하고 운송계약을 체결하는 자이다. 여기에 해당되는 인코텀즈의 조건은 EXW와 F그룹(FCA, FAS, FOB)이 해당된다.

**63** 다음 중 환어음의 인지세를 부담하지 않기 위해 사용하는 동시지급방식으로 옳은 것은?

① CWO
② COD
③ CAD
④ D/P

**해설** CAD에 대한 설명이다. CAD는 D/P와 같은 방식이지만 환어음이 발행되지 않으며 유럽식 D/P라고도 불린다.

**64** 청약과 승낙에 대한 설명으로 옳지 않은 것은?

① 승낙은 Mirror Image Rule이 적용된다.
② 확정청약은 승낙기간이 명시되며, 그 기간 내에 취소 될 수 있다.
③ counter offer는 청약에 대한 rejection일 뿐만 아니라, offeree에 의한 새로운 청약으로 간주된다.
④ 상대방의 거절이나 반대청약에 의하여 청약은 그 효력을 상실한다.

**해설** 확정청약은 승낙기간이 명시되어, 그 기간내에는 청약의 내용을 변경하거나 취소할 수 없다.

**65** 해상운송장과 선하증권을 비교 설명한 것으로 옳지 않은 것은?

| 구분 | | 해상운송장(SWB) | 선하증권(B/L) |
|---|---|---|---|
| ㉠ | 인도 | 수하인이라는 증명만으로 물품인도 | 정당하게 배서된 B/L의 소지인에게 B/L원본과 상환을 조건으로 물품인도 |
| ㉡ | 유통성 | 유통불능 | 유통가능 |
| ㉢ | 유가증권성 | 유가증권 | 단순한 화물수취증이므로 유가증권이 아님 |
| ㉣ | 서류양식 | 이면약관을 생략한 약식 또는 이면 백지식 | 이면약관이 기재된 통일된 양식사용(약식 또는 이면 백지식도 가능) |

① ㉠
② ㉡
③ ㉢
④ ㉣

**해설** 해상운송장은 양도불가의 기명식으로 발행되고 단순한 물품의 수취증에 불과하므로 유가증권이 아니다.

**정답** 62.③ 63.③ 64.② 65.③

**66** Factoring 거래와 Forfaiting 거래를 비교한 설명으로 옳지 않은 것은?

| 구분 | 항목 | Factoring | Forfaiting |
|---|---|---|---|
| ㉠ | 금액 | 주로 거액 (100만불 이상) | 주로 소액 (30만불 미만) |
| ㉡ | 외상기간 | 단기 | 장기 |
| ㉢ | 소구권 | with Recourse / without Recourse 둘 다 가능하나 기본적으로 without Recourse | without Recourse만 인정 |
| ㉣ | 금리 | 제한 없음 | 고정금리로만 할인 |

① ㉠   ② ㉡   ③ ㉢   ④ ㉣

**해설** 팩토링은 주로 소액(30만불 미만)의 금액을 다루며 포페이팅은 주로 거액 (100만불 이상)에 사용된다.

**67** 국제상사중재에 대한 설명 중 옳지 않은 것은?

① 분쟁 당사자 간에 합의가 있어야 중재로 분쟁을 해결 할 수 있다.
② 중재인은 판사와 같은 위치를 가짐으로써 증인 및 감정인의 출석을 명령할 수 있다.
③ 중재는 단심제로서, 내려진 중재판정 결과에 대하여 항소할 수 없다.
④ 뉴욕협약의 체약국 간에는 중재판정의 승인 및 집행이 가능하다.

**해설** 중재인은 양 당사자의 의견을 종합하여 중재를 진행하는 사람으로서 증인 및 감정인의 출석을 명령하거나 강제할 수 없다. 정당한 이유없이 중재인의 출석요구에 불응하면 패소하게 된다.

**68** 협회적하보험 ICC(A), ICC(B), ICC(C)의 약관상 공통으로 규정되어 있는 일반면책위험으로만 묶은 것은?

① 지연, 통상의 파손
② 자연소모, 쥐 혹은 벌레
③ 포장의 불완전, 통상의 누손
④ 상품고유의 하자, 기관손해

**해설** 항해의 지연(delay)과 쥐 혹은 벌레에 의한 손해(rats or vermin), 기관손해(injury to machinery)는 협회적하약관이 아니라 영국해상보험법(MIA)상의 면책위험이다.

66.① 67.② 68.③ **정답**

**69** 선하증권(B/L)과 항공운송장(AWB)이 모두 가지는 기능으로 옳은 것은?

① 운송계약증거 기능  ② 화물권리증서 기능
③ 지시·유통 증권성  ④ 물권적 효력

> 해설  선하증권과 항공운송장은 모두 운송계약의 증거 기능을 갖고 있다. 항공운송장은 배서에 의한 유통이 불가하므로 지사유통 증권성 또는 화물의 권리증서, 물권적 효력이 없다.

**70** 해상보험에서 보험계약 상 보험자의 최고보상한도가 되는 용어로 옳은 것은?

① 보험가액  ② 보험금
③ 보험금액  ④ 보험료

> 해설  보험금액은 손해발생 시 보험자가 보상을 해주겠다고 약속한 금액으로서 보험자의 최고보상한도이다.

**71** CIF조건에서 양당사자 간에 아무런 보험관련 약정이 없었다면 어떤 조건으로 보험을 부보하면 되는가?

① ICC(A) 또는 FPA  ② ICC(B) 또는 WA
③ ICC(C) 또는 FPA  ④ ICC(C) 또는 WA

> 해설  인코텀즈2010에서는 CIF/CIP조건에서 양당사자 간에 아무런 보험관련 약정이 없었다면 ICC(C) 또는 ICC(FPA)로 부보해야 한다. 참고로 인코텀즈2020에서는 양당사자 간에 아무런 보험관련 약정이 없었다면 CIF는 ICC(C) 또는 FPA로 CIP는 ICC(A) 또는 ICC(A/R)로 부보하도록 개정되었다.

**72** 다음 중 보증신용장에 대한 설명으로 부적절한 것은?

① 순수한 금융서비스나 용역계약 등에 대한 입찰, 이행 등의 지급을 보증하는 형태로 사용한다.
② 상품의 수출입에 관한 대금지급을 보증하기 위해 사용한다.
③ 선적서류의 제공을 요구하지 않는다.
④ 신용장통일규칙을 적용할 수 있다.

> 해설  보증신용장은 수출입 상품의 대금지급 보증이 아니라 용역 또는 공사기간의 미준수, 납품기일 위반 등의 계약위반사항에 대한 손해배상 또는 지급보장을 위한 보증목적으로 사용된다.

정답  69.①  70.③  71.③  72.②

**73** 다음 해운동맹의 운영수단 중 성격이 다른 하나를 고르시오.

① 운임협정　　　　　② 공동운항
③ 투쟁선　　　　　　④ 충성환불제

**해설** 선지 ④번은 해운동맹의 화주에 대한 구속 수단 중 대외적 방법이고 나머지는 모두 대내적 방법이다.

**74** 부가위험담보조건에 대한 설명으로 부적절한 것은?

① TPND (Theft, Pilferage and Non-Delivery): 도난, 발화, 불착 위험
② RFWD (Rain and/or Fresh Water Damage): 우담수손
③ COOC (Contact with Oil and/or Other Cargo): 유류 및/또는 타화물과의 접촉위험
④ Denting and/or Bending: 혼합위험

**해설** ▶ Denting and/or Bending : 곡손(휘어짐)

**75** 다음 결제조건의 분류가 부적절한 것은?

① 선지급 - CWO, red clause L/C
② 동시지급 - COD, CAD
③ 후지급 - D/A, D/P
④ 지급방식 - remittance, collection, L/C

**해설** D/A는 후지급 방식이지만 D/P는 동시지급 방식이다.

73.④　74.④　75.③　**정답**

## 제117회 2급 기출해설
### (2020년 제1회)

## 01 영문해석

**01** Select all the statements that are TRUE about the characteristics of Incoterms 2020?

> a. Incoterms 2020 has been released by the International Chamber of Commerce maintaining the number of terms, 11.
> b. One new Incoterm, DPU has replaced the Incoterms 2010 rule DAT.
> c. Incoterms 2020 rules are available for application to both international and domestic sale contracts.
> d. Incoterms 2020 rules have specified shipping documents that could be replaced by electronic means of communication.

① a, b, c   ② b, c, d   ③ a, c, d   ④ a, b, d

「인코텀즈 2020의 성격에 대한 설명으로 옳은 것을 모두 고르시오.」

> a. 인코텀즈 2020은 11개의 정형거래조건을 유지하면서 국제상업회의소가 발행하였다.
> b. 새로운 정형거래조건으로서 DPU는 인코텀즈 2010의 DAT 규칙을 대체했다.
> c. 인코텀즈 2020은 국내와 국제간의 매매계약 양쪽에 적용할 수 있다.
> d. 인코텀즈 2020은 전자적 통신 수단으로 대체할 수 있는 선적서류를 규정하고 있다.

d : 인코텀즈 2020에서는 인코텀즈2010과 마찬가지로 전자적 통신 수단으로 대체할 수 있는 선적서류를 별도로 규정하고 있는 것이 아니라 당사자 간의 합의에 따라 모든 선적서류의 전자적 수단에 의한 통신에 대해서도 종이에 의한 통신과 동일한 효력을 부여한다.

정답  01. ①

**02** Select the wrong interpretation in view of the following sentences.

> Any claim by buyer of whatever nature arising under this contract shall be made by cable within 14 days after arrival of the goods at the destination specified in the bill of lading. Full particulars of such claim shall be made in writing, and forwarded by registered mail to seller within 7 days after cabling. Buyer must submit seller with particular sworn surveyor's reports explaining the quality or quantity of the goods delivered is in dispute.

① 매수인의 클레임은 선화증권에 명시된 목적지에 물품이 도착한 후 14일 이내에 전신으로 제기되어야 한다.
② 클레임의 명세는 전신 후 7일 이내에 서면으로 작성되어야 한다.
③ 클레임의 명세는 전신으로 매도인에게 송부되어야 한다.
④ 인도된 물품의 품질이나 수량에 문제가 있는 경우 매수인은 상세한 감정보고서를 제시하여야 한다.

**해설** 「다음 문장에서 해석이 잘못된 것을 고르시오.」

> 이 계약과 관련하여 일어나는 어떤 성질의 것이든 매수인이 제기하는 모든 클레임은 선화증권에 명시된 목적지에 물품이 도착한 후 14일 이내에 전신으로 제기되어야 한다. 그 클레임의 전체 명세는 전신 후 7일 이내에 서면으로 작성되어 매도인에게 항공우편으로 전송되어야 한다. 인도된 물품의 품질이나 수량에 문제가 있는 경우 매수인은 상세한 감정보고서를 제시하여야 한다.

▶ by registered mail : 항공우편으로 ↔ by cable : 전신으로

**03** What is the best in the blank?

> After seeking overseas connections through the foreign market research, we are supposed to send the ( ) which suggests the business proposal.

① catalog
② circular letter
③ distribution list
④ directory

**해설** 「빈 칸에 가장 알맞은 것은 무엇인가?」

> 해외시장조사를 통해 해외거래선을 찾은 후 거래를 제안하는 거래제안서(circular letter)를 보내려 한다.

▶ overseas connections : 해외거래처
▶ foreign market research : 해외시장조사

02.③  03.②  **정답**

## 04  Select the right order in a business proposal below.

> ☐ We are desire of extending our business to your country and shall be much obliged if you will introduce us to some reliable firms in your country who are interested in this line of business.
> ☐ For the thirty years, we have been supplying all kinds of fishing equipment to our domestic market and also to various markets abroad enjoying a good reputation.
> ☐ As to our credit standing, the Korea Chamber of Commerce and Industry will supply necessary information.
> ☐ We thank you for your cooperation in advance and wait for your early reply.

① ☐ - ☐ - ☐ - ☐   ② ☐ - ☐ - ☐ - ☐
③ ☐ - ☐ - ☐ - ☐   ④ ☐ - ☐ - ☐ - ☐

 「다음의 거래제안서가 올바른 순서대로 된 것을 고르시오.」

> A : 당사는 당사의 사업을 귀국으로 넓히고 싶으며 귀사가 이 분야의 사업에 관심이 있는 귀국의 믿을 만한 회사를 당사에 소개해주시면 대단히 감사하겠습니다.
> B : 30여년 동안 당사는 국내시장에 다양한 낚시 장비를 공급해왔으며 여러 해외시장에서도 호평을 받고 있습니다.
> C : 당사의 신용상태에 대해서는, 대한상공회의소가 필요한 정보를 드릴 것입니다.
> D : 먼저 귀사에게 감사의 말씀을 드리고 귀사의 조속한 답신을 기다립니다.

흐름상 선지 ④번이 가장 자연스럽다.

[5~6] Read the following letter and answer the questions.

> We have been testing the market with a new line of furniture assembly kits, and have found that demand for these kits, both here and overseas, has exceeded my expectations. In the past six months alone, we have had over USD120,000 worth of orders, half of which we have been unable to fulfil because of our limited resources.
>
> For this, we will make a loan for about USD40,000 to buy additional equipment and raw materials. As a part of (    ), we can offer USD10,000 in ordinary shares, and USD5,000 in local government bonds. We estimate it would take us about six months to repay a loan of this size.

정답  04.④

## 05 Select the best word in the blank?

① security  ② credit  ③ asset  ④ property

당사는 새로운 조립식 가구 분야로 이 시장을 점검해오고 있었는데, 국내외 양쪽에서 이 조립품에 대한 수요가 당사의 예상을 뛰어 넘고 있습니다. 지난 6개월만 따로 봐도, 12만 달러치를 넘는 주문을 받았는데 이 중의 반을 당사의 제한된 원자재 때문에 충족을 시키지 못하고 있습니다.
이에 따라, 당사는 추가 장비와 원료의 구입을 위해 4만 달러의 대출을 받고자 합니다. (담보)로 당사는 1만 달러 상당의 보통주, 그리고 5천 달러 상당의 지방채를 제공하겠습니다. 이 금액을 상환하는데는 약 6개월이 걸릴 것이라고 추정합니다.

05. 「빈 칸에 가장 알맞은 단어를 고르시오.」
- 문맥상 담보(security)가 가장 알맞다.
▶ new line of furniture assembly kits : 새로운 조립식 가구 분야  ▶ security : 담보
▶ ordinary share : (회사의)보통주  ▶ local government bonds : 지방채
▶ asset : 자산, 재산(property)

## 06 Which can NOT be inferred?

A: 위 서신의 작성자는 국내 및 국외에서 예상외로 많은 주문을 받았다.
B: 위 서신의 작성자는 지난 1년간 모두 USD 120,000의 주문을 받았다.
C: 위 서신의 작성자는 모든 주문에 응할 수 없는 점에 대하여 사과한다.
D: 위 서신의 작성자가 모든 주문에 응할 수 없는 이유는 생산설비와 원료부족 때문이다.

① A, B  ② B, C  ③ C, D  ④ A, D

「추론할 수 없는 것은 어느 것인가?」
B : 서신의 작성자는 지난 6개월간 12만 달러어치를 넘는 주문을 받았다.

[7~9] Read the following letter and answer the questions.

(A) We are suppliers to Mackenzie Bros Ltd, 1-5 Whale Drive, Dawson, Ontario, who have asked us to give them facilities to settle their statements on ㉮(분기별 조건으로). (B) While we have little doubt about their ability to clear their accounts, we would like to confirm that their credit rating warrants quarterly settlements of up to £8,000. (C) We would be very grateful for an early reply, and can assure you that it will be treated ㉯(극비로). (D)

## 07 Where does the following sentence best fit the above letter?

They told us that you would be prepared to act as their referee.

① (A)  ② (B)  ③ (C)  ④ (D)

정답  05.①  06.②  07.②

(A) 당사는 자신의 결제 조건을 ㉮ 분기별 조건으로 해달라고 요청한 온타리오 주, 도손, 웨일 드라이브 1-5가에 있는 ㈜맥켄지브라더스의 공급업체입니다. (B)당사는 이 회사가 자신의 계정을 지급할 능력이 있는지 조금 의심이 가므로, 8천 파운드까지의 분기별 결제 조건을 보장할 수 있는지 이 회사의 신용등급을 확인하고자 합니다. (C) 조속히 답신을 주시면 대단히 감사할 것이며 이를 ㉯극비로 다룰 것임을 약속합니다.

07. 「상기 서신에 다음 문장이 들어가기 가장 적당한 것은 어디인가?」

이 회사는 귀사가 자신의 신용조회처 역할을 할 것이라고 당사에 알려줬습니다.

서신의 전개를 볼 때 (B)의 자리가 가장 알맞다
▶ credit rating : 신용등급    ▶ act as their referee : 신용조회처로서, 추천인으로서
▶ clear one's account : (대금)계정을 청산(지급)하다

**08** Which is the appropriate Korean-English translation for the blank ㉮?

① a quarterly basis  ② a quarter base
③ quarterly basis    ④ quarter basis

 「빈 칸 ㉮의 한영 번역으로 가장 적합한 것은 어느 것인가?」
▶ a quarterly basis : 분기별 조건

**09** Which is the appropriate Korean-English translation for the blank ㉯?

① in the strictest confidence  ② in confidence
③ as confidential              ④ as strict confidence

「빈 칸 ㉯의 한영 번역으로 가장 적합한 것은 어느 것인가?」
▶ in the strictest confidence[as strictly confidential] : 극비로

**10** Which of the following is the payment method involved?

We were very surprised to hear that the bill of exchange No. 211 dated March 12 was not met when presented.
As you have never failed to meet your obligations on the bills we have drawn so far, we are surprised to know that the payment has not been made.
Also we did not receive any reply from you on this matter and we would appreciate it if you could explain the reason why the draft was not honored. We instructed our bank today to present the draft again and we believe you will honor it immediately.

① Red clause credit       ② Standby credit
③ Documentary collection  ④ Documentary credit

정답  08.①  09.①  10.③

「다음과 관련된 결제방식은 어느 것인가?」

> 당사는 제시된 3월 12일자 환어음 No.211이 결제되지 않았다는 소식을 듣고 매우 놀랐습니다. 귀사는 지금까지 당사가 발행해온 어음에 대해 지급의무를 이행하지 않은 적이 없기 때문에, 지급이 되지 않았다는 것을 알고 놀랐습니다. 이 건에 대해서 당사는 아직 귀사에게서 어떠한 회신도 받지 못했는데 이 어음이 왜 지급되지 않았는지 이유를 알려주시면 감사하겠습니다. 당사는 당사의 거래은행에게 어음을 다시 제시하라고 지시했는데 이에 대해 귀사가 즉시 지급해 줄 것이라 믿습니다.

- 어음으로 대금지급이 이루진다는 표현을 볼 때 추심(Documentary collection) 또는 화환신용장(Documentary credit) 거래이다. 신용장 거래에서는 제시된 어음에 대해 신용장의 조건을 위반한 하자가 있는 경우를 제외하고는 지급 거절되는 경우는 거의 없다. 따라서 이 상황은 추심은행의 환어음 제시에 대해 지급을 하지 않고 있는 상황을 말하고 있으므로 추심거래 중 D/P에 해당한다.
▶ honor : [무역]어음대금을 지급하다

[11~12] Read the following and answer the questions.

> I wish to say at once how pleased we were to receive your request of 12th March for waterproof garments on approval. As we have not previously done business together, perhaps you will kindly supply either the usual ( ⓐ ), or the name of a ( ⓑ ) to which we may refer. Then as soon as these inquiries are satisfactorily settled, we shall be happy to send you a good selection of the items you mentioned in your letter.
> We sincerely hope this will be the beginning of a long and pleasant business association. We shall certainly do our best to make it so.
>
> Yours faithfully,
> David Choi

**11** Fill in the blanks with the best word(s).

① ⓐ L/C – ⓑ marketing manager
② ⓐ quotation – ⓑ company
③ ⓐ trade reference – ⓑ bank
④ ⓐ receipt – ⓑ stock company

 승인조건부로 방수 의류의 거래를 요청하시는 귀사의 3월 12일자 서신을 기쁘게 받고 한 말씀 드리고자 합니다. 우리는 서로 이전에 거래를 한 적이 없기 때문에 (ⓐ 동업자 조회처 : trade reference) 또는 당사가 조회할 수 있는 (ⓑ 은행 ; bank)의 이름을 주셔야 합니다. 그래서 이 조회가 만족스럽게 해결되면, 귀사가 서신에서 언급하신 품목을 선정해서 보내 드리겠습니다. 당사는 이것이 오래도록 즐거운 거래관계의 시작이 되길 바랍니다. 그렇게 되도록 당사도 최선을 다 하겠습니다.
이만 줄입니다.
데이비드 최

11. 「빈 칸에 가장 알맞은 단어로 채우시오.」
- 위 해석 참조
▶ quotation : 견적   ▶ stock company : 주식회사

11.③ 정답

**12** Who is David Choi?

① supplier  ② buyer
③ bank manager  ④ importer

 「데이비드 최는 누구인가?」
수입상의 승인조건부 거래 요청에 대해 답을 하고 있으므로 물품공급자(supplier)임을 알 수 있다.

**13** What is the following called?

> A company of Korea has excess products that it does not want to sell into the Korean market because it will bring down the domestic price and instead the company decides to sell them in another country below the cost of production or home market price.

① Countervailing  ② Quota
③ Dumping  ④ None of the above

 「다음은 무엇이라고 불리는가?」
「한국의 어떤 회사가 제품을 초과 생산했는데 이를 한국 국내시장에서 팔 생각은 없다. 국내시장에서의 가격을 내리게 되기 때문이다. 대신 이 회사는 이들을 생산원가보다 낮거나 국내시장 가격으로 다른 나라에 판매하기로 결정했다.」
– 덤핑판매(Dumping)에 대한 설명이다.
▶ countervailing : 상계(관세)

**14** Which of the following is NOT replaceable for the underlined phrase?

> In reply to your fax of 13 May, the earliest vessel due out of London for New Zealand is the Northern Cross, which is <u>at present</u> loading at No.3 Dock, Tilbury, and will accept cargo until 18 May, when she sails.

① now  ② currently
③ recently  ④ at the moment

 「밑줄 친 구를 바꿔 쓸 수 없는 것은 다음 중 어느 것인가?」

귀사의 5월 13일자 팩스에 대한 답신인데, 가장 조기에 런던에서 뉴질랜드로 출항 예정인 선박은 노던 크로스 호로서, 이 배는 현재 틸버리 항, 제3부두에 정박중이며, 이 배가 출항하는 5월 18일까지 화물을 인수할 것입니다.

「한국의 어떤 회사가 제품을 초과 생산했는데 이를 한국 국내시장에서 팔 생각은 없다. 국내시장에서의 가격을 내리게 되기 때문이다. 대신 이 회사는 이들을 생산원가보다 낮거나 국내시장 가격으로 다른 나라에 판매하기로 결정했다.」

▶ at present[now, currently, at the moment] : 현재는, 지금은
▶ recently : 최근에

정답  12.①  13.③  14.③

Perfect guide to Trade English

[15~16] Read the following paragraph and answer the questions.

> We have received your letter of August 20, 2019, informing us that you have not yet received the letter of credit covering our order dated August 10, 2019, and requesting us to open it at once. The credit in question was already airmailed to you on August 20, 2019 by our bankers and it is expected that the L/C covering this order will reach you in time. We are sorry for not informing you upon ( a ) an L/C, and please accept our apologies for the inconveniences we have caused you.

**15** What is the main purpose of the letter?

① request for opening L/C
② confirmation of L/C issuance
③ receipt of L/C
④ amendment of L/C

> 당사는 2019년 8월 10일자 당사의 주문에 대한 신용장을 아직 귀사가 받지 못했고, 이를 즉시 개설해달라고 요청하시는 귀사의 2019년 8월 20일자 귀사의 서신을 잘 받았습니다. 문제의 신용장은 이미 당사의 거래은행이 2019년 8월 20일 항공우편으로 발송했으며, 이 주문에 대한 신용장이 제 때에 귀사에게 도착할 것이라고 생각합니다. 신용장의 (    )을 알려드리지 못해 미안하며, 당사가 귀사에게 끼친 불편함에 대해 사과드립니다.

15. 「이 서신의 주목적은 무엇인가?」
– 신용장의 개설을 확인(confirmation of L/C issuance)해 주는 서신이다.
▶ request for opening L/C : 신용장 개설요청   ▶ receipt of L/C : 신용장의 수령
▶ amendment of L/C : 신용장의 조건변경

**16** What is NOT suitable for blank ( a )?

① notifying   ② establishing   ③ opening   ④ issuing

「빈 칸 (a)에 적절하지 않은 것은 무엇인가?」
신용장의 개설(establishing, opening, issuing)을 미처 알리지 못했음을 사과하는 내용이다.
notifying(통지, 통보)는 문맥상 어울리지 않는다.

**17** Select the right expression in the blank.

> A consular invoice is normally signed by (       ).

① a chamber of commerce in the exporting country.
② a chamber of commerce in the importing country.
③ an embassy official in the exporting country.
④ an embassy official in the importing country.

15.② 16.① 17.③  **정답**

| 제117회 | 2급 기출해설(2020년 제1회)

「빈 칸에 적당한 표현을 고르시오.」

영사송장은 보통 수출국에 있는 대사관 직원이(an embassy official in the exporting country)서명한다.
① 「수출국에 있는 상공회의소가」
② 「수입국에 있는 상공회의소가」
④ 「수입국에 있는 대사관 직원이」

**18** Which of the following does NOT fit in the blanks?

> We are pleased to inform you that we have shipped the ( (A) ) by M/S "COSMOS" of Hyundai Line due to ( (B) ) Busan on May 10 ( (C) ) New York.

① (A)goods  –  (B)leave  –  (C)for
② (A)goods  –  (B)separate from  –  (C)at
③ (A)cargoes  –  (B)depart from  –  (C)to
④ (A)cargoes  –  (B)clear from  –  (C)to

 「빈 칸에 어울리지 않는 것은 다음 중 어느 것인가?」

당사는 5월 10일 부산항을 출항하여 뉴욕으로 향할 예정인 현대상선의 코스모스 호에 물품이 선적되었음을 알려드립니다.

▶ leave[depart from, clear from] : 출발(출항)하다   cf. leave A for B : A를 떠나 B로 향하다
▶ separate from ; ~에서 분리하다[떼어놓다]

[19~20] Read the following paragraph and answer the questions.

> THIS is a bill of lading term that the carrier acknowledges the receipt of stated number of packages but is unaware of the exact nature, quantity, and/or value of their contents. This is an important issue because, in case of an insurance claim, the carrier's liability depending on the ruling convention, such as (   ) may be limited only to the number of packages (for which a standard compensation is paid) and not to the total value of the claim.

**19** What is NOT true about THIS?

① THIS indicates the Unknown Clause.
② THIS is also called as the Said to Contain(STC) or the Shipper's Load and Count.
③ THIS is mostly included in a bill of lading for an LCL shipment.
④ THIS may not be shown in a bill of lading in case of bulk cargo.

정답  18.②  19.③

 이것은 운송인이 화물 포장의 개수가 기재된 수취증은 받았지만 내용물의 정확한 성질, 수량, 그리고/또는 가격을 알지 못하는 경우의 어떤 선하증권 규정이다. 이것은 매우 중요한 문제인데, 왜냐하면 보험금 청구가 있는 경우, 운송인의 책임은, 포장 물품의 숫자(보상 기준에 해당하는)에 한정한다는 (     )와 같은 준거법에 따르며 전체 청구금액에 대해 책임을 지는 것은 아니다.

19. 「THIS에 대해 옳지 않은 것은 무엇인가?」
① 「이것은 부지약관조항을 설명하고 있다.」
② 「이것은 Said to Contain(STC) 또는 the Shipper's Load and Count로 불리기도 한다.」
③ 「이것은 대부분 LCL선적품의 선하증권 상에 포함된다.」
  - 제시문은 부지약관에 대한 설명인데 부지약관조항은 FCL선적품의 선하증권 상에 포함된다.
④ 「이것은 벌크화물의 경우에는 선하증권 상에 표시되지 않는다.」
  - 부지약관 조항은 컨테이너 운송인 FCL화물의 선하증권 상에 표시된다.
▶ be unaware of : ~을 알지 못하다    ▶ depending on : ~에 따라   cf. depend on : ~에 의존하다
▶ ruling convention : 준거법

**20** What is APPROPRIATE for the blank?

① Hague-Visby Rule or Hamburg Rule
② New York Convention
③ Warsaw-Oxford Rules
④ Warsaw Convention

 「빈 칸에 적합하지 않은 것은 무엇인가?」
  - 선하증권의 부지약관에 대해 규정하고 있는 것은 헤이그-베스비 규칙 또는 함부르크 규칙이다.
▶ New York Convention : 중재에 관한 뉴욕협약
▶ Warsaw-Oxford Rules : CIF계약에 관한 통일규칙
▶ Warsaw Convention : 와르소 협정, 탑승객과 화물주에 대한 항공사의 의무를 규정한 다국간 협정

**21** What is the main purpose of the letter below?

> Gentlemen:
> We are sorry to trouble you again by reminding you of our repeated letters asking to clear the payments which are already two months overdue.
> After sending the third letter on April 25, we waited for two weeks. Now, we couldn't help concluding that you are facing serious problems in meeting your obligations. We ask you to settle your all the accounts by the end of May. If we don't receive your remittance by that time, we would be left with no choice but to take legal actions even though we are reluctant to do so.
>
> Yours very truly,

① Information of drawing a draft   ② Request of payment receipt
③ Request of credit note           ④ Request of payment

20.①  21.④  **정답**

「다음 서신의 주 목적은 무엇인가?」

> 당사는 이미 2개월이나 기일을 넘긴 지급 요청을 반복해서 보내 지급을 독촉함으로써 귀사를 다시 성가시게 해서 미안합니다. 4월 25일 세 번째 서신을 보내고 당사는 2주일을 기다렸습니다. 이제 당사는 귀사가 지급의무를 이행함에 있어서 심각한 문제에 봉착했다고 결론을 내리지 않을 수 없습니다. 5월 말까지 귀사의 모든 계정에 대해 지급해 줄 것을 요청합니다. 이 기한까지 귀사의 송금을 받지 못하면, 당사는 어쩔 수 없이 법적인 조치를 취할 수밖에 없습니다.

- 지급을 요청(Request of payment)하는 서신이다.
▶ remind A of B : A에게 B를 상기시키다(독촉하다)
▶ we couldn't help concluding~ : 당사는 ~라고 결론을 내리지 않을 수 없다
▶ meet one's obligation : ~의 의무를 다하다    ▶ take legal actions : 법적 조치를 취하다
▶ be reluctant to do : ~ 하기를 꺼리다

## 22 Select the wrong translation in the following sentences.

> Confirming our telephone conversation yesterday,
> ① please ship twenty units of item No. TY-002
> ② for account of, and to be consigned to, Peterson Corporation, Denver, Colorado, USA by Prince, sailing from Busan on August 16.
> ③ Cases must be marked as shown below :
> Denver, Via San Francisco
> C/# 1-20, Made in Korea
> And ④ please take out insurance on them as far as Denver. We look forward to receiving your shipping advice soon.

① TY-002 20대를 선적해 주십시오.
② 덴버 시의 피터슨 주식회사의 계정으로, 그리고 동사를 수취인으로
③ 상자들은 아래 주소로 보내주십시오.
④ 덴버까지 화물보험을 들어주십시오.

 「다음 문장을 잘 못 번역한 것을 고르시오.」

> ③ 상자에는 다음과 같이 표시해 주세요 :
> Denver, Via San Francisco
> C/# 1-20, Made in Korea

정답  22. ③

**23** Put the following sentences in order.

(a) Unfortunately, the item No. P4344 is not in stock.
(b) We will backorder this item and ship it within three weeks.
(c) We received your purchase order 02-3450-6 on April 22, 2020.
(d) The rest of your order is being processed and will be shipped by Monday, April 25.

① (c)-(a)-(b)-(d)  ② (b)-(a)-(c)-(d)
③ (d)-(b)-(c)-(a)  ④ (a)-(d)-(c)-(b)

 「다음 문장을 순서대로 놓으시오.」

(a) 아쉽게도, 품목 No.P4344는 재고가 없습니다.
(b) 당사는 이 주문을 이월시키고 3주 이내에 선적을 하겠습니다.
(c) 당사는 2020년 4월 22일자 귀사의 주문서 02-3450-6을 잘 받았습니다.
(d) 귀사의 나머지 주문분은 작업중이며 4월 25일, 월요일까지 선적하겠습니다.

흐름상 선지 ①번이 가장 자연스러운 연결이다.
▶ backorder : 이월주문, 밀려 있는 주문량

**24** Select the LEAST correct in translation.

① Thank you for the letter of 10th November, pointing out that we sent you two reminders for $1,500 mistakenly due to the recent confusion in our accounting department. It is only through letters like yours that
② we can learn about our occasional slip-ups in courtesy and service.
③ I apologize for the errors which were due to a fault in computer system, which has now been fixed. ④ We have corrected the errors concerning your account, which is now all cleared.

① 11월 10일자 서신에서 귀사에 독촉장을 2통 보냈다는 지적을 해 주셔서 대단히 감사합니다.
② 당사에서 고객에 대한 배려와 서비스에 가끔 허점이 생긴다는 것을 귀사도 알 수 있어야 합니다.
③ 그것은 당사 컴퓨터 시스템이 고장을 일으켰기 때문에 일어난 것인데, 이제 수리를 끝마쳤습니다.
④ 귀사의 계정에 관한 실수도 정정되어 귀사의 계정은 완납으로 되었습니다.

 「번역이 가장 옳지 않은 것을 고르시오.」
② 「당사에서 고객에 대한 배려와 서비스에 잦은 실수가 생긴다는 것을 알게 되었습니다.」
▶ occasional slip-ups : 잦은 실수

23.① 24.② **정답**

## 25. Select the wrong term in the blank.

> ( ) contract – Contract which is regarded as a shipment contract and not as an arrival contract. The point of delivery is fixed to on board the ship and the risk of loss of or damage to the goods is transferred from the seller to the buyer at that very point.

① CIF   ② CFR   ③ FOB   ④ DDP

「빈 칸에 잘못된 용어를 고르시오.」
( )계약 – 선적계약이지만 도착인도계약은 아닌 것으로 간주된다. 인도지점은 선박의 갑판으로 지정되며 물품에 대한 손실이나 손해의 위험은 바로 그 지점에서 매도인에게서 매수인에게로 이전된다.
해상운송 규칙에 대한 설명이므로 복합운송 규칙인 DDP는 해당되지 않는다.
▶ be regarded as : ~로 간주되다
▶ the risk of loss of or damage to the goods : 물품에 대한 손실 또는 손해

## 03 무역실무

## 26. Select the wrong one which translates the following.

> 당사의 제품은 전 세계에서 잘 팔리고 있습니다.

① Our goods are selling like wildfire throughout the world.
② Our goods show a excellent sales throughout the world.
③ Our goods are enjoying a ready sale all over the world.
④ Our goods are made to sell all over the world.

「다음 중에서 번역이 잘못된 것을 빈 칸에 잘못된 용어를 고르시오.」
④ 「당사의 제품은 전세계에 판매하기 위해 만들어졌습니다.」

## 27. Select sentence which has most same meaning.

> Our products are most competitive in the market.

① Some other product in the market is as cheap as theirs.
② Any other product in the market is as expensive as ours.
③ Other product in the market is as cheap as ours.
④ No other products in the market is as cheap as ours.

**정답** 25.④  26.④  27.④

**해설** 「가장 유사한 의미로 된 문장을 고르시오.」

> 당사의 제품들은 시장에서 가장 경쟁력이 있습니다.

① 「이 시장에서의 다른 어떤 제품은 그들의 것만큼 쌉니다.」
② 「이 시장에서 다른 어떤 제품은 당사의 것만큼 비쌉니다.」
③ 「시장에서 다른 제품은 당사의 것만큼 쌉니다.」
④ 「이 시장에서 당사의 것만큼 싼 것은 없습니다.」
- 박스의 문장은 자사 제품의 가격이 매우 낮다는 것을 강조하는 표현이다. 가장 유사한 것은 선지 ④번이다.

## 28  Select one which has LEAST same meaning.

> The great deal of increase in volume of our trade with the USA made us decide to start a branch in Boston with Mr. Smith in charge.

① Owing to the great amount of increase in volume of our trade with the USA, we have elected to open a branch in Boston with Mr. Smith in charge.

② Since there was the largest increase in volume of our trade with the USA, we considered to open a branch in Boston with Mr. Smith in charge.

③ On account of the great increase in volume of our trade with the USA, we have resolved to open a branch in Boston with Mr. Smith in charge.

④ The large increase in volume of our trade with the USA helped us decide to open a branch in Boston with Mr. Smith in charge.

**해설** 「가장 의미가 같지 않은 것을 하나 고르시오.」

> 미국에서 당사의 거래량이 크게 증가함으로써 당사는 스미스 씨를 책임자로 하여 보스턴 지사를 설치하기로 했습니다.

① 「미국에서 당사의 거래량이 크게 증가해서, 당사는 스미스 씨를 책임자로 임명하여 보스턴에 지사를 열기로 하였습니다.」
② 「미국에서 당사의 거래량이 가장 많이 증가하였기 때문에, 당사는 스미스 씨를 책임자로 하여 보스턴에 지점을 열 것을 고려하고 있습니다.」
 - 박스의 문장은 보스턴에 지점을 설치하기로 이미 결정되었음을 알리고 있으므로 지점 설치를 고려중이라는 선지 ②번은 그 의미가 다르다.
③ 「미국에서 당사의 거래량이 크게 증가하였기 때문에, 당사는 스미스 씨를 책임자로 하여 보스턴에 지점을 열기로 하였습니다.」
④ 「미국에서 당사의 거래량이 크게 증가함으로써 당사는 스미스 씨를 책임자로 하여 보스턴에 지사를 열기로 하였습니다.」

▶ in charge : ~을 맡은, 담당인   ▶ owing to[on account of] : ~에 때문에

28.② **정답**

**29** In case of bulk cargo transaction without clear stipulation of number, weight or amount, how much cargo surplus or shortage could be acceptable under UCP600?

① 3%   ② 5%   ③ 7%   ④ 10%

「정확한 수량, 중량 또는 금액을 명시하지 않은 벌크화물 거래의 경우, UCP600에서는 얼마만큼의 과부족을 허용하는가?」
UCP600에서는 신용장에서 달리 정하지 않는 한 벌크화물의 경우에는 ±5%의 과부족을 허용하고 있다.

**30** Select the right order of following words for the correct meaning.

```
1. your letter of credit
2. we receive
3. we are ready
4. as soon as
5. your order
6. to make
7. the arrangement for
```

① 2-5-4-3-6-7-1            ② 3-6-7-1-4-2-5
③ 2-1-4-3-6-7-5            ④ 3-6-7-5-4-2-1

「올바른 의미가 되도록 다음 단어를 순서대로 고르시오.」
we are ready to make the arrangement for your order as soon as we receive your letter of credit
「당사는 귀사의 신용장을 받으면 즉시 귀사의 주문을 이행할 준비가 되어 있습니다.」

**31** Put right words into the blank in case of demand draft.

```
(     ) OF THIS FIRST BILL OF EXCHANGE (SECOND OF THE SAME TENOR
AND DATE BEING UNPAID) PAY TO THE ABC BANK OR ORDER THE SUM OF
US DOLLARS FORTY FIVE THOUSAND ONLY.
```

① AT SIGHT                        ② AFTER 60 DAYS SIGHT
③ AFTER 60 DAYS AT SIGHT          ④ AT 60 DAYS AFTER SIGHT

「요구불 어음의 경우 빈 칸에 올바른 단어를 넣으시오.」
요구불 어음(demand draft)이란 환어음의 제시시에 즉시 대금을 지급할 것을 조건으로 하여 발행되는 어음이다. 즉 일람출급(AT SIGHT)으로 지급되므로 ①번 선지를 제외한 것과 같은 기한부 지급일이 표시될 수 없다.

정답  29.②  30.④  31.①

**32** Select the right order of following words in the blank for the correct meaning.

> We thank you for your email informing us that [negotiated / sight / 90 days / draft / after / at / have / you] under the credit No. 86523.

① you negotiated draft at 90 days after sight have
② you negotiated draft after 90 days at sight have
③ you have negotiated draft at 90 days after sight
④ you have negotiated draft after sight at 90 days

**해설** 「올바른 의미가 되도록 빈 칸의 다음 단어들을 순서대로 고르시오.」
We thank you for your email informing us that **you have negotiated draft at 90 days after sight** under the credit No. 86523.
「귀사가 신용장 No.86523에 따라 일람후 60일 출급 환어음의 매입을 의뢰했다고 당사에 알리시는 귀사의 이메일을 잘 받았습니다.」

**33** Which would be MOST suitable for the blank?

> For shipments being made to specific areas on a long term basis where letter of credit is involved, the consignor may need to have an insurance document included in the set of shipping documents. Under an open policy, this is accomplished by the use of (　　　　), which is issued by the insurer at the instruction of the seller.

① insurance certificate　　② insurance note
③ insurance policy　　　　④ insurance cover

**해설** 「빈 칸에 가장 알맞은 것은 어느 것인가?」
신용장거래이면서 장기간에 걸쳐 특정 지역으로 선적이 진행되는 경우, 송하인은 선적서류 일체를 포함한 보험서류가 필요할 수 있다. 포괄예정보험에서, 이것은 보험증명서(insurance certificate)로 사용될 수 있는데, 이는 매도인의 지시에 따라 보험자가 발행한다.
– 포괄예정보험에서 개별 선적이 되면 이에 대해 매도인은 보험자에게 통지하고 보험자는 이의 증명으로 보험증명서를 발급한다.
▶ on a long term basis : 장기적으로　　▶ be accomplished by : ~로 사용되다

32.③　33.①　**정답**

## 34. Select wrong one to be the same meaning of the first sentence.

> In order to cover this order, we have arranged with our bankers for an irrevocable letter of credit to be opened in your favor.
> → For ⓐsettlement of this order, we have ⓑinstructed our bankers to ⓒissue an irrevocable L/C ⓓon behalf of you.

① ⓐ   ② ⓑ   ③ ⓒ   ④ ⓓ

 「첫 번째 문장과 같은 의미가 될 수 없는 것을 고르시오.」

> 이 주문을 결제하기 위해, 당사는 귀사를 수익자로 하는 취소불능신용장을 개설하라고 당사의 거래은행에 지시했습니다.
> → 본 주문의 ⓐ결제를 위해, 당사는 귀사를 ⓓ대신하여 취소불능신용장을 ⓒ개설하라고 당사의 거래은행에 ⓑ지시했습니다.

▶ in one's favor : ~를 수익자로 하여 ↔ on behalf of : ~를 대신하여

[35~36] Read the following and answer the questions.

> With a documentary credit, the ( (A) ) arranges a letter of credit from their bank. The bank agrees to pay the exporter once all the shipping documents —such as transport documents showing the right goods have been despatched— are received. The exporter must provide the required paperwork within the (B)agreed time limit and with no discrepancies. Issuing banks usually mark documents when they issue letters of credit, with a phrase of 'subject to UCP 600.'

## 35. Which is MOST suitable for the blank (A)?

① importer   ② exporter   ③ carrier   ④ agent

 화환신용장에서, (A ; 수입상)은 은행에게서 신용장을 준비한다. 이 은행은 물품이 정확히 발송되었음을 보여주는 운송서류와 같은 선적서류를 받으면 수출상에게 지급할 것을 약속한다. 수출상은 (B)합의된 제한 시간 내에 하자없는 서류를 작성하여 제시하여야 한다. 개설은행은 통상적으로 'UCP600에 따름'이라는 문구를 신용장 개설 시 서류상에 표시한다.

– 은행을 통해서 신용장이 개설되도록 준비하는 사람은 수입상(importer)이다.
▶ required paperwork : 요구되는 서류업무

정답  34.④  35.①

**36** What does the (B)agreed time limit imply?

① expiry date
② last shipment date
③ working 5 days
④ working 7 days

「합의된 제한 시간이 의미하는 것은 무엇인가?」
- 서류는 신용장의 유효기간(expiry date) 이내에 제시되어야 한다.

**37** Where does the following sentence BEST fit the letter?
[ In this way you can preserve your excellent credit record with us. ]

> Our records indicate that your account with us is now more than 60 days past due. (1) We are very concerned that we have not yet heard from you, even though we have already sent you a reminder about this matter. (2) We are requesting that you send your payment to us immediately. (3) You have always been one of our best clients, and we value your business very much. If some special circumstances are preventing you from making payment, please call us now so that we can discuss the situation with you. (4)

① (1)   ② (2)   ③ (3)   ④ (4)

「다음 문장이 서신에 가장 알맞은 곳은 어디인가?」
[이렇게 함으로써 귀사는 당사와의 훌륭한 신용거래를 유지할 수 있습니다.]

> 당사의 기록에 따르면 귀사의 계정은 현재 60일 이상 경과되었습니다. (1)당사는 이 건에 대하여 이미 독촉장을 보냈음에도, 아직 귀사로부터 연락을 받지 못해 염려됩니다. (2)당사는 즉시 당사에게 귀사의 결제금액을 송금해주실 것을 요청드립니다. (3)귀사는 언제나 당사의 최고 고객이었으며, 귀사와의 거래를 매우 소중하게 생각합니다. 어떤 특별한 사정이 있어서 결제를 하기 어렵다면, 귀사와 이 상황을 논의할 수 있도록 당사에 연락을 주십시오.(4)

- 흐름 상 (3)의 자리가 가장 적절하다
▶ preserve : 지키다, 보존하다   ▶ be concerned : 우려하다, 관심을 갖다
▶ prevent A from B : A가 B하지 못하게 하다

36.① 37.③ **정답**

## 38. What is the MOST appropriate order?

> (A) Since you have always paid so promptly, we are wondering if perhaps there is some error in your statement.
> (B) Or, place your check for USD50,000 in the enclosed envelope.
> (C) After three months, we still have not received your check in the amount of USD50,000 or any explanation as to why your payment has not been sent.
> (D) If either is the case, please contact us so that we can work together to retain your good credit standing.

① (A)-(B)-(C)-(D)   ② (A)-(C)-(B)-(D)
③ (C)-(A)-(D)-(B)   ④ (C)-(B)-(D)-(A)

 「가장 적절한 순서로 연결된 것은 무엇인가?」

> (A) 귀사는 늘 신속하게 지급을 해 왔기 때문에, 당사는 귀사의 계산서에 어떤 착오가 있는 것은 아닌지 궁금합니다.
> (B) 아니면, 동봉된 봉투에 5만 달러짜리 수표를 넣어주세요.
> (C) 3개월이 지났는데도, 당사는 아직까지 5만 달러짜리 수표 또는 왜 귀사가 송금을 하지 않는지에 대한 설명을 받지 못하고 있습니다.
> (D) 어느 쪽에 해당하던, 귀사의 신용등급을 유지할 수 있도록 서로가 협력할 수 있게 당사로 연락을 주세요.

– 선지 ③번이 가장 자연스러운 흐름이다.
▶ retain: 유지하다, 보존하다

## 39. What is NOT true about the shipping surcharges?

① Heavy Weight Charge is a surcharge for exceeding certain weight. For example, 20ft containers exceeding the weight of 14,000 kg tare (container) are subject to a heavy weight surcharge (HWT).

② Bunker Adjustment Factor (BAF) is an adjustment to shipping companies' freight rates to take into account the effect of fluctuations in currency exchange rates.

③ THC (Terminal handling charge) is levied by CY and CFS operators for goods passing through their operations.

④ Port Congestion Surcharge is applied by shipping lines to cover losses caused by congestion and idle time for vessels serving that port.

정답  38.③  39.②

 「선적할증료에 대해 사실이 아닌 것은 무엇인가?」
① 「중량할증료는 특정 중량의 초과에 대한 할증료이다. 예를 들어 20피트 컨테이너의 중량이 14,00kg을 초과하는 경우 중량할증료(HWT)가 부과된다.」
② 「유가할증료(BAF)는 환율의 변동에 따른 영향을 감안하여 선사가 운임요율을 조정하기 위한 것이다.」
  - 유가할증료가 아니라 통화할증료(Currency Adjustment Fact, CAF)에 대한 설명이다.
③ 「THC(터미널 화물처리비)는 CY와 CFS의 운영자들이 물품이 자신들의 작업을 거쳐서 나가는 경우 부과한다.」
④ 「체선할증료는 항구에서 체선과 유휴시간으로 인해 발생한 손실을 보전하기 위해 선사가 부과한다.」
▶ tare : 포장중량(컨테이너 자체의 중량)   ▶ idle time : 유휴시간(작업대기 시간)

## 40 Which of the following BEST fits the blank in the box?

> ( ) vessels have storage space for the large steel boxes that they transport with/without special lifting gear.

① Bulk   ② Tanker   ③ Container   ④ LASH

 「박스의 빈 칸에 들어가기 가장 알맞은 것은 다음 중 어느 것인가?」
> ( )선박은 특별한 인양 장치가 있거나/없이도 운송할 수 있는 대형 철제 박스를 위한 장치공간을 갖고 있다.

- 컨테이너 전용선박(container vessel)에 대한 설명이다.
▶ levy : (세금 등을) 부과하다

## 41 Which is normally used in term chartering by sea?

① affreightment in a general ship
② voyage charter party
③ time charter party
④ demise charter party

「기간용선에서 대체적으로 사용되는 것은 어느 것인가?」
기간용선은 일정 기간 선박을 빌려서 운행하는 것으로서 정기용선(time charter party)이 여기에 해당된다.
▶ affreightment in a general ship : 개품운송계약   ▶ voyage charter party : 항해용선계약
▶ demise charter party : 나용선계약

## 42 What is the right terminology of insurance containing the following meaning.

> The voluntary surrender of all rights, title, or claim to property without attempting to reclaim it in case of constructive total loss.

① abandonment
② subrogation
③ average loss
④ partial loss

40.③  41.③  42.①  **정답**

**해설** 「다음의 의미를 담고 있는 올바른 보험용어는 무엇인가?」

추정전손의 경우에 일체의 권리, 또는 재산에 대하여 자발적으로 권리를 포기하면서 이를 되돌려 달라고 하지 않는 것

- 위부(abandonment)에 대한 설명이다.
  ▶ subrogation : 대위   ▶ average loss : 공동해손   ▶ partial loss : 분손

**43** Select the one which rephrases the underlined part best.

The shipping company rejected our claim by notifying us that they <u>are not responsive for</u> this matter.

① do not bear the responsibility for
② do not liable for
③ do not responsible for
④ are not responsive to

**해설** 「밑줄 친 부분을 바꿔 쓰기 가장 알맞은 것을 고르시오.」

선사는 이 건에 대해 자신들의 **책임이 없다**고 당사에 통보하면서 당사의 손해배상청구를 거절하였습니다.

② do not liable for → ② be not liable for
③ do not responsible for → ③ be not responsible for
④ are not responsive to → ④ are not responsible for
▶ be responsive to : ~ 에 호응하는, 즉각 반응하는

**44** Select right one for the blank.

Container Freight Station (CFS) means that (     ) at ports of shipment.

① delegated area for delivery of less than container loaded cargo.
② delegated area for receiving, storing and delivering loaded containers.
③ specific area for empty container pick up.
④ an area to secure locations for container unloading and cargo delivery.

**해설** 「빈 칸에 알맞은 것으로 고르시오.」

소량화물장치장(CFS)은 선적항에서 만재화물보다 적은 물품의 인도를 위한 대표적인 장소(delegated area for delivery of less than container loaded cargo)이다.
② 컨테이너를 수취하고, 장치하고 적재된 컨테이너를 인도하는 대표적인 장소 - CY를 말함
③ 회수된 공컨테이너를 장치하는 장소 - CY를 말함
④ 컨테이너를 양하하고 물품의 인도를 위한 장소로서 확보된 장소 - CY를 말함

**정답**  43.①  44.①

**45** Make the sentences below in right order.

> (A) They are quite useless for the purpose intended.
> (B) Ten cases of TV Set for our order No. 22 per M/S "Arirang" has arrived here, but we regret to find that six units in C/N 10 have been considerably damaged.
> (C) We hope you will immediately inform us.
> (D) You will recognize that we are not in a position to accept these goods, and are returning the goods to you.

① (A)-(B)-(C)-(D)  ② (A)-(B)-(D)-(C)
③ (B)-(A)-(D)-(C)  ④ (B)-(A)-(C)-(D)

 「다음 문장을 올바른 순서대로 연결하시오.」

> (A) 이것들은 의도된 목적에는 전혀 쓸 수 없습니다.
> (B) 아리랑 호에 선적된 당사의 주문품 No.22 TV세트 10대가 도착했습니다만, 유감스럽게도 C/N10에 들어있는 6대가 심하게 파손되어있습니다.
> (C) 당사에게 즉시 알려주시기 바랍니다.
> (D) 당사는 이 물품을 수용할 수 없어서 귀사에게 반품을 하겠습니다.

선지 ③번의 흐름이 가장 자연스럽다.

**46** Which of the following LEAST fits the blanks (A), (B)?

> Three weeks ago we reminded you of the ( (A) ) balance in our favour of $3,750. According to our records, you have not yet ( (B) ) the account.

① (A)outstanding  - (B)settled
② (A)unsettled    - (B)paid off
③ (A)unpaid       - (B)cleared
④ (A)accrued      - (B)carried forward

「빈 칸 (A), (B)에 들어가기 가장 적절하지 않은 것은 다음 중 어느 것인가?」

> 3주 전에 당사는 귀사가 당사에게 3,750달러의 미불금이 있음을 알려드렸습니다. 당사의 기록을 보면, 귀사는 이 계정을 아직까지 해결하지 않고 있습니다.

▶ outstanding balance : 미불잔액(unsettled balance)
▶ settle : 처리하다, 지급하다(paid off, cleared)   ▶ accrue : 획득하다, 발생하다
▶ carried forward : 이월잔액

45.③  46.④  정답

**47** Select the right match of words in the blanks.

> We are sorry to say that the delay in shipment was ( (A) ) a late arrival of some important parts at our factory. It was impossible for us to recover the delay ( (B) ) our best effort.

① (A)because of – (B)for
② (A)thanks to – (B)although
③ (A)based on – (B)even though
④ (A)due to – (B)in spite of

「빈 칸에 알맞은 단어로 연결된 것을 고르시오.」

> 중요한 부품이 당사 공장에 늦게 도착하는 바람에 선적이 지연되었음을 말씀드리게 되어 죄송합니다. 당사가 최선의 노력을 다 했음에도 이 지연을 막을 수 없었습니다.

▶ due to : ~하는 바람에, ~ 때문에   ▶ in spite of : ~임에도 불구하고
cf. in spite of + 명사, 명사구,  although(even though)+ 절

**48** Which is LEAST appropriate in the blank?

> We will (      ) the cause of the problem and will inform you of the results soon.

① inspect   ② look into   ③ examine   ④ comply

「빈 칸에 가장 적절하지 않는 것은 어느 것인가?」

> 당사는 이 문제의 원인을 (**조사하고**) 그 결과를 즉시 귀사에 알려드리겠습니다.

▶ inspect[look into, examine] : 조사하다, 검토하다   ▶ comply : 따르다, 동의하다

**49** Which of the following sentences is NOT correct?

① Would you furnish to negotiating bank to the necessary information.
② Please let us know whether you can deliver by next Monday.
③ We deal with our usual transaction on an L/C basis.
④ Your soonest answer will make us deeply grateful.

「다음 문장 중 옳지 않은 것은 다음 중 어느 것인가?」
① Would you furnish to negotiating bank to the necessary information.
  → Would you furnish **the necessary information with negotiating bank**
  「필요한 정보를 매입은행에 제공해 주시기 바랍니다.」
② 「다음 주 목요일까지 배송이 가능한지 알려주세요.」
③ 「당사는 통상적으로 L/C 방식으로 거래를 합니다.」
④ 「신속하게 답장 주시면 대단히 감사하겠습니다.」
▶ furnish A with B : A를 B에게 제공하다

**정답**   47.④   48.④   49.①

**50** Select the right one in the blank.

> We are pleased to advise you that the bracelets and necklace you ordered with Order no. 23 and Order no. 24, (    ), were put on flight TG 531 leaving Thailand at 12:15AM, 10 June and will be arriving at Seoul at 06:20AM.

① same   ② different   ③ respectively   ④ like

해설 「빈 칸에 올바른 것을 하나 고르시오.」

> 귀사가 주문하신 No.23 과 No.24 팔찌와 목걸이를 각각 6월 10일 오전 12:15에 태국을 출발하여 오전 6시 20분 서울에 도착하는 TG531편에 각각 실었음을 알려드립니다.

▶ respectively : 각각, 별도로

## 03 무역실무

**51** 물품 등을 무환으로 수출하여 해당 물품이 판매된 범위 안에서 대금을 결제하는 수출로 옳은 것은?

① 외국인도수출   ② 임대수출
③ 위탁판매수출   ④ 수탁판매수출

해설 무환수출은 수입상에게 대금을 받지 않고 물품을 인도한 후 나중에 판매된 물품에 대해서만 대금을 받는 방식의 수출을 말한다. 위탁판매수출이 여기에 해당한다.

**52** 무역계약 관련 내용 설명으로 옳지 않은 것은?

① 무역계약의 내용은 합의로 계약에 포함된 명시조항과 법이나 관습에 의해 당사자가 당연히 따를 것으로 간주되는 묵시조항이 있다.
② 명시조항은 계약의 필수적인 내용을 구성하는 조건과 부수적이고 종속적인 담보책임으로 구분된다.
③ 해제조건은 법률행위의 효력발생에 관한 조건이다.
④ 물품의 인도에는 현실적 인도와 추정적 인도가 있다.

해설 해제조건은 법률행위의 정지조건에 관한 것이다. 계약의 조건이 성취된 때에 그 효력이 생기는 것인데 이러한 조건을 충족시키지 못하면 계약이 해제되는 것이다.

50.③   51.③   52.③   **정답**

**53** 구상무역에 대한 설명으로 옳지 않은 것은?

① 구상무역은 환거래가 발생한다.
② 대응수입의무가 제3국으로 이전가능하다.
③ Counter trade에 해당되고 완전구상무역, 부분구상무역, 삼각구상무역으로 구분된다.
④ 2개의 계약서가 이용된다.

**해설** 구상무역은 환거래의 불균형을 시정하기 위해 수출에 상응하는 수입을 하는 조건으로 거래가 이루어진다. 하나의 계약서에 수출과 수입계약이 명시되므로 1개의 계약서가 사용되고 이를 one way contract라고 한다.

**54** 대외무역법 상 전략물자관리제도에 관한 설명으로 옳지 않은 것은?

① 전략물자란 대량살상무기 및 그 운반수단의 개발과 제조에 직·간접적으로 사용될 수 있는 일반산업용 물품 및 기술을 의미한다.
② 대외무역법에서는 전략물자를 이중용도 품목 및 군용물자 품목으로 나눠 구분하고 있다.
③ 대외무역법에서는 전략물자에 대해서는 수출허가기관의장에게 수출신청을 통한 허가를 받아 수출하여야 한다.
④ 대량살상무기의 제조, 개발 등에 전용될 우려가 있으나 대외무역법에서 전략물자로 정하고 있지 않은 물품에 대해서는 허가나 승인 없이 수출할 수 있다.

**해설** 대외무역법에서 전략물자로 정하고 있지 않은 물품이라도 대량살상무기의 제조, 개발 등에 전용될 우려가 있는 물품은 수출허가를 받아야 한다. 여기에 해당하는 물품을 상황허가 대상물품(catch-all)이라고 한다.

**55** 탄력관세제도(flexible tariff system)의 설명으로 옳지 않은 것은?

① 탄력관세는 반드시 대외무역법에서 정해진 범위 내에서 탄력관세를 발동하고 세율을 변경시켜야 한다.
② 산업구조의 급격한 변동으로 품목 간의 세율을 조정할 필요가 있을 경우 발동한다.
③ 국내공급이 부족하여 국내가격이 폭등하는 경우 이를 안정시키기 위해 물품의 수입을 긴급히 증가시킬 필요가 있을 경우 발동한다.
④ 국내산업을 보호하기 위해서 또는 국제수지의 악화를 방지하기 위해서 특정 물품의 수입을 긴급히 억제할 필요가 있을 경우 발동한다.

**해설** 수입물품에 부과하는 관세는 국내외적 여건의 변동에 따라 민첩하고 탄력성 있게 조정되어야 하므로 일정한 범위 내에서 행정부에 위임하여 국내외 여건에 유동성 있게 대처하게 한 제도를 탄력관세제도(flexible tariff system)라고 한다. 대외무역법과는 상관관계가 없다.

**정답** 53.④ 54.④ 55.①

**56** 다음 내용은 신용장의 종류 중 무엇에 대한 설명인가?

> 신용장 조건 중에 이 신용장 수령 후 며칠 이내에 Beneficiary가 Applicant 앞으로 동액의 신용장을 개설 하는 경우에 한하여 이 신용장이 유효하다는 조건을 부가한 신용장으로 구상무역에서 주로 사용된다.

① Irrevocable L/C  ② Restricted L/C
③ Packing L/C  ④ Back to Back L/C

 견질신용장(동시개설 신용장 ; Back to Back L/C)에 대한 설명이다.
▶ Restricted L/C : 매입제한신용장    ▶ Packing L/C[Red Clause L/C] : 전대신용장

**57** 거래의 지급방법이 USANCE RESTRICTED NEGOTIATION CREDIT인 경우 ㉠~㉡의 표현이 옳은 것은?

> 수입업자 거래은행: KOOKMIN BANK
> 수출업자 거래은행: JAKARTA BANK
> 수입업자: HAEYANG CO., LTD. KOREA
> 수출업자: JAVA CO., LTD. INDONESIA
> "available with ( ㉠ ) by negotiation of your draft at ( ㉡ ) sight for 100 percent of invoice value."

① ㉠ KOOKMIN BANK,   ㉡ blank
② ㉠ KOOKMIN BANK,   ㉡ 180 DAYS AFTER
③ ㉠ JAKARTA BANK,   ㉡ blank
④ ㉠ JAKARTA BANK,   ㉡ 180 DAYS AFTER

 기한부매입제한신용장(USANCE RESTRICTED NEGOTIATION CREDIT)이므로 신용장에서 매입을 하라고 지정된 은행에 매입을 의뢰해야 한다. 수출업자는 JAKARTA BANK을 이용해야 한다. 기한부이므로 180 DAYS AFTER 등으로 표시되어야 한다.
"available with ( ㉠ JAKARTA BANK) by negotiation of your draft at ( ㉡ 180 DAYS AFTER) sight for 100 percent of invoice value."
「상업송장 전액에 대해 일람후 180일 출급조건으로 귀사의 환어음을 자카르타 은행에서 매입의뢰하여 사용할 수 있음」

**58** 지급인이 지급을 거절하는 경우, 매입은행이 환어음의 발행인 및 자신에게 어음을 배서한 자에게 다시 어음 금액을 돌려달라고 요청할 수 있는 권리를 무엇이라 하는가?

① Recourse  ② Negotiation  ③ Protest  ④ Lien

56.④  57.④  58.①  **정답**

해설  매입은행이 수익자로부터 매입한 환어음에 대해서 개설은행이 지급을 하지 않을 경우 매입은행은 수익자에게 어음 매입 시 선지급했던 대금을 돌려달라고 요구하게 되는데 이러한 권리를 소구(recourse)라고 한다.
▶ lien : 선취특권, 유치권    ▶ protest : 항의하다,(어음을) 부도내다

**59** 수출상이 usance 기간이 경과한 후 어음의 만기일에 대금지급을 받게 되는 경우를 무엇이라 하는가?

① seller's usance    ② shipper's usance
③ buyer's usance    ④ banker's usance

해설  shipper's usance의 경우는 수익자가 개설의뢰인에게 일정 기간의 경과후 환어음 만기일에 대금을 갚을 수 있도록 유예시켜준 신용장이다. 수출상(수익자)은 환어음 만기일에 대금을 지급받게 된다. 반면에 선지 ②번을 제외하고는 모두 기한부이긴 하나 실제로는 수익자는 일람출급(at sight)과 동일하게 대금을 받게 된다.

**60** 신용장 거래에서 사용되는 환어음에 대한 설명으로 옳지 않은 것은?

① 환어음의 발행인은 수익자가 된다.
② 신용장 상에 지급인은 'drawn on' 이나 'valued on' 다음에 표시되며 개설의뢰인이 어음의 지급인이다.
③ 지급인에게 어음을 제시하는 즉시 지급되는 경우에는 'At Sight'로 표시한다.
④ 환어음의 발행금액은 송장금액과 일치하게 발행해야 한다.

해설  신용장 상에 지급인은 'drawn on' 이나 'valued on' 다음에 표시되며 **개설은행**이 어음의 지급인이다. 다만 추심거래에서는 매수인(수입상)이 어음의 지급인이다.

**61** 신용장 상에 "available with any bank by negotiation of your draft at sight for 100 percent of invoice value" 라는 표현이 있는 경우에는?

① 일람불 일반신용장이다.    ② 기한부 일반신용장이다.
③ 일람불 특정신용장이다.    ④ 기한부 특정신용장이다.

해설  "available with any bank by negotiation of your draft at sight for 100 percent of invoice value"「상업송장 전액에 대해 일람출급조건으로 귀사의 환어음을 어느 은행에서든 매입의뢰하여 사용할 수 있음」- 자유매입신용장에서 볼 수 있는 표현으로 일람불 일반신용장이다.

**62** 환어음의 종류가 다른 하나는?

① Usance draft    ② Time draft    ③ Term draft    ④ Demand draft

**정답**    59.②  60.②  61.①  62.④

해설 demand draft(요구불 어음)는 어음의 제시시에 즉시 대금이 지급될 것을 조건으로 하여 발생된 환어음이다. 선지 ④번을 제외한 환어음은 모두 일정기간 경과 후 만기일에 지급되는 기한부환어음에 대한 명칭이다.

**63** 항공화물운송장(AWB)에 대한 설명으로 옳지 않은 것은?

① Air Waybill은 유가증권이 아니고 유통성을 가지고 있지 않다.
② Air Waybill은 기명식으로 발행된다.
③ 송하인이 은행에 제시할 때 사용하는 AWB만 지시식으로 발행된다.
④ Air Waybill 원본 3부의 경우, 항공사용(Original 1), 수하인용(Original 2), 송하인용 (Original 3)으로 발행된다.

해설 AWB은 그 용도에 상관없이 모두 기명식으로만 발행된다.

**64** 수입물품의 과세가격산정 시 과세물건의 확정시기에 관한 설명으로 옳은 것은?

① 수출신고 시 물품의 성질과 수량을 기준으로 부과
② 수입신고 수리 전 해당물품을 소비하거나 사용한 때
③ 수입신고 전 즉시반출신고를 하고 반출한 물품이 선적 된 때
④ 우편으로 수입되는 물품이 수취인에게 도착한 때

해설 ① **수입신고 시** 물품의 성질과 수량을 기준으로 부과
③ 수입신고 전 즉시반출신고를 하고 **반출한 물품의 경우**
④ 우편으로 수입되는 물품의 경우 : **통관우체국에 도착된 때**

**65** 일정한 기간에 화물이 연속적으로 운송되는 경우 이에 대한 보험증권이 발급된 이후 선적 때마다 보험목적물과 송장가액 등이 확정되면 이를 보험계약자가 보험자에게 통지함으로써 계약 내용이 구체적으로 확정되는 보험을 무엇이라 하는가?

① 개별보험계약
② 중복보험
③ 공동보험
④ 포괄예정보험

해설 포괄예정보험에서는 보험목적물과 송장가액 등이 확정되면 보험계약자가 이를 보험자에게 통지하고 보험자는 이에 대해 보험증명서(insurance certificate) 또는 보험통지서(insurance declaration)을 발급해준다.

63.③  64.②  65.④  **정답**

## 66. 부지약관(unknown clause)에 관한 설명으로 옳은 것은?

① 선하증권 상 화물의 이상 유무를 기재한 것이다.
② 송하인이 적입한 FCL화물의 수량이나 상태에 대해 운송인이 책임지지 않는다는 취지이다.
③ 컨테이너 화물의 갑판적에 대한 선사의 재량권을 규정한 것이다.
④ 수취식으로 발행된 선하증권 상 선적일자를 기재한 것이다.

**해설** 부지약관(unknown clause)은 송하인이 적입한 FCL화물의 수량이나 상태에 대해 운송인이 책임지지 않는다는 취지의 문언을 말한다.
① 고장부선하증권(dirty/claused/foul B/L)에 대한 설명이다.
③ 선사의 컨테이너화물의 갑판적(on deck stowage)에 대한 설명이다.
④ 본선적재선하증권(on board B/L)에 대한 설명이다.

## 67. 국제물품매매계약 상 보험조건에 대한 설명으로 옳지 않은 것은?

① 보험조건에서 보험계약의 당사자를 약정할 수 있다.
② 매도인은 운송 중인 물품에 대하여 항상 보험을 부보하여야 한다.
③ 보험조건에 대하여 별도의 약정이 없는 경우에는 계약 당사자가 합의한 정형거래조건에 따라 결정된다.
④ CIF조건에서는 매도인이 매수인을 위하여 운송 중인 물품에 대하여 보험을 부보하여야 한다.

**해설** 매도인은 운송중인 물품에 대하여 보험을 부보하는 것이 아니라 위험이 개시되기 전인 운송이 시작되기 전에 보험계약을 체결해야 한다. 또한 인코텀즈의 조건에 따라 매도인의 보험계약 체결의무가 정해지므로 보험계약을 항상 매도인이 체결해야 하는 것은 아니다.

## 68. 피보험이익에 관한 설명으로 옳지 않은 것은?

① 수출입이 금지된 물품에 대한 경제적 이해관계도 유효한 피보험이익이 된다.
② 용기에 저장하여 판매하는 공기도 보험계약의 대상이 될 수 있다.
③ 피보험이익은 적어도 보험사고 발생 시까지는 확정될 수 있어야 한다.
④ 희망이익은 피보험이익이 될 수 있다.

**해설** 수출입이 금지된 물품이거나 국제법에서 금지하고 있는 동식물 등의 불법적인 화물에 대해서는 보험계약을 체결할 수 없다.

**정답** 66.② 67.② 68.①

## 69. Incoterms 2020에서 새로 추가된 조건과 대체되는 기존 조건이 옳게 나열된 것은?

① DPU-DAP
② DPU-DAT
③ DDU-DAP
④ DDU-DAT

**해설** 인코텀즈2010의 DAT는 인코텀즈 2020에서 DPU로 대체되었다.

## 70. 비엔나협약 상 매수인이 클레임을 제기할 수 있는 최장 기간 설명으로 옳은 것은?

① 현실적 인도일로부터 2년
② 계약일자로부터 2년
③ 상당한 기간이 경과한 후 2년
④ 불일치를 발견하였어야 할 일자로부터 2년

**해설** Article 39
(2) In any event, the buyer loses the right to rely on a lack of conformity of the goods if he does not give the seller notice thereof at the latest **within a period of two years** from the date on which the goods were actually handed over to the buyer, unless this time-limit is inconsistent with a contractual period of guarantee.

**제39조(불일치의 통지시기)**
(2) 어떠한 경우에도, 물품이 매수인에게 현실적으로 인도된 날로부터 늦어도 **2년 이내**에 매수인이 매도인에게 불일치의 통지를 하지 아니한 경우에는, 매수인은 물품의 불일치에 의존하는 권리를 상실한다. 다만 이러한 기간의 제한이 계약상의 보증기간과 모순된 경우에는 그러하지 아니하다.

[CISG 제39조 2항]

## 71. 무역클레임의 해결에 중재가 널리 채택되는 이유로 옳지 않은 것은?

① 단심제이므로 분쟁을 신속히 종결시킬 수 있다.
② 무역전문가의 판정이므로 보다 현실적이며 합리적인 해결이 기대된다.
③ 중재심리가 비공개로 진행되므로 당사자의 비밀이 보장된다.
④ 중재판정의 결과는 비엔나협약에 따라 국제적으로 집행이 보장된다.

**해설** 중재판정의 결과는 뉴욕협약(New York Convention)에 따라 국제적으로 집행이 보장된다.

**정답** 69.② 70.① 71.④

**72** 국제건설공사계약에서 수주자의 능력, 경험, 명성 등을 검토하여 적절한 수주자를 임의로 선정하는 계약의 형태로 옳은 것은?

① 수의계약(negotiated contract)  ② 경쟁입찰계약(competitive bid contract)
③ 원도급계약(prime contract)  ④ 공동도급계약(joint venture contract)

> **해설** 공개입찰을 통하지 않고 발주자가 임의로 수주자를 선정하여 계약을 맺는 것을 수의계약(negotiated contract)이라고 한다.

**73** 플랜트수출계약 관련 플랜트수출의 주요 특성 설명으로 옳지 않은 것은?

① 플랜트수출은 계약이행과 대금지급이 장기간에 걸쳐 이루어진다.
② 플랜트수출은 국가정책적으로도 중요성이 날로 부각 되고 있다.
③ 플랜트수출에는 다수의 관계당사자들이 관여하는 경우가 일반적이다.
④ 플랜트수출에서 계약당사자들은 별도의 위험관리대책을 마련할 필요는 없다.

> **해설** 플랜트수출에서 계약당사자들은 플랜트는 복잡하고 대규모 공사이므로 안전시공을 위해 별도의 위험관리대책을 마련해야 한다.

**74** 인터넷상에서 무역거래를 활성화하기 위해서 구매자와 판매자를 연결시켜주는 무역거래 알선사이트로 바르게 묶인 것은?

① EC21, BuyKorea, Keidanren
② Kmall24, ECPlaza, Thomas Register
③ Buykorea, GoBIZkorea, Alibaba
④ Kmall24, EC21, Kompass

> **해설**
> ▶ Keidanren : 경단련([経団連], 일본의 경제 단체 연합회
> ▶ Kmall24 : 무역협회산하 온라인 쇼핑몰로서 한국제품들을 해외 소비자에게 판매하는 사이트이다.
> ▶ Thomas Register : 북미지역 제조업체의 정보를 제공하는 사이트
> ▶ Kompass : 해외국가별 B2B마케팅정보를 제공하는 한국의 사이트이다.

**75** 단독해손을 보상하지 않는 해상보험약관으로 옳은 것은?

① ICC(A)  ② ICC(C)
③ ICC(B)  ④ ICC(A/R)

> **해설** ICC(C)는 단독해손을 보상하지 않는다. 반면 ICC(FPA)에서는 좌초, 침몰, 대화재가 발생한 경우는 단독해손은 담보하는 위험이다.

**정답** 72.① 73.④ 74.③ 75.②

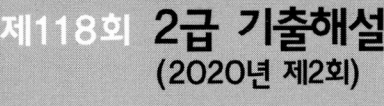
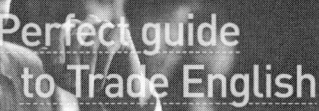

## 01 영문해석

**01** Which of the following has the most different intention from the others?

① We enclose a trial order for the equipment. We will send further orders in the near future in case of good quality.

② Referring to your offer of the October 20, we are pleased to give you an order for 1,000 M/T of Raw Rubber.

③ We place an order with you for 1,000 pieces of leather handbags.

④ We are pleased to acknowledge your order of October 20.

**해설** 「타 문장과 가장 다른 의도를 갖고 있는 것은 다음 중 어느 것인가?」
① 「당사는 이 장비의 시험주문서를 동봉합니다. 당사는 품질이 좋을 경우 가까운 시일에 추가 주문을 보내겠습니다.」
② 「귀사의 10월 20일자 청약과 관련하여, 당사는 생고무 1천 톤을 주문하고자 합니다.」
③ 「당사는 가죽핸드백 1천 개를 귀사에게 주문합니다.」
④ 「당사는 귀사의 10월 20일자 주문을 잘 받았습니다.」
– 선지 ④번은 매도인이 주문을 잘 받았음을 알리는 표현임에 반하여 나머지는 모두 매수인이 주문을 할 때 사용하는 표현들이다.
▶ in case of : ~할 경우

01.④ **정답**

**02** Choose the one which has different meaning from the others?

① If your price is competitive and the quality matches the sample, we will give you a big order.

② If your price has an edge over others and the quality is consistant with the sample, we will give you substantial orders.

③ If your price is attractive and the quality corresponds to the sample, we will order large quantities.

④ If your price is satisfactory and the quality meets with the sample, we will take large orders.

「타 문장과 가장 다른 의미를 갖고 있는 것은 어느 것인지 고르시오.」
① 「귀사의 가격이 경쟁적이고 품질이 견본과 일치하면, 당사는 대량주문을 하겠습니다.」
② 「귀사의 가격이 타사 보다 훨씬 우세하고 견본과 일치하면, 당사는 대량주문을 하겠습니다.」
③ 「귀사의 가격이 매력적이고 품질이 견본과 일치하면, 당사는 대량주문을 하겠습니다.」
④ 「귀사의 가격이 만족스럽고 품질이 견본과 일치하면, 당사는 대량주문을 받겠습니다.」
- 선지 ④번의 "we will take large orders."를 "we will place large orders(당사는 대량주문을 하겠습니다)" 로 바꿔줘야 논리적 연결이 된다.
▶ an edge over : 뛰어난 것, 압도하는 것
▶ consistant with[corresponds to] : ~와 일치하는
▶ place an order : 주문을 하다 ↔ take an ordr : 주문을 받다

**03** Which of the following is LEAST appropriate for the blank?

① We are convinced that there is an enormous potential market in Korea and you can be sure of increasing your (   ) considerably if you allow us to promote sales of your products. (turnover)

② You would not (   ) in opening a connection with the firm and would be satisfied with their mode of doing business. (run the least risk)

③ Though this information is given to the best of our belief, we must ask you to treat it (   ) and without any responsibility on our part. (in strict confidence)

④ Our own opinion is that any firm which undertakes business relations with them would require much patience and would eventually be (   ). (satisfied)

정답  02.④  03.④

**해설** 「빈 칸에 가장 적절하지 않은 것은 다음 중 어느 것인가?」
① 「당사는 한국에 엄청난 잠재시장이 있다고 확신하고 있어서 당사가 귀사의 제품을 홍보할 수 있게 해주시면 귀사의 매출(turn over)을 상당히 증가시킬 수 있습니다.」
② 「귀사는 이 회사와 거래를 하셔도 거의 위험이 없으며(run the least risk) 이 회사의 영업방식에 만족하실 것입니다.」
③ 「당사는 안심하고 이 정보를 드리지만, 이를 극비로(in strict confidence) 다뤄주시고 당사에겐 어떠한 책임도 없습니다.」
④ 「이 회사와 거래를 하는 회사들은 많이 인내심을 가져야 하고, 결국은 무척 만족하실(satisfied) 것이라는 것이 당사의 의견입니다.」
– 선지 ④번의 satisfied를 unsatisfied(실망하는)로 바꿔줘야 논리적 연결이 된다.
▶ enormous potential market : 엄청난 잠재력이 있는 시장
▶ run the least risk : 위험이 거의 없는
▶ eventually : 결국, 마침내

**04** Which parties need to agree to amend or cancel an irrevocable confirmed documentary credit?

① Beneficiary and applicant
② Beneficiary, applicant and issuing bank
③ Applicant, issuing bank and confirming bank.
④ Beneficiary, issuing bank and confirming bank.

**해설** 「취소불능화환확인신용장을 조건변경하거나 취소하는데 동의를 필요로 하는 당사자는 어느 것인가?」
– 취소불능확인신용장의 취소, 조건변경할 때는 수익자(beneficiary), 그리고 개설은행과 확인은행(issuing bank and confirming bank)의 동의가 있어야 한다.

**05** Which of the following parties can never add their confirmation to a letter of credit?

① advising bank      ② negotiating bank
③ issuing bank       ④ nominated bank

**해설** 「신용장에 확인을 추가할 수 없는 당사자는 다음 중 어느 것인가?」
신용장의 확인은 개설된 신용장에 개설은행 이외의 독립적인 은행이 지급을 확약하는 것이므로 개설은행(issuing bank)은 확인은행이 될 수 없다.

04.④  05.③  **정답**

## 06  Select the best word in the blank.

> Documents which are presented under a letter of credit but do not conform to the terms are known as (         ).

① discrepant  
② invalid  
③ unconfirmed  
④ unacceptable

 「빈 칸에 가장 알맞은 단어를 고르시오.」

> 신용장에 따라 서류가 제시는 되었지만 신용장의 조건과 일치하지 않는 것을 (하자 : discrepant)라고 한다.

▶ invalid : 무효한, 불법의   ▶ unconfirmed : 미확인의, 확증이 없는


## 07  Who is mostly likely Alex Han?

> We have received your letter requesting for a claim of loss for two missing boxes amounting to USD30,000. We would be glad to be of assistance to you in providing the claim you have mentioned, however, until we investigate the incident further and come out with a clear report regarding the loss, we cannot release the amount to you.
>
> Alex Han

① banker   ② insurer   ③ carrier   ④ seller

 「알렉스 한은 누구일 것 같은가?」

> 3만 달러어치의 두 박스의 분실에 따른 손실의 보상을 요청하시는 귀사의 서신을 잘 받았습니다. 당사는 귀사가 말씀하신 보상건에 대해 협조를 해 드릴 수는 있지만, 이 사고에 대한 추가조사를 하여 손실에 대한 명확한 보고서가 나오기 전까지는 귀사에게 이 금액을 드릴 수 없습니다.

보험계약자의 보험금 보상요청(claim)에 대해 사고를 좀 더 조사한 후 보상하겠다는 표현으로 보아 알렉스 한은 보험자(insurer)임을 알 수 있다.

▶ come out with : ~을 누설하다, 공표하다


## 08  Select the right term that explains following sentence well.

> To throw goods or tackle overboard to lighten a ship in distress.

① Washing overboard  
② Jettison  
③ Contamination  
④ Pilferage

**정답**  06.①  07.②  08.②

「다음 문장을 잘 설명한 용어를 고르시오.」

좌초된 선박을 가볍게 하기 위해 물품이나 선박용구를 갑판 밖으로 던지는 것

투하(Jettison)에 대한 설명이다.
- in distress : 고난을 당하는, 좌초된
- washing overboard : 갑판유실위험
- contamination : 오염
- pilferage : 발화(좀도독)

**09** Which is the right term for the following?

A system for carrying loaded barges or lighters on ocean voyages.

① Lighter aboard ship  ② Intermodality
③ Oil-tanker  ④ Deadweight tonnage

「다음에 대한 올바른 용어는 어느 것인가?」

항해에 있어서 바지선이나 부선으로 적재를 하는 구조

래쉬선(Lighter aboard ship ; LASH)에 대한 설명이다. 래쉬선은 화물을 실은 부선(Barge or Lighter)을 그대로 선적하는 특수구조의 화물선을 말한다.
- intermodality : 연계교통
- deadweight tonnage : 적재중량톤수

**10** Which of the followings is CORRECT about seller's obligation under the Incoterms 2020?

① FCA rule means that the seller delivers the goods to the buyer when the named place is the seller's premises, the goods are delivered when they are loaded on the means of transport arranged by the seller.

② CIP rule means that the seller delivers the goods to the buyer by handing them over to the carrier contracted by the buyer.

③ DAP rule means that the seller delivers the goods to the buyer when the goods are placed at the disposal of the buyer on the arriving means of transport ready for unloading at the named place of destination.

④ DPU rule means that the seller delivers the goods to the buyer when the goods are loaded on the arriving means of transport, at the disposal of the buyer at the named place of destination.

09.① 10.③ **정답**

**해설** 「인코텀즈2020에서 매도인의 의무에 대해 옳은 것은 다음 중 어느 것인가?」
① 「FCA는 매도인이 지정장소가 매도인의 영업구내인 경우 물품이 매도인이 마련한 운송수단에 적재된 때 인도하는 것을 말한다.」
- on the means of transport arranged by the **seller**
  → on the means of transport arranged by the **buyer**(매수인이 마련한 운송수단에)
② 「CIP는 매도인이 매수인과 계약을 체결한 운송인에게 물품을 인도하는 것을 말한다.」
- the carrier contracted by the **buyer** → the carrier contracted by the **seller**(매도인과 계약을 체결한 운송인에게)
③ 「DAP는 물품이 지정목적지에서 도착운송수단에 실어둔 채 양하준비된 상태로 매수인의 처분에 놓인 때에 인도하는 것을 말한다.」
④ 「DPU는 지정목적지에서 도착운송수단에 실어둔 채 매수인에게 물품을 인도하는 것을 말한다.」
- when the goods are **loaded** on the arriving means of transport → when the goods are **unloaded** on the arriving means of transport(도착운송수단으로부터 **양하된 상태로**)

**11** Select the best translation for the following sentence.

> We were very disappointed to learn of the defective goods you shipped.

① 당사는 귀사가 불량품을 선적하였다는 것을 알고 상당히 실망을 하였습니다.
② 귀사가 선적한 제품은 당사의 기대를 못 미치므로 큰 실망을 안겨주었습니다.
③ 당사는 귀사가 큰 실망을 주지 않도록 양호한 제품의 선적을 바랍니다.
④ 귀사가 선적한 제품은 불량품이며 이는 당사를 다소 난처하게 하였습니다.

**해설** 「다음 문장을 가장 잘 번역할 것을 고르시오.」
▶ be disappointed to : ~에 실망하다
▶ defective[inferior] goods : 불량품

**12** Select the right risk that explains the passage.

> Country A imposes economic sanctions against Country B when the latter carries out unauthorised nuclear testing. Your company, which is based in Country A, trades regularly with Country B.

① Environmental risk  ② Social risk
③ Political risk  ④ Technological risk

**해설** 「다음 문장을 가장 잘 설명하는 위험을 고르시오.」
A국은 B국이 허가되지 않은 핵실험을 하는 것에 대해 경제제재를 가하였다. A국에 있는 귀사는 B국과 정기적으로 거래를 하고 있다.
정치적 위험(Political risk)에 대한 설명이다 정치적 위험은 해외시장에서의 정변, 내란, 혁명 등의 비상위험(Emergency Risk), 군사적 위협 등을 말한다.
▶ economic sanctions : 경제제재
▶ the latter: 후자

**정답** 11.① 12.③

**13** Which is similar word to the affirmation underlined?

> There are instances where a reply is needed and valuable when an initial order is given to a seller. Giving seller's <u>affirmation</u> of receipt will allow the buyer to understand that their orders are already in process.

① acknowledgement　　② offer
③ refusal　　④ avoidance

「밑줄 친 affirmation과 유사한 단어는 어느 것인가?」

> 매도인이 처음 주문을 받게 될 때 답장이 필요하고 유용한 경우의 예이다. 매도인이 이를 받았음을 알리는 것은 매수인이 자신의 주문이 이미 진행되고 있음을 알게 해준다.

매도인이 주문을 받았음을 알려주는 확인(acknowledgement)을 말한다.
▶ affirmation : 확인, 확언, 단언　　▶ refusal : 거절　　▶ avoidance : 회피

[14~15] Read the following and answer.

**14** Which is MOST awkward?

> Thanks for your letter of 26 May.
> If you place an order more than 1,000 sets, we can offer you 10% of (A)<u>quality discount</u> (B)<u>off the net prices</u>. As to our terms of payment, we always deal (C)<u>on D/P base</u>. However, we would be prepared to review this condition next time once (D)<u>we have established a sound trade records with you</u>.

① (A)　　② (B)　　③ (C)　　④ (D)

「가장 어색한 것은 어느 것인가?」

> 귀사의 5월 26일자 서신을 잘 받았습니다. 귀사가 100세트 이상을 주문하시면, 당사는 (B)<u>정가에서</u> 10%의 (A)<u>품질할인</u>을 해드리겠습니다. 당사의 결제 조건을 말씀드리면, 당사는 항상 (C)<u>D/P조건으로</u> 거래를 했습니다. 그러나, 당사는 (D)<u>귀사와 이상없이 거래가 계속되면</u> 다음에는 이 조건을 재검토해보겠습니다.

- 일정 수량 이상을 주문하면 정가에서 약정된 할인을 적용하는 것을 수량할인(quantity discount)이라고 한다. 품질할인(quality discount)이라는 용어는 없다.

**15** Which can replace the word *once*?

① when　　② a while　　③ unless　　④ afterwards

「once와 바꿔쓸 수 있는 것은 어느 것인가?」
- 제시문에서 once는 거래를 한 번 할때를 말하므로 시점을 나타내는 when과 바꿔 쓸 수 있다.
▶ afterwards : 나중에, 그 후

13.①　14.①　15.① **정답**

[16~17] Read the following and answer.

> Dear David,
>
> We are pleased to place this order on the clear understanding that the goods are despatched in time to reach us by the 31st of May. Please note that we <u>reserve</u> the right to cancel it and to refuse the delivery after this date. Upon shipment, you may draw a draft on us at 30 days after sight.
>
> Yours sincerely,
> Paul Lee

**16** Which can NOT be inferred from the above?

① David is supposed to ship the goods by 31 May.
② Paul is entitled to cancel the order if the goods are not arrived on time.
③ Payment will be made on a collection basis.
④ David will give a credit to Paul for the shipment.

**해설**
안녕하세요, 데이비드.
당사는 본 물품이 5월 31일까지 당사에 도착할 수 있도록 제때에 발송된다는 것을 확실하게 이해하고 주문을 합니다. 당사는 이 날 이후 인도되면 주문을 취소하고 인도를 거절할 권리가 있음을 유념해주세요. 선적이 되면, 당사를 지급인으로 하는 일람후 30일 출급 환어음을 발행해 주세요.
이만 줄입니다.
폴 리

16. 「상기 문장에서 추론할 수 없는 것은 어느 것인가?」
① 「데이비드는 5월 31일까지 물품을 선적해야 한다.」
 - 5월 31일까지 물품을 선적해야 하는 것이 아니라 5월 31일까지 폴 리에게 도착시켜야한다.
② 「폴은 물품이 제때에 도착하지 않으면 주문을 취소할 권리가 있다.」
③ 「지급은 추심방식으로 이루어질 것이다.」
④ 「데이비드는 선적품에 대해 폴에게 외상을 줄 것이다.」
▶ be supposed to : ~ 해야만 한다    ▶ be entitled to :~ 할 권리가 있다.

**17** Which is similar to the reserve underlined?

① retain    ② repair    ③ refresh    ④ replace

**해설** 「밑줄 친 reserve와 유사한 것은 어느 것인가?」
reserve는 어떠 권리를 갖고 있다, 보유하고 있다는 의미로서 retain과 가장 유사하다.
▶ retain : 유지하다, 보유하다    ▶ repair : 보수하다, 고치다    ▶ refresh : 상쾌하게 하다, 신선한
▶ replace : 대체하다

**정답**  16.①  17.①

## 18  Select the right one in the blank.

> The bank with which credit is available to seller called (　　).

① Approved Bank  
② Issuing Bank  
③ Delegated Bank  
④ Nominated Bank  

**해설** 「빈 칸에 알맞은 것을 고르시오.」
매도인이 신용장을 사용할 수 있는 은행을 (Nominated Bank ; 지정은행)이라고 한다.

## 19  Select the right ones in the blank.

> ( A ) means the party in whose favour a credit is issued.
> Issuing Bank means the bank that issues a credit at the request of an ( B ) or on its own behalf.

① A: Beneficiary − B: applicant  
② A: Beneficiary − B: exporter  
③ A: Applicant − B: importer  
④ A: Applicant − B: exporter  

**해설** 「빈 칸에 알맞은 것을 고르시오.」
(A : beneficiary수익자)라 함은 그 자신을 수익자로 하여 신용장을 발행받는 당사자를 말한다. 개설은행이라 함은 (B : applicant ; 개설의뢰인)의 요청에 따르거나 또는 그 자신을 위하여 신용장을 개설하는 은행을 말한다. [UCP600 제2조 정의(Definitions)]

## 20  When a drawee accepts a bill of exchange, (　　).

① the drawee becomes liable to pay the bill at the date fixed for payment  
② the drawee bears all risks of loss  
③ the drawee shall pay the bill upon presentation  
④ the drawee is paid at maturity  

**해설** 「지급인이 환어음을 인수하면, (　　).」
① 「지급인은 지급을 위해 지정된 날짜에 환어음 대금을 지급할 의무가 있다.」
 - 지급인의 의무에 대해서 잘 설명하였다.
② 「지급인은 모든 손실의 위험을 감수한다.」
③ 「지급인은 서류의 제시 시에 환어음 금액을 지급해야 한다.」
 - 일람출급(at sight)이 아닌 인수이므로 환어음의 만기일에 지급하면 된다.
④ 「지급인은 만기일에 지급된다.」
 the drawee is paid at maturity → the bill of exchange is paid at maturity of bill(환어음은 만기일에 지급된다.)

18.④  19.①  20.①  **정답**

**21** Which type of L/C generally gives the seller greatest protection?

① Transferable L/C  ② Confirmed L/C
③ Standby L/C  ④ Irrevocable L/C

 「일반적으로 어떤 신용장이 매도인에게 가장 안전한 것인가?」
확인신용장(Confirmed L/C)은 개설은행과 별도로 독립적으로 수익자에게 지급을 확약하고 있다. 두 개의 은행이 동시에 지급을 보장하는 것이므로 수익자에게 있어서 가장 안전한 지급보증수단이라고 할 수 있다.

[22~23] Read the following and answer.

> The insurer will be liable for loss due to perils and shall have to make good the losses to the insured. (A) <u>This also means that on the happening of a loss, the insured shall be put back into the same financial position as he used to occupy immediately before the loss.</u> If the peril is insured, the insurer will *insure* the assured, otherwise not. This means that a policy may cover certain perils mentioned specifically therein (known as insured perils), whilst some perils may be specifically excluded (known as excepted perils) and some may still be neither included nor excluded (known as uninsured perils).

**22** What does the above (A) refer to?

① Duty of disclosure  ② Principle of utmost good faith
③ Doctrine of peril in sea  ④ Principle of indemnity

 보험자는 위험에 기인한 손해에 대해서는 책임을 지게 되며 피보험자에게 손실을 보상해야 한다. (A)이것은 또한 손실이 발생한 경우, 피보험목적물을 피보험자가 손실이 일어나기 직전에 점유하고 있던 것과 동일한 재무상태로 돌려놔야 한다는 것을 의미한다. 위험이 담보된다면, 보험자는 피보험자에게 보상을 하지만 그렇지 않다면 하지 않는다. 이것은 보험증권에 특별히 언급된 특정한 위험(담보위험으로 알려진)은 담보가 되지만, 어떤 위험은 특히 배제(면책위험으로 알려진)될 수도 있으며 어떤 위험은 담보위험에 포함되거나 면책되지도 않는(비부보위험)도 있을 수 있다.

22. 「(A)가 의미하는 것은 무엇인가?」
–손실을 입은 피보험목적물이 원래의 가치가 될 수 있도록 보상하는 것을 설명한 것으로서 실손보상의 원칙(Principle of indemnity)을 말한다.
▶ Duty of disclosure : 고지의무
▶ Principle of utmost good faith : 최대선의의 원칙
▶ Doctrine of peril in sea : 해상고유의 위험

정답  21.② 22.④

**23** Which is NOT similar to *insure*?

① indemnify  ② protect
③ abandon  ④ secure

해설 「*insure*와 유사한 것이 아닌 것은 어느 것인가?」
– inusre란 담보위험에 대해 보상(indemnify)을 해주거나 보험계약을 한다(protect, secure)는 의미이다. abandon(포기하다, 위부하다)의 뜻은 없다.

**24** Which of the following is LEAST correct about ocean bill of lading?

① It covers port-to-port shipment of goods by sea.
② It is a receipt by the carrier of goods.
③ If it is order bill of lading, it is a non-negotiable document.
④ It is transferred by endorsement.

해설 「해양선하증권에 대해 가장 옳지 않은 것은 다음 중 어느 것인가?」
① 「이것은 항구 대 항구 선적으로 해상운송을 커버한다.」
② 「이것은 물품의 운송인이 발행한 수취증이다.」
③ 「지시식 선하증권이라면, 이는 유통불가 서류이다.」
 – 지시식(to order)으로 발행된 선하증권은 배서에 의해 자유롭게 유통되는 서류이다.
④ 「배서에 의해 양도된다.」

**25** According to UCP 600, a credit may be made available with a nominated bank in 4 different ways. Which of the following options is NOT correct?

① Negotiation  ② Usance
③ Sight payment  ④ Deferred payment

해설 「UCP600에 따라, 신용장은 4가지의 다른 방법으로 지정은행에서 사용될 수 있다. 다음 선택사항이 옳지 않은 것은 어느 것인가?」
– 지정은행이 개설은행으로부터 위임을 받아 신용장 업무를 할 수 있는 것은 매입(negotiation), 인수(acceptance), 일람지급(sight payment), 연지급(deferred payment)의 4가지이다. Usance는 해당되지 않는다.

23.③  24.③  25.②  정답

## 02 영작문

[26~27] Read the following and answer.

> Dear Mr. Wang,
>
> Thank you for your order No. 1555 for our second hand buses, which are ready for shipment. However, we would like to call your attention that we have not received the letter of credit (    ) the order. The L/C should have reached us by yesterday.
>
> Your prompt expedition of L/C in our favor valid until April 30 will be greatly appreciated. Upon receipt of your L/C, we will immediately complete shipping arrangement.
>
> Sincerely yours,
> Jennifer Lopez, Sales Rep.

**26** Put the right word into the blank.

① promising   ② covering
③ excluding   ④ cancelling

 미스터 왕 안녕하세요,
당사의 중고 버스에 대한 귀사의 No.1555 주문을 잘 받았으며, 선적 준비가 되어 있습니다. 그러나, 당사는 아직 이 주문을 (    ) 신용장을 받지 못했음을 귀사에 상기시켜 드리고자 합니다. 신용장은 어제 당사에 도착했어야 했습니다. 당사를 수익자로 하고 4월 30일까지를 유효기간으로 하는 신용장을 속히 진행해주시면 대단히 감사하겠습니다.

26. 「빈 칸에 알맞은 단어를 넣으시오.」
   - 신용장을 커버할(covering)이 가장 알맞다.

**27** Which is best rewording for Upon receipt of your L/C?

① As much as you receive the L/C   ② As much as your L/C is received
③ In the moment that receives your L/C   ④ As soon as we receive your L/C

「귀사의 신용장을 받는 대로를 가장 잘 고쳐 쓴 것은 어느 것인가?」
① 「귀사가 신용장을 받는 만큼」   ② 「귀사의 신용장을 받게 되는 만큼」
③ 「귀사의 신용장을 받는 시점에서」   ④ 「당사가 귀사의 신용장을 받는 대로」
- 선지 ④번이 원문에 가장 가깝다.

**정답**  26.②  27.④

**28** What is the purpose of the letter below?

> We are pleased to report on the firm referred to in your letter of May 20 as follows: Abico, Ltd. (258 Dockside Drive, Suite 700, Toronto, Canada) was established in 2007 as a supplier of energy efficiency solution that could conserve energy without compromising comfort. They have maintained a current account with us for more than 13 years, always to our satisfaction and their latest financial statement shows a healthy condition.

① Business proposal
② Credit inquiry
③ Reply to a credit inquiry
④ Firm offer

 「다음 서신의 목적은 무엇인가?」

> 귀사의 5월 20일자 서신에서 조회하신 회사에 대해 알려드립니다. : (주)애비코(258 Dockside Drive, Suite 700, Toronto, Canada)는 쾌적함의 훼손없이 에너지를 절약할 수 있는 에너지 사용 최적화 장치 공급업체로서 2007년도에 설립되었습니다. 이 회사는 당사와 13년 넘게 늘 만족스럽게 거래를 해왔으며 이 회사의 최근 재무제표는 이 회사가 건실한 상태임을 보여주고 있습니다.

신용조회에 대한 답신(Reply to a credit inquiry)이다.
▶ Business proposal : 거래제의
▶ energy efficiency solution : 에너지 사용 최적화
▶ compromising comfort : 쾌적함을 훼손하는
▶ conserve energy : 에너지를 절약하는
▶ financial statement : 재무제표
▶ account with A : A와 거래를 하다

**29** Select the best terminology in the blank.

> (      ) is a document, similar in nature to a commercial invoice on which certain specific facts regarding shipment of goods between foreign nations must be declared to diplomatic official of the country to which the merchandise is consigned.

① Consular Invoice
② Customs Invoice
③ Packing List
④ Certificate of Origin

 「빈 칸에 가장 알맞은 용어를 고르시오.」

> (      )는 그 속성상 상업송장과 유사한데 상품이 탁송되는 국가에 있는 외교관에게 외국간 물품의 선적에 관해 신고해야 한다.

영사송장(Consular Invoice )에 관한 설명이다.
▶ Customs Invoice : 세관송장
▶ Certificate of Origin : 원산지 증명서

28.③  29.①  **정답**

## 30  Select the right party in the blank.

> Collections terms offer an important bank channel mechanism that can satisfy the needs of both the exporter and importer. Under this arrangement, the sales transaction is settled by the (      ) which deliver the shipping documents and the money.

① banks   ② carriers   ③ buyers   ④ sellers

  「빈 칸에 가장 알맞은 용어를 고르시오.」

> 추심 조건은 중요한 은행 창구 기능을 제공하는데 수출상과 수입상 양쪽의 필요를 만족시킬 수 있다. 이 계약에 따라, 거래 행위는 (    )이 선적서류와 대금을 인도함으로써 처리된다.

추심거래에서 수출상과 수입상의 사이에서 선적서류를 인도하고 대금을 전달하는 역할을 하는 것은 은행(bank)이다.

## 31  Select the best answer suitable for the blank.

> Freight is the reward payable to a ( A ) for the carriage and ( B ) of goods in a recognized condition.

① A: shipper – B: departure   ② A: carrier – B: arrival
③ A: shipper – B: arrival     ④ A: seller – B: departure

  「빈 칸에 가장 알맞은 답을 고르시오.」

> 운임은 안정된 상태로 물품을 운송하고 (B : **도착**, arrival)시키는 것에 대해 (A : **운송인**, carrier)에게 지불하는 대가이다.

[32~33] Read the following and answer.

> We are hoping that you can supply those goods. Would you please provide the rate of discount as well as the (     ) to qualify a trade discount.
> We would be very grateful if you could provide the details at the earliest possible time.

## 32  Fill in the blank with suitable word.

① delivery   ② quantity   ③ acceptance   ④ capacity

  당사는 귀사가 이 물품들을 공급해주길 바랍니다. 할인율뿐만 아니라 거래할인을 받을 만한 (   ) 도 알려주십시오. 가능한 일찍 상세 내용을 알려주시면 대단히 감사하겠습니다.

일정 수량(quantity)을 초과하여 주문을 하면 통상의 할인보다 더 많이 할인을 해주는 것을 거래할인이라 한다.

▶ qualify : 자격을 갖추다, 자격을 얻다

**정답**   30.①   31.②   32.②

## 33. Rewrite the underlined part.

① in a most speed way  ② in your earlier response
③ with latest response  ④ as soon as possible

해설 「밑줄 친 부분을 다시 쓰시오.」
문법적으로나 의미상으로도 가능한 빨리(as soon as possible)가 가장 유사한 의미이다.

## 34. Which is LEAST correct about consignee field in the bill of lading?

① The consignee is defined as a person entitled to take delivery of the goods under a contract of carriage.
② If a bill of lading is made out "to order", "to the order of a named party" or "to bearer", then it is negotiable.
③ Especially under L/C transactions, it is important to complete the consignee field in a negotiable form.
④ Bill of lading shall be made out "to order" in case of in-house transactions.

해설 「선하증권의 수하인 란에 가장 옳지 않은 것은 어느 것인가?」
① 「수하인은 운송계약에 따라 물품의 인도를 수취할 자격이 있는 사람이다.」
② 「선하증권이 "지시식", "기명지시식" 또는 "소지인식"으로 작성되었다면 이는 유통가능이다.」
③ 「신용장 거래에서는 특히, 양도의 형태에 따라 수하인란을 작성하는 것이 중요하다.」
④ 「선하증권의 국내거래인 경우에는 "지시식"으로 발행된다.」
- 국내거래에서는 양도를 필요로 하지 않기 때문에 선하증권이 아닌 일종의 수취증 역할을 하는 해상운송장(Sea Waybill)이 발급된다.
▶ define : 정의하다, 규정하다   ▶ in-house transactions : 국내거래

## 35. Select the right agency for the blank.

> Should you insist on a discount of 30% for the damaged goods, we shall have to put the matter before (　　) for arbitration.

① Korean Commercial Agency Center
② Korean Commercial Agency Board
③ Korean Commercial Arbitration Board
④ Korean Commercial Arbitration Center

해설 「빈 칸에 알맞은 대리인을 고르시오.」
> 손상물품에 대해 30%를 할인해 달라고 주장하시면, 당사는 이 문제를 중재를 위해 (　　)앞으로 회부할 수 밖에 없습니다.

대한상사중재원의 바른 표기는 Korean Commercial Arbitration Board이다. 나머지는 모두 올바른 명칭이 아니다.

33.④  34.④  35.③  **정답**

**36** Select the right one for the blank.

> We would give you formal notice that we reserve the right to claim on you for (     ) should the missing case not be found.

① the shortage  ② the breakage
③ the leakage  ④ the defective goods

「빈 칸에 알맞은 것을 고르시오.」

> 당사는 분실물품이 발견되지 않으면 (     ) 에 대해 귀사에게 손해배상을 청구할 권리가 있음을 공식적으로 통지합니다.

- 물품이 분실되었으므로 분실된 만큼의 부족한(shortage) 계약수량에 대해 배상청구하겠다는 내용이다.

**37** Which is suitable for the blank in case of insurance claims?

> We regret to inform you that we cannot pay you the compensation in this case as the damage was caused by factors (     ).

① within definition of policy  ② affecting premium
③ influencing the voyage  ④ outside the terms of the policy

「보험금 청구의 경우 빈 칸에 알맞은 것을 고르시오.」

> 이 건은 보험증권의 조건외의 요인으로 발생한 손해이므로 당사는 귀사에게 보상해줄 수 없음을 알리게 되어 유감입니다.

- 보험자가 보상을 거절한다는 내용으로 보아 이는 보험증권상의 담보위험 외의(outside the terms of the policy)위험에 기인한 손해임을 알 수 있다.
▶ compensation : 보상,    ▶ within definition of policy : 보험증권의 규정 안에
▶ affecting premium : 보험료에 영향을 미치는    ▶ influencing the voyage : 항해에 영향을 주는

**38** Which of the following is LEAST correctly written in English?

① 회의는 3월 10일 임페리얼 호텔에서 열리게 됩니다.
　 The meeting will be held at the Imperial Hotel on 10 March.
② 3년 후에 연장이 가능할까요?
　 Could it be renewed after three years?
③ 그전까지 전화를 못 한다면 토요일에 내가 전화드리겠습니다.
　 I will call you on Saturday unless we don't talk before then.
④ 우리는 서울에 정시에 도착하나요?
　 Will we reach Seoul on time?

**정답**   36.①  37.④  38.③

「영어로 가장 잘 못 쓰인 것은 다음 중 어느 것인가?」
③ I will call you on Saturday unless we don't talk before then.
→ I will call you on Saturday **if** we don't talk before then.
▶ unless : ~ 하지 않는다면(if not)

## 39 Which is most similar to the *commitments*?

> Open account terms allow the importer to make payments at some specific date in the future and without issuing any negotiable instrument evidencing his legal *commitments* to pay at the appointed time.

① liabilities   ② offers   ③ acceptances   ④ drafts

「*commitments* 와 가장 유사한 것은 어느 것인가?」

> 청산계정조건은 수입상으로 하여금 약속된 시간에 결제할 것을 법적으로 **책임지는** 것을 증빙하는 어떠한 유통가능 서류의 발행없이 미래의 어떤 특정일에 지급하는 것을 허용한다.

▶ commitment : 약속(한 일), 책무(liability)

## 40 Select the best ones in the blank.

> Agents are often an early step into international marketing. Agents are individuals or organizations that market on seller's behalf in a particular country. They rarely take ( A ) of products, and more commonly take a ( B ) on goods sold.

① A: ownership - B: margin   ② A: ownership - B: commission
③ A: after service - B: profit   ④ A: after service - B: margin

「빈 칸에 가장 알맞은 것을 고르시오.」

> 대리인은 국제마케팅에서 초기 단계에 종종 나타난다. 대리인은 특정 국가에서 매도인을 대신하여 판촉을 하는 개인 또는 회사이다. 이들이 제품의 (A : 소유권, ownership)을 갖는 것은 드물고 보통 물품판매에 따라 (B : 수수료, commission)를 받는다.

▶ early step : 초기 단계   ▶ on one's behalf : ~을 대신하여

39.① 40.② 정답

**41** Which is best replacement for the underlined?

> We are writing to inform you that the quality of your sheepskins <u>is not up to</u> standards in the contract.

① does not meet
② is dependent of
③ is as far as
④ goes beyond well

「밑줄 친 것을 가장 잘 바꿔 쓴 것은 어느 것인가?」
> 당사는 귀사의 양가죽 품질이 계약상의 표준에 미치지 못함을 알려드립니다.

▶ sheepskins : 양가죽, 양피　▶ be up to : ~ 에 충족하다(meet), ~ 에 달려있다.
▶ be dependent of : ~ 에 의지하는　▶ be as far as[goes beyond well] : 한참 동떨어진

**42** What does the following refer to?

> The process of giving or getting official permission for the use of technology, brand and/or expertise.

① Loan　② Licensing　③ Loyalty　④ Leasing

「다음은 무엇에 관한 것인가?」
> 기술, 상표 그리고/또는 전문지식의 사용에 대하여 공식적인 승인을 주거나 받는 것

국제라이센스계약(Licensing)에 대한 설명이다.
▶ expertise : 전문지식

**43** Select the right L/C that explains the passage.

> It is normally accepted in the market that the seller trusts the bank which issues a letter of credit is trustworthy, and that the bank will pay as agreed. If there is any doubts on the issuing bank, the seller may request a letter of credit to which payment undertaking is added by another (presumably more trustworthy) bank.

① confirmed L/C
② negotiation L/C
③ red clause L/C
④ open L/C

「본 문장에서 설명하는 신용장을 고르시오.」
> 신용장을 발행하는 은행이 신뢰할만하고 은행이 지급을 할 것이라고 매도인이 믿는 것으로 보통 시장에서는 받아들여지고 있다. 개설은행에 어떤 의심이 가는 경우, 매도인은 타 은행(아마도 더 신뢰할 만한)에게 신용장에 지급을 확약하는 것을 추가해 줄 것을 요청할 수도 있다.

확인신용장(confirmed L/C)에 대한 설명이다.
▶ trustworthy : 신뢰할 수 있는

정답　41.①　42.②　43.①

[44~45] Read the following and answer.

> A contract of marine insurance is a contract whereby the insurer undertakes to indemnify the assured, in manner and to the extent thereby agreed, against marine losses, that is to say, the *losses* incident to marine adventure.

**44** Which can best replace the assured underlined?

① underwriter   ② proxy   ③ insured   ④ buyer

> 해상보험계약은 보험자가 피보험자에게 해상손해에 대해, 즉 해상사업에 기인한 손해에 대해 합의한 방식과 범위내에서 보상을 확약하는 계약이다.

41. 「밑줄 친 the assured 와 가장 잘 바꿔 쓸 수 있는 것은 어느 것인가?」
the assured(피보험자)를 the insured(피보험자)라고도 한다.
▶ in manner and to the extent : 합의한 방식과 범위 내에서
▶ underwriter : 보험사업자   ▶ proxy : 보험대리인

**45** Which does NOT belong to the *losses*?

① Default of buyer   ② Cargo losses
③ Damages to a vessel   ④ Cargo damages

「losses에 속하지 않는 것은 어느 것인가?」
해상손해(losse)에 매수인의 불이행에 따른 손해는 포함되지 않는다.
▶ default : 부도, 불이행

[46~47] Read the following and answer.

> A bill of lading is a document issued by the shipping company or its agent acknowledging receipt of goods for carriage which are deliverable to the consignee in the same condition as they were received.
> It contains full details of the goods and distinct markings on the packages, the terms and conditions under which the goods are accepted for shipment, the ports of shipment and arrival, freight and other charges, etc.
> (                        )

**46** Which is the party LEAST suitable as the consignee underlined?

① seller   ② buyer   ③ holder   ④ bearer

44.③  45.①  46.①  **정답**

선하증권이란 선사 또는 선사의 대리점이 운송을 위해 물품을 받았고 자신들이 받았던 것과 동일한 상태로 수하인에게 인도할 것이라고 확인하기 위해 발행하는 서류이다. 여기에는 물품과 포장의 독특한 표시, 물품이 선적을 위해 인수되었다는 제반 사항, 선적항과 도착항, 운임 그리고 다른 할증료 등이 상세히 포함되어 있다. (          )

46. 「밑줄 친 consignee으로 가장 적절하지 않은 것은 어느 것인가?」
수하인(consignee)은 물품을 인도받는 자를 말하므로 매도인(seller)은 해당되지 않는다.
▶ distinct markings : 독특한 표시

## 47 Which is MOST appropriate for the blank?

① A bill of lading therefore shall express full description of the goods.

② Therefore, it has the features of a negotiable instrument.

③ A bill of lading, however, can be accepted by endorsement.

④ The carrier is, however, not responsible for the actual contents of the goods.

 「빈 칸에 가장 적합한 것은 어느 것인가?」
① 「선하증권에는 물품의 상세 내용을 나타내야 한다.」
② 「그러므로, 양도가능서류의 형태를 갖춰야 한다.」
③ 「선하증권, 그러나, 배서에 의해 인수된다.」
④ 「운송인은, 그러나, 물품의 실제 내용물에 대해선 책임을지지 않는다.」
- 논리적으로 선지 ④번이 가장 적합하다.

[48~49] Read the following and answer.

> We still haven't heard from you regarding the outstanding balance owed on your account. To avoid having your account ( A ), please remit payment immediately.
>
> Failure to respond could result in damage to your ( B ) and additional legal action. We urge you to send us a check before March 15. If you wish to discuss special arrangements for payment, please contact us at credit@kasia.com.

## 48 Which is suitable for the blank A?

① closed   ② open   ③ renewed   ④ established

당사는 여전히 귀사가 갚아야 할 미불금에 대하여 귀사로부터 연락을 받지 못했습니다. 귀사의 계정이 (A : 폐쇄되는,  closed) 것을 피하기 위해, 즉시 대금을 송금하시기 바랍니다. 회신이 없으면 귀사의 (          )대한 손실과 법적조치를 야기할 것입니다. 3월 15일까지 당사에게 수표를 보내주실 것을 촉구합니다. 대금에 대해 특별히 협의를 하고자 하면, credit@kasia.com으로 연락주세요.
48. 「빈 칸 A에 적합한 것은 어느 것인가?」
거래가 중단되는 즉 계정이 폐쇄된다는 의미의 closed가 적당하다.

정답   47.④   48.①

## 49. Which are right words for the blank B?

① credit rating  ② trust ranking
③ turnover  ④ credit inquiry

「빈 칸 B에 적합한 것은 어느 것인가?」
대금을 갚지 않으면 신용도(credit rating)가 손실을 입을 것이라는 연결이 자연스럽다.
▶ turnover : 매출

## 50. Select the right one in the blank.

> If the goods are received in good condition, the carrier will issue (　　) to the shipper.

① a clean bill of lading  ② a claused bill of lading
③ a straight bill of lading  ④ a foul bill of lading

「빈 칸에 적합한 것을 고르시오.」
> 물품을 이상없이 수취하면, 운송인은 화주에게 (　　)을 발행한다.

운송인은 운송을 위해 물품을 인수할 때 아무런 이상이 없으면 무사고 선하증권(a clean bill of lading)을 발행한다.
▶ claused bill of lading[foul bill of lading] : 사고부 선하증권
▶ straight bill of lading : 기명식 선하증권

## 03 무역실무

## 51. 인코텀즈 2020 규칙의 특징 조건의 내용 일부이다. (　)에 들어갈 조건으로 옳은 것은?

> (　　) is the only Incoterms 2020 rule that requires the seller to unload goods at destination. The seller should therefore ensure that it is in a position to organise unloading at the named place. Should the parties intend the seller not to bear the risk and cost of unloading, the (　　) rule should be avoided and DAP should be used instead.

① DDU  ② DPU  ③ DDP  ④ DAT

49.①　50.①　51.②　**정답**

> **해설** ( )는 매도인이 목적지에서 물품을 양하하도록 하는 유일한 인코텀즈규칙이다. 따라서 매도인은 자신이 그러한 지정장소에서 양하를 할 수 있는 입장에 있는지를 확실히 하여야 한다. 당사자들은 양하의 위험과 비용을 부담하기를 원하지 않는 경우에는 ( )를 피하고 그 대신 DAP를 사용하여야 한다.
> DPU조건에 대한 설명이다.

## 52 청약자에게 반품하는 것을 허용하고 있어 청약자에게 불리한 청약이라고 할 수 있는 것은?

① Offer subject to being unsold
② Offer on sale or return
③ Offer on approval
④ Offer without engagement

> **해설** 반품허용조건부청약(Offer on sale or return)의 경우는 미판매 물품을 매도인이 다시 회수해야 한다. 이에 따른 여러 비용을 부담해야 하므로 불리한 청약이라고 할 수 있다.
> ▶ Offer subject to being unsold : 재고잔유조건부청약
> ▶ Offer on approval : 승인조건부청약
> ▶ Offer without engagement : 시장변동조건부청약

## 53 품질조건에 대한 설명으로 옳지 않은 것은?

① 매도인이 보관하는 견본은 duplicate sample이다.
② 점검매매는 BWT이나 COD 방식에 주로 사용된다.
③ 표준품매매에는 FAQ, GMQ, USQ 조건이 있다.
④ 양륙품질조건에는 TQ, GMQ 조건 등이 있다.

> **해설** 양륙품질조건에는 GMQ(판매적격품질)와 S.D가 있다. T.Q와 R.T는 선적품질조건이다.

## 54 청약의 유효기간에 대한 설명으로 옳지 않은 것은?

① 유효기간이 정해져 있는 경우 그 기간이내에 피청약자가 승낙하여야 한다.
② 유효기간이 정해져 있지 않는 경우 상당한 기간이 유효기간이다.
③ 상당한 기간은 주변의 상황이나 관행에 따라 결정되는 사실상의 문제이므로 모든 경우 동일하게 적용된다.
④ 유효기간은 물품의 성질, 거래관습, 시가의 변동을 고려하여 정해질 수 있다.

> **해설** '상당한 기간'이라 함은 청약이 상대방에게 도달하는 데 필요한 기간·청약수령자가 그 청약에 대한 승낙 여부를 결정하는 데 필요하다고 생각되는 기간·승낙의 통지가 청약자에게 도달하는 데 필요한 기간을 포함한다. 따라서 '상당한 기간'이란 구체적인 각 경우에 청약과 승낙의 방법·계약의 내용의 중요도·거래상의 관행 등 여러 사정을 고려해서 결정되어야 하므로 모든 경우에 동일하게 적용될 수 없다.

**정답** 52.② 53.④ 54.③

## 55 인코텀즈 2020 규칙 개정의 특징으로 옳지 않은 것은?

① DAT 조건을 DPU 조건으로 명칭변경 및 배열순서 조정
② 각 규칙의 조항순서 조정
③ CIP 조건의 부보조건을 ICC(A)로 변경
④ FCA 조건과 "D" 조건에서 매수인과 매도인의 자가운송 불허

**해설** 인코텀즈 2020 규칙이 개정되어 FCA 조건과 "D" 조건에서 매수인과 매도인은 자신의 운송수단을 이용한 직접 운송을 할 수 있도록 허용하고 있다.

## 56 신용장 매입 시 주의할 사항으로 옳지 않은 것은?

① 제한매입 신용장은 지정은행에서 매입하여야 한다.
② Open credit은 어느 은행에서도 매입가능하다.
③ Restricted credit의 경우 지정은행이 아닌 은행에서 매입하는 경우 재매입은 필요 없다.
④ 매입은 서류의 제시기간 이내에 그리고 신용장 유효기간 이내에 이루어져야 한다.

**해설** 매입제한신용장(Restricted credit)의 경우 지정은행이 아닌 은행에서 매입하는 경우 재매입(renego)이라는 과정을 거쳐야 한다.

## 57 외국환거래에서 원화의 매매가 수반되지 않고 동종 외국통화로 대체되는 경우에 은행의 기대 외환매매이익 상실의 보전 명목으로 징구하는 신용장 수수료로 옳은 것은?

① issuing commission
② exchange commission
③ commission in lieu of exchange
④ delay charge

**해설** 대체료(commission in lieu of exchange)에 대한 설명이다.
▶ issuing commission : 신용장 개설수수료   ▶ exchange commission : 환가료
▶ delay charge : 지연이자

## 58 UCP600상 양도가능 신용장에 대한 설명으로 옳지 않은 것은?

① 양도가능 신용장에서는 신용장 개설의뢰인의 이름을 제1수익자의 이름으로 대체할 수 있다.
② 양도와 관련하여 발생한 모든 수수료(요금, 보수, 경비 또는 비용 등)는 제1 수익자가 지급해야 한다.
③ 양도된 신용장은 제2 수익자의 요청에 의하여 그 다음 수익자에게 양도될 수 없다.
④ 신용장의 금액, 단가, 유효기일, 제시기간 또는 부보비율은 감액되거나 단축될 수 있다.

55.④  56.③  57.③  58.④  **정답**

> **해설** 양도가능신용장에서 제2수익자에게 양도할 때 원신용장의 조건대로 양도하는 것이 원칙이지만 예외적으로 신용장의 금액, 단가, 유효기일, 제시기간은 감액되거나 단축될 수 있다. 그러나 **부보비율은 감액될 수 없다**. 신용장 금액이 감액되어 양도되어도 원신용장 금액의 110%로 보험금액이 될 수 있도록 비율이 조정되어야 한다.

## 59 성격이 다른 신용장 하나를 고르면?

① Clean Credit　　　　② Standby Credit
③ Traveller's Credit　　④ Commercial Credit

> **해설** Commercial Credit(상업신용장)은 물품의 매매를 매개로 하여 이루어지는 지급수단 임에 반하여 나머지는 모두 상업적 거래가 아닌 보증의 목적, 여행자의 편의를 위해서 사용되는 신용장이다.
> ▶ Clean Credit : 무화환신용장　　▶ Standby Credit : 보증신용장
> ▶ Traveller's Credit : 여행자신용장

## 60 국제표준은행관행(ISBP)과 UCP 600에 따른 송장에 대한 설명이 옳지 않은 것은?

① 신용장에서 송장(invoice)을 요구한 경우 "provisional", "pro-forma"라고 기재된 송장은 거절된다.
② 송장은 문면상 수익자가 개설의뢰인 앞으로 발행한 것이어야 한다.
③ 송장의 물품 명세는 신용장과 일치해야 하지만 경상의 법칙이 적용되는 것은 아니고 상응하면 된다.
④ 송장에는 신용장에서 요구하지 않은 물품(예: 견본품 등)이 나타나서는 안되지만, 무상이라고 기재된 경우에는 수리된다.

> **해설** 송장에는 신용장에서 요구하지 않은 물품(예: 견본품 등)과 무상으로 제공되는 물품이라도 기재되어서는 안 된다.[ISBP745, C12]

## 61 관세율 적용순서가 다른 하나는?

① 덤핑관세　　② 보복관세
③ 긴급관세　　④ 할당관세

> **해설** 관세율의 적용순서에서 덤핑방지관세, 보복관세, 긴급관세는 1순위지만, 할당관세는 5순위이다.

---

정답　59.④　60.④　61.④

**62** 다음 내용에 해당되는 신용장은?

> ㈜해양은 중국 ㈜Shanghai와 20만 달러 수입계약을 체결하고 국내 거래은행인 외환은행(KOEXKRSE)을 통하여 usance 6개월짜리 자유매입 신용장을 발행하였다. 통지은행은 ㈜Shanghai의 거래은행인 중국공상은행(ICBKCNBJ)이며, presentation period는 운송서류 발행일로부터 21일 이내, 발행은행의 매입은행에 대한 상환(reimbursing)은 서류제시 이후 5일 이내에 즉시 지급하는 조건이다.

① shipper's usance
② domestic banker's usance
③ overseas banker's usance
④ seller's usance

**해설** 개설은행이 수익자(㈜Shanghai)에게 일람출급(at sight)으로 대금지급을 확약하지만 개설의뢰인(㈜해양)으로부터는 일정기간 후에 대금지급을 받는 국내은행인수신용장(domestic banker's usance)에 대한 설명이다. ㈜해양은 환어음이 제시된 후 6개월 째 되는 환어음의 만기일에 대금을 개설은행에 갚게 된다.

**63** 신용장 확인과 관련된 내용으로 옳은 것은?

① 신용장의 확인이 이루어진 경우 해당 신용장의 지급 또는 인수의 책임은 확인은행에게 이전된다.
② 발행은행의 확인 요청을 받은 은행은 해당 확인 요청에 응하여야 한다.
③ 확인신용장의 경우 확인은행의 동의가 없더라도, 신용장의 취소나 조건변경은 이루어질 수 있다.
④ 확인신용장의 경우 수익자는 확인은행과 개설은행으로부터 지급확약을 받으므로 안전하다.

**해설** ① 신용장의 확인이 이루어진 경우 해당 신용장의 지급 또는 인수의 책임은 발행은행과 확인은행이 독립적으로 부담하게 된다.
② 발행은행의 확인 요청을 받은 은행이 확인에 응할 의무는 없다. 확인의 추가는 확인은행의 선택사항이다.
③ 확인신용장의 경우 신용장의 취소나 조건변경은 반드시 확인은행의 동의가 있어야 한다.

**64** 항공화물운송장(AWB)의 설명으로 옳은 것을 모두 고르면?

> ㉠ AWB는 항공운송인이 운송을 위하여 송하인으로부터 AWB에 기재된 화물을 수령하였다는 증서기능을 한다.
> ㉡ AWB는 화물과 함께 목적지에 보내져서 수하인이 화물의 명세, 운임, 요금 등을 대조하고 검증할 수 있는 역할을 한다.
> ㉢ AWB에 의한 수출입신고가 가능한 화물에 대하여는 AWB가 수출입신고서로서 사용 될 수 있다.
> ㉣ 도착지에서 운송인이 수하인에게 화물을 인도하고 수하인으로부터 AWB상에 수하인의 서명(또는 날인)을 받아 인도의 증거서류로 한다.

① ㉠
② ㉠, ㉡
③ ㉠, ㉡, ㉢
④ ㉠, ㉡, ㉢, ㉣

**해설** 모두 옳은 설명이다.

정답 62.② 63.④ 64.④

**65** 운송인과 운송주선인에 대한 설명으로 옳지 않은 것은?

① 운송주선인은 송하인의 요청을 받아 적합한 운송인을 찾아 운송계약을 체결하는 자이다.
② 운송주선인이 자신의 명의로 발행하는 선하증권을 통상 Master B/L이라고 부른다.
③ 운송주선인은 선하증권을 발행하게 되면 운송인으로서 책임을 지게 된다.
④ 운송주선인은 주로 LCL화물을 취급하여 동일 목적지로 화물을 혼재한다.

**해설** 운송주선인이 Master B/L을 근거로 하여 자신의 명의로 발행하는 선하증권을 통상 House B/L(Baby B/L, Forwarder's B/L)이라고 부른다. 선사(운송인)가 컨테이너 1대에 대하여 발행하는 선하증권을 Master B/L이라고 부른다.

**66** 선하증권약관의 유효 요건에 대한 설명으로 옳지 않은 것은?

① 선하증권약관의 유효성은 사법상 일반원칙의 위반과는 관계가 없다.
② 선하증권약관은 강행법규에 위반되지 않아야 한다.
③ 운송인은 화주에게 약관내용을 일반적으로 예상되는 방법으로 명시하고, 화주가 요구할 때는 당해 약관사본을 교부하여야 한다.
④ 운송인의 책임을 경감하는 약관이거나 법으로 보장된 화주의 권한을 이유 없이 박탈 또는 제한하는 약관이 아니어야 한다.

**해설** 선하증권약관은 사법상의 법적 효력 즉 강행법규의 지배를 받으므로 사법상 일반원칙에 위배되어서는 안된다.

**67** 항공화물운송장(AWB)에 대한 설명으로 옳지 않은 것은?

① 항공사가 혼재화물주선업자에게 발행하는 운송장을 Mast Air Waybill이라고 한다.
② Air Waybill은 단순한 물품의 수취증이라는 점에서 선하증권과 다르다.
③ Air Waybill은 연계운송의 효율을 위해 통일되고 표준화된 양식을 사용한다.
④ 항공화물운송장은 원본 개념이 없다.

**해설** ① 설명은 맞는데 Master Air Waybill을 Mast Air Waybill라고 오타를 내어서 정답처리 되었다.
④ 원래는 「항공화물운송장은 원본 B/L 개념이 없다」로 출제되어야 하는데 'B/L'이라는 표현이 누락됨으로써 정답 처리되었다. 항공화물운송장은 원본B/L의 개념이 없이 운송장으로 발행되므로 유통불가이며 유가증권이 될 수 없다.

**정답** 65.② 66.① 67.①,④

**68** 해상보험의 특징에 관한 설명으로 볼 수 없는 것은?

① 해상보험 준거법으로 주로 영국의 법과 관습이 적용된다.
② 해상보험계약은 담보위험과 손해와의 인과관계 여부에 관계없이 보상하는 것을 원칙으로 한다.
③ 해상보험은 기업보험의 성격을 지니고 있다.
④ 해상보험계약은 사행계약성을 가지고 있다.

해설 해상보험계약은 담보위험에 기인한 손해에 대해서만 보상하는 것을 원칙으로 한다. 사행계약이란 우연한 이득을 얻으려는 것을 목적으로 하는 계약으로서 복권 및 도박 등이 대표적인 예이다.

**69** 신협회적하약관의 담보위험에 대한 설명으로 옳지 않은 것은?

① ICC(A)에서 불내항 및 부적합위험에 대해 보험자는 면책 된다.
② ICC(B)에서는 지진, 화산의 분화, 낙뢰에 의한 손해에 대해 담보된다.
③ ICC(C)의 담보위험에는 물적 손해만 포함된다.
④ ICC(C)에서는 하역작업 중 갑판에 추락한 포장 1개당 전손이 담보된다.

해설 하역작업 중 갑판에 추락한 포장 1개당 전손이 담보되는 것은 ICC(FPA)이다. 포장단위 당 전손은 ICC(C)에서 담보하는 위험이 아니다.

**70** 해상보험은 최대선의의 원칙이 적용되는데 그 이유로 적합 하지 않은 것은?

① 보험계약의 도덕적 위험
② 보험계약의 사행계약성
③ 위험상태의 보험계약자 또는 피보험자 의존
④ 실손해보상

해설 일반적인 성의성실 보다 높은 정도의 성실의무를 최대선의라고 하는데 이는 보험계약이 높은 도덕성이 요구되고, 사행계약적인 성격을 갖고 있기 때문이다. 또한 위험상태에 대해서 보험자는 보험계약자 또는 피보험자에게 의존하는 정보의 비대칭성을 갖고 있기 때문에 해상보험에서는 더욱 최대선의 원칙이 요구된다. 실손해보상은 보험계약의 기본적인 원칙이다.

**71** 피보험이익과 무관한 것을 고르면?

① 적법성    ② 경제성    ③ 확정성    ④ 처분성

해설 행정청이 행하는 구체적 사실에 관한 법집행으로서의 공권력의 행사 또는 그 거부와 그 밖에 이에 준하는 행정처분을 처분성이라고 한다. 보험계약은 보험자와 피보험자 간의 계약이므로 행정기관이 개입하는 행위가 아니다.

---

68.② 69.④ 70.④ 71.④ **정답**

**72** UCP600이 적용된 신용장 거래에서 보험에 대한 설명이 옳지 않은 것은?

① 신용장이 "전위험(all risks)"에 대한 부보를 요구하는 경우, "전위험(all risks)"이라고 기재되어 있는 한 어떠한 위험이 제외된다고 기재하는가에 관계없이 수리된다.
② 보험승낙서(cover notes)는 수리되지 않는다.
③ 보험증권은 보험증명서나 포괄예정보험의 확정서를 대신하여 수리 가능하다.
④ 보험서류는 일정한도 본인부담이라는 조건(a franchise or excess)의 적용을 받고 있음을 표시하는 경우 수리되지 않는다.

**해설** "An insurance document may indicate that the cover is subject to a franchise or excess(deductible)"
「보험서류는 담보가 소손해면책율 또는 초과(공제)면책율을 조건으로 한다는 것을 표시할 수 있다.」[UCP600 제28조 j]

**73** CISG가 적용된 무역계약에서 매수인이 계약한 물품과 일치하지 않는 물품을 받았을 경우 구제방법에 대한 설명으로 옳지 않은 것은?

① 부적합이 본질적 위반에 해당하는 경우 매수인은 대체물의 인도를 청구할 수 있다.
② 매도인에게 수리에 의한 부적합의 치유를 청구할 수 있다.
③ 대체물의 청구나 부적합에 대한 보완 청구는 부적합에 대한 통지가 매도인에게 합리적인 기간 내에 이뤄진 경우에만 할 수 있다.
④ 매수인은 대체물 청구나 부적합 보완청구를 한 경우 손해배상 청구를 할 수 없다.

**해설** 매수인이 계약물품과 일치하지 않은 물품을 받은 경우 매도인에게 대체물을 청구하거나 부적합 보완청구를 했다 하더라도 판매기회의 상실, 고객으로부터의 불만 등에 따른 손해배상을 별도로 청구할 수 있다.

**74** 다음 구제방법 중 성격이 다른 하나는?

① 계약이행청구권   ② 추가기간지정권   ③ 계약해제권   ④ 물품명세확정권

**해설** 물품명세확정권은 매도인의 구제수단 임에 반하여 나머지는 매도인과 매수인에게 공통적으로 적용되는 구제수단이다.

**75** 팩토링(Factoring)에 대한 설명으로 옳지 않은 것은?

① 팩토링은 무신용장 방식 결제방법이다.
② 팩토링은 수입팩터(factor)의 지급확약(Aval)이 일종의 보증서로 사용된다.
③ 수입상이 자금부족, 파산 등으로 수입팩터링의 채무를 이행하지 못하는 경우 수입팩터가 그 대금을 대신 지급 할 것을 약속한다.
④ 수출팩터가 O/A나 D/A 등 외상매출채권에 대한 대외양도, 추심, 전도금융제공 등의 서비스를 제공한다.

**해설** 수입팩터(factor)의 지급확약(Aval)이 일종의 보증서로 사용되는 것은 팩토링이 아니라 포페이팅 거래에서 나타나는 방식이다.

정답  72.④  73.④  74.④  75.②

# 제119회 2급 기출해설
## (2020년 제3회)

## 01 영문해석

[1~2] Read the following and answer.

> The payment for your order No.1178 was due on May 5. We are sure that this is an oversight on your part but must ask you to give the matter your prompt attention. (　　), kindly disregard this notice. If you have any questions about your account, please contact us.

**01** What is the best purpose of the letter above?

① complaining about payment terms
② pressing payment
③ late payment
④ warning of due time of payment

귀사의 주문 No.1178의 지급이 5월 5일로 경과되었습니다. 당사는 이것은 귀사 측의 부주의라고 생각하지만 귀사가 이 건에 대해 즉각적으로 관심을 갖길 바랍니다. (　　,) 이 통지는 무시해주십시오. 귀사의 계정에 대한 질문이 있으면 당사로 연락주십시오.
01. 「상기 서신의 목적은 무엇인가?」
지급을 압박(pressing payment)하는 내용이다.
▶ oversight : 실수, 간과　　▶ warning of due time of payment : 지급기한 경과에 대한 주의

**02** Which of the following is most appropriate for the blank?

① Should you have something to pay
② If the payment has already been made
③ If you have drawn a draft
④ Regarding your earlier payment

01.② 02.② **정답**

**해설** 02. 「빈 칸에 가장 적절한 것은 다음 중 어느 것인가?」
① 「지급할 무엇을 귀사가 가지고 있다면」
② 「이미 지급이 되었다면」
 - 문맥 상 가장 잘 어울리는 표현이다.
③ 「귀사가 환어음을 발행하였다면」
④ 「귀사의 이른 지급에 대하여」

## 03  Which is NOT suitable as a reply for the following.

> Your name and address were given through the Greater New York Chamber of Commerce as one of the well-known importers handling various travel bags and we are writing you with a keen desire to open an account with you.

① We are particularly interested in this type of product, and would like to have more detailed information on the items you are dealing with.

② We would like to receive the samples of your goods and their prices quoted in US dollars CFR New York.

③ If your prices are competitive and your goods suit our market, we shall be able to give large orders.

④ If you are interested in importing our bags, please write us conditions upon which you are able to transact with us.

**해설** 「다음의 답신에 어울리지 않는 것은 어느 것인가?」
> 다양한 여행용 가방을 취급하는 유명 수입상의 하나로 귀사의 이름과 주소를 더 그레이터 뉴욕상공회의소를 통해서 알게 되었으며 귀사와 거래를 하고자 하는 강렬한 열망으로 연락을 드리게 되었습니다.

① 「당사는 이 제품에 특히 관심이 있으며, 귀사가 취급하는 품목에 대한 상세한 정보를 얻고자 합니다.」
② 「당사는 귀사 제품의 견품과 CFR 뉴욕 미국 달러 조건으로 견적된 가격을 받고 싶습니다.」
③ 「귀사의 가격이 경쟁적이고 귀사의 제품이 당사의 시장에 적합하면, 당사는 대량 주문을 하겠습니다.」
④ 「귀사가 당사의 가방을 수입하는데 관심이 있다면, 귀사가 당사와 거래할 수 있는 조건에 대해 연락주십시오.」
 - 수출상의 거래제안에 대한 수입상의 적절한 답신 내용을 묻고 있는데 선지 ④번은 수출상이 수입상에게 보내는 거래제안에 들어갈 내용이다.
▶ with a keen desire : 강렬한 열망을 갖고    ▶ open an account with : ~와 거래를 하다

**정답** 03. ④

## 04  Which is right pair of words?

A(n) ( A ) policy is a policy which describes the insurance in ( B ) terms, and leaves the name of the ship or ships and other particulars to be defined by subsequent declaration.

① (A) floating － (B) general
② (A) floating － (B) specific
③ (A) valued － (B) general
④ (A) unvalued － (B) specific

「알맞은 쌍은 어느 것인가?」

( A )은 ( B )문언으로 보험계약을 기술하고, 선박의 명칭과 기타의 자세한 사항은 추후 확정통지에 의해 확정되도록 하는 보험증권이다.[MIA 제29조, 선명미정 보험증권]

선명미상 보험증권(floating policy)`에 대한 설명이다. 공란에는 각각 floating, general이 적합하다.
▶ floating policy : 개별예정보험, 선명미상보험    ▶ in general terms : 총괄적 문언으로
▶ valued policy : 기평가보험 ↔ unvalued policy : 미평가보험
▶ be defined : 정의되다


## 05  Select the one that is not suitable in the blank.

① As you are aware, competition in this line is very keen, while the market become (       ). (prosperous)
② Please (       ) our letter of April 5 and, instead, refer to our FAX of April 10. (disregard)
③ (       ) the courtesy of the U.S. Embassy in Korea, we have learned that you are makers of stainless flatware in Korea. (Through)
④ The goods must comply with our (       ) in every respect. (descriptions)

「빈 칸에 어울리지 않는 것을 고르시오.」
① 「귀사도 아시다시피, 시장이 (번성)하고 있는데도 이 업계에서의 경쟁이 매우 치열합니다.」
  - 논리적으로 모순되는 내용이다. 시장상황이 좋지 않음에도 경쟁이 치열하다는 표현이 되어야 한다.
② 「대신에 당사의 4월 5일자 서신은 무시하고(disregard), 4월 10일자 팩스를 참조해 주세요.」
③ 「주한미대사관의 협조를 통해(Through), 당사는 귀사가 스테인리스 식기류 제조업체임을 알았습니다.」
④ 「이 제품은 모든 면에서 당사의 명세(descriptions)를 따라야 합니다.」
▶ prosperous : 번영하는, 성공한    ▶ stainless flatware : 스테인리스 식기류
▶ comply with : 지키다, 준수하다.

04.① 05.① 정답

**06** Select the wrong one in the blank.

> We are manufacturer of machine parts having been in this (   ) of business since 1990.

① matter  ② line  ③ field  ④ area

「빈 칸에 잘못된 것을 고르시오.」

> 당사는 1990년부터 이 업계에서 기계부품 제조업체로 사업을 하고 있습니다.

▶ matter of business : 거래 건


[7] Read the following and answer.

> Documents are the key issue in a letter of credit transaction. (A) They decide on the basis of documents alone whether payment, negotiation, or acceptance is to be effected. (B) A single transaction can require many different kinds of documents. (C) Most letter of credit transactions involve a draft, an invoice, an insurance certificate, and a bill of lading. (D) Because letter of credit transactions can be so complicated and can involve so many parties, banks must ensure that their letters are accompanied by the proper documents.

**07** Where does the following sentence best fit in the above?

> Banks deal with documents, not with goods.

① (A)  ② (B)  ③ (C)  ④ (D)

서류는 신용장 거래에 있어서 핵심 이슈이다. (A)지급, 매입 또는 인수의 효력이 있는지를 서류만을 기준으로 결정한다. (B) 단순 거래에서도 다른 많은 종류의 서류를 요구할 수 있다. (C)대부분의 신용장 거래는 환어음, 송장, 보험증명서 그리고 선하증권과 관련되어 있다. (D) 신용장거래는 좀 복잡하고 많은 당사자들이 개입하기 때문에, 은행은 이 신용장에는 적절한 서류의 첨부를 확실히 해야 한다.

07. 「상기 문장에 들어가기 가장 적절한 곳은 어디인가?」

> 은행은 서류를 취급하는 것이며, 물품을 취급하는 것은 아니다.[UCP600 제5조]

순서상 (A)에 들어가는 것이 가장 논리적이다.


정답  06.①  07.①

## 08 Select the one that is not suitable in the blank.

① (    ) is also known as the correspondent bank which is requested by the issuing bank to notify the exporter of the opening of a documentary credit. (Advising bank)

② (    ) adds its obligation (paying, negotiating, accepting) to that of the issuing bank. (Confirming bank)

③ In freely negotiable Credit, (    ) is a Nominated Bank. (Negotiating bank)

④ Negotiation under this credit is restricted to (    ) Bank only. (Negotiating)

**해설** 「빈 칸에 어울리지 않는 것을 고르시오.」
① 「(통지은행)은 개설은행의 요청에 따라 화환신용장의 개설을 수출상에게 통지하도록 요청받은 예치환거래 은행으로 알려져 있다.」
② 「(확인은행)은 개설은행의 (지급, 매입, 인수)에 대해 자신의 지급확약을 추가한다.」
③ 「자유매입신용장에서, (매입은행)은 지정은행이다.」
  - 자유매입신용장에서, 수익자는 자유롭게 매입은행을 선택할 수 있다.
④ 「이 신용장에 따른 매입은 오직 (매입)은행에서만 하도록 제한되어 있다.」

## 09 Select the best one in the blank.

> A(n) (    ) letter of credit allows the beneficiary to receive partial payment before shipping the products or performing the services. Originally these terms were written in red ink, hence the name. In practical use, issuing banks will rarely offer these terms unless the beneficiary is very creditworthy or any advising bank agrees to refund the money if the shipment is not made.

① Escrow  ② Red clause
③ Back to Back  ④ Standby

**해설** 「빈 칸에 어울리는 것을 고르시오.」
(    )신용장은 수익자가 제품을 선적하기 전 또는 서비스를 이행하기 전에 대금의 일부를 받을 수 있도록 허용하고 있다. 원래 이 조항이 붉은 색 잉크로 쓰여 있다는 데에서 이 이름이 유래하였다. 실무에서, 개설은행은 수익자가 아주 신뢰할 만하거나 선적이 이루어지지 않는 경우 통지은행이 환불한다고 동의하지 않는 한 이러한 조건을 거의 제공하지 않는다.

전대신용장(Red Clause L/C)에 대한 설명이다.
▶ hence : 이런 이유로  ▶ in practical use : 실무적으로

08.③  09.②  **정답**

**10** Which terms of payment are the least risky to the importer?

① Open Account  ② Advance Payment
③ Documentary Collection  ④ Documentary Credit

 「어떤 지급조건이 수입상에게는 가장 위험이 적겠는가?」
수입상의 입장에서는 대금지급없이 물품을 받고 품질의 이상여부를 파악한 후 이를 판매하고 난 대금으로 지급을 하는 것이 금융적으로 가장 위험성이 적다고 할 수 있다. 이런 면에서 외상방식인 Open Account(청산계정)가 가장 유리하다.

**11** What does this refer to?

> This is an indication on a bill of lading that the goods have in fact been shipped on a named vessel. This indication may be made by the carrier, his agent, the master of the ship or his agent.

① On deck indication  ② On board notation
③ Unknown indication  ④ Shipment notice

 「무엇을 말하고 있는가?」
> 물품이 실제 지정 선박에 적재되었음을 선하증권상에 표시한 것이다. 이 표시는 운송인, 운송인의 대리인, 선장이나 선장의 대리인이 할 수 있다.

본선적재 부기문언(On board notation)에 대한 설명이다.
▶ On deck indication : 갑판적재  ▶ Unknown indication : 부지약관 표시

**12** Select the wrong one in the blank.

① In the event of ( ), the assured may claim from any underwriters concerned, but he is not entitled to recover more than the statutory indemnity. (co-insurance)

② We request you to cover ICC(B) ( ) your account. (on)

③ Insurance policy or certificate in duplicate shall be endorsed in blank for 110% of ( ). (invoice value)

④ Marine perils are the perils relating to, incidental, or consequent to ( ) at sea. (navigation)

정답  10.①  11.②  12.①

 「빈 칸에 잘못된 것을 고르시오.」
① 「( )의 경우, 피보험자는 관련 보험사업자에게 보험금을 청구할 수 있지만, 법적 보상액을 넘어서 청구할 수는 없다」- 공동보험이 아닌 중복보험(double insurance)에 대한 설명이다. 중복보험의 경우 보험자에게 보험금을 청구할 수 있지만 전체 보험금의 청구액이 보험가액을 초과할 수는 없다.
② 「당사는 귀사의 비용으로 ICC(B)약관으로 보험계약을 체결해 주시기 바랍니다.」
③ 「보험증권 또는 보험증명서 부본은 (송장금액)의 110%로 백지배서되어야 한다.」
④ 「해상위험은 해상 (항해)와 연관되었거나, 부수적이거나, 연관되어 있는 위험을 말한다.」
▶ statutory indemnity : 법적보상    ▶ be endorsed in blank : 백지배서되다

**13** Which of the following is a document of title?

① Air waybill
② Bill of lading
③ Non-negotiable sea waybill
④ Rail consignment note

 「권리증권은 다음 중 어느 것인가?」
- 서류를 제시하여 물품의 인도를 청구할 수 있는 것을 권리증권이라 한다. 여기에 해당되는 것은 선하증권(Bill of lading)뿐이다. 나머지는 서류의 제시가 없이 본인의 확인만 되면 물품의 인도를 청구할 수 있다.

**14** What is the main purpose of the letter?

> Will you please arrange to take out an all-risks insurance for us on the following consignment of cameras from our warehouse at the above address to Korea : 6 c/s Cameras, by s.s. Endeavour, due to leave Liverpool on 18th August. The invoice value of the consignment, including freight and insurance, is USD10,460.

① request the carrier to ship
② request brokers to arrange insurance
③ request insurance company to increase the risks
④ request for reduction in premium

 「이 서신의 목적은 무엇인가?」
> 상기 주소의 당사 창고에 있는 다음의 카메라 적송품에 대해 전위험담보조건으로 보험계약을 해 주시기 바랍니다. : 8월 18에 리버풀 항을 떠나기로 되어있는 엔데버 호에 카메라 6카톤. 운임과 보험료를 포함한 적송품의 송장가액은 10,460달러입니다.

① 「운송인에게 선적을 요청하기」
② 「중개인에게 보험계약을 체결해 달라고 요청하기」
 - 상대가 중개인인지는 불분명하지만 보험계약의 체결을 요청하는 서신이다.
③ 「보험회사에게 담보위험을 올려줄 것을 요청하기」
④ 「보험료 삭감을 요청하기」

13.② 14.② **정답**

**15** Put suitable one in the blank as a summary of the following sentence.

> Bearing in mind the difficulties you are having with obtaining components, we were wondering whether we might expect delivery of the goods during the next two weeks or whether there is likely to be still further delay.
>
> We want you let us know (                    ).

① what difficulties we are having
② what components we are obtaining
③ when the goods will be delivered
④ when the goods comes to make

 「다음 표현을 요약한 것으로서 빈 칸에 알맞은 것을 넣으시오.」

> 귀사가 부품을 구하는데 어려움이 있을 것이라고 생각이 되어, 당사는 향후 2주안에 물품의 인도를 기대 해도 되는지 아니면 아직 더 지연이 될 것 같은지 궁금합니다.
>
> 당사에게 (            )을 알려주세요.

① 「당사가 갖고 있는 문제가 무엇인지」
② 「당사가 구하고자 부품은 무엇인지」
③ 「물품은 언제 인도될 것인지」
 - 문맥상 가장 어울리는 표현이다.
④ 「물품은 언제 만들게 되는지」

[16~17] Read the following and answer.

> We have now received our assessor's report (A)*with reference to* your claim CF 37568 in which you asked for compensation for damage to two turbine engines which were (B)*shipped* ex-Liverpool on the S.S. Freemont on October 11.
>
> The report states that the B/L No.1555, was (C)*claused* by the captain of the vessel, with a comment on cracks in the casing of the machinery. Our assessor believes that these cracks were (D)*insurable* for the damages.
>
> Therefore, we cannot accept liability for the goods unless they are shipped (    ) according to the Policy.

**16** Which part is LEAST correct?

① (A)   ② (B)   ③ (C)   ④ (D)

정답  15.③  16.④

당사는 10월 11일 리버풀에서 프리몬트 호에 선적된 터진 엔진 2대의 손상에 대한 보상을 귀사가 청구하는 CF37568과 관련된 손해사정인의 보고서를 방금 받았습니다. 보고서에 따르면 기계의 포장에 금이 있었다는 선장의 언급이 선하증권 NO.1555에 있었습니다. 당사의 손해사정인은 이러한 금은 손해보험의 대상이라고 생각합니다. 그러므로, 당사는 보험증권에 따라 이 물품이 (   )선적되지 않는 한 물품에 대한 책임을 질 수 없습니다.

16. 「옳지 않은 것은 어느 부분인가?」
- 보험자가 손해보상을 해줄 수 없다는 내용이므로 (D)insurable(보험의 대상이 될 수 있는)을 uninsurable (보험의 대상이 될 수 없는)로 바꿔줘야 한다.
▶ assessor : 손해사정인      ▶ with reference to : ~ 에 관하여
▶ casing : 포장, 피복         ▶ crack : 균열, 금가다      ▶ insurable : 보험을 걸 수 있는

**17** Put right word into the blank.

① clean      ② unpacked      ③ packaged      ④ claused

 「빈 칸에 올바른 단어를 넣으시오.」
- 고장부 선하증권(claused B/L)이 발행됨에 따라 보험금 지급을 거절하는 내용이므로 무사고 선하증권 (clean B/L)이 발급되어야 했었다.
▶ assessor : 손해사정인      ▶ with reference to : ~ 에 관하여
▶ casing : 포장, 피복         ▶ crack : 균열, 금가다      ▶ insurable : 보험을 걸 수 있는

**18** What is the MOST appropriate Korean translation for the given sentence?

> As you have not executed the order within the validity of L/C, we will make cancellation of the L/C.

① 귀사가 신용장을 유효기간 내에 발행하지 않았으므로 우리는 신용장을 취소하게 만들 것입니다.
② 귀사가 신용장의 범위 내에서 주문을 하지 않았으므로, 우리는 신용장을 취소해야 할 것입니다.
③ 귀사가 주문을 신용장과 부합하여 하지 않았으므로, 우리는 이번 주문을 취소할 것입니다.
④ 귀사가 신용장의 유효기간 내에 주문을 이행하지 않았으므로 당사는 신용장을 취소하겠습니다.

「다음 문장을 한국어로 가장 잘 번역한 것은 무엇인가?」
▶ execute : 이행하다      ▶ within the validity of L/C : 신용장의 유효기간 내에

17.① 18.④ **정답**

**19** Which one is excluded from ICC War Clause?

① civil war

② terrorism

③ hostile act by or against a belligerent power

④ capture, seizure, arrest, restraint or detainment

> 해설 「ICC 전쟁약관에서 제외되는 것은 어느 것인가?」
> – ICC전쟁약관에 테러로 인한 손해는 포함되지 않는다.
> ▶ hostile act by or against a belligerent power : 교전국과의 적대행위
> ▶ capture, seizure, arrest, restraint or detainment : 포획, 나포, 강류, 억지 또는 억류

**20** Which is suitable for the blank.

> Delivery occurs when the goods are placed on board the vessel at the port of loading in (　　　).

① CFR, CIF and FOB　　② CFR, CIP and FOB

③ CFR, CIF and FAS　　④ CFR, CIP and FAS

> 해설 「빈 칸에 알맞은 것은 어느 것인가?」
> ( )에서는 선적항에서 물품이 본선적재될 때 인도가 일어난다.
> CFR, CIF 그리고 FOB조건에서는 모두 물품이 본선적재된 때를 인도가 된 것으로 규정하고 있다.

**21** Select the term or terms which the following passage applies to.

> The named place indicates the destination to which the seller must organise and pay for the carriage of the goods, which is not, however, the place or port of delivery.

① E-term　　② F-terms

③ C-terms　　④ D-terms

> 해설 「다음 문장에 적용할 수 있는 규칙을 고르시오.」
> 지정장소란 매도인이 물품의 운송계약을 하고 비용을 지불하는 장소를 말하지만 인도장소 또는 인도항을 말하는 것은 아니다.
> C조건(C-terms)에서 매도인은 지정장소까지의 운송계약과 비용을 부담하지만 그 지정장소가 인도를 위한 장소나 항구는 아니다. 인도장소는 물품을 수출국에서 매도인이 지정한 운송인에게 인도하거나 선적항에서 본선적재될 때이다.

정답　19.② 20.① 21.③

## 22. Select wrong one regarding the caution with variants of Incoterms rules.

(A) Sometimes the parties want to alter an incoterms rule. (B) The Incoterms 2020 rules do not prohibit such alteration, but there are dangers in so doing. (C) In order to avoid any unwelcome surprises, (D) the parties would need to make the intended effect of such alterations roughly clear in their contract.

① A  ② B  ③ C  ④ D

「인코텀즈 규칙의 변형에서 주의할 점으로 틀린 것을 고르시오.」

(A) 종종 당사자들은 인코텀즈 규칙을 변형하고자 한다. (B)인코텀즈 2020 규칙은 이러한 변형을 금지하지는 않지만, 그렇게 하는 것은 위험이 있다. (C)어떠한 달갑지 않은 놀라움을 피하기 위해서는, (D)당사자들은 계약서에 그러한 변형의 의도된 효과를 대충이라도 분명히 해야 한다.
(D)의 roughly(대충)을 thoroughly(철저하게)로 바꿔야 한다.
- variant : 변형    - alter : 바꾸다, 변형하다    - unwelcome surprise : 달갑지 않은 놀라움
- intended effect : 의도된 효과

[23~25] Read the passage regarding UCP600 and answer.

a. When an issuing bank determines that a presentation is complying, it must ( A ).
b. When a confirming bank determines that a presentation is complying, it must ( B ) the documents to the issuing bank.
c. When a nominated bank determines that a presentation is complying and ( C ), it must forward the documents to the confirming bank or issuing bank.

## 23. Select best one in the blank (A).

① pay                  ② accept
③ pay and accept       ④ honour

a. 개설은행이 제시가 일치하다고 결정하면, 이에 대해 (     ) 한다.
개설은행의 최종 지급행위를 honour라고 한다.

## 24. Select best one in the blank (B).

① pay and forward
② accept and forward
③ pay or accept and forward
④ honour or negotiate and forward

22.④  23.④  24.④  정답

b. 확인은행이 제시가 일치한다고 결정하면, 개설은행에게 서류를 (    ) 한다.

확인은행의 서류의 제시에 대해 신용장 조건과 일치한다면 지급 또는 매입하거나 개설은행으로 서류를 넘겨야 한다(honour or negotiate and forward).

## 25  Select best one in the blank (C).

① honours
② negotiates
③ honours or negotiates
④ pays or honours

 c. 지정은행은 제시가 일치한다고 결정하면 (    ) 이 서류를 확인은행 또는 개설은행으로 넘겨야 한다.

지정은행은 서류의 제시가 일치한다고 결정하면 이에 대해 지급하거나 매입을 하고(honours or negotiates) 서류를 개설은행으로 넘겨줘야 한다.

## 02 영작문

[26~27] Read the following letter and answer.

> In some cases, such as those involving payment under a letter of credit, the shipper may need to have an insurance document included in the set of shipping documents. Under an open policy, this is accomplished by the use of (      ), which are issued by the insurer at the instruction of the insured party. Traders should take care, because a letter of credit that explicitly requires submission of an insurance policy will not allow an insurance certificate <u>as a substitute.</u>

## 26  Which would be most suitable for the blank?

① insurance certificate
② cover note
③ insurance policy
④ insurance cover

 신용장에 의한 지급이 관련된 것과 같은 경우에, 화주는 일련의 선적서류를 포함한 보험서류를 준비해야 할 수도 있다. 포괄예정보험에서 이는 (    )을 사용함으로써 완수되는데, 이는 피보험자의 지시에 따라 보험자가 발행하는 것이다. 거래자들은 주의해야 하는데, 보험증권의 제출을 분명하게 요구하는 신용장에서는 이의 대체로 보험증명서를 허용하지 않기 때문이다.

보험증명서(insurance certificate)에 대한 설명이다.

▶ be accomplished by : ~로 완수하다, ~로 해내다     ▶ explicitly : 분명한, 명쾌한
▶ substitute : 대체

정답   25.③   26.①

**27** Which could replace the underlined best?

① as a subject matter  ② as a replacement
③ as a same thing  ④ as an option

「밑 줄친 부분을 바꿔쓰기 가장 좋은 것은 어느 것인가?」
as a substitute와 가장 유사한 표현은 as a replacement(대체로서)이다.

[28~29] Read the following letter and answer.

---

(A) Please send us your <u>Sales Contract</u> so that we can sign them before we instruct our bankers to issue a letter of credit.
(B) We want this initial order to be the first step to a long and pleasant business relationship between us and we hope you will arrange for immediate shipment.
(C) Thank you for your e-mail dated March 24 and we are pleased to inform you that we accepted your request to extend the delivery date.
(D) As we contracted with our local distributors according to your previous delivery schedule, we had a hard time persuading them to accept your revised delivery date. Further delay in delivery, therefore, will cause a serious problem as they will refuse to accept the products.

---

**28** Select the same meaning of underlined Sales Contract.

① Sales Letter  ② Sales Note
③ Circular Letter  ④ Offer sheet

(A) 당사가 당사의 거래은행에게 신용장의 개설을 지시하기 전에 계약서를 보내주시면 서명을 하겠습니다.
(B) 당사는 서로간의 영속적이고도 즐거운 거래관계를 위한 첫 번째 단계로서 첫 주문을 하며 귀사가 즉각적인 선적이 될 수 있도록 조치해 주시기 바랍니다.
(C) 귀사의 3월 24일자 이메일을 잘 받았으며 당사는 인도일을 연장해 달라는 귀사의 요청을 승낙함을 알려드립니다.
(D) 당사는 귀사의 지난번 인도일정에 따라 당사의 국내 공급업체와 계약을 했기 때문에 귀사의 변경된 인도일자를 이 회사가 받아들이도록 설득하는데 무척 힘들었습니다. 그러므로 인도를 더 지연하면 이 회사가 제품 인수를 거절할 것이기 때문에 심각한 문제를 초래할 것입니다.

28. 「밑줄 친 매매계약과 같은 의미를 고르시오.」
매매계약서를 Sale Note라고도 한다.
▶ Circular Letter : 거래제안서(Business Proposal)  ▶ Offer sheet : 물품매도확약서

27.②  28.②  **정답**

**29** Please arrange the sentences in the good order.

① A-B-C-D  ② C-B-A-D
③ C-D-B-A  ④ C-D-A-B

 「올바른 순서대로 문장을 정렬하시오.」
선지 ④번이 가장 자연스러운 흐름이다.

**30** Which is NOT suitable for the blank?

> They are enjoying a good reputation in the business circles for their punctuality in meeting their (     ).

① obligations  ② commitments
③ liabilities  ④ discretions

 「빈 칸에 적절하지 않은 것은 어느 것인가?」
> 이 회사는 자신의 (    )을 정확히 이행함으로써 업계에서 평판이 좋습니다.

▶ meet one's [obligations, commitments, liabilities] : 지급 등의 의무를 잘 지키다.
▶ discretion : 신중함, 검소함

**31** Which is best for writing the below in English?

> 빠른 인도를 유지하고 보장하는 것이 최우선임을 명심해 주시기 바랍니다.
> → Please make sure that maintaining and guaranteeing a prompt ( A ) is a top ( B ).

① (A) distribution  - (B) presence
② (A) delivery      - (B) presence
③ (A) distribution  - (B) priority
④ (A) delivery      - (B) priority

 「다음의 영작으로 가장 알맞은 것은 어느 것인가?」
> Please make sure that maintaining and guaranteeing a prompt (A : **delivery**) is a top (B : **priority**).

▶ distribution : 분배, 배급    ▶ priority : 우선사항, 우선권

정답   29.④   30.④   31.④

**32** Rephrase the sentence below.

> As requested, we have sent you our samples by airmail.
> = ( A ) your request, we have ( B ) our samples.

① (A) Complying − (B) shipped
② (A) From − (B) shipped
③ (A) According to − (B) airmailed
④ (A) For − (B) airmailed

 「다음의 문장을 바꿔 쓰시오.」

> 요청하신대로, 당사는 항공우편으로 당사의 견본을 보내드렸습니다.
> = (A : According to) your request, we have (B : airmailed) our samples.

▶ according to : ~ 에 따라

**33** Select the wrong one in the blank.

> Open account transaction is a sale where the goods are shipped and delivered before payment is due, which is typically in 30, 60 or 90 days. Obviously, this option is ( A ) to the ( B ) in terms of cash flow and cost, but it is consequently a ( C ) option for an ( D ).

① (A) advantageous
② (B) importer
③ (C) risk
④ (D) exporter

 「빈 칸에 잘못된 것을 고르시오.」

> 청산계정거래는 지급이 이루어지기 전에, 물품이 선적되고 인도되는 판매를 말하는데, 보통 30, 60 또는 90일 지급조건이다. 확실히, 이 조건은 현금 흐름이나 비용 면에 있어서 수입상에게는 유리하지만, 이 때문에 수출상에는 위험한 선택이다.

(C)의 risk(위험한)를 disadvantage(불리한)로 바꿔줘야 advantage(유리한)와 대응되어 자연스런 표현이 된다.
▶ consequently : 그 결과, 따라서

**34** Below explains installment shipments under Letter of Credit. Choose which is NOT correct.

> (A) The installment shipments mean shipping an order in different batches and on different periods stipulated in the letter of credit. (B) Installment shipments have to be made within the stipulated period mentioned in the letter of credit. (C) In such cases, failure to ship any installment within the period allowed will render the letter of credit operative for that installment and any subsequent installments. (D) This is different from partial shipments under L/C operation.

① (A)  ② (B)  ③ (C)  ④ (D)

32.③  33.③  34.③  정답

해설 「다음은 신용장의 할부선적에 대한 설명이다. 옳지 않은 것을 고르시오..」

(A)할부선적은 신용장에서 정한 다른 회차와 다른 기간으로 주문품을 선적하는 것을 말한다. (B)할부선적은 신용장에서 언급하고 있는 규정된 기간 이내에 이루어져야 한다. (C)허용된 기간 이내에서 선적을 하지 못하게 되면, 해당 선적분과 그 다음의 선적분에 대해서도 신용장의 효력이 유지된다. (D)이것은 신용장 거래에서의 분할선적과는 다른 것이다.

할부선적은 정해진 할부선적의 규정을 어기면 해당 선적분 뿐만 아니라 후속 선적도 모두 무효가 되어버린다. (C)의 ... "will render..."를 "...will **not** render..."로 바꿔줘야 한다.

▶ batch : 한 회분, (일괄처리 되는)집단  ▶ render : 제공하다, 되게 하다
▶ operative : 이용되는, 작동되는

## 35 Select the best one for the blank.

Constructive total loss : A marine insurance term for situations where (　　　　).

① the cost of repairing damaged insured goods exceeds their value
② the cost of repairing damaged insured goods is below their value
③ the cost of fixing damaged insured ship is below their value
④ the cost of fixing average goods exceeds their value

해설 「빈 칸에 알맞은 것을 고르시오.」

추정전손 : (　　　)의 상황에 대한 해상보험 용어

① 「보험가액을 초과하는 피보험물품의 손해를 수리하는 비용」 – 추정전손에 대한 설명이다.
② 「보험가액에 미치지 못하는 피보험물품의 손해를 수리하는 비용」
③ 「피보험선박의 손해를 정하는 비용으로서 보험가액에 미치지 못하는」
④ 「보험가액을 초과하는 공동해손 물품을 정하는 비용」

▶ constructive total loss : 추정전손   ▶ repair : 수리[수선]하다

[36~37] Read the following and answer.

During the transit and voyage period, the bill of lading is recognised by the law merchant as the symbol of the goods described and <u>delivery</u> of the bill of lading constitutes the symbolic delivery of the goods. Property in the goods passes by such endorsement whenever and to the extent that this is the parties' intention, just as, in similar circumstances, the property would pass by actual delivery of the goods. The holder of the bill of lading is entitled against the carrier to have the goods delivered to it, the exclusion of other persons.

## 36 Which is MOST similar to the delivery underlined?

① transfer　　② procurement　　③ payment　　④ issuance

정답　35.①　36.①

운송과 항해기간 중, 선하증권은 기재된 물품의 상징으로 상관습법 상 인식되며 선하증권의 인도는 물품의 상징적 인도를 의미한다. 물품의 소유권은 언제든 배서에 의해 이전되며 당사자의 의향에 따라, 즉 유사한 상황으로, 소유권은 물품의 실질적 인도로 이전된다. 선하증권의 소유자는 운송인에 대해서 그렇게 인도된 물품을 다른 사람에 대해 배타적으로 소유할 권리가 있다.

36. 「밑줄 친 인도와 가장 유사한 것은 어느 것인가?」
- 제시문에서의 delivery는 권리의 이전(transfer)의 의미로 사용되었다.
▶ law merchant : 상관습법    ▶ property : 재산, 소유    ▶ exclusion : 배타, 제외

**37** Who can NOT be the holder

① seller              ② buyer
③ bank               ④ carrier

 「소유자가 될 수 없는 사람은?」
- 운송인(carrier)은 운송의 당사자이지 선하증권을 소유하여 물품의 권리를 주장하는 당사자가 아니다.

**38** Which of the following is most likely to come AFTER the passage below?

> We are pleased to inform you that your order No.1555 has been shipped today on SS Arirang which is due in Amsterdam from Busan Port in eight weeks.
> The shipping documents, including bill of lading, invoice, and insurance policy have been passed to Citibank, Amsterdam who will advise you.
> As agreed, we have drawn on you at 60 days after sight for USD120,000 please advise upon your acceptance.

① Shipment will be effected during July, of course. We have enclosed our Sales Note and also copies of cables exchanged between us.
② We are sure that you will be pleased with the goods, and look forward to hearing from you soon.
③ Would you please send us a few samples for our further consideration? Then we may put a purchase order in due course.
④ Immediately upon receipt of your letter of credit for the above, we will make every arrangement necessary to clear the goods.

37.④  38.②  **정답**

「다음의 문장 뒤에 나오기 가장 적절한 것은 다음 중 어느 것인가?」

> 귀사의 주문 No.1555가 8주째에 부산항을 출항하여 암스테르담에 도착 예정인 아리랑 호에 오늘 선적되었음을 알려 드립니다. 선하증권, 송장, 그리고 보험증권을 포함한 선적서류를 암스테르담의 시티은행에 전했는데, 이 은행이 귀사에게 통지할 것입니다. 합의한 대로, 당사는 귀사를 지급인으로 하여 12만 달러에 대한 일람후 60일 출급 환어음을 발행하였으며 서류가 제시되면 인수해 주시기 바랍니다.

① 「물론 선적은 7월 중에 할 것입니다. 당사는 매매계약서와 서로 간에 전신으로 교환되었던 서류를 동봉합니다.」
② 「당사는 이 물품에 귀사가 만족하시리라 믿으며, 귀사로부터 소식을 기다립니다.」
– 물품의 선적을 통지한 후 사용되는 전형적인 맺음말이다.
③ 「당사의 추가적인 고려사항을 위해 귀사의 견본 몇 개를 보내주시겠습니까? 그러면 정해진 대로 주문서를 작성하겠습니다.」
④ 「상기 물품에 대한 귀사의 신용장을 받는 즉시, 당사는 물품의 통관에 필요한 모든 조치를 취하겠습니다.」

## 39 Which one is best referred to?

> The person, usually the importer, to whom the shipping company or its agent gives notice of arrival of the goods in case of order bill of lading.

① Consignor    ② Consignee    ③ Shipper    ④ Notify party

 「어느 것을 언급하고 있는가?」

> 보통 수입상을 말하는데, 선사 또는 선사의 대리인은 선하증권의 경우 물품의 도착을 이 사람에게 통지한다.

– 선하증권에 기재된 물품이 도착했음을 통지받는 사람에 대한 설명이다. 선하증권에 기재된 물품이 도착했음을 통지받는 사람은 선하증권의 착화통지처(Notify Party)란에 표시된다.

## 40 Which is LEAST correct matching?

> We are sorry to (A) <u>advise</u> you that the shipment during September covering your order No. 412 seems impossible to be (B) <u>executed</u> within the date (C) <u>stipulated</u> (D) <u>because of</u> manufacturers' labor shortage.

① (A) – warn            ② (B) – performed
③ (C) – stated          ④ (D) – on account of

「가장 옳지 않은 연결은 어느 것인가?」

> 당사는 귀사의 주문품 NO.412를 제조업체의 인력 부족으로 규정된 날짜 이내인 9월 중에 선적을 이행하기가 불가능해 보인다는 것을 알리게 되어 미안합니다.

warn(경고하다)을 advise(통지하다)로 대체할 수는 없다.

---

정답  39.④  40.①

**41** Select the different purpose from others.

① The stuffing inside the case was so loose that some cups and plates have been broken.

② As the polyethylene bags were not thick enough, the solution was wholly spilled out.

③ As soon as our present stock has run out, we shall have to revise our prices.

④ The adhesive tapes seem to have dried in some cases, so the lids become loose.

해설 「타 문장과 다른 목적인 것을 고르시오.」
① 「상자 내부의 충전재가 너무 느슨해서 컵과 판 몇 개가 파손되었습니다.」
② 「폴리에틸렌 백은 두께가 충분하지 않아서, 용액이 모두 흘러 넘쳤습니다.」
③ 「현재 재고가 소진되어서, 당사는 가격을 변경해야 합니다.」
④ 「접착테이프가 상자 안에서 말라서 뚜껑이 느슨해 진 것 같습니다.」
- 선지 ③번이 가격에 관한 것에 반하여, 나머지는 모두 포장과 관련된 표현들이다.
▶ spill out : 넘쳐흐르다   ▶ solution : 용액   ▶ adhesive tapes : 접착테이프   ▶ lid : 뚜껑

**42** Which is NOT suitable for the blank?

> We filed our claim for the broken cargoes with the (        ).

① shipping company   ② insurance company
③ the exporter   ④ nego bank

해설 「빈 칸에 알맞지 않은 것은 어느 것인가?」
> 당사는 (    )에게 파손된 화물에 대한 클레임을 제기했습니다.

- 매인은행(nego bank)은 물품의 운송과 관련이 없으므로 클레임 제기의 대상이 아니다.
▶ file a claim : 클레임을 제기하다

**43** Select the best one for the business letter in explaining the example.

> We suggest you to place an order with us soon.
> → We suggest that you should place an order with us soon.

① Conciseness   ② Clearness   ③ Correctness   ④ Confidence

해설 「예문의 설명에 가장 잘 맞는 비즈니스 서한을 고르시오.」
> 당사는 귀사가 곧 주문하실 것을 권합니다.
> → 당사는 귀사가 곧 주문하실 것을 권합니다.

- 첫 문장은 어법이 잘 못 되었다. 첫 번째 문장의 경우 to place가 아닌 동사원형이 와야 한다. 이를 고친 것이 that + S + (should) + V원형의 형태이다. 어법의 정확성( Correctness)에 대한 주의를 말하고 있다.

41.③  42.④  43.③  **정답**

**44** Select the wrong part in the passage of Incoterms 2020.

(A) Under CIF term, if the seller incurs costs under its contract of carriage (B) related to unloading at the specified point at the port of destination, (C) the seller is entitled to recover such costs separately from the buyer (D) unless otherwise agreed between the parties.

① (A)   ② (B)   ③ (C)   ④ (D)

 「인코텀즈 2020의 문장에서 잘못된 부분을 고르시오.」

(A) CIF조건에서, 매도인은 자신의 운송계약상 (B)목적항 내의 명시된 지점에서 양하에 관하여 (A)비용이 발생한 경우에 (D)당사자간에 달리 합의되지 않은 한 (C)그러한 비용을 매수인으로부터 별도로 상환받을 권리가 있다.

- CIF조건은 원칙적으로 매도인이 목적항에서 양하할 의무가 없지만 운송계약상 양하의 비용을 매도인이 부담하기로 되어 있다면 이 비용을 별도로 매수인에게 청구할 수 없다. 따라서 (C)의 "the seller is entitled to"는 the seller is **not** entitled to 로 바꿔야 한다.

**45** Select the wrong part in explaining EXW under Incoterms 2020.

"Ex Works" means that (A) the seller delivers the goods to the buyer (B) when it places the goods at the disposal of the buyer (C) at a named place (like a factory or warehouse), and (D) that named place may or may not be the carrier's premises.

① (A)   ② (B)   ③ (C)   ④ (D)

 「인코텀즈2020의 EXW에 대한 설명으로 잘못된 부분을 고르시오.」

EXW는 매도인이 (C)물품을 (공장이나 창고와 같은)지정장소에서 (B)매수인의 처분하에 두는 때 (A)매수인에게 물품을 인도하는 것을 의미하며 (D)그 지정장소는 운송인의 영업구내일 수도 있고 아닐 수도 있다.

- (D)에서 carrier's premise(운송인의 구내)를 seller's premise(매도인의 구내)로 바꿔야 한다.

**46** Select the wrong explanation of changes in Incoterms2020.

① Change in the three-letter initials for DAT to DPU

② Inclusion of security-related requirements within carriage obligations and costs

③ Explanatory Notes for Users

④ Bills of lading with an on-board notation under the CPT Incoterms rule

정답  44.③  45.④  46.④

**해설** 「인코텀즈2020의 변경에 대한 설명으로 잘못된 것을 고르시오.」
① 「DAT에서 DPU로의 명칭 변경」
② 「운송의무 및 비용 조항에 보안관련요건 삽입」
③ 「사용자를 위한 설명문」
④ 「CPT 조건에서 본선적재표시 선하증권의 요구」
 - CPT는 복합운송조건이므로 on board notation(본선적재부기문언)을 요구하지도 않고, 이러한 조항의 변경도 인코텀즈2020에서는 없다.
▶ inclusion : 통합, 포함

## 47 Which is NOT correct about amendment under UCP 600?

① A confirming bank may choose to advise an amendment without extending its confirmation.
② A bank that advises an amendment should inform the bank from which it received the amendment of any notification of acceptance or rejection.
③ Partial acceptance of an amendment is allowed and will be deemed to be notification of partial acceptance of the amendment.
④ A provision in an amendment to the effect that the amendment shall enter into force unless rejected by the beneficiary within a certain time shall be disregarded.

**해설** 「UCP600의 조건변경에 대한 것으로서 옳지 않은 것은 어느 것인가?」
① 「확인은행은 그 자신의 확인을 확장함이 없이 조건변경을 통지하기로 결정할 수 있다.」
② 「조건변경을 통지하는 은행은 조건변경을 송부해 온 은행에게 승낙 또는 거절의 모든 통고를 통지하여야 한다.」
③ 「조건변경의 부분승낙은 **허용되며** 그 조건변경의 거절의 통지로 본다.」
 - allowed를 **not allowed(허용되지 아니하며)**로 고쳐야 한다.
④ 「조건변경이 특정기한 내에 수익자에 의하여 거절되지 아니하는 한 유효하게 된다는 취지의 조건변경서상의 규정은 무시된다.」
▶ inclusion : 통합, 포함

## 48 Which of the following best fits the blank?

( ) transports liquid bulk consignments, usually crude oil.

① Bulk  ② Tanker  ③ Container  ④ LASH

**해설** 「빈 칸에 가장 알맞은 것은 다음 중 어느 것인가?」
( )은 보통 원유와 같은 액체 벌크화물을 운송한다.
 - 원유와 같은 액체화물을 운송하는 것은 탱커선(Tanker)이다.

47.③  48.② **정답**

**49** Select the best answer suitable for the blanks under UCP 600.

> Consequently, the undertaking of a bank to honour, to negotiate or to fulfil any other obligation under the credit is not subject to ( A ) or ( B ) by the applicant resulting from its relationships with the ( C ) or the ( D ).

① (A) claims − (B) defences − (C) issuing bank − (D) beneficiary
② (A) claims − (B) remedies − (C) issuing bank − (D) nominated bank
③ (A) claim − (B) remedies − (C) confirming bank − (D) beneficiary
④ (A) claim − (B) defences − (C) confirming bank − (D) nominated bank

**해설** 「UCP600의 빈 칸에 알맞은 답을 고르시오.」

> Consequently, the undertaking of a bank to honour, to negotiate or to fulfil any other obligation under the credit is not subject to (A)**claims** or (B)**defences** by the applicant resulting from its relationships with (C)**the issuing bank** or (D)**the beneficiary**.
>
> 결과적으로 신용장에 의하여 지급이행하거나, 매입하거나 또는 기타 모든 의무를 이행한다는 은행의 확약은 (C)**개설은행** 또는 (D)**수익자**와 개설의뢰인과의 관계로부터 생긴 개설의뢰인에 의한 (A)**클레임** 또는 (B)**항변**에 지배받지 아니한다.[UCP600 제4조 a]

**50** Which of the following BEST completes the blanks in the box?

> Constructive total loss arises when the vessel or cargo is in such a situation that the cost of (    ) and repairing her would exceed her value when (    ).

① salvaging − repaired
② recovering − repaired
③ salvaging − repairing
④ recovering − repairing

**해설** 「박스의 빈 칸을 완성하기 가장 알맞은 것은 다음 중 어느 것인가?」
추정전손은 선박이나 화물을 구조하고(salvaging) 선박을 회복시키는 비용이 회복되었을(repaired) 때의 가액을 초과하는 경우에 일어난다.

정답  49.① 50.①

## 03 무역실무

**51** 다음 중 무역계약의 성질에 대한 설명으로 적절하지 않은 것을 고르시오.

① 유상계약은 매도인의 물품인도라는 급부에 대하여 매수인이 금전적 반대급부의 채무를 부담하는 계약을 말한다.
② 쌍무계약은 매도인이 물품인도의무를, 매수인이 대금 지급의무를 각각 부담하며 편무계약과 구별된다.
③ 낙성계약은 당사자 간의 합의만 있으면 그 자체로 계약이 성립하기 때문에 일명 합의계약이라고 하며 요물계약과 유사하다.
④ 불요식계약은 계약의 성립이 구두, 전화, 서면 등 어떠한 형식의 내용으로도 가능하다.

**해설** 낙성계약은 당사자 간의 합의만 있으면 그 자체로 계약이 성립하기 때문에 일명 합의계약이라고도 하지만 계약 시 물품이 존재해야 하거나 소유권 이전 등의 사실을 성립 요건으로 하는 요물계약과는 반대의 성격을 갖고 있다.

**52** 다음 중 복합운송의 요건에 해당되지 않는 것을 고르시오.

① 단일의 운송책임
② 단일의 운임책정
③ 복합운송서류의 발행
④ 운송주선업자에 의한 서로 다른 운송수단의 채용

**해설** 운송주선업자에 의한 서로 다른 운송수단의 채용은 복합운송의 성격을 말하는 것이지 이것이 복합운송의 요건을 충족하는 사항은 아니다.

**53** 다음 상업송장과 선하증권의 내용을 바탕으로 틀리게 설명된 것을 고르시오.

```
- Commercial Invoice 기재사항
SELLER : KCCI CO., LTD. SEOUL KOREA
BUYER : MEIYER CO., FRANKFURT GERMANY
COUNTRY OF ORIGIN OF GOODS: CHINA
COUNTRY OF FINAL DESTINATION: GERMANY

- Bill of Lading 기재사항
SHIPPER : TANGSHAN CO., LTD. CHINA
CONSIGNEE : MEIYER CO., FRANKFURT GERMANY
VESSEL : CSC SAHNGHAI W802
PORT OF LOADING: SHANGHAI PORT, CHINA
PORT OF DISCHARGE: HAMBURG PORT, GERMANY
```

① 대금결제는 무신용장 방식을 이용하였다.
② 거래에서 사용된 선하증권은 Third Party B/L이다.
③ 신용장을 활용하여 대금결제가 이뤄질 것이다.
④ 수출거래물품은 제3국에서 선적될 것이다.

**정답** 51.③ 52.④ 55.③

해설 수취인(CONSIGNEE)이 명시되어 있으므로 이는 기명식 선하증권이다. 기명식 선하증권은 신용장방식에서는 사용하지 않으므로 무신용장 거래방식임을 알 수 있다. 또한 매도인은 한국의 업체인데 원산지는 중국이고, 목적지는 독일임을 볼 때 제3자 선하증권(Third Party B/L)이 발행되었음을 유추할 수 있다.

**54** 다음 중 무역계약의 기본조건에 대한 설명으로 올바르게 기술한 것을 고르시오.

① 무역당사자가 제시한 견본과 동일한 품질의 물품을 인도하도록 약정하는 방법은 '표준품에 의한 매매 (Sales by Standard)'이다.
② 곡물거래에 사용되는 거래조건 중 TQ(Tale Quale), RT(Rye Terms), SD(Sea Damaged)는 수량조건에 해당한다.
③ 신용장거래에서 Bulk화물의 수량조건은 통상 10%의 과부족을 허용한다.
④ 수출입에 따른 각종 비용 및 위험을 누가, 어느 정도 부담하는 가를 결정하기 위해 정형거래조건을 활용한다.

해설 ① 무역당사자가 제시한 견본과 동일한 품질의 물품을 인도하도록 약정하는 방법은 '견본에 의한 (Sales by Sample)'이다.
② 곡물거래에 사용되는 거래조건 중 TQ(Tale Quale), RT(Rye Terms), SD(Sea Damaged)는 TQ는 선적품질조건이고 RT는 양륙품질조건, SD는 선적 및 양륙품질 조건이 절충된 조건이다.
③ 신용장거래에서 Bulk화물의 수량조건은 통상 5%의 과부족을 허용한다.

**55** 다음 중 수입신용장 개설과 관련, 수입업자가 개설은행과 외국환거래약정 체결 시 주의해야 할 사항으로 옳지 않은 것을 고르시오.

① 개설은행은 개설된 신용장을 임의로 취소 또는 변경 할 수 없다.
② 수입업자는 신용장개설에 따른 수수료, 이자, 할인료, 지연배당금, 손해배상금 등을 부담한다.
③ 수입업자는 개설은행의 요청으로 개설은행에 지급해야 하는 모든 채무, 수수료 등을 위한 담보를 제공하여야 한다.
④ 개설은행은 채권보전을 위해 필요한 경우 신용장 조건과 불일치하는 어음에 대해서는 수입업자의 동의 하에 지급 또는 인수를 거절할 수 있다.

해설 개설은행이 수입업자의 동의 하에 지급 또는 인수를 거절할 수 있다는 조항을 외국환거래약정 체결 시 삽입하는 것은 수입업자를 보호하기 위한 조치이지 주의사항이 아니다.

정답  54.④  55.④

**56** 다음 관세법의 특성과 내용에 대한 설명으로 적절하지 않은 것을 고르시오.

① 관세법령의 체계는 관세법, 관세법시행령, 관세법시행 규칙 순으로 이어진다.
② 수입물품에는 관세를 부과하는 것이 원칙이나, 특정한 정책목적을 수행하기 위하여 수입자나 수입물품이 일정한 요건을 갖춘 경우 관세의 일부 또는 전부를 면제해 준다.
③ 관세환급의 개별환급은 원자재의 수입 시 납부한 각각의 세액에 따라 별도로 산출한 금액을 환급하는 것이다.
④ 관세평가제도는 WCO의 정상도착가격주의를 도입하여 FOB가격을 과세가격으로 하고 있다.

**해설** 관세평가제도는 WCO의 정상도착가격주의를 도입하여 **CIF가격을 과세가격**으로 하고 있다.
▶ WCO(World Customs Organization) : 세계관세기구

**57** 다음 중 국내·국제거래조건의 사용에 관한 ICC규칙인 Incoterms2020의 개정내용에 대한 설명으로 옳지 않은 것을 고르시오.

① 매매계약과 부수계약의 구분과 그 연결을 더 명확하게 설명하였다.
② 각 인코텀즈규칙에 대한 기존의 설명문(EXPLANATORY NOTE)을 개선하여 현재의 사용지침(GUIDANCE NOTE)을 제시하였다.
③ 개별 인코텀즈규칙 내에서 10개 조항의 순서를 변경 하여 인도와 위험을 더욱 강조하였다.
④ 소개문(INTRODUCTION)에서 올바른 인코텀즈규칙의 선택을 더욱 강조하였다.

**해설** 인코텀즈2010의 각 규칙에 대한 기존의 사용지침(GUIDANCE NOTE)을 개선하여 **현재의 설명문(EXPLANATORY NOTE)으로 제시**하였다.

**58** 다음 중 추심결제방식의 특징으로 옳지 않은 것을 고르시오.

① 수출상은 선적서류를 은행을 통해 송부한다.
② 수입상은 수입대금을 은행을 통해 지급한다.
③ 추심에 관한 통일규칙(Uniform Rules for Collection, URC 522)이라는 국제규칙이 존재한다.
④ 환어음을 사용하지 않으므로 어음법의 적용을 받지 않는다.

**해설** 추심결제방식에서는 환어음을 사용하므로 어음법의 적용을 받는다.

56.④  57.②  58.④   **정답**

**59** 다음 SWIFT 신용장 상의 내용으로 올바른 것을 고르시오.

> 46A: Documents Required
> + Signed Commercial Invoice in quintuplicate
> + Insurance to be effected by Buyer
> + Full set of clean on board ocean Bills of Lading made out to order of ABC Bank marked "freight collect" and "notify applicant"

① 상업송장은 사본 5부를 제시하면 된다.
② 가격조건은 FOB 조건일 수 있다.
③ B/L상의 consignee란과 notify party란에는 ABC Bank가 기재된다.
④ 해상운임은 Seller가 부담하여야 한다.

① 상업송장은 사본 5부를 제시하면 된다.
  - 상업송장은 신용장에서 별도로 정하지 않는 한 1통 이상의 원본으로 구성되어야 한다.
③ B/L상의 consignee란과 notify party란에는 ABC Bank가 기재된다.
  - 착화통지처(notify party)를 개설의뢰인(notify applicant)으로 하라고 규정하고 있으므로 개설의뢰인(수입상)이 기재되어야 한다.
④ 해상운임은 Seller가 부담하여야 한다.
  - 운임후불(freight collect)임을 밝히고 있으므로 운임은 매수인이 부담해야 한다. 적용되는 인코텀즈 규칙은 EXW, FCA, FAS, FOB이다.
▶ quintuplicate : 5통, 5배의 수

**60** 다음 중 양도신용장과 관련된 설명 중 맞는 것을 고르시오.
① 분할양도 신용장의 조건변경은 제2수익자 모두 조건 변경에 합의하여야 가능하다.
② 신용장을 재양도하는 경우, 반드시 양도은행의 승인을 받아야 한다.
③ 신용장의 분할선적이 금지된 경우에는 분할양도가 가능하다.
④ 제2수익자가 제1수익자에게 재양도하는 것은 가능하다.

① 분할양도 신용장의 조건변경은 제2수익자 모두 조건 변경에 합의하여야 하는 것은 아니고 어느 제2수익자가 조건변경에 거부하면 그 수익자에게는 원래의 조건이 그대로 적용된다.
② 신용장의 재양도는 허용되지 않는다. 1회의 양도만 가능하다.
③ 신용장의 분할선적이 허용된 경우에 분할양도가 가능하다.

정답  59.②  60.④

**61** 다음 중 UCP600 Article 3. Interpretations의 내용 일부 이다. ( )안에 들어갈 단어가 옳게 나열된 것을 고르시오.

> The words "( ㉠ )" and "( ㉡ )" when used to determine a maturity date exclude the date mentioned.

① ㉠ from ㉡ after
② ㉠ to ㉡ before
③ ㉠ until ㉡ after
④ ㉠ till ㉡ before

**해설** "부터(from)" 및 "이후(after)"라는 단어는 만기일을 결정하기 위하여 사용된 경우에는 언급된 당해 일자를 제외한다.

**62** 다음 중 UCP600을 적용한 신용장 거래에 대한 설명으로 부적절한 것을 고르시오.

① 통지은행은 신용장의 외관상 진정성을 확인할 수 없는 경우에는 반드시 통지하지 않아야 한다.
② 신용장은 취소불능이라는 표시가 없더라도 취소불능이다.
③ 통지은행은 수익자에게 신용장 및 그 조건변경을 통지하기 위하여 다른 은행(제2 통지은행)을 이용할 수 있다.
④ 신용장을 통지하기 위하여 통지은행 또는 제2의 통지은행을 이용하는 은행은 그 신용장의 조건변경을 통지하기 위하여 동일한 은행을 이용하여야만 한다.

**해설** 통지은행은 신용장의 외관상 진정성을 확인할 수 없는 경우에는 그 지시를 송부해 온 것으로 보이는 은행에게 이를 지체 없이 통고하여야 한다.[UCP600 제9조]

**63** 다음 중 불일치서류의 매입방식으로 틀린 것을 고르시오.

① 신용장을 서류에 맞추어 조건변경한 후 매입하는 방법
② 수입업자 앞으로 하자내용을 통보하고 매입여부를 전신으로 조회한 후 매입하는 방법
③ 화환어음을 추심한 후 대금이 입금되었을 때 지급하는 방법
④ 개설은행이 서류의 하자로 인해 대금지급 거절시 수출업자가 책임진다는 각서를 징구한 후 매입하는 방법

**해설** 신용장의 최종 지급확약자는 개설은행이므로 개설은행에게 하자내용을 통보하고 매입여부를 전신으로 조회한 후 매입하는 방법이 있다. 선지 ②번과 같이 수입업자에게 조회하는 것은 의미가 없으며 효력도 없다.

61.① 62.① 63.② **정답**

**64** 다음 중 UCP600이 적용된 신용장 거래에서 분할선적에 대한 설명이 부적절한 것을 고르시오.

① 금지하지 않는 한, 분할선적은 허용된다.
② 동일 운송수단과 동일 운송구간에 선적되었음을 나타내는 운송서류를 제시한 경우 분할선적으로 보지 않는다.
③ 분할선적된 물품의 운송서류가 두 세트 이상 제시된 경우 그 중 가장 빠른 선적일을 선적일로 본다.
④ 동일 운송방법이더라도 둘 이상의 운송수단 상에 선적된 것을 나타내는 운송서류의 제시는 동일 날짜에 동일 목적지로 향하더라도 분할선적으로 본다.

**해설** 분할선적된 물품의 운송서류가 두 세트 이상 제시된 경우 최종선적일(즉 가장 늦은 선적일)을 선적일로 본다.

**65** 다음 중 항공운송총대리점과 항공운송주선업자의 비교 설명으로 옳지 않은 것을 고르시오.

| 구분 | 항공운송총대리점 | 항공운송주선업자 |
|---|---|---|
| (가) 업무영역 | 모든 화물취급 (LCL 화물은 운송주선업자에게 혼재의뢰) | 국내외 LCL 화물취급 |
| (나) 운임률 | 항공사의 운임률표 사용 | 자체의 운임률표 사용 |
| (다) 화주에 대한 책임 | 항공사 책임 | 운송주선업자 책임 |
| (라) 운송약관 | 자체의 약관 사용 | 항공사의 약관 사용 |

① (가)  ② (나)  ③ (다)  ④ (라)

**해설** (라) 운송약관에서 항공운송대리점은 항공사의 약관을 사용하고 항공운송주선업자는 자체의 약관을 사용한다.

**66** ( )안에 들어갈 용어로 옳은 것을 고르시오.

> 통상 수출통관은 수출물품을 세관이 지정한 보세창고에 장치하여야 하나, 수출업자가 자가창고를 보세창고로 지정받은 경우, 세관의 담당공무원이 해당창고에 출장하여 ( )업무를 진행한다.

① 임시개청  ② 출장검사
③ 출무검사  ④ 파출검사

**해설** 해당 세관공무원이 현장에 나가서 수입물품을 검사하는 것을 파출검사라고 한다.

정답 64.③ 65.④ 66.④

**67** 다음 중 보험계약 체결 당시의 위험사정은 완전히 소멸하고 새로운 위험사정으로 전개되는 위험의 변동 사례로 구성된 것을 고르시오.

① 항해의 변경, 선박의 변경
② 항해의 변경, 이로
③ 선박의 변경, 지연
④ 이로, 지연

**해설** 항해의 변경과 선박의 변경은 피보험목적물의 위험에 직결되는 사항이므로 보험계약 당시의 위험은 소멸되고 새로운 위험의 사정으로 간주된다.

**68** 다음 중 해상고유의 위험으로 구성되어 있는 것을 고르시오.

① 좌초, 침몰, 투하, 화재
② 화재, 선원의 악행, 군함, 외적
③ 충돌, 악천후, 좌초, 침몰
④ 좌초, 투하, 외적, 군함

**해설**
● **해상고유의 위험(Perils of the Seas)**
좌초(stranding), 침몰(sinking), 충돌(collision), 악천후(Heavy Weather), 얹힘(교사; grounding)
● **해상위험(Perils on the Seas)**
해상위험은 항해에 기인하거나 항해에 부수하여 발생하는 위험을 말한다. 화재(Fire, Burning), 투하(Jettison), 선원의 악행(Barratry), 해적(Pirates), 강도(Thieves) 등

**69** 영국해상보험법(MIA1960) 상 공동해손(GENERAL AVERAGE)의 구성요건으로 옳지 않은 것을 고르시오.

① 통상적인 희생이나 비용이 아닌 이례적인 희생이나 비용이어야 한다.
② 희생이나 비용이 자발적으로 발생된 것이어야 한다.
③ 고의로 발생시킨 비용이나 희생이 합리적인 수준 이내에서 발생되어야 한다.
④ 공동해손손해는 공동해손행위에 의한 간접적 손해이어야 한다.

**해설** 공동해손손해는 공동해손행위로 인하여 발생한 손해 또는 이러한 행위의 직접적인 결과로 인하여 생긴 손해를 말한다.

**70** 다음 중 중재제도의 한계점으로 옳지 않은 것을 고르시오.

① 당사자 간의 중재합의의 효력에 관한 분쟁은 법원에 의해 해결되어야 한다.
② 중재인의 선임이 원만하게 이루어지지 않을 때에는 법원이 이를 선정 · 보충 · 대체할 수 없다.
③ 당사자가 중재판정에 따르지 않는 경우에는 법원의 집행판결을 받아서 강제집행을 하여야 한다.
④ 내국중재판정에 하자가 있을 때에는 법원에 소를 제기하여 이를 취소할 수 있다.

**해설** 중재인의 선임이 원만하게 이루어지지 않을 때에는 법원에 위탁하여 이를 선정 · 보충 · 대체할 수 있다.

67.① 68.③ 69.④ 70.② **정답**

**71** 다음 중재(ARBITRATION)에 대한 설명으로 틀린 것을 고르시오.

① 중재합의는 원칙적으로 서면으로 하여야 한다.
② 중재합의의 내용이 기록된 경우 서면에 의한 합의로 간주되고, 분쟁이 발생하기 전에 이뤄져야만 한다.
③ 중재합의는 '직소금지' 즉, 중재합의의 대상에 대한 소를 제기하는 경우 법원이 소를 각하하게 할 수 있는 효력을 갖는다.
④ 중재합의는 국제적으로는 '뉴욕협약'에 따라 외국에서의 승인과 집행이 보장되도록 하는 효력을 갖는다.

**해설** 중재합의의 내용이 기록된 경우는 서면에 의한 합의로 간주되며 중재합의는 분쟁이 발생한 후라도 당사자간의 합의에 의하여 중재로 분쟁을 해결할 수 있는 사후중재합의제도가 있다.

**72** 다음 중 국제물품매매계약에 관한 UN협약(UNCISG)의 적용에 대한 설명으로 옳지 않은 것을 고르시오.

① 영업소가 서로 다른 국가에 있는 당사자간의 물품매매 계약에 적용된다.
② 해당 국가가 모두 체약국인 경우, 또는 국제사법 규칙에 의하여 체약국법이 적용되는 경우에 적용된다.
③ 개인용·가족용 또는 가정용으로 구입된 물품의 매매에도 적용된다.
④ 물품을 공급하는 당사자 의무의 주된 부분이 노무 그 밖의 서비스의 공급에 있는 계약에는 적용되지 아니한다.

**해설** 국제물품매매계약에 관한 UN협약(UNCISG)에서 개인용·가족용 또는 가정용으로 구입된 물품의 매매는 적용 대상이 아니다.

**73** 다음은 복합운송인의 책임체계에 대한 설명이다. 적절하지 않은 것을 고르시오.

① 단일책임체계는 화물의 멸실, 훼손, 자연손해가 복합운송도중 어느 구간에서 발생하였느냐를 구분하지 않고 복합운송인이 동일한 책임을 지도록 하는 책임 체계이다.
② 이종책임체계는 손해발생구간이 확인된 경우와 그렇지 않은 경우로 나눠 각각 다른 책임을 적용하는 체계이다.
③ 이종책임체계는 해상운송구간이 포함된 복합운송에서 손해발생구간이 밝혀지지 않은 경우라면 해상구간에서 발생한 것으로 추정하여 헤이그규칙 등을 적용한다.
④ 단일책임체계는 화주에 대하여는 운송인이 인수한 전 운송구간에 걸쳐서 동일책임을 지는 것을 원칙으로 하되, 책임한도액은 각 구간에 적용되는 강행법률 등이 정한 바에 따르도록 하는 체계이다.

**해설** 단일책임체계는 화주에 대하여는 운송인이 인수한 전 운송구간에 걸쳐서 동일책임을 지는 것을 원칙으로 하며 손해가 어느 구간에서 발생하느냐에 상관없이 복합운송인은 동일한 원칙에 따라 부담해야 한다.

**정답** 71.② 72.③ 73.④

**74** 다음 중 eUCP에 대한 설명으로 틀린 것을 고르시오.

① eUCP에 따른 신용장 거래에서 전자기록의 제시는 동시에 이뤄질 필요는 없다.
② eUCP 신용장이 여러 개의 전자기록의 제시를 요구하는 경우 수익자는 제시가 완료된 경우 이를 은행에 통지하여야 할 책임이 있다.
③ eUCP 신용장에서 은행은 수익자의 완료통지가 없는 경우 제시가 이뤄지지 않았다고 간주한다.
④ eUCP에서 은행의 심사기간이 최장 3영업일이라고 규정하고 있다.

**해설** eUCP는 UCP600의 부칙이고 기본 원칙은 UCP600을 따르므로 은행의 심사기간은 최장 5영업일이내이다.

**75** 다음 항공화물운송장(AIR WAYBILL)에 대한 설명으로 틀린 것을 고르시오.

① AWB의 원본은 발행항공사용, 수화인용, 송화인용, 화물인도항공회사용, 도착지 공항용의 5부가 발행된다.
② 송화인이 화주보험에 가입을 한 경우 보험가입증명서로서 기능을 수행한다.
③ 운임, 요금의 청구를 나타내는 요금계산서로서의 역할을 수행한다.
④ 송화인과 항공운송인 간의 항공운송계약에 대한 추정적 증거기능을 수행한다.

**해설** AWB의 원본은 발행항공사용, 수화인용, 송화인용의 원본 3통과 6통 이상의 부본으로 발행된다.

74.④  75.①  **정답**

Perfect guide
to Trade English

제3부 **무역영어 3급 기출해설**

## 퍼펙트
# 무역영어 2·3급
Perfect guide to Trade English

# 제114회 3급 기출해설
## (2019년 제1회)

## 01 영문해석

**01** 다음 중 해석이 올바른 것을 고르시오

> i. Insurance policy or certificate in duplicate
> ii. endorsed in blank
> iii. for 110% of the invoice value,
> iv. expressly stipulating that claims are payable in New York.

① i – 보험증권 또는 증명서 3통
② ii – 백지배서된
③ iii – 보험금액의 110%에 해당하는
④ iv – 손해배상청구는 뉴욕에서 접수해야 한다고 명백히 설명하고 있는

**해설**
i. 보험증권 또는 증명서 **2통**    cf. in triplicate : 3통으로
iii. **송장금액**의 110%에 해당하는    cf. insurance amount : 보험금액
iv. **보험금 청구**는 뉴욕에서 접수해야 한다고 명백히 설명하고 있는    cf. claim : 보험금을 청구하다

**02** 다음 중 맞는 내용을 고르시오

> Special Conditions:
> i) Negotiations under this credit are available with Seoul OO Bank.
> ii) This credit is transferable.
> iii) Shipments must be effected by Korea Flag Vessel only.

① 서울OO은행은 개설은행이다.
② 수입상의 거래은행에서 협상하라는 내용이다.
③ 이 신용장은 양도가능 신용장이다.
④ 선적품은 한국에서 조달되어야 한다.

**정답** 01.② 02.③

 ① 서울○○은행은 매입은행이다.
② 서울○○은행에 매입의뢰 하라는 내용이다.
④ 선적은 한국선적 선박에서만 해야 한다. cf. Korea Flag Vessel : 한국선적 선박

## 03 다음 중 틀린 것을 고르시오

> Documents Required:
> ⅰ) Commercial Invoice in quadruplicate.
> ⅱ) Packing list in triplicate.
> ⅲ) Inspection Certificate in duplicate.
> ⅳ) Certificate of Origin in duplicate.

① 상업송장 5통으로 수출상이 발급
② 포장명세서 3통으로 수출상이 발급
③ 검사증명서 2통으로 검사인(Inspector)이 발급
④ 원산지증명서 2통으로 상공회의소가 발급

 ▶ in quadruplicate : 4통으로    cf. in quintuplicate : 5통으로

## 04 다음 문장의 밑줄 친 부분과 의미가 같은 표현은?

> In order to secure the business, we tried to <u>discount</u> the prices to the lowest possible.

① bring down    ② boost
③ shut down     ④ soar

해설 거래를 성사시키기 위해, 당사는 가능한 가장 낮은 가격으로 할인을 하려 합니다.
▶ bring down : 하락시키다, 내리다    ▶ boost : 늘리다, 증가하다
▶ shut down : 폐쇄하다, 닫다        ▶ soar : 치솟다, 증가하다

[5~6] 다음을 읽고, 물음에 답하시오.

> Thank you very much for your letter of August 4.
> (가)<u>We</u> have asked the China Bank to (나)<u>open</u> an irrevocable letter of credit in your favor covering the amount of our order No. 50.

정답  03.①  04.①

**05** (가)에 해당하는 거래당사자는?

① Applicant  ② Issuing Bank
③ Beneficiary  ④ Advising Bank

 귀사의 8월 4일자 서신을 잘 받았습니다. (가)당사는 차이나은행에 귀사의 당사의 주문 NO.50의 금액에 해당하는 취소불능신용장을 귀사를 수익자로 하여 (나)개설해 줄 것을 요청했습니다.
신용장 개설을 요청했음을 매도인에게 알리는 내용이므로 신용장 개설의뢰인(applicant)이 작성한 서신이다.

**06** (나) 대신 바꾸어 쓸 수 없는 표현은?

① issue  ② amend  ③ establish  ④ arrange

 amend(조건변경을 하다)에는 신용장을 '개설하다(open)'라는 의미가 없다.

[7~10] 다음 서한을 읽고, 물음에 답하시오.

> Gentlemen :
> Thank you very much for your letter of June 7 proposing to (가)enter into business relations with us in Smart Phone.
> We are pleased to learn that you are especially interested in exporting Smart Phones and regarding these products, we may say that we are specialists.
> We would appreciate receiving your best CIF New York price on Smart Phone as well as a price list and catalog.
> If your prices are (나)competitive and the product is suitable for our trade, we will be able to place large orders.
> We look forward to hearing from you soon.
> Yours very truly,

**07** 위 서한의 주제로 가장 적절한 것은?

① 거래 제의  ② 거래 조회  ③ 신용 조회  ④ 거래 주문

 안녕하세요 :
당사와 스마트 폰 (가)거래를 하자고 제의하는 귀사의 6월 7일자 서신을 받았습니다. 당사는 귀사가 스마트 폰의 수출에 특히 관심이 있다는 것을 알게 되었으며, 이들 제품에 관해서라면, 당사가 전문업체라고 말씀드리고 싶습니다. 스마트 폰을 CIF 뉴욕 가격 조건으로 귀사의 최선의 가격과 함께 가격표와 카탈로그를 보내 주시면 감사하겠습니다. 귀사의 가격이 (나)경쟁적이고 제품이 당사와의 거래에 적합하면, 당사는 대량 주문을 할 것입니다.
귀사로부터 곧 소식을 기다리겠습니다.
– 거래 조회를 하는 서신이다.

05.① 06.② 07.② **정답**

## 08 밑줄 친 (가)와 바꾸어 쓸 수 없는 표현은?

① open an account with
② build up business connections with
③ cut off business connections with
④ start business relations with

**해설** ▶ cut off business connections with : 거래 관계를 끝내다

## 09 밑줄 친 (나)와 바꾸어 쓸 수 없는 표현은?

① prohibitive    ② reasonable
③ cheap          ④ attractive

**해설** competitive(경쟁적)라는 표현은 가격이 낮은, 합당한, 거래하기에 적합한 이라는 의미를 갖고 있다.
▶ prohibitive : 금지하는, 금지의

## 10 서한에서 언급된 정형거래조건(Incoterms) 2010의 매도인 의무에 대한 설명으로 옳은 것은?

① 선적항에서 본선에 적재되기 전 물건의 위험이 이전되고 도착항까지의 보험료를 부담한다.
② 도착항에서 양륙할 때 물건의 위험이 이전되고 도착항까지의 운임을 부담한다.
③ 도착항에서 양륙할 때 물건의 위험이 이전되고 선적항에서의 모든 비용을 부담한다.
④ 선적항에서 본선에 적재될 때 물건의 위험이 이전되고 도착항까지의 운임과 보험료를 부담한다.

**해설** CIF 조건은 선적항에서 본선에 적재될 때 물건의 위험이 매수인에게로 이전되고 도착항까지의 운임과 보험료를 부담한다. 따라서 위험과 비용의 분기점이 서로 다르다.

## 11 아래 대화의 밑줄 부분과 바꾸어 쓸 수 없는 표현은?

> A : Many customers are not satisfied with our phone service.
> B : I've heard about that.
> A : Perhaps we should think about adding staff training.
> B : <u>You can say that again.</u>

① I feel the same way.          ② You're telling me.
③ I couldn't agree more.        ④ You can't read my mind.

**정답** 08.③  09.①  10.④  11.④

A : 많은 고객들이 당사의 전화 서비스에 만족하지 않습니다.
B : 그에 대해 들은 적이 있습니다.
C : 직원 교육을 추가하는 것을 생각해 봐야 할 것 같군요.
D : 당연한 말씀입니다.

① 「저도 같은 생각입니다.」
② 「정말 그렇습니다.」
③ 「대 찬성입니다.」
④ 「내 마음을 모르시는군요.」

**12** 다음 ( ) 안에 들어갈 용어가 올바르게 나열된 것은?

(1) If the number of laydays be exceeded, the charterer has to pay ( A ).
(2) If the work be completed in less than the number of days allowed, the charterer receives ( B ).

① A: demurrage, B: dispatch money
② A: demurrage, B: congestion surcharge
③ A: dispatch money, B: demurrage
④ A: congestion surcharge, B: dispatch money

(1) 정박일수가 초과되면, 용선자는 (A)를 지불해야 한다.
(2) 허용 일자보다 일찍 작업이 완료되면 용선자는 (B)를 받는다.

각각 (A)체선료(demurrage)와 (B)조출료(dispatch money)에 대한 설명이다.

**13** 다음에 해당하는 결제방식을 고르시오.

A method of remittance where payment is made against delivery of goods.

① CWO   ② COD   ③ CAD   ④ T/T

물품의 인도에 대해 대금이 지급되는 경우에 송금되는 방식이다.

COD(Cash On Delivery ; 현물인도 지급방식)에 대한 설명이다.

12.① 13.②  **정답**

**14** 다음 문장의 해석으로 바른 것을 고르시오.

① We can dominate the market share only if we can receive the product by July.
→ 7월까지 제품을 받는다면 시장에 진출할 수 있을 것입니다.

② Concerning the payment of shipment, we are agreeable to your terms.
→ 선적품의 대금결제에 관해서, 귀사의 조건에 동의합니다.

③ It is our custom to trade on an irrevocable L/C.
→ 취소불능 신용장에 관세금액을 포함해 주십시오.

④ We will accept assortment of various articles.
→ 다양한 상품을 개별 포장하여 받고 싶습니다.

 ① 7월까지 제품을 받아야만 시장을 점유할 수 있습니다.
③ 취소불능 신용장으로 거래하는 것이 당사의 관행입니다.
④ 다양한 상품의 구색을 받고 싶습니다.

**15** 다음 문장의 밑줄 친 부분의 해석이 틀린 것을 고르시오.

> We are pleased to report favorably on the firm ① <u>referred</u> to in your letter of May 5. They were organized in 1970 as a ② <u>joint stock</u> company, and have always settled their accounts ③ <u>promptly</u> ④ <u>on the net dates</u>.

① 언급된  ② 합자회사
③ 즉각적으로  ④ 빠른 일자에

 ▶ on net date : 정해진 날짜에

**16** 다음 두 문장이 같은 의미로 구성된 것으로 잘못된 것을 고르시오.

① Halla Corporation is a famous exporter of stationery.
→ Halla Corporation is a well-known exporter of stationery.

② Enclosed you will find our quotation and catalog.
→ We are glad to enclose our quotation and catalog.

③ We look forward to hearing favorably from you soon.
→ We await your favorable reply by return.

④ We would like to open an account with you.
→ We should enter into a business relation with you.

정답  14.② 15.④ 16.④

④ 당사는 귀사와 거래를 하고 싶습니다.
→ 당사는 귀사와 거래를 해야 합니다.

**17** 다음 문장의 밑줄 친 단어와 같은 의미가 아닌 것은?

> The <u>above</u> goods will prove suitable for your market in price.

① captioned　　　　　　② said
③ above-mentioned　　　④ beneath

 상기 물품은 가격에서 귀사의 시장에 적합하다는 것을 입증할 것입니다.

▶ captioned : 표제의, 타이틀의　　▶ above-mentioned : 상기 언급된
▶ beneath : 아래에

**18** 다음 서한의 내용은?

> We are exporters of home appliances and have wide connections with the leading makers here.
>
> We are trying to extend our business to your market. Would you introduce to us some importers who are interested in handling the above goods?
>
> We look forward to your favorable reply soon.

① 거래처 추천 의뢰 서한　　② 거래처 소개 서한
③ 거래조회 서한　　　　　　④ 신용조회 의뢰 서한

 당사는 가전제품의 수출업체이며 이곳에서 중견업체들과 폭넓은 거래 관계를 갖고 있습니다. 당사는 당사의 사업을 귀사의 시장으로 확장하려 합니다. 상기 물품의 취급에 관심이 있는 수입업체를 당사에 소개시켜 주시겠습니까? 곧 귀사로부터 우호적인 답신이 있길 기다립니다.
수입업체를 소개시켜 달라는 거래처 추천 의뢰 서한이다.

**19** 다음 문장의 밑줄 친 부분과 뜻이 같은 것은?

> Would you please offer your sweaters subject to <u>prior sale</u>.

① seller's final confirmation　　② being unsold
③ bargain sale　　　　　　　　④ on sale or return

17.④　18.①　19.②　**정답**

> **해설** 선착순판매 조건부로 귀사의 스웨터를 청약해 주십시오.
> 
> 선착순판매 조건부 청약과 같은 성격을 갖는 것은 재고잔유조건부 청약(being unsold)이다.
> ▶ seller's final confirmation : 매도인의 최종확인부 청약
> ▶ on sale or return : 반품허용조건부 청약

**20** 다음 문장의 해석으로 잘못된 것을 고르시오.

① As a trial order, we are delighted to give you a small order for 50 units of Mountain Bicycles.
   → 시험주문으로, 산악자전거 50대에 대한 소량주문을 하게 되어 기쁘게 생각합니다.

② Prices are to be quoted in US Dollars on CIF New York.
   → 가격은 뉴욕항까지 운임·보험료 포함 가격조건으로 미화로 견적되어야 합니다.

③ The concern is of good repute here.
   → 이곳의 관심은 좋은 평판을 받는 것입니다.

④ Draft is to be drawn at 30 d/s under non-transferable credit.
   → 환어음은 양도불능 신용장에 의거하여 일람 후 30일 출급 조건으로 발행되어야 합니다.

> **해설** ③ 이 업체는 좋은 평판을 받고 있습니다.
> ▶ be good of repute : 평판이 좋은

**21** 다음 문장의 해석으로 잘못된 것을 고르시오.

① Competition in the textile trade has never been keener.
   → 섬유업계의 경쟁은 치열할 수밖에 없었다.

② There is a steady demand for those articles in this area.
   → 이 지역에서는 그 상품에 대한 수요가 꾸준하다.

③ Details of your terms of business would be welcomed.
   → 거래 조건을 자세히 알려주십시오.

④ Price includes all costs including insurance, up to the destination.
   → 가격은 보험을 포함하여 목적지까지의 모든 비용을 포함합니다.

> **해설** ① 섬유업계의 경쟁은 치열한 적이 없었다.
> ▶ keen : 격렬한, 날카로운

**정답**  20.③  21.①

**22** 양복 등의 고급 의복류를 옷걸이에 걸린 상태로 적재할 수 있는 컨테이너는?

① tank container
② open top container
③ livestock container
④ garment container

 의류전용 컨테이너(garment container)에 대한 설명이다.

[23~24] 다음 서한을 읽고 물음에 답하시오.

> We have received your letter of October 10 on the 150 LED TV sets.
> After careful investigation, we could not find any errors on our side.
> We took every effort to fill your order and the shipping company received all the products in perfect condition (가)as is evident from the clean B/L we obtained.
> We agree that rough handling during transportation was the cause of the damage. In those situation, therefore, we suggest you refer this claim to the Shipping Company for settlement.
> We hope this will not influence you unfavorably in this matter.

**23** 위 서한의 목적은 무엇인가?

① Raising a Claim
② Reply to a Claim
③ Waiver of a Claim
④ Acceptance of a Claim

 당사는 150대의 LED TV 세트에 대한 귀사의 10월 10일자 서신을 잘 받았습니다. 주의깊게 검사해보니, 당사 쪽에는 어떠한 실수도 없습니다. 당사는 귀사의 주문을 처리함에 최선을 다했으며 (가) 당사가 받은 무사고 선하증권에서 분명히 알 수 있듯이 선사는 이상없이 모든 제품을 받았습니다. 당사는 운송중의 거친 취급이 이 손상의 원인이라고 생각합니다. 이러한 상황에서, 그러므로, 이 문제의 해결을 위해 선사에게 손해배상을 청구할 것을 권해드립니다.

클레임 제기에 대한 답신(Reply to a Claim)이다.

**24** 밑줄 친 (가)의 해석으로 올바른 것은?

① 귀사가 제시한 고장 선하증권에서 명시된 대로
② 귀사가 받은 고장 선하증권에서 명시된 대로
③ 당사가 받은 무사고 선하증권에서 분명히 알 수 있듯이
④ 당사가 제시한 무사고 선하증권과는 달리

 23번 해석 참조

22.④  23.②  24.③  **정답**

**25** 다음 문장의 해석으로 잘못된 것을 고르시오.

① Attached to this e-mail are two copies of the invoice.
→ 송장 사본 2통을 이 전자우편에 첨부합니다.

② We are pleased to inform you that your shipment has arrived in good condition.
→ 귀사의 선적품이 양호한 상태로 도착되었음을 알려드립니다.

③ We remind you that the products must be delivered before July 10.
→ 그 제품은 7월 10일 이전에 인도되어야 한다는 것을 상기시켜 드립니다.

④ We will open an L/C for US$8,500.00 with Chase Manhattan Bank, in favor of Korea Co., Inc.
→ 고려상사를 지급인으로 하여 미화 8,500불에 대한 신용장을 Chase Manhattan Bank에서 개설했습니다.

 ④ 고려상사를 **수익자로** 하여 미화 8,500불에 대한 신용장을 Chase Manhattan Bank에서 개설했습니다.
▶ in one's favor : ~를 수익자로 하여    cf. drawn on : ~를 지급인으로 하여

## 02 영작문

**26** 다음 서한이 의도하는 목적은?

> We are sorry to learn from your e-mail of February 15 that our shipments by the M/V "Princess Sara" arrived here in a damaged condition.
>
> As the articles were packed with the greatest care, we can only conclude that our shipment was stored or handled carelessly in the course of transit.
>
> We must, therefore, disclaim all liability in this case, and in support of this statement we would point out that we hold a copy of clean B/L. Under such circumstances, we would suggest that you file your claim with the Insurance Company at your end.

① lodging the claim
② settling the claim
③ accepting the claim
④ refusing the claim

정답  25.④  26.④

"프린세스 사라"호에 실린 당사의 선적품이 손상된 상태로 이곳에 도착했음을 귀사의 2월 15일자 이메일에서 알게 되어 유감입니다. 이 품목들은 극도로 주의하여 포장되었기 때문에, 당사의 선적품은 운송 중에 부주의하게 보관되거나 취급된 것으로 결론을 내렸습니다. 당사는, 그러므로, 이 건에 대해선 모두 면책이며, 이 주장의 입증을 위해 당사는 무사고 선하증권을 갖고 있음을 밝혀둡니다. 이러한 상황에서 당사는 귀사 측에서 보험회사에 보험금을 청구하시기 바랍니다.

- 상대방의 클레임 제기를 거절하는(refusing the claim) 서신이다.

## 27 다음 문장의 밑줄 친 부분을 대체할 수 있는 것은?

> Many thanks for your online business proposal for all kinds of plastic goods of high quality, firmplastic.com is plastics exclusive online marketplace.

① We would offer
② We are obliged to
③ We have received with thank you
④ We were pleased to receive

고품질의 모든 플라스틱 제품에 대한 귀사의 온라인 거래 제안에 감사하며, firmplastic.com은 온라인 시장에서 있어서 독점적인 플라스틱 업체입니다.

- Many thanks for는 잘 받았습니다(We were pleased to receive)와 같은 의미이다.

## 28 다음 용어의 영문 표현으로 바르지 않은 것을 고르시오.

① 내국신용장: Transferable L/C
② 보증신용장: Standby L/C
③ 동시개설신용장: Back to Back L/C
④ 기탁신용장: Escrow L/C

▶ Transferable L/C : 양도가능신용장    cf. Local L/C : 내국신용장

## 29 다음 밑줄 친 서한의 구성요소 명칭은?

> April 23, 2019
> XYZ IT Technical Co, Ltd.
> To Whom It May Concern,
> We are writing to ask you a favor in regard to Mr. Brown, an IT technician at your company.

① Particular Address
② Inside Address
③ Salutation
④ Subject Line

서신 서두의 인사말(Salutation)에 해당하는 부분이다.

27.④  28.①  29.③  **정답**

[30~31] 다음은 Agreement 내용 중 일부이다. 물음에 답하시오

Agreement on General Terms and Conditions of Business

(1) Business:
Business is to be done between the Sellers and the Buyers as Principals to Principals for the sale of the Sellers' goods in New York.

(2) Samples and Quality:
The Sellers are to supply the Buyers with samples free of charge and the quality of the shipments should be equal to ( 가 ) the samples on which an order is given.

(3) Firm Offers:
All offers ( 나 ) are to remain effective for forty-eight hours after the time of dispatch, Sundays and National Holidays being excepted.

**30** 밑줄 친 부분 (가)에 들어갈 표현으로 알맞은 것은?

① these of  ② that of  ③ this  ④ these

 일반거래조건협정서
(1) 거래
　본 거래는 뉴욕에 있는 매도인의 물품을 판매함에 있어서 본인 대 본인으로서 매도인과 매수인 사이에 이행된다.
(2) 견본과 품질
　매도인은 무료로 매수인에게 견본을 제공해야 하며 선적품의 품질은 주문 시의 (가 : 그것) 과 동일한 것이어야 한다.
(3) 확정청약
　모든 청약은 발송 후 일요일 그리고 국경일은 제외하고 48시간 (나) 유효해야 한다.
- 어법상 that of 가 와야 한다.

**31** 밑줄 친 부분 (나)를 대체할 수 있는 표현으로 가장 알맞은 것은?

① shall stand good  ② should be effected
③ shall be opened  ④ has to be on force

▶ stand good : 유효하다, 여전히 진실이다.

정답  30.②  31.①

**32** 다음 문장을 영작할 때 밑줄 친 부분과 의미가 같은 것은?

> 귀사께서 동 상사와 거래를 개설하는 데는 전혀 위험이 없을 것이며, 동 상사의 영업방식에 대해서도 만족하시리라 생각됩니다.
> You would not run the least risk in opening a connection with the firm and would <u>be satisfied with</u> their mode of conducting business.

① be happy with  ② be stained with
③ be infested with  ④ be as per

▶ be happy with[be satisfied with] : ~에 만족하다
▶ be stained with : 물이 들다  ▶ be infested with : ~이 들끓다, 횡행하다
▶ be as per : ~에 준하다

**33** 다음 우리말을 영작하고자 할 때, 주어진 단어나 어구가 올바르게 배열된 것을 고르시오.

> 당사는 미화 2,000달러에 상당하는 손상에 대해 보상해 주실 것을 요청합니다.
> →We (                              ).
> (A) compensate for  (B) US$2,000  (C) amounting to  (D) ask you to
> (E) the damage

① (A)-(B)-(C)-(D)-(E)  ② (A)-(E)-(C)-(D)-(B)
③ (D)-(A)-(E)-(C)-(B)  ④ (D)-(E)-(C)-(A)-(B)

 We (ask you to compensate for the damage amounting to US$2,000.)

**34** 다음 우리말을 영작하고자 할 때, 주어진 단어나 어구가 올바르게 배열된 것을 고르시오.

> 이 신용조회와 관련한 어떤 비용도 귀사의 청구서를 받는 즉시 당사가 지급할 것입니다.
> →Any expenses (                              ).
> (A) by us  (B) will be gladly paid  (C) on the receipt of  (D) your bill
> (E) connected with this credit inquiry

① (B)-(A)-(C)-(D)-(E)  ② (B)-(E)-(A)-(C)-(D)
③ (E)-(B)-(A)-(C)-(D)  ④ (E)-(A)-(C)-(D)-(B)

Any expense (connected with this credit inquiry will be gladly paid by us on the receipt of your bill)

32.① 33.③ 34.③ **정답**

## 35 괄호 안에 들어갈 표현으로 옳은 것은?

> The date of (　　　) shall be taken as conclusive proof of the day of shipment.

① shipment  
② bill of lading  
③ shipping request  
④ firm offer  

**해설** (bill of lading : 선하증권)의 발행일은 선적일의 추정적 증명으로 간주된다.
▶ shipping request : 선복신청서

## 36 선적관련 용어의 영어표현으로 옳은 것은?

① 출항예정일 – ETA  
② 유통가능 선하증권 –Transferable B/L  
③ 환적 – Transhipment  
④ 본선수취증 –Delivery Order  

**해설**
▶ ETD(Estimate Time of Destination) : 도착예정일　　cf. ETA(Estimate Time of Arrival) : 출항예정일
▶ Transferable B/L : 양도가능 선하증권　　cf. negotiable B/L : 유통가능 선하증권
▶ Mate's Receipt(M/R) : 본선수취증　　cf. Delivery Order(D/O) : 화물인도지시서

## 37 A를 B로 전환할 때 괄호 안에 알맞은 표현은?

> A: Please replace the inferior goods with new ones.
> B: I hope that you (　　　) the new products for the inferior ones.

① change  
② substitute  
③ refer  
④ replace  

**해설** A : 이 불량품을 새로운 것으로 교체해 주세요.
B : 저는 귀사가 이 불량품을 새로운 제품으로 교체(substitute)해 주시길 바랍니다.
▶ replace : 교체하다, 바꾸다　　cf. substitute : 대체하다, 교체하다

**정답** 35.② 36.③ 37.②

[38~39] 다음 서한을 읽고, 물음에 답하시오.

| ( ) | | | | |
|---|---|---|---|---|
| We are pleased to place the following order with you as below: | | | | |
| (가) | DESCRIPTION | QUANTITY | UNIT PRICE | AMOUNT |
| LED TV | 30 inch color TV | 50 sets | @ US$1,000.00 FOB Busan | (나) |

| | |
|---|---|
| Packing: | Each unit to be packed in an export standard box. |
| Origin: | Republic of Korea |
| Shipment: | During November of this year |
| (다): | By an irrevocable L/C at 60 days after sight Discount charges to be covered by you. |
| (라): | Covering 110% of invoice value, ICC (A) |
| Inspection: | Seller's inspection to be final. |

**38** ( )안에 들어갈 위 서한의 제목으로 옳은 것은?

① Offer Sheet　　② Counter Offer
③ Contract Sheet　　④ Order Sheet

 「다음과 같이 귀사에게 주문합니다.」라는 서두로 시작하므로 이는 주문서(Order Sheet)임을 알 수 있다.
▶ Offer Sheet : 매도확약서　　▶ Counter Offer : 반대청약
▶ Contract Sheet : 계약서

**39** (가)~(라)에 들어갈 표현으로 옳지 않은 것은?

① (가) ARTICLE　　② (나) US$50,000
③ (다) PRICE TERMS　　④ (라) INSURANCE

 (다) 항은 가격조건이 아니라 지급조건(Payment Terms)이다.

38.④　39.③ 정답

[40~42] 다음 서한을 읽고 물음에 답하시오.

> We are pleased to advise you that we have shipped Five hundred units of LED TV to you by the M/S 'Speed Queen' which left Incheon today, October 5.
> Complying with the terms of payment, (가)당사는 신용장 12/80001에 의거하여 미화 345만 달러 금액에 대하여 일람후 30일 출급조건으로 귀사의 거래 은행을 지급인으로 하여 환어음을 발행하였다 with attached documents, and have negotiated it through the Korea Exchange Bank in Seoul, Korea. We hope you would accept it upon presentation.
> (나)유통불능 선하증권 사본을 동봉합니다 and copies of Marine Cargo Insurance Policy. We hope that the goods will reach you in good condition so that you may place additional orders with us.

**40** 위 서한의 주제로 적절한 것은?

① Shipping Advice
② Advice of L/C
③ Advice of Insurance Contract
④ Request for Payment

> 당사는 오늘 10월 5일 인천항을 출항한 스피드 퀸 호에 LED TV 500대를 귀사에게로 선적했음을 알려 드립니다.
> ...

상기 내용에 따라 수출상이 선적 후 수입상에게 물품이 선적되었음을 알리는 선적통지문(Shipping Advice) 이다.
▶ Advice of Insurance Contract : 보험계약통지   ▶ Request for Payment : 지급요청

**41** 위 서한의 (가)를 다음과 같이 영작할 때 괄호 안에 알맞은 단어를 순서대로 나열한 것은?

> we have ( A ) a draft ( B ) your bank ( C ) 30 d/s ( D ) US $3,450,000.00 under L/C No. 12/80001

① A: issued, B: on, C: at, D: for
② A: issued, B: at, C: for, D: on
③ A: drawn, B: on, C: at, D: for
④ A: drawn, B: at, C: for, D: on

> we have (A: drawn) a draft (B : on) your bank (C: at) 30 d/s (D: for) US $3,450,000.00 under L/C No. 12/80001

▶ draw on : ~을 지급인으로 하여 어음을 발행하다.
▶ at 30 d/s : 일람 후 30일 출급(at 30days after sight)

정답 40.① 41.③

**42** 위 서한의 (나)를 올바르게 영작한 것은?

① Enclosed you will find a non-available copy of B/L
② We have enclosed a non-negotiable copy of B/L
③ Enclosing is a non-transferable copy of B/L
④ Please find enclosed a negotiable copy of B/L

**해설** ▶ non-negotiable copy of B/L : 유통불가 선하증권 사본

[43~44] 다음 문장의 밑줄 친 부분과 바꾸어 쓸 수 없는 것은?

**43** Thanks to emerging markets, our items are at a brisk demand.

① bullish        ② active
③ strong        ④ dull

**해설** 「신흥시장 덕분에 당사 품목의 수요가 활발해 졌습니다.」
▶ dull : 침체한, 둔한    ▶ bullish: 상승세의, 강한(strong), 활력있는(active)

**44** We shall expect you to execute this order in due course.

① fulfill        ② induce
③ perform       ④ accomplish

**해설** 「귀사가 일정대로 이 주문을 잘 이행해 주시리라 믿습니다.」
▶ induce : 설득하다, 유도하다
▶ fulfill : 이행하다, 수행하다(perform), 완수하다(accomplish)

**45** 다음 내용을 가장 잘 영작한 것은?

| 이 문제를 해결하기 위하여 당사는 모든 품목에 대해 대체품을 선적했습니다. |

① To confirm the matter, we have consigned the shipments for all the purchase.
② To adjust the matter, we have dispatched an assortment of all the items.
③ To cover the problem, we have sent the superior goods for all the items.
④ To put the matter right, we have shipped replacements for all the items

**해설** ① 「이 문제의 확인을 위하여,」
② 「이 문제를 조정하기 위하여,」
③ superior goods(고품질 물품) → replacements(대체품)

42.② 43.④ 44.② 45.④ **정답**

**46** 유리그릇을 선적하고자 할 때 사용하기에 적합한 화인(shipping marks)은?

① Fragile  ② Inflammable
③ Use hooks  ④ Radioactive

 유리그릇은 깨지기 쉬우므로 Fragile(연약한, 부서지기 쉬운)이라고 화인 표시를 해야 한다.
▶ Inflammable : 인화성이 있는   ▶ Use hooks : 갈고리 사용   ▶ Radioactive : 방사성의

**47** 다음 설명과 용어의 연결이 틀린 것을 고르시오.

① A statement giving details for quantity and price of goods. – Debit Note
② A certificate used in export for source of goods. – Certificate of Origin
③ A bill of exchange (draft) which is not accompanied by the shipping documents. – Clean Bill
④ A bill payable upon presentation. – Sight Bill

 ①「물품의 수량과 가격에 대한 상세 설명이 있는 서류」– 상업송장(Invoice)의 정의이다.
②「수출 물품에 사용된 원료를 증명」– 원산지증명서(Certificate of Origin)
③「선적서류를 동반하지 않는 환어음」– 무화환어음(Clean Bill)
④「서류의 제시에 지급을 해야 하는 어음 – 일람출급 어음
▶ Debit Note : 차변표

**48** 다음을 영작하고자 할 때 ( )에 들어갈 표현이 바르게 연결된 것은?

> 당사의 의견으로는 분손부담보 대신 전위험담보조건으로 부보하는 것이 귀사에게 유리할 것입니다.
> We are of the opinion that it would be your advantage to have ( 가 ) cover instead of ( 나 ).

① 가: W.A., 나: A.R.   ② 가: A.R., 나: W.A.
③ 가: A.R., 나: F.P.A.   ④ 가: F.P.A., 나: W.A.

> We are of the opinion that it would be your advantage to have (가: A.R ) cover instead of (나: F.P.A.).

**정답** 46.① 47.① 48.③

**49** 밑줄 친 부분의 뜻이 되도록 할 때 순서가 바른 것은?

> 부산을 떠나 뉴욕항으로 가는 M/S Arirang호 편으로 선적해 주십시오.
> Please ship our goods ( (A)for (B)M/S Arirang (C)Busan (D)per (E)New York (F)leaving).

① (D)-(B)-(F)-(C)-(A)-(E)
② (D)-(E)-(F)-(B)-(A)-(C)
③ (F)-(E)-(D)-(B)-(A)-(C)
④ (F)-(B)-(C)-(E)-(A)-(D)

해설 | Please ship our goods **per M/S Arirang leaving Busan for New York.**

**50** Incoterms 2020의 가격조건에 대한 설명에서 ( )에 들어갈 내용으로 알맞은 것은?

> "Free on Board" means that the seller delivers the goods on board the vessel nominated by the buyer at the named port of shipment or procures the goods already so delivered. The risk of loss of or damage to the goods passes when ( ) and the buyer bears all costs from that moment onwards.

① the goods are on board the vessel
② the goods are alongside the ship
③ the seller places the goods at the disposal of the carrier
④ the seller delivers the goods to the carrier

해설
「본선인도조건」은 매도인이 물품을 지정선적항에서 매수인에 의하여 지정된 본선에 적재하여 인도하거나 이미 그렇게 인도된 물품을 조달하는 것을 의미한다. 물품의 멸실 또는 손상의 위험은 물품이 본선에 적재된 때에( ) 이전하며, 매수인은 그러한 시점 이후의 모든 비용을 부담한다.
①「물품이 본선에 적재된 때에」
②「물품이 선측에 있을 때」
③「매도인이 운송인의 임의 처분 상태로 물품을 둘 때」
④「매도인이 운송인에게 물품을 인도한 때」
- FOB 조건에서는 물품이 본선에 적재된 때에 위험은 매도인에서 매수인에게로 이전한다.

49.① 50.① **정답**

## 03 무역실무

**51** 수출입 금지 품목에 해당하는 것은?

① 위조 화폐   ② 마약   ③ 권총   ④ 칼

**해설** 위조 지폐는 수출입 금지 품목이다. 마약은 의료용으로, 권총은 스포츠용으로 칼은 요식업 용으로도 사용되므로 수출입 금지 품목이 아니다.

**52** 수입화물선취보증장(L/G)에 대한 내용으로 옳은 것은?

① 수출상의 거래은행이 연대하여 보증하는 서류이다.
② 화물이 먼저 도착했으나 운송서류가 도착하지 않았을 때 사용할 수 있다.
③ 신용장결제방식이나 송금결제방식에서 모두 사용가능하다.
④ 근거리 해상운송뿐만 아니라 최근에는 원거리 해상운송에서도 사용이 가능하다.

**해설** L/G는 중국이나 동남아와 같이 해상운송구간이 짧아서 선적서류보다 물품이 먼저 도착하는 경우 원본 선하증권을 대신하여 운송인에게 물품의 인도를 청구할 때 사용할 수 있다.

**53** Surrendered B/L의 특징으로 옳은 것은?

① 운송인은 선하증권 원본을 3통 발급한다.
② 수출지와 수입지가 근거리인 경우 발행된다.
③ 추심결제방식이나 신용장결제방식에 적합하다.
④ 양도나 유통이 가능하다.

**해설** Surrendered B/L은 L/G와 유사하나 L/G와는 달리 신용장 방식에서는 사용할 수 없다. L/G와 마찬가지로 근거리 운송의 경우에 발행된다.

**54** 신용장에 대한 설명으로 옳지 않은 것은?

① 확인신용장은 관계당사자인 수익자, 확인은행의 동의가 있고 개설의뢰인의 요청이 있으면 취소가 가능하다.
② 현재 사용하는 신용장은 대부분 취소불능 신용장이다.
③ UCP600에서 취소가능 신용장은 사용할 수 없다.
④ 취소불능 신용장은 관계당사자 전원의 동의 없이 일방이 신용장을 취소할 수 없다는 의미이다.

**해설** 확인신용장은 관계당사자인 수익자, 그리고 확인은행과 개설은행의 동의가 있으면 취소가 가능하다.

**정답** 51.① 52.② 53.② 54.①

## 55  무역계약에 대한 내용으로 옳지 않는 것은?

① 매도인이 대금을 받고 매수인에게 물품의 소유권을 이전하기로 약정하는 계약을 광의의 무역계약이라고 한다.
② 계약은 일정한 형식이 필요하지 않은 불요식 계약의 성질을 가지고 있다.
③ 매도인의 물품인도에 대하여 매수인이 약인으로서 대금을 지급하는 유상계약이다.
④ 계약서는 2통을 작성하며 매도인과 매수인이 서명 후 각각 1통씩 보관한다.

 매도인이 대금을 받고 매수인에게 물품의 소유권을 이전하기로 약정하는 계약을 쌍무계약이라고 한다.

## 56  다음 내용의 상황에 적용되지 않은 가격조건은?

| 보험계약자 | 피보험자 | 운송 중 위험부담 |
|---|---|---|
| 수입업자 | 수입업자 | 수입업자 |

① EXW
② FOB
③ FCA
④ CIP

해설  CIP의 경우 매수인의 위험에 대하여 매도인이 보험계약을 체결해야 하므로 운송 중의 위험부담은 보험자에게 있다.

## 57  다음 내용에서 설명하는 품질결정방법에 사용되는 품목으로 옳은 것은?

- 일정한 규격이 없고, 견본제시도 곤란할 때 사용
- 해마다 또는 지역에 따라 그 품질이 다르므로 공인기관이 설정한 해당연도의 평균 중등품의 등급을 받은 물품으로 거래

① 선박, 운반기계
② 곡물, 과일
③ 목재, 냉동어류
④ 원면, 인삼

해설  곡물 및 과일의 품질결정에 사용되는 FAQ(평균중등품질)에 대한 설명이다.

55.① 56.④ 57.②  **정답**

**58** 다음 내용에서 설명하는 신용장 거래의 특성을 고른 것은?

> 신용장은 그 성질상 그것이 매매계약 또는 기타 계약에 근거를 두고 발행된 것이기는 하지만 이와는 별개의 거래이다.

① Principle of Independence
② Principle of Abstraction
③ Doctrine of Strict Compliance
④ Doctrine of Substantial Compliance

**해설** 신용장의 독립성의 원칙(Principle of Independence)에 대한 설명이다.
▶ Principle of Abstraction : 추상성의 원칙   ▶ Doctrine of Strict Compliance : 엄밀일치의 원칙
▶ Doctrine of Substantial Compliance : 상당일치의 원칙

**59** 대금결제 관련 수입업자에게 가장 유리한 결제방식으로 옳은 것은?

① Usance L/C   ② at sight L/C
③ D/P          ④ O/A

**해설** 수입업자에게는 물품을 인도받을 때 대금을 지불하지 않고 물품을 판매한 후 대금을 지급하는 외상방식(O/A)이 자금의 융통과 회전에서 가장 유리하다. 상기 선지에서 수입상에게 유리한 것을 순서대로 나열하면 다음과 같다. O/A〉Usance L/C〉at sight L/C〉D/P

**60** 다음 내용은 인코텀즈(Incoterms) 2020 가격조건에 대한 내용 설명이다. (가)와 (나)에 들어갈 가격조건으로 옳은 것은?

> • FOB조건이나 ( 가 )조건에서는 매수인이 해상보험계약 체결 시 자신을 피보험자로서 보험계약을 하므로 보험계약자와 피보험자가 동일인이다.
> • CIP조건이나 ( 나 )조건은 매도인이 자신을 피보험자로 하여 보험계약을 체결하고 보험료를 납부하지만 배서에 의해 피보험자가 매수인으로 바뀌게 되어 사고발생 시 매수인이 보상을 받게 된다.

① (가)CIF - (나)CFR   ② (가)FCA - (나)CIF
③ (가)CFR - (나)CPT   ④ (가)CFR - (나)CIF

**해설** 설명 생략

**정답** 58.① 59.④ 60.④

**61** 다음 내용은 무엇에 대한 설명인가?

> We accept your offer with the following slight modifications of price and delivery terms.

① Firm Offer  ② Acceptance
③ Cross Offer  ④ Counter Offer

**해설** 당사는 가격과 인도조건에 대하여 다음의 경미한 조건변경으로 귀사의 청약을 승낙합니다.
원청약에 대하여 조건부로 승낙하는 것은 반대청약(Counter Offer)이며 원청약의 효력은 소멸된다.

**62** 지정된 목적지까지 계약상품을 인도하는데 필요한 모든 비용과 위험을 매도인이 부담하는 인코텀즈(Incoterms) 2020이 아닌 것은?

① CIF  ② DPU  ③ DAP  ④ DDP

**해설** CIF는 선적지 인도조건으로서 수출지의 본선 상에 물품을 적재하는 때에 위험은 매수인에게로 이전한다. 그러나 목적항까지의 운임은 부담해야 한다.

**63** 계약 당사자 사이에 발생한 클레임의 해결을 위하여 당사자가 합의하여 선택할 수 있는 방법으로 강행력은 없으나 제3자의 판단에 따라 문제를 해결하는 방식을 무엇이라 하는가?

① 화해  ② 조정  ③ 중재  ④ 소송

**해설** 조정(conciliation, mediation)에 대한 설명이다. 조정은 당사자가 응해야 할 강제성은 없지만 조정안에 동의하면 법원의 판결과 동일한 효력이 발생한다.

**64** 다음 내용 중 성격이 다른 하나는 무엇인가?

① Trade Inquiry  ② Selling Offer
③ Buying Offer  ④ Order Sheet

**해설** 선지 ②~④는 계약 체결을 위한 청약이지만 Trade Inquiry(거래조회)는 거래조건 등을 미리 알아보기 위한 조회에 불과하다.

**65** 인코텀즈(Incoterms) 2020 중 해상운송에만 사용하는 규칙으로 옳지 않은 것은?

① FAS  ② FCA  ③ FOB  ④ CFR

**해설** FCA는 복합운송에서 사용되는 규칙이다.

---

**정답** 61.④ 62.① 63.② 64.① 65.②

**66** 피보험자가 추정전손의 경우 보험금 전액을 지급받기 위하여 보험의 목적에 대한 소유권과 제3자에 대한 구상권을 보험자에게 양도하는 것을 무엇이라 하는가?

① 배상책임손해  ② 위부  ③ 대위  ④ 구조비

**해설** 위부에 대한 설명이다.

**67** 상업송장을 보충하는 역할을 하며, 포장단위별로 가격을 제외하고 수량과 순중량, 총중량, 용적, 화인, 포장의 일련번호 등을 기재하는 서류로 옳은 것은?

① Commercial Invoice  ② Certificate of Origin
③ Packing List  ④ Air Waybill

**해설** 포장명세서(Packing List)에 대한 설명이다.
▶ Commercial Invoice : 상업송장  ▶ Certificate of Origin : 원산지증명서

**68** 품질(Quality)조건에 대한 설명으로 옳은 것은?

① 선박, 운반기계 등은 견본품에 의한 매매를 한다.
② 대부분의 물건은 현품에 의한 매매를 주로 한다.
③ 등급에 의한 매매에는 보세창고도거래(BWT)가 있다.
④ 표준품 매매에는 FAQ, USQ, GMQ가 있다.

**해설** ① 선박, 운반기계 등은 명세서에 의한 매매를 한다.
② 대부분의 물건은 계약서에 의한 매매를 주로 한다.
③ 등급에 의한 매매에는 규격에 의한 매매(sales by grade)가 있다.

**69** 신용조회(Credit Inquiry)에 대한 설명으로 옳지 않은 것은?

① 3C's는 Capital, Capacity, Character이다.
② 거래처의 주거래은행에 의뢰할 수 있다.
③ 거래 위험요소를 사전에 예방하기 위해 신용조회가 필요하다.
④ 신용조회 시, 제공된 정보는 모두에게 공개한다고 약속한다.

**해설** 신용조회 시, 제공된 정보가 공개될 경우 해당 기업체의 비밀 등이 공개되어 좋지 못한 영향을 줄 수 있으므로 비공개를 원칙으로 하고 있다.

**70** 항공화물운송장(Air Waybill)에 대한 설명으로 옳지 않은 것은?

① 유가증권이다  ② 비유통성이다  ③ 기명식이다  ④ 수취식이다

**해설** 항공운송장은 배서에 의한 제3자 양도가 불가능하므로 유가증권이 아니다.

**정답** 66.② 67.③ 68.④ 69.④ 70.①

## 71 협회적화약관에 대한 설명으로 옳지 않은 것은?

① A/R은 보험료가 가장 고율이며 손해보상 범위가 가장 넓다.
② WA는 단독해손에 의한 손해는 보상하지 않는다.
③ ICC(B)는 종래의 WA의 담보위험이 명확하지 않았던 것을 보완한 조건이다.
④ FPA는 공동해손에 의한 손해는 보상한다.

**해설** WA는 단독해손까지 담보하는 약관이다.

## 72 전 세계 은행과 금융기관들이 외환거래 등에서 각종 메시지를 안전하고 확실하게 교환할 수 있게 해주는 통신망은?

① EDI    ② SWIFT    ③ EXTRANET    ④ BOLERO

**해설** SWIFT에 대한 설명이다.
▶ EDI : 전자문서교환    ▶ EXTRANET : 인터넷과 인트라넷을 결합시킨 시스템

## 73 보험 관련 용어에 대한 설명으로 옳은 것은?

① Insurance Premium : 위험부담에 대한 대가로서 피보험자에게 납부하는 금액
② Insured Amount : 피보험이익을 경제적으로 평가한 금액
③ Insurable Value : 보험자가 부담하는 보상책임의 최고 한도액
④ Policy Holder : 자기명의로 보험료를 부담하는 사람

**해설**
① Insurance Premium : 보험계약의 체결을 대가로 보험계약자가 지불해야 하는 금액, 보험료
② Insured Amount : 보험자가 부담하는 보상책임의 최고 한도액, 보험금액
③ Insurable Value : 피보험이익을 경제적으로 평가한 금액, 보험가액

## 74 무역계약의 기본조건으로 다음 내용이 포함되는 것은?

Drafts, irrevocable Letter of Credit, at sight, full invoice value

① Orders    ② Payment    ③ Quotations    ④ Shipment

**해설** 환어음, 취소불능신용장, 일람출급, 전체 송장 금액
지급조건(Payment)에 삽입되는 내용이다.

## 75 우리나라 무역관리를 위한 3대 법규를 옳게 나열한 것은?

① 대외무역법-무역관리법-관세법
② 대외무역법-외국환거래법-관세법
③ 국제물품매매법-무역결제법-국제상사중재법
④ 국제물품매매법-국제운송법-무역보험법

**해설** 해설 생략

**정답** 71.② 72.② 73.④ 74.② 75.②

## 제115회 3급 기출해설
### (2019년 제2회)

## 01 영문해석

**01** 선적조건이 다음과 같이 기재된 경우, 허용되는 선적기간에 대한 해석으로 옳은 것은?

> "Shipment shall be effected on or about April 15, 2019"

① 4월 10일에서 4월 20일까지
② 4월 10일에서 4월 21일까지
③ 4월 11일에서 4월 20일까지
④ 4월 11일에서 4월 21일까지

 on or about은 양단일을 포함하여 5일 전후까지의 기간(총 11일)을 의미하므로 4월 10일에서 4월20일까지를 말한다.

※ [2-3] SWIFT 신용장의 일부 내용을 보고 물음에 답하시오.

| Except so far as otherwise expressly stated, this export credit is subject to the UCP 600 (2007 revision), ICC Publication No. 600. | |
|---|---|
| /27: sequence of total | : 1/1 |
| /40A: form of documentary credit | : IRREVOCABLE |
| /20: documentary credit number | : M061212345678 |
| /31C: date of issue | : FEB.15.2019 |
| /31D: date and place of expiry | : APR.15.2019 KOREA |
| /50: applicant | : CHAO HAO CO., LTD. 5631, HONG KONG, CHINA |
| /59: beneficiary | : SANGGONG CO., LTD. 123-45, JUNG-GU, SEOUL, KOREA |
| /32B: currency code amount | : USD 300,000.00 |
| /39A: pct credit amount tolerance | : 10/10 |
| /46A: documents required<br>+ SIGNED COMMERCIAL INVOICE IN QUINTUPLICATE<br>+ PACKING LIST IN TRIPLICATE<br>+ FULL SET OF CLEAN ON BOARD OCEAN BILLS OF LADING MADE OUT TO THE ORDER OF HONG KONG BANK MARKED FREIGHT COLLECT AND NOTIFY APPLICANT<br>+ CERTIFICATE OF ORIGIN IN TRIPLICATE | |

**정답** 01.①

**02** 위의 신용장의 내용과 관련이 없는 것은?

① 신용장의 유효기간은 두달이다.
② 신용장 금액의 과부족을 허용하고 있다.
③ 적용하는 신용장 통일규칙은 UCP 600이다.
④ 신용장 유효기일은 수입업자 국가를 기준으로 한다.

해설 (/50)홍콩의 수입업자가 개설의뢰인이고 (31/D)신용장의 유효기일은 한국에서 2019.4.15에 종료된다. 신용장 유효기일은 수출업자 국가를 기준으로 하고 있다.

**03** 발행되어야 하는 상업송장의 부수는?

① 3부    ② 4부    ③ 5부    ④ 6부

해설
▶ IN QUINTUPLICATE : 5부로    ▶ IN QUADRUPLICATE : 4부로
▶ IN SEXTUPLICATE : 6부로

**04** 다음 빈 칸 안에 들어갈 알맞은 단어는?

( ) means the bank that adds its confirmation to a credit upon the issuing bank's authorization or request.

① Advising bank        ② Collecting bank
③ Reimbursing bank     ④ Confirming bank

해설 ( )이라 함은 개설은행의 수권 또는 요청에 따라 신용장에 확인을 추가하는 은행을 말한다.
– 확인은행(Confirming bank)에 대한 정의이다.

**05** 영어 명칭을 올바르게 해석한 것은?

① Packing List – 포장검사서
② Certificate of Inspection – 검사증명서
③ Customs Invoice – 영사송장
④ Air Waybill – 해상운송장

해설
▶ Packing List : 포장명세서    ▶ Customs Invoice : 세관송장    cf. Consular Invoice : 영사송장
▶ Air Waybill : 항공운송장    cf. Sea Waybill : 해상운송장

02.④  03.③  04.④  05.② **정답**

**06** James가 마지막에 할 말로 가장 적절한 것은?

> James: This is Horizon Co., Ltd. How may I help you?
> Steve: Hello. My name is Steve Clark from Steel Soft. I am trying to reach Seung-hoon Choi, please.
> James: I'm sorry, but he just stepped out.
> Steve: Then, could you ask him to call me back when he comes back?
> James: Sure. Does he have your number?
> Steve: Yes, he does. But let me give you my number. It's 2690-1683.
> James: _____.

① OK. Are you ready?
② It takes so long. I will call you later.
③ Let me transfer you to him now.
④ OK. I will ask him to return your call.

**해설**

> 제임스 : ㈜호라이즌입니다. 무슨 일이신가요?
> 스티브 : 여보세요. 저는 스틸소프트 사의 스티브 클라크입니다. 최승훈 씨 연결 부탁합니다.
> 제임스 : 죄송합니다만, 그는 방금 나갔는데요.
> 스티브 : 그러면, 그가 돌아오면 제게 전화해달라고 부탁드려도 될까요?
> 제임스 : 알겠습니다. 그가 당신의 번호를 알고 있나요?
> 스티브 : 네, 알고 있습니다. 하지만 제 번호를 드릴게요. 2620-1683입니다.
> 제임스 : _____

①「좋습니다. 준비되었습니까?」
②「시간이 많이 걸립니다. 나중에 전화 드리겠습니다.」
③「그에게 바로 연결해 드릴게요.」
④「네, 당신 쪽으로 전화하라고 부탁해 놓을게요.」

※ [7~8] 다음 서한을 읽고 물음에 답하시오.

> We received these goods here on September 22.
> (가) <u>For your reference</u>, we are enclosing some photos taken as a proof for the damaged goods.
> (나) Therefore, we would request you to ship the substitutes for the damaged goods by September 30.
> (다) After a careful examination of them, we discovered that 5 screens are in damaged condition.
> (라) These damages are obviously due to defective packing of the goods.
> We would appreciate your immediate attention to correct this matter.

정답  06.④

**07** 위 서한을 순서대로 가장 적절히 나열한 것은?

① (다)-(라)-(가)-(나)  ② (다)-(가)-(나)-(라)
③ (라)-(가)-(다)-(나)  ④ (라)-(다)-(가)-(나)

당사는 9월 22일 이 물품들을 받았습니다.
(가) <u>귀사의 참조를 위해서</u>, 당사는 손상된 물품의 증거로서 찍은 사진을 몇 장 동봉합니다.
(나) 그러므로, 당사는 9월 30일까지 손상물품의 대체 물품을 보내주실 것을 요청합니다.
(다) 이들을 주의깊게 검사해보니, 5개의 스크린이 손상된 상태였습니다.
(라) 이 손상은 명백히 물품의 불량 포장 때문입니다.

- 선지 ①번이 가장 자연스런 흐름이다.
▶ obviously : 명백히, 뚜렷하게    ▶ defective packing : 포장불량

**08** 위 서한의 밑줄 친 부분의 뜻으로 가장 적절한 것은?

① 귀사의 추천으로         ② 귀사가 언급한 것처럼
③ 귀사에게 문의드리기 위해서   ④ 귀사의 참조를 위해서

 위 07번 해석 참조

**09** 다음 중 선하증권 기재사항이 바르게 번역된 것은?

① Consignor : 수화인          ② Revenue Tons : 운임톤
③ Laden on Board Date : 발행일  ④ Port of Discharge : 선적항

▶ Consignor : 송화인 ↔ Cosignee : 수취인(수하인)
▶ Laden on Board Date : 본선적재일   ▶ Port of Discharge : 양륙항

**10** 다음의 운송용어 약어를 틀리게 표현한 것은?

① THC : Terminal Handling Charge  ② PSI : Partial Shipment Inspection
③ BAF : Bunker Adjustment Factor  ④ CAF : Currency Adjustment Factor

▶ PSI(Pre-Shipment Inspection) : 선적전 사전검사

07.① 08.④ 09.② 10.② **정답**

**11** 밑줄 친 부분을 올바르게 번역한 것은?

> The award rendered by the arbitrators shall be final and binding upon both parties concerned.

① 중재인들에 의하여 해결된 타협    ② 중재인들에 의해서 주어진 상
③ 중재인들에 의해서 제시된 조정안    ④ 중재인들에 의하여 내려지는 판정

 중재인들에 의하여 내려지는 판정은 최종적이며 관련 당사자들을 구속한다.

▶ PSI(Pre-Shipment Inspection) : 선적전 사전검사

**12** 다음 밑줄 친 부분과 바꾸어 쓸 수 있는 표현을 고르면?

> All banking commissions and charges are for account of beneficiary.

① at the risk of    ② by reason of
③ at the cost of    ④ for the use of

 모든 은행 수수료와 요금은 수익자의 부담으로 한다.

▶ for account of : ~의 비용으로(at the cost of), ~을 위하여
▶ at the risk of : ~의 위험을 무릅쓰고    ▶ by reason of : ~의 이유로
▶ for the use of : ~의 요구에 따라

※ [13~14] 다음 서한을 읽고 물음에 답하시오.

> We are glad to accept your offer of August 3 for 500 refrigerator units at ¥1,000.00 per unit, FOB Incheon for October shipment. ①To confirm this business, we are enclosing our Purchase Note No. 1021 together with the copies of relative information. ②To reimburse, we ③have arranged with our bankers for an irrevocable Letter of Credit to be opened in your favor.
> Since this business is very important to both of us, we would like you to ④give it your best attention.
>
> Enclosed: 1 Purchase Note No. 1021
> 　　　　　1 Copy of Relative information

**13** 위 서한의 의도로 적절한 것은?

① 확정 청약을 위한 무역계약서 송부   ② 승낙 확인을 위한 구매서 동봉
③ 주문 승낙 후 주문서 동봉    ④ 신용장 개설을 위한 구매계약서 요청

정답　11.④　12.③　13.②

해설  당사는 FOB 인천, 10월 선적을 조건으로 하여 개당 1천 엔짜리 500대의 냉장고 부품에 대한 귀사의 8월 3일자 청약을 승낙합니다. 이 거래의 ①확인을 위해, 당사는 관련 정보 자료와 함께 구매서 No.1021을 동봉합니다. ②상환을 위해, 당사는 귀사를 수익자로 하는 취소불능신용장을 개설할 것을 ③당사의 거래 은행에 준비시켰습니다. 이 거래는 양쪽 모두에게 매우 중요하므로, ④최선의 주의를 기울여 주시길 바랍니다.
— 매도인의 청약에 대해 매수인이 승낙 확인을 위한 구매서를 동봉하면서 작성한 서신이다.

## 14 밑줄 친 ① ~ ④의 뜻으로 바르지 않은 것은?

① 확인하기 위하여
② 개설하기 위하여
③ 당사의 은행과 협의하였다
④ 최대한 배려를 하다

해설 — 상기 13번 해석 참조

## 15 다음 영어를 우리말로 잘못 번역한 것을 고르시오.

① Please insure against ICC(A) for US $500,000.00 on the shipment by S/S "Hanbada".
→ "한바다" 선박의 적재 화물에 대해 ICC(A)조건으로 50만 달러의 보험을 부보하십시오.

② Your order will be shipped on M/S "Evergreen" leaving New York on or about May 1.
→ 귀사의 주문품이 5월 1일 경에 뉴욕에 도착예정인 "Evergreen"호에 선적될 것입니다.

③ As they have settled the account on time, we believe they are good for this amount.
→ 그들이 제때에 결제해 왔기 때문에 당사는 그들이 이 금액을 지급할 수 있다고 믿습니다.

④ Our cellular phones are second to none in appearance and performance.
→ 당사의 휴대폰은 겉모양과 성능 면에서 최고입니다.

해설 ② 귀사의 주문품이 5월 1일 경에 뉴욕을 **출항예정인** "Evergreen"호에 선적될 것입니다.

## 16 다음 중 클레임 제기의 사유가 다른 하나는?

① You have not sent us all the goods we ordered, and the following are missing.
② Checking the goods, we found that some items were not packed.
③ To our regret, the case contains only 10 forks instead of 12 entered on the invoice.
④ You have delivered the goods below the standard we expected from the samples.

14.② 15.② 16.④ **정답**

해설
① 「귀사는 당사가 주문한 모든 물품을 보내지 않았으며, 다음 물품도 없습니다.」
② 「물품을 검사해보니, 몇 개 품목이 포장이 되어 있지 않았습니다.」
③ 「유감스럽게도, 포장에는 송장에 기입된 12개 대신에 10개의 포크만 들어 있습니다.」
④ 「귀사는 당사가 견본에서 기대했던 표준보다 아래의 물품을 보내왔습니다.」
- 선지 ④번을 제외하고는 모두 물품의 누락에 대하여 클레임을 제기하는 내용들이다.

※ [17~18] 다음 문장의 해석으로 가장 옳은 것을 고르면?

**17** Enclosed you will find our check for US $20.00 covering the sample you sent to us.

① 귀사께서는 당사가 보낸 견본을 결제할 미화 20달러의 수표를 첨부해 주세요.
② 귀사가 보낸 견본에 대한 대금 미화 20달러의 수표를 동봉합니다.
③ 귀사는 당사가 동봉한 수표 20달러가 견본에 대한 결제금액임을 알 것입니다.
④ 귀사는 당사가 보낸 견본에 대하여 미화 20달러의 수표로 결제해 주세요.

해설
▶ Enclosed you will find : ~을 동봉하다
▶ covering the sample : 견본을 결제할

**18** Export packing will be charged at the lowest possible prices, but there is no charge for the individual packing.

① 수출포장은 가장 낮은 가격을 부과하기 때문에 개별포장은 어렵습니다.
② 수출포장은 최저가격을 요구할 것이며, 개별포장은 요구하지 않을 것입니다.
③ 수출포장은 개별포장을 포함하지 않으므로 가장 낮은 가격을 수수료로 책정할 것입니다.
④ 수출포장은 최저가격으로 청구될 것이며, 개별포장은 무료입니다.

해설
▶ charge : 청구하다, 부과하다
▶ at the lowest possible prices : 가능한 최저가격으로

**19** 다음 서신은 무엇에 대한 내용인가?

> We have arranged with the New York Bank for an irrevocable credit in your favor for US $770,000.00 covering the amount of our order No. 543. The advising bank, HSBC Bank in your city, will send you the L/C within several days. We would request you to attach the relative documents to your sight draft when negotiating it through your bankers.

① 수출상이 수입상에게 환어음 결제를 요청하는 서한
② 개설은행이 수출상에게 신용장 개설을 통지하는 서한
③ 수입상이 수출상에게 신용장 개설을 통지하는 서한
④ 통지은행이 수출상에게 환어음 결제를 요청하는 서한

정답  17.②  18.④  19.③

**해설**  당사는 당사의 주문서 No.543의 금액을 결제할 770,000달러짜리 취소불능신용장을 귀사를 수익자로 하여 취소불능신용장을 개설하라고 뉴욕은행에 준비시켰습니다. 귀 도시의 통지은행인 HSBC은행이 수일 내로 이 신용장을 귀사에게 송부할 것입니다. 귀사의 거래은행을 통하여 매입의뢰 시 귀사의 일람출급 환어음에 관련 서류를 첨부해 주시기 바랍니다.

수입상이 수출상에게 신용장 개설을 통지하는 서한이다.

**20**  다음 우리말을 영어로 잘못 옮긴 것을 고르시오.

① 신속히 회답해 주시면 감사하겠습니다.
   → We thank you for your ready reply.
② 당사는 귀사의 확인회신을 고대하고 있습니다.
   → We are looking forward to your confirmation reply.
③ 당사는 6월 9일자 귀사 서한에 대한 회답이 늦은데 대하여 사과드립니다.
   → We apologize you for the delay in replying to your letter of June 9.
④ 당사는 가장 유리한 가격을 확보할 수 있습니다.
   → We are in a position to secure the most favorable price.

**해설**  ① 신속한 회답에 감사합니다.

**21**  다음 서신의 밑줄 친 부분의 해석으로 틀린 것은?

> ①Refer to File No. 432
>
> ②Moon Electric Power, Inc.
>   333 Mesa Place
>   Las Cruces, New Mexico 54321
> ③ATTN: Jack Williams
> Dear Jack Williams
>                 ④Re: Order No. 1275
> We are pleased to acknowledge your letter of January 5, accepting our counter offer of January 3.
> We have the gladness to give you an order for 1,000 sets of Electric Induction Stovetops Model AA-555, and now enclose our order No. 1275. We trust that you will find the particulars of our order correct in every respect.

① 파일번호 제432호를 참조하시기 바랍니다.
② 수신인 회사명은 Moon Electric Power, Inc.이다.
③ Jack Williams씨 앞
④ 재주문 번호 1275

**해설**  ④ 참조 : 주문번호 1275    cf. Re : Reference(참조)

20.① 21.④  **정답**

**22** 다음 내용과 일치하지 않는 것은?

> Order now and receive a 15% discount!
> Korea Soft just published PC Software Market Report 2019.
> Korea's software market is the second largest after the U.S., importing US $3 billion of software each year.
> The report discusses the market overview, industry structure, trends and opportunities and challenges for overseas software developers. The table of contents is available at www.getglobal.com.
> If you order the report by Feb. 10, you'll receive a 15% discount.
> Order now online, by fax or mail and take advantage of this special offer!
> For questions or additional information, please contact info@getglobal.com.

① 코리아 소프트에서는 PC소프트웨어 시장 리포트 2019년을 막 발간하였다.
② 한국의 소프트웨어 시장은 미국보다 더 크다.
③ 한국은 매년 30억 달러 상당의 소프트웨어를 수입한다.
④ 목차는 www.getglobal.com에서 볼 수 있다.

지금 주문하시고 15% 할인을 받으세요!
코리아소프트는 이제 막 PC 소프트웨어 마켓 레포트 2019년 판을 발행했습니다. 한국의 소프트웨어 시장은 매년 30억 달러어치를 수입하는, 미국 다음 가는 두 번째로 큰 시장입니다. 이 보고서는 해외 소프트웨어 개발자들을 위한 시장 개요, 산업구조, 경향과 기회 그리고 도전을 다루고 있습니다. 목차는 www.getglobal.com에서 보실 수 있습니다. 귀사가 본 보고서를 2월 10일까지 주문할 경우, 15%의 할인을 받을 수 있습니다. 지금 온라인, 팩스 또는 이메일로 주문하시고 이 특별한 제공에 따른 혜택을 누리십시오. 질문이나 추가 정보가 필요하시면 info@getglobal.com으로 연락주세요.

– 한국의 소프트웨어 시장은 미국에 이어 두 번째로 크다.

**23** 다음 문장의 해석으로 올바른 것을 고르시오.

> Please let us know whether you have stock of them, and how long it will take you to ship in case of sold out.

① 동 상품의 재고가 있는지 여부와 매진된 경우 선적하기 위해 얼마나 걸릴 것인지를 알려 주시기 바랍니다.
② 동 상품의 재고 또는 귀사가 품절될 때까지 판매하는 경우 얼마나 걸리는지 선적할 수 있도록 알려주시기 바랍니다.
③ 귀사께서 얼마나 오랫동안 재고를 가지고 있는지 여부와 선적을 하기 위해 귀사 판매 방법을 알려 주시기 바랍니다.
④ 동 상품의 재고를 얼마나 오랫동안 가지고 있는지 여부와 판매가 늦어지는 경우 선적하기 위해 얼마나 걸리는지를 알려주시기 바랍니다.

▶ in case of sold out : 품절되는 경우

**정답** 22.② 23.①

**24** 밑줄 친 부분과 의미가 같은 것을 고르시오.

> In these circumstances, we deeply regret that <u>we have no alternative but to</u> accept your order cancellation.

① we have no choice to
② there is no other way than to
③ we have no difficulty to
④ it is impossible for us to

| 이러한 상황에서, 당사는 귀사의 주문 취소를 수락할 수 밖에 없어서 매우 유감입니다. |

▶ no alternative but to(no choice but to) : ~하는 수밖에 없다(no other way than to)

**25** 다음 서한을 읽고 서한의 의도가 맞은 것을 고르시오.

> We found that the credit amount is US $100,000.00 only. This is not correct because you placed an additional order of US $20,000.00's worth of women's sportswear. The time of shipment is fast approaching and we have to request you to increase the credit amount to US $120,000.00 to ensure punctual shipment as contracted.

① Asking for amendment of the L/C
② Asking for extending shipping date
③ Request for opening an L/C
④ Asking for amendment of additional order

신용장 금액이 10만 달러 밖에 안 됩니다. 귀사가 여성용 스포츠 웨어를 2만 달러어치를 추가 주문했기 때문에 이것은 잘못된 것입니다. 선적일이 빠르게 다가오고 있어서 계약대로 선적일을 정확히 하기 위해서는 신용장 금액을 12만 달러로 증액해 줄 것을 요청합니다.

– 신용장의 금액을 변경해달라고 요청하는(Asking for amendment of the L/C)서신이다.

## 02 영작문

**26** 괄호 안에 들어갈 수 없는 표현은?

> 이 주문을 2019년 4월 24일까지 이행해 주십시오.
> Please (　　　　) this order until April 24, 2019.

① execute　　② fulfill　　③ place　　④ carry out

place에는 '이행하다'라는 의미가 없다
▶ place order : 주문을 하다

24.②　25.①　26.③　**정답**

**27** 보험관련 용어의 영어표현으로 옳은 것은?

① 현실전손 – Constructive Total Loss
② 추정전손 – Actual Total Loss
③ 특별분손 – Particular Average
④ 공동해손 – General Average

해설
▶ Constructive Total Loss : 추정전손   cf. Actual Total Loss : 현실전손
▶ Particular Average : 단독해손

**28** 다음 용어의 올바른 영어표현은?

① 부도수표 – Defective Check
② 대금청구서 –Credit Note
③ 기한 경과 부채 –Overdue Debt
④ 송금수표 –Protested Check

해설
▶ dishonored check : 부도수표   ▶ invoice : 대금청구서
▶ money order : 송금수표

**29** 괄호에 들어갈 표현으로 옳은 것은?

> The words "from" and "after" when used to determine a maturity date (      ) the date mentioned.

① exclude         ② include
③ extend          ④ contain

환어음의 만기일을 결정하는데 "from" 그리고 "after"가 사용되는 경우 해당 일자는 (exclude : 제외한다).

**30** ⓐ~ⓓ에 들어갈 단어를 순서대로 나열한 것은?

> Complying with the terms of payment, we have drawn a draft ( ⓐ ) your bank ( ⓑ ) 30 d/s ( ⓒ ) US $3,450,000.00 ( ⓓ ) L/C No. 12/80001 with attached documents, and have negotiated it through the Korea Exchange Bank in Seoul, Korea.

① ⓐon, ⓑfor, ⓒat, ⓓunder
② ⓐon, ⓑat, ⓒfor, ⓓunder
③ ⓐfor, ⓑon, ⓒunder, ⓓat
④ ⓐfor, ⓑunder, ⓒon, ⓓat

정답   27.④   28.③   29.①   30.②

지급조건에 맞추어서, 당사는 3,450,000 달러짜리 신용장 No.12/80001에 따라 서류를 첨부하여 귀 은행을 지급인으로 하는 일람 후 30일 출급 환어음을 발행하였으며, 한국 서울에 있는 한국외환은행을 통하여 이를 매입의뢰하였습니다.

▶ draw a draft on : ~을 지급인으로 하여 어음을 발행하다.
▶ at 30d/s(at 30days after sight) : 일람 후 30일 출급의

[31~33] 다음 서신을 읽고 물음에 답하시오.

> Your letter of April 15 pointing out our mistake was a serious shock to us.
> We at once (가)조사하였다 the matter at our shipping department and found that one of our workers had mistakenly shipped 50 Refrigerator Model 90 instead of Model 80. We will of course (나)교체하다 them with Model 80 by the first available vessel.
>
> As for Model 90, we will (다)부담하다 all expenses you (라)지불하다 in shipping them back to us.
> We hope you would forgive us (A)당사는 이 문제를 잘 처리하도록 노력할 것이기 때문에.

**31** 위 서신에 나타난 클레임 사유로 적절한 것은?

① inferior quality  ② short shipment
③ wrong shipment  ④ misdescription

당사의 잘못을 지적하는 귀사의 4월 15일자 서신은 당사에 심대한 충격을 주었습니다. 당사의 선적부에 이 문제를 즉시 (가)조사하였는데 당사의 직원 중 하나가 Model 80 대신에 Model 90 냉장고 50대를 실수로 선적을 하였습니다. 당사는 당연히 가장 먼저 이용할 수 있는 선박으로 Model 80으로 이들을 (나)교체하겠습니다. Model90에 대해서는 귀사가 (라)지불하는 모든 비용을 당사가 (다)부담할 것이니 당사에 반송해 주시기 바랍니다. (A)당사는 이 문제를 잘 처리하도록 노력할 것이기 때문에 용서해 주시기 바랍니다.

– 선적 잘못(wrong shipment)에 대해 사과하는 서신이다.
▶ inferior quality : 불량품   ▶ short shipment : 부족 수량의 선적
▶ misdescription : 미비한 기록(기술), (계약의)오기   ▶ mistakenly : 실수로

**32** 위 서신의 (가)~(라)에 들어갈 표현으로 옳지 않은 것은?

① (가) : examined  ② (나) : revise
③ (다) : bear      ④ (라) : pay

▶ replace : 교체하다   ▶ revise : 수정하다

31. ③  32. ②  정답

## 33 위 서신의 (A)를 영작할 때 바른 것은?

① as we will try to settle this matter
② as we will try to go through this matter
③ as we will try to acknowledge this matter
④ as we will try to compensate for the matter

**해설** ①「당사는 이 문제를 잘 처리하도록 노력할 것이기 때문에」
②「당사는 이 문제를 잘 검토하려고 노력할 것이기 때문에」
③「당사는 이 문제를 잘 이해하려고 노력할 것이기 때문에」
④「당사는 이 문제를 잘 보상하려고 노력할 것이기 때문에」

## 34 다음 문장을 영작할 때 사용할 수 있는 단어로 어색한 것은?

"당사는 귀사에게 신용장의 유효기간과 선적기일을 각각 2주일씩 연장해주실 것을 요청합니다."

> We would like to ① ㉠ you to ② ㉡ the shipping date and the credit ③ ㉢ by two weeks ④ ㉣ .

① ㉠ ask
② ㉡ expire
③ ㉢ validity
④ ㉣ respectively

**해설** ㉡에는 extend(연장하다)가 와야 한다.
▶ expire : [기한이] 만료되다
▶ respectively : 각각

※ [35~36] 다음을 영작하기 위해 ( ) 안의 내용을 적절하게 순서대로 배열한 것을 고르시오.

## 35 당사는 이 신용장 원본이 귀사로 직접 발송되었다는 통보를 받았습니다.
→We (                    ).

> (1) the original
> (2) directly to you
> (3) had been forwarded
> (4) are informed that
> (5) of this credit

① (3)-(1)-(5)-(4)-(2)
② (3)-(2)-(4)-(1)-(5)
③ (4)-(1)-(5)-(3)-(2)
④ (4)-(2)-(1)-(5)-(3)

**해설** We (are informed that the original of this credit had been forwarded directly to you).

**정답** 33.① 34.② 35.③

**36** 귀사가 회답주신 모든 정보는 극비에 부칠 것임을 약속드립니다.
→ We assure you that (                    ).

> (1) you give us
> (2) confidence
> (3) in the strictest
> (4) any information
> (5) will be kept

① (2)-(1)-(5)-(3)-(4)  ② (2)-(5)-(3)-(4)-(1)
③ (4)-(1)-(5)-(3)-(2)  ④ (4)-(5)-(3)-(2)-(1)

 We assure you that (any information you give us will be kept in the strictest confidence).

**37** 밑줄 친 빈 칸에 들어갈 표현으로 적절하지 않은 것은?

> Thank you for the order of Laptop Computers, which is now being processed. We should inform you, however, that _____ the flood at our county it will be difficult for us to send your goods by the date stipulated.
> We regret this, and would ask you to extend your L/C to October 10, so that we can make shipment as soon as the flood stops.

① owing to         ② due to
③ on account of    ④ in spite of

해설 현재 잘 진행되고 있는 랩톱 컴퓨터의 주문에 대해 감사합니다. 그러나 당사는 우리나라의 홍수로 **인해** 규정된 날짜까지 귀사의 물품을 보내기 어렵다는 것을 말씀드립니다. 당사는 이에 유감이고, 홍수가 멈추는 대로 선적을 할 수 있게끔 귀사의 신용장의 유효기간을 10월 10일로 연장해 주실 것을 요청합니다.

▶ owing to[due to, on account of] : ~ 때문에, ~에 기인하여
▶ in spite of : ~에도 불구하고

**38** 다음을 영작할 때 ( )에 들어갈 말이 순서대로 올바르게 나열된 것은?
"미화 3,500달러의 청구서는 지급 기일이 90일 경과하고 있습니다. 9월 20일까지 3,500달러 전액을 송금해 주십시오."

> Your bill of US $3,500.00 is ( ㉠ ) by 90 days. Please ( ㉡ ) US$3,500.00 in full by September 20.

① ㉠outdated    - ㉡defer    ② ㉠overcharged - ㉡transfer
③ ㉠outstanding - ㉡refer    ④ ㉠overdue     - ㉡remit

정답  36.③  37.④  38.④

현재 잘 진행되고 있는 랩톱 컴퓨터의 주문에 대해 감사합니다. 그러나 당사는 우리나라의 홍수로 **인해** 규정된 날짜까지 귀사의 물품을 보내기 어렵다는 것을 말씀드립니다. 당사는 이에 유감이고, 홍수가 멈추는 대로 선적을 할 수 있게끔 귀사의 신용장의 유효기간을 10월 10일로 연장해 주실 것을 요청합니다.

▶ overdue : 기한을 넘긴 ▶ outdated : (더 이상 쓸모가 없게)구식인
▶ overcharged : 과다청구한 ▶ outstanding : 미불잔액(외상값) ▶ remit : 송금하다
▶ defer : 미루다, 지연하다

[39~40] 다음 서한을 읽고 물음에 답하시오.

> We thank you very much for your firm offer of July 25 for five hundred (500) refrigerator units, but your offer price is a little (가)비싼 compared with that of other suppliers. You must remember that competition (나)이 업종에서 is so much (다)치열한 that unless you make the unit price ¥1,000.00 rather than ¥1,100.00 per unit, we cannot accept your offer as you requested.
> Your kind (라)할인 will enable us to introduce your goods to our market. We are looking forward to your confirmation.

**39** 상기 서한의 의도는 무엇인가?
① to accept the firm offer    ② to ask for price reduction
③ to acknowledge the order   ④ to request new supplier

 냉장고 500대에 대한 귀사의 7월 25일자 확정오퍼를 잘 받았습니다만, 귀사의 제시 가격이 다른 공급업체에 비해 다소 (가)비쌉니다. (나)이 업종에서의 경쟁이 매우 (다)치열하다는 것을 아셔야 합니다. 개당 1,100엔보다는 1,000엔으로 해주지 않으면, 당사는 귀사의 요청하신 청약을 승낙할 수 없습니다. 귀사의 물품을 당사의 시장에 소개할 수 있도록 (라)할인해주시기 바랍니다. 귀사의 확인을 기다립니다.

① 확정오퍼를 승낙하기 위하여   ② 가격 할인을 요청하기 위하여
③ 주문을 확인하기 위하여       ④ 신규 공급업체 소개를 요청하기 위하여

**40** 위 서한의 (가)~(라)에 들어갈 표현이 잘못된 것은?
① (가)high        ② (나)in this line
③ (다)keen        ④ (라)avoid once

▶ avoid once : 일단 피하기 위해   ▶ discount[reduction] : 할인, 공제
▶ in this line : 이 업종에서

정답  39.②  40.④

**41** 다음 우리말을 영어로 잘못 옮긴 것은?

① 보험가액 : Insurable Value
② 보험금액 : Insured Amount
③ 보험금 : Insurable Interest
④ 보험료 : Insurance Premium

**해설** ▶ Insurable Interest : 피보험이익    cf. 보험금 : insurance claim


**42** 영어로 가장 맞게 영작한 것은?

> 당사는 모든 주문이 제때에 이행될 수 있도록 항상 최선을 다합니다.

① We always try our best to make all orders in time.
② We always carry on all orders in due course with our attention.
③ We always make every efforts to induce all orders in time.
④ We always do our best to execute all orders in due course.

**해설**
①「당사는 모든 주문을 제 때에 할 수 있도록 항상 최선을 다합니다.」
②「당사는 모든 주의를 기울여 정해진 대로 항상 모든 주문을 하겠습니다.」
③「당사는 모든 주물을 제 때에 소개할 수 있도록 항상 최선을 다합니다.」
④「당사는 모든 주문이 제때에 이행될 수 있도록 항상 최선을 다합니다.」


**43** 일반적인 무역 계약의 체결과정으로 옳은 것은?

① Market Research →Circular Letter →Inquiry →Firm Offer →Counter Offer →Acceptance →Contract
② Market Research →Inquiry →Firm Offer →Order →Acknowledgement →Acceptance →Sales Letter
③ Market Research →Inquiry →Firm Offer →Counter Offer → Acceptance →Circular letter →Sales Contract
④ Market Research →Inquiry →Firm Offer →Acceptance →Order →Counter Offer →Contract

**해설** 일반적인 무역 계약은 다음의 과정을 거쳐서 체결된다.
① Market Research(시장조사) →Circular Letter(거래제안서) →Inquiry(조회) →Firm Offer(확정청약) → Counter Offer(반대청약) →Acceptance(승낙) →Contract(계약 체결)

41.③  42.④  43.①  **정답**

## 44 괄호 안에 들어갈 수 없는 표현은?

> 당사는 귀사의 청약을 즉시 승낙할 것입니다.
> We will accept your offer (           ).

① without delay
② at once
③ immediately
④ as requested

**해설** ▶ without delay[at once, immediately] : 즉시   ▶ as requested : 요청하신 대로

※[45] 다음은 전화메시지 내용이다. 읽고 물음에 답하시오.

> I'm afraid we will have to postpone it. Please call me back at 777-1234 <u>면담 일정을 다시 잡을 수 있도록</u>. Thanks.

## 45 밑줄 친 부분의 영작으로 옳은 것은?

① in order for you may rearrange the meeting
② so that we can reschedule the meeting
③ so as to restart the meeting
④ so that we might catch the meeting again

**해설** ① in order for + 명사구(일반명사 또는 동명사)
③「면담 일정을 다시 시작할 수 있도록」
④「면담 일정을 다시 잡을 수도 있도록」
— 선지 ④번의 경우 박스 지문과 해석은 같을 수 있으나 뉘앙스는 다르다. 면담 일정을 다시 잡는 다는 것은 일정을 재조정한다는 의미이므로 단순히 면담 일정을 잡는다는 의미와는 다르다.

## 46 신용장 거래에서 다음 질문에 가장 적합하지 않은 것을 고르시오.

① Who has a primary obligation to effect payment under a Credit? — Issuing Bank
② Who does the exporter forward the documents to? — Beneficiary
③ Under a confirmed Documentary Credit, who gives an undertaking to pay?
   — Issuing Bank and/or Confirming Bank
④ Who applies for the credit to be issued? — Applicant

**정답** 44.④  45.②  46.②

①「신용장에서의 주된 지급 의무자는 누구인가? - 개설은행」
②「수출상은 누구에게 서류를 넘기는가? - 수익자」
③「확인신용장에서, 지급의 의무는 누가 부담하는가? - 개설은행 그리고/또는 확인은행」
④「신용장이 발행되도록 신청하는 사람은 누구인가? - 개설의뢰인」

[47~48] 다음 문장의 ( )안에 알맞은 용어를 고르시오.

**47** The word "( )" means that the B/L must not bear any superimposed clause or notation which expressly declares a defective condition of the goods or the packing.

① clean　　② dirty　　③ foul　　④ unclean

「( ) 란 용어는 선하증권 상에 어떠한 첨가 조항 또는 물품이나 포장에서 불량 상태가 있음을 명백히 밝히는 문언이 없는 것을 말한다.」
- 무사고 선하증권(Clean B/L)에 대한 설명이다.
▶ superimposed clause : 첨가조항, 단서조항

**48** ( ) is the consignment note used for the carriage of goods by air.

① Air Waybill　　　　　　② Sea Waybill
③ Combined Transport Document　　④ Bill of Lading

「( )은 항공기로 물품을 운송할 때 사용되는 탁송장이다.」
- 항공운송장(Air Waybill)에 대한 설명이다.
▶ consignment note : 탁송장　　▶ Combined Transport Document : 복합운송증권

**49** 다음 중 CIF조건과 관련이 없는 내용을 고르시오.

① The seller delivers the goods on board the vessel or procures the goods already so delivered.
② The buyer must contract for and pay the costs and freight necessary to bring the goods to the named place of port.
③ The seller shall clear the goods for export.
④ The seller is required to obtain insurance only on minimum cover.

①「매도인은 물품을 본선에 적재하여 인도하거나 이미 그렇게 인도된 물품을 조달해야 한다.」
②「매수인은 항구의 지정된 장소에 물품을 가져오는데 필요한 비용과 운임에 대한 계약을 하고 지불해야 한다.」- 매수인(buyer)을 매도인(seller)으로 바꿔야 한다.
③「매도인은 수출통관을 해야 한다.」
④「매도인은 최소담보약관으로 보험계약을 체결해야 한다.」

47.① 48.① 49.②　정답

**50** 다음은 일반거래조건협정서의 내용 중 일부이다. 영작할 때 알맞은 표현은?

> 거래는 본인 대 본인으로서 행하기로 한다. 즉, 양 당사자는 각자의 명의와 계산과 책임으로 행하기로 한다.

① Business shall be conducted as principal to principal, i.e., both parties shall do in their own names and on their own account and responsibility.

② Business shall act as agent to agent, i.e., both parties shall be done in their own names and on their own account and responsibility.

③ Business shall be conducted as agent to principal, i.e., both parties shall act in their own names and on their own account and responsibility.

④ Business shall be done as principle to principle, i.e., both parties shall do in their own names and on their own account and responsibility.

**해설**
▶ principal to principal : 본인 대 본인  cf. agent to agent : 대리인 대 대리인
▶ act as : ~의 대리로 하다

## 03 무역실무

**51** 해상운송과 관련된 국제법규가 아닌 것은?

① 하터법  ② 헤이그-비스비 규칙
③ 로테르담 규칙  ④ 몬트리올 협약

**해설** 몬트리올 협약은 국제항공운송계약에 적용되는 협약이다.

**52** 화물의 운송계약을 체결하였음을 증명하고, 화물의 수취증만으로서 기능하는 서류는?

① Commercial Invoice  ② Bill of Lading
③ Air Waybill  ④ Insurance Policy

**해설** 항공운송장(Air Waybill)에 대한 설명이다.
▶ Commercial Invoice : 상업송장  ▶ Insurance Policy : 보험증권

**정답** 50.①  51.④  52.③

**53** 국내 공급업자를 수익자로 하여 개설된 신용장으로 계약물품의 수출을 위한 국내거래에만 사용 가능한 신용장은?

① Confirmed L/C  ② Secondary L/C
③ Stand-by L/C  ④ Red Clause L/C

**해설** 내국신용장(Secondary L/C/ Local L/C/ Domestic L/C)에 대한 설명이다
▶ Stand-by L/C : 보증신용장  ▶ Red Clause L/C : 전대신용장

**54** 주로 대량의 산적화물(Bulk Cargo)에 대하여 운송수요자인 화주의 요청에 따라 특정 시기 및 장소에 맞춰 불규칙적으로 운항하는 선박은?

① Tramper  ② Liner
③ Passenger Ship  ④ Cargo Ship

**해설** 부정기선(Tramper)에 대한 설명이다.
▶ Liner : 정기선  ▶ Passenger Ship : 여객선  ▶ Cargo Ship : 화물선

**55** 중재(Arbitration)에 대한 설명으로 옳지 않은 것은?

① 제3자에 의해 분쟁을 해결하는 방법으로 대법원의 확정판결과 동일한 효력이 있다.
② 단심제로 운영하고 있어 신속하게 문제를 해결할 수 있고 대법원에 상소할 수 있다.
③ 판정결과의 비공개가 원칙이므로 회사의 사업상 비밀이 보장된다.
④ 중재인을 실정에 맞게 전문가로 선정할 수 있다.

**해설** ② 단심제로 운영하고 있어 신속하게 문제를 해결할 수는 있으나 판정에 불복하여 법원이나 대법원에 상고할 수 없다. 중재판정은 최종적이며 그 자체로 법원의 판결과 동일한 효력이 있다.

**56** 환어음의 필수기재사항이 아닌 것은?

① 환어음 표시  ② 무조건 위탁문언
③ 지급인  ④ 환어음 번호

**해설** 환어음 번호는 필수기재사항이 아닌 임의기재사항이다.

[표] 환어음의 기재 사항

| 필수 기재 사항 | 임의 기재 사항 |
| --- | --- |
| ① 환어음의 표시(Bill of Exchange)<br>② 무조건지급위탁문언(unconditional order to pay in writing)<br>③ 금액(문자/숫자) : 화폐의 종류도 표시<br>④ 지급인의 표시/ 지급기일의 표시<br>⑤ 지급지의 표시/ 수취인의 표시<br>⑥ 발행일 및 발행지의 표시<br>⑦ 발행인의 기명날인 또는 서명 | ① 환어음의 번호<br>② 신용장 및 계약서 번호<br>③ 신용장 발행 은행명<br>④ 신용장 번호 및 발행일 |

53.② 54.① 55.② 56.④ **정답**

**57** 수출업자와 수입업자 사이에 지속적으로 거래를 하는 경우에 사용하며 일정 기간이 경과하거나 일정한 금액을 사용하면 자동적으로 갱신되어 재사용할 수 있는 신용장은?

① Transferable L/C  ② Clean L/C
③ Stand-by L/C  ④ Revolving L/C

**해설** 회전신용장(Revolving L/C)에 대한 설명이다.
▶ Transferable L/C : 양도가능신용장  ▶ Clean L/C : 무화환신용장
▶ Stand-by L/C : 보증신용장

**58** 다음 인코텀즈 2010 조건 중 위험이전 시점이 다른 하나는?

① FOB  ② CFR  ③ CIF  ④ CPT

**해설** FOB, CFR, CIF는 모두 해상운송조건이며 본선에 물품을 적재함으로써 인도의 위험이 종료된다. 반면에 CPT는 수출지의 합의된 장소에서 매도인이 지정한 운송인에게 물품을 인도하는 때에 위험이 종료된다.

**59** 다음은 추심과 신용장결제방식의 차이점이다. 잘못된 내용은?

| | 구분 | 추심 결제방식 | 신용장 결제방식 |
|---|---|---|---|
| 1 | 대금지급 책임 | 수입상 | 개설은행 |
| 2 | 서류심사 의무 | 없음 | 있음 |
| 3 | 어음지급인 | 추심은행 | 개설은행 |
| 4 | 사용 방법 | collection | 지급, 인수, 매입, 연지급 |

① 1  ② 2  ③ 3  ④ 4

**해설** 추심 결제방식에서 어음의 지급인(drawee)은 추심은행이 아니라 매수인이다.

**60** 다음 중 동시지급 조건에 해당하는 것을 고르면?

① Red Clause L/C  ② Open Account
③ D/A basis  ④ COD basis

**해설** COD는 현물인도 지급방식으로서 매수인이 현품을 검사하고 이상이 없으면 대금을 지급하고 물품을 인수하는 방식이므로 동시지급조건이다.
▶ Red Clause L/C : 전대신용장  ▶ Open Account : 청산계정  ▶ D/A basis : 추심방식

**정답**  57.④  58.④  59.③  60.④

**61** 다음 운송 서류 중 기본서류에 속하는 것은?

① Certificate of Origin
② Bill of Lading
③ Packing List
④ Inspection Certificate

**해설** 선지 모두는 운송서류에서 기본서류에 속하는 것들이다.

**62** 다음 인코텀즈 2010 중 유일하게 매도인의 물품 양륙의무가 있는 조건은?

① CPT
② DPU
③ DAP
④ DDP

**해설** 인코텀즈 2010 중 유일하게 매도인이 운송수단에서 물품을 양하하여 인도해야 하는 조건은 DAT(Delivered At Terminal) 뿐이다. 참고로 인코텀즈2020에서 DAT는 DPU(Delivered at Place Unloaded, 도착지 양하조건)로 바뀌었다.

**63** 다음이 설명하는 용선계약의 한 방식으로 옳은 것은?

> 선주가 아무런 장비를 갖추지 않은 선체만 빌려 주고 선박의 운항에 필요한 선원, 장비, 소모품 등은 용선자 갖추는 용선계약

① time charter
② voyage charter
③ trip charter
④ bareboat charter

**해설** 나용선계약(bareboat charter)에 대한 설명이다.
▶ time charter : 정기용선계약
▶ voyage charter[trip charter]: 항해용선계약

**64** 다음이 설명하는 용어를 고르면?

> · 피보험이익을 경제적으로 평가한 금액
> · 보험사고 발생 시 피보험자가 피보험이익에 대하여 입은 손해의 한도액
> · 보험에 부보할 수 있는 최고의 한도액

① 보험가액
② 보험금
③ 보험료
④ 보험금액

**해설** 보험가액에 대한 설명이다. 보험금액은 피보험자가 실제로 보험에 가입한 금액을 말하며 보험자가 위험을 인수하는 대가로 지급받는 것을 보험료(Insurance Premium)라고 한다. 손해발생시 실제로 지급받은 금액을 보험금(Insurance Claim)이라고 한다.

**정답** 61. 모두 정답  62. ②  63. ④  64. ①

**65** 다음 중 연계무역이 아닌 것은?

① 물물교환　　　　　　　② 구상무역
③ 대응구매　　　　　　　④ 중계무역

해설　중계무역은 원수출자로부터 물품을 수입하여 제3의 매수인에게 판매하여 중간 차익을 수익으로 하는 형태의 거래이다. 연계무역과는 관련이 없다.

**66** 다음 중 대금지급시기에서 공통점이 없는 것은?

① D/P　　　　　　　　　② O/A
③ CAD　　　　　　　　　④ sight payment L/C

해설　O/A(Open Account ; 청산계정)는 매도인이 물품을 인도 시 대금을 받지 않고 약정한 기일에 한꺼번에 물품 대금을 정산하는 방식이며 외상방식이다. 반면 다른 선지의 대급지급시기는 모두 동시지급방식이다.

**67** 다음 중 용어의 의미가 옳지 않은 것은?

① Commercial Invoice: 영사송장
② Insurance Policy: 보험증권
③ Bill of Lading: 선화증권
④ Certificate of Origin: 원산지증명서

해설　▶ Commercial Invoice: 상업송장　　cf. Consular Invoice : 영사송장

**68** 다음의 영문표현 중 올바른 것을 고르시오

| 인도 불이행 |

① Non-Delivery　　　　　② Delay in Delivery
③ Superior Delivery　　　④ Short Delivery

해설　▶ Non-Delivery : 인도불이행　　▶ Delay in Delivery : 인도지연

**69** 무역 분쟁의 해결 형태 중 당사자들에 의한 해결 방법은 무엇인가?

① 화해(Compromise)　　　② 조정(Mediation)
③ 중재(Arbitration)　　　　④ 소송(Litigation)

해설　화해를 제외하고는 모두 제3자가 개입하여 분쟁을 해결하는 방법이다.

---

정답　65.④　66.②　67.①　68.①　69.①

## 70 초과보험을 나타내는 표현으로 옳은 것은?

① 보험가액 = 보험금액
② 보험가액 > 보험금액
③ 보험가액 < 보험금액
④ 보험가액 ≥ 보험금액

**해설** 초과보험은 보험가액보다 보험금액 큰 경우(보험가액 < 보험금액)를 말한다.
▶ 보험가액 = 보험금액 : 전부보험
▶ 보험가액 > 보험금액 : 일부보험

## 71 다음 중 무역거래의 당사자인 수입상을 칭하는 용어가 아닌 것은?

① Applicant
② Drawer
③ Consignee
④ Buyer

**해설** drawer는 환어음의 발행인을 말하며 수출상(또는 수익자, 매도인)을 이르는 다른 표현이다.

## 72 다음 ( ) 안에 들어갈 주체가 순서대로 나열된 것은?

> Berth Term은 선적과 양륙 비용을 ( )가 부담하는 반면, FI는 선적비용은 ( ), 양륙 비용은 ( )가 부담한다.

① 선주 – 선주 – 용선자
② 선주 – 용선자 – 선주
③ 용선자 – 선주 – 용선자
④ 용선자 – 용선자 – 선주

**해설** Berth Term은 선적과 양륙 비용을 (선주)가 부담하는 반면, FI는 선적비용은 (용선자), 양륙 비용은 (선주)가 부담한다.

## 73 청약과 함께 견본을 송부하여 피청약자가 물품을 점검하고 만족하면 청약이 유효하며 신시장 개척 시 적합한 청약은?

① offer subject to prior sale
② offer subject to final confirmation
③ offer on sale or return
④ offer on approval

**해설** 승인조건부청약(offer on approval)에 대한 설명이다.
▶ offer subject to prior sale : 선착순판매조건부청약
▶ offer subject to final confirmation : 최종확인조건부청약
▶ offer on sale or return : 반품허용조건부청약

**정답** 70.③ 71.② 72.② 73.④

**74** 다음 무역계약의 특성을 잘못 설명된 것은?

① 낙성계약 : 일방의 계약체결을 위한 의사표시인 청약에 대해 승낙하여 성립

② 쌍무계약 : 수출업자는 물품공급의 의무를 부담하고 수입업자는 대금지급 의무를 부담

③ 유상계약 : 수출업자의 물품공급에 대해 수입업자는 물품수령의 의무를 부담

④ 불요식계약 : 무역계약 성립에는 일정한 형식 없이 구두나 서명으로도 계약체결이 가능

**해설** ③ 유상계약 : 거래물품이 무상이 아닌 유상으로서 수출업자가 공급하는 물품에 대해 대금을 지급하는 계약

**75** 다음 중 선화증권의 기능이 아닌 것은?

① 물품 수취증　　　　　　② 운송계약의 추정적 증거

③ 권리증권　　　　　　　④ 운송계약의 확정적 증거

**해설** 선하증권은 운송계약을 체결하고 발급되는 것이 아니라 물품을 선적하면 이를 입증하는 서류로서 발행되는 것이다. 따라서 이는 간접적으로 운송계약의 추정적 증거로 사용되는 것이고, 확정적 증거는 아니다.

정답　74.③　75.④

## 제116회 3급 기출해설 (2019년 제3회)

### 01 영문해석

**01** 문장을 옳게 해석한 것은?

① We regret to learn that you received the inferior and damaged goods.
→ 귀사는 당사가 불량하고 파손된 상품을 받았다는 것을 알게 되어 유감스럽습니다.

② After a careful investigation, we noticed that it occurred in our dispatching department.
→ 당사의 세심한 조사 결과, 그 문제가 당사의 포장 부서에서 일어났다는 것을 알았습니다.

③ We apologize for any inconvenience our mistake may have caused you.
→ 귀사의 실수로 당사를 불편하게 한 것에 대하여 사과를 요구합니다.

④ We hope that this will not influence you unfavorably in the matter of future orders.
→ 당사는 이번 일이 앞으로의 주문에 있어서 불리하게 작용하지 않기를 바랍니다.

 ① **당사**는 **귀사**가 불량하고 파손된 상품을 받았다는 것을 알게 되어 유감스럽습니다.
② 당사의 세심한 조사 결과, 그 문제가 당사의 **발송** 부서에서 일어났다는 것을 알았습니다.
③ **당사**의 실수로 **귀사**를 불편하게 한 것에 대하여 사과를 요구합니다.

01.④ 정답

[2~4] 환어음을 읽고 물음에 답하시오.

---

BILL OF EXCHANGE

NO. 456123　　　　　　　SEPTEMBER 23, 2019　　SEOUL, KOREA

FOR USD 19,200.

AT 60 DAYS AFTER SIGHT OF THIS FIRST BILL OF EXCHANGE (SECOND OF THE SAME ①TENOR AND DATE BEING UNPAID) PAY TO (가)SILLA BANK OR ②ORDER THE SUM OF SAY US DOLLARS NINETEEN THOUSAND TWO HUNDRED ONLY ; ③VALUE RECEIVED AND CHARGE THE SAME TO

④ACCOUNT OF (나)SHANGHAI TRADING LIMITED, SHANGHAI, CHINA DRAWN UNDER (다)SHANGHAI BANK, SHANGHAI, CHINA

L/C NO. M1234606NS0001　　　　DATED AUGUST 30, 2019

TO SHANGHAI BANK　　　　(라)KOREA EXPORTING CO., LTD.

HEAD OFFICE, SHANGHAI

　　　　　　　　　　　　　　　　　　　　　　　　Daehan Seo
　　　　　　　　　　　　　　　　　　　　　　Daehan Seo, President

---

**02** 위 서류에서 (가)~(라)중 payee를 나타내는 것은?

① (가)　② (나)　③ (다)　④ (라)

 환어음의 문구에서 PAY TO(지급하시오)의 뒤에 나오는 은행이 payee(수취인)이며 신용장 거래에서는 통상적으로 매입은행을 지칭한다. 순서대로 표시하면 (가)수취인(매입은행), (나)개설의뢰인(매수인), (다)신용장 개설은행, (라)매도인(수익자)이다.

**03** 위 서류에 대한 설명으로 옳은 것은?

① 위 어음은 sight bill이다.
② Shanghai Bank는 negotiating bank이다.
③ 추심 거래에서의 환어음이다.
④ 위 환어음의 지급인은 Shanghai Bank, Shanghai, China이다.

 ① AT 60 DAYS AFTER SIGHT(일람후 60일 출급)라고 표시되어 있으므로 기한부 환어음이다.
② 상하이은행은 개설은행(issuing bank)이다.
③ 신용장 거래에서의 환어음이다.
▶ sight bill : 일람불 어음

**정답**　02.①　03.④

## 04 밑줄 친 ①~④중 그 의미가 잘못 연결된 것은?

① 어음 기한    ② 주문    ③ 금액    ④ 계정

**해설** ②환어음 상의 order는 누구의 지시에 따라서 지급하라는 의미이다. 즉 PAY TO (가)SILLA BANK OR ②ORDER는 신라은행 또는 신라은행의 지시에 따라 대금을 지급하라는 의미이다.

## 05 밑줄 친 부분의 해석으로 옳은 것은?

> Our payment terms for the first order is by <u>sight draft drawn under an irrevocable L/C opened through the Hana Bank.</u>

① 하나은행을 통해 개설된 일람출급 취소불능 신용장에 의거하여 발행된 환어음
② 하나은행을 통해 개설된 취소가능 신용장에 의거하여 발행된 일람출급 환어음
③ 하나은행을 통해 개설된 취소불능 신용장에 의거하여 발행된 일람출급 환어음
④ 하나은행을 통해 개설된 일람출급 취소가능 신용장에 의거하여 발행된 환어음

**해설** ▶ sight draft : 일람출급 환어음    ▶ irrevocable L/C : 취소불능 신용장

## 06 UCP600에서 다음에 해당하는 서류는?

> i. must appear to have been issued by the beneficiary
> ii. must be made out in the name of the applicant
> iii. must be made out in the same currency as the credit; and
> iv. need not be signed.

① letter of credit         ② bill of lading
③ commercial invoice    ④ insurance policy

**해설** 상업송장(commercial invoice)은
i. 수익자에 의하여 발행된 것으로 보여야 하며
ii. 개설의뢰인 앞으로 작성되어야 하며
iii. 신용장과 동일한 통화로 작성되어야 하고
iv. 서명될 필요가 없다.
UCP600 제18조 상업송장의 규정이다.

정답  04.② 05.③ 06.③

**07** 결제 관련 용어를 우리말로 잘못 옮긴 것은?

① settling bank : 결제은행
② transmitting bank : 환거래은행
③ transferring bank : 양도은행
④ accepting bank : 인수은행

 ▶ transmitting bank : 송금은행

**08** 다음 서한의 주제로 적절한 것은?

> We are very sorry to learn from your e-mail that you could not find our shipment date quite attractive to you.
> Owing to the recent rush of orders, we cannot promise an earlier date of shipment than August 10.
> Considering our long term business relations, however, we can ship them in two lots equally. The first lot can be shipped within the period you suggested and the remaining second lot can be sent out one month thereafter.
> If you accept the partial shipment, we will proceed with your order.
> We are looking forward to your prompt reply.

① 결제 조건　② 품질 조건　③ 포장 조건　④ 인도 조건

> 당사는 당사의 선적 일자가 귀사에게 썩 내키지 않는다는 것을 알고 무척 유감입니다. 최근의 급증한 주문 때문에, 당사는 8월 10일보다 일찍 선적일을 약속해 드릴 수 없습니다. 그러나 우리의 오랜 거래관계를 고려하여, 당사는 정확히 두 개로 나누어서 선적할 수 있습니다. 첫 번째는 귀사가 제시한 기간 이내에 선적하고 나머지 두 번째는 이후 한 달 뒤 보내드릴 수 있습니다. 이 분할선적을 수락하시면 귀사의 주문을 진행하겠습니다.
> 속히 답을 주시기 바랍니다.

선적일자를 조정하기 위한 인도조건(delivery term)에 대한 내용이다.

**09** 밑줄 친 부분에 가장 가까운 해석은?

> We wish to inform you that we have sent you our catalog and price list <u>under separate cover</u>.

① 각각 최상의 조건으로
② 각각의 부보 내용과 함께
③ 별도로 결제할 수 있도록
④ 별도의 우편으로

당사는 별도의 우편으로 당사의 카탈로그와 가격표를 귀사에게 보냈음을 알려드립니다.

▶ under separate cover : 별도의 우편으로

정답　07.②　08.④　09.④

## 10  밑줄 친 부분과 의미가 같은 것은?

> Your shipments do not come up to the design of the sample.

① match   ② adjust   ③ compare   ④ cover

**해설** 귀사의 선적품은 견본의 디자인에 미치지 못합니다.
- come up to : (어느 수준까지)오다, (요구되는 수준에) 미치다
- match : 필적하다, 대등하다
- adjust : 조정하다

## 11  밑줄 친 부분과 의미가 비슷한 것은?

> We have to ask you to amend the figure immediately.

① allow   ② balance   ③ furnish   ④ modify

**해설** 당사는 이 금액을 즉시 수정해 줄 것을 요청합니다.
- amend(modify) : 수정하다, 변경하다
- allow : 허용하다
- furnish : 제공하다

## 12  영문을 해석한 것으로 옳지 않은 것은?

① As the prices are bullish, we suggest you to place an immediate order.
→ 가격이 상승하고 있으므로 즉시 주문하시기 바랍니다.

② This offer will be withdrawn if not accepted within seven days.
→ 이 청약은 7일 이내에 승낙되지 않으면 철회됩니다.

③ We are obliged for your immediate issuance of the L/C as requested by us.
→ 당사의 요청으로 귀사는 신용장을 즉시 발행하지 않을 수 없습니다.

④ The date of bills of lading shall be taken as conclusive proof of the date of shipment. → 선하증권의 일자는 선적일의 결정적 증거로서 간주됩니다.

**해설** ③ 당사의 요청으로 귀사가 신용장을 즉시 발행하여 감사합니다.
- be obliged for : ~을 고맙게 여기다

정답  10.①  11.④  12.③

**13** 다음 서한의 의도로 적절한 것은?

> We have received with thanks your letter of June 2 proposing to enter into business relations with us in electronic goods.
>
> We are prepared to establish business relations with you, provided that the terms and conditions are satisfactory.
>
> We would appreciate receiving your best CIF Shanghai price on refrigerator as well as a price list and latest catalog.
>
> If your prices are reasonable and the merchandise is suitable for our trade, we will be able to place large orders.
>
> We look forward to hearing from you soon.

① Business Proposal　　② Trade Inquiry
③ Selling Inquiry　　④ Reply to Inquiry

 당사와 전자제품의 거래를 제안하시는 귀사의 6월 2일자 서신을 잘 받았습니다. 당사는 거래조건만 괜찮으면 귀사와 거래를 할 수 있습니다. 당사는 가격표 그리고 최신 카탈로그와 함께 냉장고의 CIF상하이 가격조건도 잘 받았습니다. 귀사의 가격이 합리적이고 상품이 당사와의 거래에 적합하면, 당사는 대량주문을 하겠습니다. 곧 소식 주시기 바랍니다.
상대방의 거래제안(Business Proposal)에 대한 거래조회(Trade Inquiry)이다.

**14** 추심결제방식 용어를 우리말로 옮긴 것 중 옳지 않은 것은?

① principal : 추심의뢰인　　② remitting bank : 추심의뢰은행
③ collecting bank : 결제은행　　④ presenting bank : 제시은행

▶ collecting bank : 추심은행　　cf. paying bank : 결제은행

**15** 다음 용어를 우리말로 옮긴 것 중 옳지 않은 것은?

① compromise : 화해　　② governing rule : 재판 관할
③ arbitration : 중재　　④ litigation : 소송

▶ governing rule : 준거법　　cf. jurisdiction : 재판 관할

정답　13.②　14.③　15.②

**16** 결제관련 약어의 의미가 잘못된 것은?

① COD : 물품상환도
② CAD : 서류상환도
③ T/T : 전신송금
④ D/P : 인수도조건

 ▶ D/P : 지급도조건    cf. D/A : 인수도조건

**17** 다음 서한을 순서대로 옳게 나열한 것은?

> (가) MacGregor Importing Co., Ltd. and The SOI Co., Inc.
> (나) We hope this information is helpful to you.
> (다) In reply to your letter of March 5, we are glad to recommend you the following firms :
> (라) For their financial standing, they will supply you with references, upon request.
> (마) The above firms are interested in importing electronic products, and they enjoy a good reputation here. But we assume no responsibility for them.

① (다) - (마) - (가) - (나) - (라)
② (다) - (가) - (마) - (라) - (나)
③ (가) - (마) - (다) - (라) - (나)
④ (다) - (가) - (라) - (마) - (나)

> (가) 맥그리거 수입상사와 ㈜더 솔
> (나) 당사는 이 정보가 귀사에게 도움이 되길 바랍니다.
> (다) 귀사의 3월 5일자 답신에 대해, 당사는 다음의 회사를 추천합니다. :
> (라) 이 회사의 금융상태에 대해서는 요청하시면 신용조회처를 줄 것입니다.
> (마) 상기 회사는 전자제품을 수입하려 하고, 이곳에서 평판도 좋습니다. 그러나 당사는 이 회사에 대한 일체의 책임을 지지는 않습니다.

선지 ②번이 가장 자연스러운 흐름이다.

16.④  17.②  **정답**

**18** 다음 대화 내용은 기한 내에 보고서를 작성할 수 있을지 걱정이 되는 Brawn이 John에게 지시하는 내용이다. 어색한 내용은?

| ㉠ | Brawn : I need those reports by Wednesday. |
| --- | --- |
| ㉡ | John : I have a lot to do this week. |
| ㉢ | Brawn : Make the reports your first priority. Everything else can wait. |
| ㉣ | John : Oh, I didn't know that. My work is very important to me. |

① ㉠　　　② ㉡　　　③ ㉢　　　④ ㉣

 해설
㉠ 브라운 : 수요일까지 이 보고서가 필요합니다.
㉡ 존　　 : 이 번 주에는 할 일이 많습니다.
㉢ 브라운 : 보고서를 만드는 게 젤 먼저 할 일입니다. 다른 것들은 기다릴 수 있습니다.
㉣ 존　　 : 오, 저는 몰랐습니다. 제 일이 제겐 무척 중요합니다.

선지 ④번의 표현은 흐름상 부자연스럽다.

**19** 다음 문장의 해석으로 옳지 않은 것은?

[A] In confirmation of our conversation by telephone this morning,
[B] we e-mail an application for Forward Exchange Contract
[C] which you have agreed to enter into the T/T buying rate of ₩1,200 per US Dollar for 60d/s
[D] on the Bank of California to be offered to you during January.

① [A] 오늘 아침 전화 대화에 대한 확인으로
② [B] 당사가 선물환 계약 신청서를 이메일로 보내드립니다.
③ [C] 이 계약서는 일람출급 환어음에 대해 미화 달러당 1,200원의 전신환 매입율로 계약을 체결하는데 동의했습니다.
④ [D] 1월 중에 귀사에게 제공한 캘리포니아 은행을 지급인으로 하는

 해설
[C] 이 계약서는 일람후 60일 출급 환어음에 대해 미화 달러당 1,200원의 전신환 매입율로 계약을 체결하는데 동의했습니다.

▶ 60d/s : 60days after sight : 일람후 60일 출급

정답　18.④　19.③

[20~21] 다음 서식을 보고 물음에 답하시오.

| POLICY NO. HS0123 Assured(s) etc. Sanggong Trading Co., Ltd. ||||
|---|---|---|---|
| ① *Claims*, if any, payable at/in<br>Claims Settling Agent in Nagoya, Japan ||| Ref. No.<br>L/C No. 315-5880<br>INVOICE NO. Munt 11 |
| Survey should be approved by<br>Claims Settling Agent in Nagoya, Japan ||| ② *Amount Insured*<br>44,000 yen |
| ③ *Local Vessel or Conveyance/From*<br>(Interior Port or place of Loading) ||| Conditions subject to<br>the following as per<br>back hereof<br>Institute Cargo Clauses<br>[ICC(B)] |
| Ship or Vessel called<br>Miss Korea V-22 | Sailing on or about<br>October 10, 2019 ||  |
| At and From<br>Busan, Korea | Transhipped at ||  |
| Arrive at<br>Nagoya, Japan ||||
| ④ *Subject-matter Insured*<br>- Korean Washing Machine Sets -<br>Model WM Large Type 100 sets<br>Model WM Small Type 300 sets<br>- - - - - 이 하 생 략 - - - - - ||||

**20** 위 서식의 명칭은?

① Insurance Cover Note   ② Commercial Invoice
③ Bill of Lading   ④ Insurance Policy

해설  보험증권(Insurance Policy)이다.

**21** 밑줄 친 ①~④의 해석으로 틀린 것은?

① 손해배상청구 금액   ② 보험금액
③ 국내 선박 또는 운송수단   ④ 피보험목적물

해설  [C] 이 계약서는 일람후 60일 출급 환어음에 대해 미화 달러당 1,200원의 전신환 매입율로 계약을 체결하는데 동의했습니다.
▶ claims : 보험금 청구지

20.④  21.①  **정답**

**22** 다음 서한 내용 중 밑줄 친 부분과 바꾸어 쓸 수 있는 단어로 옳은 것은?

> We have the pleasure to e-mail our Price List. Our samples have been sent to you today by separate post.
>
> If you go through our samples and prices, you will find that these are of your interest. Please pass your orders at your earliest convenience.
>
> We are pleased that profitable business relations have now been opened between you and us, and hope to do business with you in the near future.

① supply   ② send   ③ fulfill   ④ inform

> 당사는 당사의 가격표를 이메일로 보내드립니다. 당사의 견본은 별도의 우편으로 오늘 발송되었습니다. 귀사가 당사의 견본과 가격표를 검토해보시면, 귀사가 관심을 갖게 될 것입니다. 귀사가 가장 이르고 편리한 시기에 귀사의 주문을 <u>보내주세요</u>. 당사는 귀사와 당사 사이에 이익이 되는 거래관계가 열려서 기쁘게 생각합니다.

▶ go through : 검토하다, 통과하다, 겪다   ▶ pass : 보내다(send), 지나가다(go past)

**23** 다음 밑줄 친 부분의 해석으로 옳은 것은?

> Dear Mr. Harrison,
> We highly appreciate your Order No. 111 for 500 sets of these automatic machines. Much as we would like to supply you with the machines, we shall be unable to fill this order for the moment. <u>Our works are fully occupied with orders for this model</u>, the earliest shipment we could make at the moment would be October.

① 당 공장은 이 모델로 완전히 예약되어 있어서
② 당 공장은 이 모델에 대한 주문이 바쁠 거라는 말이 있어서
③ 당 공장은 이 라인에 대한 결정권으로 주문이 가득 차있기 때문에
④ 당 공장은 최근에 이 라인이 완전히 예약되어 있기는 하지만

> 당사는 귀사의 자동기계 500대의 주문 No.111에 대해 감사합니다. 당사는 이 기계를 귀사에 공급하고 싶은 맘 크지만, 지금으로서는 이 주문을 이행할 수 없습니다. <u>당 공장은 이 모델로 완전히 예약되어 있어서</u>, 가장 이른 선적은 10월 경에나 가능합니다.

▶ be fully occupied with : ~에 묶여있다. ~에 완전 예약되어 있다.

정답  22.②  23.①

**24** 다음 내용은 서한의 일부이다. (A)의 서명은 어느 경우에 해당하는가?

> Faithfully yours,
> (A) ┌ per pro. STAR TRADING COMPANY
>      │ *Richard L. Hilton*
>      │ Richard L. Hilton
>      └ Executive Director

① 회사 대표의 서명  ② 대리 서명
③ 개인 자격의 서명  ④ 여성의 서명

**해설** 대리 서명한 것이다.
▶ per pro[pp] : ~의 대리로

**25** 다음 우리말을 영문으로 옮길 때 ( )안에 적합하지 않은 것을 고르시오.

> 이 청약은 귀사의 답신이 늦어도 5월 16일까지는 당사에 도착할 것을 조건으로 합니다.
> → This offer is subject to your ( ⓐ ) reaching us ( ⓑ ) May 16, our time.

① ⓐ reply － ⓑ by
② ⓐ confirm － ⓑ till
③ ⓐ response － ⓑ on or before
④ ⓐ answer － ⓑ not later than

**해설** confirm과 till은 위 문장에서 모두 어법에 맞지 않는다.
▶ confirm : 확인하다

## 02 영작문

**26** 다음 이메일 송부 의도로 가장 옳은 것은?

> Dear Mr. Nash,
> This is second reminder that your account to cover our May statement is now overdue for three months.
> We enclose a statement of your account up to August 20 totaling US $2,500.
> We shall thank you for a remittance in due course.
> Yours very truly,

① 대금 결제 재촉  ② 잔액 송금 알림  ③ 견적 요청  ④ 가격 협상

24.② 25.② 26.① **정답**

**해설** 이것은 당사의 5월분 명세서 지급에 대한 귀사의 계정이 현재 3개월을 넘긴데 대한 두 번째 지급독촉장입니다. 8월 20일까지의 총계 금액 2,500달러에 귀사의 계정 명세서를 동봉합니다. 제때에 송금해주시면 감사하겠습니다.

대금 결제를 독촉하는 서신이다.

**27** 다음 괄호 안에 들어갈 수 없는 표현은?

당사는 귀사가 가능한 빨리 답장을 보내주기를 기대합니다.
⇒ We hope you will (       ) us with a reply as soon as possible.

① favor   ② inform   ③ provide   ④ supply

**해설** ▶ provide[favor/supply] A with B : A에게 B를 주다   ▶ inform : 알리다, 통보하다

**28** 다음 문장을 가장 옳게 영작한 것은?

10월에는 판매의 급격한 증가로 재정적으로 큰 어려움을 겪지 않을 것입니다.

① We will have no difficulty in financing as the sales radically increase in October.
② We will have difficulty in financing as the radical sales increase in October.
③ We will have no difficulty in financing as the sales radically increase in October.
④ We will have difficulty in financing as the purchase radically increase in October.

**해설** 어법에 맞게 영작된 것은 ①과 ③번 선지뿐이다.

**29** 다음 우리말을 영작할 때 괄호 안에 들어갈 표현으로 옳은 것은?

이 매도약서를 확인한 후에 서명하고 그 부본을 매도인에게 보내주십시오.
⇒ Please sign and return (       ) to the seller after confirming this Sales Note.

① the contract sheet   ② the duplicate
③ the original   ④ an order sheet

**해설** ▶ duplicate : 부본   ▶ contract sheet : 계약서

**정답**  27.②  28.①,③  29.②

**30** 다음 Incoterms 2020 DDP조건의 일부를 읽고 ( )안에 알맞은 말로 연결된 것을 고르면?

> · ( ⓐ ) means that the seller delivers the goods when the goods are placed at the disposal of the buyer, cleared for import on the arriving means of transport ready for unloading at the named place of destination.
> · DDP represents the minimum obligation for the ( ⓑ )
> · Any VAT or other taxes payable upon import are for the ( ⓒ ) account unless expressly agreed otherwise in the sales contract.

① ⓐ Duty Delivered Paid − ⓑ seller − ⓒ buyer's
② ⓐ Duty Delivered Paid − ⓑ buyer − ⓒ buyer's
③ ⓐ Delivered Duty Paid − ⓑ seller − ⓒ seller's
④ ⓐ Delivered Duty Paid − ⓑ buyer − ⓒ seller's

· (ⓐ 관세지급인도조건(Delivered Duty Paid)은 수입통관된 물품이 지정목적지에서 도착운송수단에 실린 채 양하준비된 상태로 매수인의 처분 하에 놓이는 때에 매도인이 인도한 것으로 되는 것을 말한다.
· DDP조건은 (ⓑ 매도인, seller)의 최대의무조건을 나타낸다.
· 수입 시에 부과되는 부가가치세, 또는 기타 세금은 ⓒ 매도인, seller's)이 부담하되, 다만 매매계약에서 명시적으로 달리 합의된 때에는 그에 따른다.

**31** 다음 (가)부분을 영작한 것 중 바른 것을 고르면?

> (가)물품 수량이 5%를 초과하지 아니하는 과부족은 허용된다, provided the credit does not state the quantity in terms of a stipulated number of packing units or individual items and the total amount of the drawings does not exceed the amount of the credit.

① An excess of 5% more or a shortage of 5% less of the goods is not approved.
② An estimate of the quality of the goods is allowed for 5% more or less clause.
③ A tolerance not exceeding 5% more or 5% less than the quantity of the goods is allowed.
④ An variation 5% more or less for the quantity of the goods cannot be permitted.

A tolerance not exceeding 5% more or 5% less than the quantity of the goods is allowed.신용장이 명시된 포장단위 또는 개개의 품목의 개수로 수량을 명기하지 아니하고 어음발행의 총액이 신용장의 금액을 초과하지 아니하는 경우에는.[UCP600 제30조 b]
▶ tolerance not exceeding 5% more or 5% : 물품수량이 5%를 초과하지 아니하는 과부족

30.④  31.③  **정답**

**32** 다음 일반거래조건 협정서의 ( )안에 들어갈 표현으로 바르게 연결된 것은?

> Insurance :
> All shipments are to be ( ⓐ ) on ICC(B) including War Risks for the invoice amount plus ten percent; and the insurance policy is to be ( ⓑ ) in U.S. dollars and the claims are payable in New York.

① ⓐ covered － ⓑ made out　　② ⓐ settled － ⓑ written out
③ ⓐ effected － ⓑ kept out　　④ ⓐ concluded － ⓑ turned out

 보험 :
모든 선적품은 송장금액에 10%를 더한 금액에 전쟁위험을 포함한 ICC(B) 약관으로 부보(cover)되어야 한다. : 보험증권은 미국 달러화로 작성되어야(made out)하고 보험금의 청구는 뉴욕에서 한다.

**33** 다음 UCP600의 ( )안에 들어갈 말이 순서대로 배열된 것은?

> "제시라 함은 개설은행 또는 지정은행에게 신용장에 의한 서류를 인도하는 행위 또는 그렇게 인도된 서류를 말한다."
> Presentation means either the ( ⓐ ) of documents under a credit to the ( ⓑ ) or nominated bank or documents so ( ⓒ )

① ⓐ issuance － ⓑ issuing bank － ⓒ issued
② ⓐ delivery － ⓑ issuing bank － ⓒ delivered
③ ⓐ advice － ⓑ advising bank － ⓒ advised
④ ⓐ requirement － ⓑ advising bank － ⓒ required

 Presentation means either the (ⓐ **delivery**) of documents under a credit to the (ⓑ **issuing bank**) or nominated bank or documents so (ⓒ **delivered**)

**34** 다음 중 대금결제에서 수익자에게 가장 안전한 신용장을 고르시오.

① confirmed credit　　② revolving credit
③ usance credit　　　④ irrevocable credit

확인신용장(confirmed credit)의 경우에는 개설은행의 지급확약과 별도로 확인은행이 독립적으로 지급을 보장하므로 이중적으로 지급보장을 받게 된다. 개설은행의 파산, 부도 등의 상황에서도 대금을 지급받게 되므로 수익자에게는 선지의 신용장 중에서 가장 안전하다고 할 수 있다.

**정답**　32.①　33.②　34.①

**35** 우리말을 영작할 때 괄호 안에 들어갈 알맞은 단어가 순서대로 배열된 것은?

> "본 신용장에 의거하여 발행된 어음금액 및 매입일은 매입은행에 의하여 반드시 본 신용장 이면(뒷면)에 배서 되어야 합니다."
> The amount of each draft drawn under this credit and the date of negotiation must be ( ⓐ ) on the ( ⓑ ) hereof by the negotiating bank.

① ⓐ signed － ⓑ background　　② ⓐ endowed － ⓑ opposite
③ ⓐ induced － ⓑ converse　　④ ⓐ endorsed － ⓑ reverse

The amount of each draft drawn under this credit and the date of negotiation must be (ⓐ **endorsed**) on the (ⓑ **reverse**) hereof by the negotiating bank.

▶ endorse : 배서하다　　▶ on the reverse : 배면에

**36** 우리말을 영작할 때 괄호 안에 들어갈 알맞은 단어가 순서대로 배열된 것은?

> "확정 청약은 일요일과 국경일을 제외하고 발송한 시간 이후 48시간 동안 유효하다."
> Firm offers are to remain ( ⓐ ) for forty-eight hours after the time of ( ⓑ ), excluding Sundays and national holidays.

① ⓐ opened － ⓑ consignment　　② ⓐ good － ⓑ send
③ ⓐ available － ⓑ shipment　　④ ⓐ effective － ⓑ dispatch

Firm offers are to remain (ⓐ **effective**) for forty-eight hours after the time of (ⓑ **dispatch**), excluding Sundays and national holidays.

▶ effective : 유효한, 효력있는　　▶ dispatch : 발송하다

**37** 우리말을 영작할 때 괄호 안에 들어갈 알맞은 단어가 순서대로 배열된 것은?

> "이 청약은 회신이 6월 20일 정오까지 도착해야 하는 조건부입니다."
> This offer is ( ⓐ ) on your reply being ( ⓑ ) here by noon of June 20.

① ⓐ conditional － ⓑ received　　② ⓐ subject － ⓑ receiving
③ ⓐ optional － ⓑ reaching　　④ ⓐ liable － ⓑ reached

This offer is (ⓐ **conditional**) on your reply being (ⓑ **received**) here by noon of June 20.

▶ conditional : 조건부

35.④　36.④　37.①　**정답**

## 38  다음을 영작한 것 중 잘못된 것을 고르면?

① 다음의 회사들이 당사의 재정 상태에 관한 정보를 귀사에게 제공할 것입니다.
   → The following companies will furnish you with information regarding our financial status.

② 송장의 요구된 수정을 하여 주시면 감사하겠습니다.
   → We would appreciate it if you would make the required adjustment in the invoice.

③ 가격은 부산항도착 운임·보험료 포함조건을 기준으로 원화로 견적하기로 합니다.
   → Prices are to be quoted in Korean Won on the basis of CIF Busan.

④ 당사는 귀사에게 파손된 상품에 대한 손해 배상 청구를 할 수 밖에 없습니다.
   → We have no choice but to claiming for you on the damaged goods.

**해설** ④ We have no choice but to **claim** for you on the damaged goods.
▶ have no choice but to + 원형동사 : ~ 하지 않을 수 없다

## 39  선적 관련 용어를 영어로 잘못 표현한 것은?

① 선적요청서 : S/R    ② 선적지시서 : S/O
③ 본선수취증 : M/R    ④ 부두수취증 : D/O

**해설** ▶ Delivery Order(D/O) : 화물인도지시서    cf. Dock Receipt(D/R) : 부두수취증

## 40  다음 우리말을 영어로 옮길 때, 가장 적절한 것은?

| 당사는 이 금액을 귀사의 계정에 대기하였습니다. |

① We have credited this amount to your account.
② We have debited this amount to your account.
③ We have placed this account to your credit.
④ We have placed this account to your debit.

**해설** ▶ credit : 대변(장부에 대기하다)    ▶ debit : 차변

**정답**  38.④  39.④  40.①

[41~42] 다음 서한을 읽고 물음에 답하시오.

> We are pleased to advise you that we have shipped five hundred units of LED TV to you by the M/S "Speed Queen" ① due to leave Incheon for Shanghai. The ②ETA will be around July 30, 2019. (가)결제 조건에 따라서, we have drawn a draft on your bank at 30 d/s for US $3,450,000 under L/C No. 12/80001 with attached documents, and have ③negotiated it through the Korea Exchange Bank in Seoul, Korea. We hope you would honor it upon presentation.
>
> We have enclosed a ④non-negotiable copy of B/L and copies of Marine Cargo Insurance Policy and one copy of Packing List.
>
> We hope that the goods will reach you in good condition so that you may place additional orders with us.

**41** 밑줄 친 (가)를 영어로 옮길 때, 가장 적절하지 않은 것을 고르면?

① Complying with the terms of payment
② According to the terms of payment
③ Because of the terms of payment
④ In compliance with the terms of payment

**[해설]** 당사는 인천항을 떠나 상하이로 향할 ① 예정인 스피드 퀸 호에 LED-TV 5백 세트를 선적하였음을 귀사에 알려드립니다. ②도착예정일은 2019년 7월 30일 경입니다. (가)결제 조건에 따라서 당사는 신용장 No. 12/80001 에 따라 서류를 첨부하여 3,450,000달러짜리 일람후 30일 출급 환어음을 귀사의 거래은행을 지급인으로 하여 발행했으며, 서울의 한국외환은행을 통해 이의 ③매입을 의뢰하였습니다. 서류 제시 시에 정히 지급해 주시기 바랍니다. 당사는 ④유통불가 선하증권 1통과 보험증권 그리고 포장명세서 1부를 동봉합니다. 당사는 물품이 귀사에 무사히 도착하여 당사에게 추가 주문을 해 주시길 바랍니다.

▶ In compliance with the terms of payment : 결제 조건에 따라서
▶ comply with : ~을 준수하다
▶ according to : ~ 에 따르면

**42** 위 서한의 ①~④의 뜻으로 바르지 않은 것은?

① ~할 예정인　　　　② 입항예정일
③ 매입하다　　　　　④ 지급 불능

**[해설]** ▶ non-negotiable : 유통불가　cf. insolvency : 지급불능

41.③　42.④　**정답**

**43** 거래처 소개의뢰에 대한 회신서한 내용 중 일부이다. 다음 문장을 영작한 표현으로 적합하지 않은 것을 고르시오.

> 4월 13일 귀사의 서한에 대한 회신으로 당사의 다음 발행판 사보에 귀사의 발표 내용을 넣기 위해서 준비하고 있고 출판되면 한 부를 귀사에게 발송해 드리겠습니다.

① With reference to your e-mail made from April 13,

② we have arranged to insert your announcement

③ in the next issue of our bulletin,

④ a copy of which will be sent to you on publication.

① **In reply** to your e-mail made **on** April 13,
▶ with reference to : ~와 관련하여    cf. in reply to : ~ 에 대한 회답으로서, ~ 에 답하여

**44** 다음 서한의 ①~④와 바꾸어 쓸 수 있는 표현이 올바른 것은?

> ①In response to your inquiry of May 15 about Brown Trading Company, Ltd. We are pleased to ②inform you as follow :
>
> We have had large scale transactions with this ③firm for more than 10 years and during these years they have always been prompt and punctual in their payment and have never failed to meet their obligations.
>
> We are, therefore, of the opinion that you may safely have transactions with them and will, no doubt, be satisfied with their manner of conducting business.
>
> You will please note, however, that this information is ④furnished without any responsibility on our part.

① Replying    ② approve    ③ cooperation    ④ supplied

> ㈜브라운 트레이딩 사에 대한 귀사의 5월 15일자 조회에 대한 ①답신으로서 귀사에게 다음과 같이 ②알려드립니다. : 당사는 이 ③회사와 10년 넘게 대규모의 거래를 해왔으며 이 기간동안 이 회사는 대금 지급을 항상 즉시 그리고 정확하게 해왔으며 이들의 지급의무를 어긴 적이 한 번도 없습니다. 그러므로 당사는 이 회사와 거래를 하셔도 안전하다는 의견을 갖고 있으며, 이 회사의 업무 태도에 대해 틀림없이 만족하실 것입니다. 이 정보는 당사의 아무런 책임 없이 ④제공되었음을 유념해 주시기 바랍니다.

▶ Replying to : ~ 에 대한 답신으로서    ▶ approve : 승인하다
▶ cooperation : 협력, 협동    cf. corporation : 회사, 단체
▶ supply[furnish, provide] : 제공하다

**정답**  43.①  44.④

**45** 다음 우리말 지문을 영작할 때 ①~④에 들어갈 단어가 옳지 않은 것은?

> 다음과 같이 신용장 변경을 요청합니다.
> · 금액을 미화 5만불까지 증액시키고,
> · 선적 기일을 5월 31일까지 연장하며,
> · 매도인의 검사가 최종이라는 조건을 삽입할 것

> Please ①____ the L/C as follows.
> · Amount to be ②____ up to US$50,000,
> · Shipping date to be ③____ to May 31,
> · ④____ the clause that seller's inspection is final.

① modify  ② increased
③ expired  ④ Insert

 ▶ expire : (만기일이) 종료되다  cf. extend : 연장하다

**46** 다음 우리말을 영작하려고 할 때 주어진 단어나 어구가 올바르게 배열된 것을 고르시오.

> 당사의 고객들은 이 상품을 급하게 필요로 하고 있습니다.
> 그래서 귀사께서 전신으로 승낙을 즉시 알려주시기 바랍니다.
> → Our clients are in a hurry for the goods and we (      ) immediately.
> (A) your cable    (B) have to  (C) acceptance    (D) ask you to
> (E) let us have

① (B)-(D)-(E)-(C)-(A)  ② (D)-(B)-(A)-(E)-(C)
③ (B)-(D)-(E)-(A)-(C)  ④ (D)-(B)-(E)-(C)-(A)

 Our clients are in a hurry for the goods and we (**have to ask you to let us have your cable acceptable**) immediately.

**47** 다음 중 가리키는 대상이 다른 하나는?

① drawer  ② applicant  ③ consignee  ④ accountee

applicant(개설의뢰인), consignee(수취인), accountee(지급인)은 모두 매수인(buyer)을 일컫는 말이다.
drawer(환어음 발행인)는 매도인(seller)을 지칭하는 용어이다.

45.③  46.③  47.①  **정답**

**48** 다음은 E-mail 내용이다. 서한 내용 중 주요 요소에 속하는 것은?

> To : smith@cybergmail.com
> From : happy33@happy.co.kr
> ① CC : ffkim@glad.co.kr
> ② Subject : New Production Launch
> ③ Date : Tue. 12th April, 2019
> ④ Attachment : Product brochures and price lists
>
> Dear Mr. Smith,
> Thank you for your e-mail about our new printers, the SSM-150 and the SSM-200. Attached are product brochures and price lists.
> ---- 이하 생략 ----

① CC : ffkim@glad.co.kr
② Subject : New Production Launch
③ Date : Tue. 12th April, 2019
④ Attachment : Product brochures and price lists

**해설** 서신의 작성일자(date)는 서신 작성에 반드시 들어가야 할 주요 요소이다. CC(사본배부처), Subject(주제), Attachment(첨부서류) 등은 부가요소이다.

**49** 다음 대화의 밑줄 친 부분의 영작으로 알맞은 것은?

> A: Hello, my name's Jane Kim. Thank you for calling Morning Trading. How may I help you?
> B: Hello, my name's John Sawyer. I'd like to speak to Ian Han, if I may.
> A: Okay, well I'm sorry, but <u>지금 다른 전화를 받고 있습니다.</u> Can I take a message or perhaps I can help you?
> B: Yes, please. Could you tell him that the email he sent me arrived today, but there should have been an attachment. But it came with no attachment. Please tell him to resend the email.

① I'll put you through right away.　② you seem to have a wrong number.
③ his phone is always engaged.　④ he is on another line just now.

**해설** ①「바로 연결해 드리겠습니다.」
②「전화를 잘 못 거신 것 같습니다.」
③「지금 통화중이십니다.」

정답　48.③　49.④

## 50. What is the intent in this letter?

> We have completed our inquires concerning the firm you mentioned in your letter of September 21 and have to inform you to carefully consider the full business with them.
>
> In the past two years the company has experienced a serious difficulty in finance and delayed in executing their normal payment.
> Over-buying would appear to be a liable fault in this company.
>
> We would suggest you to pay the most careful attention to the business with them.

① Informing of the delay of reply
② Giving unfavorable reply against counter offer
③ Reporting on unfavorable credit information
④ Replying to the trade inquiry

 당사는 귀사의 9월 21일자 서신에서 귀사가 언급하신 회사와 관련된 조회 답신을 드리며 이 회사와 완전한 거래를 하시는 것은 신중히 고려해 볼 것을 알려드립니다. 지난 2년간 이 회사는 금융에서 심각한 어려움을 겪었으며 정상적인 지급 이행을 지연하고 있습니다. 과잉구매는 이 회사의 잘못에 빠질 수 있습니다. 이 회사와의 거래는 아주 신중하게 하실 것을 권고합니다.

① 「회신 지연에 대해 알리기」
② 「반대청약에 대해 비우호적인 회신을 하기」
③ 「비우호적인 신용정보의 통보」
④ 「거래조회에 대해 답신하기」

## 03 무역실무

## 51. 추심(Collection)거래에 적용되는 국제규칙으로 옳은 것은?

① UCP600
② URC522
③ ISBP745
④ MIA1980

해설 추심거래에 적용되는 국제규칙은 추심에 관한 통일규칙(URC, Uniform Rules for Collections) 이다.
▶ UCP600 : 신용장통일규칙   ▶ ISBP745 : 국제은행표준관습
▶ MIA1980 : 영국해상보험법

정답 50.③  51.②

## 52 D/P 결제조건에 대한 설명으로 옳은 것은?

① 추심결제방식으로, 인수도 조건이다.
② 기한부 환어음이 발행되며, 지급인은 추심은행이다.
③ D/A에 비하여 수출업자에게 유리한 결제방식이다.
④ Delivery against Payment의 약자이다.

해설
① 추심결제방식으로, 지급도 조건이다.
② 일람출급 환어음이 발행되며, 지급인은 매수인이다.
③ D/A에 비해 대금을 받고 선적서류 등을 매수인에게 넘겨주는 상환방식이므로 상대적으로 안전하다.
④ Documents against Payment의 약자이다.

## 53 해상보험계약에 대한 설명으로 옳지 않은 것은?

① 보험가액 : 보험사고가 발생한 경우에 피보험자가 입게 되는 손해액의 최고한도액
② 보험금액 : 보험목적물에 경제적 손해가 발생했을 경우 보험자가 지급하는 금액
③ 전부보험 : 보험금액과 보험가액이 동일한 경우의 보험
④ 초과보험 : 보험금액이 보험가액보다 큰 경우의 보험

해설
② 번 선지는 보험금(Insurance Claim)에 대한 설명이다. 보험금액은 피보험자가 실제로 보험에 가입한 금액이며 손해발생 시에 보험자가 보험계약상 부담하는 손해보상책임의 최고한도액이다.

## 54 일반적인 수입통관 절차로 옳게 나열된 것은?

| (A) 수입신고 | (B) 관세납부 | (C) 물품반입 | (D) 물품반출 |
| (E) 평가세율 확정 | (F) 물품검사 및 감정 | | |

① (A) → (C) → (E) → (B) → (F) → (D)
② (A) → (C) → (F) → (E) → (D) → (B)
③ (C) → (A) → (F) → (E) → (B) → (D)
④ (C) → (F) → (A) → (D) → (E) → (B)

해설
수입통관을 위해선 먼저 수입화물을 보세구역에 반입한 후 수입신고를 해야 하며, 경우에 따라서 세관원이 물품 검사 및 감정을 할 수 있다. 이후 평가세율이 확정되면 관세를 납부하고 보세구역에서 물품을 반출한다. 이 순서에 따라 진행되는 통관절차가 선지 ③번이다.

정답  52.③  53.②  54.③

**55** 환거래가 수반되고 하나의 계약서를 작성하며 수출입 물품의 대금을 그에 상응하는 수입 또는 수출로 상계하는 무역거래방식으로 옳은 것은?

① 중계무역
② 구상무역
③ 대응구매
④ 통과무역

**해설** 구상무역에 대한 설명이다.

**56** 다음이 설명하는 용선계약의 종류로 옳은 것은?

> 한국의 H화주는 인천항에서 중국의 상해항까지 화물을 운송하기 위해 S선박회사의 선박을 용선하고 1항차를 기준으로 용선료를 지급하려고 한다.

① 항해용선
② 정기용선
③ 나용선
④ 기간용선

**해설** 1항차로 진행되는 용선계약을 항해용선계약이라고 한다. 이에 비해 몇 주, 몇 달 식으로 용선을 하는 것을 정기용선 또는 기간용선이라고 한다. 반면에 선원 등은 놔두고 배만 빌려와서 용선자가 자체적으로 운용하는 것을 나용선계약이라고 한다.

**57** 용적에 사용되는 단위로 옳지 않은 것은?

① Barrel
② SM(Square Meter)
③ CBM(Cubic Meter)
④ CFT(Cubic Feet)

**해설** SM(Square Meter)은 용적이 아니라 면적에 사용하는 단위이다.

**58** 품질결정에 대한 설명으로 옳은 것은?

① 일반 공산품의 경우 물품 양륙 시의 상태 여하로 품질을 결정한다.
② 견본제공이 가능한 공산품은 표준품매매 방법을 사용한다.
③ 기계류, 선박과 같은 내구재나 산업설비 거래 시에는 규격매매를 사용한다.
④ 목재, 광석, 생선류의 경우 판매적격품질조건으로 품질을 결정한다.

**해설**
① 일반 공산품의 경우 물품 선적 시의 상태 여하로 품질을 결정한다.
② 견본제공이 가능한 공산품은 견본에 의한 매매 방법(sales by sample)을 사용한다.
③ 기계류, 선박과 같은 내구재나 산업설비 거래 시에는 명세서에 의한 매매(sales by specification)를 사용한다.

55.② 56.① 57.② 58.④ **정답**

**59** 거래상대국의 상대로부터 허가받은 보세창고에 상품을 무환으로 반입한 후 현지에서 매매계약을 통해 판매하는 거래는?

① Plant 수출
② BWT 수출
③ OEM 수출
④ Knock-down 수출

**해설** 보세창고인도조건(BWT)수출에 대한 설명이다.

**60** 다음이 설명하는 연계무역의 한 방식으로 옳은 것은?

> 수출업자가 플랜트, 장비, 기술 등을 수출하고 이에 대응하여 동 설비나 기술로 생산된 제품을 다시 구매해 가는 것을 의미하는 것으로, 이는 수입국의 산업을 발전시킬 목적으로 자본, 기술 등을 공여하는 산업협력의 일환으로 이용된다.

① barter trade
② transit trade
③ switch trade
④ product buy back

**해설** 제품환매(product buy back)에 대한 설명이다.
▶ barter trade : 물물교환무역   ▶ transit trade : 통과무역   ▶ switch trade : 스위치 무역

**61** 중개무역과 중계무역의 차이점에 대한 설명으로 옳지 않은 것은?

① 중계무역업자는 무역계약의 직접 당사자이지만 중개 무역업자는 거래만을 알선한다.
② 중개무역은 수입금액과 재수출금액과의 차이, 즉 매매차익을 목적으로 한다.
③ 중개무역의 경우 물품이 수출국에서 수입국으로 직접 운송된다.
④ 중계무역업자가 수출업자로부터 직접 수입하고, 이를 다시 수입업자에 재수출한다.

**해설** 중개무역은 수출자와 수입자가 매매계약을 체결할 수 있도록 알선하고 계약이 성사되면 약정된 수수료를 수익으로 하는 거래를 말한다. 수입금액과 재수출금액과의 차이, 즉 매매차익을 목적으로 하는 것은 중계무역이다.

**62** 환어음의 특징으로 옳은 것은?

① 채무자가 채권자 앞으로 발행한다.
② 지시인이나 소지인에게 일치하는 서류에 대해 어음 금액을 지급할 것을 확약하는 요식증권이며 유가증권이다.
③ 환어음에 표시되는 금액의 통화는 신용장의 통화와 동일하거나 다를 수도 있다.
④ 환어음은 무조건적으로 작성하여야 하며 서면으로 작성하여야 한다.

**해설** ① 환어음은 채권자가 채무자 앞으로 발행한다. 채무자가 채권자 앞으로 발행하는 것은 약속어음이다.
② 지시인이나 소지인에게 무조건 어음 금액을 지급할 것을 확약하는 요식증권이며 유가증권이다.
③ 환어음에 표시되는 금액의 통화는 신용장의 통화와 동일해야 한다.

**정답** 59.② 60.④ 61.② 62.④

**63** 다음 내용이 설명하는 것으로 옳은 것은

> 거래제의를 받은 사람이 그 제의에 대하여 관심이나 상품을 구매할 의사가 있을때, 상품의 매입 즉, 거래조건에 관해 문의하는 것

① credit inquiry  ② trade inquiry
③ firm offer  ④ counter offer

**해설** 거래제의를 받은 사람은 판매가능성이나 기타 조건을 검토한 후 상품의 구매의사가 있는 경우 구체적인 거래조건을 조회하게 되는데 이를 거래조회(trade inquiry)라고 한다.

**64** 다음 상황에서 필요한 서류로 옳은 것은?

> 사고부 선하증권 대신에 수출상이 파손된 화물에 대하여 모든 책임을 부담할 것을 보증하고 선박회사로부터 무사고 선하증권을 발급받고자 함

① Trust Receipt  ② Delivery Order
③ Letter of Guarantee  ④ Letter of Indemnity

**해설** 파손화물보상장(Letter of Indemnity)에 대한 설명이다.
▶ Trust Receipt[T/R] : 수입화물대도  ▶ Delivery Order[D/O] : 화물인도지시서
▶ Letter of Guarantee[L/G] : 수입화물선취보증서

**65** 보험자가 위험인수 대가로 수취하는 것으로 옳은 것은?

① 보험가액  ② 보험금액
③ 보험금  ④ 보험료

**해설** 보함자가 위험을 인수하고 보험계약을 체결할 때 보험계약자로부터 받는 금액을 보험료(insurance premium)라고 한다.

**66** 거래선에 대한 신용조사 시 연간매출액, 취급 품목, 거래 관계, 생산 능력 등을 조사하는 것은 3C 중 무엇에 포함 되는가?

① currency  ② capital
③ capacity  ④ character

**해설** 능력을 조사하는 것이다. 아래 표 참조

63.② 64.④ 65.④ 66.③ **정답**

[표] 신용조회의 내용

| 구 분 | 내 용 |
| --- | --- |
| 인격<br>(Character) | 개성(Personality), 성실성(integrity), 평판(reputation), 영업 태도(attitude toward business), 채무변제 의무의 이행열의(willingness to meet obligation) |
| 능력<br>(Capacity) | 매출(Turn-over), 사업연혁(historical background, career), 영업권(goodwill) |
| 자본<br>(Capital) | 해당업체의 재정상태(Financial Status)에 관한 내용을 체크하게 되며 이를 위하여 대차대조표(balance sheet), 손익계산서(profit and loss statement)를 요구하기도 한다. |

**67** 거래제의서(Circular Letter) 작성 시 유의사항이 아닌 것은?

① 상대방 입장에서 이해하기 쉽도록 작성해야 한다.
② 적절한 이미지를 사용하여 바이어의 이목을 끌 수 있어야 한다.
③ 회사와 제품을 과장해서 소개해야 한다.
④ 상대방에게 판매하려는 품목을 정확히 기재해야 한다.

해설  사업은 신의성실의 원칙에 따라 진행되어야 하므로 신뢰성을 유지하는 것이 가장 중요하다. 회사와 제품을 과장해서 소개하는 것은 나중에 대외적인 인상을 흐리게 된다.

**68** 신용장 방식의 거래에서 개설의뢰인의 입장에서 본 신용장의 효용으로 옳은 것은?

① 안심하고 선적할 수 있다.
② 발행된 신용장 조건과 서류가 일치하는 한 대금회수를 보장받을 수 있다.
③ 선적한 후 신용장 조건에 일치하는 서류를 은행에 제시하여 대금을 즉시 회수할 수 있다.
④ 선적기일과 유효기일이 명시되어 있으므로 늦어도 언제까지 상품이 도착할 것이라는 예측이 가능하다.

해설  선지 ④번을 제외하고는 모두 수익자의 입장에서 본 신용장의 효용이다.

**69** 인코텀즈(Incoterms) 2010 가격조건 중 CIF New York에 대한 설명으로 옳은 것은?

① New York항 출발 운임·보험료 포함가격이다.
② 매수인이 운송계약을 체결해야 한다.
③ 우리나라에서는 수출통관 기준이 되는 가격조건이다.
④ 수출자는 수입자를 위해 적하보험을 부보한다.

해설  정형거래조건의 뒤에 나오는 장소는 매도인이 비용을 부담하는 분기점이다. CIF New York으로 표시되면 이는 매도인이 뉴욕까지의 운임과 보험료를 부담한다는 의미이다.

정답  67.③  68.④  69.④

**70** 다음은 제3자를 통한 클레임의 해결방법에 대한 순서이다. ( )안에 들어갈 알맞은 것은?

( ㉠ ) → Mediation → ( ㉡ ) → Litigation

① ㉠ Arbitration, ㉡ Conciliation
② ㉠ Intercession, ㉡ Conciliation
③ ㉠ Warning, ㉡ Arbitration
④ ㉠ Intercession, ㉡ Arbitration

 무역분쟁이 발생하고 당사자간의 해결이 힘들 때는 제3자를 개입시켜 원만한 해결을 강구하는 것이 알선(Intercession)이며 이것이 여의치 않으면 조정(Mediation)절차를 거치게 된다. 이것으로도 해결이 되지 않으면 중재(Arbitration)를 거치게되고, 중재합의가 없는 경우에는 소송(Litigation)으로 가게 된다.

**71** 다음 설명하는 거래형태에 대한 무역종류의 명칭으로 옳은 것은?

국내에서 거위털 이불을 생산하는 ㈜상공은 거위털 수입을 직접 하는 것이 어려워 다른 수입업자에게 위탁하는 형태의 간접거래 방식을 택하고 있다. 그러나 이로 인해 수수료 지불에 따른 비용이 증가한다는 단점이 발생하고 있다.

① Master contract
② Agency contract
③ Exclusive contract
④ Case by case contract

해설 대리점 계약(Agency contract)에 대한 설명이다.
▶ Master contract : 총괄[포괄]계약
▶ Exclusive contract : 독점계약
▶ Case by case contract : 건별계약

**72** 양도가능 신용장에 개입하는 당사자가 아닌 자를 고르면?

① 제1수익자
② 양도은행
③ 제2수익자
④ 제3수익자

해설 양도가능 신용장은 1회의 양도만 가능하므로 제3수익자는 나올 수 없다.

70.④ 71.② 72.④ **정답**

**73** 결제와 관련한 내용으로 옳지 않은 것은?

① Stand-by Credit는 무담보 신용장(clean credit)이다.
② D/A 거래에서 환어음의 인수(acceptance)가 이루어진다.
③ Paying Bank는 예치환 거래은행(depository correspondent bank)이다.
④ L/G는 매입은행에서 발행한다.

 L/G는 선적서류보다 물품이 먼저 도착한 경우 원본 선하증권없이 운송인에게서 물품의 인도를 청구할 수 있게 하는 서류로서 개설은행이 개설의뢰인과 연대보증하여 발행한다.

**74** 거래를 사용하는 데 적합한 정형거래조건으로 옳은 것은?

> 한국의 수출상이 독일의 수입상에게 냉장고와 텔레비전을 선박전용운송으로 수출하고자 한다.

① FCA  ② FOB  ③ CIP  ④ CPT

 선박전용운송이므로 해상운송이고, 해상운송에 적합한 정형거래조건은 FOB조건(본선인도조건)뿐이다. 나머지 모두 복합운송조건이다.

**75** 거래하려는 상대방과 동종의 사업에 종사하는 업체에 의뢰하여 신용조사를 하는 방법으로 옳은 것은?

① mercantile agency reference   ② trade reference
③ bank reference                 ④ KOTRA reference

동업자 거래 조회(trade reference)에 대한 설명이다.
▶ mercantile agency reference : 상업흥신소   ▶ bank reference : 은행조회
▶ KOTRA reference : 대한무역투자진흥공사 조회

**정답** 73.④ 74.② 75.②

# 제117회 3급 기출해설
## (2020년 제1회)

## 01 영문해석

**01** 다음 문장의 해석이 옳지 않은 것은?

① I'm afraid she is not at work.
→ 죄송하지만 그녀는 출근을 안 했습니다.

② I'll see if he is available.
→ 그가 통화할 수 있다면 연결해 드리겠습니다.

③ I'll put you through to the marketing department.
→ 마케팅부로 연결해 드리겠습니다.

④ Could you repeat that once more, please?
→ 다시 한 번 말씀해 주시겠어요

**해설** ② 그가 통화할 수 있는지 보겠습니다.
▶ be available : `~이 가능한

정답 01.②

[2~3] 다음 서한을 읽고 물음에 답하시오.

```
                    OCEANS CO., LTD.
                   http://www.oceans.com

        ┌ JONGRO MAIN BLDG.        C.P.O. BOX. 1144
( A )  │  60 Myongdong-gil, Jung-gu  TEL No.:02-771-3344
        └ Seoul 04537, Korea        FAX No.:02-771-2053

                                         June 10, 2020
Mr. Kim Sansu
Korea Commercial High School

    Dear Mr. Kim: ──────── ( B )

 Our factory is fully occupied with overseas orders for our
goods, which are ㉠the last word of this line. As we do not
pursue a fair margin of profit, you may be sure that a
transaction with us will lead to a mutual profit.

                              Yours very truly,

                            ┌ OCEANS CO., LTD.
         ( C ) ─────────   │  Park Jeongbo
                            │  Park Jeongbo
                            └  Sales Manager

PJB/smy ──────── ( D )
```

**02** 무역서한의 구성요소와 관련하여 맞는 것을 고르시오.

① (A)부분은 Inside Address라고 한다.
② (B)부분은 Subject라고 한다.
③ (C)부분은 Signature라고 한다.
④ (D)부분은 Initials라고 하며 주요 요소에 속한다.

**해설**
① (A)부분은 Attention 이라고 한다.
② (B)부분은 Salutation 이라고 한다.
④ (D)부분은 Postscript 라고 하며 부가요소에 속한다.

**03** ㉠의 바른 해석은?

① 제품계열의 마지막 제품    ② 제품계열의 최신의 제품
③ 제품계열의 최선의 선택    ④ 제품계열의 가장 오래된 제품

**해설** ▶ the last word of : 최신의

정답  02.③  03.②

## 04 다음 문장의 해석으로 틀린 부분을 고르시오.

> ⓐWith regard to your inquiry of February 12 about Daniel's business standing and reputation, ⓑwe regret to inform you that our reply is somewhat unfavorable. Please remember that ⓒthe information is our personal opinion and ⓓwe take no responsibility whatsoever for it.

① ⓐ 다니엘사의 영업 상태와 명성에 관한 2월 12일자 귀사의 거래조회에 관하여
② ⓑ 당사의 회신이 다소 불만족스럽다는 것을 알려 드리게 되어 유감으로 생각합니다.
③ ⓒ 이 정보는 사견이며
④ ⓓ 이에 관해서 당사는 하등의 책임을 질 수 없다는 것을 명심하십시오.

 ① ⓐ 다니엘사의 **신용 상태**와 명성에 관한 2월 12일자 귀사의 거래조회에 관하여
▶ business standing : 신용 상태    cf. business activity : 영업상태[영업활동]
▶ reputation : 평판[명성]

## 05 밑줄 친 부분(①~④)의 해석으로 옳은 것은?

> Gentlemen :
> ① *We have discussed your business proposition with our president.*
> ② *We regret to say that we may not be able to accommodate your conditions.*
> As you know, ③ *we do business on credit in the Korean market*, and ④ *we will have difficulty in financing as the sales radically increase in August.*
> We will make prepayment before our purchase, as we have done so far.
> Our president likes your products very much with few defects and high quality.
> We expect to increase the volume of our business as we (A)tide over the financial problems.
> We hope to continue good business relations in the future.
> Best regards,

① 귀사의 사업 제안을 당사 회장님이 의논해 볼 예정이다.
② 귀사가 제시한 조건을 수용할 수 있어서 유감이다.
③ 당사는 한국 시장에서 신용장 조건으로 거래를 하고 있다.
④ 8월에 판매량이 갑자기 증가해서 당사는 자금 순환에 어려움을 겪을 것이다.

04. ①  05. ④  **정답**

① 귀사의 사업 제안을 당사 회장님과 *의논하였다*.
② 귀사가 제시한 조건을 수용할 수 *없어서* 유감이다.
③ 당사는 한국 시장에서 *신용 조건*으로 거래를 하고 있다.
▶ accommodate : 수용하다, 받아들이다    ▶ do business on credit : 신용[외상]거래로 하다

**06** 밑줄 친 부분의 의미가 알맞은 것을 고르시오.

> Regarding our credit standing, we wish to <u>refer</u> you to Seoul Exchange Bank, Seoul, and we will supply you, upon request, with any other information that you may require.

① 이행하다    ② 조회하다    ③ 추천하다    ④ 실행하다

 당사의 신용도에 대해서는, 서울의 서울외환은행에 **조회**하시기 바라며, 귀사가 요청하시면 귀사가 요구하시는 어떠한 다른 정보라도 제공하겠습니다.
▶ refer : 조회하다, 참조하다

**07** 다음 밑줄 친 부분을 우리말로 옮긴 것 중 가장 적절한 것은?

> We hope to <u>open an account with</u> Duarig S.E. in England.

① 계좌를 개설하다    ② 거래 관계를 개설하다
③ 신용 거래를 하다    ④ 이용 계정을 만들다

 당사는 영국에 있는 Duarig S.E.와 거래를 하고자 합니다.
▶ open an account with: ~ 와 거래관계를 개설하다[맞다]

[8~9] 다음 서한을 읽고 물음에 답하시오.

> All ㉠<u>cable offers</u> shall be considered "( ① )" subject to reply being received within five (5) days including ㉡<u>the date of despatch</u>, ㉢<u>if otherwise not stipulated</u>. "The ( ② ) reply" shall mean that a reply is to be received within three (3) days including the date of despatch. In ( ③ ) case, however, Sundays and ㉣<u>all official bank holidays</u> shall not be ( ④ ).

**08** 위의 빈 칸에 알맞은 것이 아닌 것을 고르시오.

① ① firm    ② ② immediate or promptly
③ ③ either    ④ ④ counted

정답  06.②  07.②  08.②

 모든 ㉠전신 청약에 대해서는, ㉢ 별도로 정하지 않는 한, ㉡ 타전일을 포함한 5일 이내에 회신을 받는 것을 조건으로 하여 (① firm : 확정된다). "② (acceptance : 승낙)" 회신은 발송일을 포함한 3일 이내에 도착한 회신을 말한다. 그러나 (③ either : 어느) 경우든, 일요일과 ㉣모든 은행의 휴업일은 (④ counted : 기산되지 ) 않는다.

**09** 위의 밑줄 친 부분의 해석이 틀린 것은?

① ㉠ 전신청약
② ㉡ 타전일자
③ ㉢ 달리 규정하는 한
④ ㉣ 모든 은행 휴업일

 ▶ if otherwise not stupulated : 별도로 달리 규정하지 않는 한

**10** 제시된 서한의 밑줄 친 부분을 대신할 수 있는 단어로 옳은 것은?

> We are pleased to give you an order for 1,200 sets of Car Side Mirror, and attach our Purchase Order No. CA-231. We trust that our order is correct in all <u>details</u>.

① offers  ② inquiries  ③ respects  ④ acceptances

해설 당사는 자동차 사이드 미러 1,200세트를 주문하면서 당사의 주문서 No.CA-231을 첨부합니다. 당사는 이 주문이 모든 면에서 잘 되리라 믿습니다.

▶ in all respects[in all detail] : 모든 면에서

**11** 다음 문장의 해석으로 올바른 것을 고르시오.

> The strong Yen has made Japanese products more expensive and Korean commodities relatively cheaper on the world market.

① 엔화의 강세로 세계시장에서 일본산 제품은 더욱 비싸게 되었고, 한국산 상품은 상대적으로 더욱 싸게 되었습니다.
② 엔화의 강세로 한국산 제품이 세계시장에서 더욱 비싸게 되었고 일본산 제품이 비교적으로 더욱 싸지게 되었습니다.
③ 강한 엔은 일본산 상품을 더욱 잘 만들게 되었고 세계시장에서 한국산 제품은 일시적으로 더욱 비싸게 팔렸습니다.
④ 강한 엔은 일본산 상품을 더욱 싸게 하였고 세계시장에서 한국산 제품은 상대적으로 더욱 비싸게 팔렸습니다.

해설 ▶ The strong Yen : 엔화의 강세   ▶ relatively : 비교적

09.③  10.③  11.①  **정답**

**12** 다음 문장의 해석으로 올바른 것을 고르시오.

> We offer you firm subject to your reply reaching here by July 15 as follows.

① 당사는 7월 15일까지 귀사의 회신이 도착하는 조건으로 다음과 같이 확정 청약을 합니다.
② 당사는 7월 15일까지 귀사의 회신이 도착하는 조건으로 다음과 같이 매도 청약을 합니다.
③ 당사는 7월 15일에 도착 예정인 귀사의 회신과 관계없이 다음과 같이 확정 청약을 합니다.
④ 당사는 7월 15일에 도착 예정인 귀사의 회신과 관계없이 다음과 같이 매도 청약을 합니다.

**해설** ▶ firm subject to : ~을 조건으로 확정청약하다

**13** 다음 문장을 가장 올바르게 해석한 것은?

> We inquired you on August 20 by e-mail when you would issue a credit.

① 당사는 귀사에게 언제 신용장이 개설되었는지 8월 20일까지 이메일로 보내주기를 요청했습니다.
② 당사는 귀사가 신용장을 언제 개설할지를 8월 20일에 이메일로 문의하였습니다.
③ 당사는 귀사가 언제 신용장을 개설했는지를 8월 20일에 이메일로 문의하였습니다.
④ 귀사로부터 받은 8월 20일자 이메일에서 당사가 언제 신용장을 개설할지에 대해 문의를 받았습니다.

**해설** ▶ when you would issue a credit : 귀사가 신용장을 언제 개설할지를

**14** 다음 두 문장이 같은 의미가 되도록 ( )안에 적합한 말을 고르시오.

> Please amend the L/C as follows:
> = Please ( (A) ) the L/C ( (B) ):

① (A) devise － (B) on or before
② (A) notify － (B) in due course
③ (A) revise － (B) set forth below
④ (A) modify － (B) in strict confidence

**해설** ▶ Please (revise) the L/C (set forth below) : 「다음과 같이 신용장의 조건을 변경해 주십시오.」
▶ revise : 변경하다, 수정하다  ▶ set forth below : 다음가 같이  ▶ devise : 창안[고안]하다
▶ in due course : 일정대로  ▶ modify : 변경하다  ▶ in strict confidence : 극비로

**정답** 12.① 13.② 14.③

**15** 다음은 UCP 600에 대한 내용 중 일부이다. 해석으로 올바른 것은?

> For the purpose of this article, transhipment means unloading from one aircraft and reloading to another aircraft during the carriage from the airport of departure to the airport of destination stated in the credit.

① 이 상품의 목적상, 환적은 신용장에 기재된 출발공항으로부터 도착공항까지의 운송 도중 하나의 항공기로부터 재적재되어 다른 항공기로 양륙되는 것을 의미한다.

② 이 조항의 목적상, 분할선적은 신용장에 기재된 출발공항으로부터 도착공항까지의 운송 도중 하나의 항공기로부터 양륙되어 다른 항공기로 재적재되는 것을 의미한다.

③ 이 상품의 목적상, 선적은 신용장에 기재된 출발공항으로부터 도착공항까지의 운송 도중 하나의 항공기로부터 적재되어 다른 항공기로 양륙되는 것을 의미한다.

④ 이 조항의 목적상, 환적은 신용장에 기재된 출발공항으로부터 도착공항까지의 운송 도중 하나의 항공기로부터 양륙되어 다른 항공기로 재적재되는 것을 의미한다.

 UCP600 제23조 항공운송서류 b의 조항이다.
- transhipment : 환적  cf partial shipment : 분할선적
- unloading from one aircraft and reloading to another aircraft : 양륙되어 다른 항공기로 재적재되는 것

**16** 다음 문장에서 ( )안에 들어 갈 수 없는 것을 고르시오.

> We would like you to ( ) insurance on A/R including War Risks and prepay the premium and freight.

① contract
② effect
③ cease
④ make

당사는 전쟁위험을 포함한 전위험담보조건으로 보험계약을 체결하고자 하며 보험료와 운임을 선지급합니다.
- cease : 중단되다, 그치다
- contract[effect/make] insurance : 보험계약을 체결하다.

**17** 문장의 해석이 잘못된 것을 고르시오.

① Your shipments do not come up to the quality of the sample.
→ 귀사의 선적품이 견본의 품질과 일치하지 않습니다.

② We formally request you to replace the damaged goods as soon as possible.
→ 당사는 귀사가 손상된 물품을 빠른 시일 내에 교체해주기를 정식으로 요청합니다.

③ We sincerely regret that we have much inconvenienced you through our oversight.
→ 당사의 실수로 귀사에게 많은 불편을 끼치게 되어 진심으로 유감스럽게 생각합니다.

④ On inspection, we have found that the quality of your shipment is inferior to that of the sample.
→ 조사해본 결과 귀사 선적품의 품질이 견본의 품질과 일치한다는 것을 발견했습니다.

[해설] ④ 조사해본 결과 귀사 선적품의 품질이 견본의 품질보다 **열악하다는** 것을 발견했습니다.
▶ be inferior to : ~ 보다 열등핸[형편없는]

**18** 다음 용어의 뜻이 틀린 것을 고르시오.

① dirty B/L: 사고 선하증권
② clean B/L: 무사고 선하증권
③ L/G(letter of guarantee): 검사증명서
④ L/I(letter of indemnity): 파손화물 보상장

[해설] ▶ L/G(letter of guarantee) : 수입화물선취보증서

**19** 다음 용어를 우리말로 옮길 때 옳은 것은?

① short delivery: 선적지연    ② inferior goods: 품질불량
③ loss of the goods: 물품손상    ④ non-delivery: 인도 불이행

[해설] ▶ non-delivery : 불착(미도착)

**20** 다음 용어의 뜻이 틀린 것을 고르시오.

① Bill of exchange - 선하증권    ② Wrong Packing - 포장방법의 위반
③ Misdescription - 기재사항의 상이    ④ Breach of Contract - 계약 위반

[해설] ▶ bill of exchange : 환어음    cf. bill of lading : 선하증권

정답  17.④  18.③  19.④  20.①

## 21. 클레임 발생 원인을 올바르게 연결한 것은?

① We found finger prints and something sticky on the lower part of the screen on 10 LED TV monitors.

→ Different Quantity

② Your shipments do not come up to the design of the sample.

→ Different Quality

③ Our order No. SMT-25 reached here on April 25, three months after the stipulated date.

→ Non-Delivery

④ According to the invoice, we had to pay $8,000 but we paid $9,000.

→ Delayed Payment

① 「LED TV 모니터 10대의 스크린 하부에 지문과 뭔가 끈적거리는 것이 있습니다.」→ 「수량의 차이」
② 「귀사의 선적품은 견본의 디자인과 맞지 않습니다.」 → 「품질의 차이」
 - 품질차이로 발생한 것이므로 클레임 제기 대상이다.
③ 「당사의 주문품 No. SMT-25가 4월 25일 여기에 도착했는데, 이는 약정일로부터 3개월이나 지난 것입니다.」→ 「미도착」
④ 「송장에 따르면, 당사는 8천 달러를 지급해야 하는데 9천 달러를 지급했습니다.」
 → 「지급의 지연」

## 22. 다음 대화가 일어나고 있는 장소는?

> A: What is the purpose of your visit?
> B: I'm here to attend CES what will be held in Las Vegas.
> A: What line of business are you in?
> B: I'm working in a marketing department of SC Electronics.
> A: How long are you going to stay?
> B: I'll stay for a week until it ends.
> A: Where will you be staying?
> B: I'll be staying at a hotel downtown Las Vegas.
> A: Well, here's your passport. Enjoy your stay.

① Travel Agency  ② Customs Office
③ Trade Show    ④ Immigration

21.② 22.④ **정답**

> **해설**
> A : 무슨 일로 오셨는지요?
> B : 저는 라스베이거스에서 열리는 CES에 참여하고자 합니다.
> A : 하시는 사업의 업종이 어떻게 되시죠?
> B : 저는 SC전자의 마케팅 부서에 근무하고 있습니다.
> A : 얼마나 머무르실 것인지요?
> B : 저는 행사가 끝날 때까지 1주일 간 머무르려 합니다.
> A : 어디에서 머무르실 것인지요?
> B : 저는 라스베이거스 시내에 있는 호텔에 머무르려 합니다.
> A : 그래요, 여권 받으세요. 즐거운 시간 되세요.

공항의 출입국관리소(Immigration)에서 나올 수 있는 대화이다.

## 23. 무역 거래에서 환어음의 당사자 중 연결 의미가 올바른 것은?

① Drawee – 채권자　　② Payee – 수취인
③ Payer – 발행인　　④ Drawer – 채무자

> **해설**
> ▶ drawee : 지급인, 채무자　▶ payer : 지급인, 납부자　▶ drawer : 발행인, 채권자

## 24. 밑줄 친 말과 바꾸어 쓸 수 있는 것은?

We hope you will kindly <u>honor</u> our draft by June 30.

① negotiate　② pay　③ reject　④ draw

> **해설**
> 당사는 6월 30일까지 당사의 환어음에 대해 귀사가 **지급**해 주시기 바랍니다.
> ▶ honor[pay] : 지급하다　▶ negotiate : 매입하다, 협상하다　▶ reject : 거절하다

## 25. 밑줄 친 부분의 의미로 알맞은 것을 고르시오.

If you accept our counter offer at the above prices, we will issue an irrevocable L/C within two weeks <u>after receipt of your acceptance</u>.

① 귀사의 주문서를 수취한 후에　② 귀사의 계약서가 도착한 후에
③ 귀사의 승낙이 수취된 후에　　④ 귀사의 조회가 도착한 후에

> **해설**
> 상기 희망 가격에 대한 카운터 오퍼를 승낙하시면 당사는 **귀사의 승낙이 수취된 후에** 2주 이내에 취소불능신용장을 개설하겠습니다.

**정답** 23.② 24.② 25.③

## 02 영작문

**[26~27] 다음 통신문을 읽고 물음에 답하시오.**

> (A) You would not run the least risk in opening a connection with the firm and would be satisfied with their mode of doing business.
> (B) ㉠Though this information is given to the best of our belief, ㉡we must ask you to treat it in strict confidence and without any responsibility on our part.
> (C) We have done business with them for more than twenty years always to our satisfaction and their last financial statements show a healthy condition.
> (D) In compliance with your request of May 17, we are pleased to say that this firm in question started business in London in April 1990 as General Importers and Exporters, and have been enjoying the highest reputation.

**26** 위 통신문을 논리적으로 바르게 배열한 것을 고르시오.

① (C)-(D)-(B)-(A)　　② (D)-(A)-(C)-(B)
③ (C)-(A)-(B)-(D)　　④ (D)-(C)-(A)-(B)

> (A) 귀사는 이 회사와 거래를 하셔도 큰 위험이 없으며 이 회사의 사업태도에 만족하실 것입니다.
> (B) 이 정보를 당사는 안심하고 드립니다만, 당사 측의 어떠한 책임도 없이 극비로 이를 다뤄주시기 바랍니다.
> (C) 당사는 이 회사와 20년 넘게 만족스럽게 거래를 해왔으며 이 회사의 최근 재정보고서는 이 회사가 양호한 상태임을 보여줍니다.
> (D) 귀사의 5월 17일자 요청에 따라, 당사는 문제의 이 기업은 잡화의 수출입상으로 1990년 4월 런던에서 사업을 시작하였으며, 아주 좋은 평판을 받고 있습니다.

선지 ④번이 가장 논리적인 흐름이다.
▶ run the least risk : 위험이 극히 적은　　▶ in strict confidence : 극비로
▶ in compliance with : ~에 따라

**27** (B)문장의 밑줄 친 부분 ㉠, ㉡과 뜻이 다른 것을 고르시오.

① Although - you are requested to use
② Even if - we would like you to treat
③ Through - be so kind as to open
④ Much as - please keep

▶ through : ~을 통하여　　▶ be so kind as to open : 기꺼이 마음을 열다
▶ much as : ~이긴 하지만

26.④　27.③　**정답**

**28** 다음 서신중 잘못 쓰인 것을 고르시오.

```
                        (A) Gardener & Johnes Limited
                            596 Broad Street, LA
                                           (B) January, 3nd, 2020
(C) Oliver Green Co.,Ltd.
25 Kings Avenue, New York
(D) Dear Sirs,
```

① (A)　　　② (B)　　　③ (C)　　　④ (D)

**해설** (B) January, 3nd, 2020 → January, **3rd**, 2020

**29** 다음 용어를 영어로 잘못 표현한 것을 고르시오.
① 선하증권: bill of lading　　② 상업송장: commercial invoice
③ 본선수취증: M/R(mate's receipt)　④ 보험증권: certificate of insurance

**해설** ▶ certificate of insurance : 보험증명서　cf. insurance policy : 보험증권

**30** 다음 문장을 영작한 것으로 가장 옳지 않은 것을 고르시오.

이 신용장의 만기는 12월 31일까지입니다.

① This L/C will be opened until December 31.
② This L/C expires on December 31.
③ The expiration of this L/C is December 31.
④ The expiry date of this L/C is December 31.

**해설** ①「이 신용장은 12월 31일까지 개설될 것입니다.」

**31** 다음 (　)안에 들어갈 단어로 옳은 것은?

Our (　) is based on FOB Pyeongtaek and can be adjusted for any other conditions if you wish.

① Quality　　② Quantity　　③ Price　　④ Shipment

**해설** 당사의 (가격조건 : price)은 FOB 평택 기준이며 귀사가 원하시면 어떤 다른 조건으로 조정될 수 있습니다. 인코텀즈는 가격을 제시할 때 이용되는 조건이므로 가격조건임을 알 수 있다.

**정답** 28.② 29.④ 30.① 31.③

## 32 다음 ( )안에 적절하지 않은 표현은?

> The quality must ( ) the sample in every detail.

① be inferior to  ② be up to
③ match  ④ be equal to

**해설** 품질은 모든 면에서 견본과 ( ) 합니다.
- be up to[match, be equal to] : ~ 와 같은, ~ 와 동일한
- be inferior to : ~ 에 비해 열등한[형편없는]

## 33 밑줄 친 부분과 의미가 다른 것을 고르시오.

> Your prices do not seem to be <u>competitive</u>.

① cheap  ② low  ③ reasonable  ④ bullish

**해설** 귀사의 가격은 **경쟁적**으로 보이지 않습니다.
- bullish : [가격이] 강세인

## 34 ( ) 안에 알맞은 것을 고르시오.

> Would you please open ( (A) ) L/C in our ( (B) )?

① (A) a – (B) behalf  ② (A) a – (B) best
③ (A) an – (B) favor  ④ (A) an – (B) best

**해설** 당사를 ((B) 수익자)로 하여 ((A)신용장, an L/C)을 개설해 주시겠습니까?
- in one's favor : ~를 수익자로 하여

## 35 다음 문장을 완성하는데 ( )안에 적합한 것을 고르시오.

> The ( ) is payable to the ( ) when he issues the policy unless another arrangement is agreed upon by the parties or required by trade custom.

① premium – insurer  ② premium – insured
③ claim – insurer  ④ claim – insured

**해설** 별도로 합의하지 않는 한 양당사자 또는 상관습에 따라 요구되지 않는 한 (보험료, premium)는 보험증권이 발행될 때 (보험자, insurer)에게 지불할 수 있다.
- claim : 보험금
- insured : 피보험자
- trade custom : 상관습

32.① 33.④ 34.③ 35.① **정답**

[36~38] 다음 서한을 읽고, 물음에 답하시오.

|  ( ) |
|---|
| We are pleased to place the following order with you as below: |

| (가) | DESCRIPTION | QUANTITY | UNIT PRICE | AMOUNT |
|---|---|---|---|---|
| LED TV | 30 inch color TV | 50 sets | @US$1,000.00 CIP Busan | (나) |

| Packing: | Each unit to be packed in an export standard box. |
|---|---|
| Origin: | Republic of Korea |
| Shipment: | During November of this year |
| (다): | By an irrevocable L/C at 60 days after sight. Discount charges to be covered by you. |
| (라): | Covering 110% of invoice value, ICC (마) |
| Inspection: | Seller's inspection to be final. |

**36** 위 통신문의 제목으로 옳은 것은?

① Offer Sheet  ② Counter Offer
③ Contract Sheet  ④ Purchase Order

 서두의 「당사는 아래와 같이 다음을 주문합니다.」라는 문장을 볼 때 매수인이 물품 구입을 위해 작성한 구매주문서(Purchase Order)임을 알 수 있다.

**37** (가)~(라)에 들어갈 표현으로 옳지 않은 것은?

① (가) ARTICLE  ② (나) US$50,000
③ (다) PRICE TERMS  ④ (라) INSURANCE

 (다)항은 취소불능장신용장을 결제 수단으로 하고 있으므로 지급조건(Payment)으로 표시되어야 한다.

**38** Incoterms 2020에 의거 밑줄 친 (마)에 들어갈 적절한 적하보험 조건은?

① (B)  ② (A)  ③ (C)  ④ (FPA)

 가격조건이 CIP조건이므로 최대부보조건인 ICC(A) 또는 ICC(A/R)로 부보되어야 한다.

정답  36.④  37.③  38.②

[39~40] 다음 서한을 읽고 물음에 답하시오.

> We are pleased to advise you that we have shipped five hundred units of LED TV to you by the M/S "Speed Queen" due to leave Incheon for Shanghai. The ETA will be around July 30, 2019. (가)결제 조건에 따라서, we have drawn a draft on your bank at 30 d/s for US $3,450,000.00 under L/C No. 12/80001 with attached documents, and have negotiated it through the Korea Exchange Bank in Seoul, Korea. We hope (나)귀사가 제시 시에 인수지급 할 것이다. We have enclosed a non-negotiable copy of B/L and copies of Marine Cargo Insurance Policy and one copy of Packing List.
> We hope that the goods will reach you in good condition so that you may place additional orders with us.

**39** 밑줄 친 (가)를 영어로 옮길 때, 가장 적절하지 않은 것을 고르면?

① Complying with the terms of payment
② According to the terms of payment
③ Because of the terms of payment
④ In compliance with the terms of payment

**해설**

당사는 인천항을 떠나 상하이로 향하는 "스피드 퀸" 호에 LED TV 500대를 귀사에게로 선적했음을 알려드립니다. 예상도착시간은 2019년 7월 30일 경입니다. (가)결제조건에 따라서, 당사는 첨부서류와 함께 신용장 No. 12/80001에 따라 귀사의 거래은행을 지급인으로 하는 3,450,000달러짜리 일람후 30일 출급 환어음을 발행하였으며 이를 한국, 서울에 있는 한국외환은행을 통해 매입의뢰하였습니다. 당사는 (나)귀사가 제시 시에 인수지급 할 것입니다. 당사는 유통불가 선하증권과 해상적하보험증권 그리고 포장명세서 1부를 동봉합니다. 당사는 이 물품이 이상없이 귀사에게 도착해서 귀사가 당사에게 추가 주문을 해 주시길 바랍니다.

③ 「지급조건이기 때문에」
▶ ETA(Estimated Time of Arrival) : 도착예상시간   ▶ due to : ~ 하기로 되어 있는

**40** 밑줄 친 (나)를 영어로 옮길 때, 바른 것은?

① you would honor it upon presentation
② you would accept it upon inspection
③ you would pay it when inspecting
④ you would protest it when presenting

**해설**
② 「검사 시에 귀사가 이를 인수할 것이다.」
③ 「검사 시에 귀사가 이를 지급할 것이다.」
④ 「제시 시에 귀사가 이를 지급거절할 것이다.」

정답 39.③ 40.①

**41** "지급 지연"의 올바른 영문표현을 고르시오.

① Non-Payment
② Delay in Payment
③ Stop Payment
④ Inferior shipment

▶ Non-Payment : 미지급   ▶ Delay in Payment : 지급 지연
▶ Inferior shipment : 불량 선적품

**42** "연체"의 영문표현 중 올바른 것을 고르시오.

① Overdue
② Just in Time
③ Wrong Payment
④ No Interest

▶ Overdue : 연체의, 기한을 넘긴   ▶ Just in Time : 바로 제 때에
▶ Wrong Payment : 납부 기록 오류   ▶ No Interest : 무이자

**43** ( ) 안에 알맞지 않은 것을 고르시오.

This L/C is ( ) until June 30.

① available   ② valid   ③ effective   ④ opened

이 신용장은 6월 30일까지 유효합니다)

▶ available[valid, effective]: 유효한   ▶ opened : 열린, 개설된

**44** 다음 우리말을 영어로 옮길 때 ( ) 안에 들어갈 내용이 바르게 배열된 것은?

당사는 미화 10,000 달러를 보상받기 위하여 귀사에게 손해 보상 청구를 하지 않을 수 없습니다.
→ We are ( (1)compelled (2)on (3)claim (4)to (5)you ) to compensate for US$ 10,000.00.

① (1)-(4)-(3)-(2)-(5)
② (1)-(2)-(5)-(4)-(3)
③ (3)-(2)-(5)-(4)-(1)
④ (1)-(4)-(5)-(2)-(3)

We are **compelled to claim on you** to compensate for US$ 10,000.00.

정답   41.②  42.①  43.④  44.①

**45** 다음 영작 중 가장 적합한 것을 고르시오.

> 당사의 실수로 귀사께 폐를 끼친 것에 대하여 사과드립니다.

① Please apologize for the inconvenience you may have caused us.
② Please accept our apology for any inconvenience caused by our mistake.
③ We apologized for your inconvenience by our oversight.
④ We regret to apologize for the mistake you have caused us.

 ① 「당사로 인해 귀사가 입은 불편함에 대하여 사과드립니다.」
③ 「당사의 부주의로 인한 귀사의 불편함에 대하여 사과드립니다.」
④ 「당사로 인해 귀사가 입은 실수에 대해 사과하게되어 유감입니다.」

**46** 다음 우리말을 영작할 때 잘못된 것을 고르시오.

① 당사는 창업한지 오래된 신발 수출업자입니다.
  → We are long-established exporters of shoes.
② 상기 회사들은 이곳에서 평판이 좋습니다.
  → The firms to be mentioned in the below are leading exporters.
③ 귀사가 이 정보를 극비로 취급해 줄 것을 요청합니다.
  → We request you to consider this information confidential.
④ 당사의 신용상태에 관해서는 ABC은행이 필요한 정보를 제공해드릴 것입니다.
  → For our financial status, The Bank of ABC will provide you with necessary information.

 ② The firms to be mentioned in the below are **enjoying reputation**.
▶ enjoy reputation : 평판이 좋은

**47** 다음 (    ) 칸에 가장 알맞은 표현은?

> 귀사의 가격이 다른 공급업자들과 비교해 봤을 때 그다지 저렴한 것 같지는 않습니다.
> → Your prices do not seem to be inexpensive ( (A) ) those of other ( (B) ).

① (A) compared to  —  (B) sellers
② (A) compared with  —  (B) supply chains
③ (A) compared with  —  (B) buyers
④ (A) compared to  —  (B) suppliers

Your prices do not seem to be inexpensive (compared to) those of other (suppliers).

45.② 46.② 47.④ 정답

**48** 다음 선적서류 중 해석과 발급자가 잘못된 것을 고르시오.

① Certificate of Weight and Measurement - 중량 및 용적 증명서 : 공인검량인 또는 수출상
② Bill of Lading - 선하증권 : 선박회사
③ Certificate of Origin - 원산지증명서 : 은행
④ Proforma Invoice - 견적송장 : 수출상

 원산지증명서(Certificate of Origin)의 발급은 상공회의소에서 한다.

[49~50] 다음은 신용장 견본이다. 물음에 답하시오.

| (1) ①취소불능 신용장<br>Date: September 21, 2019<br>Our Advice No: 2010/092103 ||
|---|---|
| (2) ②발행은행<br>THE COMMERCIAL BANK OF LONDON | (3) ③발행의뢰인<br>THE PLANET CO., INC. |
| (4) ④수익자<br>GALAXY CO., LTD. | (5) Amount<br>USD 1,500,000.00 |
|  | (6) (가) 유효기일<br>November 15, 2019 |
| (7) Documents Required<br>☒ Signed (나) 상업송장 in triplicate<br>☒ Full set of clean on board Ocean Bills of Lading<br>☒ Insurance Policy (다) 2통으로 ||
| (8) Shipment<br>from Busan to London, October 30 | (9) Partial shipments<br>(라) 금지 |

**49** 위 서한의 밑줄 친 ①~④를 영어로 옮길 때 잘못된 것을 고르시오.

① IRREVOCABLE DOCUMENTARY CREDIT
② Negotiating Bank
③ Applicant
④ Beneficiary

 ▶ Negotiating Bank : 매입은행　　cf. Issuing Bank : 발행은행

정답　48.③　49.②

**50** 다음 (가)~(라)의 영문표현이 틀린 것을 고르시오.
① (가) Expiry Date  ② (나) Commercial invoice
③ (다) in duplicate  ④ (라) allowed

해설  (라) allowed : 허용된 → not allowed(prohibited) : 금지된

## 03 무역실무

**51** 다음 중 반드시 수입상을 지칭하는 용어로 옳은 것은?

| ㄱ. Shipper | ㄴ. Buyer | ㄷ. Applicant | ㄹ. Drawer |

① ㄱ, ㄴ   ② ㄱ, ㄷ   ③ ㄴ, ㄷ   ④ ㄷ, ㄹ

해설  수입상을 지칭하는 용어로는 buyer, applicant, importer, drawee 등이다.

**52** 신용조회의 내용 중 상도덕(Character)과 관련된 것을 모두 고르시오.

| ㄱ. Turn-over | ㄴ. Integrity | ㄷ. Willingness to meet obligations |

① ㄱ, ㄴ   ② ㄴ, ㄷ   ③ ㄱ, ㄷ   ④ ㄱ, ㄴ, ㄷ

해설  상도덕(인격)과 관련된 것은 성실성(Integrity), 채무변제 의무의 이행 열의(Willingness to meet obligations) 이다. 매출(Turn-over)은 능력(Capacity)에 해당되는 항목이다.

**53** 해외시장의 실질적인 조사내용에 대한 것으로 옳지 않은 것은?
① 국내 소비자 조사   ② 물품 조사
③ 거래방식 조사   ④ 판로 조사

해설  해외시장 조사는 해외에서의 판매를 위한 여러 조건들을 조사하는 것이므로 국내 소비자의 성향까지 조사할 필요는 없다.

**54** 내국신용장에서 개설의뢰인의 자격에 해당되지 않는 자는?
① 수입신용장 등을 보유한 자   ② 자사제품 수출실적 보유자
③ 무역금융의 융자 대상자   ④ 타사제품 수출실적 보유자

해설  내국신용장은 **수출신용장을 보유한 자**가 국내의 거래은행을 개설은행으로 하여 국내공급자를 위해 자신을 개설의뢰인으로하여 발행되는 것이다.

50.④  51.③  52.② 53.① 54.① **정답**

**55** 수량의 단위와 관련 길이를 나타내는 단위로 옳지 않은 것은?

① inch  ② meter  ③ feet  ④ CBM

해설 CBM(Cubic Meters)은 용적을 나타내는 단위이다.

**56** 매수인이 매도인의 청약조건으로 구매하겠다는 확정적 의사표시로 옳은 것은?

① offer  ② contract
③ firm offer  ④ acceptance

해설 청약에 대한 확정적 의사표시는 승낙(acceptance)이다.

**57** A 상사는 캄보디아의 B 상사로부터 전자제품에 대한 청약을 받고 승낙하는 서신을 발송하였다면, 무역계약의 성격으로 알맞은 것은?

① 쌍무 계약  ② 유상 계약
③ 불요식 계약  ④ 낙성 계약

해설 낙성계약에 대한 사례이다.

**58** 신용장 개설 시 신용장을 매입에 의해 이용하도록 하기 위해 표시해야 하는 항목은?

① sight payment  ② deferred payment
③ acceptance  ④ negotiation

해설 매입신용장(Negotiable L/C)에는 매입(negotiation)이라는 용어가 사용된다.
▶ sight payment : 일람지급   ▶ deferred payment : 연지급

**59** 매입신용장에 대한 설명으로 옳지 않은 것은?

① 실무적으로 가장 많이 사용되는 신용장이다.
② 개설은행은 매입은행이 될 수 있다.
③ 통지은행만이 매입업무를 담당할 수 있다.
④ 어음의 배서인에 대해서도 지급을 확약한다.

해설 매입신용장은 수익자가 매입의뢰를 위해 은행을 자유롭게 선택할 수 있다. 반드시 통지은행만이 매입업무를 담당할 수 있는 것은 아니다.

정답  55.④  56.④  57.④  58.④  59.③

## 60  신용장의 당사자에 대한 설명으로 옳은 것은?

① 통지은행: 수입상에게 신용장의 도착을 통지하는 은행
② 수익자: 신용장발행으로 혜택을 받는 수입상
③ 개설은행: 수입상의 요청으로 신용장을 개설해 주는 수출상의 거래은행
④ 확인은행: 개설은행의 지급확약에 확약을 추가한 제3의 은행

**해설**
① 통지은행 : **수출상**에게 신용장의 도착을 통지하는 은행
② 수익자 : 신용장 발행으로 혜택을 받는 **수출상**
③ 개설은행 : 수입상의 요청으로 신용장을 개설해 주는 **수입상**의 거래은행

## 61  수출업자가 화물을 본선에 적재한 후 본선의 일등 항해사가 발행하는 서류로 옳은 것은?

① S/R    ② B/L    ③ M/R    ④ D/O

**해설** 본선적재 수취증(M/R : Mate's Receipt)에 대한 설명이다.
▶ S/R(shipping request) : 선적요청서    ▶ D/O(Delivery Order) : 인도지시서

## 62  양도가능신용장에 대한 설명으로 옳지 않은 것은?

① 제1의 수익자의 요청에 따라 제2의 수익자에게 양도 될 수 있다.
② 양도는 분할 양도만 가능하다.
③ 양도가능(Transferable)이라는 문구가 있는 신용장을 의미한다.
④ 양도된 신용장은 제2의 수익자의 요청에 의해서 그 이후 어떠한 제3의 수익자에게도 양도될 수 없다.

**해설** 양도는 신용장 금액 전체와 분할 양도 모두 가능하다.

## 63  해상보험 보험계약의 목적을 나타내고 있는 용어로 옳은 것은?

① 피보험이익    ② 화물    ③ 선박    ④ 운임

**해설** 해상보험 보험계약의 목적을 보험에서는 피보험이익이라고 한다.

## 64  신용장을 발행하는 자로 옳은 것은?

① 수입상                  ② 수출상
③ 수출상의 거래은행      ④ 수입상의 거래은행

**해설** 신용장은 수입상의 요청에 의해 수입상의 거래은행이 발행한다.

---

60.④  61.③  62.②  63.①  64.④  **정답**

**65** 선적비용은 용선자가 부담하고, 양륙비용을 선주가 부담하는 조건으로 옳은 것은?

① Berth Terms
② F.I. (Free In)
③ F.O. (Free Out)
④ F.I.O. (Free In & Out)

해설 F.I. (Free In)에 대한 설명이다.


**66** 선진국이 일방적으로 개발도상국에 무차별로 인하하는 관세로 옳은 것은?

① 보호관세
② 조정관세
③ 지역특혜관세
④ 일반특혜관세

해설 일반특혜관세에 대한 설명이다.


**67** 무역용어와 그 해석이 옳지 않은 것은?

① Freight Collect – 운임 후불
② Notify : Accountee – 통지처 : 수입상
③ Carriage Forward – 운임 후불
④ Shipper – 선주

해설 ▶ shipper : 화주    cf. ship owner : 선주


**68** Incoterms 2020 조건 중 FAS 조건에 대한 설명으로 옳은 것은?

① 매도인은 지정된 날짜에 지정된 선박의 본선에 물품을 적재해야 한다.
② 매도인이 선적항에서 목적항까지 운송계약을 체결해야 한다.
③ 매도인이 수입통관을 하여야 한다.
④ 매도인이 수출 통관된 물품을 부선을 이용하여 본선의 선측에서 매수인에게 인도할 수도 있다.

해설 ① 매도인은 지정된 날짜에 지정된 선박의 옆에 물품을 두어야 한다.
② 매도인은 선적항에 화물을 갖다 놓는 것으로 계약을 체결해야 한다.
③ 매도인이 수출통관을 하여야 한다.


정답  65.②  66.④  67.④  68.④

**69** 수출승인에 대한 내용으로 옳지 않은 것은?

① 모든 물품은 수출 허가를 받아야 하는 물품으로 우리 나라는 수출자동 승인품목이 없다.
② 수출제한 품목은 품목별 수출요령에 따라 승인을 받아야 수출할 수 있다.
③ 수입제한 품목은 품목별 수입요령에 따라야 한다.
④ 품목분류는 HS와 HSK에 의한다.

**해설** 우리나라는 수출자동 승인 시스템을 갖고 있으며 수출 허가를 받아야 하는 물품은 극히 제한되어 있다.

**70** 무역거래의 결제방법 중 동시지급방법으로만 옳게 나열된 것은?

① CWO – D/P – Usance L/C
② COD – D/A – At sight L/C
③ CAD – D/P – At sight L/C
④ CAD – D/A – Usance L/C

**해설** Usance L/C, D/A 등은 후지급방식이다.

**71** 우리나라 무역금융의 특성으로 옳지 않은 것은?

① 무역금융은 수출이행을 의무화한다.
② 무역금융은 용도별, 시기별로 지원된다.
③ 무역금융은 신용장기준 또는 실적기준으로 지원된다.
④ 무역금융은 정책금융이지만 중앙은행과 무관하다.

**해설** 무역금융은 수출입 기업이 국가간의 무역 거래나 이와 결부된 국내 거래에서 필요한 자금을 국내외 금융기관이나 거래 상대방이 시중은행보다 낮은 이자로 빌려주는 것이다. 중앙은행의 지원으로 이루어진다.

**72** 클레임의 해결 방법 중 제3자의 개입 없이 당사자 간 직접 해결하는 방식으로 옳은 것은?

① litigation
② mediation
③ arbitration
④ compromise

**해설** 타협과 화해(compromise)에 대한 설명이다.
▶ litigation : 소송    ▶ mediation : 조정    ▶ arbitration : 중재

69.① 70.③ 71.④ 72.④ **정답**

## 73. 다음에 해당하는 클레임 해결방법 특징으로 옳지 않은 것은?

> 공정한 제 3자가 당사자의 일방 또는 쌍방의 요청에 의해 사건에 개입하여 원만한 타협이 이루어지도록 협조하는 방법

① 쌍방의 협력이 없어도 알선수임기관의 역량에 따라 클레임이 해결된다.
② 당사자 간에 비밀이 보장된다.
③ 거래관계를 지속적으로 유지할 수 있다.
④ 강제 구속력이 없다.

**해설** 알선(intercession or recommendation)에 대한 설명이다. 알선수임기관은 원만한 타협이 이루어지도록 중재를 하지만 쌍방의 협력이 있어야 한다.

## 74. '환적, 분할선적 등'에 관한 분쟁은 무슨 분쟁에 속하는가?

① 원산지     ② 보험     ③ 인도     ④ 가격 및 결제

**해설** 환적(transhipment), 분할선적(partial shipment)등은 인도조건에서의 유의 사항에 대한 용어이다.

## 75. 외국 중재판정의 승인 및 집행에 관한 협약은 무엇인가?

① 비엔나협약     ② 뉴욕협약
③ 함부르크규칙     ④ 로테르담규칙

**해설** 외국 중재판정의 승인 및 집행에 관한 협약을 뉴욕협약(New York Convention)이라고 한다.

**정답** 73.① 74.③ 75.②

## 제118회 3급 기출해설
(2020년 제2회)

# 01 영문해석

**01** 서한의 내용에서 밑줄 친 부분 (A)와 (B)에 해당하는 신용장 관계당사자는?

> (A)<u>We</u> have just received your notice that (B)<u>you</u> are unable to ship the whole order of Steel Pipe product, SP-777. We have instructed our bankers to amend the terms and conditions of the letter of credit so that partial shipments may be allowed.

|   | (A) | (B) |
|---|---|---|
| ① | Applicant | - Beneficiary |
| ② | Beneficiary | - Applicant |
| ③ | Issuing Bank | - Beneficiary |
| ④ | Applicant | - Issuing Bank |

**해설** (A)당사는 (B)귀사가 강철 파이프 제품 SP-777의 주문 전량을 선적할 수 없다고 알리는 귀사의 통지를 방금 받았습니다. 당사는 분할선적이 허용될 수 있도록 하기 위해 신용장의 제 조건을 변경하라고 당사의 거래은행에 지시했습니다.

문맥을 통해 (A)는 수입상인 신용장 개설의뢰인(applicant)이고, (B)는 수출상인 수익자(beneficiary)임을 알 수 있다.

▶ amend : 조건을 변경하다[수정하다]

01. ① **정답**

**02** CIP(Incoterms 2020)에 대한 설명으로 옳지 않은 것은?

① The seller delivers the goods to the buyer by handing them over to the carrier contracted by the seller.
② The seller must contract for insurance cover against the buyer's risk of loss of or damage to the goods.
③ The seller transfers the risk to the buyer by handing them over to the carrier contracted by the seller.
④ The seller is required to obtain insurance cover complying with Institute Cargo Clauses (C) or similar clause.

① 「매도인은 매도인이 계약을 체결한 운송인에게 물품을 교부함으로써 매수인에게 물품을 인도한 것으로 한다.」
② 「매도인은 물품의 손실 또는 손상에 따른 매수인의 위험에 대해 보험계약을 체결해야 한다.」
③ 「매도인은 매도인이 계약을 체결한 운송인에게 물품을 교부함으로써 매수인에게 위험을 이전한 것으로 한다.」
④ 「매도인은 ICC(C) 또는 이와 유사한 약관에 따른 보험계약을 체결해야 한다.」
– 개정된 인코텀즈2020에서는 CIF의 경우에는 최소담보약관인 ICC(C) 또는 ICC(FPA)로 보험계약을 체결하고, CIP의 경우에는 최대담보약관인 ICC(A) 또는 ICC(A/R)로 보험계약을 체결하도록 규정하고 있다.

**03** 무역용어를 영어로 옮길 때 옳지 않은 것은?

① 신용조회 – Credit Inquiry
② 확정청약 – Free Offer
③ 거래제의 – Business Proposal
④ 매도청약 – Selling Offer

▶ Free Offer : 불확정청약    cf. Firm Offer : 확정청약

**04** ( ) 안에 들어갈 단어로 옳은 것은?

> In case of shipping bulk commodities, an entire ship is often necessary for the shipper to accommodate such a large quantity of cargo. In those cases, the ocean bill of lading is not the document used for the contract of carriage between them; the contract between the carrier and the shipper is called a ( ).

① Charter Party
② Transport Contract
③ Letter of Indemnity
④ Letter of Guarantee

벌크상품 선적의 경우, 이와 같은 대량 화물을 수용하기 위해서 화주에게는 선박 전체의 공간이 필요하다. 이런 경우, 해양선하증권은 이들 사이의 운송계약으로 사용되는 서류가 아니다 : 운송인과 화주의 계약을 (    )이라고 한다.
벌크화물의 경우 선주로부터 선박을 빌려와서 운송하게 되는데 이때 체결하는 계약을 용선계약(Charter Party)이라고 한다.

정답  02.④  03.②  04.①

## 05 ( )에 들어갈 단어로 옳은 것은?

( ) is the act of throwing cargo and/or parts of a ship overboard in an attempt to light the ship. The purpose of such an action is to save the ship and the other cargoes.

① Jettison  ② Fire  ③ Stranding  ④ Abandonment

( )은 선박을 가볍게 하기 위한 시도로써 선박의 갑판에 있는 화물이나 장비를 던지는 행위를 말한다. 이러한 행위의 목적은 선박과 기타 화물을 구하기 위한 것이다.

투하(Jettison)에 대한 설명이다.
▶ stranding : 좌초  ▶ abandonment : 폐기, 버림

## 06 거래관련 [A]~[D]를 순서대로 옳게 배열한 것은?

[A] We would appreciate receiving your best CIF New York price on LED TV sets as well as your price list and catalog.
[B] If your prices are attractive and the merchandise is suitable for our trade, we will be able to place large orders.
[C] We are glad to learn that you are especially interested in exporting LED TV sets and regarding these products, we may say that we are specialists.
[D] Thank you for your letter of June 7 proposing to enter into business relations with us in LED TV sets.
We look forward to hearing from you soon.

① [C]-[B]-[A]-[D]   ② [C]-[A]-[B]-[D]
③ [D]-[C]-[A]-[B]   ④ [D]-[B]-[A]-[C]

[A] 귀사의 가격표와 카탈로그뿐만 아니라 LED-TV의 CIF뉴욕을 기준으로 최선의 가격을 주시면 감사하겠습니다.
[B] 귀사의 가격이 매력적이고 상품이 당사의 거래에 적합하면, 당사는 대량주문을 하겠습니다.
[C] 당사는 귀사가 LED TV 수출과 이 제품에 대하여 특별히 관심이 있다는 것을 알게 되어 매우 기쁘게 생각하며, 이 분야에서는 당사가 전문이라고 말씀드릴 수 있습니다.
[D] 당사와 LED TV와 관련된 사업을 하고 싶다고 제의하신 귀사의 6월 7일자 서신을 잘 받았습니다. 귀사로부터 곧 소식이 있기를 고대합니다.

문맥상 선지 ③번의 흐름이 가장 자연스럽다.

05.①  06.③  정답

## 07 다음 서한이 의도하는 것으로 옳은 것은?

> We have now received from the National Bank of Cambodia the information requested in your letter of 17 February.
> The corporation you mentioned is a private company running as a family concern and operating on a small scale.
> More detailed information we have received gives that this is a case in which we would advise caution.
> We must ask you to treat this in strict confidence.

① Letter giving unfavorable reply against credit inquiry
② Letter of order requesting for discount
③ Letter asking for credit inquiry
④ Letter replying to trade inquiry

 당사는 귀사의 2월 17일자 서신에서 요청하신 정보를 캄보디아 내셔널 은행에서 받았습니다. 귀사가 언급하신 이 회사는 소규모로 운영되고 가족끼리 경영하는 개인사업자입니다. 당사가 받은 보다 상세한 정보에 따르면 이 경우는 조심하라고 조언합니다. 이 정보를 극비로 다뤄주시기 바랍니다.
① 「신용조회에 대해 비우호적인 서신을 전하기」
 - 제시문에 가장 알맞은 목적이다.
② 「할인을 요구하는 주문서」
③ 「신용조회를 요청하는 서신」
④ 「거래조회에 대한 답변 서신」
▶ private company : 개인사업자   ▶ operating on a small scale : 소규모로 운영하는

## 08 Air Waybill(AWB)에 대한 설명으로 옳지 않은 것은?

① AWB is a document that fulfills similar functions as Sea Waybill but applies only to air freight.
② AWB shows the consignee who takes delivery of the cargo.
③ AWB is not negotiable as that is not a document of title.
④ AWB is a receipt for the goods and the evidence for a carriage contract between the shipper and the consignee.

 ① 「항공화물운송장은 해상화물운송장과 기능은 유사하지만 항공운송에만 적용되는 서류이다.」
② 「항공화물운송장에는 화물의 인도를 받는 수취인이 나타난다.」
③ 「항공화물운송장은 양도불가이며 권리증권도 아니다.」
④ 「항공화물운송장은 물품의 수취증이며 화주와 수취인 사이의 운송계약의 증거이다.」
 - 항공화물운송장은 화주와 <u>운송인(carrier)</u>사이의 운송계약의 증거이다.
▶Air Waybill(AWB) : 항공화물운송장   ▶ evidence for a carriage contract : 운송계약의 증거

**정답** 07.①  08.④

**09** 제시된 글에 대한 내용으로 옳은 것은?

> We will draw a draft on you at 60 d/s under your L/C.

> ㄱ. 환어음의 발행 예정
> ㄴ. 선적 후 60일 지급조건
> ㄷ. 지급인은 귀행임
> ㄹ. L/C의 발행인은 당사가 될 것임

① ㄱ, ㄴ     ② ㄱ, ㄷ
③ ㄴ, ㄷ     ④ ㄷ, ㄹ

 당사는 귀사의 신용장에 따라 귀 은행을 지급인으로 하는 일람후 60일 출급 환어음을 발행했습니다.
옳은 해석은 ㄱ, ㄷ 이다.

**10** 포장관련 용어를 잘못 해석한 것은?

① Fragile – 깨지기 쉬움     ② Unitary packing – 내부포장
③ Use not hook – 갈고리 사용금지     ④ Keep dry – 습기방지

▶ unitary packing : 물품 낱개 포장

**11** 다음 서한의 제목으로 옳은 것은?

> We are pleased to give you an order for 1,200 sets of Car Side Mirror, and attach our Purchase Order No. CA-231. We trust that our order is correct in all details.

① 신용장 도착 통지     ② 거래제의에 대한 수락
③ 주문서를 동봉한 주문서한     ④ 거래조건의 변경 요청

당사는 자동차 사이드 미러 1,200개를 주문하며 당사의 주문서 No.CA-231을 첨부합니다. 당사는 당사의 주문이 모든 면에서 잘 되리라 믿습니다.
매수인이 주문서를 동봉하여 매도인에게 주문을 하는 서한이다.

09.② 10.② 11.③ **정답**

**12** ( )안에 공통으로 들어갈 수 있는 단어로 옳은 것은?

> ( ) is a loss incurred by a cargo owner on an ocean voyage. It can be further qualified as a particular ( ) or as a general ( ).

① Average  ② Total loss  ③ Partial loss  ④ Liability loss

**해설** ( )은 해상운송에서 화물의 소유주에게 일어난 손실이다. 이는 추후 단독( )이거나 공동( )이 될 수도 있다.

해손(average)은 단독해손(particular average)과 공동해손(general average)로 나뉜다.

**13** 밑줄 친 부분의 의미로 옳은 것은?

> Please accept the offer without delay.

① 동시에  ② 지체없이  ③ 미리  ④ 즉시

**해설** 지체없이 이 청약을 승낙해 주십시오.
▶ without delay : 지체없이(immediately, promptly)

**14** 밑줄 친 부분의 의미로 옳은 것은?

> Discount charge is for account of applicant.

① 할증 비용  ② 할인 비율  ③ 할인 비용  ④ 할인 기준

**해설** 할인 비용은 개설의뢰인의 부담입니다.
▶ for account of : ~의 비용부담으로 하다

**15** 신용장에서의 구비 서류 내용이다. 밑줄 친 부분의 해석으로 옳은 것은?

> Required Documents are as follows:
> - Signed Commercial Invoice (A)in quadruplicate
> - (B)Full Set of Clean on Board Ocean Bills of Lading
> - Insurance Policy (C)in duplicate

　　　(A)　(B)　(C)
① 5통 - 일체 - 2통
② 4통 - 전통 - 2통
③ 5통 - 전통 - 부본
④ 4통 - 일체 - 부본

**해설** ▶ quadruplicate : 4통　　cf. quintplicate : 5통

**정답** 12.①  13.②  14.③  15.②

**16** 밑줄 친 부분이 의미하는 것을 고르면?

> Complying with the terms of payment, we have drawn a draft on you at 30d/s for US$10,000.00 and passed the draft with full set of shipping documents to <u>our bankers, Deutsche Bank</u>. We hope you would accept it upon presentation.

① Issuing Bank
② Negotiating Bank
③ Advising Bank
④ Confirming Bank

 지급조건에 따라, 당사는 귀 은행을 지급인으로하여 1만 달러에 대해 일람후 30일 출급 환어음을 발행했으며 이를 전통의 선적서류와 함께 당사의 <u>거래은행인 도이치 은행</u>에 넘겼습니다. 이 서류의 제시 시에 귀사가 인수해 주시기 바랍니다.
수익자가 선적 후 수출대금의 회수를 위해 자신의 거래은행인 매입은행(Negotiating Bank)에 매입의뢰하고 이 사실을 매수인에게 알리고 있는 내용이다.

**17** 무역용어의 의미가 옳은 것은?

① Packing List: 가격표
② Beneficiary: 개설의뢰인
③ Freight prepaid: 운임후급
④ Negotiating bank: 매입은행

▶ packing List : 포장명세서    ▶ beneficiary : 수익자    ▶ Freight prepaid : 운임선지급

**18** 무역용어를 한글로 옮길 때 옳지 않은 것은?

① Barter Trade – 물물교환
② Compensation Trade – 구상무역
③ Counter Purchase – 구매대행
④ Buy Back – 제품환매

▶ Counter Purchase : 대응구매    cf. buying service : 구매대행

16.② 17.④ 18.③ **정답**

**19** 서한(A)~(D)를 순서대로 옳게 나열한 것은?

> (A) You must remember that competition in this line is so much keen that unless you make the unit price $900.00 rather than $990.00 per unit, we cannot accept your offer as you requested.
> (B) We are looking forward to your confirmation.
> (C) We thank you very much for your firm offer of May 4 for one thousand [1,000] refrigerator units, but your offer price is a little high compared to that of other supplier.
> (D) Your kind allowance will enable us to introduce your goods to our market.

① (A) - (B) - (C) - (D)  ② (A) - (C) - (D) - (B)
③ (C) - (A) - (D) - (B)  ④ (C) - (A) - (B) - (D)

> (A) 이 분야의 경쟁이 치열하여 귀사가 대당 990달러가 아닌 900달러로 가격을 맞춰주지 못하면 당사는 귀사가 요청하신 청약을 승낙할 수 없습니다.
> (B) 당사는 귀사의 확인을 기다립니다.
> (C) 당사는 냉장고 1천대에 대해 5월 4일에 확정청약하신 것을 잘 받았습니다만, 귀사의 가격이 당사의 다른 공급업체에 비교하여 조금 높습니다.
> (D) 귀사가 협조해주시면 귀사의 제품을 당사의 시장에 소개할 수 있습니다.

▶ competition : 경쟁　　▶ keen : 강한, 치열한　　▶ rather than : ~ 라기 보다는
▶ compared to : ~와 비교하여

**20** 다음 내용은 무엇에 대한 것인가?

> All disputes, controversies, of differences which may arise between the parties, out of or in connection with this contract, or for the breach thereof, shall be finally settled by arbitration in Seoul, Korea in accordance with the Commercial Arbitration Rules of the Korean Commercial Arbitration Board and under the Laws of Korea. The award rendered by the arbitrator(s) shall be final and binding upon both parties concerned.

① Trade Dispute　　② Force Majeure
③ Unknown Clause　　④ Arbitration Clause

> 이 계약으로부터, 또는 이 계약과 관련하여 또는 이 계약의 불이행으로 말미암아 당사자 간에 발생하는 모든 분쟁, 논쟁 또는 의견 차이는 대한민국 서울특별시에서 대한상사중재원의 상사중재규칙에 따라 중재에 의하여 최종적으로 해결한다. 중재인(들)에 의하여 내려지는 판정은 최종적인 것으로 당사자 쌍방에 대하여 구속력을 가진다.

계약서에 삽입되는 중재조항(Arbitration Clause)이다.

**정답** 19.③ 20.④

## 21 밑줄 친 부분의 의미로 옳은 것은?

> The quality of goods is inferior to your samples.

① 불량한   ② 평등한   ③ 우수한   ④ 평범한

 이 물품의 품질은 귀사의 견본보다 **불량**합니다.

## 22 밑줄 친 부분의 의미로 옳은 것은?

> On examining the goods we ordered, we learn that the goods do not match the original samples.

① 손상 견품   ② 원 견품   ③ 주문 견품   ④ 변질 견품

 당사가 주문한 물품을 검사해보니, 이 물품은 **원 견품**과 일치하지 않습니다.

[23~24] 다음 문장을 읽고 물음에 답하시오.

> We received the goods covering our purchase order No.100 for Smart TV sets. However, unfortunately, we cannot help saying that the goods reached here on April 20, two months after the ( A ) date. This is considerably delayed for the needs of customers. We are in serious problems and are receiving numerous ( B ) from our domestic customers.

## 23 상기 내용은 무엇에 대한 클레임인가?

① Late Delivery   ② Price
③ Short Shipment   ④ Inferior Goods

 당사는 당사의 주문품 No. 100 스마트 TV를 받았습니다. 그러나, 아쉽게도, 당사는 (   )일보다 2달이나 지난 4월 20일에 물품이 도착했음을 말씀드리지 않을 수 없습니다. 이는 고객의 요구에 대해 너무나 지연된 것입니다. 당사는 심각한 문제에 있으며 당사의 국내 고객으로부터 많은 (   )을 받고 있습니다.
23. 매도인의 인도지연(Late Delivery)에 대하여 클레임을 제기하는 내용이다.

## 24 위의 빈 칸 (A), (B)에 옳은 것으로 나열된 것은?

① stipulated - complaints   ② stipulated - arguments
③ requiring - arguments   ④ requiring - complaints

해설 각각 규정된 날짜(stipulated date)와 많은 불만(complaints)이 어울린다.

21.① 22.② 23.① 24.① **정답**

## 25  다음 빈 칸에 옳은 것은?

> Any claim by the Buyer of whatever nature arising under this contract shall be made by cable within thirty (30) days after arrival of the goods at the destination specified in the bills of lading. Full particulars of such claim shall be made in writing, and forwarded by registered mail to the Seller within fifteen (15) days after cabling. The Buyer must submit with particulars sworn (　　　) when the quality or quantity of the goods delivered is in dispute.

① Claim note  
② Surveyor's report  
③ Bill of Lading  
④ Notice of claim

**해설** 이 계약으로 발생하여 매수인이 의해 제기되는 모든 클레임은 선하증권에 규정된 목적지에 물품이 도착한 후 30일 이내에 전신으로 제기되어야 한다. 이러한 클레임임의 상세 내용은 서면으로 작성되고 전신통보 후 15일 이내에 매도인에게 등기우편으로 전달되어야 한다. 매수인은 물품의 품질이나 수량에 문제가 있는 경우 서명된 공인검사관의 보고서(Surveyor's report)에 상세 내용을 제출해야 한다.

## 02 영작문

## 26  화인(Shipping Marks)에서 주의사항 표현으로 옳은 것은?

> 뒤집지 마시오 → (　　　)

① Do not drop  
② Don't Turn Over  
③ Use no hook  
④ This side up

**해설**
- Don't Turn Over : 뒤집지 마시오.
- Do not drop : 떨어트림 주의
- Use no hook : 갈고리 사용 금지
- This side up : 이 곳을 위로 가게

## 27  다음 우리말을 영작할 때 (　)안에 들어갈 수 없는 표현은?

> 당사는 귀사가 전자우편을 받은 후 즉시 환어음을 인수 및 지급해 주시기 바랍니다.
> → We want you to (　) the drafts immediately after you receive this e-mail.

① honor   ② protect   ③ accept and pay   ④ protest

**해설** We want you to (　) the drafts immediately after you receive this e-mail
- protest : (어음지급을)거절하다, 항의하다

**정답** 25.② 26.② 27.④

## 28 신용장에서 특정 기간 인도에 대한 표현 중 해석이 옳지 않은 것은?

① 초순 : the beginning of~ (1일부터 10일까지)

② 중순 : the middle of~ (11일부터 20일까지)

③ 하순 : the end of~ (21일부터 말일까지)

④ 전반기 : the first half of~ (1일부터 15일까지)

**해설** ▶ 전반기 : the six months of~   cf. 1일부터 15일까지 : the first half of

## 29 영작할 때 ( ) 안에 들어갈 알맞은 것은?

> 인도는 5월 6일까지는 완료될 것입니다.
> → Delivery shall be completed ( ) May 6.

① on or about
② on and after
③ no later than
④ before

**해설** ▶ no later than[by] : ~까지   ▶ on or about : ~ 경   ▶ on and after : ~ 이후

## 30 다음 ⓐ~ⓓ 중 틀린 것은?

> "Delivered at Place Unloaded" means that the ⓐ <u>seller</u> delivers the goods and transfers risk to the buyer when the goods once ⓑ <u>ready for</u> unloading from the ⓒ <u>arriving means of transport</u>, are placed at the disposal of the buyer at a named place of destination or at the agreed point within that place. Should the parties intend the seller not to bear the risk and cost of unloading, ⓓ <u>DAP</u> should be used instead.

① ⓐ   ② ⓑ   ③ ⓒ   ④ ⓓ

**해설** "도착지양하인도조건"은 ⓐ매도인이 ⓒ운송수단상에서 물품을 ⓑ양하 준비된 상태로 지정목적지 또는 합의된 장소에서 물품을 인도할 때 매수인에게로 위험이 이전되는 것을 말한다. 매도인이 양하비용의 위험과 비용을 부담하지 않고자 하면 ④DAP조건을 그대신 사용하여야 한다.

DPU는 매도인이 지정목적지에서 물품을 양하하여(unload goods) 매수인의 처분하에 둘 때 인도의 의무를 다한 것으로 간주한다. ⓑ항을 **양하된 상태로** 바꿔야 한다.

28.④   29.③   30.②   **정답**

## 31  다음이 의미하는 것은?

> This is a French expression that translates as "overwhelming power", but which refers to any event that cannot be avoided and for which no one is responsible, at least none of the two parties entering the contract. This may also contain phrases such as "Acts of God" to address acts beyond the control of the parties.

① Good faith   ② Force Majeure
③ Meditation   ④ Arbitration

 이 프랑스 표현은 "압도적인 힘"으로 해석되지만, 회피할 수 없는 어떤 사건이나 계약 이행에 있어서 최소한 양당사자 누구도 책임질 수 없는 것을 말한다. 이것은 당사자의 통제를 벗어나는 행위임을 설명하기 위하여 "신의 행위"와 같은 문구가 포함되어 있다.

불가항력(Force Majeure)에 대한 설명이다.
▶ Good faith : 신의 성실의 원칙    ▶ Meditation : 조정

## 32  기업의 일반적인 상황을 소개하는데 옳은 내용이 아닌 것은?

① The major shareholder is the ABC Financial Group.
② ABC Corporation is a KOSPI listed company.
③ The company is a wholly owned subsidiary of ABC electronics.
④ The exchange rate closed at 1,100 won per US dollar.

① 「대주주는 ABC 파이낸셜 그룹입니다.」
② 「(주)ABC는 코스피 등재 기업입니다.」
③ 「이 회사는 ABC전자의 100% 자회사입니다.」
④ 「환율은 달러 당 1,100원으로 마감되었습니다.」
- 선지 ④번은 기업의 상황 설명과는 전혀 관련이 없는 내용이다.

## 33  선하증권의 명칭이 옳지 않은 것은?

① 지시식 선하증권 – Order B/L   ② 기명식 선하증권 – Straight B/L
③ 무사고 선하증권 – Clean B/L   ④ 기간경과 선하증권 – Surrender B/L

▶ stale B/L : 기간경과 선하증권

정답  31.②  32.④  33.④

**34** 우리말을 영작할 때 ( ) 안에 들어갈 알맞은 단어가 순서대로 옳게 나열된 것은?

> "이 정보는 당사에서 어떠한 책임도 지지 않고 제공되며, 극비로 다루어져야만 합니다."
> This information is provided without any responsibilities on our ( ⓐ ) and should be ( ⓑ ) as absolutely ( ⓒ ).

① ⓐ side     — ⓑ treated     — ⓒ confidential
② ⓐ part     — ⓑ permitted   — ⓒ confidential
③ ⓐ side     — ⓑ threatened  — ⓒ confidence
④ ⓐ party    — ⓑ held        — ⓒ confidence

 This information is provided without any responsibilities on our (ⓐ : side) and should be (ⓑ : treated) as absolutely (ⓒ : confidential).

**35** 다음을 영작할 때 옳은 것은?

① 다음과 같은 청약을 하게 되어 기쁘게 여깁니다.
  → We are compelled to order you the following.
② 아래에 게재된 상품은 선착순 판매조건부로 청약합니다.
  → We offer subject to prior sale for the goods listed below.
③ 당사는 5월 5일까지 당사에 귀사의 회신이 도착하는 것을 조건으로 확정 청약합니다.
  → We will make a firm offer subject your reply reached us by May 5.
④ 당사의 최종확인 조건부로 청약합니다.
  → We submit the following offer subjecting to our confirmation.

 ① We are **pleased** to order you the following.
③ We will make a firm offer subject **to** your reply **reaching** us by May 5.
④ We submit the following offer subject **to** our **final** confirmation.

**36** 추심결제 방식 중 추심거래에 관여하는 추심거래의 당사자는?

① Remittance Bank
② Beneficiary
③ Principal
④ Issuing Bank

 추심거래의 당사자는 추심의뢰인(principal)인 수출상이다. 수익자(beneficiary)와 개설은행(Issuing Bank)은 추심거래가 아닌 신용장 거래의 당사자이다. 송금은행(Remittance Bank)도 마찬가지로 단순히 송금업무를 취급하는 은행이므로 추심거래의 당사자가 아니다.

## 37 ( )안에 들어갈 옳은 단어는?

> "당사 제품의 높은 품질은 잘 알려져 있으며, 당사는 시험 주문이 귀사의 거래를 충족시켜 줄 것이라고 확신합니다."
> The high quality of our products is well known and we are ( ⓐ ) that a(n) ( ⓑ ) order would satisfy your expectation at this time.

|  | ⓐ | ⓑ |
|---|---|---|
| ① | assured | — considerable |
| ② | confidential | — initial |
| ③ | sure | — large |
| ④ | confident | — trial |

**해설**
The high quality of our products is well known and we are (ⓐ : confident ) that a(n) (ⓑ : trial ) order would satisfy your expectation at this time.
▶ be confident : 확신하는, 자신하는  ▶ trial order : 시험주문

## 38 보험관련 용어의 약어로 옳은 것은?

① FPA : Free Particular Average
② WA : Without Average
③ SRCC : Strikes, Riots, and Civil Commotions
④ ICC : Institute Cargo Close

**해설**
▶ FPA(Free From Particular Average) : 단독해손부담보
▶ WA(With Aveage) : 분손담보    ▶ ICC(Institute Cargo Clause) : 협회적하보험약관

## 39 다음 ( ) 안에 옳은 단어는?

> The document that the shipping company will need to see to authorize the release of the goods in the port of destination will be Bill of Lading. It is commonly considered that the company who has the (     ) Bill of Lading is the one to which the goods belong.

① original             ② surrendered
③ non-negotiable       ④ foul

**정답**  37.④  38.③  39.①

목적항에서 물품을 방출할 권한이 있는지를 보기 위해 선사가 요구하는 서류는 선하증권이다. 이는 통상적으로 원(original)선하증권을 갖고 있는 회사가 물품을 소유하는 자로 간주된다.

- non-negotiable B/L : 유통불 선하증권
- surrendered B/L : 서렌더 선하증권
- foul B/L : 고장부 선하증권

**40** 추심결제에 관한 내용이다. ( )안에 들어갈 수 없는 것은?

> In a Documentary Collection transaction, a ( ) is a note that the importer has to pay a number of days (such as 30 days, 90 days etc) after it accepts the ( ) by signing it.

① time draft
② sight draft
③ usance draft
④ term bill

 화환추심 거래에 있어서, ( )은 서명을 하고 이것을 인수한 후 수입상은 상당한 기간(예를 들면 30일, 90일 등)후 지급을 하는 증서이다.
기한부 환어음(time draft/ usance draft/ term bill)에 대한 내용이다. 일람지급 환어음(sight draft)의 경우에는 인수가 아니라 서류의 제시에 대하여 매수인은 대금지급을 해야 선적서류 등을 인도받을 수 있다.

**41** 보험 용어 중 옳은 것은?

① 피보험이익 : Insurable interest
② 보험금 : Insurable Value
③ 보험금액 : Claim Amount
④ 보험료 : Insured Amount

- Insurable Value : 보험가액
- Claim Amount : 보험금
- Insured Amount : 보험금액
- Insurance Premium : 보험료

**42** 다음 서한이 의도하는 목적으로 옳은 것은?

> Thank you for your email with the quotation for canned mackerel-pike.
> We have also received the samples you sent by post and were very pleased with their quality. We would like to order 5,000 units of canned mackerel-pike at first and should sales proceed well, we will increase the order next time. We have attached details of our shipping address and import guidelines for South Korea. We will make payment upon receipt of your pro-forma invoice. If you have any questions, please email me any time.

① Confirmation of Shipping Advice
② Placing an Order
③ Acknowledgement of Order
④ Report on Credit Information

40.② 41.① 42.②  **정답**

꽁치통조림 견적에 대한 귀사의 이메일을 잘 받았습니다. 당사는 또한 귀사가 우편으로 보내주신 견품도 잘 받았으며 품질에 아주 만족합니다. 당사는 먼저 꽁치통조림 5천 개를 주문하고 판매가 잘 되면, 다음에는 주문을 늘리겠습니다. 당사는 배송지와 한국 정부의 상세한 수입 지침서를 첨부합니다. 당사는 귀사의 견적송장을 받는대로 결제를 하겠습니다. 질문이 있으시면, 언제든 제게 메일을 주십시오.

꽁치통조림을 주문하는(Placing an Order) 서신이다.
▶ Confirmation of Shipping Advice : 선적통지의 확인   ▶ Acknowledgement of Order : 주문확인
▶ Report on Credit Information : 신용정보 보고서

**43** 영작 시 단어나 어구가 순서대로 옳게 나열된 것은?

송장금액의 110%의 금액으로 백지배서가 된 보험증권 또는 증명서 2통.
→ Insurance policy or certificate (           ).
(A) endorsed   (B) for 110%   (C) in duplicate   (D) in blank
(E) of the invoice value

① (C)-(A)-(D)-(B)-(E)  ② (C)-(B)-(A)-(D)-(E)
③ (D)-(A)-(C)-(E)-(B)  ④ (D)-(B)-(A)-(E)-(C)

 Insurance policy or certificate **in duplicate endorsed in blank for 110% of the invoice value.**

**44** 영작 시 단어나 어구가 순서대로 옳게 나열된 것은?

상공은행 지시식으로 작성되고 '운임선급'과 '통지처 지급인'으로 표시된 무고장 선적 해양 선하증권의 전통
→ Full set of (           ) Sanggong Bank marked 'Freight Prepaid' and 'Notify Accountee.'
(A) on board   (B) bills of lading   (C) clean   (D) made out
(E) to the order of   (F) ocean

① (C)-(A)-(B)-(F)-(E)-(D)  ② (C)-(A)-(F)-(B)-(D)-(E)
③ (C)-(F)-(B)-(A)-(E)-(D)  ④ (F)-(A)-(C)-(D)-(B)-(E)

 Full set of (**clean on board ocean bills of lading made out to the order of**) Sanggong Bank marked 'Freight Prepaid' and 'Notify Accountee.'

정답  43.①  44.②

## 45. 문장을 영작 시 옳은 것은?

> 당사는 귀사 해결안을 즉시 전자우편으로 알려 줄 것을 요청합니다.

① We request you to advise us your solution by e-mail for the time being.
② You are requested to supply us of your solution by e-mail as long as possible.
③ We would like to send us of your solution by e-mail sooner or later.
④ We ask you to inform us of your solution by e-mail at once.

**해설**
▶ for the time being : 당분간
▶ as long as possible : 가능한 빨리
▶ sooner or later : 조만간
▶ at once : 즉시

## 46. 다음 내용을 영작한 것 중 옳지 않은 것은?

> 불량품에 대해 귀사에게 클레임을 제기하지 않을 수 없습니다.

① We are compelled to raise a claim on you for the inferior goods.
② We have no choice but to file a claim with you for the inferior goods.
③ We cannot help lodging a claim with you for the inferior goods.
④ We cannot but to make a claim with you for the superior goods.

**해설**
▶ superior goods : 우수 물품 ↔ inferior goods : 불량품

## 47. 다음은 신용장 개설 과정이다. ㉠~㉣을 문맥에 맞게 다른 말로 바꾼 것으로 옳지 않은 것은?

> · The exporter and the importer agree on a sale based on 'Letter of Credit' terms, the exporter sends a pro-forma invoice to the importer.
> · ㉠ <u>The importer</u> takes the pro-forma invoice to its bank and requests to open a Letter of Credit based on pro-forma invoice.
> · ㉡ <u>The importer's bank</u> issues a Letter of Credit and sends it to ㉢ <u>the exporter's bank</u>.
> · The exporter's bank advises the Letter of Credit to ㉣ <u>the exporter</u> who checks the terms of the letter of credit.

① ㉠ The importer → applicant
② ㉡ The importer's bank → issuing bank
③ ㉢ the exporter's bank → confirming bank
④ ㉣ the exporter → beneficiary

45.④  46.④  47.③  **정답**

- 수출상과 수입상은 신용장 조건 매매에 합의했으며, 수출상은 수입상에게 견적송장을 보냈다.
- ㉠ 수입상은 견적송장을 거래은행으로 가져가서 견적송장을 근거로 하여 신용장을 개설해 줄 것을 요청했다.
- ㉡ 수입상의 은행은 신용장을 개설하고 이를 ㉢수출상의 은행으로 보냈다.
- 수출상의 은행은 신용장의 조건을 검토하는 ㉣수출상에게 신용장을 통지하였다.

개설은행은 신용장이 개설되면 이를 수출지의 은행에 보내는데 이 은행을 통지은행(Advising Bank)이라고 한다. 선지 ③번은 Confirming Bank(확인은행)이 아니라 Advising Bank로 바꿔줘야 한다.

**48** 선적관련 용어를 영어로 잘못 표현한 것은?

① 통화할증료 – BAF
② 부두사용료 – Wharfage
③ 터미널처리비용 – THC
④ 컨테이너 화물적입비 – CFS Charge

▶ CAF(Currency Adjustment Factor) : 통화할증료   cf. BAF :유류할증료

**49** 매도인과 매수인이 합의하여 작성하는 서류로 옳은 것은?

① Offer Sheet
② Sales Note
③ Contract Sheet
④ Purchase Note

계약서(Contract Sheet)는 매매에 대한 제반 사항을 매도인과 매수인이 합의하여 작성하게 된다. 매도확약서(Offer Sheet) 판매계약서(Contract Sheet)는 매도인이 작성하고 매입주문서(Purchase Note)는 매수인이 작성한다.

**50** 밑줄 친 부분의 의미가 다른 것은?

> We are pleased to advise you that we have shipped Two hundred units of bicycles <u>by the M/S 'Rose' which left for Incheon today</u>, on October 5.

① by the M/S 'Rose' which left Incheon today
② per the M/S 'Rose' which sailed for Incheon today
③ by the M/S 'Rose' which sailed for Incheon today
④ per the M/S 'Rose' which headed for Incheon today

당사는 10월 5일, <u>오늘 인천항으로 떠난 로즈 호에</u> 자전거 200백대를 선적했음을 알려드립니다.
① 「오늘 인천항을 **떠난** 로즈 호에」
▶ leave for A : A를 향해 떠나다   cf. leave A : A를 떠나다

정답  48.①  49.③  50.①

## 03 무역실무

**51** 해외거래처에 대한 직접 조사 방법으로 가장 옳은 것은?

① 외국은행 ② 한국무역협회 ③ 박람회 참가 ④ 무역업자 명부

**해설** 박람회 참가는 각 기업체들이 참여한 박람회를 통해 전시된 물품을 확인하고 실제 업체를 조회해 볼 수 있으므로 직접 조사 방법으로는 가장 좋은 방법이다.

**52** 신용조회 시 해당 기업의 재정상태를 알기 위하여 수권자본과 납입자본, 자기자본과 타인자본 등 지급능력을 조사하는 항목은?

① Capacity ② Capital
③ Credit ④ Character

**해설** 신용조회 시 자본(Capital)을 알아볼 때 조사되는 항목들이다.
▶ Capacity : 능력 ▶ Credit : 능력 ▶ Character : 인격

**53** 다음 청약들 중 성격이 다른 하나는?

① 자유청약 ② 조건부청약
③ 확인조건부청약 ④ 확정청약

**해설** 선지 ④번을 제외하고 모두 불확정청약(Free Offer)에 해당되는 청약들이다.

**54** 다음이 설명하는 계약의 성격은?

> 매도인은 급부로서 물품의 소유권을 매수인에게 양도하고 매수인은 반대급부로서 대금을 지급해야 하는 것이 무역계약이다.

① 낙성계약 ② 쌍무계약
③ 유상계약 ④ 불요식계약

**해설** 물품의 인도에 대한 대가로서 대금을 지급해야 하므로 유상계약에 대한 설명이다.

---

51.③ 52.② 53.④ 54.③ **정답**

**55** 상품을 소비자들이 쉽게 기억하고 인식할 수 있도록 제품에 붙여진 이름을 무엇이라 하는가?

① 규격　　② 견품　　③ 표준품　　④ 통명

**해설** 통명(通名, 통칭명)은 일반적으로 사람들에게 널리 알려진 이름이나 설명하는 말을 뜻한다.

**56** CIP와 CIF(Incoterms 2020)에 대한 설명으로 옳지 않은 것은?

① Incoterms 2020 중 수출자가 적하보험을 부보해야하는 조건은 CIP, CIF 조건 뿐이다.
② CIP 하에서 수출자는 A약관이나 그와 유사한 약관에 따른 광범위한 부보조건으로 부보해야 하므로 더 낮은 수준의 부보조건으로 부보하기로 합의할 수 없다.
③ CIF 하에서 매도인은 협회적하약관의 C약관이나 그와 유사한 약관에 따른 제한적인 부보조건으로 부보하여야 한다.
④ CIF, CIP 하에서 적하보험을 부보할 때 통화는 매매계약의 통화와 같아야 한다.

**해설** ② CIP 하에서 수출자는 A약관이나 그와 유사한 약관에 따른 광범위한 부보조건으로 부보해야 하지만 **합의에 따라 더 낮은 수준의 부보조건으로 부보할 수도 있다.**

**57** 무역계약의 체결 절차가 순서대로 옳게 나열된 것은?

① offer → counter offer → counter offer → acceptance → contract
② offer → firm offer → counter offer → acceptance → contract
③ counter offer → offer → counter offer → acceptance → contract
④ firm offer → counter offer → offer → acceptance → contract

**해설** 매매당사자는 거래를 위해 일방이 먼저 청약(offer)을 하고 반대청약(counter offerr) 등을 협상을 거쳐 어느 한쪽이 승낙(acceptance)을 하면 계약(contract)이 체결된다. 반대청약은 매수인과 매도인의 거래조건 협상에 따라 몇 번이고 나올 수 있다.

**58** 신용장관련 수수료 중 수출지에 있는 매입은행이 선적서류를 매입하여 대금을 선지급한 날과 수출대금이 입금된 날까지의 공백기간의 일수에 대해 부과하는 이자를 무엇이라 하는가?

① 환가료　　② 대체료　　③ 미입금수수료　　④ 상환수수료

**해설** 환가료(exchange commission)에 대한 설명이다.

정답　55.④　56.②　57.①　58.①

**59** 일반 고객이 현지은행으로부터 금융서비스를 받거나 화환신용장을 개설받고자 할 때, 자신의 거래은행에 요청하여 그 거래은행이 현지은행에게 채권보증을 확약한다는 뜻으로 개설하는 신용장으로 옳은 것은?

① Transferable L/C  ② Sight L/C
③ Usance L/C  ④ Standby L/C

**해설** 보증신용장(Standby L/C)에 대한 설명이다.
▶ Transferable L/C : 양도가능신용장
▶ Sight L/C : 일람출급 신용장
▶ Usance L/C : 기한부 신용장

**60** 항공화물운송장(AWB)의 설명으로 옳지 않은 것은?

① 유통불능증권이다.  ② 물품의 수취증이다.
③ 운송계약의 추정적 증거이다.  ④ 제시증권이다.

**해설** AWB은 선하증권처럼 선사에 증권을 제시함으로써 물품의 인도를 청구할 수 있는 제시증권이 아니라 물품의 주인이 자신이라는 것만 확인되면 물품을 인도받을 수 있다.

**61** 신용장통일규칙(UCP 600) 상 "honour"의 의미로 옳지 않은 것은?

① 신용장이 일람지급을 약정하였다면 일람 시에 지급하는 것을 의미한다.
② 신용장이 연지급을 약정하였다면 연지급 확약 의무를 부담하고 만기일에 지급하는 것을 의미한다.
③ 신용장이 인수를 약정하였다면 수익자가 발행한 환어음을 인수하고 만기에 대금을 지급하는 것을 의미한다.
④ honour는 지급이행으로 번역되고 매입을 포함하는 개념이다.

**해설** honour는 지급이행으로 번역되지만 매입(Negotiation)이라는 개념은 없다.

**62** 해상보험에서 보험계약의 목적을 나타내고 있는 용어로 옳은 것은?

① 피보험이익  ② 화물  ③ 선박  ④ 운임

**해설** 해상보험에서 보험계약의 목적은 피보험이익(insurable interest)이라고 한다.

59.④  60.④  61.④  62.①  **정답**

**63** 취소불능 신용장에 대한 설명으로 옳지 않은 것은?

① 신용장의 취소란 이미 개설된 신용장을 사용하지 않고 취소하는 것을 말한다.
② UCP 600 상의 신용장은 모두 취소불능 신용장이다.
③ 신용장 기본 당사자의 동의 없이 일방이 신용장을 취소 할 수 없다.
④ 확인신용장의 경우 신용장 기본 당사자인 수익자, 개설은행의 동의가 있으면 취소가 가능하다.

**해설** ④ 확인신용장의 경우 신용장 기본 당사자인 수익자, 개설은행 그리고 **확인은행**의 동의가 있으면 취소가 가능하다.

**64** 다음 ( )안에 알맞은 용어는?

> 신용장은 수입업자의 거래은행이 신용장 조건과 일치하여 발행한 환어음과 선적서류를 제시하면 화환어음을 ( ), 매입, 인수하거나 연지급 확약 할 것을 약속하는 증서이다

① 일람지급    ② 인도    ③ 수정    ④ 선적

**해설** 신용장 조건에 일치하는 서류를 제시하는 경우 개설은행은 일람지급(sight payment)해야 한다.

**65** 컨테이너 운송에 대한 설명으로 옳지 않은 것은?

① 컨테이너 운송의 목적은 물류비 절감에 있으며 문전간 운송이 가능하다.
② TEU(20피트 컨테이너)와 FEU(40피트 컨테이너)의 차이는 높이가 다르다.
③ CY는 FCL화물이 처리되는 장소이다.
④ CFS에서 혼재작업을 할 수 있다.

**해설** TEU(20피트 컨테이너)와 FEU(40피트 컨테이너)는 **길이만 다를 뿐 높이는 같다**.

**66** 매수인이 운송계약을 체결할 의무가 있는 조건은?

① DAP    ② CIP    ③ FAS    ④ CPT

**해설** C그룹과 D그룹은 모두 매도인이 운임(운송비)을 부담하므로 운송계약을 체결하는 것은 매도인이다. F그룹 조건에서는 매수인이 운송계약을 체결해야 한다.

정답  63.④  64.①  65.②  66.③

**67** 기업의 환리스크 관리 기법 중 두 거래 당사자가 계약일에 약정된 환율에 따라 해당 통화를 일정시점에서 상환 교환하기로 하는 외환거래는?

① 콜옵션　　　　　　　　② 통화스왑
③ 선물환거래　　　　　　④ 통화선물

**해설** 통화스왑(Currency Swap)에 대한 설명이다.

**68** 추심결제 방식의 당사자에 대한 설명으로 옳지 않은 것은?

① 추심의뢰인은 어음발행인이며, 수출상이 된다.
② 수입국의 추심의뢰은행은 수출국의 은행에 추심을 의뢰한다.
③ 추심은행은 추심의뢰서와 서류를 받아 지급인에게 추심한다.
④ 제시은행은 추심의뢰은행으로부터 서류를 송부받아 지급인에게 제시를 한다.

**해설** ② **수출국**의 추심의뢰은행은 **수입국**의 은행에 추심을 의뢰한다.

**69** 동일한 무역거래 당사자를 지칭하는 단어가 아닌 것은?

① applicant　　② consignee　　③ drawee　　④ payee

**해설** 수취인(payee)은 대금을 지급받는 자를 말하며 신용장 거래에서는 통상 매입은행을 말한다. 나머지는 모두 대금을 지급해야 할 당사자들이다.

**70** 신용장 결제 방식에서 매입은행은 발행은행에 무엇을 송부하고 대금결제를 받는가?

① 수취서류와 환어음　　　　② 송부서류와 약속어음
③ 선적서류와 환어음　　　　④ 결제서류와 환어음

**해설** 신용장 결제방식에서 매입은행은 수익자로부터 **선적서류와 환어음**을 매입한 후 이를 개설은행으로 송부하여 대금을 회수하게 된다.

**71** 상업송장과 관련 내용으로 옳은 것은?

① 신용장 거래에서 개설은행 앞으로 작성한다.
② 여러 통의 상업송장을 요구할 경우 모두 원본으로 충당한다.
③ 송장의 제시가 요구되는 경우 영사송장도 수리된다.
④ 신용장에서 요구하지 않더라도 송장은 서명이나 날짜 표시가 필요하다.

| 67.② | 68.② | 69.④ | 70.③ | 71.③ | **정답** |

**해설**
① 신용장 거래에서 개설의뢰인 앞으로 작성한다.
② 여러 통의 상업송장을 요구할 경우 한통의 원본 + 여러 통의 사본으로 충당한다.
④ 신용장에서 요구하지 않는 한 송장은 서명이나 날짜 표시가 없어도 된다.

**72** 무역계약의 법률적 특성을 가진 계약에 속하는 것은?

① 무상계약   ② 요물계약   ③ 편무계약   ④ 불요식계약

**해설** 무역계약의 법적성격에는 낙성계약, 쌍무계약, 유상계약, 불요식계약이 있다.

**73** 무역클레임 해결방법 중 가장 옳은 것은?

① 타협   ② 조정   ③ 중재   ④ 소송

**해설** 무역클레임의 해결방법으로는 제3자의 개입없이 당사자가 원만하게 합의하여 분쟁을 해결하는 타협이 가장 좋다.

**74** 뉴욕협약과 관계가 있는 분쟁해결 방법은?

① 타협(Compromise)        ② 조정(Mediation)
③ 중재(Arbitration)        ④ 소송(Litigation)

**해설** 뉴욕협약(New York Convention)에서는 중재(Arbitration)에 대하여 규정하고 있다.

**75** CAD, COD, CWO 방식에 원칙적으로 사용되는 결제 수단은?

① 현금   ② 환   ③ 어음   ④ 신용장

**해설** CAD, COD, CWO는 모두 현금인도 지급방식이다.

---

**정답**   72.④   73.①   74.③   75.①

## 제119회 3급 기출해설 (2020년 제3회)

### 01 영문해석

**01** Incoterms2020의 CIF 매도인 인도의무에 대한 설명으로 옳은 것은?

① When the goods are loaded on the means of transport arranged by the seller.
② When the goods are loaded on the means of transport arranged by the buyer.
③ When the goods are on board the vessel in the named port of destination.
④ When the goods are on board the vessel in the named port of shipment.

① 「물품이 매도인이 수배한 운송수단에 적재된 때」
② 「물품이 매수인이 수배한 운송수단에 적재된 때」
③ 「물품이 지정목적항에서 선박에 갑판적재된 때」
④ 「물품이 지정선적항에서 선박에 갑판적재된 때」
- CIF조건에서 매도인은 지정선적항에서 물품을 본선에 갑판적재할 때 인도한 것으로 한다.

**02** 다음이 설명하고 있는 Incoterms 2020의 거래조건에 해당하는 것은?

> The seller delivers the goods to the buyer on board the vessel or procures the goods already so delivered.

① DAP  ② DPU  ③ CIP  ④ CFR

매도인은 물품을 선박에 적재하거나 또는 이미 그렇게 인도된 물품을 조달하여 매수인에게 인도한다.
CFR에 대한 설명이다.

**03** 다음 괄호 안에 들어갈 Incoterms 2020의 거래조건을 고르면?

> (     ) means that the seller delivers the goods to the buyer when the named place is the seller's premise, the goods are delivered when they are loaded on the means of transport arranged by the buyer.

① EXW  ② FCA  ③ CPT  ④ CIP

(     )은 지정장소가 매도인의 영업구내인 경우, 매도인이 물품을 매수인이 마련한 운송수단에 적재된 때에 매수인에게 물품을 인도하는 것을 의미한다.
FCA(운송인인도)조건에 대한 설명이다.

01.④  02.④  03.② **정답**

**04** 다음은 어떠한 분쟁해결방법에 대한 조항인가?

> All disputes which may arise between the parties in relation to this contract, shall be finally settled by arbitration in Seoul, Korea in accordance with the Commercial Arbitration Rules of the Korean Commercial Arbitration Board and under the Laws of Korea.

① 조정   ② 타협   ③ 알선   ④ 중재

이 계약과 관련하여 당사자 간에 발생하는 모든 분쟁은 대한민국 서울에서 대한상사중재원의 상사규칙에 따라 중재에 의해 최종적으로 해결한다.
계약서에 삽입되는 중재조항(arbitration)이다.

**05** 다음 문장의 밑줄 친 부분과 의미가 다른 것을 고르시오.

> Please look into this matter at your end once more.

① examine   ② enter into   ③ investigate   ④ inquire into

귀사 측에서 이 건을 다시 한 번 조사해 주십시오.
look into[examine, investigate, inquire into] : 검사[조사]하다.   ▶ enter into : 시작하다

[6] 다음 서한을 읽고 물음에 답하시오.

> We have known you on the KCCI (the Korea Chamber of Commerce and Industry) web site (www.korcham.net).
>
> We are a supplier of Smart Watches in the U.S.A.
> We have been importing them from Japan.
>
> We are looking for a Korean manufacturing company. If you give us the quotation and price list, it would be thankful. Also, it would be grateful if we could receive your earliest shipping time. If we could be satisfied with all terms, we expect to place regular orders for two years at least.
>
> We would like to start business with you and look forward to your favorable reply.

**06** 위 서한의 주제로 가장 적절한 것은?

① 승낙                    ② 거래처 소개의뢰
③ 거래조회                ④ 신용조회

정답  04.④  05.②  06.③

당사는 대한상공회의소의 웹사이트에서 귀사를 알게 되었습니다. 당사는 미국의 스마트 워치 공급업체입니다. 당사는 일본에서 이들을 수입해 오고 있습니다. 당사는 한국 제조업체를 찾고 있습니다. 견적서와 가격표를 주시면 대단히 감사하겠습니다. 또한, 귀사의 가장 이른 선적 기일도 알려주시면 고맙겠습니다. 당사가 모든 조건에 만족하면, 당사는 최소 2년에 걸쳐 정기 주문을 하겠습니다.
귀사와 거래를 하기 바라며 우호적인 서신을 주시기 바랍니다.

거래조회(trade inquiry)에 상용되는 표현이다.

## 07 무역 용어를 우리말로 옮길 때 잘못된 것은?

① Confidential: 인비
② Return Address: 수신인 주소
③ Letter Sheet: 서한 용지
④ Mailing Directions: 우송지시 사항

 ▶ Return Address : 회신[반송용] 주소   cf. inside address : 수신인 주소

## 08 다음 문장을 읽고 가장 틀린 해석을 고르시오.

① We are well-established exporters of all kinds of cotton goods.
→ 당사는 모든 종류의 면제품을 수출하는 건실한 수출상이다.

② We are trying to extend our business to Japanese market as we have no connections in Japan.
→ 당사는 일본에 거래처가 없으므로 당사의 사업을 일본시장으로 확장하려고 노력하고 있습니다.

③ Because of mass production of containers, Korean Government considers raising import duties to some extent.
→ 컨테이너의 대량생산으로 인하여 한국 정부는 수입 관세를 어느 정도 인상할 것을 고려 중에 있습니다.

④ Our hand-made shoes are the products of the finest materials and the highest craftsmanship and second to none in appearance and durability.
→ 당사의 기성화는 최고급 원료와 최상의 기술로 만든 제품이며 겉모양과 내구성 면에서 어느 것에도 뒤지지 않습니다.

④ 당사의 **수제화(hand-made shoes)**는 최고급 원료와 최상의 기술로 만든 제품이며 겉모양과 내구성 면에서 어느 것에도 뒤지지 않습니다.
▶ ready made shoes : 기성화

07.② 08.④ 정답

## 09 다음 문장의 ( ) 안에 적합하지 않은 것을 고르시오.

> For the past 20 years, (　　　　　　　　　)

① we have enjoyed a good reputation in manufacturing all kinds of electronic goods.
② our firm has been engaged in exporting various types of textile.
③ our firm has been a leader in supplying all kinds of footwear.
④ we introduce ourselves as one of the leading indenting house of Chemical Products in Korea.

> 지난 20여 년간, (　　　　　)

① 「당사는 모든 전자 제품의 제조에서 좋은 평판을 받고 있습니다.」
② 「당사는 다양한 섬유제품의 수출을 해왔습니다.」
③ 「당사는 모든 신발제품 공급에서 선두였습니다.」
④ 「당사는 한국에서 화학제품을 수입하는 중견업체로 당사를 소개하고자 합니다.」
– 문맥상 선지 ④번은 연결되기 어렵다.

## 10 다음의 제시된 거래조건의 특징에 대한 설명으로 옳은 것은?

> The seller bears all the costs and risks involved in bringing the goods to the place of destination and has an obligation to clear the goods not only for export but also for import, to pay any duty for both export and import and to carry out all customs formalities.

① 운송비 보험료 지급 조건이다.
② FOB보다 수출업자가 해야 할 일이 적다.
③ 수입업자는 지정장소까지의 운송인을 지정한다.
④ 수출업자의 의무가 최대인 조건이다.

매도인은 목적지까지 물품을 가져오는 것과 관련된 모든 비용과 위험을 부담해야 하며 수출 및 수입통관의 의무가 있으며, 모든 통관절차에 따른 수출입 비용을 지불해야 한다.
수출업자의 의무가 최대조건인 DDP에 대한 설명이다.

정답　09.④　10.④

[11~12] 다음 문장을 읽고 물음에 답하시오.

> If the shipment is prevented or delayed in whole or in part by the reason of Acts of God including fire, flood, typhoon, earthquake, or by the reason of "Force Majeure" including (A)riots, wars, (B)hostilities, government restrictions, trade embargoes, strikes, (C)lockouts, labor disputes, boycotting of Korean goods, inability of transportation or any other causes of a nature beyond Sellers' control.
> Sellers may at their option perform the whole contract or its unfilled portion within a reasonable time from the removal of causes preventing or delaying (D)performance, or cancel unconditionally without liability the whole contract or its unfilled portion.

**11** 다음 밑줄 친 부분의 해석이 틀린 것을 고르시오.
① (A): 폭동   ② (B): 적대행위   ③ (C): 공장폐쇄   ④ (D): 성능

**해설** performance에는 성능이라는 의미도 있으나 위 문장에서는 의무의 이행이란 의미로 사용되었다.

**12** 밑줄 친 Acts of God와 같이 쓸 수 없는 표현은?
① force majeure          ② accident beyond control
③ avoidable accident     ④ uncontrollable accident

**해설** Acts of God은 신의 행위로 번역되며 불가피하면서도 예측할 수 없는, 불가항력적인 사건을 말한다. avoidable accident(회피할 수 있는 사건)은 해당되지 않는다.

**13** 신용장 당사자 중 수입상에 대한 용어로서 맞는 것은?
① Grantor   ② Applicant   ③ Payee   ④ Consignor

**해설** applicant는 개설은행에게 신용장의 개설을 의뢰하는 자로서 수입상을 말한다.
▶ grantor : 양도인   ▶ payee : 수취인   ▶ consignor : 송하인

**14** 다음 (    )에 들어갈 알맞은 용어는?

> Offer on approval needs the offeror's (    ) on the acceptance for the conclusion of a contract even though the offeree accepts the offer. And therefore, offeree's attention is required on this transaction.

① acknowledgement   ② offer   ③ counter action   ④ notice

**해설** 승인조건부청약은 피청약자가 청약에 대해 승낙을 하더라도 계약의 체결을 위해서는 승낙에 대한 청약자의 확인(acknowledgement)이 있어야 한다. 그러므로 이 거래에서는 피청약자의 관심이 있어야 한다.

**정답** 11.④  12.③  13.②  14.①

[15~16] 다음 서한을 읽고 물음에 답하시오.

> We thank you very much for your order of April 2, on our STAR X123 of 10,000 pieces smart phone. The goods will soon be ready for shipment.
>
> However, your L/C to cover this order has not reached us yet.
>
> We trust that you (A) are conversant with condition in Korea. At present the Korean Won is daily becoming stronger, so that delay in the arrival of your L/C means much loss to us in exchange rate.
>
> As you can see, we have, as a special concession in this business, cut down our profit almost to (B) nil.
>
> We hope you will cooperate by opening the L/C at once.

**15** 위 서한을 작성한 의도는?

① 신용장 변경 통보   ② 신용장 개설 요청
③ 신용장 변경 요청   ④ 신용장 개설 통지

 당사의 스마트 폰 STAR X123 1만대에 대한 귀사의 4월 2일자 주문을 대단히 감사하게 잘 받았습니다. 이 물품은 곧 선적준비가 될 것입니다. 그러나 이 주문을 커버할 귀사의 신용장이 아직 당사에게 도착하지 않았습니다. 당사는 귀사가 한국의 상황을 잘 안다고 생각합니다. 현재 원화는 매일 강세여서 귀사의 신용장이 지연되면 당사에게는 환율에서 큰 손해를 보게 됩니다. 귀사도 아시다시피, 당사는 이 거래에서 큰 양보를 했기 때문에, 당사의 마진이 거의 제로로 꺾였습니다. 즉시 신용장을 개설해서 협조해 주시기 바랍니다.

수출상이 수입상에게 신용장의 개설을 요청하는 서신이다.
▶ concession : 양보, 양해

**16** 밑줄 친 (A)와 (B)의 의미가 같은 것은?

① (A) are interested in   – (B) utmost
② (A) are impressed with  – (B) utmost
③ (A) are well-versed in  – (B) nothing
④ (A) are occupied with   – (B) nothing

▶ be conversant with[be well-versed in] :~에 정통한   ▶ nil[nothing] : 없음, 영점, 무

**17** Incoterms 2020에서 수입업자가 운송계약을 체결해야 하는 것은?

① EXW   ② CFR   ③ DDP   ④ CIF

인코텀즈2020에서 수입상이 운송계약을 체결해야 하는 것은 EXW와 F그룹 조건이다.

정답  15.②  16.③  17.①

**18** 다음 서한의 발행 목적으로 옳은 것은?

> Thank you very much for your Order No.12 dated July 28 for 600 sets of Korean Washing Machines.
> In order to ship the above order in time, would you please issue an irrevocable L/C as soon as possible? Your order will be shipped by M/S "Miss Korea V-22" scheduled to sail from Busan for Nagoya, Japan during October. We hope that this first business will lead to a pleasant business relationship and further orders in the future.

① 선적 요청    ② 주문 확인    ③ 발송 확인    ④ 도착 확인

> 한국산 세탁기 600대에 대한 귀사의 7월 28일자 주문을 잘 받았습니다. 제때에 상기 주문을 선적하기 위해 가능한 빨리 취소불능 신용장을 개설해 주시겠습니까? 귀사의 주문은 10월 중 부산을 떠나 일본, 나고야로 출항 예정인 "미스 코리아 V-22"호에 선적될 것입니다. 이 첫 거래가 앞으로 즐거운 거래관계와 추가 주문으로 이어지길 바랍니다.

주문을 받았음을 확인하고 향후 선적 일정을 통지하고 있는 내용이다.

**19** 다음 설명은 무엇에 관한 내용인가?

> It is an evidence of insurance but does not set out the terms and conditions of insurance. It is normally issued under an open policy.

① Insurance Policy          ② Cover Note
③ Insurance Certificate     ④ Contract of Insurance

> 이것은 보험계약의 증거이지만 보험의 제 조건이 나타나는 것은 아니다. 이것은 통상적으로 포괄예정보험에서 발행된다.

포괄예정보험(Open Policy)에서 발행되는 것은 보험증명서(Insurance Certificate)와 보험통지서(Insurance Declaration)이다.

**20** 다음 영문을 우리말로 옮길 때 가장 적합하게 해석된 것을 고르시오.

> It seems that the L/C covering our shipment for your order has not been issued.

① 귀사의 주문에 대한 당사의 선적과 관련된 신용장이 아직 개설되지 않은 것 같습니다.
② 귀사의 주문에 대한 선적이 신용장에 따라 준비되지 않은 것 같습니다.
③ 신용장은 당사의 선적을 위해 귀사의 주문에 따라 개설 된 것 같지 않습니다.
④ 신용장은 귀사의 주문서에 따라 선적을 하도록 발행되지 않은 것 같습니다.

정확히 해석된 것은 선지 ①번이다.

18. ②  19. ③  20. ①  **정답**

## 21  다음 문장의 밑줄 친 부분의 뜻으로 적합한 것을 고르시오.

> We have received with thanks the (A) samples and patterns you sent us on June 16. Your prices are (B) attractive with the exception of "Pride" range of children's socks.

① (A) 견품과 색상     – (B) 비싼
② (A) 견품과 상품목록 – (B) 저렴한
③ (A) 견품과 색상     – (B) 매력적인
④ (A) 견품과 견본     – (B) 저렴한

 당사는 귀사가 6월 16일 보내주신 (A)견품과 견본을 잘 받았습니다. 귀사의 가격은 아동용 양발 쪽의 "프라이드"를 제외하곤 (B)저렴합니다.
attractive는 '매력적인'의 의미로 많이 사용되지만 여기서는 '(가격이)저렴한'의 의미로 쓰였다.

## 22  다음 (    )안에 알맞은 Incoterms 2020 조건은?

> Delivery occurs by loading them on the means of transport provided by the buyer or placing them at the disposal of the buyer's carrier in (    ).

① EXW    ② DPU    ③ CPT    ④ FCA

 (    )에서 인도는 매수인이 제공하는 운송수단에 물품을 적재하거나 매수인이 지정한 운송인의 처분에 둘 때 일어난다.
FCA(운송인인도)조건에 대한 설명이다.
▶ occur : 일어나다, 발생하다    ▶ the means of transport : 운송수단
▶ disposal : 처리, 처분

## 23  다음 해석 중 틀린 것을 고르시오.

① We ask for your protection of our draft upon presentation.
 → 당사 환어음이 제시되는 즉시 인수·지급해 줄 것을 요청합니다.
② Settlement will be made by Documents against Acceptance.
 → 대금결제 조건은 지급도입니다.
③ As your draft was not honored, please negotiate the matter with the drawee.
 → 귀사의 환어음이 부도났으므로 이에 대하여 지급인과 협상해 주시기 바랍니다.
④ We would like to express our heartfelt thanks for your cooperation.
 → 귀사의 협조에 깊은 감사를 드립니다.

② 대금결제 조건은 서류인수지급도입니다.
▶ Documents against Acceptance(D/A) : 서류인수지급도 조건

**정답**  21.④  22.④  23.②

[24~25] 무역서한을 읽고 물음에 답하시오.

> We regret that (A) we cannot meet your requirements on this occasion.
> (B) There is no room to negotiate because packing along with other charges belongs to the export packing company.
> (C) Our items are of excellent quality, and the packing is the finest available at this price, because we use special packing material "A". Therefore, export packing cost must be included in the price. But we have no doubt that our price and quality will give you complete satisfaction. We suggest that (D) you take advantage of this chance and look forward to receiving an order from you soon.

**24** 위 서한이 의도하는 내용은?

① 수량조건   ② 포장조건   ③ 결제조건   ④ 인도조건

> 당사는 이 경우에는 (A)귀사의 요구를 맞춰 드릴 수 없습니다. 포장은 다른 요금과 함께 수출회사가 포장비로 부담해야 하므로 (B)협상의 여지가 없습니다. (C) 당사의 품목은 고품질이며, 당사는 특수포장재로 "A" 등급을 사용하고 있기 때문에 포장은 이 가격에서는 최선입니다. 그러므로 수출포장비용은 가격에 포함되어야 합니다. 그러나 당사는 당사의 가격과 품질이 귀사에게 큰 만족을 드릴 것이라고 확신합니다. 당사는 (D)귀사가 이 기회를 잘 활용하시고 곧 귀사의 주문을 받기를 바랍니다.

포장조건에서 포장 비용에 대한 부담을 어떻게 할 것인가를 다루고 있다.

**25** 위의 서한에서 (A),(B),(C),(D)에 대한 설명으로 옳은 것은?

① (A) 귀사의 요구에 응하겠다는 내용이다.
② (B) 계약을 위해 협상할 여지가 있다는 내용이다.
③ (C) 당사의 상품은 최상의 품질이라는 내용이다.
④ (D) 이번 기회에 대해 감사하다는 내용이다.

① (A) 귀사의 요구에 응하기 어렵다는 내용이다.
② (B) 계약을 위해 협상할 여지가 없다는 내용이다.
④ (D) 이번 기회를 놓치지 말고 잘 활용하라는 내용이다.

24.② 25.③ 정답

## 02 영작문

**26** Incoterms 2020의 FOB 조건에 대한 설명으로 ( ) 안에 알맞은 것은?

> The risk of loss of or damage to the goods transfers when ( ), and the buyer bears all costs from that moment onwards under FOB rule.

① the goods are on board the vessel
② the goods are alongside the ship
③ the seller places the goods at the disposal of the carrier
④ the seller delivers the goods to the carrier

 FOB조건에서 물품에 대한 손실이나 손상의 위험은 (본선에 갑판적재되었을 때 이전하며 : the goods are on board the vessel), 매수인은 이후의 모든 비용을 부담한다.
②「물품이 선측에 놓였을 때」
③「매도인이 운송인의 처분에 물품을 두었을 때」
④「매도인이 물품을 운송인에게 인도하였을 때」

**27** 다음 Incoterms 2020에 대한 설명으로 알맞은 거래조건은?

> The seller must deliver the goods by placing them at the disposal of the buyer at the agreed point, if any, at the named place of delivery, not loaded on any collecting vehicle.

① DDP   ② DAP   ③ EXW   ④ FCA

 매도인은 합의된 장소에서 매수인의 처분상태로 물품을 둠으로써 인도해야 하며, 지정된 장소에서 인도를 한다 하더라도 운송수단에 적재할 필요는 없다.
EXW(공장인도)조건에 대한 설명이다.
▶ if any : 만약 있다면, 만약 있다손 치더라도

**28** 다음 중 Incoterms 2020의 국/영문 표현으로 옳지 않은 것은?

① 관세지급인도: Delivered Duty Paid   ② 운송인인도: Free Carriage
③ 운임포함인도: Cost and Freight   ④ 선측인도: Free Alongside Ship

▶ Free Carrier[FCA] : 운송인인도

정답  26.①  27.③  28.②

## 29 다음 중 Incoterms2020의 CIF조건과 관련 없는 것은?

① The seller delivers the goods to the buyer on board the vessel or procures the goods already so delivered.
② The seller must contract for and pay the costs and freight necessary to bring the goods to the named place of destination.
③ The seller must carry out and pay for all export clearance formalities.
④ The seller must obtain, at its own cost, cargo insurance complying with ICC(C) as a minimum cover.

① 「매도인은 물품을 본선에 갑판적재하거나 또는 그렇게 이미 인도된 물품을 조달하여 매수인에게 인도한다.」
② 「매도인은 지정목적지까지 물품을 가져오는데 필요한 비용과 운임에 대한 계약을 체결해야 한다.」
 - CIF조건에서는 지정목적항까지의 운임과 비용 뿐만 아니라 보험계약도 체결해야 한다.
③ 「매도인은 모든 수출통관절차에 따른 비용과 절차를 이행해야 한다.」
④ 「매도인은 자신의 비용으로 최소부보조건에 따라 ICC(C)약관으로 적하보험계약을 체결해야 한다.」

## 30 다음이 설명하는 가장 알맞은 청약은?

> After an offer has been made by one of the parties, the other party does not agree with all of the terms of the offer, and proposes the new one to modify them.

① Firm offer  ② Counter offer  ③ Conditional offer  ④ Cross offer

> 어느 일방에 의해 청약이 이루어진 후, 상대방이 청약의 모든 조건에 합의하지 않으면 이는 청약을 변경하기 위한 새로운 청약으로 간주한다.

반대청약(Counter offer)에 대한 설명이다.

## [31~33] 다음 서한을 읽고 물음에 답하시오.

Many thanks for your inquiry of May 1, against which we offer you firm subject to your reply reaching us by May 21 as follows:
 (A)<u>물품</u>: CD-ROM, Code Word CDR-03
 (B)<u>수량</u>: 3,000 sets
 (C)<u>포장</u>: 100 sets in a hardboard box, 30 boxes in a container
 Price : @ US$15.50 per set (가)<u>보스턴까지 운임 · 보험료 포함 가격 조건으로</u>
 (D)<u>선적</u>: Within 6 weeks after receipt of L/C Insurance: ICC(C)
 Payment: (나)<u>취소불능 신용장에 의거 일람후 60일 출급 환어음으로 결제</u>
This is the best offer we can make at present and we advise you to accept this offer without delay.

29.② 30.②  정답

**31** 위 서한의 밑줄 친 (A)~(D)를 영어로 옮길 때 잘못된 것은?

① (A): Commodity
② (B): Quantity
③ (C): Packing
④ (D): Delivery

**해설** (D)선적조건은 Shipment 라고 표시한다.

**32** 밑줄 친 (가)의 영작으로 올바른 것은?

① CIF Boston
② CFR Boston
③ FOB Boston
④ FAS Boston

**해설** (가)는 CIF Boston으로 표시한다.

**33** 밑줄 친 (나)의 영작으로 올바른 것은?

① Draft at 60 d/s under a revocable L/C
② Draft at 60 d/d under a revocable L/C
③ Draft at 60 d/s under an irrevocable L/C
④ Draft at 60 d/d under an irrevocable L/C

**해설** Draft at 60 d/s under an irrevocable L/C(취소불능 신용장에 의거 일람후 60일 출급 환어음으로 결제)
① 취소가능 신용장에 의거 일람후 60일 출급 환어음으로 결제
② 취소가능 신용장에 의거 일부후 60일 출급 환어음으로 결제
④ 취소불가능 신용장에 의거 일부후 60일 출급 환어음으로 결제

**34** 다음 문장을 영작할 때 맞지 않는 표현이 있는 부분을 고르시오.

> 인도에 반도체 공장 건립을 위한 합작투자 파트너를 물색 중에 있으니 귀 지역에서 이 제품에 대한 수요가 있는지에 대한 정보를 이메일로 보내주시기 바랍니다.

① We are looking for a general partnership
② in order to establish a plant for semiconductors in India.
③ So, please email your information as to
④ whether there is a market for the products.

**해설** ① We are looking for a **joint venture parter(합작투자 파트너)**

정답   31.④   32.①   33.③   34.①

[35~37] 다음 통신문을 읽고 물음에 답하시오.

> We thank you for your inquiry ((A)~일자) May 21 and ((B) ~기꺼이~하다) report on them without any responsibility on our part:
> 1. We have dealt with them for 30 years as of May, 2020.
> 2. The terms of payment were almost on a remittance basis.
> 3. ((C)현재의 채무액은 무시할 수 있을만큼 적다.)
> 4. Highest credit we extend is about US$900,000.
> 5. Reputation: ((D)동 상사가 좋은 평판을 받다) among Korean makers.
> 6. Remarks: Their financial standing is healthy.
> Please note that this information should be kept as private and confidential.

**35** 위 문장 (A), (B)를 영작할 때 적합하지 않은 것은?

|  | (A) | (B) |
|---|---|---|
| ① | of | – we are pleased to |
| ② | dated | – we are delighted to |
| ③ | made of | – we are driven to |
| ④ | under date of | – we are willing to |

**해설** ▶ be driven to : ~ 로 내몰리다, 억지로 하다

**36** 위 문장 (C)를 영작할 때 적합한 것은?

① The amount now receivable is notable.
② The amount now owing is negligible.
③ The amount now owing is notable.
④ The amount now receivable is negligible.

**해설**
① 「현재의 받을 금액은 상당하다.」
③ 「현재의 채무액은 상당하다.」
④ 「현재의 받을 금액은 무시할 수 있을 만큼 적다.」

**37** 위 문장 (D)를 영작할 때 적합하지 않은 것은?

① They take a good renewal.　② They enjoy a good reputation.
③ They are of good repute.　④ They have a good repute.

**해설** ① 「동 상사는 양호한 개선안을 받았습니다.」

35.③　36.②　37.①　**정답**

**38** 다음 내용을 영작할 때 맞지 않은 표현은?

> 선적은 각 계약서에 규정된 기간 이내에 이행되어야 한다. 단, 매도인의 불가항력 사정이 있는 경우에는 예외로 한다. 선하증권의 발행일자를 선적일의 결정적인 증거로 간주하기로 한다. 특별한 합의사항이 없는 한, 선적항은 매도인이 선택하기로 한다.

① Shipment is to be made within the time stipulated in each contract,
② except in circumstances beyond the Seller's control.
③ The date of bills of lading shall be taken as conclusive proof of the date of unloading.
④ Unless expressly agreed upon, the port of shipment shall be at the Seller's option.

**해설** ③ The date of bills of lading shall be taken as conclusive proof of the date of **shipment**.

**39** 다음 영작으로 ( )안에 알맞은 것은?

> 한국외환은행은 귀사가 요청하시는 경우 요청하는 어떤 정보라도 제공해 드릴 것입니다.
> → Korea Exchange Bank will supply you (　　) request, (　　) any other information that you may require.

① upon – with    ② to – without
③ on – for       ④ into – with

**해설** Korea Exchange Bank will supply you (**upon**) request, (**with**) any other information that you may require

**40** 다음 중 서명(signature) 체계를 올바르게 구성한 것은?

① Sincerely yours,
　*Kris Jung*
　Kris Jung
　IH Technology
　Assistant Manager

② Sincerely yours,
　Kris Jung
　*Kris Jung*
　Assistant Manager
　IH Technology

③ Sincerely yours,
　*Kris Jung*
　Kris Jung
　Assistant Manager
　IH Technology

④ Sincerely yours,
　IH Technology
　Assistant Manager
　*Kris Jung*
　Kris Jung

**해설** 서명의 순서는 맺음말 → 서명 → 정자체 이름 → 직위 → 회사명으로 구성된다.

**정답** 38.③　39.①　40.③

## 41  다음 문장을 올바르게 영작한 것은?

> 선적서류를 보낼 때는 선편으로 보내지 마시고 항상 국제택배 편으로 보내 주시기 바랍니다.

① Please do not dispatch your shipping documents through per steamer but sometimes via air mail.
② Please do not forward your transport documents by courier service but always via surface mail.
③ Please do not dispatch your shipping documents by per steamer but always via courier service.
④ Please do not forward your shipping documents through per steamer but always via surface mail.

**해설**
① 「선적서류를 보낼 때는 선편으로 보내지 마시고 가끔 국제택배 편으로 보내 주시기 바랍니다.」
② 「운송서류를 보낼 때는 국제택배로 보내지 마시고 항상 일반우편 보내 주시기 바랍니다.」
④ 「선적서류를 보낼 때는 선편으로 보내지 마시고 가끔 일반우편으로 보내 주시기 바랍니다.」
▶ surface mail : (항공우편이 아닌)보통 우편물    ▶ courier service : (국제)택배

## 42  다음 영작으로 (   )안에 적당하지 않은 것은?

> 귀사의 청약 가격은 비싼 편입니다. 그렇지만 당사는 거래관계를 시작하기 위해서 당사의 이익을 축소시키기로 했습니다.
> → Your offer price is little high. Nevertheless, we have decided to (   ) our profit to start our business relationship.

① reduce   ② cut down   ③ count   ④ curtail

**해설**
▶ reduce[cut down, curtail] : 줄이다 감소하다

## 43  다음 영작으로 가장 올바른 것은?

> 당사는 귀사의 조속한 소식이 있기를 고대합니다.

① We look forward to hearing you as soon as possible.
② We look forward to hear of you as soon possible.
③ We look forward to hearing from you as soon as possible.
④ We look forward to hear from you soon as possible.

**해설**
▶ look forward to ~ing : ~를 고대하다

**정답** 41.③  42.③  43.③

**44** 다음 영작으로 ( )안에 적당한 것은?

> 당사는 귀국으로 사업을 확장하고 싶습니다.
> → We hope to ( A ) our business ( B ) your country.

① (A) expand - (B) to
② (A) extend - (B) for
③ (A) expand - (B) at
④ (A) extend - (B) in

 We hope to (**A : expand**) our business (**B : to**) your country.

**45** 다음 ( )안에 공통으로 들어갈 단어로 옳은 것은?

> • It would be greatly ( ) if you would reduce your price by 11%.
> • Your prompt payment would be ( ).

① informed
② agreed
③ regretted
④ appreciated

 · 귀사가 가격을 11% 내려주시면 대단히 감사하겠습니다( appreciated).
· 신속히 지급을 해 주시면 감사하겠습니다( appreciated).
공통으로 들어가기에 가장 적절한 것은 appreciated 이다.

**46** 다음 우리말을 영어로 영작할 때 가장 올바르게 배열된 것을 고르시오.

> 수량은 5%의 과부족을 허용한다.
>
> (가) is    (나) a variation of    (다) quantity    (라) subject to
> (마) plus or minus    (바) five percent

① (나)-(바)-(가)-(라)-(마)-(다)
② (나)-(마)-(바)-(가)-(라)-(다)
③ (다)-(가)-(나)-(라)-(마)-(바)
④ (다)-(가)-(라)-(나)-(바)-(마)

해설  Quantity is subject to a variation of five percent plus or minus.

정답  44.①  45.④  46.④

**47** 다음 ( )안에 각각 들어갈 내용으로 옳은 것은?

> If there is no indication in the credit of the insurance coverage required, the amount of insurance coverage must be ( A ) of the CIF or ( B ) value of goods.

① (A) 110% − (B) CIP  ② (A) 100% − (B) CIP
③ (A) 100% − (B) CFR  ④ (A) 110% − (B) FOB

 신용장에 요구되는 보험부보에 대해 지시사항이 없으면, 보험담보금액은 CIF 또는 (**B : CIP**) 금액의 (A : **110%**)가 되어야 한다.


**48** 다음 ( )안에 들어갈 단어로 옳은 것은?

> Our finding is that the claim is not acceptable as goods were shipped ( ) in packing according to the Bill of Lading.

① claused  ② clean
③ in good order  ④ in good condition

 물품은 선하증권에 따르면 포장에 (in good order ; 이상없이) 선적되었으므로 당사는 클레임을 받아들일 수 없습니다.

▶ in good condition : 상태가 좋은


**49** 다음 내용이 의미하는 것은?

> A difference between the documents required by the Letter of Credit and the documents provided by the exporter.

① confirmation  ② discrepancy
③ amendment  ④ advice

신용장에서 요구하는 서류와 수출상이 제공한 서류와의 차이

신용장에서 요구하는 서류와 수출상이 제공한 서류와의 차이가 나는 것을 서류의 불일치(discrepancy) 또는 하자라고 한다.

▶ confirmation : 확인   ▶ amendment : (조건의) 변경, 수정

47.① 48.① 49.② 정답

## 50 다음 ( )안에 알맞은 영어표현은?

> Under the circumstances, we will be unable to negotiate the (화환어음) to our banker because of the different description between the L/C and the invoice.

① bill of exchange
② documentary draft
③ draft
④ documentary credit

**해설** 이러한 상황에서 당사는 신용장과 송장 간의 다른 명세로 인해 당사의 거래은행에 화환어음(**documentary draft**)의 매입을 의뢰할 수 없습니다.

▶ bill of exchange : 환어음   ▶ draft : 어음   ▶ documentary credit : 화환신용장

## 03 무역실무

## 51 다음 Incoterms 2020에 대한 설명으로 틀린 것은?

① Incoterms 2020에서 DAT조건이 사용된다.
② 모든 운송방식에 적용되는 규칙은 7가지이다.
③ FAS, FOB, CFR, CIF는 해상운송과 내수로운송에 적용되는 규칙이다.
④ DDP에서는 수출자가 물품의 수출통관 및 수입통관을 하여야 하고 그 관세를 납부하여야 한다.

**해설** ① Incoterms2010에 있던 DAT조건은 인코텀즈2020으로 개정되면서 DPU로 변경되었다.

## 52 다음 ( )안에 들어갈 Incoterms 2020 조건은?

> EXW+내륙인도 장소까지의 운송비용+수출통관비=( )

① FCA   ② FOB   ③ CPT   ④ CIP

**해설** FCA 조건에 맞는 비용의 구성이다.

## 53 다음 중 상도덕(Character)의 조사 내용으로 틀린 것은?

① Personality
② Integrity
③ Reputation
④ Turnover

**해설** 상도덕에 대한 조사내용은 개성(Personality), 성실성(Integrity), 평판(Reputation)이다. 매출(Turnover)은 능력(Capacity)의 조사 내용에 포함될 사항이다.

**정답** 50.② 51.① 52.① 53.④

**54** 다음 중 전자무역의 특징으로 틀린 것은?

① 전자무역은 전 세계시장을 대상으로 한다.
② 전자무역에서는 중소기업들의 활동 영역이 좁아진다.
③ 전자무역에서는 시장에 관한 모든 정보를 쉽게 얻을 수 있다.
④ 전자무역은 원천적으로 제품이나 서비스의 가격을 낮출 수 있다.

**해설** 전자무역에서는 웹사이트 등을 통한 시장조사 및 바이어 발굴 등이 가능하므로 중소기업들이 저렴한 비용으로 많은 정보를 입수할 수 있어서 중소기업들의 활동 영역이 넓어진다.

**55** 다음 중 동일한 무역거래당사자를 지칭할 수 없는 것은?

① Applicant　② Consignee　③ Drawee　④ Payee

**해설** 수입상은 개설의뢰인(Applicant), 수하인(Consignee), 지급인(Drawee) 등으로 불릴 수 있으나 Payee는 수취인으로서 수출상을 말하며 신용장거래에서는 매입은행이 된다.

**56** 다음 중 간접수출의 장점으로 옳지 않은 것은?

① 마케팅비용 절감　　　② 해외시장진출 용이
③ 현지 시장정보 입수 및 활용　④ 브랜드 강화

**해설** 간접수출(indirect export)이란 제조업자가 자국내에 있는 무역상사를 통해서 해외에 **수출**하는 것을 말한다. 자사의 상표로 나가는 것이 아니기 때문에 브랜드를 강화할 수 있는 기회가 거의 없다.

**57** 다음 중 신용장 거래에 대한 설명으로 틀린 것은?

① 개설은행의 지급확약으로 수출업자는 안심하고 물품을 선적할 수 있다.
② 당사자들은 서류로 거래한다.
③ 확인신용장의 경우에는 수출업자는 이중의 지급확약을 받는다.
④ UCP 600에서는 신용장은 취소될 수 없다.

**해설** 취소불능신용장이라 하더라도 개설은행, 수익자, 확인은행(있는 경우)의 동의가 있으면 취소가 가능하다.

54.② 55.④ 56.④ 57.④ **정답**

**58** 다음은 일반적인 무역계약성립 절차이다. 다음 중 (가), (나), (다)에 들어 갈 순서는?

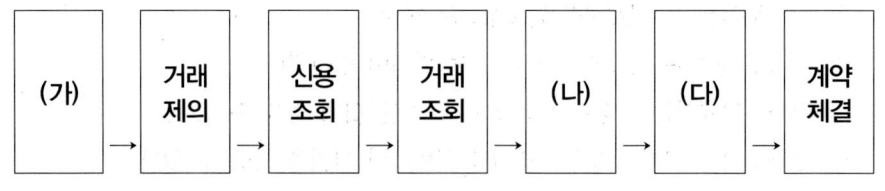

① A - B - C
② B - C - A
③ C - A - B
④ C - B - A

해설 수출상은 해외시장조사(C)를 통해 잠재 거래선을 찾은 후 청약을 한다. 상대방이 청약에 대해서 승낙(B)을 하면 계약이 체결된다(A).

**59** 다음 중 Incoterms 2020에서 새롭게 신설된 조건은?

① DAT   ② DAP   ③ DPU   ④ DDP

해설 Incoterms2010에 있던 DAT조건은 인코텀즈2020으로 개정되면서 삭제되고 DPU로 신설되었다.

**60** 다음 중 확인신용장 거래당사자 중 기본당사자가 아닌 것은?

① Issuing Bank
② Beneficiary
③ Confirming Bank
④ Applicant

해설 확인신용장에서 개설의뢰인은 기본당사자(Applicant)가 아니다.

**61** 다음 Incoterms 2020의 CIP 조건과 CIF 조건에 대한 설명으로 옳은 것은?

| 구분 | | CIP | CIF |
|---|---|---|---|
| 가 | 보험 부보 의무 | 매도인 | 매도인 |
| 나 | 부보조건 | ICC[C] | ICC[C] |
| 다 | 운송계약 | 매수인 | 매수인 |
| 라 | 운송방법 | 운송방식불문 | 운송방식불문 |

① 가   ② 나   ③ 다   ④ 라

**정답**  58.④  59.③  60.④  61.①

**해설**

| 구분 | | CIP | CIF |
|---|---|---|---|
| 가 | 보험 부보 의무 | 매도인 | 매도인 |
| 나 | 부보조건 | **ICC[A]** | ICC[C] |
| 다 | 운송계약 | **매도인** | **매도인** |
| 라 | 운송방법 | 운송방식불문 | **해상운송** |

**62** 다음 ( )안에 들어갈 적절한 용어는?

> 항해 중 선박이나 적하가 공동의 위험에 처한 경우에 고의적으로 발생시킨 합리적, 이례적 비용이나 희생을 ( )(이)라고 한다.

① 구조비  ② 손해방지비  ③ 공동해손  ④ 단독해손

**해설** 공동해손에 대한 설명이다.

**63** 다음 Incoterms 2020 중 단일 또는 복수의 운송방식에 사용 가능한 규칙으로 옳은 것은?

① CIP  ② FOB  ③ CFR  ④ CIF

**해설** 선지에서 모든 운송방식에 사용될 수 있는 규칙은 CIP 뿐이다. 나머지는 모두 해상운송에 적용되는 규칙이다.

**64** 다음이 설명하는 과세방법으로 옳은 것은?

> • 수입 물품의 가격을 과세 표준으로 하여 세액 산출
> • 우리나라 관세율 결정의 대부분을 차지

① 종량세  ② 종가세  ③ 혼합세  ④ 단일세

**해설** 종가세에 대한 설명이다. 우리나라는 관세법상 종가세를 원칙으로 하고 극히 예외의 경우에 종량세를 적용한다. 혼합세와 단일세는 시행되는 과세방법이 아니다.

**65** 다음 중 항공운송 관련 국제협약이나 국제규칙은?

① 바르샤바 협약  ② 로테르담 규칙
③ 제네바 협약  ④ 헤이그 규칙

**해설** 항공운송 관련 국제협약은 바르샤바 협약이다. 로테르담 규칙과 헤이그 규칙은 해상운송 관련 규칙이다. 제네바 협약은 전쟁으로 인한 희생자 보호를 위하여 1864~1949년의 제네바에서 체결된 일련의 국제조약을 말한다.

---

62.③  63.①  64.②  65.①  **정답**

**66** 다음 (    )안에 들어갈 적절한 복합운송루트는?

> 극동지역에서 유럽과 중동행의 화물을 러시아의 극동항구인 보스토치니항까지 수송한 후 시베리아철도로 시베리아를 횡단하여 러시아에서 유럽지역 또는 그 반대 루트로도 운송하는 경로를 (    )(이)라고 한다.

① TSR    ② ALB    ③ MLB    ④ TCR

 시베리아 횡단철도(Trans Siberian Railway)에 대한 설명이다.

**67** 다음 정기선 해상운송의 일반적인 화물선적절차를 옳게 나열한 것은?

> A. 선하증권(B/L)    B. 선적요청서(S/R)    C. 본선수취증(M/R)
> D. 선적지시서(S/O)    E. 화물인도지시서(D/O)

① A-C-D-E-B    ② C-D-A-B-E
③ D-C-A-B-E    ④ B-D-C-A-E

 정기선 해상운송에서 수출상은 먼저 선사에 적재하고자 하는 물품의 대략적인 정보를 제공하여 선적신청(S/R)을 한다. 선적할 선박이 입항하면 선사는 선장에게 선적지시(S/O)를 하고 본선적재를 했다는 본선수취증(M/R)을 발급한다. 이것을 근거로 선하증권(B/L)을 발행하고 수출상은 이를 수입상에게 양도한다. 수입상은 이를 수입국에서 선사에 제시하여 화물의 인도를 요청하고 선사는 창고로 하여금 화물을 인도하라는 지시(D/O)를 내리게 된다.

**68** 다음 '청약'과 '승낙'에 대한 설명으로 옳게 짝지어진 것은?

> 가. 대부분의 청약은 매도인이 하는 판매청약(selling offer)이다.
> 나. 청약이란 피청약자가 계약을 성립시킬 목적으로 조건부로 승낙을 하는 의사표시를 말한다.
> 다. 청약은 상대방에게 발신하는 시점부터 효력이 발생한다.
> 라. 반대 청약은 피청약자가 청약의 내용의 일부를 변경해서 다시 하는 청약으로 원래의 청약은 효력을 상실하게 된다.

① 가, 나, 다, 라    ② 가, 나, 라
③ 가, 다, 라    ④ 가, 라

 나. **조건부승낙**이란 피청약자가 계약을 성립시킬 목적으로 조건부로 승낙을 하는 의사표시를 말한다.
다. 청약은 상대방에게 **도달하는** 시점부터 효력이 발생한다.

**정답**   66.①   67.④   68.④

**69** 다음 중 수입상 입장에서 기술된 신용장의 특징으로 틀린 것은?

① 수입상은 신용장에 선적기일과 유효기일이 명기되지만 자신이 원하는 기간 내에 물품의 수령을 보장받을 수 없다.
② 수입상은 신용장조건과 일치하는 서류와 상환으로 대금을 지급하기 때문에 계약조건에 일치한 물품의 선적을 문서상으로 확인할 수 있다.
③ 수입상은 물품대금을 선적 시부터 대금지급 시까지 개설은행과 매입은행이 부담하기 때문에 그 기간만큼 금융혜택이 있다.
④ 수입상은 자신의 신용을 은행의 신용으로 대체하기 때문에, 주문과 결제에 대한 확실성을 높여 나머지 계약조건을 자신에게 유리하게 요구할 수 있다.

**해설** ① 수입상은 신용장에 선적기일과 유효기일이 명기되므로 자신이 원하는 기간 내에 물품의 수령을 보장받을 수 있다.

**70** 다음이 설명하는 계약형태로 옳은 것은?

- 장기간의 거래를 대상으로 함
- 일반거래조건협정서를 작성
- 플랜트 수출이나 턴키(Turn Key)방식 수출

① 개별계약  ② 포괄계약  ③ 독점계약  ④ 대리점계약

**해설** 플랜트 수출과 같은 대형 건설공사 건은 설계부터 시공, 자금의 도입까지를 책임지는 포괄계약으로 이루어진다.

**71** 다음 중 외국환(foreign exchange)거래의 설명으로 옳지 않은 것은?

① 환율 문제가 발생한다.
② 대차(貸借) 관계가 발생한다.
③ 결제 차액이 발생한다.
④ 이자 요소는 개입되지 않는다.

**해설** 외국환 거래에서는 서로 다른 통화의 이자 요소를 고려하여 선물환계약 같은 것들이 이루어진다.

**72** 다음 중 환율에 대한 설명으로 옳은 것은?

① 우리나라는 현재 고정환율제도를 채택하고 있다.
② 우리나라의 US$1=₩1,200.00의 표기는 외국 통화 표시 환율을 나타낸다.
③ 채권자가 외국에 있는 채무자에게 환을 추심하면 역환이 된다.
④ 환율이 상승하는 경우, 수출이 감소하고 수입이 증가하여 국제수지가 악화된다.

**해설** ① 우리나라는 현재 **변동환율제도**를 채택하고 있다.
② 우리나라의 US$1=₩1,200.00의 표기는 **유럽식 통화 표시 환율**을 나타낸다.
④ 환율이 상승하는 경우, **수출이 증가하고 수입이 감소하여 국제수지가 개선된다**.

69.① 70.② 71.④ 72.③ **정답**

**73** 다음 ( )안에 알맞은 용어의 영어표현은?

> 클레임을 제3자의 개입없이 당사자 간의 자주적인 교섭으로 해결하는 것을
> ( )(이)라고 한다. 당사자 간의 교섭에 의하여 타협점이 모색되면
> ( )(이)가 이루어지는데 실무적으로 가장 바람직하다.

① Arbitration ② Amicable Settlement
③ Intercession ④ Litigation

**해설** 제3자의 개입없이 당사자 간의 교섭에 의해 분쟁을 해결하는 것을 우호적인 해결(Amicable Settlement)이라고 한다.
▶ Arbitration : 중재   ▶ Intercession : 알선   ▶ Litigation : 소송

**74** 다음 중 무역클레임의 예방대책으로 틀린 것은?

① 클레임조항에서 클레임의 제기기간, 제기방법, 증빙서류 및 비용부담자 등을 명기할 필요가 있다.
② 계약당사자는 반드시 후일 분쟁을 피하기 위하여 매매계약서 및 일반거래조건협정서를 작성해 두는 것이 좋다.
③ 처음에 상대방의 신용상태를 철저히 조사하여야 하지만 거래 중에는 조사할 필요가 없다.
④ 공인된 감정기관의 감정서를 제시하도록 계약서에 명시함이 좋다.

**해설** 무역클레임의 예방을 위해서는 처음에 상대방의 신용상태를 철저히 조사하는 것도 중요하지만 거래 중간에도 계약이행의 열의와 성실성에 대해 계속 주시할 필요가 있다.

**75** 다음 내용은 어느 신용장과 관계가 있는가?

> • Bid Bond
> • Performance Bond

① Special L/C ② Stand-by L/C
③ Restricted L/C ④ Revolving L/C

**해설** 입찰과 이행계약의 보증을 위해서 사용되는 것이 보증신용장(Stand-by L/C)이다.

정답   73.② 74.③ 75.②

# 부록 1
# 신용장통일규칙(UCP600)

국제상업회의소가 제정한 신용장통일규칙(UCP)은 국제무역사뿐만 아니라 상공회의소 주관 국가공인 무역영어시험에서도 상당한 비중을 차지하는 중요한 부분입니다. 신용장결제 부분과 무역영어 부분에서 상당한 부분이 응용되어 출제되고 있습니다. 문법적인 내용이나 지엽적인 부분을 보기보다는 영문 조항의 내용에 익숙해져야 하며 특히 본문의 해설과 연관된 조항의 표현과 어구들을 수차례 반복해서 읽어두고 숙지해두기 바랍니다.

해당 조항의 지문을 제시하여 빈칸 채우기, 한글을 영문으로 전환하는 영작문, 조문의 해석, 틀린 답 찾아내기 등의 다양한 형식으로 출제됩니다. 무역실무에서 익힌 부분들이 UCP600에서 어떻게 영문으로 규정해 놓았는지 잘 살펴보기 바랍니다. 부록에 실린 모든 규칙과 협약은 시간상 경제적인 학습을 위해 빈출도가 극히 낮은 일부 조항은 생략하였습니다.

### Article 1 Application of UCP [신용장통일규칙의 적용]

The Uniform Customs and Practice for Documentary Credits, 2007 Revision, ICC Publication no. 600 ("UCP") are rules that apply to any documentary credit("credit") (including, to the extent to which they may be applicable, any standby letter of credit) when the text of the credit expressly indicates that it is subject to these rules. They are binding on all parties thereto unless expressly modified or excluded by the credit.

> 화환신용장에 관한 통일규칙 및 관례, 2007년 개정, ICC 출판물번호, 제600호("UCP")는 신용장의 본문이 이 규칙에 따른다고 명시적으로 표시하고 있는 경우 모든 화환신용장("신용장")(적용 가능한 범위에서 모든 보증신용장을 포함한다)에 적용되는 규칙이다. 신용장에 명시적으로 수정되거나 또는 배제되지 아니하는 한, 이 규칙은 모든 관계당사자를 구속한다.

### Article 2 Definitions [제2조 정의]

For the purpose of these rules:
Advising bank means the bank that advises the credit at the request of the issuing bank.

> 통지은행이라 함은 개설은행의 요청에 따라 신용장을 통지하는 은행을 말한다.

Applicant means the party on whose request the credit is issued.

> 개설의뢰인이라 함은 신용장이 개설되도록 요청하는 당사자를 말한다.

Banking day means a day on which a bank is regularly open at the place at which an act subject to these rules is to be performed.

은행영업일이라 함은 이 규칙에 따라 업무가 이행되는 장소에서 은행이 정상적으로 영업을 하는 일자를 말한다.

Beneficiary means the party in whose favour a credit is issued.

수익자라 함은 그 자신을 수익자로 하여 신용장을 발행받는 당사자를 말한다.

Complying presentation means a presentation that is in accordance with the terms and conditions of the credit, the applicable provisions of these rules and international standard banking practice.

일치하는 제시라 함은 신용장의 제 조건, 이 규칙 및 국제표준은행관행의 적용가능한 규정에 따른 제시를 말한다.

Confirmation means a definite undertaking of the confirming bank, in addition to that of the issuing bank, to honour or negotiate a complying presentation.

확인이라 함은 개설은행의 확약에 추가하여 일치하는 제시를 지급이행 또는 매입할 확인은행의 확약을 말한다.

Confirming bank means the bank that adds its confirmation to a credit upon the issuing bank's authorization or request.

확인은행이라 함은 개설은행의 수권 또는 요청에 따라 신용장에 확인을 추가하는 은행을 말한다.

Credit means any arrangement, however named or described, that is irrevocable and thereby constitutes a definite undertaking of the issuing bank to honour a complying presentation.

신용장이라 함은 그 명칭이나 기술에 관계없이 취소불능이며 일치하는 제시를 지급이행할 개설은행의 확약을 구성하는 모든 약정을 말한다.

Honour means:
a. to pay at sight if the credit is available by sight payment.
b. to incur a deferred payment undertaking and pay at maturity if the credit is available by deferred payment.
c. to accept a bill of exchange ("draft") drawn by the beneficiary and pay at maturity if the credit is available by acceptance.

지급이행이라 함은 다음을 말한다.
a. 신용장이 일람지급에 의하여 사용될 수 있는 경우 일람지급하는 것.
b. 신용장이 연지급에 의하여 사용될 수 있는 경우 연지급확약의무를 부담하고 만기일에 지급하는 것.
c. 신용장이 인수에 의하여 사용될 수 있는 경우 수익자에 의하여 발행된 환어음("어음")을 인수하고 만기일에 지급하는 것.

Issuing bank means the bank that issues a credit at the request of an applicant of on its own behalf.

개설은행이라 함은 개설의뢰인의 요청에 따르거나 또는 그 자신을 위하여 신용장을 개설하는 은행을 말한다.

Negotiation means the purchase by the nominated bank of drafts (drawn on a bank other than the nominated bank) and/or documents under a complying presentation, by advancing or agreeing to advance funds to the beneficiary on or before the banking day on which reimbursement is due to the nominated bank.

매입이라 함은 상환이 지정은행에 행해져야 할 은행영업일에 또는 그 이전에 수익자에게 대금을 선지급하거나 또는 선지급하기로 약정함으로써, 일치하는 제시에 따른 환어음(지정은행이 아닌 은행을 지급인으로 하여 발행된) 및 또는 서류의 지정은행에 의한 구매를 말한다.

Nominated bank means the bank with which the credit is available or any bank in the case of a credit available with any bank.

지정은행이라 함은 신용장이 사용될 수 있는 은행 또는 모든 은행에서 사용될 수 있는 신용장의 경우에는 모든 은행을 말한다.

Presentation means either the delivery of documents under a credit to the issuing bank or nominated bank or the documents so delivered.

제시라 함은 개설은행 또는 지정은행에게 신용장에 의한 서류를 인도하는 행위 또는 그렇게 인도된 서류를 말한다.

Presenter means a beneficiary, bank or other party that makes a presentation.

제시인이라 함은 제시를 행하는 수익자, 은행 또는 기타 당사자를 말한다.

### Article 3 Interpretations [제3조 해석]

For the purpose of these rules:
Where applicable, words in the singular include the plural and in the plural include the singular.

이 규칙에서:
적용할 수 있는 경우에는, 단수형의 단어는 복수형을 포함하고 복수형의 단어는 단수형을 포함한다.

A credit is irrevocable even if there is no indication to that effect.

신용장은 취소불능의 표시가 없는 경우에도 취소불능이다.

A document may be signed by handwriting, facsimile signature, perforated signature, stamp, symbol or any other mechanical or electronic method of authentication.

서류는 수기, 모사서명, 천공서명, 스탬프, 상징 또는 기타 모든 기계적 또는 전자적 인증방법에 의하여 서명될 수 있다.

A requirement for a document to be legalized, visaed, certified or similar will be satisfied by any signature, mark, stamp or label on the document which appears to satisfy that requirement.

공인,사증, 증명된 또는 이와 유사한 서류의 요건은 그러한 요건을 충족하는 것으로 보이는 서류상의 모든 서명, 표시, 스탬프 또는 부전에 의하여 충족된다.

Branches of a bank in different countries are considered to be separate banks.
다른 국가에 있는 어떤 은행의 지점은 독립된 은행으로 본다.

Terms such as "first class", "well known", "qualified", "independent", "official", "competent" or "local" used to describe the issuer of a document allow any issuer except the beneficiary to issue that document.
서류의 발행인을 기술하기 위하여 사용되는 "일류의(first class)", "저명한(well known)", "자격 있는(qualified)", "독립적인(independent)", "공인된(official)", "유능한(competent)" 또는 "국내의(local)"와 같은 용어는 수익자 이외의 모든 서류발행인이 서류를 발행하는 것을 허용한다.

Unless required to be used in a document, words such as "prompt", "immediately" or "as soon as possible" will be disregarded.
서류에 사용될 것이 요구되지 아니하는 한, "신속한(prompt)", "즉시(immediately)" 또는 "가능한 한 빨리(as soon as possible)"와 같은 단어는 무시된다.

The expression "on or about" or similar will be interpreted as a stipulation that an event is to occur during a period of five calendar days before until five calendar days after the specified date, both start and end dates included.
"~경에(on or about)" 또는 이와 유사한 표현은 사건이 명시된 일자 이전의 5일부터 그 이후의 5일까지의 기간 동안에 발행하는 약정으로서 초일 및 종료일을 포함하는 것으로 해석된다.

The words "to", "until", "till", "from" and "between" when used to determine a period of shipment include the date or dates mentioned, and the words "before" and "after" exclude the date mentioned.
"까지(to)", "까지(until)", "까지(till)", "부터(from)" 및 "사이(between)"라는 단어는 선적기간을 결정하기 위하여 사용되는 경우에는 언급된 당해 일자를 포함하며, "이전(before)" 및 "이후(after)"라는 단어는 언급된 당해 일자를 제외한다.

The words "from" and "after" when used to determine a maturity date exclude the date mentioned.
"부터(from)" 및 "이후(after)"라는 단어는 만기일을 결정하기 위하여 사용된 경우에는 언급된 당해 일자를 제외한다.

The terms "first half" and "second half" of a month shall be construed respectively as the 1st to the 15th and the 16th to the last day of the month, all dates inclusive.
어느 개월의 "전반(first half)", "후반(second half)"이라는 용어는 각각 해당 개월의 1일부터 15일까지, 그리고 16일부터 말일까지로 하고, 양끝의 일자를 포함하는 것으로 해석된다.

The terms "beginning", "middle" and "end" of a month shall be construed respectively as the 1st to the 10th, the 11th to the 20th and the 21st to the last day of the month, all dates inclusive.
어느 개월의 "상순(beginning)", "중순(middle)" 및 "하순(end)"이라는 용어는 각각 해당 개월의 1일부터 10일까지, 11일부터 20일까지, 그리고 21일부터 말일까지로 하고, 양끝의 일자를 포함하는 것으로 해석된다.

## Article 4 Credits v. Contracts [제4조 신용장과 계약]

a. A credit by its nature is a separate transaction from the sale or other contract on which it may be based. Banks are in no way concerned with or bound by such contract, even if any reference whatsoever to it is included in the credit. Consequently, the undertaking of a bank to honour, to negotiate or to fulfil any other obligation under the credit is not subject to claims or defences by the applicant resulting from its relationships with the issuing bank or the beneficiary.

A beneficiary can in no case avail itself of the contractual relationships existing between banks or between the applicant and the issuing bank.

> a. 신용장은 그 성질상 그것이 근거될 수 있는 매매계약 또는 기타 계약과는 독립된 거래이다. 은행은 그러한 계약에 관한 어떠한 참조사항이 신용장에 포함되어 있다 하더라도 그러한 계약과는 아무런 관계가 없으며 또한 이에 구속되지 아니한다. 결과적으로 신용장에 의하여 지급이행하거나, 매입하거나 또는 기타 모든 의무를 이행한다는 은행의 확약은 개설은행 또는 수익자와 개설의뢰인과의 관계로부터 생긴 개설의뢰인에 의한 클레임 또는 항변에 지배받지 아니한다.
>
> 수익자는 어떠한 경우에도 은행상호 간 또는 개설의뢰인과 개설은행 간에 존재하는 계약관계를 원용할 수 없다.

b. An issuing bank should discourage any attempt by the applicant to include, as an integral part of the credit, copies of the underlying contract, proforma invoice and the like.

> b. 개설은행은 신용장의 필수적인 부분으로서, 근거계약의 사본, 견적송장 등을 포함시키고자 하는 어떠한 시도도 저지하여야 한다.

## Article 5 Documents v. Goods, Services or Performance [제5조 서류와 물품/용역/이행]

Banks deal with documents and not with goods, services or performance to which the documents may relate.

> 은행은 서류를 취급하는 것이며 그 서류와 관련될 수 있는 물품, 용역 또는 이행을 취급하는 것은 아니다.

## Article 6 Availability, Expiry Date and Place for Presentation [제6조 사용가능성, 유효기일 및 장소]

a. A credit must state the bank with which it is available or whether it is available with any bank. A credit available with a nominated bank is also available with the issuing bank.

> a. 신용장에는 그 신용장이 사용될 수 있는 은행을 또는 그 신용장이 모든 은행에서 사용될 수 있는지를 명기하여야 한다. 지정은행에서 사용될 수 있는 신용장은 개설은행에서도 사용될 수 있다.

b. A credit must state whether it is available by sight payment, deferred payment, acceptance or negotiation.

> b. 신용장은 그것이 일람지급, 연지급, 인수 또는 매입 중 어느 것에 의하여 사용될 수 있는지를 명기하여야 한다.

c. A credit must not be issued available by a draft drawn on the applicant.

c. 개설의뢰인을 지급인으로 하여 발행된 환어음에 의하여 사용될 수 있는 신용장은 발행되어서는 아니된다.

d. i. A credit must state an expiry date for presentation. An expiry date stated for honour or negotiation will be deemed to be an expiry date for presentation.

d. i. 신용장은 제시를 위한 유효기일을 명기하여야 한다. 지급이행 또는 매입을 위하여 명기 된 유효기일은 제시를 위한 유효기일로 본다.

e. Except as provided in sub-article 29 (a), a presentation by or on behalf of the beneficiary must be made on or before the expiry date.

e. 제29조 a항에서 규정된 경우를 제외하고는, 수익자에 의하거나 또는 대리하는 제시는 유효기일에 또는 그 이전에 행하여져야 한다.

### Article 7 Issuing Bank Undertaking [제7조 개설은행의 확약]

a. Provided that the stipulated documents are presented to the nominated bank or to the issuing bank and that they constitute a complying presentation, the issuing bank must honour if the credit is available by:

a. 명시된 서류가 지정은행 또는 개설은행에 제시되고, 그 서류가 일치하는 제시를 구성하는 한, 신용장이 다음 중의 어느 것에 의하여 사용될 수 있는 경우에는, 개설은행은 지급이행하여야 한다:

i. sight payment, deferred payment or acceptance with the issuing bank;

i. 개설은행에서 일람지급, 연지급 또는 인수 중의 어느 것에 의하여 사용될 수 있는 경우;

ii. sight payment with a nominated bank and that nominated bank does not pay;

ii. 지정은행에서 일람지급에 의하여 사용될 수 있고 그 지정은행이 지급하지 아니한 경우;

iii. deferred payment with a nominated bank and that nominated bank does not incur its deferred payment undertaking or, having incurred its deferred payment undertaking, does not pay at maturity;

iii. 지정은행에서 연지급에 의하여 사용될 수 있고 그 지정은행이 연지급확약을 부담하지 아니한 경우 또는, 그 지정은행이 연지급확약을 부담하였지만 만기일에 지급하지 아니한 경우;

iv. acceptance with a nominated bank and that nominated bank does not accept a draft drawn on it or, having accepted a draft drawn on it, does not pay at maturity;

iv. 지정은행에서 인수에 의하여 사용될 수 있고 그 지정은행이 자행을 지급인으로 하여 발행된 환어음을 인수하지 아니한 경우 또는, 그 지정은행이 자행을 지급인으로 하여 발행된 환어음을 인수하였지만 만기일에 지급하지 아니한 경우;

v. negotiation with a nominated bank and that nominated bank does not negotiate.

v. 지정은행에서 매입에 의하여 사용될 수 있고 그 지정은행이 매입하지 아니한 경우.

b. An issuing bank is irrevocably bound to honour as of the time it issues the credit.

b. 개설은행은 신용장을 발행하는 시점부터 지급이행할 취소불능의 의무를 부담한다.

c. An issuing bank undertakes to reimburse a nominated bank that has honoured or negotiated a complying presentation and forwarded the documents to the issuing bank. Reimbursement for the amount of a complying presentation under a credit available by acceptance or deferred payment is due at maturity, whether or not the nominated bank prepaid or purchased before maturity. An issuing bank's undertaking to reimburse a nominated bank is independent of the issuing bank's undertaking to the beneficiary.

c. 개설은행은 일치하는 제시를 지급이행 또는 매입하고 그 서류를 개설은행에 발송하는 지정은행에게 상환할 것을 약정한다. 인수 또는 연지급에 의하여 사용될 수 있는 신용장에 따른 일치하는 제시금액에 대한 상환은 지정 은행이 만기일 전에 선지급 또는 구매하였는지의 여부와 관계없이 만기일에 이행되어야 한다. 지정은행에 상환할 개설은행의 확약은 수익자에 대한 개설은행의 확약으로부터 독립한다.

### Article 8 Confirming Bank Undertaking [제8조 확인은행의 확약]

a. Provided that the stipulated documents are presented to the confirming bank or to any other nominated bank and that they constitute a complying presentation, the confirming bank must:

a. 명시된 서류가 확인은행 또는 기타 모든 지정은행에 제시되고, 그 서류가 일치하는 제시를 구성하는 한, 확인 은행은:

i. honour, if the credit is available by

ⅰ. 신용장이 다음 중의 어느 것에 의하여 사용될 수 있는 경우에는, 지급이행하여야 한다:

a. sight payment, deferred payment or acceptance with the confirming bank;

a. 확인은행에서 일람지급, 연지급 또는 인수 중의 어느 것에 의하여 사용될 수 있는 경우;

b. sight payment, with another nominated bank and that nominated bank does not pay;

b. 다른 지정은행에서 일람지급에 의하여 사용될 수 있고 그 지정은행이 지급하지 아니한 경우;

c. deferred payment with another nominated bank and that nominated bank does not incur its deferred payment undertaking or, having incurred its deferred payment undertaking, does not pay at maturity;

c. 다른 지정은행에서 연지급에 의하여 사용될 수 있고 그 지정은행이 연지급확약을 부담하지 아니한 경우 또는, 그 지정은행이 연지급확약을 부담하였지만 만기일에 지급하지 아니한 경우;

d. acceptance with another nominated bank and that nominated bank does not accept a draft drawn on it or, having accepted a draft drawn on it, does not pay at maturity;

d. 다른 지정은행에서 인수에 의하여 사용될 수 있고 그 지정은행이 자행을 지급인으로 하여 발행된 환어음을 인수하지 아니한 경우 또는, 그 지정은행이 자행을 지급인으로 하여 발행된 환어음을 인수하였지만 만기일에 지급하지 아니한 경우;

e. negotiation with another nominated bank and that nominated bank does not negotiate.
e. 다른 지정은행에서 매입에 의하여 사용될 수 있고 그 지정은행이 매입하지 아니한 경우.

  ii. negotiate, without recourse, if the credit is available by negotiation with the confirming bank.
  ii. 신용장이 확인은행에서 매입에 의하여 사용될 수 있는 경우에는, 상환청구 없이, 매입하여야 한다.

b. A confirming bank is irrevocably bound to honour or negotiate as of the time it adds its confirmation to the credit.
b. 확인은행은 신용장에 자행의 확인을 추가하는 시점부터 지급이행 또는 매입할 취소불능의 의무를 부담한다.

c. A confirming bank undertakes to reimburse another nominated bank that has honoured or negotiated a complying presentation and forwarded the documents to the confirming bank. Reimbursement for the amount of a complying presentation under a credit available by acceptance or deferred payment is due at maturity, whether or not another nominated bank prepaid or purchased before maturity. A confirming bank's undertaking to reimburse another nominated bank is independent of the confirming bank's undertaking to the beneficiary.
c. 확인은행은 일치하는 제시를 지급이행 또는 매입하고 그 서류를 확인은행에 발송하는 다른 지정은행에게 상환할 것을 약정한다. 인수 또는 연지급에 의하여 사용될 수 있는 신용장에 따른 일치하는 제시금액에 대한 상환은 다른 지정은행이 만기일 전에 선지급 또는 구매하였는지의 여부와 관계없이 만기일에 이행되어야 한다. 다른 지정은행에 상환할 확인은행의 확약은 수익자에 대한 확인은행의 확약으로부터 독립한다.

d. If a bank is authorized or requested by the issuing bank to confirm a credit but is not prepared to do so, it must inform the issuing bank without delay and may advise the credit without confirmation.
d. 어떤 은행이 개설은행에 의하여 신용장을 확인하도록 수권 또는 요청받았으나 이를 행할 용의가 없는 경우, 그 은행은 지체 없이 개설은행에게 통고하여야 하고 확인 없이 신용장을 통지할 수 있다.

## Article 9 Advising of Credits and Amendments [제9조 신용장 및 조건변경의 통지]

a. A credit and any amendment may be advised to a beneficiary through an advising bank. An advising bank that is not a confirming bank advises the credit and any amendment without any undertaking to honour or negotiate.
a. 신용장 및 모든 조건변경은 통지은행을 통하여 수익자에게 통지될 수 있다. 확인은행이 아닌 통지은행은 지급이행 또는 매입할 어떠한 확약 없이 신용장 및 모든 조건변경을 통지한다.

b. By advising the credit or amendment, the advising bank signifies that it has satisfied itself as to the apparent authenticity of the credit or amendment and that the advice accurately reflects the terms and conditions of the credit or amendment received.

b. 신용장 또는 조건변경을 통지함으로써, 통지은행은 그 자신이 신용장 또는 조건변경의 외관상의 진정성에 관하여 스스로 충족하였다는 것과 그 통지가 수령된 신용장 또는 조건변경의 제 조건을 정확히 반영하고 있다는 것을 의미한다.

c. An advising bank may utilize the services of another bank ("second advising bank") to advise the credit and any amendment to the beneficiary. By advising the credit or amendment, the second advising bank signifies that it has satisfied itself as to the apparent authenticity of the advice it has received and that the advice accurately reflects the terms and conditions of the credit or amendment received.

c. 통지은행은 수익자에게 신용장 및 모든 조건변경을 통지하기 위하여 타은행("제2통지은행")의 서비스를 이용할 수 있다. 신용장 또는 조건변경을 통지함으로써 제2통지은행은 자신이 수령한 그 통지의 외관상의 진정성에 관하여 스스로 충족하였다는 것과 그 통지가 수령된 신용장 또는 조건변경의 제 조건을 정확히 반영하고 있다는 것을 의미한다.

d. A bank utilizing the services of an advising bank or second advising bank to advise a credit must use the same bank to advise any amendment thereto.

d. 신용장을 통지하기 위하여 통지은행 또는 제2통지은행의 서비스를 이용하는 은행은 이에 대한 모든 조건변경을 통지하기 위하여 동일한 은행을 이용하여야 한다.

e. If a bank is requested to advise a credit or amendment but elects not to do so, it must so inform, without delay, the bank from which the credit, amendment or advice has been received.

e. 어떤 은행이 신용장 또는 조건변경을 통지하도록 요청되었지만 그렇게 하지 아니하기로 결정하는 경우에는, 그 은행은 신용장, 조건변경 또는 통지를 송부해 온 은행에게 이를 지체 없이 통고하여야 한다.

f. If a bank is requested to advise a credit or amendment but cannot satisfy itself as to the apparent authenticity of the credit, the amendment or the advice, it must so inform, without delay, the bank from which the instructions appear to have been received. If the advising bank or second advising bank elects nonetheless to advise the credit or amendment, it must inform the beneficiary or second advising bank that it has not been able to satisfy itself as to the apparent authenticity of the credit, the amendment or the advice.

f. 어떤 은행이 신용장 또는 조건변경을 통지하도록 요청되었지만 신용장, 조건변경 또는 통지의 외관상의 진정성에 관하여 스스로 충족할 수 없는 경우에는, 그 은행은 그 지시를 송부해온 것으로 보이는 은행에게 이를 지체 없이 통고하여야 한다. 그럼에도 불구하고 통지은행 또는 제2통지은행이 그 신용장 또는 조건변경을 통지하기로 결정한 경우에는, 그 은행은 수익자 또는 제2통지은행에게 신용장, 조건변경 또는 통지의 외관상의 진정성에 관하여 스스로 충족할 수 없다는 것을 통고하여야 한다.

### Article 10 Amendment [제 10조 조건변경]

a. Except as otherwise provided by article 38, a credit can neither be amended nor cancelled without the agreement of the issuing bank, the confirming bank, if any, and the beneficiary.

  a. 제38조에 의하여 별도로 규정된 경우를 제외하고는, 신용장은 개설은행, 확인은행(있는 경우) 및 수익자의 합의 없이는 변경 또는 취소될 수 없다.

b. An issuing bank is irrevocably bound by an amendment as of the time it issues the amendment. A confirming bank may extend its confirmation to an amendment and will be irrevocably bound as of the time it advises the amendment. A confirming bank may, however, choose to advise an amendment without extending its confirmation and, if so, it must inform the issuing bank without delay and inform the beneficiary in its advice.

  b. 개설은행은 그 자신이 조건변경서를 발행한 시점부터 그 조건변경서에 의하여 취소불능의 의무를 부담한다. 확인은행은 그 자신의 확인을 조건변경에까지 확장할 수 있으며 그 변경을 통지한 시점부터 취소불능의 의무를 부담한다. 그러나 확인은행은 그 자신의 확인을 확장함이 없이 조건변경을 통지하기로 결정할 수 있으며 이러한 경우에는 개설은행에게 지체 없이 통고하고 그 자신의 통지서로 수익자에게 통고하여야 한다.

c. The terms and conditions of the original credit (or a credit incorporating previously accepted amendments) will remain in force for the beneficiary until the beneficiary communicates its acceptance of the amendment to the bank that advised such amendment. The beneficiary should give notification of acceptance or rejection of an amendment. If the beneficiary fails to give such notification, a presentation that complies with the credit and to any not yet accepted amendment will be deemed to be notification of acceptance by the beneficiary of such amendment. As of that moment the credit will be amended.

  c. 원신용장(또는 이전에 승낙된 조건변경을 포함하고 있는 신용장)의 제조건은 수익자가 조건변경에 대한 그 자신의 승낙을 그러한 조건변경을 통지해 온 은행에게 통보할 때까지는 수익자에게는 여전히 유효하다. 수익자는 조건변경에 대하여 승낙 또는 거절의 통고(notification)를 행하여야 한다. 수익자가 그러한 통고(notification)를 행하지 아니한 경우, 신용장 및 아직 승낙되지 않은 조건변경에 일치하는 제시는 수익자가 그러한 조건변경에 대하여 승낙의 통고(notification)를 행하는 것으로 본다. 그 순간부터 신용장은 조건변경된다.

d. A bank that advises an amendment should inform the bank from which it received the amendment of any notification of acceptance or rejection.

  d. 조건변경을 통지하는 은행은 조건변경을 송부해 온 은행에게 승낙 또는 거절의 모든 통고를 통지하여야 한다.

e. Partial acceptance of an amendment is not allowed and will be deemed to be notification of rejection of the amendment.

  e. 조건변경의 부분승낙은 허용되지 아니하며 그 조건변경의 거절의 통지로 본다.

f. A provision in an amendment to the effect that the amendment shall enter into force unless rejected by the beneficiary within a certain time shall be disregarded.

  f. 조건변경이 특정기한 내에 수익자에 의하여 거절되지 아니하는 한 유효하게 된다는 취지의 조건변경서상의 규정은 무시된다.

Article 11. Teletransmitted and Pre-Advised Credits and Amendments
[제11조 전송 및 사전통지신용장과 조건변경][생략]

Article 12 Nomination
[제12조 지정][생략]

Article 13 Bank-to-Bank Reimbursement Arrangements
[제 13조 은행 간 상환약정][생략]

Article 14 Standard for Examination of Documents [제14조 서류심사의 기준]

a. A nominated bank acting on its nomination, a confirming bank, if any, and the issuing bank must examine a presentation to determine, on the basis of the documents alone, whether or not the documents appear on their face to constitute a complying presentation.

a. 지정에 따라 행동하는 지정은행, 확인은행(있는 경우) 및 개설은행은 서류가 문면상 일치하는 제시를 구성하는지 여부 ("일치성")를 결정하기 위하여 서류만을 기초로 하여 그 제시를 심사하여야 한다.

b. A nominated bank acting on its nomination, a confirming bank, if any, and the issuing bank shall each have a maximum of five banking days following the day of presentation to determine if a presentation is complying. This period is not curtailed or otherwise affected by the occurrence on or after the date of presentation of any expiry date of last day for presentation.

b. 지정에 따라 행동하는 지정은행, 확인은행(있는 경우) 및 개설은행은 제시가 일치하는지 여부를 결정하기 위하여 지시일의 다음날부터 최대 제5은행영업일을 각각 가진다. 이 기간은 제시를 위한 모든 유효기일 또는 최종일의 제시일에 또는 그 이후의 사건에 의하여 단축되거나 또는 별도로 영향을 받지 아니한다.

c. A presentation including one or more original transport documents subject to articles 19, 20, 21, 22, 23, 24 or 25 must be made by or on behalf of the beneficiary not later than 21 calendar days after the date of shipment as described in these rules, but in any event not later than the expiry date of the credit.

c. 제19조, 제20조, 제21조, 제22조, 제23조, 제24조 또는 제25조에 따른 하나 또는 그 이상의 운송서류의 원본을 포함하는 제시는 이 규칙에 기술된 대로 선적일 이후 21보다 늦지 않게 수익자에 의하여 또는 대리하여 이행되어야 한다. 그러나 어떠한 경우에도, 신용장의 유효기일보다 늦지 않아야 한다.

d. Data in a document, when read in context with the credit, the document itself and international standard banking practice, need not be identical to, but must not conflict with, data in that document, any other stipulated document or the credit.

d. 서류상의 자료는 신용장, 그 서류자체 및 국제표준은행관행의 관점에서 검토하는 경우, 그 서류, 기타 모든 명시된 서류 또는 신용장상의 자료와 동일할 필요는 없지만 이와 상충되어서는 아니 된다:

e. In documents other than the commercial invoice, the description of the goods, services or performance, if stated, may be in general terms not conflicting with their description in the credit.

e. 상업송장 이외의 서류에 있어서, 물품, 용역 또는 이행의 명세는 명기된 경우 신용장상의 이들 명세와 상충되지 아니하는 일반 용어로 기재될 수 있다.

f. If a credit requires presentation of a document other than a transport document, insurance document or commercial invoice, without stipulating by whom the document is to be issued or its date content, banks will accept the document as presented if its content appears to fulfil the function of the required document and otherwise complies with sub-article 14 (d).

f. 신용장에서 서류가 누구에 의하여 발행되는 것인가를 또는 서류의 자료 내용을 명시하지 않고, 운송서류, 보험서류 또는 상업송장 이외의 서류의 제시를 요구하는 경우에는, 그 서류의 내용이 요구된 서류의 기능을 충족하는 것으로 보이고 기타의 방법으로 제14조 d항과 일치한다면, 은행은 그 서류를 제시된 대로 수리한다.

g. A document presented but not required by the credit will be disregarded and may be returned to the presenter.

g. 제시되었지만 신용장에 의하여 요구되지 않은 서류는 무시되고 제시인에게 반송될 수 있다.

h. If a credit contains a condition without stipulating the document to indicate compliance with the condition, banks bill deem such condition as not stated and will disregard it.

h. 신용장이 어떤 조건(condition)과 의 일치성을 표시하기 위하여 서류를 명시하지 않고 그 조건을 포함하고 있는 경우에는, 은행은 그러한 조건을 명기되지 아니한 것으로 보고 이를 무시하여야 한다.

i. A document may be dated prior to the issuance date of the credit, but must not be dated later than its date of presentation.

i. 서류는 신용장의 일자보다 이전의 일자가 기재될 수 있으나 그 서류의 제시일보다 늦은 일자가 기재되어서는 아니 된다.

j. When the addresses of the beneficiary and the applicant appear in any stipulated document, they need not be the same as those stated in the credit or in any other stipulated, but must be within the same country as the respective addresses mentioned in the credit. Contact details (telefax, telephone, email and the like) stated as part of the beneficiary's and the applicant's address will be disregarded. However, when the address and contact details of the applicant appear as part of the consignee or notify party details on a transport document subject to articles 19, 20, 21, 22, 23, 24, or 25, they must be as stated in the credit.

j. 수익자 및 개설의뢰인의 주소가 모든 명시된 서류상에 보이는 경우에는, 이들 주소는 신용장 또는 기타 모든 명시된 서류에 명기된 것과 동일할 필요는 없으나, 신용장에 언급된 각각의 주소와 동일한 국가 내에 있어야 한다. 수익자 및 개설의뢰인의 주소의 일부로서 명기된 연락처명세(모사전송, 전화, 전자우편 등)는 무시된다. 그러나, 개설의뢰인의 모든 주소 및 연락처 명세가 제19조, 제20조, 제21조, 제22조, 제23조, 제24조 또는 제25조에 따라 운송서류상의 수화인 또는 착화통지처 명세의 일부로서 보이는 경우에는, 이러한 주소 및 연락처 명세는 신용장에 명기된 대로 있어야 한다.

k. The shipper or consignor of the goods indicated on any document need not be the beneficiary of the credit.

k. 모든 서류상에 표시된 물품의 송화인 또는 탁송인은 신용장의 수익자일 필요는 없다.

l. A transport document may be issued by any party other than a carrier, owner, master or charterer provided that the transport document meets the requirements of articles 19, 20, 21, 22, 23, or 24 of these rules.

l. 운송서류가 이 규칙의 제19조, 제20조, 제21조, 제22조, 제23조 또는 제24조의 요건을 충족하는 한, 그 운송서류는 운송인, 선주 또는 용선자 이외의 모든 당사자에 의하여 발행될 수 있다.

## Article 15 Complying Presentation [제15조 일치하는 제시]

a. When an issuing bank determines that a presentation is complying, it must honour.

a. 개설은행이 제시가 일치한다고 결정하는 경우에는, 그 개설은행은 지급이행하여야 한다.

b. When a confirming bank determines that a presentation is complying, it must honour or negotiate and forward the documents to the issuing bank.

b. 확인은행이 제시가 일치한다고 결정하는 경우에는, 그 확인은행은 지급이행 또는 매입하고 개설은행에게 서류를 발송하여야 한다.

c. When a nominated bank determines that a presentation is complying and honours or negotiates, it must forward the documents to the confirming bank or issuing bank.

c. 지정은행이 제시가 일치한다고 결정하고 지급이행 또는 매입하는 경우에는, 그 지정은행은 확인은행 또는 개설은행에게 서류를 발송하여야 한다.

## Article 16 Discrepant Documents, Waiver and Notice [제16조 불일치서류, 권리포기 및 통지]

a. When a nominated bank acting on its nomination, a confirming bank, if any, or the issuing bank determines that a presentation does not comply, it may refuse to honour or negotiate.

a. 지정에 따라 행동하는 지정은행, 확인은행(있는 경우) 또는 개설은행은 제시가 일치하지 아니한 것으로 결정하는 경우에는, 지급이행 또는 매입을 거절할 수 있다.

b. When an issuing bank determines that a presentation does not comply, it may in its sole judgement approach the applicant for a waiver of the discrepancies. This does not, however, extend the period mentioned in sub-article 14 (b).

b. 개설은행은 제시가 일치하지 아니하다고 결정하는 경우에는, 독자적인 판단으로 개설의뢰인과 불일치에 관한 권리포기의 여부를 교섭할 수 있다. 그러나 이것은 제14조 b항에서 언급된 기간을 연장하지 아니한다.

c. When a nominated bank acting on its nomination, a confirming bank, if any, or the issuing bank decides to refuse to honour or negotiate, it must give a single notice to the effect to the presenter.

c. 지정에 따라 행동하는 지정은행, 확인은행(있는 경우)또는 개설은행은 지급이행 또는 매입을 거절하기로 결정한 경우에는, 제시인에게 그러한 취지를 1회만 통지하여야 한다.

The notice must state:

그 통지는 다음을 명기하여야 한다:

ⅰ. that the bank is refusing to honour or negotiate; and

ⅰ. 은행이 지급이행 또는 매입을 거절하고 있다는 것; 그리고

ⅱ. each discrepancy in respect of which the bank refuses to honour or negotiate; and

ⅱ. 은행이 지급이행 또는 매입을 거절하게 되는 각각의 불일치 사항; 그리고

ⅲ. a) that the bank is holding the documents pending further instructions from the presenter; or
b) that the issuing bank is holding the documents until it receives a waiver from the applicant and agrees to accept it, or receives further instructions from the presenter prior to agreeing to accept a waiver; or
c) that the bank is returning the documents; or
d) that the bank is acting in accordance with instructions previously received from the presenter.

ⅲ. a) 은행이 제시인으로부터 추가지시를 받을 때까지 서류를 보관하고 있다는 것; 또는
b) 개설은행이 개설의뢰인으로부터 권리포기를 수령하고 서류를 수리하기로 합의할 때까지, 또는 권리포기를 승낙하기로 합의하기 전에 제시인으로부터 추가지시를 수령할 때까지 개설은행이 서류를 보관하고 있다는 것; 또는
c) 은행이 서류를 반송하고 있다는 것; 또는
d) 은행이 제시인으로부터 이전에 수령한 지시에 따라 행동하고 있다는 것.

d. The notice required in sub-article 16 (c) must be given by telecommunication or, if that is not possible, by other expeditious means no later than the close of the fifth banking day following the day of presentation.

d. 제 16조 c항에서 요구된 통지는 전기통신(telecommunication)으로 또는 그 이용이 불가능한 때에는 기타 신속한 수단으로 제시일의 다음 제5은행영업일의 마감시간까지 행해져야 한다.

e. A nominated bank acting on its nomination, a confirming bank, if any, or the issuing bank may, after providing notice required by sub-article 16 (c) (iii) (a) or (b), return the documents to the presenter at any time.

e. 지정에 따라 행동하는 지정은행, 확인은행(있는 경우) 또는 개설은행은, 제16조 c항 ⅲ호 (a) 또는 (b)에 의하여 요구된 통지를 행한 후에, 언제든지 제시인에게 서류를 반송할 수 있다.

f. If an issuing bank or a confirming bank fails to act in accordance with the provisions of this article, it shall be precluded from claiming that the documents do not constitute a complying presentation.

f. 개설은행 또는 확인은행이 이 조의 규정에 따라 행동하지 아니한 경우에는, 그 은행은 서류가 일치하는 제시를 구성하지 아니한다고 주장할 수 없다.

g. When an issuing bank refuses to honour or a confirming bank refuses to honour or negotiate and has given notice to that effect in accordance with this article, it shall then be entitled to claim a refund, with interest, of any reimbursement made.

g. 개설은행이 지급이행을 거절하거나 또는 확인은행이 지급이행 또는 매입을 거절하고 이 조에 따라 그러한 취지를 통지한 경우에는, 그 은행은 이미 행해진 상환금에 이자를 추가하여 그 상환금의 반환을 청구할 권리가 있다.

**Article 17 Original Documents and Copies [제17조 원본서류 및 사본]**

a. At least on original of each document stipulated in the credit must be presented.

a. 적어도 신용장에 명시된 각 서류의 1통의 원본은 제시되어야 한다.

b. A bank shall treat as an original any document bearing an apparently original signature, mark, stamp, or label of the issuer of the document, unless the document itself indicates that it is not an original.

b. 서류 그 자체가 원본이 아니라고 표시하고 있지 아니하는 한, 명백히 서류발행인의 원본서명, 표기, 스탬프, 또는 부전을 기재하고 있는 서류를 원본으로서 취급한다.

c. Unless a document indicates otherwise, a bank will also accept a document as original if it:

c. 서류가 별도로 표시하지 아니하는 한, 서류가 다음과 같은 경우에는, 은행은 서류를 원본으로서 수리한다:

ⅰ. appears to be written, typed, perforated or stamped by the document issuer's hand; or

ⅰ. 서류발행인에 의하여 수기, 타자, 천공 또는 스탬프된 것으로 보이는 경우; 또는

ⅱ. appears to be on the document issuer's original stationery; or

ⅱ. 서류발행인의 원본용지상에 기재된 것으로 보이는 경우; 또는

ⅲ. states that it is original, unless the statement appears not to apply to the document presented.

ⅲ. 제시된 서류에 적용되지 아니하는 것으로 보이지 아니하는 한, 원본이라는 명기가 있는 경우.

d. If a credit requires presentation of copies of documents, presentation of either originals or copies is permitted.

d. 신용장이 서류의 사본의 제시를 요구하는 경우에는, 원본 또는 사본의 제시는 허용된다.

e. If a credit requires presentation of multiple documents by using terms such as "in duplicate", "in two fold" or "in two copies", this will be satisfied by the presentation of at least one original and the remaining number in copies, except when the document itself indicates otherwise.

e. 신용장 "2통(in duplicate)", "2부(in two fold)", "2통(in two copies)"과 같은 용어를 사용함으로써 수통의 서류의 제시를 요구하는 경우에는, 이것은 서류자체에 별도의 표시가 있는 경우를 제외하고는 적어도 원본 1통과 사본으로 된 나머지 통수의 제시에 의하여 충족된다.

### Article 18 Commercial Invoice [제18조 상업송장]

a. A commercial invoice:

  a. 상업송장은:

  ⅰ. must appear to have been issued by the beneficiary (except as provided in article 38);

  ⅰ. 수익자에 의하여 발행된 것으로 보여야 하며(제38조에 규정된 경우를 제외한다);

  ⅱ. must be made out in the name of the applicant (except as provided in sub-article 38 (g));

  ⅱ. 개설의뢰인 앞으로 작성되어야 하며(제38조 g항에 규정된 경우를 제외한다);

  ⅲ. must be made out in the same currency as the credit; and

  ⅲ. 신용장과 동일한 통화로 작성되어야 하며; 그리고

  ⅳ. need not be signed.

  ⅳ. 서명될 필요가 없다.

b. A nominated bank acting on its nomination, a confirming bank, if any, or the issuing bank may accept a commercial invoice issued for an amount in excess or the amount permitted by the credit, and its decision will be binding upon all parties, provided the bank in question has not honoured or negotiated for an amount in excess of that permitted by the credit.

b. 지정에 따라 행동하는 지정은행, 확인은행(있는 경우) 또는 개설은행은 신용장에 의하여 허용된 금액을 초과한 금액으로 발행된 상업송장을 수리할 수 있으며, 그러한 결정은 모든 당사자를 구속한다. 다만 문제의 은행은 신용장에 의하여 허용된 금액을 초과한 금액으로 지급이행 또는 매입하지 아니하여야 한다.

c. The description of the goods, service or performance in a commercial invoice must correspond with that appearing in the credit.

c. 상업송장상의 물품, 용역 또는 이행의 명세는 신용장에 보이는 것과 일치하여야 한다.

### Article 19 Transport Document Covering at Least Two Different Modes of Transport [제19조 적어도 두 가지 다른 운송방식을 표시하는 운송서류]

a. A transport document covering at least two different modes of transport (multimodal or combined transport document), however named, must appear to:

a. 적어도 두 가지의 다른 운송방식을 표시하는 운송서류(복합운송서류)는 그 명칭에 관계없이 다음과 같이 보여야 한다:

   i. indicate the name of the carrier and be signed by:

   i. 운송인의 명칭을 표시하고 다음의 자에 의하여 서명되어 있는 것:

   · the carrier or a named agent for or on behalf of the carrier, or
   · the master or a named agent for or on behalf of the master.

   · 운송인 또는 운송인을 대리하는 지정대리인, 또는
   · 선장 또는 선장을 대리하는 지정대리인.

Any signature by the carrier, master or agent must be identified as that of the carrier, master or agent.

운송인, 선장 또는 대리인에 의한 모든 서명은 운송인, 선장 또는 대리인의 것이라는 것을 확인하고 있어야 한다.

Any signature by an agent must indicate whether the agent has signed for or on behalf of the carrier or for or on behalf of the master.

대리인에 의한 모든 서명을 그 대리인이 운송인을 대리하여 서명하였는지, 또는 선장을 대리하여 서명하였는지를 표시하여야 한다.

   ii. indicate that the goods have been dispatched, taken in charge or shipped on board at the place stated in the credit, by:

   ii. 다음에 의하여, 물품이 신용장에 명기된 장소에서 발송, 수탁 또는 본선선적되었음을 표시하고 있는 것:

   · pre-printed wording, or
   · a stamp or notation indicating the date on which the goods have been dispatched, taken in charge or shipped on board.
      The date of issuance of the transport document will be deemed to be the date of dispatch, taking in charge or shipped on board, and the date of shipment. However, if the transport document indicates, by stamp or notation, a date of dispatch, taking in charge of shipped on board, this date will be deemed to be the date of shipment.

   · 사전인쇄된 문언, 또는
   · 물품이 발송, 수탁 또는 본선선적된 일자를 표시하고 있는 스탬프 또는 표기
      운송서류의 발행일은 발송, 수탁 또는 본선선적일, 및 선적일로 본다. 그러나 운송서류가 스탬프 또는 표기에 의하여 발송, 수탁 또는 본선선적일을 표시하고 있는 경우에는, 이러한 일자를 선적일로 본다.

   iii. indicate the place of dispatch, taking in charge or shipment and the place of final destination stated in the credit, even if:

   iii. 비록 다음과 같더라도, 신용장에 명기된 발송, 수탁 또는 선적지 및 최종목적지를 표시하고 있는 것:

a. the transport document states, in addition, a different place of dispatch, taking in charge or shipment or place of final destination, or
a. 운송서류가 추가적으로 다른 발송, 수탁 또는 선적지 또는 최종목적지를 명기하고 있더라도, 또는

b. the transport document contains the indication "intended" or similar qualification in relation to the vessel, port of loading or port of discharge.
b. 운송서류가 선박, 적재항 또는 양륙항에 관하여 "예정된" 또는 이와 유사한 제한의 표시를 포함하고 있더라도,

ⅳ. be the sole original transport document or, if issued in more than one original, be the full set as indicated on the transport document.
ⅳ. 단일의 운송서류 원본 또는, 2통 이상의 원본으로 발행된 경우에는, 운송서류상에 표시된 대로 전통인 것.

ⅴ. contain terms and conditions of carriage or make reference to another source containing the terms and conditions of carriage (short form or blank back transport document). Contents of terms and conditions of carriage will not be examined.
ⅴ. 운송의 제조건을 포함하고 있거나, 또는 운송의 제조건을 포함하는 다른 자료를 참조하고 있는 것(약식/배면백지식 운송 서류). 운송의 제조건의 내용은 심사되지 아니한다.

ⅵ. contain no indication that it is subject to a charter party.
ⅵ. 용선계약에 따른다는 어떠한 표시도 포함하고 있지 아니한 것

b. For the purpose of this article, transhipment means unloading from one means of conveyance and reloading to another means of conveyance (whether or not in different modes of transport) during the carriage from the place of dispatch, taking in charge or shipment to the place of final destination stated in the credit.
b. 이 조에서, 환적이란 신용장에 명기된 발송, 수탁 또는 선적지로부터 최종목적지까지의 운송과정 중에 한 운송수단으로부터의 양화 및 다른 운수수단으로의 재적재를 말한다.

c. ⅰ. A transport document may indicate that the goods will or may be transshipped provided that the entire carriage is covered by one and the same transport document.
c. ⅰ. 운송서류는 물품이 환적될 것이라거나 또는 될 수 있다고 표시할 수 있다. 다만, 전 운송은 동일한 운송서류에 의하여 커버되어야 한다.

ⅱ. A transport document indicating that transhipment will or may take place is acceptable, even if the credit prohibits transhipment.
ⅱ. 신용장이 환적을 금지하고 있는 경우에도, 환적이 행해질 것이라거나 또는 행해질 수 있다고 표시하고 있는 운송서류는 수리될 수 있다.

Article 20 Bill of Lading [제20조 선하증권]

a. A bill of lading, however named, must appear to:
a. 선하증권은 그 명칭에 관계없이 다음과 같이 보여야 한다.

　ⅰ. indicate the name of the carrier and be signed by:
　ⅰ. 운송인의 명칭을 표시하고 다음의 자에 의하여 서명되어 있는 것:

　　· the carrier or a named agent for or on behalf of the carrier, or
　　· the master or a named agent for or on behalf of the master.
　· 운송인 또는 운송인을 대리하는 지정대리인, 또는
　· 선장 또는 선장을 대리하는 지정대리인.

　Any signature by the carrier, master or agent must be identified as that of the carrier, master or agent.
　운송인, 선장 또는 대리인에 의한 모든 서명은 운송인, 선장 또는 대리인의 것이라는 것을 확인하고 있어야 한다.

　Any signature by the agent must indicate whether the agent has signed for or on behalf of the carrier or for or on behalf of the master.
　대리인에 의한 모든 서명은 그 대리인이 운송인을 대리하여 서명하였는지, 또는 선장을 대리하여 서명하였는지를 표시하여야 한다.

　ⅱ. indicate that the goods have been shipped on board a named vessel at the port of loading stated in the credit by:
　ⅱ. 다음에 의하여 물품이 신용장에 명기된 적재항에서 지정선박에 본선선적되었음을 표시하고 있는 것:

　　· pre-printed wording, or
　　· an on board notation indicating the date on which the goods have been shipped on board. The date of issuance of the bill of lading will be deemed to be the date of shipment unless the bill of lading contains an on board notation indicating the date of shipment, in which case the date stated in the on board notation will be deemed to be the date of shipment.
　· 사전 인쇄된 문언, 또는
　· 물품이 본선선적된 일자를 표시하고 있는 본선적재표기
　　선하증권의 발행일은 선적일로 본다. 다만, 선하증권이 선적일을 표시하고 있는 본선적재표기를 포함하고 있는 경우에는 그러하지 아니하며, 이 경우, 본선적재표기상에 명기된 일자는 선적일로 본다.

　If the bill of lading contains the indication "intended vessel" or similar qualification in relation to the name of the vessel, an on board notation indicating the date of shipment and the name of the actual vessel is required.
　선하증권이 선박의 명칭에 관하여 "예정된 선박" 또는 이와 유사한 제한의 표시를 포함하고 있는 경우에는, 선적일 및 실제 선박의 명칭을 표시하고 있는 본선적재표기는 요구된다.

iii. indicate shipment from port of loading to the port of discharge stated in the credit.

If the bill of lading does not indicate the port of loading stated in the credit as the port of loading, or if it contains the indication "intended" or similar qualification in relation to the port of loading, an on board notation indicating the port of loading as stated in the credit, the date of shipment and the name of the vessel is required. This provision applies even when loading on board or shipment on a named vessel is indicated by pre-printed wording on the bill of lading.

iii. 신용장에 명기된 적재항으로부터 양륙항까지의 선적을 표시하고 있는 것.

선하증권이 적재항으로서 신용장에 명기된 적재항을 표시하고 있지 아니한 경우에는, 또는 적재항에 관하여 "예정된" 또는 이와 유사한 제한의 표시를 포함하고 있는 경우에는, 신용장에 명기된 대로 적재항, 선적일 및 선박의 명칭을 표시하고 있는 본선적재표기가 요구된다. 이 규정은 비록 지정된 선박에의 본선적재 또는 선적이 선하증권상에 사전에 인쇄된 문언에 의하여 표시되어 있더라도 적용된다.

iv. be the sole original bill of lading or, if issued in more than one original, be the full set as indicated on the bill of lading.

iv. 단일의 선하증권 원본 또는, 2통 이상의 원본으로 발행된 경우에는, 선하증권상에 표시된 대로 전통인 것.

v. contain terms and conditions of carriage or make reference to another source containing the terms and conditions of carriage (short form or blank bill of lading). Contents of terms and conditions of carriage will not be examined.

v. 운송의 제조건을 포함하고 있거나, 또는 운송의 제 조건을 포함하는 다른 자료를 참조하고 있는 것(약식/배면백지식 선하증권). 운송의 제조건의 내용은 심사되지 아니한다.

vi. contain no indication that it is subject to a charter party.

vi. 용선계약에 따른다는 어떠한 표시도 포함하고 있지 아니한 것

b. For the purpose of this article, transhipment means unloading from one vessel and reloading to another vessel during the carriage from the port of loading to the port of discharge stated in the credit.

b. 이 조에서, 환적이란 신용장에 명기된 적재항으로부터 양륙항까지의 운송과정 중에 한 선박으로부터의 양화 및 다른 선박 으로의 재적재를 말한다.

c. i. A bill of lading may indicate that the goods will or may be transhipped provided that the entire carriage is covered by one and the same bill of lading.

c. i. 선하증권은 물품이 환적될 것이라거나 또는 될 수 있다고 표시할 수 있다. 다만, 전 운송이 동일한 선하증권에 의하여 커버되어야 한다.

ii. A bill of lading indicating that transhipment will or may take place is acceptable, even if the credit prohibits transshipment, if the goods have been shipped in a container, trailer or LASH barge as evidenced by the bill of lading.

ii. 신용장이 환적을 금지하고 있는 경우에도, 물품이 선하증권에 의하여 입증된 대로 컨테이너, 트레일러 또는 래쉬선에 선적된 경우에는, 환적이 행해질 것이라거나 또는 행해질 수 있다고 표시하고 있는 선하증권은 수리될 수 있다.

d. Clauses in a bill of lading stating that the carrier reserves the right to tranship will be disregarded.
d. 운송인이 환적할 권리를 유보한다고 명기하고 있는 선하증권상의 조항은 무시된다.

Article 21 Non-Negotiable Sea Waybill
[제21조 비유통성 해상화물운송장][생략]

Article 22 Charter Party Bill of Lading[제22조 용선계약선하증권]

a. A bill of lading, however named, containing an indication that it is subject to a charter party (charter party bill of lading), must appear to:
a. 용선계약에 따른다는 표시를 포함하고 있는 선화증권(용선계약선하증권)은 그 명칭에 관계없이 다음과 같이 보여야 한다.

   i. be signed by:
   · the master or a named agent for or on behalf of the master, or
   · the owner or a named agent for or on behalf of the owner, or
   · the charterer or a named agent for or on behalf of the charterer.
   i. 다음의 자에 의하여 서명되어 있는 것:
   · 선장 또는 선장을 대리하는 지정대리인, 또는
   · 선주 또는 선주를 대리하는 지정대리인, 또는
   · 용선자 또는 용선자를 대리하는 지정대리인

Any signature by the master, owner, charterer or agent must be identified as that of the master, owner, charterer or agent.
선장, 선주, 용선자 또는 대리인에 의한 모든 서명은 선장, 선주, 용선자 또는 대리인의 것이라는 것을 확인하고 있어야 한다.

Any signature by an agent must indicate whether the agent has signed for or on behalf of the master, owner or charterer.
대리인에 의한 모든 서명은 그 대리인이 선장, 선주 또는 용선자 중 누구를 대리하여 서명하였는지를 표시하여야 한다.

An agent signing for or on behalf of the owner or charterer must indicate the name of the owner or charterer.
선주 또는 용선자를 대리하여 서명하는 대리인은 선주 또는 용선자의 명칭을 표시하여야 한다.

ii. indicate that the goods have been shipped on board a named vessel at the port of loading stated in the credit by:
  · pre-printed wording, or
  · an on board notation indicating the date on which the goods have been shipped on board.

The date of issuance of the charter party bill of lading will be deemed to be the date of shipment unless the charter party bill of lading contains an on board notation indicating the date of shipment, in which case the date stated in the on board notation will be deemed to be the date of shipment.

> ii. 다음에 의하여 물품이 신용장에 명기된 적재항에서 지정선박에 본선선적되었음을 표시하고 있는 것:
>   · 사전인쇄된 문언, 또는
>   · 물품이 본선적된 일자를 표시하고 있는 본선적재표기
>
> 용선계약선하증권의 발행일은 선적일로 본다. 다만, 용선계약선하증권이 선적일을 표시하고 있는 본선적재표기를 포함하고 있는 경우에는 그러하지 아니하며, 이 경우, 본선적재표기상에 명기된 일자는 선적일로 본다.

iii. indicate shipment from the port of loading to the port of discharge stated in the credit. The port of discharge may also be shown as a range of ports or a geographical area, as stated in the credit.

> iii. 신용장에 명기된 적재항으로부터 양륙항까지의 선적을 표시하고 있는 것. 또한 양륙항은 신용장에 명기된 대로 항구의 구역 또는 지리적 지역으로 표시될 수 있다.

iv. be the sole original charter party bill of lading or, if issued in more than one original, be the full set as indicated on the charter party bill of lading.

> iv. 단일의 용선계약선하증권 원본 또는, 2통 이상의 원본으로 발행된 경우에는, 용선계약선하증권상에 표시된 대로 전통인 것.

b. A bank will not examine charter party contracts, even if they are required to be presented by the terms of the credit.

> b. 용선계약서가 신용장의 조건(terms)에 따라 제시되도록 요구되더라도, 은행은 그 용선계약서를 심사하지 아니한다.

### Article 23 Air Transport Document[제23조 항공운송서류]

a. An air transport document, however named, must appear to:

> a. 항공운송서류는 그 명칭에 관계없이 다음과 같이 보여야 한다.

i. indicate the name of the carrier and be signed by:
  · the carrier, or
  · a named agent for or on behalf of the carrier.
Any signature by the carrier or agent must be identified as that of the carrier or agent.

Any signature by an agent must indicate that the agent has signed for or on behalf of the carrier.

i. 운송인의 명칭을 표시하고 다음의 자에 의하여 서명되어 있는 것:
· 운송인, 또는
· 운송인을 대리하는 지정대리인.
운송인 또는 대리인에 의한 모든 서명은 운송인 또는 대리인의 것이라는 것을 확인하고 있어야 한다.
대리인에 의한 모든 서명은 그 대리인이 운송인을 대리하여 서명하였음을 표시하여야 한다.

ii. indicate that the goods have been accepted for carriage.

ii. 물품이 운송을 위하여 수취되었음을 표시하고 있는 것.

iii. indicate the date of issuance. This date will be deemed to be the date of shipment unless the air transport document contains a specific notation of the actual date of shipment, in which case the date stated in the notation will be deemed to be the date of shipment. Any other information appearing on the air transport document relative to the flight number and date will not be considered in determining the date of shipment.

iii. 발행일을 표시하고 있는 것. 이 일자는 선적일로 본다. 다만, 항공운송서류가 실제의 선적일에 관한 특정표기를 포함하고 있는 경우에는 그러하지 아니하며, 이 경우, 그 표기에 명기된 일자는 선적일로 본다. 운항번호 및 일자에 관하여 항공운송서류상에 보이는 기타 모든 정보는 선적일을 결정하는 데 고려되지 아니한다.

iv. indicate the airport of departure and the airport of destination stated in the credit.

iv. 신용장에 명기된 출발공항과 목적공항을 표시하고 있는 것.

v. be the original for consignor or shipper, even if the credit stipulates a full set of originals.
vi. contain terms and conditions of carriage or make reference to another source containing the terms and conditions of carriage. Contents of terms and conditions of carriage will not be examined.

v. 신용장이 원본의 전통을 명시하고 있는 경우에도, 탁송인 또는 송화인용 원본인 것.
vi. 운송의 제조건을 포함하고 있거나, 또는 운송의 제조건을 포함하는 다른 자료를 참조하고 있는 것. 운송의 제조건의 내용은 심사되지 아니한다.

b. For the purpose of this article, transhipment means unloading from one aircraft and reloading to another aircraft during the carriage from the airport of departure to the airport of destination stated in the credit.

b. 이 조에서, 환적이란 신용장에 명기된 출발공항으로부터 목적공항까지의 운송과정 중에 한 항공기로부터의 양화 및 다른 항공기로의 재적재를 말한다.

c. i. An air transport document may indicate that the goods will or may be transhipped, provided that the entire carriage is covered by one and the same air transport document.

i. 항공운송서류는 물품이 환적될 것이라거나 또는 될 수 있다고 표시할 수 있다. 다만, 전 운송은 동일한 항공운송서류에 의하여 커버되어야 한다.

ⅱ. An air transport document indicating that transhipment will or may take place is acceptable, even if the credit prohibits transhipment.
> ⅱ. 신용장이 환적을 금지하고 있는 경우에도, 은행은 환적이 행해질 것이라거나 또는 행해질 수 있다고 표시하고 있는 항공 운송서류는 수리될 수 있다.

### Article 24 Road, Rail or Inland Waterway Transport Documents
[제24조 도로, 철도 또는 내륙수로운송서류][생략]

### Article 25 Courier Receipt, Post Receipt of Certificate of Posting
[제25조 특송화물수령증, 우편수령증 또는 우송증명서][생략]

### Article 26 "On Deck", "Shipper's Load and Count", "Said by Shipper to Contain" and Charges Additional to Freight [제26조 "갑판적", "송화인의 적재 및 수량확인"및 운임의 추가비용]

a. A transport document must not indicate that the goods are or will be loaded on deck. A clause on a transport document stating that the goods may be loaded on deck is acceptable.
> a. 운송서류는 물품이 갑판에 적재되었거나 또는 될 것이라고 표시해서는 아니된다. 물품이 갑판에 적재될 수 있다고 명기하고 있는 운송서류상의 조항은 수리될 수 있다.

b. A transport document bearing a clause such as "shipper's load and count" and "said by shipper to contain" is acceptable.
> b. "송화인의 적재 및 수량확인(shipper's load and count)"및 "송화인의 신고내용에 따름(said by shipper to contain)"과 같은 조항을 기재하고 있는 운송서류는 수리될 수 있다.

c. A transport document may bear a reference, by stamp or otherwise, to charges additional to the freight.
> c. 운송서류는 스탬프 또는 기타의 방법으로 운임에 추가된 비용에 대한 참조를 기재할 수 있다.

### Article 27 Clean Transport Document [제27조 무고장 운송서류]

A bank will only accept a clean transport document. A clean transport document is one bearing no clause or notation expressly declaring a defective condition of the goods or their packaging. The word "clean" need not appear on a transport document, even if a credit has a requirement for that transport document to be "clean on board".
> 은행은 무고장 운송서류만을 수리한다. 무고장 운송서류는 물품 또는 그 포장에 하자 있는 상태를 명시적으로 표시하는 조항 또는 단서를 기재하고 있지 아니한 것을 말한다. 신용장에서 그 운송서류가 "무고장본선적재(clean on board)"이어야 한다는 요건을 가지는 경우에도, "무고장(clean)"이라는 단어는 운송서류상에 보일 필요가 없다.

### Article 28 Insurance Document and Coverage [제28조 보험서류 및 담보]

a. An insurance document, such as an insurance policy, an insurance certificate or a declaration under an open cover, must appear to be issued and signed by an insurance company, an underwriter or their agents or their proxies.

> a. 보험증권, 포괄예정보험에 의한 보험증명서 또는 통지서와 같은 보험서류는 보험회사, 보험업자 또는 이들 대리인 또는 대리업자에 의하여 발행되고 서명된 것으로 보여야 한다.

Any signature by an agent or proxy must indicate whether the agent or proxy has signed for or on behalf of the insurance company or underwriter.

> 대리인 또는 대리업자에 의한 모든 서명은 그 대리인 또는 대리업자가 보험회사를 대리하여 서명하였는지 또는 보험업자를 대리하여 서명하였는지를 표시하여야 한다.

b. When the insurance document indicates that it has been issued in more than one original, all originals must be presented.

c. Cover notes will not be accepted.

> b. 보험서류가 2통 이상의 원본으로 발행되었다고 표시하고 있는 경우에는, 모든 원본은 제시되어야 한다.
> c. 보험승인서는 수리되지 아니한다.

d. An insurance policy is acceptable in lieu of an insurance certificate or a declaration under an open cover.

e. The date of the insurance document must be no later than the date of shipment, unless it appears from the insurance document that the cover is effective from a date not later than the date of shipment.

> d. 보험증권은 포괄예정보험에 의한 보험증명서 또는 통지서를 대신하여 수리될 수 있다.
> e. 보험서류에서 담보가 선적일보다 늦지 않은 일자로부터 유효하다고 보이지 아니하는 한, 보험서류의 일자는 선적일보다 늦어서는 아니 된다.

f. ⅰ. The insurance document must indicate the amount of insurance coverage and be in the same currency as the credit.

> f. ⅰ. 보험서류는 보험담보의 금액을 표시하여야 하고 신용장과 동일한 통화이어야 한다.

ⅱ. A requirement in the credit for insurance coverage to be for a percentage of the value of the goods, of the invoice value or similar is deemed to be the minimum amount of coverage required. If there is no indication in the credit of the insurance coverage required, the amount of insurance coverage must be at least 110% of the CIF or CIP value of the goods. When the CIF or CIP value cannot be determined from the documents, the amount of insurance coverage must be calculated on the basis of the amount for which honour or negotiation is requested or the gross value of the goods as shown on the invoice, whichever is greater.

> ⅱ. 보험담보가 물품가액 또는 송장가액 등의 비율이어야 한다는 신용장상의 요건은 최소담보금액이 요구된 것으로 본다. 요구된 보험담보에 관하여 신용장에 아무런 표시가 없는 경우에는, 보험담보의 금액은 적어도 물품의 CIF 또는 CIP가격의 110%이어야 한다. CIF 또는 CIP 가격이 서류로부터 결정될 수 없는 경우에는, 보험담보금액은 지급이행 또는 매입이 요청되는 금액 또는 송장에 표시된 물품 총가액 중에서 보다 큰 금액을 기초로 하여 산정되어야 한다.

iii. The insurance document must indicate that risks are covered at least between the place of taking in charge or shipment and the place of discharge or final destination as stated in the credit.

iii. 보험서류는 위험이 적어도 신용장에 명기된 대로 수탁 또는 선적지와 양륙 또는 최종목적지 간에 담보되었음을 표시하여야 한다.

g. A credit should state the type of insurance required and, if any, the additional risks to be covered. An insurance document will be accepted without regard to any risks that are not covered if the credit uses imprecise terms such as "usual risks" or "customary risks".

g. 신용장은 요구된 보험의 종류를 명기하여야 하고 만일 부보되어야 하는 부가위험이 있다면 이것도 명기하여야 한다. 신용장이 "통상적 위험(usual risks)"또는 "관습적 위험(customary risks)"과 같은 부정확한 용어를 사용하는 경우에는, 보험서류는 부보되지 아니한 어떠한 위험에 관계없이 수리되어야 한다.

h. When a credit requires insurance against "all risks" and an insurance document is presented containing any "all risks" notation or clause, whether or not bearing the heading "all risks", the insurance document will be accepted without regard to any risks stated to be excluded.

h. 신용장이 "전위험"에 대한 보험을 요구하고 있는 경우, "전위험"이라는 표제를 기재하고 있는지의 여부와 관계없이 "전위험"의 표기 또는 조항을 포함하고 있는 보험서류가 제시된 경우에는, 그 보험서류는 제외되어야 한다고 명기된 어떠한 위험에 관계없이 수리되어야 한다.

i. An insurance document may contain reference to any exclusion clause.

i. 보험서류는 모든 면책조항(exclusion clause)의 참조를 포함할 수 있다.

j. An insurance document may indicate that the cover is subject to a franchise or excess (deductible).

j. 보험서류는 담보가 소손해면책율 또는 초과(공제)면책율을 조건으로 한다는 것을 표시할 수 있다.

### Article 29 Extension of Expiry Date or Last Day for Presentation
[제29조 유효기일의 연장 또는 제시를 위한 최종일]

a. If the expiry date of a credit or the last day for presentation falls on a day when the bank to which presentation is to be made is closed for reasons other than those referred to in article 36, the expiry date or the last day for presentation, as the case may be, will be extended to the first following banking day.

a. 신용장의 유효기일 또는 제시를 위한 최종일이 제36조에 언급된 사유 이외의 사유로 제시를 받아야 하는 은행의 휴업일 해당하는 경우에는, 그 유효기일 또는 제시를 위한 최종일은 경우에 따라 최초의 다음 은행영업일까지 연장된다.

b. If presentation is made on the first following banking day, a nominated bank must provide the issuing bank or confirming bank with a statement on its covering schedule that the presentation was made within the time limits extended in accordance with sub-article 29 (a).

b. 제시가 최초의 다음 은행영업일에 행해지는 경우에는, 지정은행은 발행은행 또는 확인은행에게 제시가 제29조 a항에 따라 연장된 기간 내에 제시되었다는 설명을 서류송부장(covering schedule)으로 제공하여야 한다.

c. The latest date for shipment will not be extended as a result of sub-article 29 (a).

c. 선적을 위한 최종일은 제29조 a항의 결과로서 연장되지 아니한다.

## Article 30 Tolerance in Credit Amount, Quantity and Unit Prices
[제30조 신용장금액/수량/단가의 과부족]

a. The words "about" or "approximately" used in connection with the amount of the credit or the quantity or the unit price stated in the credit are to be construed as allowing a tolerance not to exceed 10% more or 10% less than the amount, the quantity or the unit price to which they refer.

a. 신용장에 명기된 신용장의 금액 또는 수량 또는 단가와 관련하여 사용된 "약(about)"또는 "대략(approximately)"이라는 단어는 이에 언급된 금액, 수량 또는 단가의 10%를 초과하지 아니하는 과부족을 허용하는 것으로 해석된다.

b. A tolerance not to exceed 5% more or 5% less than the quantity of the goods is allowed, provided the credit does not state the quantity in terms of a stipulated number of packing units or individual items and the total amount of the drawings does not exceed the amount of the credit.

b. 신용장이 명시된 포장단위 또는 개개의 품목의 개수로 수량을 명기하지 아니하고 어음발행의 총액이 신용장의 금액을 초과하지 아니하는 경우에는, 물품수량이 5%를 초과하지 아니하는 과부족은 허용된다.

c. Even when partial shipments are not allowed, a tolerance not to exceed 5% less than the amount of the credit is allowed, provided that the quantity of the goods, if stated in the credit, is shipped in full and a unit price, if stated in the credit, is not reduced or that sub-article 30 (b) is not applicable. This tolerance does not apply when the credit stipulates a specific tolerance or uses the expressions referred to in sub-article 30 (a).

c. 분할선적이 허용되지 아니하는 경우에도, 신용장금액의 5%를 초과하지 아니하는 부족은 허용된다. 다만, 물품의 수량은 명기된 경우 전부 선적되고 단가는 신용장에 명기된 경우 감액되어서는 아니 되거나 또는 제30조 b항이 적용될 수 없어야 한다. 이 부족은 신용장이 특정 과부족을 명시하거나 또는 제30조 a항에 언급된 표현을 사용하는 경우에는 적용되지 아니한다.

## Article 31 Partial Drawings or Shipments [제31조 분할어음발행 또는 선적]

a. Partial drawings or shipments are allowed.

a. 분할어음발행 또는 분할선적은 허용된다.

b. A presentation consisting of more than one set of transport documents evidencing shipment commencing on the same means of conveyance and for the same journey, provided they indicate the same destination, will not be regarded as covering a partial shipment, even if they indicate different dates of shipment or different ports of loading, places of taking in charge or dispatch. If the presentation consists of more than one set of transport documents, the latest date of shipment as evidenced on any of the sets of transport documents will be regarded as the date of shipment.

b. 동일한 운송수단에 그리고 동일한 운송을 위하여 출발하는 선적을 증명하는 2조 이상의 운송서류를 구성하는 제시는, 이들 서류가 동일한 목적지를 표시하고 있는 한, 이들 서류가 상이한 선적일 또는 상이한 적재항, 수탁지 또는 발송지를 표시하고 있더라도, 분할선적이 행해진 것으로 보지 아니한다. 그 제시가 2조 이상의 운송서류를 구성하는 경우에는, 운송서류의 어느 한 조에 증명된 대로 최종선적일은 선적일로 본다.

A presentation consisting of one or more sets of transport documents evidencing shipment on more than one means of conveyance within the same mode of transport will be regarded as covering a partial shipment, even if the means of conveyance leave on the same day for the same destination.

동일한 운송방식에서 2 이상의 운송수단상의 선적을 증명하는 2조 이상의 운송서류를 구성하는 제시는 그 운송수단이 동일한 일자에 동일한 목적지를 향하여 출발하는 경우에도 분할선적이 행해진 것으로 본다.

c. A presentation consisting of more than one courier receipt, post receipt or certificate of posting will not be regarded as a partial shipment if the courier receipts, post receipts or certificates of posting appear to have been stamped or signed by the same courier or postal service at the same place and date and for the same destination.

c. 2 이상의 특송화물수령증, 우편수령증 또는 우송증명서를 구성하는 제시는 그 특송화물수령증, 우편수령증 또는 우송증명서가 동일한 장소 및 일자 그리고 동일한 목적지를 위하여 동일한 특송업자 또는 우편서비스에 의하여 스탬프 또는 서명된 것으로 보이는 경우에는 분할선적으로 보지 아니한다.

### Article 32 Instalment Drawings or Shipments [제32조 할부어음발행 또는 선적]

If a drawing or shipment by instalments within given periods is stipulated in the credit and any instalment is not drawn or shipped within the period allowed for that instalment, the credit ceases to be available for that and any subsequent instalment.

일정기간 내에 할부에 의한 어음발행 또는 선적이 신용장에 명시되어 있고 어떠한 할부분이 그 할부분을 위하여 허용된 기간 내에 어음발행 또는 선적되지 아니한 경우에는, 그 신용장은 그 할부분과 그 이후의 모든 할부분에 대하여 효력을 상실한다.

## Article 33 Hours of Presentation [제33조 제시시간]

A bank has no obligation to accept a presentation outside of its banking hours.

은행은 그 은행영업시간 이외의 제시를 수리할 의무가 없다.

## Article 34 Disclaimer on Effectiveness of Documents
[제34조 서류효력에 관한 면책][생략]

## Article 35 Disclaimer on Transmission and Translation
[제35조 송달 및 번역에 관한 면책][생략]

## Article 36 Force Majeure [제36조 불가항력]

A bank assumes no liability or responsibility for the consequences arising out of the interruption of its business by Acts of God, riots, civil commotions, insurrections, wars, acts of terrorism, or by any strikes or lockouts or any other causes beyond its control.

A bank will not, upon resumption of its business, honour or negotiate under a credit that expired during such interruption of its business.

은행은 천재, 폭동, 소요, 반란, 전쟁, 폭력주의의 행위에 의하거나 또는 동맹파업 또는 직장폐쇄에 의하거나 또는 기타 은행이 통제할 수 없는 원인에 의한 은행업무의 중단으로 인하여 발생하는 결과에 대하여 어떠한 의무 또는 책임도 부담하지 아니한다.

은행은 그 업무를 재개하더라도 그러한 업무의 중단 동안에 유효기일이 경과한 신용장에 의한 지급이행 또는 매입을 행하지 아니한다.

## Article 37 Disclaimer for Acts of an Instructed Party
[제37조 피지시인의 행위에 대한 면책][생략]

## Article 38 Transferable Credits [제38조 양도가능신용장]

a. A bank is under no obligation to transfer a credit except to the extent and in the manner expressly consented to by that bank.

a. 은행은 그 은행에 의하여 명시적으로 동의된 범위 및 방법에 의한 경우를 제외하고 신용장을 양도할 의무를 부담하지 아니한다.

b. For the purpose of this article:

Transferable credit means a credit that specifically states it is "transferable". A transferable credit may be made available in whole or in part to another beneficiary ("second beneficiary") at the request of the beneficiary ("first beneficiary").

Transferring bank means a nominated bank that transfers the credit or, in a credit available with any bank, a bank that is specifically authorized by the issuing bank to transfer and that transfers the credit. An issuing bank may be a transferring bank.

Transferred credit means a credit that has been made available by the transferring bank to a second beneficiary.

> b. 이 조에서:
>
> 양도가능신용장이란 "양도가능(transferable)"이라고 특별히 명기하고 있는 신용장을 말한다. 양도가능신용장은 수익자("제1수익자")의 요청에 의하여 전부 또는 일부가 다른 수익자("제2수익자")에게 사용될 수 있도록 될 수 있다.
>
> 양도은행은 신용장을 양도하는 지정은행 또는, 모든 은행에서 사용될 수 있는 신용장에 있어서, 개설은행에 의하여 양도하도록 특별히 수권되고 그 신용장을 양도하는 은행을 말한다. 개설은행은 양도은행일 수 있다.
>
> 양도된 신용장은 양도은행에 의하여 제2수익자에게 사용될 수 있도록 되는 신용장을 말한다.

c. Unless otherwise agreed at the time of transfer, all charges (such as commissions, fees, costs or expenses) incurred in respect of a transfer must be paid by the first beneficiary.

> c. 양도를 이행할 때에 별도의 합의가 없는 한, 양도와 관련하여 부담된 모든 비용(이를 테면, 수수료, 요금, 비용, 경비)은 제1수익자에 의하여 지급되어야 한다.

d. A credit may be transferred in part to more than one second beneficiary provided partial drawings or shipments are allowed.

A transferred credit cannot be transferred at the request of a second beneficiary to any subsequent beneficiary. The first beneficiary is not considered to be a subsequent beneficiary.

> d. 분할어음발행 또는 분할선적이 허용되는 한, 신용장은 2 이상의 제2수익자에게 분할양도될 수 있다.
>
> 양도된 신용장은 제2수익자의 요청에 의하여 그 이후의 어떠한 수익자에게도 양도될 수 없다. 제1수익자는 그 이후의 수익자로 보지 아니한다.

e. Any request for transfer must indicate if and under what conditions amendments may be advised to the second beneficiary. The transferred credit must clearly indicate those conditions.

> e. 양도를 위한 모든 요청은 조건변경이 제2수익자에게 통지될 수 있는지 그리고 어떤 조건으로 제2수익자에게 통지될 수 있는지를 표시하여야 한다. 양도된 신용장은 이러한 조건을 명확히 표시하여야 한다.

f. If a credit is transferred to more than one second beneficiary, rejection of an amendment by one or more second beneficiary does not invalidate the acceptance by any other second beneficiary, with respect to which the transferred credit will be amended accordingly. For any second beneficiary that rejected the amendment, the transferred credit will remain unamended.

> f. 신용장이 2 이상의 제2수익자에게 양도된 경우에는, 하나 또는 그 이상의 제2수익자에 의한 조건변경의 거절은 이로 인하여 양도된 신용장이 조건변경 되는 기타 모든 제2수익자에 의한 승낙을 무효로 하지 아니한다. 조건변경을 거절한 제2수익자에 대하여는, 양도된 신용장은 조건변경 없이 존속한다.

g. The transferred credit must accurately reflect the terms and conditions of the credit, including confirmation, if any, with the exception of:

- the amount of the credit,
- any unit price stated therein,
- the expiry date,
- the period for presentation, or
- the latest shipment date or given period for shipment,

any or all of which may be reduced or curtailed.

The percentage for which insurance cover must be effected may be increased to provide the amount of cover stipulated in the credit or these articles.

The name of the first beneficiary may be substituted for that of the applicant in the credit.

If the name of the applicant is specifically required by the credit to appear in any document other than the invoice, such requirement must be reflected in the transferred credit.

g. 양도된 신용장은 다음의 경우를 제외하고는 확인(있는 경우)을 포함하여 신용장의 제조건을 정확히 반영하여야 한다:
   - 신용장의 금액,
   - 신용장에 명기된 단가,
   - 유효기일,
   - 제시를 위한 기간, 또는
   - 최종선적일 또는 정해진 선적기간,

이들 중의 일부 또는 전부는 감액 또는 단축될 수 있다.

보험부보가 이행되어야 하는 비율은 이 규칙 또는 신용장에 명기된 부보금액을 충족시킬 수 있도록 증가될 수 있다.

제1수익자의 명의는 신용장상의 신용장개설의뢰인의 명의로 대체될 수 있다.

개설의뢰인의 명의가 송장 이외의 모든 서류에 표시되도록 신용장에 의하여 특별히 요구되는 경우에는, 그러한 요구는 양도된 신용장에 반영되어야 한다.

h. The first beneficiary has the right to substitute its own invoice and draft, if any, for those of a second beneficiary for an amount not in excess of that stipulated in the credit, and upon such substitution the first beneficiary can draw under the credit for the difference, if any, between its invoice and the invoice of a second beneficiary.

h. 제1수익자는 신용장에 명시된 금액을 초과하지 아니하는 금액에 대하여 제2수익자의 송장 및 환어음을 그 자신의 송장 및 환어음(있는 경우)으로 대체할 권리를 가지고 있으며, 그러한 대체 시에, 제1수익자는 자신의 송장과 제2수익자의 송장 사이에 차액이 있다면, 그 차액에 대하여 신용장에 따라 어음을 발행할 수 있다.

i. If the first beneficiary is to present its own invoice and draft, if any, but fails to do so on first demand, or if the invoices presented by the first beneficiary create discrepancies that did not exist in the presentation made by the second beneficiary and the first beneficiary fails to correct them on first demand, the transferring bank has the right to present the documents as received from the second beneficiary to the issuing bank, without further responsibility to the first beneficiary.

i. 제1수익자가 그 자신의 송장 및 환어음(있는 경우)을 제공하여야 하지만 최초의 요구 시에 이를 행하지 아니하는 경우, 또는 제1수익자에 의하여 제시된 송장이 제2수익자에 의하여 행해진 제시에 없었던 불일치를 발생시키고 제1수익자가 최초의 요구 시에 이를 정정하지 아니한 경우에는, 양도은행은 제1수익자에 대한 더 이상의 책임 없이 제2수익자로부터 수령한 서류를 개설은행에 제시할 권리를 가진다.

j. The first beneficiary may, in its request for transfer, indicate that honour or negotiation is to be effected to a second beneficiary at the place to which the credit has been transferred, up to and including the expiry date of the credit. This is without prejudice to the right of the first beneficiary in accordance with sub-article 38 (h).

j. 제1수익자는 그 자신의 양도요청으로 지급이행 또는 매입이 신용장의 유효기일을 포함한 기일까지 신용장이 양도된 장소에서 제2수익자에게 이행되어야 한다는 것을 표시할 수 있다. 이것은 제38조 h항에 따른 제1수익자의 권리를 침해하지 아니한다.

k. Presentation of documents by or on behalf of a second beneficiary must be made to the transferring bank.

k. 제2수익자에 의하거나 또는 대리하는 서류의 제시는 양도은행에 행해져야 한다.

### Article 39 Assignment of Proceeds
[제39조 대금의 양도][생략]

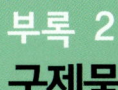

## 부록 2
## 국제물품매매계약에 관한 UN협약

United Nations Convention on Contracts for the International Sale of Goods, 1980

PREMABLE

The States Parties to this Convention,

Bearing in mind the broad objectives in the resolution adopted by the sixth special session of the General Assembly of the United Nations on the establishment of a New International Economic Order, Considering that the development of international trade on the basis of equality and mutual is an important element in promoting friendly relations among States, Being of the opinion that the adoption of uniform rules which govern contracts for the international sale of goods and take into account the different social, economic and legal systems would contribute to the removal of legal barriers in international trade and promote the development of international trade, Have agreed as follows :

> 이 협약의 당사국은, 신국제경제질서의 수립에 관하여 국제연합총회의 제6차 특별회의에서 채택된 결의의 광범한 목적에 유념하고, 평등과 상호이익을 기초로 한 국제거래의 발전이 국가 간의 우호관계를 증진하는 중요한 요소임을 고려하며, 국제물품매매계약을 규율하고 상이한 사회적·경제적 및 법적 제도를 고려한 통일규칙을 채택하는 것이 국제거래상의 법적 장애를 제거하는 데 기여하고 국제거래의 발전을 증진할 것이라는 견해 하에, 다음과 같이 합의하였다.

### Part I. Sphere of application and general provisions
### 제1편 적용범위 및 통칙

### CHAPTER 1. SPHERE OF APPLICATION
### 제1장 적용범위

**Article 1**

(1) This Convention applies to contracts of sale of goods between parties whose places of business are in different States:

(a) when the States are Contracting States; or

(b) when the rules of private international law lead to the application of the law of a Contracting State.

**제1조(적용의 기본원칙)**

(1) 이 협약은 다음과 같은 경우에 영업소가 상이한 국가에 있는 당사자 간의 물품매매계약에 적용된다.
　(a) 당해 국가가 모두 체약국인 경우, 또는
　(b) 국제사법의 규칙에 따라 어느 체약국의 법률을 적용하게 되는 경우.

(2) The fact that the parties have their places of business in different States is to be disregarded whenever this fact does not appear either from the contract or from any dealings between, or from information disclosed by, the parties at any time before or at the conclusion of the contract.

(2) 당사자가 상이한 국가에 그 영업소를 갖고 있다는 사실이 계약의 체결 전 또는 그 당시에 당사자 간에 행한 계약이나 모든 거래에서, 또는 당사자가 밝힌 정보로부터 나타나지 아니한 경우에는 이를 무시할 수 있다.

(3) Neither the nationality of the parties nor the civil or commercial character of the parties or of the contract is to be taken into consideration in determining the application of this Convention.

(3) 당사자의 국적이나, 또는 당사자 또는 계약의 민사상 또는 상사상의 성격은 이 협약의 적용을 결정함에 있어서 고려되지 아니한다.

**Article 2**

This Convention does not apply to sales:

(a) of goods bought for personal, family or household use, unless the seller, at any time before or at the conclusion of the contract, neither knew nor ought to have known that the goods were bought for any such use;
(b) by auction;
(c) on execution or otherwise by authority of law;
(d) of stocks, shares, investment securities, negotiable instruments or money;
(e) of ships, vessels, hovercraft or aircraft;
(f) of electricity.

**제2조(협약의 적용제외)**

이 협약은 다음과 같은 매매에는 적용되지 아니 한다.

(a) 개인용, 가족용 또는 가사용으로 구입되는 물품의 매매. 다만 매도인이 계약의 체결 전 또는 그 당시에 물품이 그러한 용도로 구입된 사실을 알지 못하였거나 또는 알았어야 할 것도 아닌 경우에는 제외한다.
(b) 경매에 의한 매매,
(c) 강제집행 또는 기타 법률상의 권한에 의한 매매,
(d) 주식, 지분, 투자증권, 유통증권 또는 통화의 매매,
(e) 선박, 부선, 수상익선(水上翼船), 또는 항공기의 매매,
(f) 전기의 매매 등.

## Article 3

(1) Contracts for the supply of goods to be manufactured or produced are to be considered sales unless the party who orders the goods undertakes to supply a substantial part of the materials necessary for such manufacture or production.

(2) This Convention does not apply to contracts in which the preponderant part of the obligations of the party who furnishes the goods consists in the supply of labour or other services.

### 제3조(서비스 계약 등의 제외)

(1) 물품을 제조하거나 또는 생산하여 공급하는 계약은 이를 매매로 본다. 다만 물품을 주문한 당사자가 그 제조 또는 생산에 필요한 재료의 중요한 부분을 공급하기로 약정한 경우에는 그러하지 아니하다.

(2) 이 협약은 물품을 공급하는 당사자의 의무 중에서 대부분이 노동 또는 기타 서비스의 공급으로 구성되어 있는 계약의 경우에는 적용되지 아니한다.

## Article 4

This Convention governs only the formation of the contract of sale and the rights and obligations of the seller and the buyer arising from such a contract. In particular, except as otherwise expressly provided in this Convention, it is not concerned with:

(a) the validity of the contract or of any of its provisions or of any usage;
(b) the effect which the contract may have on the property in the goods sold.

### 제4조(적용대상과 대상 외의 문제)

이 협약은 단지 매매계약의 성립과 그러한 계약으로부터 발생하는 매도인과 매수인의 권리 및 의무를 규율한다. 특히 이 협약에서 별도의 명시적인 규정이 있는 경우를 제외하고, 이 협약은 다음과 같은 사항에는 관계되지 아니한다.

(a) 계약 또는 그 어떠한 조항이나 어떠한 관행의 유효성,
(b) 매각된 물품의 소유권에 관하여 계약이 미칠 수 있는 효과.

## Article 5

This Convention does not apply to the liability of the seller for death or personal injury caused by the goods to any person.

### 제5조(사망 등의 적용 제외)

이 협약은 물품에 의하여 야기된 어떠한 자의 사망 또는 신체적인 상해에 대한 매도인의 책임에 대해서는 적용되지 아니한다.

## Article 6

The parties may exclude the application of this Convention or, subject to article 12, derogate from or vary the effect of any of its provisions.

### 제6조(계약에 의한 적용 배제)

당사자는 이 협약의 적용을 배제하거나, 또는 제12조에 따라 이 협약의 어느 규정에 관해서는 그 효력을 감퇴 시키거나 변경시킬 수 있다.

## CHAPTER II. GENERAL PROVISIONS

### Article 7

(1) In the interpretation of this Convention, regard is to be had to its international character and to the need to promote uniformity in its application and the observance of good faith in international trade.

(2) Questions concerning matters governed by this Convention which are not expressly settled in it are to be settled in conformity with the general principles on which it is based or, in the absence of such principles, in conformity with the law applicable by virtue of the rules of private international law.

### 제7조(협약의 해석 원칙)

(1) 이 협약의 해석에 있어서는, 협약의 국제적인 성격과 그 적용상의 통일성의 증진을 위한 필요성 및 국제무역상의 신의성실의 준수에 대한 고려가 있어야 한다.
(2) 이 협약에 의하여 규율되는 사항으로서 이 협약에서 명시적으로 해결되지 아니한 문제는 이 협약이 기초하고 있는 일반원칙에 따라 해결되어야 하며, 또는 그러한 원칙이 없는 경우에는 국제사법의 원칙에 의하여 적용되는 법률에 따라 해결되어야 한다.

### 제2장 총칙

### Article 8[생략]

### Article 9[생략]

### Article 10

For the purposes of this Convention:

(a) if a party has more than one place of business, the place of business is that which has the closest relationship to the contract and its performance, having regard to the circumstances known to or contemplated by the parties at any time before or at the conclusion of the contract;

(b) if a party does not have a place of business, reference is to be made to his habitual residence.

### 제10조(영업소의 정의)

이 협약의 적용에 있어서,
(a) 어느 당사자가 둘 이상의 영업소를 갖고 있는 경우에는, 영업소라 함은 계약의 체결 전 또는 그 당시에 당사자들에게 알려졌거나 또는 예기되었던 사정을 고려하여 계약 및 그 이행과 가장 밀접한 관계가 있는 영업소를 말한다.
(b) 당사자가 영업소를 갖고 있지 아니한 경우에는, 당사자의 일상적인 거주지를 영업소로 참조하여야 한다.

## Article 11

A contract of sale need not be concluded in or evidenced by writing and is not subject to any other requirement as to form. It may be proved by any means, including witnesses.

### 제11조(계약의 형식)

매매계약은 서면에 의하여 체결되거나 또는 입증되어야 할 필요가 없으며, 또 형식에 관해서도 어떠한 다른 요건에 따라야 하지 아니한다. 매매계약은 증인을 포함하여 여하한 수단에 의해서도 입증될 수 있다.

## Article 12 [생략]

## Article 13

For the purposes of this Convention "writing" includes telegram and telex.

### 제13조(서면의 정의)

이 협약의 적용에 있어서 "서면"이란 전보와 텔렉스를 포함한다.

## Part II. Formation of the contract

## Article 14

(1) A proposal for concluding a contract addressed to one or more specific persons constitutes an offer if it is sufficiently definite and indicates the intention of the offeror to be bound in case of acceptance. A proposal is sufficiently definite if it indicates the goods and expressly or implicitly fixes or makes provision for determining the quantity and the price.

(2) A proposal other than one addressed to one or more specific persons is to be considered merely as an invitation to make offers, unless the contrary is clearly indicated by the person making the proposal.

### 제2부 계약의 성립

#### 제14조(청약의 기준)

(1) 1인 이상의 특정한 자에게 통지된 계약체결의 제의는 그것이 충분히 확정적이고 또한 승낙이 있을 경우에 구속된다고 하는 청약자의 의사를 표시하고 있는 경우에는 청약으로 된다. 어떠한 제의가 물품을 표시하고, 또한 그 수량과 대금을 명시적 또는 묵시적으로 지정하거나 또는 이를 결정하는 규정을 두고 있는 경우에는 이 제의는 충분히 확정적인 것으로 한다.

(2) 1인 이상의 특정한 자에게 통지된 것 이외의 어떠한 제의는 그 제의를 행한 자가 반대의 의사를 명확히 표시하지 아니하는 한, 이는 단순히 청약을 행하기 위한 유인으로만 본다.

## Article 15

(1) An offer becomes effective when it reaches the offeree.
(2) An offer, even if it is irrevocable, may be withdrawn if the withdrawal reaches the offeree before or at the same time as the offer.

**제15조(청약의 효력발생)**
(1) 청약은 피청약자에게 도달한 때 효력이 발생한다.
(2) 청약은 그것이 취소불능한 것이라도 그 철회가 청약의 도달 전 또는 그와 동시에 피청약자에게 도달하는 경우에는 이를 철회할 수 있다.

### Article 16
(1) Until a contract is concluded an offer may be revoked if the revocation reaches the offeree before he has dispatched an acceptance.
(2) However, an offer cannot be revoked:
  (a) if it indicates, whether by stating a fixed time for acceptance or otherwise, that it is irrevocable; or
  (b) if it was reasonable for the offeree to rely on the offer as being irrevocable and the offeree has acted in reliance on the offer.

**제16조(청약의 취소)**
(1) 계약이 체결되기까지는 청약은 취소될 수 있다. 다만 이 경우에 취소의 통지는 피청약자가 승낙을 발송하기 전에 피청약자에게 도달하여야 한다.
(2) 그러나 다음과 같은 경우에는 청약은 취소될 수 없다.
  (a) 청약이 승낙을 위한 지정된 기간을 명시하거나 또는 기타의 방법으로 그것이 취소불능임을 표시하고 있는 경우, 또는
  (b) 피청약자가 청약을 취소불능이라고 신뢰하는 것이 합리적이고, 또 피청약자가 그 청약을 신뢰하여 행동한 경우.

### Article 17
An offer, even if it is irrevocable, is terminated when a rejection reaches the offeror.

**제17조(청약의 거절)**
청약은 그것이 취소불능한 것이라도 어떠한 거절의 통지가 청약자에게 도달한 때에는 그 효력이 상실된다.

### Article 18
(1) A statement made by or other conduct of the offeree indicating assent to an offer is an acceptance. Silence or inactivity does not in itself amount to acceptance.
(2) An acceptance of an offer becomes effective at the moment the indication of assent reaches the offeror. An acceptance is not effective if the indication of assent does not reach the offeror within the time he has fixed or, if no time is fixed, within a reasonable time, due account being taken of the circumstances of the transaction, including the rapidity of the means of communication employed by the offeror. An oral offer must be accepted immediately unless the circumstances indicate otherwise.
(3) However, if, by virtue of the offer or as a result of practices which the parties have established between themselves or of usage, the offeree may indicate assent by performing an act, such as one relating to the dispatch of the goods or payment of the price, without notice to the offeror, the acceptance is effective at the moment the act is performed, provided that the act is performed within the period of time laid down in the preceding paragraph.

#### 제18조(승낙의 시기 및 방법)

(1) 청약에 대한 동의를 표시하는 피청약자의 진술 또는 기타의 행위는 이를 승낙으로 한다. 침묵 또는 부작위 그 자체는 승낙으로 되지 아니한다.
(2) 청약에 대한 승낙은 동의의 의사표시가 청약자에게 도달한 때에 그 효력이 발생한다. 승낙은 동의의 의사표시가 청약자가 지정한 기간 내에 도달하지 아니하거나, 또는 어떠한 기간도 지정되지 아니한 때에는 청약자가 사용한 통신수단의 신속성을 포함하여 거래의 사정을 충분히 고려한 상당한 기간 내에 도달하지 아니한 경우에는 그 효력이 발생하지 아니한다. 구두의 청약은 별도의 사정이 없는 한 즉시 승낙되어야 한다.
(3) 그러나 청약의 규정에 의하거나 또는 당사자 간에 확립된 관습 또는 관행의 결과에 따라, 피청약자가 청약자에게 아무런 통지 없이 물품의 발송이나 대금의 지급에 관한 행위를 이행함으로써 동의의 의사표시를 할 수 있는 경우에는, 승낙은 그 행위가 이행되어진 때에 그 효력이 발생한다. 다만 그 행위는 전항에 규정된 기간 내에 이행되어진 경우에 한한다.

### Article 19

(1) A reply to an offer which purports to be an acceptance but contains additions, limitations or other modifications is a rejection of the offer and constitutes a counter offer.
(2) However, a reply to an offer which purports to be an acceptance but contains additional or different terms which do not materially alter the terms of the offer constitutes an acceptance, unless the offeror, without undue delay, objects orally to the discrepancy or dispatches a notice to that effect. If he does not so object, the terms of the contract are the terms of the offer with the modifications contained in the acceptance.
(3) Additional or different terms relating, among other things, to the price, payment, quality and quantity of the goods, place and time of delivery, extent of one party's liability to the other or the settlement of disputes are considered to alter the terms of the offer materially.

#### 제19조(변경된 승낙의 효력)

(1) 승낙을 의도하고는 있으나 이에 추가, 제한 또는 기타의 변경을 포함하고 있는 청약에 대한 회답은 청약의 거절이면서 또한 반대청약을 구성한다.
(2) 그러나 승낙을 의도하고 있으나 청약의 조건을 실질적으로 변경하지 아니하는 추가적 또는 상이한 조건을 포함하고 있는 청약에 대한 회답은 승낙을 구성한다. 다만 청약자가 부당한 지체 없이 그 상위를 구두로 반대하거나 또는 그러한 취지의 통지를 발송하지 아니하여야 한다. 청약자가 그러한 반대를 하지 아니하는 경우에는, 승낙에 포함된 변경사항을 추가한 청약의 조건이 계약의 조건으로 된다.
(3) 특히, 대금, 지급, 물품의 품질 및 수량, 인도의 장소 및 시기, 상대방에 대한 당사자 일방의 책임의 범위 또는 분쟁의 해결에 관한 추가적 또는 상이한 조건은 청약의 조건을 실질적으로 변경하는 것으로 본다.

### Article 20

(1) A period of time of acceptance fixed by the offeror in a telegram or a letter begins to run from the moment the telegram is handed in for dispatch or from the date shown on the letter or, if no such date is shown, from the date shown on the envelope. A period of time for acceptance fixed by the offeror by telephone, telex or other means of instantaneous communication, begins to run from the moment that the offer reaches the offeree.
(2) Official holidays or non-business days occurring during the period for acceptance are included in calculating the period. However, if a notice of acceptance cannot be delivered at the address of the offeror on the last day of the period because that day falls on an official holiday or a non-business day at the place of business of the offeror,

the period is extended until the first business day which follows.

제20조(승낙기간의 해석)
(1) 전보 또는 서신에서 청약자가 지정한 승낙의 기간은 전보가 발신을 위하여 교부된 때로부터, 또는 서신에 표시된 일자로부터, 또는 그러한 일자가 표시되지 아니한 경우에는 봉투에 표시된 일자로부터 기산된다. 전화, 텔렉스 또는 기타의 동시적 통신수단에 의하여 청약자가 지정한 승낙의 기간은 청약이 피청약자에게 도달한 때로부터 기산된다.
(2) 승낙의 기간 중에 들어 있는 공휴일 또는 비영업일은 그 기간의 계산에 산입 된다. 그러나 기간의 말일이 청약자의 영업소에서의 공휴일 또는 비영업일에 해당하는 이유로 승낙의 통지가 기간의 말일에 청약자의 주소에 전달될 수 없는 경우에는, 승낙의 기간은 이에 이어지는 최초의 영업일까지 연장된다.

## Article 21
(1) A late acceptance is nevertheless effective as an acceptance if without delay the offeror orally so informs the offeree or dispatches a notice to that effect.
(2) If a letter or other writing containing a late acceptance shows that it has been sent in such circumstances that if its transmission had been normal it would have reached the offeror in due time, the late acceptance is effective as an acceptance unless, without delay, the offeror orally informs the offeree that he considers his offer as having lapsed or dispatches a notice to that effect.

제21조(지연된 승낙)
(1) 지연된 승낙은 그럼에도 불구하고 청약자가 지체 없이 구두로 피청약자에게 유효하다는 취지를 통지하거나 또는 그러한 취지의 통지를 발송한 경우에는, 이는 승낙으로서의 효력을 갖는다.
(2) 지연된 승낙이 포함되어 있는 서신 또는 기타의 서면상으로, 이것이 통상적으로 전달된 경우라면 적시에 청약자에게 도달할 수 있었던 사정에서 발송되었다는 사실을 나타내고 있는 경우에는, 그 지연된 승낙은 승낙으로서의 효력을 갖는다. 다만 청약자가 지체 없이 피청약자에게 청약이 효력을 상실한 것으로 본다는 취지를 구두로 통지하거나 또는 그러한 취지의 통지를 발송하지 아니하여야 한다.

## Article 22
An acceptance may be withdrawn if the withdrawal reaches the offeror before or at the same time as the acceptance would have become effective.

제22조(승낙의 철회)
승낙은 그 승낙의 효력이 발생하기 이전 또는 그와 동시에 철회가 청약자에게 도달하는 경우에는 이를 철회할 수 있다.

## Article 23
A contract is concluded at the moment when an acceptance of an offer becomes effective in accordance with the provisions of this Convention.

제23조(계약의 성립시기)
계약은 청약에 대한 승낙이 이 협약의 규정에 따라 효력을 발생한 때에 성립된다.

## Article 24
For the purposes of this Part of the Convention, an offer, declaration of acceptance or any other indication of intention "reaches" the addressee when it is made orally to him or delivered by any other means to him personally, to his place of business or mailing address or, if he does not have a place of business or mailing address, to his habitual residence.

### 제24조(도달의 정의)
이 협약의 제2부의 적용에 있어서, 청약, 승낙의 선언 또는 기타의 모든 의사표시는 그것이 상대방에게 구두로 통지되거나, 또는 기타 모든 수단에 의하여 상대방 자신에게, 상대방의 영업소 또는 우편송부처에, 또는 상대방이 영업소나 우편송부처가 없는 경우에는 그 일상적인 거주지에 전달되었을 때에 상대방에게 "도달"한 것으로 한다.

## Part III. Sale of goods
### CHAPTER I. GENERAL PROVISIONS

## Article 25
A breach of contract committed by one of the parties is fundamental if it results in such detriment to the other party as substantially to deprive him of what he is entitled to expect under the contract, unless the party in breach did not foresee and a reasonable person of the same kind in the same circumstances would not have foreseen such a result.

### 제3부 물품의 매매

### 제1장 총칙

### 제25조(본질적 위반의 정의)
당사자의 일방이 범한 계약위반이 그 계약 하에서 상대방이 기대할 권리가 있는 것을 실질적으로 박탈할 정도의 손해를 상대방에게 주는 경우에는, 이는 본질적 위반으로 한다. 다만 위반한 당사자가 그러한 결과를 예견하지 못하였으며, 또한 동일한 종류의 합리적인 자도 동일한 사정에서 그러한 결과를 예견할 수가 없었던 경우에는 그러하지 아니하다.

## Article 26
A declaration of avoidance of the contract is effective only if made by notice to the other party.

### 제26조(계약해제의 통지)
계약해제의 선언은 상대방에 대한 통지로써 이를 행한 경우에 한하여 효력을 갖는다.

## Article 27
Unless otherwise expressly provided in this Part of the Convention, if any notice, request or other communication is given or made by a party in accordance with this Part and by means appropriate in the circumstances, a delay or error in the transmission of the communication or its failure to arrive does not deprive that party of the right to rely on the

communication.

제27조(통신상의 지연과 오류)
이 협약 제3부에서 별도의 명시적인 규정이 없는 한, 어떠한 통지, 요청 또는 기타의 통신이 이 협약 제3부에 따라 그 사정에 적절한 수단으로 당사자에 의하여 행하여진 경우에는, 통신의 전달에 있어서의 지연 또는 오류, 또는 불착이 발생하더라도 당사자가 그 통신에 의존할 권리를 박탈당하지 아니한다.

## Article 28 [생략]

## Article 29

(1) A contract may be modified or terminated by the mere agreement of the parties.
(2) A contract in writing which contains a provision requiring any modification or termination by agreement to be in writing may not be otherwise modified or terminated by agreement. However, a party may be precluded by his conduct from asserting such a provision to the extent that the other party has relied on that conduct.

제29조(계약변경 또는 합의종료)
(1) 계약은 당사자 쌍방의 단순한 합의만으로 변경되거나 또는 종료될 수 있다.
(2) 어떠한 변경 또는 합의에 의한 종료를 서면으로 할 것을 요구하는 규정이 있는 서면에 의한 계약은 그 이외의 방법으로 변경되거나 합의에 의하여 종료될 수 없다. 그러나 당사자 일방은 자신의 행위에 의하여 상대방이 그러한 행위를 신뢰한 범위에까지 위의 규정을 원용하는 것으로부터 배제될 수 있다.

## CHAPTER II. OBLIGATIONS OF THE SELLER

## Article 30

The seller must deliver the goods, hand over any documents relating to them and transfer the property in the goods, as required by the contract and this Convention.

### 제2장 매도인의 의무

제30조(매도인의 의무요약)
매도인은 계약과 이 협약에 의하여 요구된 바에 따라 물품을 인도하고, 이에 관련된 모든 서류를 교부하며, 또 물품에 대한 소유권을 이전하여야 한다.

### Section I. Delivery of the goods and handing over of documents

## Article 31

If the seller is not bound to deliver the goods at any other particular place, his obligation to deliver consists:

(a) if the contract of sale involves carriage of the goods--in handing the goods over to the first carrier for transmission to the buyer;
(b) if, in cases not within the preceding subparagraph, the contract relates to specific goods, or unidentified goods to be drawn from a specific stock or to be manufactured or produced, and at the time of the conclusion of the contract the parties knew that the goods were at, or were to be manufactured or produced at, a particular place--in placing the goods at the buyer's disposal at that place;
(c) in other cases--in placing the goods at the buyer's disposal at the place where the seller had his place of business at the time of the conclusion of the contract.

제1절 물품의 인도와 서류의 교부

### 제31조(인도의 장소)

매도인이 물품을 다른 특정한 장소에서 인도할 의무가 없는 경우에는, 매도인의 인도의 의무는 다음과 같이 구성된다.

(a) 매매계약이 물품의 운송을 포함하는 경우 – 매수인에게 전달하기 위하여 물품을 최초의 운송인에게 인도하는 것.
(b) 전항의 규정에 해당되지 아니하는 경우로서 계약이 특정물, 또는 특정한 재고품으로부터 인출되어야 하거나 또는 제조되거나 생산되어야 하는 불특정물에 관련되어 있으며, 또한 당사자 쌍방이 계약체결 시에 물품이 특정한 장소에 존재하거나 또는 그 장소에서 제조되거나 생산된다는 것을 알고 있었던 경우 – 그 장소에서 물품을 매수인의 임의처분하에 두는 것.
(c) 기타의 경우 – 매도인이 계약체결 시에 영업소를 가지고 있던 장소에서 물품을 매수인의 임의처분하에 두는 것.

### Article 32

(1) If the seller, in accordance with the contract or this Convention, hands the goods over to a carrier and if the goods are not dearly identified to the contract by markings on the goods, by shipping documents or otherwise, the seller must give the buyer notice of the consignment specifying the goods.
(2) If the seller is bound to arrange for carriage of the goods, he must make such contracts as are necessary for carriage to the place fixed by means of transportation appropriate in the circumstances and according to the usual terms for such transportation.
(3) If the seller is not bound to effect insurance in respect of the carriage of the goods, he must, at the buyer's request, provide him with all available information necessary to enable him to effect such insurance.

### 제32조(선적수배의 의무)

(1) 매도인이 계약 또는 이 협약에 따라 물품을 운송인에게 인도하는 경우에 있어서, 물품이 하인에 의하거나 선적서류 또는 기타의 방법에 의하여 그 계약의 목적물로서 명확히 특정되어 있지 아니한 경우에는, 매도인은 물품을 특정하는 탁송통지서를 매수인에게 송부하여야 한다.
(2) 매도인이 물품의 운송을 수배하여야 할 의무가 있는 경우에는, 매도인은 사정에 따라 적절한 운송수단에 의하여 그러한 운송의 통상적인 조건으로 지정된 장소까지의 운송에 필요한 계약을 체결하여야 한다.
(3) 매도인이 물품의 운송에 관련한 보험에 부보하여야 할 의무가 없는 경우에는, 매도인은 매수인의 요구에 따라 매수인이 그러한 보험에 부보하는 데 필요한 모든 입수가능한 정보를 매수인에게 제공하여야 한다.

## Article 33

The seller must deliver the goods:
(a) if a date is fixed by or determinable from the contract, on that date;
(b) if a period of time is fixed by or determinable from the contract, at any time within that period unless circumstances indicate that the buyer is to choose a date; or
(c) in any other case, within a reasonable time after the conclusion of the contract.

### 제33조(인도의 시기)

매도인은 다음과 같은 시기에 물품을 인도하여야 한다.
(a) 어느 기일이 계약에 의하여 지정되어 있거나 또는 결정될 수 있는 경우에 그 기일,
(b) 어느 기간이 계약에 의하여 지정되어 있거나 또는 결정될 수 있는 경우에는, 매수인이 기일을 선택하여야 하는 사정이 명시되어 있지 않는 한 그 기간 내의 어떠한 시기, 또는
(c) 기타의 모든 경우에는 계약체결 후의 상당한 기간 내,

## Article 34

If the seller is bound to hand over documents relating to the goods, he must hand them over at the time and place and in the form required by the contract. If the seller has handed over documents before that time, he may, up to that time, cure any lack of conformity in the documents, if the exercise of this right does not cause the buyer unreasonable inconvenience or unreasonable expense. However, the buyer retains any right to claim damages as provided for in this Convention.

### 제34조(물품에 관한 서류)

매도인이 물품에 관련된 서류를 교부하여야 할 의무가 있는 경우에는, 매도인은 계약에서 요구되는 시기와 장소와 방법에 따라 서류를 교부하여야 한다. 매도인이 당해 시기 이전에 서류를 교부한 경우에는, 매도인은 당해 시기까지는 서류상의 모든 결함을 보완할 수 있다. 다만 이 권리의 행사가 매수인에게 불합리한 불편이나 또는 불합리한 비용을 발생하게 하여서는 아니 된다. 그러나 매수인은 이 협약에서 규정된 바의 손해배상을 청구하는 모든 권리를 보유한다.

### Section II. Conformity of the goods and third party claims

## Article 35

(1) The seller must deliver goods which are of the quantity, quality and description required by the contract and which are contained or packaged in the manner required by the contract.

(2) Except where the parties have agreed otherwise, the goods do not conform with the contract unless they:
(a) are fit for the purposes for which goods of the same description would ordinarily be used;
(b) are fit for any particular purpose expressly or impliedly made known to the seller at the time of the conclusion of the contract, except where the circumstances show that the buyer did not rely, or that it was unreasonable for him to rely, on the seller's skill and

judgement;
(c) possess the qualities of goods which the seller has held out to the buyer as a sample or model;
(d) are contained or packaged in the manner usual for such goods or, where there is no such manner, in a manner adequate to preserve and protect the goods.

(3) The seller is not liable under subparagraphs (a) to (d) of the preceding paragraph for any lack of conformity of the goods if at the time of the conclusion of the contract the buyer knew or could not have been unaware of such lack of conformity.

제2절 물품의 일치성 및 제3자의 청구권

#### 제35조(물품의 일치성)

(1) 매도인은 계약에서 요구되는 수량, 품질 및 상품명세에 일치하고, 또한 계약에서 요구되는 방법으로 용기에 담거나 또는 포장된 물품을 인도하여야 한다.
(2) 당사자가 별도로 합의한 경우를 제외하고, 물품은 다음과 같이 아니하는 한 계약과 일치하지 아니한 것으로 한다.
 (a) 물품은 그 동일한 명세의 물품이 통상적으로 사용되는 목적에 적합할 것.
 (b) 물품은 계약체결 시에 명시적 또는 묵시적으로 매도인에게 알려져 있는 어떠한 특정의 목적에 적합할 것. 다만 사정으로 보아 매수인이 매도인의 기량과 판단에 신뢰하지 않았거나 또는 신뢰하는 것이 불합리한 경우에는 제외한다.
 (c) 물품은 매도인이 매수인에게 견본 또는 모형으로서 제시한 물품의 품질을 보유할 것.
 (d) 물품은 그러한 물품에 통상적인 방법으로, 또는 그러한 방법이 없는 경우에는 그 물품을 보존하고 보호하는데 적절한 방법으로 용기에 담거나 또는 포장되어 있을 것.
(3) 매수인이 계약체결 시에 물품의 어떠한 불일치를 알고 있었거나 또는 알지 못하였을 수가 없는 경우에는, 매도인은 물품의 어떠한 불일치에 대하여 전항의 제a호 내지 제d호에 따른 책임을 지지 아니한다.

### Article 36 [생략]

### Article 37

If the seller has delivered goods before the date for delivery, he may, up to that date, deliver any missing part or make up any deficiency in the quantity of the goods delivered, or deliver goods in replacement of any non-conforming goods delivered or remedy any lack of conformity in the goods delivered, provided that the exercise of this right does not cause the buyer unreasonable inconvenience or unreasonable expense. However, the buyer retains any right to claim damages as provided for in this Convention.

#### 제37조(인도만기전의 보완권)

매도인이 인도기일 이전에 물품을 인도한 경우에는, 매수인에게 불합리한 불편이나 또는 불합리한 비용을 발생시키지 아니하는 한, 매도인은 그 기일까지는 인도된 물품의 모든 부족분을 인도하거나, 또는 수량의 모든 결함을 보충하거나, 또는 인도된 모든 불일치한 물품에 갈음하는 물품을 인도하거나, 또는 인도된 물품의 모든 불일치를 보완할 수 있다. 그러나 매수인은 이 협약에서 규정된 바의 손해배상을 청구하는 모든 권리를 보유한다.

### Article 38

(1) The buyer must examine the goods, or cause them to be examined, within as short a period as is practicable in the circumstances.
(2) If the contract involves carriage of the goods, examination may be deferred until after the goods have arrived at their destination.
(3) If the goods are redirected in transit or redispatched by the buyer without a reasonable opportunity for examination by him and at the time of the conclusion of the contract the seller knew or ought to have known of the possibility of such redirection or redispatch, examination may be deferred until after the goods have arrived at the new destination.

#### 제38조(물품의 검사기간)
(1) 매수인은 그 사정에 따라 실행 가능한 단기간 내에 물품을 검사하거나 또는 물품이 검사되어지도록 하여야 한다.
(2) 계약이 물품의 운송을 포함하고 있는 경우에는, 검사는 물품이 목적지에 도착한 이후까지 연기될 수 있다.
(3) 물품이 매수인에 의한 검사의 상당한 기회도 없이 매수인에 의하여 운송 중에 목적지가 변경되거나 또는 전송(轉送)되고, 또한 계약 체결 시에 매도인이 그러한 변경이나 전송의 가능성을 알았거나 또는 알았어야 하는 경우에는, 검사는 물품이 새로운 목적지에 도착한 이후까지 연기될 수 있다.

### Article 39
(1) The buyer loses the right to rely on a lack of conformity of the goods if he does not give notice to the seller specifying the nature of the lack of conformity within a reasonable time after he has discovered it or ought to have discovered it.
(2) In any event, the buyer loses the right to rely on a lack of conformity of the goods if he does not give the seller notice thereof at the latest within a period of two years from the date on which the goods were actually handed over to the buyer, unless this time-limit is inconsistent with a contractual period of guarantee.

#### 제39조(불일치의 통지시기)
(1) 매수인이 물품의 불일치를 발견하였거나 또는 발견하였어야 한 때부터 합리적인 기간 내에 매도인에게 불일치의 성질을 기재한 통지를 하지 아니한 경우에는, 매수인은 물품의 불일치에 의존하는 권리를 상실한다.
(2) 어떠한 경우에도, 물품이 매수인에게 현실적으로 인도된 날로부터 늦어도 2년 이내에 매수인이 매도인에게 불일치의 통지를 하지 아니한 경우에는, 매수인은 물품의 불일치에 의존하는 권리를 상실한다. 다만 이러한 기간의 제한이 계약상의 보증기간과 모순된 경우에는 그러하지 아니하다.

### Article 40
The seller is not entitled to rely on the provisions of articles 38 and 39 if the lack of conformity relates to facts of which he knew or could not have been unaware and which he did not disclose to the buyer.

#### 제40조(매도인의 악의)
물품의 불일치가 매도인이 알았거나 또는 알지 못하였을 수가 없는 사실에 관련되고 또 매도인이 이를 매수인에게 고지하지 아니한 사실에도 관련되어 있는 경우에는, 매도인은 제38조 및 제39조의 규정을 원용할 권리가 없다.

### Article 41
The seller must deliver goods which are free from any right or claim of a third party, unless the buyer agreed to take the goods subject to that right or claim. However, if such right or

claim is based on industrial property or other intellectual property, the seller's obligation is governed by article 42.

#### 제41조(제3자의 청구권)
매도인은 매수인이 제3자의 권리 또는 청구권을 전제로 물품을 수령하는 것에 동의한 경우가 아닌 한, 제3자의 권리 또는 청구권으로부터 자유로운 물품을 인도하여야 한다. 그러나 그러한 제3자의 권리 또는 청구권이 공업소유권 또는 기타 지적소유권에 기초를 두고 있는 경우에는, 매도인의 의무는 제42조에 의하여 규율된다.

## Article 42
(1) The seller must deliver goods which are free from any right or claim of a third party based on industrial property or other intellectual property, of which at the time of the conclusion of the contract the seller knew or could not have been unaware, provided that the right or claim is based on industrial property or other intellectual property:
 (a) under the law of the State where the goods will be resold or otherwise used, if it was contemplated by the parties at the time of the conclusion of the contract that the goods would be resold or otherwise used in that State; or
 (b) in any other case, under the law of the State where the buyer has his place of business.

(2) The obligation of the seller under the preceding paragraph does not extend to cases where:
 (a) at the time of the conclusion of the contract the buyer knew or could not have been unaware of the right or claim; or
 (b) the right or claim results from the seller's compliance with technical drawings, designs, formulae or other such specifications furnished by the buyer.

#### 제42조(제3자의 지적소유권)
(1) 매도인은 계약체결 시에 매도인이 알았거나 또는 알지 못하였을 수가 없는 공업소유권 또는 지적소유권에 기초를 두고 있는 제3자의 권리 또는 청구권으로부터 자유로운 물품을 인도하여야 한다. 다만 그 권리 또는 청구권은 다음과 같은 국가의 법률에 의한 공업소유권 또는 기타 지적소유권에 기초를 두고 있는 경우에 한한다.
 (a) 물품이 어느 국가에서 전매되거나 또는 기타의 방법으로 사용될 것이라는 것을 당사자 쌍방이 계약체결 시에 예상한 경우에는, 그 물품이 전매되거나 또는 기타의 방법으로 사용되는 국가의 법률, 또는
 (b) 기타의 모든 경우에는, 매수인이 영업소를 갖고 있는 국가의 법률,

(2) 전 항에 따른 매도인의 의무는 다음과 같은 경우에는 이를 적용하지 아니한다.
 (a) 계약체결 시에 매수인이 그 권리 또는 청구권을 알았거나 또는 알지 못하였을 수가 없는 경우, 또는
 (b) 그 권리 또는 청구권이 매수인에 의하여 제공된 기술적 설계, 디자인, 공식 또는 기타의 명세서에 매도인이 따른 결과로 발생한 경우.

## Article 43 [생략]

## Article 44
Notwithstanding the provisions of paragraph (1) of article 39 and paragraph (1) of article 43, the buyer may reduce the price in accordance with article 50 or claim damages, except for

loss of profit, if he has a reasonable excuse for his failure to give the required notice.

제44조(통지불이행의 정당한 이유)
제39조 제1항 및 제43조 제1항의 규정에도 불구하고, 매수인은 요구된 통지의 불이행에 대한 정당한 이유가 있는 경우에는 제50조에 따라 대금을 감액하거나 또는 이익의 손실을 제외한 손해배상을 청구할 수 있다.

## Section III. Remedies for breach of contract by the seller

### Article 45
(1) If the seller fails to perform any of his obligations under the contract or this Convention, the buyer may:
 (a) exercise the rights provided in articles 46 to 52;
 (b) claim damages as provided in articles 74 to 77.

(2) The buyer is not deprived of any right he may have to claim damages by exercising his right to other remedies.
(3) No period of grace may be granted to the seller by a court or arbitral tribunal when the buyer resorts to a remedy for breach of contract.

제3절 매도인의 계약위반에 대한 구제

제45조(매수인의 구제방법)
(1) 매도인이 계약 또는 이 협약에 따른 어떠한 의무를 이행하지 아니하는 경우에는, 매수인은 다음과 같은 것을 행할 수 있다.
 (a) 제46조 내지 제52조에서 규정된 권리를 행사하는 것,
 (b) 제74조 내지 제77조에서 규정된 바의 손해배상을 청구하는 것 등.

(2) 매수인은 손해배상 이외의 구제를 구하는 권리의 행사로 인하여 손해배상을 청구할 수 있는 권리를 박탈당하지 아니한다.
(3) 매수인이 계약위반에 대한 구제를 구할 때에는, 법원 또는 중재판정부는 매도인에게 어떠한 유예기간도 적용하여서는 아니된다.

### Article 46
(1) The buyer may require performance by the seller of his obligations unless the buyer has resorted to a remedy which is inconsistent with this requirement.
(2) If the goods do not conform with the contract, the buyer may require delivery of substitute goods only if the lack of conformity constitutes a fundamental breach of contract and a request for substitute goods is made either in conjunction with notice given under article 39 or within a reasonable time thereafter.
(3) If the goods do not conform with the contract, the buyer may require the seller to remedy the lack of conformity by repair, unless this is unreasonable having regard to all the circumstances. A request for repair must be made either in conjunction with notice given under article 39 or within a reasonable time thereafter.

**제46조(매수인의 이행청구권)**
(1) 매수인은 매도인에게 그 의무의 이행을 청구할 수 있다. 다만 매수인이 이러한 청구와 모순되는 구제를 구한 경우에는 그러하지 아니하다.
(2) 물품이 계약과 일치하지 아니한 경우에는, 매수인은 대체품의 인도를 청구할 수 있다. 다만 이러한 청구는 불일치가 계약의 본질적인 위반을 구성하고 또 대체품의 청구가 제39조에 따라 지정된 통지와 함께 또는 그 후 상당한 기간 내에 행하여지는 경우에 한한다.
(3) 물품이 계약과 일치하지 아니한 경우에는, 매수인은 모든 사정으로 보아 불합리하지 아니하는 한 매도인에 대하여 수리에 의한 불일치의 보완을 청구할 수 있다. 수리의 청구는 제39조에 따라 지정된 통지와 함께 또는 그 후 상당한 기간 내에 행하여져야 한다.

## Article 47
(1) The buyer may fix an additional period of time of reasonable length for performance by the seller of his obligations.
(2) Unless the buyer has received notice from the seller that he will not perform within the period so fixed, the buyer may not, during that period, resort to any remedy for breach of contract. However, the buyer is not deprived thereby of any right he may have to claim damages for delay in performance.

**제47조(이행추가기간의 통지)**
(1) 매수인은 매도인에 의한 의무의 이행을 위한 상당한 기간만큼의 추가기간을 지정할 수 있다.
(2) 매수인이 매도인으로부터 그 지정된 추가기간 내에 이행하지 아니하겠다는 뜻의 통지를 수령하지 않은 한, 매수인은 그 기간 중에는 계약위반에 대한 어떠한 구제도 구할 수 없다. 그러나 매수인은 이로 인하여 이행의 지연에 대한 손해배상을 청구할 수 있는 어떠한 권리를 박탈당하지 아니한다.

## Article 48
(1) Subject to article 49, the seller may, even after the date for delivery, remedy at his own expense any failure to perform his obligations, if he can do so without unreasonable delay and without causing the buyer unreasonable inconvenience or uncertainty of reimbursement by the seller of expenses advanced by the buyer. However, the buyer retains any right to claim damages as provided for in this Convention.
(2) If the seller requests the buyer to make known whether he will accept performance and the buyer does not comply with the request within a reasonable time, the seller may perform within the time indicated in his request. The buyer may not, during that period of time, resort to any remedy which is inconsistent with performance by the seller.
(3) A notice by the seller that he will perform within a specified period of time is assumed to include a request, under the preceding paragraph, that the buyer make known his decision.
(4) A request or notice by the seller under paragraph (2) or (3) of this article is not effective unless received by the buyer.

**제48조(인도기일후의 보완)**
(1) 제49조의 규정에 따라, 매도인은 인도기일 후에도 불합리한 지체 없이 그리고 매수인에게 불합리한 불편을 주거나 또는 매수인이 선지급한 비용을 매도인으로부터 보상받는 데 대한 불확실성이 없는 경우에는 자신의 비용 부담으로 그 의무의 어떠한 불이행을 보완할 수 있다. 그러나 매수인은 이 협약에 규정된 바의 손해배상을 청구하는 모든 권리를 보유한다.

(2) 매도인이 매수인에 대하여 그 이행을 승낙할 것인지의 여부를 알려 주도록 요구하였으나 매수인이 상당한 기간내에 그 요구에 응하지 아니한 경우에는 매도인은 그 요구에서 제시한 기간 내에 이행할 수 있다. 매수인은 그 기간 중에는 매도인의 이행과 모순되는 구제를 구하여서는 아니 된다.
(3) 특정한 기간내에 이행하겠다는 매도인의 통지는 매수인이 승낙여부의 결정을 알려주어야 한다는 내용의 전항에 규정하고 있는 요구를 포함하는 것으로 추정한다.
(4) 본조 제2항 또는 제3항에 따른 매도인의 요구 또는 통지는 매수인에 의하여 수령되지 아니한 경우에는 그 효력이 발생하지 아니한다.

## Article 49

(1) The buyer may declare the contract avoided:
 (a) if the failure by the seller to perform any of his obligations under the contract or this Convention amounts to a fundamental breach of contract; or
 (b) in case of non-delivery, if the seller does not deliver the goods within the additional period of time fixed by the buyer in accordance with paragraph (1) of article 47 or declares that he will not deliver within the period so fixed.

(2) However, in cases where the seller has delivered the goods, the buyer loses the right to declare the contract avoided unless he does so:
 (a) in respect of late delivery, within a reasonable time after he has become aware that delivery has been made;
 (b) in respect of any breach other than late delivery, within a reasonable time:
  (ⅰ) after he knew or ought to have known of the breach;
  (ⅱ) after the expiration of any additional period of time fixed by the buyer in accordance with paragraph (1) of article 47, or after the seller has declared that he will not perform his obligations within such an additional period; or
  (ⅲ) after the expiration of any additional period of time indicated by the seller in accordance with paragraph (2) of article 48, or after the buyer has declared that he will not accept performances.

**제49조(매수인의 계약해제권)**
(1) 매수인은 다음과 같은 경우에 계약의 해제를 선언할 수 있다.
 (a) 계약 또는 이 협약에 따른 매도인의 어떠한 의무의 불이행 시 계약의 본질적인 위반에 상당하는 경우, 또는
 (b) 인도불이행의 경우에는, 매도인이 제47조 제1항에 따라 매수인에 의하여 지정된 추가기간 내에 물품을 인도하지 아니 하거나, 또는 매도인이 그 지정된 기간 내에 인도하지 아니하겠다는 뜻을 선언한 경우.

(2) 그러나 매도인이 물품을 이미 인도한 경우에는, 매수인은 다음과 같은 시기에 계약의 해제를 선언하지 않는 한 그 해제의 권리를 상실한다.
 (a) 인도의 지연에 관해서는, 매수인이 인도가 이루어진 사실을 알게 된 때로부터 상당한 기간 내,
 (b) 인도의 지연 이외의 모든 위반에 관해서는, 다음과 같은 때로부터 상당한 기간 내.
  (ⅰ) 매수인이 그 위반을 알았거나 또는 알았어야 하는 때,
  (ⅱ) 제47조 제1항에 따라 매수인에 의하여 지정된 어떠한 추가기간이 경과한 때, 또는 매도인이 그러한 추가기간 내에 의무를 이행하지 아니하겠다는 뜻을 선언한 때, 또는
  (ⅲ) 제48조 제2항에 따라 매도인에 의하여 제시된 어떠한 추가기간이 경과한 때, 또는 매수인이 이행을 승낙하지 아니 하겠다는 뜻을 선언한 때.

## Article 50
If the goods do not conform with the contract and whether or not the price has already been paid, the buyer may reduce the price in the same proportion as the value that the goods actually delivered had at the time of the delivery bears to the value that conforming goods would have had at that time. However, if the seller remedies any failure to perform his obligations in accordance with article 37 or article 48 or if the buyer refuses to accept performance by the seller in accordance with those articles, the buyer may not reduce the price.

### 제50조(대금의 감액)
물품이 계약과 일치하지 아니하는 경우에는 대금이 이미 지급된 여부에 관계없이, 매수인은 실제로 인도된 물품이 인도 시에 가지고 있던 가액이 계약에 일치하는 물품이 그 당시에 가지고 있었을 가액에 대한 동일한 비율로 대금을 감액할 수 있다. 그러나 매도인이 제37조 또는 제48조에 따른 그 의무의 어떠한 불이행을 보완하거나, 또는 매수인이 그러한 조항에 따른 매도인의 이행의 승낙을 거절하는 경우에는, 매수인은 대금을 감액할 수 없다.

## Article 51
(1) If the seller delivers only a part of the goods or if only a part of the goods delivered is in conformity with the contract, articles 46 to 50 apply in respect of the part which is missing or which does not conform.
(2) The buyer may declare the contract avoided in its entirety only if the failure to make delivery completely or in conformity with the contract amounts to a fundamental breach of the contract.

### 제51조(물품일부의 불일치)
(1) 매도인이 물품의 일부만을 인도하거나, 또는 인도된 물품의 일부만이 계약과 일치하는 경우에는, 제46조 내지 제50조의 규정은 부족 또는 불일치한 부분에 관하여 적용한다.
(2) 인도가 완전하게 또는 계약에 일치하게 이행되지 아니한 것이 계약의 본질적인 위반에 해당하는 경우에 한하여, 매수인은 계약 그 전체의 해제를 선언할 수 있다.

## Article 52
(1) If the seller delivers the goods before the date fixed, the buyer may take delivery or refuse to take delivery.
(2) If the seller delivers a quantity of goods greater than that provided for in the contract, the buyer may take delivery or refuse to take delivery of the excess quantity. If the buyer takes delivery of all or part of the excess quantity, he must pay for it at the contract rate.

### 제52조(기일전의 인도 및 초과수량)
(1) 매도인이 지정된 기일 전에 물품을 인도하는 경우에는, 매수인은 인도를 수령하거나 또는 이를 거절할 수 있다.
(2) 매도인이 계약에서 약정된 것보다도 많은 수량의 물품을 인도하는 경우에는, 매수인은 초과수량의 인도를 수령하거나 또는 이를 거절할 수 있다. 매수인이 초과수량의 전부 또는 일부의 인도를 수령하는 경우에는, 매수인은 계약비율에 따라 그 대금을 지급하여야 한다.

## CHAPTER III. OBLIGATIONS OF THE BUYER

**Article 53**
The buyer must pay the price for the goods and take delivery of them as required by the contract and this Convention.

### 제3장 매수인의 의무

**제53조(매수인의 의무요약)**
매수인은 계약 및 이 협약에 의하여 요구된 바에 따라 물품의 대금을 지급하고 물품의 인도를 수령하여야 한다.

### Section I. Payment of the price

**Article 54**
The buyer's obligation to pay the price includes taking such steps and complying with such formalities as may be required under the contract or any laws and regulations to enable payment to be made.

### 제1절 대금의 지급

**제54조(대금지급을 위한 조치)**
매수인의 대금지급의 의무는 지급을 가능하게 하기 위한 계약 또는 어떠한 법률 및 규정에 따라 요구되는 그러한 조치를 취하고 또 그러한 절차를 준수하는 것을 포함한다.

**Article 55**
Where a contract has been validly concluded but does not expressly or implicitly fix or make provision for determining the price, the parties are considered, in the absence of any indication to the contrary, to have impliedly made reference to the price generally charged at the time of the conclusion of the contract for such goods sold under comparable circumstances in the trade concerned.

**제55조(대금이 불확정된 계약)**
계약이 유효하게 성립되었으나, 그 대금을 명시적 또는 묵시적으로 지정하지 아니하거나 또는 이를 결정하기 위한 조항을 두지 아니한 경우에는, 당사자는 반대의 어떠한 의사표시가 없는 한 계약 체결 시에 관련거래와 유사한 사정 하에서 매각되는 동종의 물품에 대하여 일반적으로 청구되는 대금을 묵시적으로 참조한 것으로 본다.

**Article 56**
If the price is fixed according to the weight of the goods, in case of doubt it is to be determined by the net weight.

#### 제56조(순중량에 의한 결정)
대금이 물품의 중량에 따라 지정되는 경우에 이에 의혹이 있을 때에는, 그 대금은 순중량에 의하여 결정되어야 한다.

### Article 57
(1) If the buyer is not bound to pay the price at any other particular place, he must pay it to the seller:
 (a) at the seller's place of business; or
 (b) if the payment is to be made against the handing over of the goods or of documents, at the place where the handing over takes place.

(2) The seller must bear any increase in the expenses incidental to payment which is caused by a change in his place of business subsequent to the conclusion of the contract.

#### 제57조(대금지급의 장소)
(1) 매수인이 기타 어느 특정한 장소에서 대금을 지급하여야 할 의무가 없는 경우에는, 매수인은 다음과 같은 장소에서 매도인에게 이를 지급하여야 한다.
 (a) 매도인의 영업소, 또는
 (b) 지급이 물품 또는 서류의 교부와 상환으로 이루어져야 하는 경우에는, 그 교부가 행하여지는 장소.

(2) 매도인은 계약체결 후에 그 영업소를 변경함으로 인하여 야기된 지급의 부수적인 비용의 모든 증가액을 부담하여야 한다.

### Article 58
(1) If the buyer is not bound to pay the price at any other specific time he must pay it when the seller places either the goods or documents controlling their disposition at the buyer's disposal in accordance with the contract and this Convention. The seller may make such payment a condition for handing over the goods or documents.
(2) If the contract involves carriage of the goods, the seller may dispatch the goods on terms whereby the goods, or documents controlling their disposition, will not be handed over to the buyer except against payment of the price.
(3) The buyer is not bound to pay the price until he has had an opportunity to examine the goods, unless the procedures for delivery or payment agreed upon by the parties are inconsistent with his having such an opportunity.

#### 제58조(대금지급의 시기)
(1) 매수인이 기타 어느 특정한 대금을 지급하여야 할 의무가 없는 경우에는, 매수인은 매도인이 계약 및 이 협정에 따라 물품 또는 그 처분을 지배하는 서류 중에 어느 것을 매수인의 임의처분하에 인도한 때에 대금을 지급하여야 한다. 매도인은 그러한 지급을 물품 또는 서류의 교부를 위한 조건으로 정할 수 있다.
(2) 계약이 물품의 운송을 포함하는 경우에는, 매도인은 대금의 지급과 상환하지 아니하면 물품 또는 그 처분을 지배하는 서류를 매수인에게 교부하지 아니한다는 조건으로 물품을 발송할 수 있다.
(3) 매수인은 물품을 검사할 기회를 가질 때까지는 대금을 지급하여야 할 의무가 없다. 다만 당사자 간에 합의된 인도 또는 지급의 절차가 매수인이 그러한 기회를 가지는 것과 모순되는 경우에는 그러하지 아니하다.

### Article 59
The buyer must pay the price on the date fixed by or determinable from the contract and this Convention without the need for any request or compliance with any formality on the part of the seller.

#### 제59조(지급청구에 앞선 지급)
매수인은 매도인 측의 어떠한 요구나 그에 따른 어떠한 절차를 준수할 필요 없이 계약 및 이 협약에 의하여 지정되었거나 또는 이로부터 결정될 수 있는 기일에 대금을 지급하여야 한다.

## Section II. Taking delivery

### Article 60
The buyer's obligation to take delivery consists:
(a) in doing all the acts which could reasonably be expected of him in order to enable the seller to make delivery; and
(b) in taking over the goods.

### 제2절 인도의 수령

#### 제60조(인도수령의 의무)
매수인의 인도수령의 의무는 다음과 같은 것으로 구성된다.
(a) 매도인에 의한 인도를 가능케 하기 위하여 매수인에게 합리적으로 기대될 수 있었던 모든 행위를 하는 것, 그리고
(b) 물품을 수령하는 것.

## Section III. Remedies for breach of contract by the buyer

### Article 61
(1) If the buyer fails to perform any of his obligations under the contract or this Convention, the seller may:
(a) exercise the rights provided in articles 62 to 65;
(b) claim damages as provided in articles 74 to 77.

(2) The seller is not deprived of any right he may have to claim damages by exercising his right to other remedies.
(3) No period of grace may be granted to the buyer by a court or arbitral tribunal when the seller resorts to a remedy for breach of contract.

## 제3절 매수인의 계약위반에 대한 구제

### 제61조(매도인의 구제방법)

(1) 매수인이 계약 또는 이 협약에 따른 어떠한 의무를 이행하지 아니하는 경우에는, 매도인은 다음과 같은 것을 행할 수 있다.
  (a) 제62조 내지 제65조에 규정된 권리를 행사하는 것,
  (b) 제74조 내지 제77조에 규정된 바의 손해배상을 청구하는 것 등.

(2) 매도인은 손해배상 이외의 구제를 구하는 권리의 행사로 인하여 손해배상을 청구할 수 있는 권리를 박탈당하지 아니한다.
(3) 매도인이 계약위반에 대한 구제를 구할 때에는, 법원 또는 중재판정부는 매수인에게 어떠한 유예기간도 허용하여서는 아니 된다.

### Article 62

The seller may require the buyer to pay the price, take delivery or perform his other obligations, unless the seller has resorted to a remedy which is inconsistent with this requirement.

### 제62조(매도인의 이행청구권)

매도인은 매수인에 대하여 대금의 지급, 인도의 수령 또는 기타 매수인의 의무를 이행하도록 청구할 수 있다. 다만 매도인이 이러한 청구와 모순되는 구제를 구한 경우에는 그러하지 아니하다.

### Article 63

(1) The seller may fix an additional period of time of reasonable length for performance by the buyer of his obligations.
(2) Unless the seller has received notice from the buyer that he will not perform within the period so fixed, the seller may not, during that period, resort to any remedy for breach of contract. However, the seller is not deprived thereby of any right he may have to claim damages for delay in performance.

### 제63조(이행추가기간의 통지)

(1) 매도인은 매수인에 의한 의무의 이행을 위한 상당한 기간만큼의 추가기간을 지정할 수 있다.
(2) 매도인이 매수인으로부터 그 지정된 추가기간 내에 이행하지 아니하겠다는 뜻의 통지를 수령하지 않은 한, 매도인은 그 기간 중에는 계약위반에 대한 어떠한 구제도 구할 수 없다. 그러나 매도인은 이로 인하여 이행의 지연에 대한 손해배상을 청구할 수 있는 어떠한 권리를 박탈당하지 아니한다.

### Article 64

(1) The seller may declare the contract avoided:
  (a) if the failure by the buyer to perform any of his obligations under the contract or this Convention amounts to a fundamental breach of contract; or
  (b) if the buyer does not, within the additional period of time fixed by the seller in accordance with paragraph (1) of article 63, perform his obligation to pay the price or take delivery of the goods, or if he declares that he will not do so within the period so fixed;

(2) However, in cases where the buyer has paid the price, the seller loses the right to declare the contract avoided unless he does so:
 (a) in respect of late performance by the buyer, before the seller has become aware that performance has been rendered; or
 (b) in respect of any breach other than late performance by the buyer, within a reasonable time:
  ( i ) after the seller knew or ought to have known of the breach; or
  ( ii ) after the expiration of any additional period of time fixed by the seller in accordance with paragraph (1) of article 63, or after the buyer has declared that he will not perform his obligations within such an additional period.

#### 제64조(매도인의 계약해제권)
(1) 매도인은 다음과 같은 경우에 계약의 해제를 선언할 수 있다.
 (a) 계약 또는 이 협약에 따른 매수인의 어떠한 의무의 불이행이 계약의 본질적인 위반에 상당하는 경우, 또는
 (b) 매수인이 제63조 제1항에 따라 매도인에 의하여 지정된 추가기간 내에 대금의 지급 또는 물품의 인도수령의 의무를 이행하지 아니하거나, 또는 매수인이 그 지정된 기간 내에 이를 이행하지 아니하겠다는 뜻을 선언한 경우.

(2) 그러나 매수인이 대금을 이미 지급한 경우에는, 매도인은 다음과 같은 시기에 계약의 해제를 선언하지 않는 한 그 해제의 권리를 상실한다.
 (a) 매수인에 의한 이행의 지연에 관해서는, 매도인이 그 이행이 이루어진 사실을 알기 전, 또는
 (b) 매수인에 의한 이행의 지연 이외의 모든 위반에 관해서는, 다음과 같은 때로부터 상당한 기간 내.
  ( i ) 매도인이 그 위반을 알았거나 또는 알았어야 하는 때, 또는
  ( ii ) 제63조 제1항에 따라 매도인에 의하여 지정된 어떠한 추가기간이 경과한 때, 또는 매수인이 그러한 추가기간 내에 의무를 이행하지 아니하겠다는 뜻을 선언한 때.

### Article 65
(1) If under the contract the buyer is to specify the form, measurement or other features of the goods and he fails to make such specification either on the date agreed upon or within a reasonable time after receipt of a request from the seller, the seller may, without prejudice to any other rights he may have, make the specification himself in accordance with the requirements of the buyer that may be known to him.
(2) If the seller makes the specification himself, he must inform the buyer of the details thereof and must fix a reasonable time within which the buyer may make a different specification. If, after receipt of such a communication, the buyer fails to do so within the time so fixed, the specification made by the seller is binding.

#### 제65조(물품명세의 확정권)
(1) 계약상 매수인이 물품의 형태, 용적 또는 기타의 특징을 지정하기로 되어 있을 경우에 만약 매수인이 합의된 기일 또는 매도인으로부터의 요구를 수령한 후 상당한 기간 내에 그 물품명세를 작성하지 아니한 때에는, 매도인은 그가 보유하고 있는 다른 모든 권리의 침해 없이 매도인에게 알려진 매수인의 요구조건에 따라 스스로 물품명세를 작성할 수 있다.
(2) 매도인이 스스로 물품명세를 작성하는 경우에는, 매도인은 매수인에게 이에 관한 세부사항을 통지하여야 하고, 또 매수인이 이와 상이한 물품명세를 작성할 수 있도록 상당한 기간을 지정하여야 한다. 매수인이 그러한 통지를 수령한 후 지정된 기간 내에 이와 상이한 물품명세를 작성하지 아니하는 경우에는, 매도인이 작성한 물품명세가 구속력을 갖는다.

## CHAPTER IV. PASSING OF RISK

### Article 66
Loss of or damage to the goods after the risk has passed to the buyer does not discharge him from his obligation to pay the price, unless the loss or damage is due to an act or omission of the seller.

### 제4장 위험의 이전

#### 제66조(위험부담의 일반원칙)
위험이 매수인에게 이전된 이후에 물품의 멸실 또는 손상은 매수인을 대금지급의 의무로부터 면제시키지 아니한다. 다만 그 멸실 또는 손상이 매도인의 작위 또는 부작위에 기인한 경우에는 그러하지 아니하다.

### Article 67
(1) If the contract of sale involves carriage of the goods and the seller is not bound to hand them over at a particular place, the risk passes to the buyer when the goods are handed over to the first carrier for transmission to the buyer in accordance with the contract of sale. If the seller is bound to hand the goods over to a carrier at a particular place, the risk does not pass to the buyer until the goods are handed over to the carrier at that place. The fact that the seller is authorized to retain documents controlling the disposition of the goods does not affect the passage of the risk.

(2) Nevertheless, the risk does not pass to the buyer until the goods are clearly identified to the contract, whether by markings on the goods, by shipping documents, by notice given to the buyer or otherwise.

#### 제67조(운송조건부 계약품의 위험)
(1) 매매계약이 물품의 운송을 포함하고 있는 경우에 매도인이 특정한 장소에서 이를 인도하여야 할 의무가 없는 때에는, 위험은 물품이 매매계약에 따라 매수인에게 송부하도록 최초의 운송인에게 인도된 때에 매수인에게 이전한다. 매도인이 특정한 장소에서 물품을 운송인에게 인도하여야 할 의무가 있는 경우에는, 위험은 물품이 그러한 장소에서 운송인에게 인도되기까지는 매수인에게 이전하지 아니한다. 매도인이 물품의 처분을 지배하는 서류를 보유하는 권한이 있다는 사실은 위험의 이전에 영향을 미치지 아니 한다.

(2) 그럼에도 불구하고, 위험은 물품이 하인, 선적서류, 매수인에 대한 통지 또는 기타의 방법에 의하여 계약에 명확히 특정되기까지는 매수인에게 이전하지 아니 한다.

### Article 68
The risk in respect of goods sold in transit passes to the buyer from the time of the conclusion of the contract. However, if the circumstances so indicate, the risk is assumed by the buyer from the time the goods were handed over to the carrier who issued the documents embodying the contract of carriage. Nevertheless, if at the time of the conclusion of the contract of sale the seller knew or ought to have known that the goods had been lost or damaged and did not disclose this to the buyer, the loss or damage is at the risk of the seller.

#### 제68조(운송 중 매매물품의 위험)

운송 중에 매각된 물품에 관한 위험은 계약체결 시로부터 매수인에게 이전한다. 그러나 사정에 따라서는 위험은 운송계약을 구현하고 있는 서류를 발행한 운송인에게 물품이 인도된 때로부터 매수인이 부담한다. 그럼에도 불구하고, 매도인이 매매계약의 체결 시에 물품이 이미 멸실 또는 손상되었다는 사실을 알았거나 또는 알았어야 하는 경우에 이를 매수인에게 밝히지 아니한 때에는, 그 멸실 또는 손상은 매도인의 위험부담에 속한다.

### Article 69

(1) In cases not within articles 67 and 68, the risk passes to the buyer when he takes over the goods or, if he does not do so in due time, from the time when the goods are placed at his disposal and he commits a breach of contract by failing to take delivery.

(2) However, if the buyer is bound to take over the goods at a place other than a place of business of the seller, the risk passes when delivery is due and the buyer is aware of the fact that the goods are placed at his disposal at that place.

(3) If the contract relates to goods not then identified, the goods are considered not to be placed at the disposal of the buyer until they are clearly identified to the contract.

#### 제69조(기타 경우의 위험)

(1) 제67조 및 제68조에 해당되지 아니하는 경우에는, 위험은 매수인이 물품을 인수한 때, 또는 매수인이 적시에 이를 인수하지 아니한 경우에는 물품이 매수인의 임의처분하에 적치되고 매수인이 이를 수령하지 아니하여 계약위반을 범하게 된 때로부터 매수인에게 이전한다.

(2) 그러나 매수인이 매도인의 영업소 이외의 장소에서 물품을 인수하여야 하는 경우에는, 위험은 인도의 기일이 도래하고 또 물품이 그러한 장소에서 매수인의 임의처분하에 적치된 사실을 매수인이 안 때에 이전한다.

(3) 계약이 아직 특정되지 아니한 물품에 관한 것인 경우에는, 물품은 계약의 목적물로서 명확히 특정되기까지는 매수인의 임의처분 하에 적치되지 아니한 것으로 본다.

### Article 70[생략]

## CHAPTER V. PROVISIONS COMMON TO THE OBLIGATIONS OF THE SELLER AND OF THE BUYER

### Section I. Anticipatory breach and instalment contracts

### Article 71

(1) A party may suspend the performance of his obligations if, after the conclusion of the contract, it becomes apparent that the other party will not perform a substantial part of his obligations as a result of:

 (a) a serious deficiency in his ability of perform or in his creditworthiness; or

 (b) his conduct in preparing to perform or in performing the contract.

(2) If the seller has already dispatched the goods before the grounds described in the preceding paragraph become evident, he may prevent the handing over of the goods to the buyer even though the buyer holds a document which entitles him to obtain them. The present paragraph relates only to the rights in the goods as between the buyer and the seller.

(3) A party suspending performance, whether before or after dispatch of the goods, must immediately give notice of the suspension to the other party and must continue with performance if the other party provides adequate assurance of his performance.

## 제5장 매도인과 매수인의 의무에 공통되는 규정

### 제1절 이행기일 전의 계약위반과 분할이행계약

**제71조(이행의 정지)**
(1) 당사자 일방은 계약체결 후에 상대방이 다음과 같은 사유의 결과로 그 의무의 어떤 실질적인 부분을 이행하지 아니할 것이 명백하게 된 경우에는, 자기의 의무의 이행을 정지할 수 있다.
  (a) 상대방의 이행능력 또는 그 신뢰성의 중대한 결함, 또는
  (b) 상대방의 계약이행의 준비 또는 계약이행의 행위.

(2) 매도인이 전항에 기술된 사유가 명백하게 되기 전에 이미 물품을 발송한 경우에는, 비록 매수인이 물품을 취득할 권한을 주는 서류를 소지하고 있더라도, 매도인은 물품이 매수인에게 인도되는 것을 중지시킬 수 있다. 본 항의 규정은 매도인과 매수인 간에서의 물품에 대한 권리에만 적용한다.
(3) 이행을 정지한 당사자는 물품의 발송 전후에 관계없이 상대방에게 그 정지의 통지를 즉시 발송하여야 하고, 또 상대방이 그 이행에 관하여 적절한 확약을 제공하는 경우에는 이행을 계속하여야 한다.

## Article 72

(1) If prior to the date for performance of the contract it is clear that one of the parties will commit a fundamental breach of contract, the other party may declare the contract avoided.
(2) If time allows, the party intending to declare the contract avoided must give reasonable notice to the other party in order to permit him to provide adequate assurance of his performance.
(3) The requirements of the preceding paragraph do not apply if the other party has declared that he will not perform his obligations.

**제72조(이행기일 전의 계약해제)**
(1) 계약의 이행기일 이전에 당사자의 일방이 계약의 본질적인 위반을 범할 것이 명백한 경우에는, 상대방은 계약의 해제를 선언할 수 있다.
(2) 시간이 허용하는 경우에는, 계약의 해제를 선언하고자 하는 당사자는 상대방이 그 이행에 관하여 적절한 확약을 제공할 수 있도록 하기 위하여 상대방에게 상당한 통지를 발송하여야 한다.
(3) 전항의 요건은 상대방이 그 의무를 이행하지 아니할 것을 선언한 경우에는 이를 적용하지 아니한다.

## Article 73

(1) In the case of a contract for delivery of goods by instalments, if the failure of one party to perform any of his obligations in respect of any instalment constitutes a fundamental breach of contract with respect to that instalment, the other party may declare the contract avoided with respect to that instalment.
(2) If one party's failure to perform any of his obligations in respect of any instalment gives

the other party good grounds to conclude that a fundamental breach of contract will occur with respect to future installments, he may declare the contract avoided for the future, provided that he does so within a reasonable time.

(3) A buyer who declares the contract avoided in respect of any delivery may, at the same time, declare it avoided in respect of deliveries already made or of future deliveries if, by reason of their interdependence, those deliveries could not be used for the purpose contemplated by the parties at the time of the conclusion of the contract.

#### 제73조(분할이행계약의 해제)

(1) 물품의 분할인도를 위한 계약의 경우에 있어서, 어느 분할부분에 관한 당사자 일방의 어떠한 의무의 불이행이 그 분할부분에 관하여 계약의 본질적인 위반을 구성하는 경우에는, 상대방은 그 분할부분에 관하여 계약의 해제를 선언할 수 있다.

(2) 어느 분할부분에 관한 당사자 일방의 어떠한 의무의 불이행이 상대방으로 하여금 장래의 분할부분에 관하여 계약의 본질적인 위반이 발생할 것이라는 결론을 내리게 하는 충분한 근거가 되는 경우에는, 상대방은 장래의 분할부분에 관하여 계약의 해제를 선언할 수 있다. 다만 상대방은 상당한 기간 내에 이를 행하여야 한다.

(3) 어느 인도부분에 관하여 계약의 해제를 선언하는 매수인은 이미 행하여진 인도 또는 장래의 인도에 관해서도 동시에 계약의 해제를 선언할 수 있다. 다만 그러한 인도부분들이 상호 의존관계로 인하여 계약체결 시에 당사자 쌍방이 의도한 목적으로 사용될 수 없을 경우에 한한다.

### Section II. Damages

### Article 74

Damages for breach of contract by one party consist of a sum equal to the loss, including loss of profit, suffered by the other party as a consequence of the breach. Such damages may not exceed the loss which the party in breach foresaw or ought to have foreseen at the time of the conclusion of the contract, in the light of the facts and matters of which he then knew or ought to have known, as a possible consequence of the breach of contract.

#### 제2절 손해배상액

#### 제74조(손해배상액 산정의 원칙)

당사자 일방의 계약위반에 대한 손해배상액은 이익의 손실을 포함하여 그 위반의 결과로 상대방이 입은 손실과 동등한 금액으로 한다. 그러한 손해배상액은 계약체결 시에 위반의 당사자가 알았거나 또는 알았어야 할 사실 및 사정에 비추어서 그 위반의 당사자가 계약체결 시에 계약위반의 가능한 결과로서 예상하였거나 또는 예상하였어야 하는 손실을 초과할 수 없다.

### Article 75

If the contract is avoided and if, in a reasonable manner and within a reasonable time after avoidance, the buyer has bought goods in replacement or the seller has resold the goods, the party claiming damages may recover the difference between the contract price and the price in the substitute transaction as well as any further damages recoverable under article 74.

#### 제75조(대체거래시의 손해배상액)

계약이 해제되고 또한 해제 후에 상당한 방법과 상당한 기간 내에 매수인이 대체품을 구매하거나 또는 매도인이 물품을 재매각한 경우에는, 손해배상을 청구하는 당사자는 계약대금과 대체거래의 대금과의 차액뿐만 아니라 제74조에 따라 회수 가능한 기타의 모든 손해배상액을 회수할 수 있다.

### Article 76

(1) If the contract is avoided and there is a current price for the goods, the party claiming damages may, if he has not made a purchase or resale under article 75, recover the difference between the price fixed by the contract and the current price at the time of avoidance as well as any further damages recoverable under article 74. If, however, the party claiming damages has avoided the contract after taking over the goods, the current price at the time of such taking over shall be applied instead of the current price at the time of avoidance.

(2) For the purposes of the preceding paragraph, the current price is the price prevailing at the place where delivery of the goods should have been made or, if there is no current price at that place, the price at such other place as serves as a reasonable substitute, making due allowance for differences in the cost of transporting the goods.

**제76조(시가에 기초한 손해배상액)**

(1) 계약이 해제되고 또한 물품에 시가가 있는 경우에는, 손해배상을 청구하는 당사자는 제75조에 따라 구매 또는 재매각을 행하지 아니한 때에는 계약대금과 계약해제 시의 시가와의 차액뿐만 아니라 제74조에 따라 회수 가능한 기타의 모든 손해배상액을 회수할 수 있다. 그러나 손해배상을 청구하는 당사자가 물품을 인수한 후에 계약을 해제한 경우에는, 계약해제 시의 시가에 대신하여 물품인수 시의 시가를 적용한다.

(2) 전항의 적용에 있어서, 시가라 함은 물품의 인도가 행하여졌어야 할 장소에서 지배적인 가격을 말하고, 그 장소에서 아무런 시가가 없는 경우에는 물품의 운송비용의 차이를 적절히 감안하여 상당한 대체가격으로 할 수 있는 다른 장소에서의 가격을 말한다.

### Article 77

A party who relies on a breach of contract must take such measures as are reasonable in the circumstances to mitigate the loss, including loss of profit, resulting from the breach. If he fails to take such measures, the party in breach may claim a reduction in the damages in the amount by which the loss should have been mitigated.

**제77조(손해경감의 의무)**

계약위반을 주장하는 당사자는 이익의 손실을 포함하여 그 위반으로부터 야기된 손실을 경감하기 위하여 그 사정에 따라 상당한 조치를 취하여야 한다. 그러한 조치를 취하지 아니하는 경우에는, 위반의 당사자는 경감되었어야 하는 손실의 금액을 손해배상액에서 감액하도록 청구할 수 있다.

## Section III. Interest

### Article 78

If a party fails to pay the price or any other sum that is in arrears, the other party is entitled to interest on it, without prejudice to any claim for damages recoverable under article 74.

제3절 이자

**제78조(연체금액의 이자)**
당사자 일방이 대금 또는 기타 모든 연체된 금액을 지급하지 아니한 경우에는, 상대방은 제74조에 따라 회수 가능한 손해배상액의 청구에 침해받지 아니하고 그 금액에 대한 이자를 청구할 권리를 갖는다.

## Section IV. Exemption

**Article 79**

(1) A party is not liable for a failure to perform any of his obligations if he proves that the failure was due to an impediment beyond his control and that he could not reasonably be expected to have taken the impediment into account at the time of the conclusion of the contract or to have avoided or overcome it or its consequences.

(2) If the party's failure is due to the failure by a third person whom he has engaged to perform the whole or a part of the contract, that party is exempt from liability only if:
  (a) he is exempt under the preceding paragraph; and
  (b) the person whom he has so engaged would be so exempt if the provisions of that paragraph were applied to him.

(3) The exemption provided by this article has effect for the period during which the impediment exists.

(4) The party who fails to perform must give notice to the other party of the impediment and its effect on his ability to perform. If the notice is not received by the other party within a reasonable time after the party who fails to perform knew or ought to have known of the impediment, he is liable for damages resulting from such nonreceipt.

(5) Nothing in this article prevents either party from exercising any right other than to claim damages under this Convention.

제4절 면책

**제79조(손해배상책임의 면제)**

(1) 당사자 일방은 그 의무의 불이행이 자신의 통제를 벗어난 장해에 기인하였다는 점과 계약체결 시에 그 장해를 고려하거나 또는 그 장해나 장해의 결과를 회피하거나 극복하는 것이 합리적으로 기대될 수 없었다는 점을 입증하는 경우에는 자신의 어떠한 의무의 불이행에 대하여 책임을 지지 아니한다.

(2) 당사자의 불이행이 계약의 전부 또는 일부를 이행하기 위하여 고용된 제3자의 불이행에 기인한 경우에는, 그 당사자는 다음과 같은 경우에 한하여 그 책임이 면제된다.
  (a) 당사자가 전항의 규정에 따라 면책되고, 또
  (b) 당사자가 고용한 제3자가 전항의 규정이 그에게 적용된다면 역시 면책되는 경우.

(3) 본조에 규정된 면책은 장해가 존재하는 동안의 기간에만 효력을 갖는다.
(4) 불이행의 당사자는 장해와 그것이 자신의 이행능력에 미치는 영향에 관하여 상대방에게 통지하여야 한다. 불이행의 당사자가 장애를 알았거나 또는 알았어야 하는 때로부터 상당한 기간내에 그 통지가 상대방에게 도

착하지 아니한 경우에는, 당사자는 그러한 불착으로 인하여 발생하는 손해배상액에 대한 책임이 있다.
(5) 본조의 규정은 어느 당사자에 대해서도 이 협약에 따른 손해배상액의 청구 이외의 모든 권리를 행사하는 것을 방해하지 아니 한다.

## Article 80

A party may not rely on a failure of the other party to perform, to the extent that such failure was caused by the first party's act or omission.

### 제80조(자신의 귀책사유와 불이행)

당사자 일방은 상대방의 불이행이 자신의 작위 또는 부작위에 기인하여 발생한 한도 내에서는 상대방의 불이행을 원용할 수 없다.

## Section V. Effects of avoidance

## Article 81

(1) Avoidance of the contract releases both parties from their obligations under it, subject to any damages which may be due. Avoidance does not affect any provision of the contract for the settlement of disputes or any other provision of the contract governing the rights and obligations of the parties consequent upon the avoidance of the contract.

(2) A party who has performed the contract either wholly or in part may claim restitution from the other party of whatever the first party has supplied or paid under the contract. If both parties are bound to make restitution, they must do so concurrently.

### 제5절 해제의 효과

### 제81조(계약의무의 소멸과 반환청구)

(1) 계약의 해제는 이미 발생한 모든 손해배상의 의무를 제외하고 양당사자를 계약상의 의무로부터 면하게 한다. 해제는 분쟁해결을 위한 어떠한 계약조항이나 계약의 해제에 따라 발생하는 당사자의 권리와 의무를 규율하는 기타 모든 계약조항에 영향을 미치지 아니한다.
(2) 계약의 전부 또는 일부를 이행한 당사자 일방은 상대방에 대하여 그 계약하에서 자신이 이미 공급하였거나 또는 지급한 것에 대한 반환을 청구할 수 있다. 당사자 쌍방이 반환하여야 할 의무가 있는 경우에는, 양당사자는 동시에 이를 이행하여야 한다.

## Article 82

(1) The buyer loses the right to declare the contract avoided or to require the seller to deliver substitute goods if it is impossible for him to make restitution of the goods substantially in the condition in which he received them.

(2) The preceding paragraph does not apply:
 (a) if the impossibility of making restitution of the goods or of making restitution of the goods substantially in the condition in which the buyer received them is not due to his act or omission;

(b) the goods or part of the goods have perished or deteriorated as a result of the examination provided for in article 38; or
(c) if the goods or part of the goods have been sold in the normal course of business or have been consumed or transformed by the buyer in the course of normal use before he discovered or ought to have discovered the lack of conformity.

#### 제82조(물품반환이 불가능한 경우)
(1) 매수인이 물품을 수령한 상태와 실질적으로 동등한 물품을 반환하는 것이 불가능한 경우에는, 매수인은 계약의 해제를 선언거나 또는 매도인에게 대체품의 인도를 요구하는 권리를 상실한다.
(2) 전항의 규정은 다음과 같은 경우에는 이를 적용하지 아니한다.
 (a) 물품을 반환하거나 또는 매수인이 물품을 수령한 상태와 실질적으로 동등한 물품을 반환하는 것이 불가능한 사유가 매수인의 작위 또는 부작위에 기인하지 아니한 경우,
 (b) 제38조에 규정된 검사의 결과로 물품의 전부 또는 일부가 이미 멸실되었거나 또는 변질된 경우, 또는
 (c) 매수인이 불일치를 발견하였거나 또는 발견하였어야 하는 때 이전에 물품의 전부 또는 일부가 이미 매수인에 의하여 정상적인 영업과정에서 매각되었거나, 또는 정상적인 사용과정에서 소비되었거나 또는 변형된 경우.

### Article 83 [생략]

### Article 84
(1) If the seller is bound to refund the price, he must also pay interest on it, from the date on which the price was paid.
(2) The buyer must account to the seller for all benefits which he has derived from the goods or part of them:
 (a) if he must make restitution of the goods or part of them; or
 (b) if it is impossible for him to make restitution of all or part of the goods or to make restitution of all or part of the goods substantially in the condition in which he received them, but he has nevertheless declared the contract avoided or required the seller to deliver substitute goods.

#### 제84조(이익의 반환)
(1) 매도인이 대금을 반환하여야 할 의무가 있는 경우에는, 매도인은 대금이 지급된 날로부터 그것에 대한 이자도 지급하여야 한다.
(2) 매수인은 다음과 같은 경우에는 물품의 전부 또는 일부로부터 취득한 이익을 매도인에게 반환하여야 한다.
 (a) 매수인이 물품의 전부 또는 일부를 반환하여야 하는 경우, 또는
 (b) 매수인이 물품의 전부 또는 일부를 반환하거나 또는 그가 물품을 수령한 상태와 실질적으로 동등하게 물품의 전부 또는 일부를 반환하는 것이 불가능함에도 불구하고, 매수인이 계약의 해제를 선언하였거나 또는 매도인에게 대체품의 인도를 요구한 경우.

## Section VI. Preservation of the goods

### Article 85

If the buyer is in delay in taking delivery of the goods or, where payment of the price and delivery of the goods are to be made concurrently, if he fails to pay the price, and the seller is either in possession of the goods or otherwise able to control their disposition, the seller must take such steps as are reasonable in the circumstances to preserve them. He is entitled to retain them until he has been reimbursed his reasonable expenses by the buyer.

제6절 물품의 보존

#### 제85조(매도인의 보존의무)

매수인이 물품의 인도수령을 지체한 경우에, 또는 대금의 지급과 물품의 인도가 동시에 이행되어야 하는 때에 매수인이 그 대금을 지급하지 아니하고 매도인이 물품을 점유하고 있거나 또는 기타의 방법으로 그 처분을 지배할 수 있는 경우에는, 매도인은 물품을 보존하기 위하여 그 사정에 합리적인 조치를 취하여야 한다. 매도인은 자신의 합리적인 비용을 매수인으로부터 보상받을 때까지 물품을 유치할 권리가 있다.

## Article 86

(1) If the buyer has received the goods and intends to exercise any right under the contract or this Convention to reject them, he must take such steps to preserve them as are reasonable in the circumstances. He is entitled to retain them until he has been reimbursed his reasonable expenses by the seller.

(2) If goods dispatched to the buyer have been placed at his disposal at their destination and he exercises the right to reject them, he must take possession of them on behalf of the seller, provided that this can be done without payment of the price and without unreasonable inconvenience or unreasonable expense. This provision does not apply if the seller or a person authorized to take charge of the goods on his behalf is present at the destination. If the buyer takes possession of the goods under this paragraph, his rights and obligations are governed by the preceding paragraph.

#### 제86조(매수인의 보존의무)

(1) 매수인이 물품을 수령한 경우에 있어서 그 물품을 거절하기 위하여 계약 또는 이 협약에 따른 어떠한 권리를 행사하고자 할 때에는, 매수인은 물품을 보존하기 위하여 그 사정에 합리적인 조치를 취하여야 한다. 매수인은 자신의 합리적인 비용을 매도인으로부터 보상받을 때까지 물품을 유치할 권리가 있다.
(2) 매수인 앞으로 발송된 물품이 목적지에서 매수인의 임의처분하에 적치된 경우에 있어서 매수인이 물품을 거절하는 권리를 행사할 때에는, 매수인은 매도인을 위하여 물품을 점유하여야 한다. 다만 이것은 대금의 지급이 없이 그리고 불합리한 불편이나 불합리한 비용이 없이 행하여질 수 있는 경우에 한한다. 이 규정은 매도인이나 또는 매도인을 위하여 물품을 관리하도록 수권된 자가 목적지에 있는 경우에는 이를 적용하지 아니한다. 매수인이 본 항의 규정에 따라 물품을 점유하는 경우에는, 매수인의 권리와 의무에 대해서는 전항의 규정을 적용한다.

## Article 87 [생략]

## Article 88

(1) A party who is bound to preserve the goods in accordance with article 85 or 86 may sell them by any appropriate means if there has been an unreasonable delay by the other party in taking possession of the goods or in taking them back or in paying the price or the cost of preservation, provided that reasonable notice of the intention to sell has been given to the other party.

(2) If the goods are subject to rapid deterioration or their preservation would involve unreasonable expense, a party who is bound to preserve the goods in accordance with article 85 or 86 must take reasonable measures to sell them. To the extent possible he must give notice to the other party of his intention to sell.

(3) A party selling the goods has the right to retain out of the proceeds of sale an amount equal to the reasonable expenses of preserving the goods and of selling them. He must account to the other party for the balance.

**제88조(물품의 매각)**

(1) 제85조 또는 제86조에 따라 물품을 보존하여야 할 의무가 있는 당사자는 상대방이 물품의 점유 또는 반송에 있어서, 또는 대금이나 보존비용의 지급에 있어서 불합리하게 지연한 경우에는, 적절한 방법으로 물품을 매각할 수 있다. 다만 상대방에 대하여 그 매각의 의도에 관한 합리적인 통지가 있어야 한다.

(2) 물품이 급속히 변질되기 쉬운 것이거나 또는 그 보존에 불합리한 비용이 요구되는 경우에는, 제85조 또는 제86조에 따라 물품을 보존하여야 할 의무가 있는 당사자는 이를 매각하기 위한 합리적인 조치를 취해야 한다. 보존의 의무가 있는 당사자는 가능한 한, 상대방에게 매각의 의도에 관하여 통지를 하여야 한다.

(3) 물품을 매각하는 당사자는 매각의 대금으로부터 물품의 보존과 그 매각에 소요된 합리적인 비용과 동등한 금액을 유보할 권리를 갖는다. 그러나 그 당사자는 상대방에게 잔액을 반환하여야 한다.

## Part IV. Final provisions

### Article 89
The Secretary-General of the United Nations is hereby designated as the depositary for this Convention.

**제4부 최종규정**

**제89조(협약의 수탁자)**

국제연합의 사무총장은 이 협약의 수탁자로서 이에 임명된다.

### Article 90
This Convention does not prevail over any international agreement which has already been or may be entered into and which contains provisions concerning the matters governed by this Convention, provided that the parties have their places of business in States parties, to such agreement.

**제90조(타협정자의 관계)**

이 협약은 이미 발효되었거나 또는 앞으로 발효되는 어떠한 국제적인 협정이 이 협약에 의하여 규율되는 사항에 관한 규정을 포함하고 있는 경우에는 이에 우선하지 아니한다. 다만 당사자 쌍방이 그러한 협정의 당사국에 영업소를 갖고 있는 경우에 한한다.

### Article 91
(1) This Convention is open for signature at the concluding meeting of the United Nations Conference on Contracts for the International Sale of Goods and will remain open for

signature by all States at the Headquarters of the United Nations, New York until 30 September 1981.
(2) This Convention is subject to ratification, acceptance or approval by the signatory States.
(3) This Convention is open for accession by all States which are not signatory States as from the date it is open for signature.
(4) Instruments of ratification, acceptance, approval and accession are to be deposited with the Secretary-General of the United Nations.

제91조(서명과 협약의 채택)
(1) 이 협약은 국제물품매매계약에 관한 국제연합회의의 최종일에 서명을 위하여 개방되며, 또 1981년 9월 30일까지 뉴욕의 국제연합 본부에서 모든 국가에 의한 서명을 위하여 개방해 둔다.
(2) 이 협약은 서명국에 의하여 비준, 승낙 또는 승인되는 것을 전제로 한다.
(3) 이 협약은 서명을 위하여 개방된 날로부터 서명국이 아닌 모든 국가에 의한 가입을 위하여 개방된다.
(4) 비준서, 승낙서, 승인서 및 가입서는 국제연합의 사무총장에게 기탁하는 것으로 한다.

### Article 92
(1) A Contracting State may declare at the time of signature, ratification, acceptance, approval or accession that it will not be bound by Part II of this Convention or that it will not be bound by Part III of this Convention.
(2) A Contracting State which makes a declaration in accordance with the preceding paragraph in respect of Part II or Part III of this Convention is not to be considered a Contracting State within paragraph (1) of article 1 of this Convention in respect of matters governed by the Part to which the declaration applies.

제92조(일부 규정의 채택)
(1) 체약국은 서명, 비준, 승낙, 승인 또는 가입의 당시에 그 국가가 이 협약의 제2부에 구속되지 아니한다거나 또는 이 협약의 제3부에 구속되지 아니한다는 것을 선언할 수 있다.
(2) 이 협약의 제2부 또는 제3부에 관하여 전항의 규정에 따른 선언을 하는 체약국은 그 선언이 적용되는 각부에 의하여 규율되는 사항에 관해서는 이 협약의 제1조 제1항에서 규정하는 체약국으로 보지 아니한다.

### Article 93
(1) If a Contracting State has two or more territorial units in which, according to its constitution, different systems of law are applicable in relation to the matters dealt with in this Convention, it may, at the time of signature, ratification, acceptance, approval or accession, declare that this Convention is to extend to all its territorial units or only to one or more of them, and may amend its declaration by submitting another declaration at any time.
(2) These declarations are to be notified to the depositary and are to state expressly the territorial units to which the Convention extends.
(3) If, by virtue of a declaration under this article, this Convention extends to one or more but not all of the territorial units of a Contracting State, and if the place of business of a party is located in that State, this place of business, for the purposes of this Convention,

is considered not to be in a Contracting State, unless it is in a territorial unit to which the Convention extends.

(4) If a Contracting State makes no declaration under paragraph (1) of this article, the Convention is to extend to all territorial units of that State.

### 제93조(연방국가의 채택)

(1) 체약국이 그 헌법에 의하여 이 협약에서 취급되는 사항에 관하여 상이한 법체계가 적용되는 둘 이상의 영역을 보유하고 있는 경우에는, 체약국은 서명, 비준, 승낙, 승인 또는 가입의 당시에 이 협약을 전부의 영역 또는 그 중의 하나 이상의 일부의 영역에만 적용한다는 것을 선언할 수 있으며, 또 언제든지 다른 선언을 제출함으로써 앞의 선언을 변경할 수 있다.
(2) 전항의 선언은 수탁자에게 통고되어야 하며, 또 이 협약이 적용되는 영역을 명시적으로 기재하여야 한다.
(3) 본조에 따른 선언에 의하여, 이 협약이 체약국의 하나 이상의 일부의 영역에 적용되고 그 전부의 영역에는 적용되지 아니한 경우에 당사자 일방의 영업소가 그 체약국에 있는 때에는, 그 영업소는 이 협약의 적용에 있어서 체약국에 있지 아니한 것으로 본다. 다만 그 영업소가 이 협약이 적용되는 영역에 있는 경우에는 그러하지 아니하다.
(4) 체약국이 본조 제1항에 따른 선언을 하지 아니하는 경우에는, 이 협약은 그 체약국의 전부의 영역에 적용되는 것으로 한다.

### Article 94

(1) Two or more Contracting States which have the same or closely related legal rules on matters governed by this Convention may at any time declare that the Convention is not to apply to contracts of sale or to their formation where the parties have their places of business in those States. Such declarations may be made jointly or by reciprocal unilateral declarations.

(2) A Contracting State which has the same or closely related legal rules on matters governed by this Convention as one or more non-Contracting States may at any time declare that the Convention is not to apply to contracts of sale or to their formation where the parties have their places of business in those States.

(3) If a State which is the object of a declaration under the preceding paragraph subsequently becomes a Contracting State, the declaration made will, as from the date on which the Convention enters into force in respect of the new Contracting State, have the effect of a declaration made under paragraph (1), provided that the new Contracting State joins in such declaration or makes a reciprocal unilateral declaration.

### 제94조(관련법이 있는 국가의 채택)

(1) 이 협약이 규율하는 사항에 관하여 이와 동일하거나 또는 밀접한 관계가 있는 법령을 두고 있는 둘 이상의 체약국은 당사자 쌍방이 이들 체약국에 영업소를 갖고 있는 경우의 매매계약 및 그 성립에 대하여 이 협약을 적용하지 아니한다는 것을 언제라도 선언할 수 있다. 그러한 선언은 체약국이 공동으로 또는 호혜주의를 조건으로 하여 일방적으로 행할 수 있다.
(2) 이 협약이 규율하는 사항에 관하여 하나 이상의 비체약국과 동일하거나 또는 밀접한 관계가 있는 법령을 두고 있는 체약국은 당사자 쌍방이 이들 해당 국가에 영업소를 갖고 있는 경우의 매매계약 및 그 성립에 대하여 이 조약을 적재하지 아니한다는 것을 언제라도 선언할 수 있다.
(3) 전항에 따른 선언의 대상이 된 국가가 그 후 체약국이 된 경우에는, 그 선언은 이 협약이 그 새로운 체약국에 대하여 효력을 발생한 날로부터 본조 제항에 따른 선언으로서의 효력을 갖는다. 다만 새로운 체약국이 그러한 선언에 참가하거나 또는 호혜주의를 조건으로 하는 일방적인 선언을 행하는 경우에 한한다.

## Article 95

Any State may declare at the time of the deposit of its instrument of ratification, acceptance, approval or accession that it will not be bound by subparagraph (1) (b) of article 1 of this Convention.

#### 제95조(제1조 제1항 b호의 배제)

어느 국가의 경우에도 이 협약의 비준서, 승낙서, 승인서 또는 가입서를 기탁할 당시에 이 협약의 제1조 제1항 b호의 규정에 구속되지 아니한다는 것을 선언할 수 있다.

## Article 96

A Contracting State whose legislation requires contracts of sale to be concluded in or evidenced by writing may at any time make a declaration in accordance with article 12 that any provision of article 11, article 29, or Part II of this Convention, that allows a contract of sale or its modification or termination by agreement or any offer, acceptance, or other indication of intention to be made in any form other than in writing, does not apply where any party has his place of business in that State.

#### 제96조(계약형식요건의 유보)

체약국의 법률상 매매계약을 서면으로 체결하거나 또는 입증하도록 요구하고 있는 체약국은 제12조의 규정에 따라, 어떠한 매매계약이나 그 변경 또는 합의에 의한 해지 또는 모든 청약, 승낙 또는 기타의 의사표시를 서면 이외의 어느 방법으로 행하는 것을 인정하고 있는 이 협약의 제11조, 제29조 또는 제2부의 어떠한 규정도 당사자의 어느 일방이 그 체약국에 영업소를 갖고 있는 경우에는 이를 적용하지 아니한다는 것을 선언할 수 있다.

## Article 97

(1) Declarations made under this Convention at the time of signature are subject to confirmation upon ratification, acceptance or approval.

(2) Declarations and confirmations of declarations are to be in writing and be formally notified to the depositary.

(3) A declaration takes effect simultaneously with the entry into force of this Convention in respect of the State concerned. However, a declaration of which the depositary receives formal notification after such entry into force takes effect on the first day of the month following the expiration of six months after the date of its receipt by the depositary. Reciprocal unilateral declarations under article 94 take effect on the first day of the month following the expiration of six months after the receipt of the latest declaration by the depositary.

(4) Any State which makes a declaration under this Convention may withdraw it at any time by a formal notification in writing addressed to the depositary. Such withdrawal is to take effect on the first day of the month following the expiration of six months after the date of the receipt of the notification by the depositary.

(5) A withdrawal of a declaration made under article 94 renders inoperative, as from the date on which the withdrawal takes effect, any reciprocal declaration made by another State under that article.

#### 제97조(협약에 관한 선언절차)

(1) 서명 시에 이 협약에 따라 행한 선언은 비준, 승낙 또는 승인에 즈음하여 이를 확인하여야 하는 것으로 한다.
(2) 선언 및 선언의 확인은 서면으로 이를 행하여야 하며, 또 정식으로 수탁자에게 통고하여야 한다.
(3) 선언은 관련된 국가에 대하여 이 협약이 효력을 발생함과 동시에 그 효력을 발생한다. 그러나 이 협약이 그 국가에 대하여 효력을 발생한 이후에 수탁자가 정식의 통고를 수령한 선언은 수탁자가 이를 수령한 날로부터 6개월을 경과한 후 이어지는 월의 최초일에 그 효력을 발생한다. 제94조에 따른 호혜주의를 조건으로 하는 일방적인 선언은 수탁자가 최후의 선언을 수령한 날로부터 6개월을 경과한 후 이어지는 월의 최초일에 그 효력을 발생한다.
(4) 이 협약에 따른 선언을 행한 모든 국가는 수탁자 앞으로 서면에 의한 정식의 통고를 함으로써 언제든지 이를 철회할 수 있다. 그러한 철회는 수탁자가 통고를 수령한 날로부터 6개월을 경과한 후 이어지는 월의 최초일에 그 효력을 발생한다.
(5) 제94조에 따른 선언의 철회는 그 철회가 효력을 갖는 날로부터 동조에 따른 다른 국가의 모든 호혜적인 선언의 효력을 상실하게 한다.

### Article 98
No reservations are permitted except those expressly authorized in this Convention.

### 제98조(유보의 금지)
어떠한 유보도 이 협약에서 명시적으로 인정된 경우를 제외하고는 이를 허용하지 아니한다.

### Article 99 [생략]

### Article 100 [생략]

### Article 101
(1) A Contracting State may denounce this Convention, or Part II or Part III of the Convention, by a formal notification in writing addressed to the depositary.
(2) The denunciation takes effect on the first day of the month following the expiration of twelve months after the notification is received by the depositary. Where a longer period for the denunciation to take effect is specified in the notification, the denunciation takes effect upon the expiration of such longer period after the notification is received by the depositary.

### 제101조(협약의 폐기)
(1) 체약국은 수탁자 앞으로 서면에 의한 정식의 통고를 함으로써 이 협약 또는 이 협약의 제2부 또는 제3부를 폐기할 수 있다.
(2) 폐기는 수탁자가 그 통고를 수령한 날로부터 12개월을 경과한 후 이어지는 월의 최초일에 그 효력을 발생한다. 폐기가 효력을 발생하기 위한 보다 긴 기간이 그 통고에 명시되어 있는 경우에는, 폐기는 수탁자가 그 통고를 수령한 날로부터 그러한 기간이 경과한 때에 그 효력을 발생한다.

DONE at Vienna, this day of eleventh day of April, one thousand nine hundred and eighty, in a single original, of which the Arabic, Chinese, English, French, Russian and Spanish texts are equally authentic.

IN WITNESS WHEREOF the undersigned plenipotentiaries, being duly authorized by their respective Governments, have signed this Convention.

**협약의 작성**

이 협약은 1980년 4월 11일 당일에 비엔나에서 국제연합이 동등하게 인증한 아랍어, 중국어, 영어, 불어, 러시아어 및 스페인어를 정본으로 한 1통의 원본으로 작성되었다.

이상의 증거로서 아래에 명기된 전권위원들은 그 각각의 정부로부터 정당하게 위임을 받아 이 협약에 서명하였다.

**저자약력**
[전] 부경대학교 해양수산경영학과 겸임교수
    한국해양대학교 대학원 무역학과 졸업[경영학 석사]
    한국해양대학교 대학원 무역학과 졸업[경영학 박사]

**저서**
퍼펙트 비즈니스무역영어/ 퍼펙트 무역영어1급/ 퍼펙트 무역영어 2·3급/ 퍼펙트 무역영어 기출문제집/ 퍼펙트 국제무역사 1급

## 퍼펙트 무역영어 2·3급

2010년 3월 16일 제 1 판 발행
..................................................
2025년 1월 15일 개정16판 발행

**지은이** 김 현 수
**발행인** 이 길 안
**발행처** 세종출판사

부산광역시 중구 흑교로 71번길 12(보수동2가)
**전화** 051-463-5898, 253-2213~5
**팩스** 051-248-4880

등록 제02-01-96

**도서배본 및 공급처 : 빙글리쉬닷컴**
전화 051-441-9585
팩스 051-441-9587
E-mail plmanager@naver.com

값 30,000원

ISBN 979-11-5979-744-6   93320

저자의 허락 없이 이 책의 일부 또는
전부를 무단 복제·전재·발췌할 수 없습니다.